Selfless Self

Talks with Shri Ramakant Maharaj

自己なき自己

ラマカント・マハラジとの対話

アン・ショー［編］
Ann Shaw

高橋たまみ［訳］

ナチュラルスピリット

SELFLESS SELF :
Talks with Shri Ramakant Maharaj

by Ann Shaw

自己なき自己

ラマカント・マハラジとの対話

辞

「尊敬すべき賢者ニサルガダッタ・マハラジの後継者で、真我実現した賢者であるシュリー・ラマカント・マハラジの教えを記録した、このスピリチュアルな百科事典的な本書を編集するという任務をアン・ショーは見事に果たした。シュリー・ラマカントは五〇〇ページ以上に渡り、真我実現を熱望する人にとって必要なスピリチュアルな修行、サーダナのすべての側面を探索する。本書では賢者に質問が投げかけられ、それに対してまさに適切で明確な答えが与えられる。熱心な読者は、求めていた質問と答えを、この本の中にきっと見つけるだろう。全編を読み通せば、自らを統合し、悟りに向かう偉大な旅に進むのに必要なすべてが見つかる。これは真に偉大な書であり、シュリー・ラマカントの師ニサルガダッタ・マハラジの対話を集めた名著"I AM THAT"（『アイ・アム・ザット 私は在る』：ナチュラルスピリット刊）の後に続く書と言える」

英国ラマナ・マハルシ財団会長　アラン・ジェイコブス

「この本には純金がつまっている」

カリフォルニア州　非二元の教師、作家

ジョン・ホイーラー

「本書『自己なき自己』がダイレクトパス（直接的な道）の古典となることは間違いない。もし、ニサルガダッタ・マハラジの『アイ・アム・ザット 私は在る』を持っているなら、この本は、本棚でその隣に並ぶ価値があると言うだけでは言い足りない。著者（シュリー・ラマカント・マハラジ）は十九年間をグルと『物理的にともに』過ごした。しかも、この対話は英語でなされたので、翻訳者によって歪められていない。これは自己なき自己によって、自己なき自己のために書かれた本だ。ページをめくるごとに、衝撃を受けるだろう」

ロンドン　Watkins Books 店長

リッキー・ジェイムス

「探求者とは、彼自身を探している人だ」

シュリー・ニサルガダッタ・マハラジ

「私は帰依者と一つだ。いかなる存在の中にも、私以外の自己は存在しない。これは二者のないワンネスだ」

シュリー・シッダラメシュヴァール・マハラジ

「私と言うのは幻想だ。あなたと言うのは幻想だ。神と言うのも幻想だ。すべては幻想だ」

シャンカラーチャーリヤ

「幸せが必要ないとき、目的地点に到達したのだ」

「哲学やスピリチュアリティのマスターになるだけでなく、実在《リアリティ》のマスターになりなさい」

「教授は真実について語るが、マスターは真実を生きる」

「ここをはっきりさせておきなさい！『私は在る』(I Am) はないし、『あなたは在る』もない。これらはただの言葉に過ぎない。実在は言葉とは何の関係もない」

シュリー・ラマカント・マハラジ

目次

序文

シュリー・ラマカント・マハラジのような稀《まれ》に見る、真我実現したマスターがこの時代にいるというのは、非常に幸運なことです。このマスターは英語を話し、シュリー・ニサルガダッタ・マハラジの直接の弟子です。ニサルガダッタ・マハラジの教えを集めた本『アイ・アム・ザット私は在る』(モーリス・フリードマン編)は、古代アドヴァイタの非二元の教えを世に知らしめるのに多大な貢献を果たしました。現在、この本は二〇世紀の偉大なスピリチュアルな古典の一冊であると広く認識されています。

本書『自己なき自己』は『アイ・アム・ザット 私は在る』の後に続くものであります。ここに収められているのは、翻訳者や通訳者を介することなく英語で語られた、一語一句そのままのマスターの言葉です。貴重で稀な教えが誤って解釈される可能性が減るのですから、これは素晴らしいことです! 対話は録音され、できる限りマハラジの言葉通りに書き起こされました。本書の目的は、明瞭簡潔に意味を伝えることです。その教えは革新的で根本的、絶対的なものです。「私たちの系譜では、あなたの身体形態ではなく、『目に見えない存在』に『直接的な知識』を与える。身体形態はあなたのアイデンティティではない」とマスターは語ります。

この本は目覚めや覚醒に関して、知的な情報を与えるだけの一冊ではありません。本書の知識は知的な知識ではなく、「自発的な知識」、直接的な知識であり、ブラフマンとかマーヤーといった言葉を超えたものです。「私たちの系譜のマスターは、直接的な知識をわかりやすく伝えようとしていたので、磨き上げられた言葉で教えを説くことは重視しなかった」とラマカント・マハラジは言いますが、彼はさらにその先を行き、こうした「甘い」言葉をできる限り避け、「実在《リアリティ》」に専念しました。実在とはまったく言葉にできないもの、すなわち言葉に先立つ状態です。

『自己なき自己』は、スピリチュアルな探求者により多くの助言を与えるための、概念であふれた本ではありません。これは助言を超え、知識を超え、「言葉も世界も超えた」本なのです。この本はマスターの臨在《プレゼンス》で振動しています。ラマカント・マハラジがまさにそこにいて、読者を自分自身に戻るように導いてくれます。まるで隣に座っているかのように、マスターがそばにいるのです。

「私の師が分かち合ってくれたのと同じ知識を分かち合うことが、私の務めだ」。このような意図を持ってラマカント・マハラジは、教えを簡素で飾らぬ言葉で世に出すという仕事を編者に任せてくださいました。これはアドヴァイタやワンネス、非二元の教えにまったく触れたことがない人だけでなく、初心者や上級者にとってもわかりやすい本です。「自己なき自己」というタイトルや、現行の本の体裁も、読者が「実在」について熟考し、それを吸収できるよう、マスターが選んだものです。

マスターの中の「目に見えぬ話し手」とあなたの中の「目に見えぬ聞き手」は、一つの同じものです。マスターはあなたの中の目に見えぬ聞き手に呼びかけます。聞き手の録音機のスイッチは常にオンになっており、完全に受容的に存在しています。マスターの言葉は「実在の底なき底」、「思考なき実在」から来るものです。

「この本は、あなたのストーリー、『自己なき自己のストーリー』を語る」とマスターは言います。「この本は、私の師ニサルガダッタ・マハラジのパワーやエネルギーに後押しされながら、あなたの実在を簡潔、直接的に伝えるものだ。私たちは『ワンネス』から来るエネルギーを扱っているのだ。これは読者や聞き手と書き手が一つであることを意味する。そこには何の違いも分離もない。すべては一つだ。だから、この本には命があり、あなたはそのエネルギーと一つになる。そうしたエネルギーや素材が、この本には組み込まれている」

マスターはさらに説明します。「これはまるで、誰かがあなたのストーリー、あなたの伝記を書くようなものだ。あなたは『ああ、これは私の伝記じゃないか！』と叫ぶ。この本はあなたについて語っているのだと、あなたは読みながら『知る』。だから、『ああ、これは私の知識だ！』と叫ぶ。こうした知識、理解、ワンネスの稀なる状態が、この本の骨組みに組み込まれている。実際、この骨組みが本書をユニークなものにしているのだ。この本を読みながら、あなたはその素材と一つになる。そこには認識がある」

シュリー・ラマカント・マハラジの言葉には議論の余地がありません。彼は「知者」、ジニャーニであり、その言葉には、あなたの内なるマスターを再び呼び起こす潜在的なパワーがあるのです。それを実現するためには、真我探究や瞑想とともに、何度も繰り返し叩き込むという手法を用いて、幾重もの幻想の層を突き破ります。

体は物質的な体であり、すべての知識は物質的な知識であり、知識のないことが知識なのです。「あなたは生まれていない。あなたは体ではない。あなたが体だったこともない。あなたが体であり続けることもない」とマスターは言います。この実在、あなたではないものの本当の姿が完全に受け入れられるとき、それは「自発的な確信」と呼ばれます。

「すべてはあなたの中にある。あなたが源なのだ」。それに続くのはあなたのストーリー、自己なき自己のストーリーです。この「あなた」という、最も重要な源である本は、どういうわけだか今までずっと見過ごされ、無視され、もしくは気づかれることさえなかったのです。「自己の集まり」とでもいうようなものが住む世界において、自己なき自己のストーリーである「あなたのストーリー」が完全に見過ごされてしまうのは、驚くべきことではないかもしれませんが。

どうしてこのような事態になったのでしょうか？　マスターはニサルガダッタ・マハラジの言葉を引用します。「あなたは自分の自己なき自己を忘れてしまった。あなたの自己なき自己以外に神はないし、ブラフマンもアートマンもパラマートマンもマスターもない」。私たちは実在、マスター、神、ブラフマンについて、すべての正しい「スピリチュアルな」本を読んできましたが、マスターは次のように尋ねます。「あなたはそういった本を読んだけれど、読む者を読んだことはあるのか？」

あなたは知識を得たけれど、それは身体知識の概念から来る乾いた知識であり、真の知識、真我知識、あなたの知識ではありません。「存在する前」、あなたには形がありませんでした。知識も本もありませんでした。ニサルガダッタ・マハラジは言います。「存在する前のあなたの状態であり続けなさい。そうすれば、何の問題もない！」

「こういう本のすべては、そしてそれらを読むということは、いったい誰のためなのか？」。マスターは挑みます。「あなたの結論は何か？」。結論は、こういうスピリチュアルな本を読んでいる間、あなたは自分自身の本を読むのを忘れていたということです！　あなたの源である本、それは根本的なマニュアル、最重要基本テキストであり、つまり形のないあなたという本を読み忘れていたということです！

この自己なき自己の最終版に、あなたは気づきませんでした。この本はどんな図書館にも本屋にもありませんでした。あなたはずっと、この本のことを忘れていました。あなた自身の最も重要な本、一回きりの自伝を読書リストに付け加えるのを忘れていたのです。遅くなってしまいましたが、読まないよりはいいでしょう！　マスターの恩寵によって、ついに本が見つかったのです。

この本は自己なき自己によって、自己なき自己のために書かれました。語り手はラマカント・マハラジで、目に見えぬ読者も同じ一つのものです。これはあなたのストーリー、唯一真実のストーリーです。マスターが自己なき自己の本を開いて、始まりも終わりもないあなたのストーリーを語り始めます。

本書はあなたの忘れられたアイデンティティ、究極的な実在を思い出させてくれます。『自己なき自己』はあなた自身の携帯マスター、携帯グルであり、あなたの精神的伝記であり、あなたを故郷へとゆっくり、静かに、常に導いてくれるでしょう。

「グルは個人ではない。グルとは、非個人的で形にすることのできない絶対的なものが、形として現れたものだ」
シュリー・ラマカント・マハラジ

編者による注

本書『自己なき自己　ラマカント・マハラジとの対話』は、真我探究、真我知識、真我実現の三つの部分に分けられますが、プロセスや決まった順番はないという理解に基づいています。この本は類を見ない簡素さで輝いていますが、高度な教えをきちんと系統立てて伝えることで、ますます明晰《めいせき》なものとなっています。

読み方、聞き方：各対話は全体として体系的にまとめられているので、読者を基礎から頂上へ、そしてさらにその向こうへと導くマニュアル、ガイドブックとして読むことができます。始めから終わりまで、ゆっくりと読んで吸収していくのが一番です。

マスターはあなたではなく、あなたの中の「目に見えない聞き手」に語りかけているのです。その教えの調べに内なる耳を傾け、問いかけることなく吸収してください。言葉があなたを溶かしていくのに任せましょう。マスターは最も高度な知識を明確で直接的に説明してくれます。マスターは実在という槌《つい》であなたを打って鍛《きた》え、理解をもたらそうとしているのです！　オープンに受け入れ、自己確信を養いましょう！

この本を最大に活用するには、真我探究が欠かせません。瞑想は集中するための道具として推奨されます。どんなものでもいいので、自分で選んだマントラを使ってください。たとえば「私はブラフマン、ブラフマンが私だ」、「私は至高なる存在だ」など、あなたにとって一番いいものを選べばよいのです。もしそうしたければ、スピリットを高揚させる聖歌を歌うのもいいでしょう。マハラジのホームページでバジャンを聞くのもいいかもしれません。難しく考える必要はありません！　自分に合ったものを選んでください！

教えの手法：読者や聞き手に理解をもたらすため、槌を打ち付けて鉄を鍛えるように、マスターは同じことを何度も繰り返し叩き込んで、深く根付いた幻想や概念を変化させるという手法をとります。この繰り返しが少し退屈に思えることがあるかもしれません。しかし、身体知識を取り除くプロセスにはこれが欠かせません。生涯に渡って植え付けられてきた印象などを消さねばならないのですから、辛抱強くあることが絶対に必要です。

指針としない：この本の教えは、概念として読まれることを意図していません。単なる情報やアイディアとして受け取るべきものでもありません。この教えに議論の余地はありません。マスターは言います。「実在には議論の余地も、反駁《はんばく》の余地もない」。言葉の背後の意味を読み取ってください。この本には、実在を直接伝える自発的な知識が満ちています。マスターは「実在の底なき底」から語りかけます。自発的な知識は、知的な知識とはまったく関係がありません。覚醒したマスターからもたらされるこのような知識は、非常に稀なものです。

　自発的な知識は、実在と覚醒したマスターから切り離せません。それは知識を超えたワンネスであり、そのため知性によって理解、把握することはできません。真っ白いページのようになってください。そして、生まれて初めて本を読むかのように、この本を読んでください。「今まで読んできたこと、聞いてきたことはすべて忘れて、ただ私の話を聞きなさい！」

マスターを信頼する：マスターの言葉は真実です。再び繰り返しますが、そこに議論の余地はありません。これらの言葉には、あなたの内なるマスターを明らかにし、目覚めさせる、とてつもないパワーが秘められています。言葉を文字通りに受け取って囚われないでください。マハラジはあなたに理解をもたらそうとしているのです。聞いたことを受け入れ、信じ、確信を深めてください。

　これらの対話を定期的に読んで熟考すれば、あなたのスピリチュアルなパワーは間違いなく再生されるでしょう。この本のすべての行にマスターの臨在が脈打ち、スピリチュアルな真理で輝いています。言葉を通じて、マスターの凝縮された光線が差し込み、あなたのマスターとしてのエッセンスに火を灯すのです。この知識はあなたの知識です。それを受け継ぐのは、あなたの正当な権利です。ご自由に、すべてを受け入れてください！

　ニサルガダッタ・マハラジの師、シッダラメシュヴァール・マハラジはこのように言いました。「覚醒した者は、自分自身の経験の泉から真に語り、その言葉には偉大なる確信がある。彼らの言葉には、エゴの無知を取り除くパワーがある。語られたすべての言葉に、真我に関する読者の無知を消し去り、読者の存在の真の性質をもたらすパワーがある」

　マハラジのリクエストで、この本ではなるべくサンスクリットの用語を使わないようにしています。この教えの目的は、すべての概念、すべての身体知識を消し去り、「存在する前」の状態に戻ることです。つまり、言語や言葉もなく知識も何もない状態です。

この直接的な教え、自発的な知識を世に送り届けることができるのは、身に余る光栄です。私の唯一の目的は、マスターの指示に従い、自己なき自己の導きを信頼して受け入れ、ペンを執ることだけです。何か抜けているところや誤りがあれば、真摯《しんし》にお詫びいたします。

二〇一五年三月一〇日　ロンドンにて

編者　アン・ショー

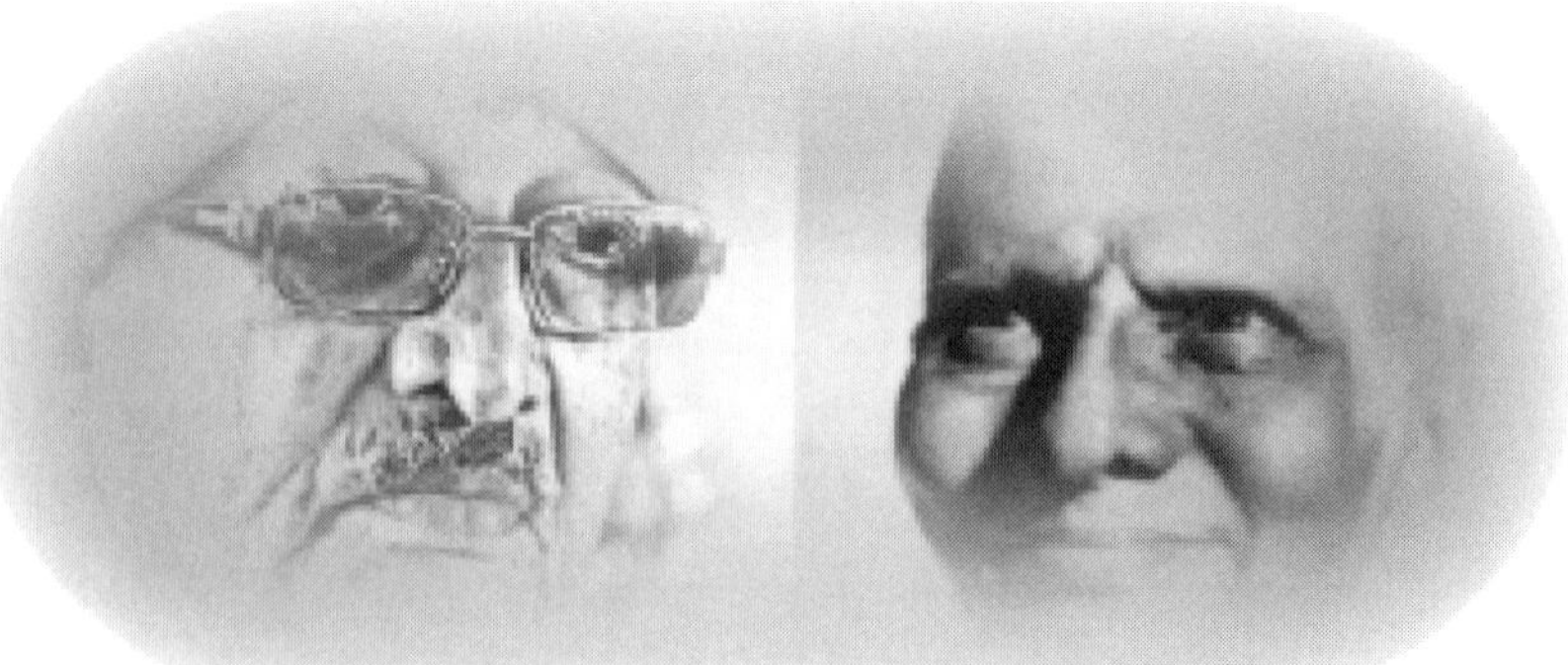

「私はあなたを弟子にするのではない。マスターにしているのだ」

ラマカント・マハラジとは誰か

ラマカント・マハラジ（一九四一年七月八日生）は、故シュリー・ニサルガダッタ・マハラジ（一九八一年九月八日没）の直接の弟子で、十九年間、師とともに過ごしました。ラマカント・マハラジは非二元の教えを説くアドヴァイタの教師、グルであり、ナヴナート・サンプラダーヤのインチェゲリ支派に属して秘伝を伝授しています。

ラマカント・サワント（マハラジ）はフォンダガッドの農村部、ガドゲサッカル・ワーディで育ちました。一九六五年にニサルガダッタ・マハラジの命を受け、ボンベイの誉れ高きエルフィンストーン・カレッジに入学、この後ボンベイ大学を一九七二年に卒業し（歴史と政治学の修士号取得）、一九七六年にはボンベイのシッダールタ法律大学で法律の学位を得ます。一九七〇年から銀行の法律部門で働き、二〇〇〇年に支店長として引退しました。

ラマカント・マハラジは同じくシュリー・ニサルガダッタ・マハラジの長年の弟子であったアンヴィタ・サワントと結婚し、二人の子供をもうけました。

親戚によって、未来の師となるシュリー・ニサルガダッタ・マハラジに紹介されたのは一九六二年のことでした。数か月、マスターとともに過ごした後、同年の十月二日にナーム・マントラを伝授されました。それ以後、ニサルガダッタ・マハラジの講話に忠実に通い続け、師のマハーサマーディの際もそばにいました。

この十数年は、ナーシク・ロードのアシュラム（マハーラーシュトラ州ナーシク）で世界中から集まった弟子や帰依者たちに教えを伝え、インチェゲリ・ナヴナート・サンプラダーヤの秘伝を伝授しています。

自分の人生についてマハラジは次のように語っています。

「私は自分の過去や出自を心得ている。今の私があるのは奇跡だ。これはすべて私の師、シュリー・ニサルガダッタ・マハラジのおかげだ」

序説

シュリー・ラマカント・マハラジはお医者さんのようです。新しい患者さんが彼のもとにやって来ます。このケースも、今まで彼のもとに治癒《ちゆ》を求めてやって来た探求者と何ら変わりありません。診断は、「誤ったアイデンティティ」の一種です。患者の状態は普遍的なもので、「慢性的な幻想」に苦しんでいるのです。彼は自分が生まれていないことを知りません。

究極的な真実の体現者として、マスターは偽りや誤りを暴く役目も持ち、何がなされるべきかを知っています。時間を無駄《むだ》にすることなく、マスターは仕事に取り掛かります。一流の外科医の技術と正確さを持って、マスターは手術を始めます。毎日、マスターは患者たちに手術をします。そのうちのいくつかはちょっとした簡単な手術ですが、大半は集中的な治療と精密な検査が必要です。マスターは目の前に置かれた「体」に二、三か所切開を施すと、それから迷うことなく身体知識の幾重もの層を貫き、問題の核心、病気の源にたどり着きます。

知的なものであろうと、エゴや個人、社会、家族、倫理、経験、スピリチュアルなものであろうと、深く根付いた価値観や執着は葬り去られます。世界中のさまざまな哲学や宗教も含め、理論的な知識、本から得た知識などはすべて、ごみ箱に入れられて、解体プロセスへと回されるのです。

正統的な儀式や行動規範、広く支持される信念体系(社会に対して順応的なものから、非順応的なもの、慣習に囚われないものまで)は、空高く放り投げられます。無数の形式のスピリチュアリティがスポットライトのもとに置かれます。マスターの知識は生きた知識、自発的な知識、実際的な知識です。子供の頃から現在に至るまで、私たちが身に付けてきたすべての観念や先入観などの正当性に、マスターは異議を唱えます。

全体として、すべての「知られている」ものは「身体知識」、「身体関連の知識」です。「存在する前」は、「体」も「身体知識」もありませんでした。ですので、今までのところ集められてきたすべての知識は、外側の無用な幻想を源とする使い古しなのです。

「あなたの土台は、実在ではなく幻想の上に建てられている」。これが今日の患者に医師が下した診断です。「存在する前は、言語も知識もスピリチュアリティも必要なかった」のですから、この状態に唯一有効な治療は概念や記憶、経験などを含むすべての幻想、身体知識を溶かし去ることです。「すべてを忘れなさい！」

「スピリチュアリティについてはどうお考えですか？」と新参者が尋ねると、マスターはこう答えます。「スピリチュアリティの目的は、真の意味で自分自身を知り、幻想や身体知識を消し去ることだ。現時点であなたは、自分自身を身体形態においてのみ知っている。これはあなたの真のアイデンティティではない。あなたの自発的な臨在は静かで、目に見えず、名もなく、特定することもできないアイデンティティだ」

個人の現実の土台であるように見えるすべてのもの、つまり社会の骨組みそのものを支えているすべてのものの偽りや空虚さを、医師は根底から覆《くつがえ》します。知覚できるものや考えられるものすべて、常識として通常受け入れられているものが精査され、切断されるのです。このようにして、マスターは身体というアイデンティティ、自己の感覚、世界の知覚の神話を粉砕します。現実や自己イメージの構造に組織的に挑みかかり、核心に至るまで粉砕するのです。

いわゆる「現実」を指し示す幻想の概念の一つひとつをマスターは撃破します。人生という長い夢の間、人々を運んで漂う熱気球、つまり存在理由を一つずつ打ち抜いていくのです。マスターは熟練した正確さで幻想の多くの層を切り開いていき、ついには患者の「実在」、「究極的な真実」、「究極的な実在」を明らかにします。

マスターは自己認識や自己同一化など、いわゆる個人の儚《はかな》い土台を揺さぶり、かつては心地よいものだった家を取り壊します。やがて、幻想が築かれた土台は崩れ始め、確固とした土台の上に実在を打ち立てる準備が整えられます。

医師はこのケースをどのように判断し、アドバイスを与えるでしょうか？「この体は物質的な体だ。この物質的な体が知っているすべてのものは物質的な知識であり、だから幻想に過ぎない」。医師はさらに患者にアドバイスを続けます。「子供の頃から今まで身に付けたすべてのことを消し去りなさい。まっさらなスクリーンのようになりなさい。そうすれば本当の知識を内側に見つけることができる」。本当の知識とは真我知識です。それは「夢から目覚めた後」に残るものです。

「まずは協力しなければならない。自分自身のために、自分が『究極的な実在』であることを発見しなさい。そして知識は実用的でなければならない。病気を全身から取り除くために、とても強力なスピリチュアルな薬を処方してあげよう。それはナーム・マントラだ。これを受け取り、毎日の生活の中で使いなさい」

この指示に真剣に従えば、治療はとてもいい結果をもたらすでしょう。実際、素晴らしい結果が出ます！

回復の見込みはあるのでしょうか？ 医師の見立ては非常に明るいものです。患者は治癒するでしょう。彼は物質的な原因がなくても、豊かな幸せがあることを確信します。そして何の執着も、喪失の恐れもなく、安らかに肉体が最期を迎えることも確信します。

夢から覚めるとき、次のような知識が刻み込まれます。「始まりはなかったし、終わりもない。なぜなら、あなたは生まれていないからだ」。次の患者さん、お入りなさい！

より多くの人たちがこうした永遠の教えに容赦なく引き付けられ、医師は手術で大忙しです。

一九七〇年代にシュリー・ニサルガダッタ・マハラジが弟子のババサウ・ジャグタプを彼の故郷ナーシクに訪ねました。そこでニサルガダッタ・マハラジは素晴らしい声明を発表しました。

「この日、一月二十五日を祭りの日としなさい。将来、偉大で素晴らしいことがこのナーシクの街角で起こるだろう。ここにアシュラムを建てなさい！ いつの日か、世界中から訪問者がやって来る大忙しのアシュラムになるだろう」

ナーシクの通りにある現在のアシュラムは二〇〇二年に建てられました。ニサルガダッタ・マハラジの希望に従い、一月二十五日に毎年恒例のプログラムが行われます。この辺りは今、この弟子とマスターに敬意を表して「ジャグタプ・マーラー」と呼ばれています。

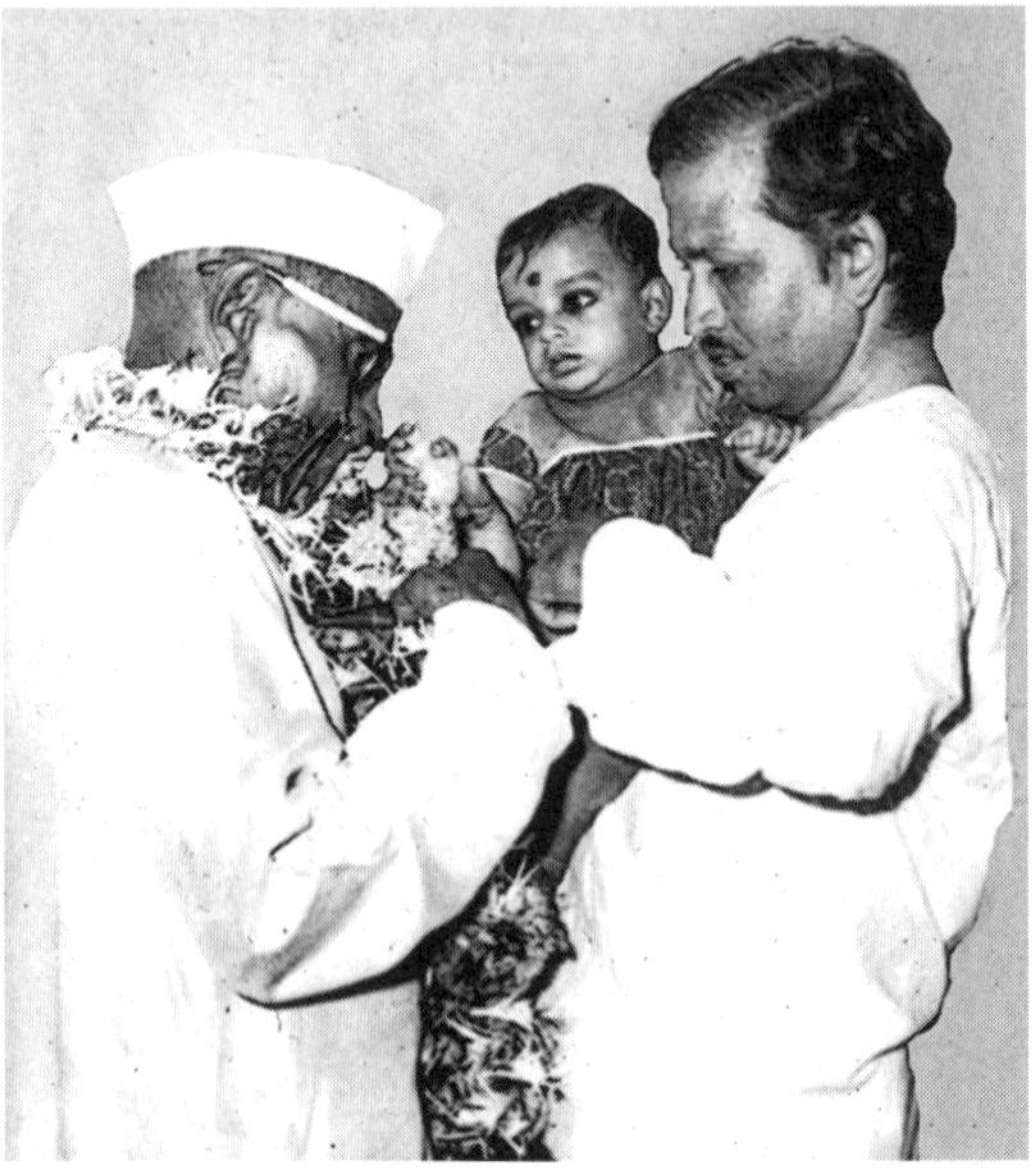

1977年、師のニサルガダッタ・マハラジとともに

インチェゲリ・ナヴナート・サンプラダーヤの系譜

ナヴナート・サンプラダーヤの起源は千年以上前のダッタトレーヤまで遡ります。ナヴナート（九人の師）のある一派が、やがてインチェゲリ・ナヴナート・サンプラダーヤになったのですが、これはシュリー・バウサヒブ・マハラジによって創始されました。これが、シュリー・ラマカント・マハラジにつながる直接的な系譜です。

マスターたちが皆、謙虚な人たちだったので、この一派はあまり有名ではありません。彼らは自分たちに重きを置かず、真の知識と教えを広めることに身を捧げていました。シュリー・バウサヒブ・マハラジも、シュリー・シッダラメシュヴァール・マハラジも、シュリー・ニサルガダッタ・マハラジも皆、普通の一般人でした。

知識（ジニャーナ）と帰依（バクティ）が一つになることが、この系譜の教えの鍵《かぎ》です。帰依は知識の母です。グルに真剣に帰依し、完全なる信頼を持って崇拝することによってのみ、真我を実現する知識がもたらされるのです。最終的には、知識と帰依は完全に一つのものとなります。

この系譜はマスターを中心にしており、マスターが弟子をマスターにします。グルは弟子に、マスター・キーであるグル・マントラ（ナーム・マントラ）を授けます。マントラ、グル、秘伝伝授は切り離すことができません。グルを信頼して完全に受け入れることと、グル・マントラが欠かせないのです。この系譜のマスターは皆、同じマントラを唱えてきました。聖なるナーム・マントラを授かることで、このマスターたちの助けとパワーを得ることができるのです。究極的に弟子は、サッドグル（真の師）であるマスターと一つになります。ラマカント・マハラジは言います。「グル・マントラを唱えれば、真の真我知識に至ることができる。これがもともとの状態に帰るための唯一、真に効果的な方法なのだ」

シッダラメシュヴァール・マハラジもバウサヒブ・マハラジに全幅の信頼を寄せ、ニサルガダッタ・マハラジもシッダラメシュヴァール・マハラジにそうしました。同様に、ラマカント・マハラジも自らの師ニサルガダッタ・マハラジに全幅の信頼を寄せています。強固な結び付きがこの系譜全体を貫いているのです。「私はただの抜け殻、私の師の操り人形に過ぎない」とラマカント・マハラジは言います。

「私たちの派では、身体形態ではなく、あなたの『目に見えない臨在』に『直接的な知識』を与えるのだ」とマスターは語ります。「この知識は自発的な知識であり、机上の知識ではない。異なる言葉を用い、話し方が違っていたとしても、根本原理は同じだ。つまり、自己なき自己以外に何もない」。この知識は稀なる知識です。というのも、マスターは単に実在について語るだけでなく、弟子自身の実在を見せてくれるからです。この直接的な知識は、光り輝くマスターたちの長い系譜から来るものですが、これは聖なるナーム・マントラによってさらに強化されます。

全系譜に支えられているので、この教えは強固なものです。純粋で、とても強力なのです。マスターたちはすべての秘密を分かち合います。何も隠されてはいません。これは何の見返りもなく、常に自由に分け与えられてきた、開かれた真実なのです。誰もが生まれ持っている真実の知識を商業的に利用することはあってはなりません。バウサヒブ・マハラジはこのように言いました。「私たちの派では、帰依者からお金をもらってはいけない。いかなる金銭的関係もナーム・マントラを損う。サンプラダーヤでは何も要求しない」

バウサヒブ・マハラジ（一八四三～一九一四）は、シュリー・ラグナスプリヤ・マハラジから伝授を受けました。サッドグルはシュリー・グルリンガジャンガムで、バウサヒブ・マハラジは師を深く敬愛していました。彼はユーマディの聖人として知られ、一家の長でもありました。彼には多くの弟子がいましたが、その中にはシュリー・シッダラメシュヴァール・マハラジやシュリー・グルデブ・ラナデ、シュリー・アンブラオ・マハラジなどがいました。

バウサヒブ・マハラジの手法は「蟻の道」として知られ、瞑想、自制、禁欲を用いました。彼は知識よりも、瞑想を用いることに重きを置いていました。それは弟子の多くが地方の村からやって来て、読み書きもできなかったからです。彼は実在を発見するため、非常な困難を耐え抜きました。休息もとらずに森の中で十八年間立ち続けたり、一度に十二時間、瞑想したりしたのです。神聖なる名前を思い出すことの重要性を強調し、「神聖なる名前を骨まで沁み通らせなさい。瞑想しながら心の中で、神聖なる名前を熱烈に繰り返しなさい」と言いました。

シッダラメシュヴァール・マハラジ（一八八八～一九三六）は、ソーラープルのパスリーに生まれました。バウサヒブ・マハラジはシッダラメシュヴァール・マハラジに初めて会ったとき「非常に尊い人物だ」と言い、その日のうちに秘伝を

ラマカント・マハラジにいたる直接的系譜

起源はダッタトレーヤに遡る

九人のマスターたち

授けました。

シッダラメシュヴァール・マハラジは師とともに七年間を過ごしました。真我実現を固く心に誓っていたので、師が亡くなった後は、人生をそのために捧げる覚悟でした。難行苦行とともに、集中的な瞑想を始めました。瞑想中、彼から発せられた花の蜜のような香りが辺りを満たすほどの極みに達したと言われています。

この系譜に属すマスターの多くがそうであったように、彼も仕事と家庭を持っていました。一家の長であることは妨げではなく、むしろ無私無欲であるための機会だと考えていました。

修行を通じて、瞑想は最終的な実在に到達するプロセスの初期段階でしかないということがわかってきたので、彼は教えを「蟻の道」から「鳥の道」へと進化させました。識別と平静をもってすれば、実在にたどり着くことができます。「幻想を捨て去る必要はない。ただ、その偽りの形式を見抜き、その理解を日常生活の中で実行に移せばいいのだ。そうでないと、たとえ真我の知識を知的に理解しても、それがハートとマインドに完全に刷り込まれることはない。それが生き生きとしたものになることはないのだ」。彼のスピリチュアリティは、亡くなった師と同じく、実用的なものだったのです。二年後、最愛の師の姿が現れ、こう告げました。「お前はすでに最終的な実在に到達した。もうすべきことは何もない」

彼は簡単な言葉を用いて知識と帰依を教え始めました。あらゆる階層の多くの人に秘伝を伝授したと言われています。その正確な数はわかりませんが、多くの人がこの素晴らしいマスターを通じて覚醒したとされます。その中には、ガナパトラオ・マハラジ、バイナート・マハラジ、ニサルガダッタ・マハラジ、ランジット・マハラジ、マッピン・カードシデシュワー・マハラジ、バルクリシュナ・マハラジなどがいます。

彼は日常的な例えを用い、教えを実用的なものにしていました。真我探究、識別力、冷静沈着であることが奨励されました。

知識が乾いた空虚なものとなることを避けるため、彼は帰依とマスターを讃えることに重きを置きました。その教えを伝える本〝Master of Self–Realization〟はスピリチュアルな古典です。

ニサルガダッタ・マハラジ（一八九七～一九八一）は、師のシッダラメシュヴァール・マハラジに帰依を捧げました。師が四十八歳という年齢で亡くなる三年前に出会えたのは、

グルリンガジャンガム・マハラジ

バウサヒブ・マハラジ

シッダラメシュヴァール・マハラジ

ニサルガダッタ・マハラジ

大変幸運なことでした。そして稀なることに、数年後に自分自身も真我実現を達成することができたのです。

ときにピリッとしているけれど、常に洞察力に満ちた直接的な知識によって、ニサルガダッタ・マハラジも教えをさらに進化させました。その素晴らしい教えによって、多くの探求者が目覚めました。著名な本『アイ・アム・ザット 私は在る』は「探求者とは自分自身を探す者だ」という高らかなメッセージとともに一九七三年に出版され、その結果、多くの西洋人が訪れるようになりました。

ナーム・マントラに関しては、次のように語っています。

「このマントラはとても強力で効果的だ。私の師がこのマントラを授けてくれたが、その結果、世界中から人々が訪れるようになった。それを見れば、このマントラのパワーがわかる」

ラマカント・マハラジ（一九四一～二〇一八）は、一九六二年に師のニサルガダッタ・マハラジから秘伝を伝授され、この系譜の教えをさらに推し進めました。彼の手法は画期的で根本的、絶対的なものです。概念を弄《もてあそ》ぶことなく、「私は在る」という概念も含めて、すべてを素早く一刀両断します。彼は最高度な教えを日常的な言葉で伝え、真我実現への近道を提供してくれました。

この系譜に連なるマスターたちは最高度な教えを隠すことなく、無私無欲に伝えます。マスターやマスターという形式に依存しないよう、強く勧められます。弟子をマスターに変容させることが、マスターたちの真摯で高貴な願いなのです。これがインチェゲリ・ナヴナート・サンプラダーヤのユニークなところです。

「私の師ニサルガダッタ・マハラジの恩寵によって、師が私に分け与えてくださったのと同じこの知識を、あなたと分かち合えるのだ」

シュリー・ラマカント・マハラジ

第一部　真我探究（SELF–ENQUIRY）

1 あなたはすでに覚醒している

ラマカント・マハラジ（以下マハラジ）：私の師ニサルガダッタ・マハラジは言った。「私はあなたを弟子にするのではない。マスターにしているのだ」。マスターのエッセンスがすでにあなたの中にある。すべてはあなたの中にあるのだ。

あなたはすでに覚醒している。

ただそれを知らないだけだ。

あなたは体ではないし、過去に体だったこともないし、この先も体であり続けることはない。

体はあなたのアイデンティティではない。

それは長い夢だ。

覚醒とは「夢から覚める」ということだ。

耳を傾け、熟考しなさい！　あなたではないものを知りなさい！　私が指差しているのはあなたのもともとの場所、存在する前のあなたの状態だ。私は「前」について話している。スピリットが体にはまる前、あなたの自発的な臨在が幻想の層で覆《おお》われる前について話しているのだ。

生まれる前の状態が、

覚醒だ。

私は自分が体ではないと知っているが、あなたは知らない。それ以外に、あなたと私の間に違いはない。あなたは自分の真のアイデンティティを忘れてしまったのだ。

私の中の目に見えない話し手と、

あなたの中の目に見えない聞き手は、

同じ一つのものだ。

あなたは幻想の概念の灰に覆われている。マスターはその灰を取り除く。マスターはあなたの内なるマスターを再び目覚めさせ、再生する。

ここに私たちは直接的な知識を分かち合う。私は目に見えない質問者に呼びかけている。存在する前、あなたには何の質問もなかった。「知識」という言葉すら知らなかった。

あなたは生まれていない！　何も起こらなかった。

何も起こっていないし、

何もこれから起こらない。

あなたの質問はすべて、体に基づいたものだ。

あなたの誕生も死もない。あなたの臨在はあなたが存在する前からそこにあった。それはあなたの存在が消滅した後もそこにあるだろう。それは体の所有者として、今ここにある。

知識とは知的なものではなく、経験的なもの、本から得られるものでもない。言葉によって示されるものでもなく、無味乾燥としたものでもないし、使い古されたものでもない。子供の頃から今に至るまで、あなたが得てきた知識はすべて、体に基づいた知識だ。それは印象、幻想の概念、条件付け、プレッシャーなどから生まれた。それはあなたを身体知識の輪の中に閉じ込めてきた。身体知識の輪の中から出て来て、自分自身を本当の意味で知りなさい！

子供の頃から今に至るまでの、
すべての記憶や経験も含めて、
すべてが消されなければならない。

覚醒したマスターに幻想の外に連れて行ってもらわなければならない。マスターはすべての詳細を直に知っているから、あなたを案内できる。幻想を消し去り、あなたのパワーを取り戻すには、真我探究、瞑想、知識、バジャンのプロセスを経る必要があるだろう。

あなたのときが来た。あなたは実在を知る絶好の機会を手にしている。

しかし、すべての身体知識が消え去らなければ、
実在は姿を現さない。

今まで読んできたこと、学んできたことをすべて忘れなければならない。真っ白なスクリーンのようになりなさい。そして耳を傾け、吸収するのだ。体はあなたのアイデンティティではないというのは、明らかな事実だ。存在する前は、何もなかった。何もあなたから切り離されていなかったし、あなたの外には何もなかった。すべてはあなたの中にあった。あなたの自己なき自己以外には何もなかった。私の師ニサルガダッタ・マハラジは、実在を次のように一つの文で言い表した。

あなたの自己なき自己以外に
神はなく、
ブラフマンもアートマンもパラマートマンもマスターもない。

2 スピリチュアリティの目的は何か

マハラジ：スピリチュアリティの目的は、自分自身を本当の意味で知り、幻想とすべての身体知識を消し去ることだ。

もう一度、よく聞きなさい。

スピリチュアリティの目的は、

自分自身を本当の意味で知り、

幻想とすべての身体知識を消し去ることだ。

私たちは人生の目的とは何なのか、そして私たちが本当に欲しいのは何なのかを知らなければならない。私たちは知らねばならないのだ！ 人類には知性が与えられているから、私たちはそれを見つけ出すことができる。あなたはスピリチュアリティに興味を持ち、調べ、探求している。だからここに探しに来た。あなたは何を探しているのか？ 何が欲しいのか？

「私は幸せが欲しい」というのがよくある答えだ。すべての人が幸せを欲しい。恐れや不安のない生活、平安が私たちには必要だ。

源の外に、

あなたの探しているものが見つかることはない。

ここで、あなたは自分自身の知識、自分自身の自発的な知識を聞き、再発見するだろう。目に見えない自発的な臨在があなたの幸福の源なのだ。すべてはあなたの中にあるが、あなたはそのことに気づいていない。あなたの臨在は開かれた秘密なのだ。

あなたの臨在は何も必要としていないが、

ならば、誰が平安を欲しているのだろう？

誰が幸せを欲しがっているのだろう？

あなたの自発的な臨在は、それ自身に知られていない。

あなたの自発的な臨在は静かで、名もなく、目に見えず、

特定できないアイデンティティだ。

長年、スピリチュアリティを探求してきて、あなたは何らかの結論にたどり着いただろうか？ 本を読むだけでは十分ではない。それは乾いた知識、物質的な知識だ。

すべてのこういった本を、

あなたは誰のために読んでいるのだろう？

あなたは形のない、

究極の真実だ。

あなたは体ではないし、体だったこともないし、体であり続けることもない。これがあなたの確信とならなければならない。この確信を打ち立てるには、瞑想と真我探究が唯一の方法だ。スピリチュアリティに関しては、暫くの間、忘れなさい。

体はあなたの真のアイデンティティではない。なぜなら、体は変化を経験するからだ。体には時間制限がある。これは明らかな事実だ！ いつの日か、体は埋葬されるか、燃やされる。

知られていないものが存在するようになり、
体を通して知られた。
知られていないものが知られるようになったのだ。
いつか、知られているものは
知られていないものに吸収されるだろう。
とても簡単な教えだ！

自発的な臨在が身体形態にやって来たとき、苦痛が始まった。肉体的苦痛と精神的苦痛だ。スピリチュアリティは苦痛に立ち向かう勇気をくれる。執着と喪失が苦痛の原因だ。心理的な問題や感情的な問題など、身体的な動揺はすべて、瞑想の助けによって消滅する。

ニサルガダッタ・マハラジはこのように言っている。「あなたには素晴らしいスピリチュアルな知識があるかもしれないが、瞑想の助けがなければ、こうした知識が吸収されることはない」

存在する前、体はなかったし、問題も不足もなかった。言語もなかったし、言葉も概念もなかった。食べ物も知識もスピリチュアリティも必要なかった。マスターも弟子もなく、覚醒の必要もなかった。あなたは名もなく、妻も夫も母も父も兄弟も姉妹も友人もいなかった。こうした関係性はすべて、身体的な関係だ。世界とは、あなたの自発的な臨在の自発的な投影なのだ。

これは直接的な知識だ。
それは知的なアプローチではなく、
論理的なアプローチでもなく、
エゴによるアプローチでもない。
これらはすべて、あなたの臨在の後にやって来たものだ。

あなたは自分自身を本当の意味で知るために、実在を知るためにここにいる。こういったことが自発的に起きるには、真我探究、瞑想、マスターの知識の助けを借りて、あなたではないすべてのものを消さなければならない。

あなたは決して囚われの身ではなかった。
あなたは鳥のように自由だ。
あなたはアイデンティティを忘れてしまっただけだ。
マスターがここにいて、それを思い出させてくれる。

あなたは究極的な真実、究極的な実在、最終的な真実だ。あなたは全能の神だ！

あなたはすべてだ。
すべてはあなたの中にある。

3 自己なき自己

質問者：自己なき自己とはどういう意味ですか？

マハラジ：「自己」は身体知識に関係している。つまり自己とは、体に伴うすべてのものを意味する。この身体知識がすべて消えたとき、そこに残るものを「自己なき自己」と呼ぶ。それは何の中身もない自己、幻想のない自己だ。

　自己なき自己とは自発的で、目に見えず、名もなく、特定することなどできない臨在だ。この知られることのないアイデンティティを指し示す言葉はすべて、ひとたびその役目を果たしたら、完全に消滅しなければならない。言葉が役目を果たしたら捨ててしまうことだ。覚えておきなさい！　自己なき自己は言葉を超えているのだ。

　自己は身体知識と、すべての身体に関連した幻想に関係している。つまり「私はこういう者だ。私は個人だ」ということだ。「何者」もいない。それは身体知識だ。自己とは体との同一化を指し示す。つまり私自身、彼自身、彼女自身との同一化だ。自己なき自己とは「無」を指し示す。何もないということだ。観照する者もないし、経験する者もないし、何もない！

質問者：はい、その通りです！　私たちの臨在は「開かれた秘密」だということも、あなたはおっしゃいますが、これはどういう意味ですか？

マハラジ：そう、あなたの臨在は開かれた秘密だ。あなたの自発的な臨在は体で覆われている。あなたはそのことに気づいていないかもしれないが、あなたの臨在はそこにある。あなたは自分自身に注意を向けず、無視している。あなたは内側ではなく、いつも自分自身の外側を見ている。すべてはあなたの内にある。何も外側にはない。

質問者：それは自己なき自己にとっては開かれた秘密なのですか？

マハラジ：自己ではなく、自己なき自己にとってはそうだ。すべては無からやって来て、無の中に消えていく。そして無の中に何かがあるように見える。何も知らないとき、存在する前の臨在に気づいていないとき、あなたはこの無を何かだと思う。

存在する前、
あなたはいかなるものにも気づいていなかった。
あなたは何も知らず、
「知識」という言葉さえ知らなかった。

　体を去った後に世界で何が起きているか、あなたが知ることはないだろう。体を去った後にあなたが知られることはないだろう。だから、すべては無からやって来て、無の中に消えていく。

すべては無からやって来て、
無の中に消えていく。

今、私たちはその中間の状態にあり、自分自身を「何か」だと考えている。私たちはその自分が何かだと信じている。しかし、この「何か」は体に基づいた知識に関係しているだけだ。当然ながら、この体は不変ではない。だから体が何かであるように見えたとしても、実際のところ、それは無なのだ。体が存在する前に名前はなかったし、形も、形態も、経験も、経験する者も、観照も、観照する者もなかった。

この明らかな事実は、瞑想を通してさらに明らかになる。この世界はあなたを騙《だま》して、あなたが男や女だということや、あなたが生まれ、そして死んでいくということを受け入れさせる。

この体は何かであるように見えるが、
無だ。
それは幻想だ。

よく聞きなさい！　存在する前、あなたは自分に知られていなかった。体を去った後、あなたは自分自身に知られないだろう。現在、あなたは自分自身を身体形態を通して知っている。この身体形態はいつまでも持続しない。この体はあなたの恒久的なアイデンティティではないし、続いていくものではない。あなたが自分自身だと考えているこの何かは、それが何であるにせよ、無からやって来たものに違いない。だから、あなたが何かだと考えているものは、実際のところ、幻想なのだ。

実在はあなたが存在する前にある。
実在はあなたが存在した後にある。
この身体形態における一生というものは幻想だ。
それは実在における間奏曲、中断、障害と捉えられる。

私の師ニサルガダッタ・マハラジは次のように言った。「あなたは実在だ」。あなた以外には、何もない。実在はそこ以外には存在しない。師はこの教えを一つの文に要約した。「自己なき自己以外に、神もブラフマンもアートマンもパラマートマンもマスターもない」。つまり形のないあなた以外に何もないということだ。あなたの自己なき自己以外に何もない。自己なき自己の他には何もないのだ。

自己なき自己以外に、
何もない。

４ 三つの段階

質問者：あなたは三つの段階があるとおっしゃいました。一つ目は真我探究、二つ目は真我知識、三つ目は真我実現。

マハラジ：三つの段階がある。それと同時に、三つの段階はない。実際のところ、段階というものはないのだ。それは初期の段階で道しるべとして使う言葉に過ぎない。教えるために、三つの段階があると言うだけだ。一つ目、二つ目と、はっきりとした直線的なものではないが、大まかな枠組みとしては便利だ。

真我探究が真我知識につながり、それからその真我知識がさらに真我探究につながっていく。だから、これはむしろ前に進んだり、もと来た道を戻ったりするプロセスで、ある意味、行ったり来たりと言える。しかし、おおざっぱに言えば、あなたの言うように三つの段階がある。

簡単に説明すると、スピリットが体にはまって人間が現れると、その人は大きな恐怖を感じる。この恐怖と混乱ゆえ、その人は自分が誰かわからない。それが次のようなジレンマにつながる。「私は誰か？　私は身体形態の中にいる！　でも、この体が私のアイデンティティではないなら、私は誰か？」。これが真我探究と人類の永遠の追求の根本だ。人は「私は誰か？」、「どうして、こんなに多くのものが私には不足しているのだろう？」という質問の答えを見つけようとしているのだ。

身体知識を身に付ける前は、何の不足もなかったので、こういう質問が出て来る。私たちは最初の段階で「私は誰か？『私』とは何を意味するのだろう？」という疑問の答えを見つけようとする。これが基本的な真我探究だ。

答えを探し求めるうち、私たちはさまざまなところから知識を集める。本や友人、講座、リトリート、ワークショップ、教師、それにおそらくマスターから。こういう知識を通じて、私たちは「私は無だ」と知る。また、この「無」はスピリチュアルな用語ではブラフマン、アートマン、パラマートマン、神などと呼ばれることを知る。探求者が得るこういう知識は、文字の知識だ。

体は物質的な体であり、体が集めている知識も物質的な知識だ。この知識は人工的な源から得られたものであり、そうした源はあなたが存在する前にはなかった。だから、それは身体知識なのだ。本から得られた知識、使い古された知識は真の知識ではない。真の知識とは自発的な真我知識であり、それは本当の意味で自分自身を知るということだ。

あなたがすでに持っている知識、あなたはブラフマンであり体ではないという真の知識が吸収されると、それは確信になる。体は自分のアイデンティティではないという結論に、あなたはずっと前にたどり着いたかもしれない。この事実を知的に受け入れたかもしれない。しかし、もっと深いところに行く必要がある。「汝《なんじ》自身を知れ！」。私の師が分かち合ってくれた知識をここに分かち合い、あなたの実在を見せてあげよう。あなたは恐れを取り除き、本当の意味で自分自身を知るだろう。

知識が確信に変わると、
それは真我知識になる。
真我知識とは
「私は体ではない」
という知識を吸収することだ。

あなたはスピリチュアルな本や、その他の使い古された情報源から「あなたは体ではない」ということを学んだ。

この知識が吸収されたとき、
それが、真我実現の状態だ。

要点をまとめると、真我探究が真我知識につながる。知性と言葉の助けを借りて、「私は体ではない。私はブラフマン、アートマン、パラマートマン、神等々だ」という知識をあなたは得る。しかし、これは言葉による知識に過ぎない。この文字の知識が吸収されたとき、あなたは覚醒の段階に到達するだろう。この段階では経験も経験する者も、観照も観照する者も、何も残っていないだろう。

それはこういうことだ。
真我実現の段階では、
世界にまったく関心がなくなる。
存在する前の状態が、
真我実現の段階だ。

質問者：すると、あなたのおっしゃるように、今度は真我知識が私たちをさらなる真我探究に連れ戻し、そしてまた真我探究が真我知識に連れ戻すので、このプロセスは直線的なものではないのですね。だから、私たちはこのプロセスにおいて、常に真我探究から真我知識に向かっており、ある意味これは決して終わらないプロセスなのです。常に、さらなる知識が明らかにされるというわけです。

マハラジ：すでに言ったように、真の知識とは本当の意味で自分自身を知ることに過ぎない。私たちは身体形態において自分自身を知っている。これは私たちのアイデンティティではない。このプロセスをサポートし、すべての肉体的な問題、スピリチュアルな問題、精神的な問題、エゴに関する問題を克服するため、マスターは「瞑想という薬」を処方する。

一定期間、強く深く集中すると、自発的な確信が生じ、実在があなたの中に現れるだろう。

とてつもない驚きがあなたを待ち受けているだろう！

それは奇跡的で、ドラマチックで、魔法のような経験だ！

これが起きると、「私は体にまったく関心がない。体は私の真のアイデンティティではない」と感じるだろう。そして、あなたは体の中に住んでいるけれど、それに関心を持つことも、興味を持つことも、巻き込まれることもないだろう。

瞑想が完璧な土台を作り上げる。

すべてがあなたの中にある。すべてはそこにあるが、それは埋められ、灰に覆われ、幻想や概念の層に埋もれている。そういう概念の風船を割ってしまいなさい。それは自動的に起きるだろう。風船は自然に爆発する。

5 あなたは体ではなく体の所有者

質問者：私たちは身体形態において自分自身を知っているが、本当のアイデンティティを知る必要があると、あなたはおっしゃいました。では、私たちのアイデンティティ、存在とは何でしょうか？

マハラジ：あなたの存在とは、自発的な存在、自発的な臨在だ。あなたの自発的な臨在は静かで、目に見えず、名もなく、特定できないアイデンティティだ。世界はあなたの自発的な臨在を投影したものだ。

あなたの自発的な臨在は静かで、目に見えず、名もなく、特定できないアイデンティティだ。

世界はあなたの自発的な臨在を投影したものだ。

あなたはまったく生まれていない。でも、あなたは「私は生まれ、そして死んでいく」と考える。これは概念、幻想の思考だ。

あなたは生まれていない！

あなたは究極的な真実だ！

私はあなたの中の静かで目に見えぬ聞き手の注意を引いている。

私はあなたの中の静かで、

目に見えぬ聞き手の注意を引いている。

その聞き手は究極的な真実だ。

それは究極的な真実であり、生まれていない。それは死も誕生も知らない。存在する前、あなたは死も誕生も知らなかった。「神」についても何も知らなかった。スピリットが体にはまったとき初めて、存在はすべての概念や幻想と一緒になる。つまり、ほんのいくつか例を挙げると、あなたのお父さん、お母さん、兄弟、姉妹などは皆、この身体的感覚から来る身体的関係なのだ。

あなたはこういうことを聞いてきた。「神は存在する！　全能の神はここに、もしくはそこにいる。神はこの宗教、この教会、あの宗教、あの寺で見つかる」。体の感覚がなかったとき、存在もなかった。あなたが存在する前は、何もなかった。他人もなかったし、関係性もないし、何もなかった。

あなたは体ではないし、体だったこともないし、体であり続けることもない。

これは明らかな事実だ。

ここに簡単な例を挙げよう。両親があなたにこう言った。「この体は『男の子』と呼ばれている。あの体は『女の子』と呼ばれている」。あなたはこの情報を受け入れた。両親はたとえばラヴィとか、シータとか、スーザンとか、ポールとかいった名前をあなたにくれた。あなたはこのアイデンティティを何の疑いもなく受け入れた。あなたは青年期から中年期、老年期と、体のいろいろな段階を通り抜けてきた。その道すがら、あなたは多くの疑問を投げかけてきた。たとえば「私はこの名前が付けられた体に過ぎないのだろうか？　もし、そうでないなら、私は誰か？」などと、問いかけてきた。

ここにたどり着いた今、あなたはもっと深いところに行ける。立ち止まって内側を見なさい！　あなたが何であるかを見つけなさい！　幻想を取り除きなさい、そうすれば実在が明らかになるだろう。真我探究をしなさい！　識別力を用いなさい！　すべてはあなたの内側にある。

マスターは言う。

「あなたは究極的な実在、究極的な真実、全能の神だ」

あなたにはとてつもないパワーと強さがある。

しかし、あなたは自分のパワーに気づいていない。

なぜなら、あなたはこの身体形態を受け入れたからだ。

マスターはあなたが実在であり、神だと言う！　あなたはマスターの言うことを受け入れなければならない。スピリチュアリティを抜きにしても、あなたは体が自分の真のアイデンティティではないことを知っている。なぜなら、体はある特定の期間しか持続しないからだ。マスターはあなたに、あなたの実在を見せている。

質問者：では、私たちはマスターの言うことに耳を傾け、その教えを受け入れ、実在に焦点を当て続けなければならないということですか？　でも、最初の内は、幻想を溶かし去るために、何らかの努力が必要なのではないですか？

マハラジ：そう、初めのうちは幻想を取り除き、実在を確立するために何かをしなければならない。今まであなたは概念に出会うと、いつも盲目的に受け入れてきた。たとえば、「私は男だ」、「私は女だ」、「私はこの宗教に属する」等々。罪と美徳、救済と破滅など、私たちは概念の世界を泳いでいる。

地獄、天国、モークシャ、プラーラブダ、誕生、死など、概念は際限なくある。こういった概念はすべて、経典や本、グルや教師、マスターの教えの中にある。至る所幻想だらけだ！　あまりに多くの概念があり、あなたは囚われているように感じるが、実際はそうではない。あなたは囚われていない。あなたは鳥のように自由だ。

こうした概念はすべて、体とともにやって来た。
あなたが存在する前、概念はなかった。
「知ること」もなかった。
私たちは幸せや平安も知らなかった。
目に見えぬ臨在（スピリット）が体に触れたとき初めて、
すべての概念が生まれた。
すべての不足も、このとき生まれた。

誰もが死を恐れている。生き延びるためなら、私たちは何でもするだろう。しかし、この恐怖にしがみ付く代わりに、次のように自分に尋ねてみたらどうだろう？　「死とは何か？」。眠るとき、あなたは眠りに落ちることを恐れるだろうか？　「ちょっと寝かせてくれ。邪魔をしないで」とあなたは言うだろう。これと死に何の違いがあるだろう？　違いはない、同じだ！　真我探究をしなさい！　あなたは毎日、死んだ人について聞いたり、読んだりするだろう。死んだ人と一緒にいることもあるだろう。体が死ぬことは確実で、避けられない。死体はやがて埋められるか、燃やされる。

体が去ることは、避けられない。
しかし、あなたは体ではなく、
あなたはどこにも行かない。
体の所有者だ。

あなたは体ではなく、この体の所有者だ。あなたはスピリットであり、体とは完全に異なる。体とは肉や血、骨といった外側のパーツに過ぎない。誰がこの体を通して行動しているのだろう？　「私はとても悪いことを考えている。私は悪夢を見る」というような考えを経験しているのは、誰だろう？

こういったすべてを観照しているのは誰だろう？
それは、静かで目に見えず、名もなく、
特定することもできないアイデンティティだ。
それは「究極の真実」と呼ばれる。

質問者：よく考えてみます！　長年の間、私はスピリチュアルな本をたくさん読んできたし、瞑想もします。先生を訪ねたり、サットサンに参加するのは、とても気分が高揚する経験です。そこにいて、今この瞬間、静かに座っているときは幸せに感じます。でも、その感じは長く続かないのです。

マハラジ：よろしい。あなたは本を読んだし、マスターたちの話も聞いたことがあるし、瞑想も少しする。では、点検してみよう！　こうしたことをしてきて、どんな効果があっただろうか？　完全な平安を手に入れただろうか？　不安や恐れがなくなっただろうか？　幸せだろうか？　もし、答えがノーなら、あなたは真我探究をして、永続的な本当の幸せを見つけなければならない。私が言う幸せとは、物質的原因が必要ない完全な幸せのことだ。

　もし、本を読み続けて、外側の知識を次々に付け加えているなら、ちょっと一休みして自分に尋ねてみなさい。「この知識は私に幸せと充実感をもたらすだろうか？　私は恐れがないだろうか？」。真我探究に忠実でありなさい。「この知識は、私が体を去るとき、役に立つだろうか？」

　もし、あなたが今、集めている知識が平安と幸福をもたらしてくれないなら、それはあなたの役に立っていないということだ。簡単なことだ！　今、それが役に立たないなら、あなたが死の床にあるとき役に立つわけもないだろう。それならば、そんな知識にいったい何の価値があるのだろう？

スピリチュアリティの名のもとに、
誰のストーリーが、
こうした本の中で語られているのかを見つけなさい！
それが真我探究だ。

質問者：「誰のストーリー」とはどういう意味ですか？

マハラジ：それは、あなたのストーリーだ！　私はあなたにブラフマンやアートマン、パラマートマン、神のストーリーを語っているのではない。

私はあなたのストーリーを語っているのだ。
それはあなたの中の聞き手、
目に見えぬ聞き手、名もない聞き手のストーリーだ。
それは自己なき自己の、
あなたの自己なき自己のストーリーだ。

私の師ニサルガダッタ・マハラジは、自己なき自己以外に何もないということを、はっきりと述べた。自己なき自己以外に何もないのだ。自己なき自己だけが究極の真実、最終的な真実だ。師の言葉を借りれば、「自己なき自己以外に、神もアートマンもブラフマンもパラマートマンもマスターもない」

この類い稀なる知識、

悟りによって、

究極的な真実、

最終的な真実とは何なのかが理解できるだろう。

あなたはそれだ！

6 あなたは乞食ではなく百万長者

マハラジ：あなたは究極の真実であると発見し、そして本当の意味で知るためには、根本に行き、次のように尋ねなければならない。「身体形態をとる前、あなたはどんな状態だったのか？　存在する前、あなたは何だったのか？　どんな状態だったのか？　存在する前、あなたはどんなだったのか？」

質問者：知りません。

マハラジ：それでいいのだ。では、体を離れた後は、あなたは何になるのだろう？

質問者：知りません。

マハラジ：「知りません」が正しい答えだ。

「知りません」とは、

あなたの臨在があったことを、

ただし、それはどんな形や形態でもなかったと知っていることを意味する。

認識することはできないが、目に見えない静かなる臨在があったことをあなたは知っている。当然ながら、究極的な真実、知識の根本はあなたの中にある。しかし、あなたはこの真実を無視し、軽んじてきた。あなたは自分自身を軽んじてきたのだ。つまり、あなたは百万長者だけれど、乞食のように振る舞っていると言える。

物乞いの少年のたとえ話をしてみよう。少年が道で物乞いをしていた。ある日、少年の叔父《おじ》がやって来て、こう言った。「なぜ物乞いなんかしているんだ？　お前は乞食ではなくて、百万長者なのに！」。当然ながら、少年は叔父の言葉を信じず、こう答えた。「冗談でしょう。からかわないでください。そんなことがあるわけがない。あなたは嘘をついています！」

やがて、叔父は少年を一緒に銀行に行くよう説得して、少年の名前の口座を見せる。そこには何百万ものお金が入っている！　証拠をすべて目の前に並べられて、少年はやっと納得し、新たに発見された身分を受け入れる。

これと同様にマスターは言う。「あなたはブラフマン、アートマンだ」。でも、あなたはマスターの言葉を信じないし、受け入れない。はっきり言葉にはされないかもしれないが、おそらく、あなたの心の片隅のどこかで、小さな小さな声が「私が？　まさか！　冗談でしょう」と言っているのだ。

　どうしたら、あなたを確信させることができるだろう？　確信するには、瞑想のプロセスが必要だ。瞑想には、すべての幻想の層を消し去る効果がある。そして、あなたは自分の完璧さを発見するだろう。（うれしい驚きをジェスチャーで示して）「私はそれだ！（I Am That）」。マスターは完璧だ。マスターはあなたに究極的な真実を示す。だから、マスターは尊敬に値する。

　つまり、確信を持ち、自分の完璧さを知るには、瞑想が欠かせないのだ。これが、幻想を消しつつ、知識を吸収する唯一の方法だ。物乞いをやめて、自分の価値を知るときが来たのだ。

あなたは百万長者だが、自分を物乞いとして表現し、物乞いのように暮らしながら言っている。
「ああ神様、私に何かお恵みください、助けてください」

　他人に祝福と恩寵を求めれば、一時的に平安やスピリチュアルな幸福を手に入れられるかもしれない。しかし、それは鎮痛剤をいくつか飲むようなもので、充足や持続的な安らぎをもたらしてはくれない。今こそ、強くなるときだ。しっかりしなさい！　今こそ、自分自身の強さとパワーを知るときだ。あなたの強さを知り、パワーを取り戻しなさい。

　マスターは言う。「あなたはもう障害を負ってはいない」。あなたの存在は真の知識に満ちている。あなたは知識の源だが、そのことに気づいていない。あなたは自分が究極的な真実、全能の神だと気づいていない。

あなたは全能だ。あまねく存在する全能の神だ。
あなたの臨在は至る所にある。
あなたは空《そら》を超えている。
個人というものはない。

質問者：（笑いながら）この「小さな私」がそういったものだと信じるのは難しく感じます！　もし私が、あなたがおっしゃるようなものならば、なぜ私はそれに気づいていないのですか？　それに、もし気づいていないならば、どうやって私の真我に気づくことができるのですか？

マハラジ：どうして私にそんなことができるだろう？　「私」などまったくないというのに。「あなた」もないし、「私」もない。すべては空のようなものだ。マスターがあなたは全能だ、究極の最終的な真実だと告げているというのに、あなたはそれを受け入れようとしない。あらゆる種類の幻想の思考に囚われているから、真実を受け入れることができないのだ。あなたは自分を「小さな私」と考えているので、自分の内なるパワーにまったく気づいていない。

これに対処する薬はとても簡単なもので、すでに言ったが、それは瞑想だ。瞑想は幻想の解毒剤となる。初期段階では一番よく効く薬の一つだ。これは時間をかけて全身を巡り、そして効果が明らかになってくる強力な薬のようなもの。自己治癒するのにどれくらい時間がかかるかは、スピリチュアル・ボディ次第だ。きちんと瞑想すれば身体知識を取り除くのに役立ち、やがてすべてが完全に取り除かれるだろう。

身体知識が取り除かれ、
完璧に消えるまでは、
本当の意味で
自分自身を知ることはできない。

これはとても重要なことだから、もう一度、聞きなさい。身体知識が取り除かれ、完璧に消えるまでは、本当の意味で自分自身を知ることはできない。幻想を取り除くことに真剣に取り組むよう、私はこういうことを言って、あなたを揺さぶっているのだ。

つまり、すべてが消え去り、取り除かれなければならない。すべてが！　子供時代から今日に至るまでのすべての印象、条件付け、記憶もその中に含まれる！

質問者：マハラジ、私は自分が究極の真実だと思い出すために、ここに来なければならなかったのです。

マハラジ：あなたは究極的な真実だ。あなたは究極的な真実であるにもかかわらず、長い間に渡って体と関わってきたために、実在を受け入れられない。あなたは頷いて、わかった、わかったと言うかもしれない。でも、あなたは完全に専心しなければならない。これは難しいことではない。本当に簡単なことなのだ。このことについて考え、真我探究をしなさい！

体はあなたのアイデンティティではない。
これは明らかな事実だ。

瞑想の助けを借りれば、あなたの身体知識は取り除かれ、消えるだろう。それと同時に「私は誰か？」という問いの答えも見つけたいと思うだろう。あなたにはモチベーションが必要だ。何か起動力となるもの、火が必要なのだ！「私は誰か？」への答えを見つけるため、駆り立てられなければならない。手軽なスピリチュアリティだけでは役に立たない。

質問者：私の自我はとても強固で、消え去る兆しがありません。

マハラジ：それは体やマインド、エゴ、知性にあまりにも執着しているからだ。あなたはマインド、エゴ、知性にエネルギーを与えている。あなたは常に、それらにエネルギーを供給しているのだ。

当然のことながら、あなたはマスターだ。
しかし、マインドやエゴ、知性の
奴隷であるかのように振る舞っている。

質問者：私はこれまでずっとスピリチュアリティに興味を持ち、平安と幸せを探してきました。人生のこの段階にたどり着き、それでもまだ探しているものが見つからないのは残念なことであり、少々、気がめいることでもあります。

マハラジ：落ち込んだり、がっかりしたり、混乱したり、葛藤したりといった問題はすべて、身体に基づいた概念だ。あなたは自分自身を個人だと考えている。本当の自分である実在とは切り離された「誰か他の者」だと考えている。だから期待が膨らむ。「私は平安が欲しい。私は幸せが欲しい。私はスピリチュアルになりたい」。スピリチュアリティとは何かを知ったとき、あなたはそれも幻想に過ぎないことに気づくだろう。

なぜ、スピリチュアリティが必要なのか？
それは、あなたが自分の真のアイデンティティを忘れてしまったからだ。
だからスピリチュアリティが必要なのだ。

あなたが存在する前、スピリチュアリティはなかった。スピリチュアリティに関する本はたくさんある。「私は特別なマスターだ」と主張するスピリチュアルなマスターも大勢いる。しかし、存在する前、こういうすべてのものはどこにあったのだろう？　スピリチュアリティの必要が生じるのは、あなたが自分を体だと、身体形態だと考えるからだ。すべての幻想の層が取り除かれれば、

あなたは自分の完璧さを見つけるだろう。
「私はそれだ！」
それは自発的な完璧さだ。
「私はそれだ！」

7 あなたが目的地なのに、なぜ旅を続けるのか

質問者：瞑想するときは、どのようにしたらいいでしょうか？

マハラジ：テクニックを教えてあげよう。しかし自分自身を強く信頼しなければならない。そして、何をすべきか教わったら、よそ見をしてはいけない。これは、あなたの最後の旅なのだ。

あなたが目的地なのに、

なぜ旅をし続けるのか？

ここが終点なのだ。他に行くところはない。自己に深く専心して修行すれば、百パーセント結果が出るだろう。自分自身の努力によって必ず結果が出る。

質問者：あなたは多くの言葉を使わないので、この教えはシンプルに聞こえます。私はシンプルなものが好きです。それに、これは言葉で表せるものではないと感じます。違うレベルで何かが起きているのです。

マハラジ：スピリチュアルな心得のある人なら、言葉で説明してもわかるだろう。私はシンプルな言葉を、シンプルで直接的なやり方で用いる。何かを説明したり、理解を助けるために、物語形式で話をすることもある。

今の時代のスピリチュアリティは、「在宅」スピリチュアリティだ。人々は本をたくさん読み、さまざまなマスターの教えをたくさん聞き、いろいろな儀式や修行を行う。しばらくの間はそれもいい。でも、いつか立ち止まって自分を振り返り、こう尋ねなければならない。

なぜ、私はこういうことをしているのだろう？
こういう本を読んで、何を得ているだろう？
マスターたちの教えを聞いて、何を得ているだろう？
聖地を訪れて、何を得ているだろう？

あなたは自分の行動の目的を知らなければならない。あなたはなぜ、こういうことをしているのだろう？　一般的な答えはこうだ。「平安と幸せのため」、「恐れや不安のない人生を送るため」

しかし、誰がそれを欲しているのだろう？
誰が恐れのない人生を欲しいのだろう？
誰が平安を欲しいのだろう？
誰が不安のない人生を欲しいのだろう？

質問者：私です！

マハラジ：その「私」とは誰だろう？　もう一度、尋ねてみなさい。

質問者：どんなに尋ねても、答えは言葉を超えているように思われます。

マハラジ：

真我探究をすると、
探究者は自己の中心にたどり着く。
そこには特別な静寂があるだろう。
そして、探究者は消える。

まず、こう尋ねなさい。「この『私』とは何だろう？　それはどんなものだろう？　それを位置付けることはできるだろうか？」。答えはノーだ。

それは名もなく、目に見えず、特定できないものだ。

次に、こう尋ねなさい。私たちは幸せや平安を得るために何かが必要だと思っているが、「存在する前も、そういうものが必要だっただろうか?」。答えはノーだ。

そして、さらにこう尋ねなさい。「体が消えた後も、そういうものが必要だろうか?」。答えはノーだ。

何かが必要になるのは、
単にあなたがこの体を保持しているからだ。
つまり、私たちが持っている知識はすべて、
身体に基づいた知識であり、
身体に関係した知識なのだ。

「あなた」は自分自身にまったく知られていない。なぜなら身体的関係性によって、あなたは自分の実在から切り離されてしまったからだ。この幻想の分離によって、あなたは自分を本来の自分である源から切り離された個別のものだと考えるようになった。「私は何者かだ。個人だ」とあなたは考えるだろう。「私は男だ。女だ。ブラフマンだ。アートマンだ。パラマートマンだ。神だ」

質問者:「ブラフマン」や「私はブラフマンだ」という音の響きが、私は好きです。ぴたりとはまっているように感じられるし、私にはしっくりくるのです。もう長い間、この言葉をマントラのように何度も何度も唱えています。

マハラジ:あなたが自分をどんな名前で呼ぼうが、どんな名前が好きだろうと、問題ない。「ブラフマン」はただの言葉に過ぎないし、私たちはコミュニケーションをとるために何らかの言葉や言語を使わねばならない。それらは「名前」に過ぎないから、結局、どれも同じなのだ。

質問者:でも、私はやはり「ブラフマン」が好きです。

マハラジ:わかった、わかった。さまざまなものに名前を与えたのは私たちだということがわかっていれば、それでいい。私たちはABCなどのアルファベットを作り、すべてのものに名前を与えた。「これはロバ、これは神」というように。しかし、覚えておきなさい。

あなたが存在する前、
こういった名前はなかった。
つまり、「自発的で目に見えない存在」に
名前はないが、
「ブラフマン」、「アートマン」、「パラマートマン」、「神」
といった名前が与えられたのだ。
これが真我探究だ。
探究者は沈黙し、不可視となり、
「文字の知識」は実在となる。

8 全世界はあなたの自発的な投影

質問者：では、世界はどうでしょう？　世界とはマーヤー、幻想なのでしょう？

マハラジ：あなたはこの全世界とは完全に異なっている。なぜなら、この全世界は、あなたの自発的な投影だからだ。

世界は、あなたの自発的な臨在を
投影したものだ。

あなたの臨在がなければ、あなたが世界を見ることはできない。

あなたは世界に先立ち、
宇宙に先立ち、
すべてのものに先立つ。
「ブラフマン」、「アートマン」、「パラマートマン」、「神」、「宇宙」、「空」などが存在するには、
あなたの臨在が必要なのだ。

あなたの臨在に制限はない。時間の制限もないし、何かに取り囲まれてもいない。あなたの臨在は、あなたを取り囲む輪を超えている。これはシンプルな知識だ。

あなたは身体知識の輪の中を
ぐるぐる回っている。なぜだろう？
輪の中から出て来なさい！

質問者：どうしたら、あなたが言う「身体知識の輪」から抜け出せるのですか？　その輪はあまりにもしっかりと確立されているから、それから抜け出るのは難しいのではないですか？　どうしたら変わることができますか？

マハラジ：あなたは体ではないし、体だったこともないし、体であり続けることもないということを受け入れればよい。あなたは生まれていない。あなたは究極的な実在、最終的な真実だ。

スピリチュアリティはちょっと脇に置き、一歩下がって、落ち着いて冷静に考えなさい。識別力を使うのだ！　体は自分の真のアイデンティティではないとあなたは知っている。幼い子供が老婦人となり、体が変化するのをあなたは見てきた。体が自分のアイデンティティであるはずはない。それは恒久的なものではないのだから。

質問者：その通りです。つまり、もし「私は体ではない」、「私は生まれていない」ということや、「究極的な実在」を私が受け入れれば、前進できるということですか？

マハラジ：そう、その通り。識別力を用い、執着しなければいいのだ。

質問者：たとえ、それを完全に信じたり、その通りだと感じることができなくてもいいのですか？　たとえ、それに疑問を感じていたとしても？

マハラジ：そう、それでもいい。それでも確信がやがて訪れる。しかし、それは自発的な確信だ。あなたに生じるすべての疑問は、身体に基づいたものに過ぎない。こうした葛藤、混乱、疑いのすべては身体に基づき、すべてが身体に関係しているのだ。

あなたが存在する前、疑いはなかった。

知る者もなかった。

疑いは体とともに始まった。

しかし、あなたは体ではない。

体は持続的なものではまったくない。

あなたは究極的な真実だ。しかし、あなたはそれを忘れてしまった。今では、あなたは自分を他の何者かだと思っている。普通の男、もしくは女で、誰か他の人に「どうか祝福してください。あなたの手を私の頭の上に置いて祝福してください」と頼まなければならない。なぜだろう？

質問者：確信は自然に起きるものなのですか？

マハラジ：それはとても簡単なことなのだよ。でも、完全に専心、帰依しなければならない。自分の内側でこの原則を知り、究極的な実在、究極的な真実についてもっと知るには、真剣に自分に向き合わなければならない。それは収まることのない渇きのようなもの、もしくは内側で燃える火のようなもので、実在を知りたいというあなたの気持ちを後押しし、駆り立てる。

帰依とは、実在を知ろうとして、常に奮闘することだ。

それはどういうものか、一つ例を挙げよう。もし誰かがとても汚い言葉であなたを侮辱したら、自動的にそれらの言葉があなたのすべての細胞の中で反響されるだろう。誰かに侮辱されると、強い感情の波がほとばしり得る。誰もが、そういう感情を知っている。「誰かが私を罵《ののし》った。私も仕返ししてやろう。あいつがやって来たら、私もやり返してやる。あいつが私にしたことに、何かやり返してやるのだ。ああ、何て奴だろう！」

帰依とはこういうものだ。

質問者：（笑いながら）わかりました。固い決意で、完全に打ち込むことが必要なのですね。何か他のことを考えることができないくらいに！　私にも何度かそういう経験がありま す！

マハラジ：そうだ。本当の意味で自分を知るためには、こういうふうに完全に没頭することが欠かせない。それが唯一の道だ。真我知識の追求に完全に打ち込むことが帰依だ。あなたは落ち着いていられないし、それを忘れることもできない。あなたは探し出さなくてはならない。「私は知りたい。私は自分が誰か知らねばならない！」というあなたを、何者も止めることはできない。

真我実現に、完全に打ち込みなさい。

あなたが「私は男だ」、「私は女だ」と言うとき、それは真実ではない。「私はブラフマンだ」と言うのさえ、真実ではない。あなたはブラフマンでもなければ、アートマンでもパラマートマンでもない。それらは振り当てられた名前だ。いい名前だが、あなたの究極的な真実、究極的なアイデンティティを示すために用いられるに過ぎない。「ブラフマン」、「アートマン」、「パラマートマン」といった言葉には制限があるのだ。

それらはただの言葉に過ぎない。
あなたは言葉を超えている。

9 神のエッセンス

質問者：私は思考や感覚、感情に執着しています。つまり、自分が体であるように感じるのです。

マハラジ：そういった感情はすべて、体を保持しているから起きるのだ。臨在はスティーブンとは誰かを知らない。スティーブンが男か女かも知らない。なぜなら、臨在は目に見えず、空のようなもので、自分の名も知らないし、どんな名も知らないからだ。

真実はあなたの目の前に置かれている。しかし残念なことに、あなたはそれを受け入れていない。あなたはこうした悲しみ、恐れや不安に満ちた感情をすべて受け入れている。あなたはそれらを非常に深く受け入れている。そしてそのせいで、こうした感情が臨在に言わば色を付けてしまった。その結果が「私は臨在以外の何者かだ」なのだ。

私たちはあなたの中の目に見えぬ聞き手の注意を引こうとしている。あなたは全能の神だ。あなたはあまねく偏在する神だ。

その神のエッセンスは
個人という経験をしたことはない。

あなたはスティーブンが「誰か」だということを受け入れた。だが、そこに体と臨在がなかったら、誰がこの「スティーブン」について話をするのだろう？　スピリットとパワーなしに体はどんな活動も行えない。スピリットと体のコンビネーションは不可欠なのだ。これはとても直接的な知識だ。

臨在はそれ自身の存在を知らない。

臨在に知識はない。
経験もなければ、
経験する者もおらず、
観照も気づきもない。

スピリットが体にはまった瞬間、あなたは言う。「私は在る」と。扇風機は電気があるときのみ動く。電流というパワーがなければ、電気もない！　あなたのパワーは目に見えない電気のようなものだが、あなたはパワーではなく体だけを見ている。

だから、すべきことはすべての記憶、すべての身体に基づいた記憶を消すことだ。これにはある程度、時間がかかるだろう。すべてが消えた後には、完全な静寂だけが残る。

この知識を理解するには、しっかりとした土台が必要だ。土台を強くするには、瞑想の修行をしなければならない。文字の知識はあなたの役には立たない。本の知識は、身体に基づいてアイデンティティを示そうとする試みに過ぎないので、十分ではない。

食物からなる身体の知識がすべてなくなれば、
すべてが明らかになる。

質問者：身体知識が消えれば、こうした強烈な感情もすべて消えるのですか？

マハラジ：そうだ！　自然に消える！　話をわかりやすくするために「消す」とか「消滅させる」という言葉を使っているが、このプロセスは自発的なものだ。あなたの偏在性を明らかにし、あなたの臨在が至る所にあることを示す。すべての幻想の思考は去り、すべてが消えるだろう。

夢を見るとき、良い夢もあれば、悪い夢もある。目覚めたとき、あなたは「私は何をしたんだ？」と言うかもしれない。ひとたび実在を知れば、すべての概念が消える。目覚めれば、あなたは夢とは何の関係もないし、何もしなかったことがわかる。同様に真の知識を通じて、あなたが自分自身だと思っていたものが、実際のところ、そうではなかったということがわかる。それは夢だったのだ！

質問者：私が自分を身体形態だとみなしたからですか？

マハラジ：その通り！　体に食べ物を与えるのをやめれば、体は痩せる。その食べ物を消費しているのは誰だろう？　それは肉体のための食べ物で、ランプのオイルがなくなれば火が消えるようなものだ。オイルが尽きれば、火は消える。食べ物とはこのオイルのようなものに過ぎない。誰がこのオイルを使っているのか？

質問者：あなたの中の火です。私は自分の自発的な存在に食事を与えているのでしょうか？

マハラジ：あなたは何もしていない。私はただ例を挙げているだけだ。ランプに火が灯っていれば、オイルがある。体に食事を与えるのをやめるまで、あなたの臨在は認識可能だ。もし食事と水をとるのをやめれば、体はなくなる。ランプの光はどこに行ったのだろう？　天国？　地獄？　ランプの光と同じように、あなたの臨在も体が尽き果てるまでは感じられる。

光はどこにでもある。光に必要なのは、マッチ棒と箱の接触だ。必要なのはその接触だけ。そして、その接触によって、炎が目に見えるようになる。光や火はどこにでもある。しかし、その接触によって、目に見えるものになる。それは目に見えないものなのだが、ただ「シュッ」と接触することで目に見えるものとなる。

臨在は偏在している。

それは至る所にある火だ。

接触することで、体の寿命が尽きるまでのしばらくの間、臨在に焦点が集まり、そしてやがてオイルが尽きると、それは再び消える。

質問者：目に見える火、炎のようにですか？

マハラジ：あなたの自発的な臨在は目に見えない火だ。あなたが「私」と言うことができるのは、スピリットと体が合わさったコンビネーションがあるからだ。あなたは体を通して、あなたの臨在を知る。それによって、あなたは「私」と言うことができる。

この実在を知れば、自発的な勇気が生じ、完全に恐れがなくなる。あなたはこの生と死の恐怖に満ちた環境から抜け出すので、体を去るときも恐怖がないだろう。

質問者：この恐れの感覚は体に伴うものですか？

マハラジ：これにはちょっと説明がいる。

この自発的な感覚、この恐れがあるのは、

あなたの体に対する愛着心が原因だ。

「私は体ではない」とわかれば、恐れはもうない！　ポケットに何か入っていれば、泥棒が怖い。でも、ポケットが空ならば、何も恐れることはない。

あなたが死について不安を感じているのは、

自分を何者かだと考えているからだ。

収入や財産などのすべてが、あなたに失うものがたくさんあると思わせるのだ。

質問者：つまり、この恐れがあるから、私には真の知識がないということですか？

マハラジ：そうだ。そういう幻想をすべて取り除くために、あなたは瞑想をしなければならない。真の知識を消化すれば、すぐにその効果が現れ、内側で奇跡が起きる。しかし、消化するのには少し時間がかかるだろう。
質問者：ラマナ・マハルシは死を経験し、その後、覚醒しました。このような経験を経ることが必要ですか？
マハラジ：必要ない。人によってそれぞれ、さまざまな経験をする。ラマナ・マハルシのことも、他のいかなるマスターのことも忘れなさい。

経験者は一つの同じものだ。

経験にではなく、
経験する者に焦点を当てなさい。

経験はそれぞれ異なるかもしれないが、それは重要ではない。私は目には見えない名もなき経験者の注意を引いている。

自分自身を見なさい、
他人ではなく！

人生とは大海のようなものだ。多くの人が溺れている。何もかもが真っ暗闇で、あなたはこの幻想の世界から、この幻想の大海から抜け出す道を探している。あなたは他人のやり方に従い、それが自分にもうまく働くことを願っている。あちらこちらと探し回るのをやめなさい。あちらからもこちらからも、抜け出さなくてはならないのだから！

あの人の泳ぎ方、この人の泳ぎ方に注意を払うのをやめなさい。
そうしないと、あなたは溺れてしまう。

あなたはこの幻想の世界という大海の中に投げ込まれた。
そして、この幻想の海から泳ぎ出なければならない。

マスターたちが脱出方法を教えてくれた。
マスターたちが泳ぎ方を教えてくれた。
さあ、それを実行しなさい！

まずは自分を救い、その後で他人を救いなさい。ナーム・マントラは、快適にたやすく泳ぐ方法を教えてくれるテクニックだ。生半可《なまはんか》な知識や、他人に頼ること、他人の知恵を拝借することは常に危険だ。
質問者：生半可な知識と言えば……私は長年の間、あなたのように覚醒した本物のマスターを探してきました。教師を自称する人たちがそこら中に大勢いますが、彼らは皆、いわゆるネオ・アドヴァイタ系と言うか、サットサン・カルチャーの一部を成している人たちでした。
このネオ・アドヴァイタの教えは中身がなく、混乱させるものであることに私は気づきました。詳しい道しるべも、より大きな見取り図も示してくれないからです。手がかりはくれますが、真我知識に欠けているので、表面的な知識にとどまっているのです。彼らは象の一部分を見せているに過ぎません。商業的なアプローチで多くのお金がやり取りされ、大金が要求される場合もあります。やっとあなたを見つけることができて、本当にうれしいです。私が調べたところでは、あなたは覚醒した状態から教えを説いている唯一の人です。

マハラジ：あなたがここに来てくれてうれしい。ここがあなたの最終目的地、終着駅だ！

10 誰が永遠に生きたいのか

質問者：私は本来の自己にとどまることを修行しています。

マハラジ：そういったことはすべて、言葉に過ぎない。そういう概念はすべて、あなたの臨在を覆う層だ。体が存在する前は、自己にとどまることなどなかった。自己などまったくなかった。存在する前、自己はまったくなかったのだ。このとどまるという概念は、体に伴うものに過ぎない。

スピリチュアルな言葉の海で泳いではいけない。

あなたの自己なき自己を見なさい。

これは明らかな真実だ。

質問者：でも、難しいのではありませんか？

マハラジ：まったく難しくはない！　この体はあなたの真のアイデンティティではない。そこに何の難しいことがあるものか。これは明らかな真実だ。あなたは自分自身の死を延期することができるだろうか？　そんなことはできない。ならば、何の困難があるだろう？　何もしなくていい。探求することであなたは自分の邪魔をしている。ただありなさい！

「ただあること」とともに、ただありなさい。

ただ自分自身を、

体が存在する前の自分の状態を見なさい！

「自己」とか「私自身」、「彼自身」、「無我」といった言葉は、あなたの前に現れた言葉に過ぎない。スピリットが体にはまったとき、自己の概念があなたの前に現れた。

あなたはすでに最終的な真実であり

想像も概念もいらない。

こうした言葉はすべて、あなたの最終的な真実を示すために使われる。こうしたスピリチュアルな言葉は目安に過ぎず、混乱をもたらしたり、エゴを増大させたりする。

分離はなく、

個別性もない。

究極的な真実と一体ならば、

「自己にとどまること」に何の意味があるだろうか？

空は自分自身も何も知らない。あなたの存在、臨在は空を超えている。私たちは子供の頃から現在に至るまで、身体知識から印象を受け取っている。子供は非常にオープンで影響を受けやすいので、両親が言ったことをすぐに受け入れてしまう。大人はもっと疑い深く、何でも捻じ曲げたり、分析したりするので、そう簡単には受け取らない。何万もの概念が私たちの中に刻み込まれているが、だからそれら全部を消すためにナーム・マントラが必要なのだ。

質問者：ナーム・マントラは、自己にとどまることとは違うのですか？

マハラジ：完全な確信が、自己にとどまることだ。ナーム・マントラは目に見えない瞑想者の注意を引いて、あなたが究極の真実であることを告げているのだ。

存在する前のあなたについて話しているのではない。
なぜなら、あなたはそのとき自分に知られていなかったからだ。
だから、あなたは何も知らない。
知識は後からついてきた。

あなたが体の中に存在する前、臨在は目に見えず、名もなく、存在していた。あなたが存在する前、火はそこにあった。しかし、スピリットと体が接触して初めて、炎が目に見えるようになる。マッチ棒をマッチ箱にほんの一こすりすれば、火が生まれる。同様に、「私」が生じるには、スピリットと体の組み合わせが必要なのだ。

質問者：自発的な存在とは炎のことですか、それとも潜在的な炎ですか？

マハラジ：火は存在しているが、知られていない。接触すれば見えるようになるが、また消える。それはどこかに行くわけではない。スピリットが体と接触する瞬間、あなたは「私は在る」と言う。しかし、自分を身体形態とみなしてはいけない。あなたが体ではないというのは、スピリチュアルな基本原理だ。体はあなたではなく、誕生と死に支配されている。

体を去るとき、
身体形態は消耗しているが
あなたの臨在はそうではない。
臨在は存続する。

あなたの目に見えぬ臨在には特別な重要性がある。あなたはそれを無視しているが、あなたの目に見えぬ臨在には特別な重要性があるのだ。あなたはそれを軽んじ、外側のものに重きを置いている。自分を見なさい、自分の内側を。あなたの内側に目を向けなさい。瞑想の修行をするときは、真剣に没頭しなければならない。そうすれば、すべての疑問があなたの内側で解決されるだろう。あなたの内側のマスターはとても強力だ。

だから、強力に専心することが必要だ。

あなたの中にあるパワーは、
私の教えの背後にあるパワーと同じだ。

体はそれぞれ異なるが、スピリットは一つだ。繰り返すが、
完全なる確信が、自己にとどまることだ。

バケツの水を海に注いだら、再びそれを取り出すことはできないように、マントラを唱えれば、すべてが水晶のように透き通る。

このスピリチュアルな知識は、とてもとてもシンプルだ。あなたは自分の自己なき自己を信頼しなければならない。そして、それと同時にマスターを信頼しなさい。

あなたは「どうか私を助けてください！」と乞うている。

それは自分の偉大さを知らないからだ。

あらゆる生き物が、生き残ろうと奮闘する。スピリットは体を通してのみ自分を知るからだ。スピリットは死を恐れているので、体を保とうとする。これは最も大きな生物から、最も小さな生物にまで当てはまる。たとえばアリを見ても、彼らも生き残ろうとしている。ひとたび蜜を味わえば、命にしがみ付こうとするのだ。

かつて、先見の明のある聖人がいた。彼は帰依者に、ある日のある時間、自分は体を去るだろうと告げた。そして「私はこの近くの村に生まれ変わる。何かの動物の重みを感じる……オス豚だ。私がこのオス豚として生まれ変わったのを見たら、殺してくれ！　私はこの豚の姿にとどまりたくない。どうか、このことを覚えていてくれ！　私を殺して、切り裂いてくれ！」と言った。

そして、その後で聖人は死に、オス豚として生まれ変わった。彼の弟子たちはその村に行き、聖人が言っていた通り、オス豚を見つけた。弟子たちが捕まえると、豚は悲鳴を上げた。「どうか私を殺さないでください。私はこの体が気に入っています。私が言ったことは忘れてください。どうか殺さないで。私はこのままでいたい」

この話は人間性を表している。スピリットは身体形態に執着している。命の背後の根本原理であるスピリットは身体形態を好み、特定の体にとどまりたいと願う。スピリットは自分の真のアイデンティティを知らないのだ。それは体を通してのみ自分自身を知る。自発的な臨在は特定のできないアイデンティティだ。しかし、すべての生物は身体形態における自己保存を望み、永遠に生きたいと願うのだ！

11 経験者も経験もない

マハラジ：私たちは体に基づいた視点から自分自身を知る。

この身体形態の知識は消えなければならない。

これがスピリチュアリティの背後にある原理だ。

「私は体ではない」とあなたは知っているかもしれない。しかし、その知識は確信に変わらなければならない。「私は体ではない。私はブラフマンだ。アートマンだ。パラマートマンだ。神だ」と人々は言う。そのように言うのは簡単だ。しかし、その知識は完全に確立され、本物でなければならない。

体は変化を経験するから、体は私たちの真のアイデンティティではないと、皆が確かに知っている。私たちは変化を目にする。初めは子供だったのが、やがて若者になり、そして老人になる。それからいつの日か、好むと好まざるとにかかわらず、私たちは体を去らねばならない。

体は私たちのアイデンティティではない。

これは確立された事実だ。

質問者：はい、わかります。それは明らかです。

マハラジ：あなたは明らかだと言った。しかし、あなたはそのように生きているのかね？　私たちはこの真実を受け入れていない。私たちは体に大変な愛着を抱いている。それは消えなければならない。

質問者：私たちがあまりにも体に執着しているからですか？

マハラジ：かつて、バーラト王が大臣に尋ねた。「誰が最も強い愛を持っているだろう？　子に対する母の愛だろうか？　それとも、兄や弟などに対する兄弟姉妹の愛だろうか？　それとも妻に対する夫の愛だろうか？」。大臣はこのように答えた。「誰もが自分自身を一番愛しております。人は自分自身を一番愛するものです」

母ザルと子ザルに関する、同じような主題の物語がある。ある日、母ザルと子ザルが池に浸かって楽しく遊んでいた。すると突然、水位が増して深くなった。母ザルはとっさに子ザルを持ち上げ、危険から救った。水位が上がり続けたので、母ザルは子ザルが溺れないよう、もっと高く持ち上げた。しかし、それでも水位が上がり続けたので、ついに母ザルは必死のあまり、自分の命を救うために子ザルを守っていた手を離した。母ザルは自分が生き残るために子ザルを犠牲にしたのだ。この話は、誰もが自分自身を一番愛していることを示すものだ。

質問者：自己愛ということですか？

マハラジ：誰もが、自分自身を他の誰よりも愛している。体、マインド、エゴ、知性に対する非常な愛着があるのだ。だから多くの場合、私たちの自分に対する期待は高く、他人がそれを満たすことはできないのだ。
質問者：その愛着というのは、すべて体に対するものですか？
マハラジ：その通り！　しかし、体の手入れは怠らず、きちんとケアしなさい。それと同時に体は究極的な真実ではないことを知りなさい。自分自身を体だとみなしている限り、あなたは恐れという幻想や、その他もろもろに支配される。
質問者：もし私が体ではないならば、それでは私とは何者なのでしょう？　私は頭の中にまぶしい光を見たり、アストラル・トラベルをしたり、前兆やヴィジョンを見たり、スピリチュアルな温かさを感じるなど、いろいろな経験をしたことがあります。だから、自分がこの体以上のものだということは知っています。私は何かそれ以上のものです。うまく説明できませんが。
マハラジ：経験はそれほど重要ではない。自己なき自己に近付けば、経験者も経験もないこと、観照者も観照もないことに気づくだろう。自分を身体形態とみなしてはいけない！

あなたは究極的な真実、
最終的な真実だ。
あなたはブラフマン、アートマン、パラマートマン、神だ。

質問者：では、私はどのようにブラフマンを経験するのですか？
マハラジ：ブラフマンは目に見えず、名もなく、特定することもできない。

経験もなく、経験者もない。
経験もなく、経験者もない。
観照もなく、観照者もない。

物理的、生物学的な体のことは忘れなければならない。私たちには目に見えないスピリチュアルな体がある。それは生物学的な体でも、物理的な体でもない。あなたが抱いている質問はすべて、物理的な体に関係している。

スピリチュアルなレベルでは、
質問はない。

質問者：私が自分は身体形態だと考えている限り、質問が湧き上がり続けるということですか？
マハラジ：そう、その通り。実際、存在する前のあなたは、体ではなかった。この先、体であり続けることもない。存在するとすぐに、あなたは「私」と言う。この「私」の前に臨在があった。
だから、こういう質問はすべて、「スピリチュアリティ」とともに後からやって来た。言うなれば、究極的な真実に引き付けられたときに、やって来たのだ。ただし、私が使っているこういう言葉は、単なる言葉に過ぎないことを覚えておきなさい。言葉にしがみ付いてはいけない。

質問者：では、すべての問題を引き起したのは体だということですか？

マハラジ：実際のところ、体はあなたに自分自身を知る機会をくれる。体が突然、大きな幻想の隔たりを作り出したので、実在はあなたにとって未知のものとなり、その結果、あなたは自分の真のアイデンティティを忘れてしまったのだ。

強くなり、勇気を持ちなさい。臆病な生き方をしてはいけない。ライオンのようになりなさい！　ライオンのたとえ話を知っているかね？　子ライオンが羊の群れの中に連れて来られた。子ライオンは自分も羊だと思い始めた。子ライオンは犬やオオカミを怖がった。そしてある日、別のライオンがやって来て、この子ライオンと友人になろうとした。子ライオンは泣きそうな声で言った。「僕を傷付けないでください。僕は羊なんですから」。別のライオンは子ライオンを川岸に連れて行って言った。「水に映る自分を見てごらんよ。自分の顔を見てごらん！　体の残りの部分も見てごらん。わかっただろう？　僕は本当のことを言っている。君も僕と同じライオンなんだよ！」。子ライオンは水面に映った自分の顔、体、各部分を一目見るなり、「ああ、そうだったのか！　わかった！」と言った。

こうして、子ライオンは自分がライオンだと理解し、受け入れた。「僕もあなたと同じなんだ！　何の違いもない！　僕はずっと羊として暮らしてきたけれど、羊ではなかったんだ！」。子ライオンは水面に映る自分をもう一度見ると、咆哮《ほうこう》を上げた。「僕はライオンだ！」。確信を得て、子ライオンは羊としてではなく、ライオンとして駆け出した。子ライオンが羊だったことは一度もなかった。

マスターも同じことを言っている。「あなたは男ではない。女でもない。あなたはブラフマンだ」。咆哮を上げることができるのに、何を恐れる必要があるだろう？

つまりこういうことだ。
実在を知れば、
あなたはもともとの場所に戻る。

これは、スピリチュアルな意味でライオンであることについて教えてくれる、いい話だ。私たちはあなたに外に出て、咆哮を上げなさいと言っているのだ。「私はライオンだ。私はそれだ！」。あなたはすでにライオンだが、自分のアイデンティティを忘れている。長いこと、体に関わってきたので、あなたは「自分は何者かだ」と考えるようになってしまったのだ。
　マスターはあなたに告げる。「あなたは究極的な真実だ」。しかしあなたは「そんなはずがない」と言う。そこでマスターは説明する。これが真の知識と呼ばれるものだ。こうしたストーリーは自信をもたらすので、初期段階に適している。あなたはこうしたストーリーの根本にある原理を受け入れなければならない。恐れないこと、落ち込まないこと、影響を受けないことを自分に教えなければならないのだ。巻き込まれてはいけない。巻き込まれるから、あなたは苦しむのだ。

質問者：個人的なレベルにおいて、私は多くの苦しみを経験してきました。

マハラジ：誰が苦しんでいるのだろう？　私が言わんとしていることに注意を向けなさい！　あなたは自分の源から切り離され、阻害されていると感じている。だから、自分が分離した何かだと、独立して存在する何者かだと感じるのだ。

だからスピリチュアリティが必要になる。
瞑想、バジャン、真我の知識もまた然り。
なぜか？
あなたが自分のアイデンティティを忘れたからだ。

質問者：私の記憶が戻り、自分のアイデンティティを思い出せばいいのですか？

マハラジ：そういうものではない。それは思い出すことや記憶とは何の関係もない。私の言葉を文字通り受け取ってはいけない！　毎日、私は同じことを言っている。私は文字通りの意味で忘れるとか思い出すとか言っているのではない。
　あなたが知ったとき、それは自然に起きる。あなたが特定できないアイデンティティを知る瞬間、それが確信、自発的な確信だ。

この自発的な確信が起きるとき、
個人はもう存在しない。
なぜなら、「それ」は対話を超えているからだ。

　現在、私たちは一緒に対話しているが、そのとき私たちは自分たちを二つの体、弟子とマスターだと考えている。もしあなたがバケツの水を海に注いだら、その水を取り出すことはもうできない。それは海と混ざってしまったからだ。これは「同化プロセス」と呼ばれる。実在とは、そういうものだ。
　もし、あなたが実在に吸収されれば、つまりバケツの水が海に注ぎ込まれれば、あなたはもうバケツの水を海から取り出すことはできない。それは不可能だ。バケツの水にはもう個別性はない。あなたの究極的な真実を吸収し、それと同化するプロセスも似たような形で起きる。あなたは究極的、最終的な真実だ。

質問者：この同化プロセスにはどれくらいの時間がかかるのですか？

マハラジ：経験している間、存在している間、存在を吸収、溶解している間は、スピリチュアリティが必要だ。私たちがこの幻想の世界に出くわしたとき、すべての不足、必要性が生じた。この幻想の世界には何の基盤もないということを確信すると、その瞬間、世界はあなたの自発的な臨在の自発的な投影だということがわかるだろう。

世界は
あなたの自発的な臨在の
自発的な投影だ。
それは目に見えず、名もなく、
特定することもできないアイデンティティだ。
これを知るだけで十分だ。

まったくもって、体は私たちのアイデンティティではない。これは明らかな事実だ。身体的な関係性はすべて、幻想の概念だ。あなたは自分の体を使うことができる。しかし、それにあまり注意を払ってはいけない。身体形態にあまり依存しないことだ。体にはそれ自身のタイムリミットがある。

12 ニサルガダッタ・マハラジとの出会い

マハラジ：何か質問はあるかね？

質問者：どういうふうにニサルガダッタ・マハラジと出会ったのか、少し話してもらえませんか？

マハラジ：一九六二年のことだ。私は親戚の家に滞在していたが、当時は失業中で仕事を探しており、少々、困窮していた。「何もしないで座っているなら、私と一緒に来て、マハラジに会いなさいよ」と誘われ、そのときは何だかよくわかっていなかったのだが、こうしてニサルガダッタ・マハラジのもとに行くことになったのだ。

当時、彼は新参者にナーム・マントラをすぐには伝授しなかった。新しい弟子の帰依の度合いを見るため、しばらく観察していたのだ。だから、彼の家に行き、床に座って神の名前の瞑想をするようになってから約一か月後、一九六二年の十月二日にニサルガダッタ・マハラジは私にナーム・マントラ、つまりグル・マントラを伝授した。

その後、ニサルガダッタ・マハラジは私がいくらかお金に困っており、職がないことを知った。彼は「この貧しい少年」のために仕事はないかと皆に尋ねた。父のように、私のために尋ねてくれたのだ。私が何とか二、三日の臨時雇いの仕事を見つけると、彼は私に銀行口座を作るよう勧め、実際に作ってくれた。また、時計も買ってくれた。この親切さは親の愛のようだった。

　私は朝晩毎日、ニサルガダッタ・マハラジの家に通った。当時の私は彼の言うことがよくわからなかった。それは私の理解を超えていた。しかし、彼は「私の言うことを聞きなさい！」と言っていたので、私はその通りにした。

　彼は役に立つ実際的なことも教え、私を助けてくれた。それと同じように、私はゆっくりそっと、ゆっくりそっと、真の知識をある程度は吸収した。それから、私は大学に進学して銀行で職を得、結婚もして独り立ちした。それから約十年後、彼の言っていたことを理解した。十年前に彼が私に言っていたことがわかるようになったのだ。

　ニサルガダッタ・マハラジは我が家を訪ねると、「真の知識はあなたの一部だ」と言っていたものだ。彼はとてもシンプルで、率直で地に足が着いた人だった。最初の頃、私は落ち着きがなく、職を何度も変えた。私の最初の職の賃金は、一日一ルピーだった。この一ルピーのため、私は十キロ歩いたものだ。なぜ、このような話をするかと言うと、それは知識を分け与えるためだ。奮闘努力することの大切さ、その重要な役割を理解してもらうためだ。

人生で奮闘努力するのは、易しいことではない。
しかし、それは非常に重要だ。
奮闘は教師だ。なぜなら、
完全に専心することが必要だからだ。
人生の戦いには、真剣に参加しなければならない。
スピリチュアリティにおいても同様だ。
あなたは実在を知るために奮闘しなければならない。
「私は自分自身を知りたい。
私は誰か？
私は知らなければならない」

質問者：多くの聖者にとって、真理を知ることは生きるか死ぬかの問題でした。

マハラジ：気軽な取り組み、気軽なスピリチュアリティは役に立たないと、私は言い続けている。「私は誰か？」、「私はこの体に過ぎないのだろうか？」という問いの秘密の答えを知りたいと、突き動かさなければならない。

　子供の頃、こんな考えが頭に浮かんだ。「生まれる前、僕はどこにいたんだろう？」。八歳から十歳くらいのことだった。そういう考えがいくつか浮かんできたが、答えはやって来なかった。だから、あなたもこういうふうに奮闘し、自分の中を探さなければならない。そしてやっと、真の知識とともに探求が終わる。真の意味で終わるのだ。

あなたは自分の外側で答えを発見しようとしている。

しかし、発見者はあなたの中にいる。

あなたは発見者を忘れてしまったのだ。

あなたは究極的な真実だ。

私はとても理解しにくいことを言っている。私たちは体に対して強い執着と愛着を抱いている。体は長い間、生き延びることができないと知っているというのに。誰もがこのことを知っている！　しかしそれでも、私たちは無数の遍歴を重ね、スピリチュアルな娯楽を求めて、あちらこちらへと行く。多くの人が、こうした気軽な娯楽にふけり続ける。体がもう機能しなくなり、スピリットが去らねばならなくなるときまで。そして、体は他の一般的な物質と同じように燃やされる。寿命が尽きたのだ！　機会は失われた！

体が生きているのはひとえにスピリットのおかげだ。このパワー、このエネルギーはブラフマン、アートマン、パラマートマン、神と呼ばれる。知識とは、単に自分自身を本当の意味で知ること、自分が究極的な真実だと知ることだ。

今まで私たちは自分自身を身体形態において、身体形態として知ってきた。知識を吸収しなければならない。「私は体ではないし、体だったこともないし、体であり続けることもない」

それが真実だ。むき出しの真実、誰もが知っている明らかな真実だ。しかし、それと同時に、これは皆が無視したがる真実だ。毎日、私たちは人々の死を耳にする。死は避けられない。

究極的な真実や実在を知っているということは、物質的な原因がなくても完全に安らいでいるということだ。一般的に、人生における幸福の原因は名声（権力）、金銭、セックスの三つだと考えられている。多くの人が名声を追い求め、有名になって力を得るためなら何でもする。人々は権力のため、金銭のため、セックスのために人を殺す。人間は常にこれら三つのものから平安と幸福を得ようとしてきた。

しかし、その平安を楽しんでいるのは誰だろう？

「ああ、それは私です」とあなたは言うだろう。

しかし、その幸福は物質的な原因に基づいているので、一時的なものだ。

幸福と平安には、いかなる物質的な原因も必要ない。金銭もセックスも名声もなくても、あなたは自発的な幸福、自発的な平安を持つことができる。それはまさに「オーム、シャーンティ」だ。それは人工的なものではない。それは本物だ。それは自発的な平安であり、心配も不安もない。

なぜ不安があるのだろう？　それは体に執着があるからに過ぎない。寛大で我慢強く、成長していかなければならない。

質問者：どうしたら自分を変えることができるでしょう？　私はいつでも「私はブラフマンだ」と自分に言っています。

マハラジ：変化は起きるだろう。深い帰依、強い意志があり、少々の犠牲を払う覚悟があれば、それは難しいことではない。今はあなたにとって非常に重要なときだ。あなたの人生のすべての瞬間がとてもとても重要だ。

気軽なやり方で究極的な真実を探求してはいけない。
毎日、毎瞬が
重要なのだ。

仕事もこなし、実際的でありなさい。ただじっと座って「ああ、私はブラフマンだ。私はブラフマンだ」と唱えるのは、真の知識ではない。あなたは神をどこか他の場所に探している。空のどこかにいる神様、全世界を管理している神様を求め、探している。それは概念だ。すべて幻想だ。

神は空にいて全世界を支配しているのではない。
悪いことをする者を罰したり、
良いことをする者を祝福したりもしない。
それは概念、
幻想だ。

宗教自体は悪いものではない。しかし、いわゆる宗教家たちは宗教を自分勝手な目的のために使うので、そのやり方は良くない。実際的でありなさい！　今こそ適切なタイミング、あなたにとって正しいときだ。恐れの亡霊があなたを取り囲んでいる。

この恐れの亡霊の悪循環を断ち切りなさい。
そして、「私は死なない。私は生まれていない」
ということを受け入れなさい。
誕生と死は体だけに、
食物からなる体だけに関係している。
この確信がとても重要だ。

この確信を受け入れ、さらに深めるのを助けるプロセスを経ることが必要だ。このプロセスにはナーム・マントラを唱えること、瞑想、バジャンが含まれる。これはあなたにとって絶好の機会だ。無駄にしてはいけない！

13 聞き手のストーリー

マハラジ：専心することがとても重要だ。ただ聞きなさい。そして、聞いたことを忘れなさい。私が伝えていること、あなたに話していること、私の言った言葉、それらの背後にある根本原理を知ろうとしなさい。

言葉を分析してはいけない。

言葉は重要ではない。

言葉の背後の意味に集中しなさい。

言葉の背後の根本原理を知ろうとしなさい。

私はあなたに聞き手のストーリーを語っているのだ。それは個人のストーリーではない。私はあなたの中の目に見えない聞き手について話しているのだ。

私はあなたのストーリーを語っている。

あなたの中の目に見えない聞き手のストーリーを。

質問者：すると、これは経験だけれど、経験者のいない経験ということですか?

マハラジ：最初のうちは、「経験」、「観照」というような言葉が存在する。しかし、あなたは経験を超えている。あなたの臨在はすべての経験の背後にある。たとえ「私はブラフマンだ」とあなたが言ってもそれもまた幻想だ。なぜなら、「ブラフマン」と言うのにも臨在が必要なのだから。「ブラフマン」という名前も、「アートマン」という名も、「パラマートマン」という名も、「神」という名もすべて、「究極的な真実」に付けられた名前だ。

しかし、言葉は究極的な真実ではない。

これが多くの人が犯す間違いだ。

多くの人が、こうした言葉が究極的な真実だと考える。

言葉は究極的な真実ではない。

私たちがこういう言葉のすべてに意味を与えた。私たちがこういう言葉をすべて作った。それを通して理解し、お互いに会話ができる。

質問者：では、言葉を使って明晰な答えを得るというより、質問の答えが与えられる、その静かなる場所に常にいるということですか?

マハラジ：そうだ。すべての質問に対するすべての答えがあなたの内側にある。

質問者自体が答えだ。

あなたの内側の、目に見えない質問者自体が答えだ。

質問者がいなければ、質問もできない。

質問者：これが私を立ち止まらせてくれたのです! それが私のすべての質問に対する答えです。それこそが、すべてとともに私が向かうべき場所なのです。それによって、真理が実体のあるものとなり、とても明確になるのです。

マハラジ：では、私が言ったことを消化吸収するように努めなさい。そうすれば自発的な幸福と平安を得られるだろう。幸福も平安も、すべてがあなたの内側にある。あなたはただ、自分がそれらすべての源だということを忘れてしまったのだ。

私たちは自分を身体形態とみなしているので、幸福を失ってしまった。簡単に言うと、あなたは常に自分を過小評価しており、「私は何者かだ。私は家族の一員だ。私は世界の中の個人だ」と考えている。

質問者：家族に対する義務に関してお尋ねしてもいいですか？ あなたは「家族に対する義務を果たしなさい」と言いました。また、ニサルガダッタ・マハラジもそうすべきだと気づいて、家族のもとに戻ったと本で読みました。これについて、もう少し説明していただけますか？ ここのところがよくわからないものですから。

マハラジ：もし、あなたがドラマの中で演じているなら、あなたは自分がそのドラマに関係していないと知っている。それは自分が二、三時間の間、演じている役だと知っている。あなたの臨在は自発的だ。臨在とともに、家族、社会、世界がやって来る。あなたは果たすべき義務はすべて果たすが、それと同時に、世界に対して無関心なままでなければならない。あなたが存在する前は、何もなかったのだから。

存在する前、
あなたは世界に何の関心もなかった。
家族生活もなかったし、
他のいかなる人々との
関係も交流もなかった。

スピリットが体にはまった瞬間、この夢全体が始まった。それは深い眠りの中にいるようなものだ。夢の中で、あなたは他の誰かを演じている。あなたは大家族を持ち、海辺で休暇を取っており、太陽が輝いている。あなたはいろいろな光景を見る。目覚めた後、この夢の世界全体は消え去るのみだ。あの家族に何が起こったのだろう？ あの休暇には何が起こったのだろう？

これと同じように、あなたは毎日、違う夢を見る。この人生は大きな夢、長い夢に過ぎない！ これは明らかな事実だ。身体知識を得る前、あなたはどこにいただろう？ 生まれる前のあなたの存在とはいかなるものだったのか？

体が消えた後、もしくは死後、あなたは「私の家族に何が起こったのだろう？ 世界はどこに行ったのだろう？ 私の知識はどこに行ったのだろう？」と尋ねるだろうか？ 真の知識とは単に、自分自身を本当の意味で知ることだ。私たちは自分を身体形態において知る。これがすべての混乱と葛藤の原因だ。

質問者：ありがとうございます。

マハラジ：だから、この物質的生活にあまり執着してはいけない。この執着がさらなる夢を引き起こす可能性がある。これが最後の夢となるだろう。これが最後の夢となる。さらなる夢を見てはいけない。

自分自身を知りなさい！　この体が、本当の意味で自分自身を知る本当の機会をあなたに与えてくれた。もし、この機会を逃したらどうなるか、それはわからない。また次の夢、さらに次の夢を見たいと思うのだろうか？　そうではないなら、すべての夢から出て来なさい。

こういうすべての夢から抜け出しなさい。

そのためには、実在を確信することがとても重要だ。

質問者：確信とは？

マハラジ：確信すること、実在を確信することだ。

質問者：つまり瞑想をすることで、さらには瞑想をも超えて、その確信とともにあらなければならない、そしてその確信を通じて、残りのものが抜け落ちていくということですか？

マハラジ：瞑想することで、あなたは自己なき自己、瞑想する者、「あなたはブラフマン、アートマンだ」ということを思い出しているのだ。あなたは自分の自己なき自己を思い出しているのだよ。

質問者：瞑想は確信が育つのを助け、そして確信が自然な状態になるということですか？

マハラジ：自分なりに解釈すればいいが、自分が究極的な真実だということは心にとめておきなさい。あなたは最終的な真実なのだ。これはあなたのストーリーだ。私はあなたのストーリー、あなたの実在を語っている。あなたが本で読んだことのあるストーリーではない。

私はあなたのストーリー、あなたの実在を語っている。
それは、あなたが今まで本で読んだストーリーではない。

これは聞き手のストーリー、あなたの中の目に見えぬ聞き手のストーリーだ。あなたは本を読むとき、それが読み手のストーリーであるかのように読まねばならない。

スピリチュアルな本は、
あなたの中の目に見えぬ聞き手の
ストーリーを語っているのだ。
あなたは自分について読んでいるかのように、
それらの本を読まねばならない。
それはあなたのストーリー、読み手のストーリーだ。

私があなたと話しているとき、体としてのあなたに話しかけているのではない。私はあなたの中の目に見えぬ聞き手と話をしているのだ。スピリチュアルな本を読むとき、それが「ブラフマン」や「アートマン」など、読者とは分離した何か他のものについてのストーリーだと思って読むのは、皆が犯す間違いだ。

質問者：私が思うに、あなたのなさった重要なことの一つは、本から得たたくさんの知識を取り除いたこと、そしてある種の身体的修行、読書を重視するのをやめたことです。あなたの教えから、それがしっかりと伝わってきます。それ自体、別の何かを重視しているということですが、それはとても重要なタイプの重視です。これは大きな違いです。私たちが今まで慣れ親しんできたものとは異なる経験です。

それによって、新たなものの見方も得られるし、プロセスをもっと信頼することができます。プロセスを信頼するのは簡単なことではありません。本となったマスターたちの言葉はすべて、それを読むときにはフィルターがかけられてしまいます。しかし、あなたはそれらを超えたところに重点を置いているので、非常にわかりやすく、ためになります。

マハラジ：それは明らかな真実、最終的な真実だ。

質問者：素晴らしいです！

14 瞑想は退屈か

質問者：私は去年、とても深い経験をしました。それで、最終段階に達したに違いないと感じたのです。

マハラジ：最終段階はない。それは誰の段階だろう？　誰が決めたのだろう？　段階などというものはまったくない。それは、あなたが読んできた本の影響だ。読んだものが反映されているのだよ。

質問者：この世界が幻想に過ぎないならば、経験とはどの程度、重要なのでしょう？　先ほども言いましたが、このスピリチュアルな経験はとても深いものでした。そのため、友人もたくさん失い、世界への興味も減りました。この経験をする前のように、また世界に興味を持つよう自分に強いるべきでしょうか？　以前は社会的活動や慈善活動に熱心でした。

マハラジ：誰がこの体を通じて活動しているのだろう？　あなたのアイデンティティは体に覆われている。つまり、あなたがしていることは、身体知識の基盤によってなされているのだ。スピリチュアリティにおいては、「あなたは体ではない。あなたが体であり続けることはない」と言われる。ならば、誰がこの体を通じて活動しているのだろう？　あなたは言う。「私が話をしている、私が見ている、私がしている」

あなたは言う。「私が何かをしている」

そう言っているのは誰だろう？

見る者、話す者、目に見えぬ話し手、それがあなたの真のアイデンティティだ。それはブラフマン、アートマン、神、マスターなど、いろいろな名前で呼ばれる。しかし、あなたは自分が身体形態だと信じているので、自分自身を本当の意味で知ることができない。あなたのすべての質問は身体に関係している。

あなたの社会活動、友人、親戚などは体に関係したものだ。存在する前、あなたはどんな社会活動をしていたのだろう？　何もしていない！　体が消えた後、あなたはどんな社会活動をするだろう？　何もしない！　社会活動をしなさい。しかし、それをエゴに関連付けてはいけない。微細なエゴは大きな問題だ。したければ、普通の活動もしなさい。しかし、それと同時に自分自身を本当の意味で知るように努めなさい。

あなたは形がない。

あなたは身体形態ではまったくない。

あなたが存在する前、その体はどこにあったのだろう？

真我探究を続けなさい。誰がこの体を通じて活動しているのだろう？　誰が聞いているのだろう？　誰が読んでいるのだろう？　誰が私を見ているのだろう？　全世界はあなたの臨在、自発的な臨在の投影だ。これがすべてのスピリチュアリティの根本原理だ。

スピリチュアリティとはただ自分自身を知ることだ。

本当の意味で。

質問者：体の面倒を見るべきか、そうでないかという選択の間で、私は引き裂かれています。

マハラジ：体の世話を怠ってはいけない。体の面倒を見なさい。体は媒体物、手段だ。このすべての身体知識に先立ち、体の存在に先立ち、臨在があったことを理解しようとすることだ。それは目に見えず、名もなかった。私が言っているのは、存在に先立つ臨在についてだ。あなたの臨在から全世界が投影される。あなたが話していることは、体にだけ関係している。

あなたは体とは完全に別物だ。

あなたは自分自身に実在を確信させなければならない。

これは明らかな真実だ。

だから、あなたが持っているすべての知識は、スピリチュアルな知識であろうとなかろうと、すべてが身体に関係しており、あなたがすることはすべて身体に関係した行動だ。

あなたは何もできない。

存在する前、「私」はなかった。
あなたの臨在がなければ、「私」と言うことはできない。

私は目に見えぬ臨在、あの名もなき臨在について話をしている。それはブラフマン、アートマン、パラマートマン、神と呼ばれる。それに限界はない。それは空を超えている。それは取り囲まれたり、閉じ込められたりしていない。それには限界がない。

質問者：瞑想するときは、ただ「私はブラフマンだ」に集中すべきなのでしょうか？ すべきことはそれだけでしょうか？

マハラジ：それでいい。瞑想とはあなたを自己なき自己に近付けてくれるものであることを、はっきり認識しておきなさい。瞑想は手段として欠かせない。

質問者：私のしている瞑想は絶対に間違っていると思います。私は仏教の瞑想をしているのですが、それはただ思考の流れを観察するだけです。思考を眺めているような感じです。私は何もせず、ただ思考があるがままに流れ続けていくだけです。禅の瞑想のように、肉体的な修行をし、思考を流れるままにします。それだけです。私には何の役にも立っていません。とっても退屈です。あまりにも退屈なので眠りに落ちてしまうほどです。

マハラジ：瞑想は幸福をもたらすべきもので、その目的は全世界を忘れることだ。あなたはそれが退屈だと言って、判断している。あなたは自分自身を身体形態、もしくは個人として判断しているので、瞑想が退屈に感じられるのだ。「退屈」はない。誰が退屈しているのだろう？ 「退屈なのは誰か？」ということに集中しなさい。あなたは瞑想する者に集中しなければならない。瞑想するときは瞑想者に集中しなさい。そうすればやがて、瞑想者は消えるだろう。

瞑想するときは瞑想者に集中しなさい。
そうすればやがて、瞑想者は消えるだろう。

質問者：私はもう幸せとか悲しみというような感情を信じていません。

マハラジ：幸せ、悲しみ、感情、平安、不安、落ち込み、こうした言葉は、存在する前には決してなかった。幸せも平安も退屈も落ち込みもなかった。

質問者：私は幸せになるとか、そういうことは何も期待していません。私が欲しいのは、自分が誰なのか、何なのかを知ること、それだけです。平安とかそういうものも、どうでもいいのです。マインドが鎮まることはあり得るのでしょうか？ マインドを鎮めることは不可能なのでしょうか？

マハラジ：あなたがマインドに命を与えた。マインドも知性もない。あなたが身体知識を身に付ける前、あなたが存在する前、あなたはどういう状態だったのか。そこに注意を向けてもらいたいのだ。その状態があなたの真のアイデンティティだ。こういうすべての問題が始まったのは、身体知識に出会ったからだ。マインド、エゴ、知性、幸福、不幸、落ち込み、不安、退屈。こうした言葉のすべてが出現した。私たちがこういう言葉に意味を与えたのだ。退屈とは何を意味するのか？　落ち込みとは何を意味するのか？　誰が退屈しているのか？　平安とは何を意味するのか？

誰が平安を欲しているのか？

質問者：身体‐マインドが欲しています。

マハラジ：マインドとは思考の流れを意味するに過ぎない。マインドには何のアイデンティティもない。あなたがマインドに、思考の流れに命を与えた。あなたは自分が思考を観照していることを知っている。あなたは思考とは完全に異なっている。マインド、エゴ、知性とは異なっている。あなたはこういう言葉をどこで最初に習ったのかね？

質問者：おそらく役に立たない本からだと思います。

マハラジ：あなたがこういう言葉に出会ったのは、体に出会ったときだ。存在する前、あなたは「私は誰か？」ということさえ知らなかった。あなたの臨在はあったけれど、あなたは臨在に知られていなかった。私のマインド、私のエゴに関する話はすべて、身体に基づいた知識だ。私はあなたを身体に基づいた知識から引き離そうとしている。

質問者：では、私はとにかく、すべてを手放さなければならないのですか？　そういった知識をすべて完全に手放さねばならないのですか？

マハラジ：いかなる身体的修行も精神的修行もしてはいけない。ただ自分を本当の意味で知ろうとしなさい。

質問者：私はあなたのおっしゃることを百パーセント聞きます。私がどこで行き詰まっているのかがわかりました。あなたと話していたら、どうしてこんなに行き詰まっていたのかがわかりました。

マハラジ：頭を悩ませてはいけない。自然でありなさい。

15　体は近所の子供のようなもの

質問者：私は深刻な問題を抱えています。

マハラジ：ジュニャーネーシュワルや聖ツカラム、ニサルガダッタ・マハラジのような聖者たちは皆、たくさんのたくさんの困難に直面した。彼らは人生に起きる困難はすべてすぐに消えることを知っていた。皆が「私の問題はとても深刻だ。誰の問題よりも深刻だ」と言う。こうした聖者たちも皆、人生のある時点で難しい問題に直面してきたが、強い確信があったので、問題を気にかけなかった。問題は体の上を過ぎ行く雲に過ぎないと考えていたのだ。

ニサルガダッタ・マハラジがよく語っていた、いい話がある。隣の家の子供が深刻な高熱を出して苦しんでいた。あなたはその子供を大変、気の毒に思う。子供の熱はとても高かったが、あなたにできることはない。あなたはその子とその家族に同情するが、それと同時に「この子は私の子ではない。これは近所の子だ」と知っている。これと同じように、この体、あなたの体も近所の子供であるかのように考えなければならない。

質問者：つまり、あなたの体は近所の子供のようなものということですか？　体は自分のものではなく、誰か他の人のものだというふうにみなさなければならないということですか？

マハラジ：そうだ。この体、五大元素からできている体は近所の子供だ。あなたは何か不快な感情を感じたり、おそらく悲しみや哀れみすら感じる。しかし、それと同時にこれはあなたの子供ではないこともわかっている。「私はこのすべてから切り離されている」。あなたはそのように自分を納得させなければならない。あなたは自分自身の建築家であり、マスターだからだ。

だから、体を近所の子供だと考えなさい。すべての感情や概念は体を通して根付いているに過ぎない。あなたはそれを観照し、経験している。体が存在する前は何もなかった。

スピリチュアリティは、どうしたら次々と現れる問題すべてから抜け出ることができるかを教えてくれる。体が存在する前、問題はなかった。体が消えた後、問題はなくなる。これを実践すれば、こうして体を所有している今も、これらの問題すべてから抜け出ることは難しくない。

あなたである

究極的な真実の根本原理とともにありなさい。

あなたはこの世界の源だ。

あなたはこの全世界の源だ。しっかりと安定することが必要だ。それから、「私はこの世界とは何の関係もない」という確信が必要だ。他人の考えを借りてきてはいけない。それは問題を生み、あなたの安定性を妨げるだけだ。

あなたとともにありなさい。

そして、そのすべてに耳を傾けなさい。

あなたの本を読みなさい。

それこそが最終版だ！

皆が違う概念を持っている。自分以外の皆を無視しなさい！　あなたが最終的な真実だ！　どうしてエゴを持つのか？　どうして嫉妬心《しっとしん》を忍び込ませるのか？　どうして葛藤するのか？　こういったことすべてが究極的な真実に影響を与える。スピリットは繊細だ。とても繊細なのだ。もし水に赤や青の染料を入れれば、水はその色になる。スピリットもそのようなものだ。無視すべきものは無視しなさい。そういうふうに自分を形作りなさい。

この幻想の世界で起きているすべてのことに真剣に注意を払えば、あなたはひどく混乱してしまうだろう。

あなたは自分自身のスピリチュアルな人生の建築家だ。

このシンプルな根本原理に従えば、何も不可能なものはない。聖地ヒマラヤは、あなたの中にのみあるのだ。それなのに、なぜあちらこちらと彷徨《さまよ》うのか？　あなたは自分自身のマスターを無視している。そして他のマスターに助けを求めている。

あなたの内なるマスターとともにいなさい。

そのとき初めて、あなたの疑問は解決するだろう。

あなたの目に見えない臨在の上には、幾重もの層が重ねられている。あなたは自分自身を、体を通してのみ知っていて、「私は誰か？」ということは知らない。

質問者：「私は在る」とはどういう意味ですか？　それがすべての背後にあるのですか？

マハラジ：それは背後にはない！　背後など、どこにもない！　つまり、究極的な真実に注意を向け続けねばならないということだ。それを通じて、あなたは自分の自発的な臨在を経験している。スピリットやアートマンなしに、あなたの自己なき自己を経験することはできない。

自発的な存在は背後にはいない。

空のように、あなたは至る所にある。

空は背後や前面にあるのだろうか？

自分自身を身体形態としてみなすことは、あなたが自分の存在に気づいていないことを意味する。すべてがあなたの臨在を示す。あなたの臨在がなければ、あなたは世界を見ることもできないし、一言の言葉を発することもできない。あなたは完全に知られていない。それから突然、あなたは「私は在る」と感じる。

あなたの目に見えない臨在なしには、

何ものも存在し得ない。

臨在がなければ、あなたは無力で、

世界について語ることもできない。

これが、「あなたの自己なき自己以外に神はない……」
という言葉の意味だ。

自己がないとは、「私」がないということだ。
空のように、自己がないのだ。

偉大なる聖者で哲学者のシャンカラーチャーリヤは言った。「私は体ではない。私はマハートマー、つまり偉大なる魂だ」と。この確信がなければならない。

あなたが全世界の原因と結果だ。しかし、あなたは自分自身に知られていない。「観照」とは、究極的な真実に与えられた名前に過ぎない。観照者も経験者も形がない。

この人生はただの長い夢だ。ビデオで撮った映像のようなものだ。しかし、誰がこのビデオや映画、イメージを撮影しているのだろう？ 私たちは言う。「私は知らない」と。なぜなら、私たちは自分自身に知られていないからだ。私たちには何の形もない。誰の記憶、誰の感情だろう？ 誰のものでもない！ それらはすべてが、身体的な感情だ。私たちのハードディスクドライブの不良箇所のようなものだ。

体は苦しむかもしれないが、あなたは苦しまない。
私は「それ」の注意を引いているのだ。
身体知識が存在する前のあなたの注意を。

質問者：目に見えぬ臨在は顕現されているのでしょうか、いないのでしょうか？

マハラジ：どちらでもない！ これは議論ではない。分析すべきものは何もない。すべてが穏やかで静かだ。

穏やかで静かにありなさい。

16 身体知識からの逃避

質問者：マハラジ、どうしたら、このすべての知識から逃げ出すことができるでしょうか？ 私は今すぐ解放されたいのです。マインドや感情、人生などすべてから逃れる出口はあるのでしょうか？

マハラジ：もちろん、あるとも！ あなたはそういうものとは何の関係もない。あなたが言っているものは、自発的な臨在の上に重ねられた層に過ぎない。あなたはこの体の中に生きているけれども、それから完全に自由なのだ。「私は今すぐ解放されたい」とあなたは言う。それはあなたにかかっている。あなたはファーストフードのようなインスタントな幸福を求めている。

自分が体ではないということを受け入れれば、
あなたが言うような感情はすべて消えるだろう。

このような幸福の必要性は、体によって定められる。臨在が消えるとき、誰が幸福や平安を欲しがるのだろう？

幸せはすでにあなたの内側にある。

あなたは鍵を持っており、

それはアリババの「開けゴマ」の呪文のようなもの。

洞窟の中で宝石があなたを待っている。

私はあなたの幸福を養い、育てている。

スピリチュアリティの目的は、幸福な気分で体を抜け出すことだ。誰が体を去るのだろう？　なぜ？　これを文字通り受け取ってはいけない。すべては自発的な臨在なのだから、知性を当てはめようとしても意味がない。私はあなたを確信させるために言葉を用いているに過ぎない。

あなたは生まれておらず、不死、不死なのだ。

私たちはあなたのハードディスクから不要なファイルをすべて取り除いている。その中には、あっという間に広がるウィルスがたくさん入っている。瞑想があなたのアンチ・ウィルスソフトウェアだ。

ひとたびそれをインストールすれば、

その効果は永久に続き、

一年毎に更新する必要もない！

質問者：あなたがおっしゃる目に見えぬ臨在とは、愛のことですか？

マハラジ：あなたは自分自身を愛している。この愛着はスピリットが体にはまった瞬間、始まった。あなたが存在するようになる前、愛も愛着も何もなかった。こうした言葉はすべて、後から来た。

この体は最も汚れたものだが、きれいな肌で包まれている。中には何がある？　機械だ。すべての機械がそれぞれの役目を果たしている。心臓、肺、肝臓など、各臓器にパワーが供給される。一瞬でもスピリットが存在しなかったら、体は崩壊する。だから、あなたはこの体とは完全に別のものなのだ。

あなたは体ではなく、

形もないのに、

誰が誰を愛しているのだろう？

あなたは空や空間のようなものだ。あなたの臨在が身体形態に制限されたとき、愛という言葉が生まれた。「愛」や「愛着」は身体に関連した言葉であり、身体形態にのみ関係している。

あなたは身体形態ではない。

だから、愛や愛着について話す者は

誰もいない。

質問者：叡智と愛について、ニサルガダッタ・マハラジがおっしゃった美しい言葉があります。

マハラジ：他人が言ったことは忘れてしまいなさい！

あなたが言うことが重要なのだ。

それだけが唯一価値のあるものだ。

すでに言ったように、

あなたより偉大な者はいない。

もし、あなたが安定しており、強い信仰を持ち、専心しているならば、絶え間なくやって来る困難にも対処できるだろう。スピリチュアリティとは、手を叩いて花輪を供えたりすることではない。それは毎日の生活の枠組みだ。エゴを注意深く見守りなさい。それは「私はスピリチュアルだ」などと考えたりして、常に問題を生み出す。あなたの臨在が至る所にあるのだから、葛藤も嫉妬も必要ない。穏やかで静かに、世界に無関心でいなさい。

帰依と一つであるとき、

あなたは自分の自己なき自己と一つだ。

これはあなたの強さが出て来るということだ。ある種のスピリチュアルな酩酊状態とも言えるだろう。しかし、それによってエゴを付け上がらせたり、自分のパワーを誤用してはいけない。

あなたは自分の進歩に気づくだろう。

全体的で完全な内側の静寂があるだろう。

あなたはこの世界を超えている。

金銭、権力、セックスなど、外側の環境の犠牲になることもあるだろう。体が尽きれば、この世界から何も持っていくことはできないということだけ覚えておきなさい。帰依から、偉大なパワーが生まれる。あなたの言ったことはすべてが現実になるだろう。自分に正直で誠実にありなさい。マスターに誠実でありなさい。

私はあなたから何も求めていない。

あなたが自分自身に完全な帰依を捧げることを私は求める。

私の幸福はあなたがスピリチュアルな進歩を遂げることだ。

輝きなさい！

輝いていなさい！

そして、他の人も輝かせなさい！

幸福でありなさい。そして他の人も幸福にしなさい。そして、この特別な知識を無駄にしないこと。究極的な真実を得たら、あなたは幸福になるだろう。そして、その幸福を他者とも分かち合いたいと思うだろう。自分勝手になってはいけない。幸福を分け合いなさい。おいしい食べ物を無駄にしてはいけない。食事の後、何か残ったら、貧しい人たちに分け与えなさい。それと同時に、注意深くありなさい！「あなたは偉大な人だ」などと言って、あなたのエゴを肥大させる人たちに注意しなさい。

身体に関連した概念を受け入れたり、求めてはいけない。
なぜなら、すべてはあなたの内にあるからだ。
自己なき自己以外に何もない。
あなたより偉大な者は誰もいない。
全宇宙があなたの中にある。
それは明らかな真実だ！

17 すべての記憶を消し去る

質問者：マハラジ、エゴとは別に、微細なエゴというものがあるのですか？

マハラジ：微細なエゴは、身体知識に関係している。エゴ、マインド、知性が存在するというのは、すべて幻想の概念だ。あなたが存在する前、エゴも微細なエゴもなかった。私たちが身体形態としての立場をとっているから、微細なエゴが現れるのだ。身体知識が消える瞬間、いかなるエゴも存在しない。エゴのパワーを弱めるには瞑想が必要だ。繰り返すが、「微細なエゴ」などもまた、言葉に過ぎない。

エゴ自体は幻想だ。なぜなら「私」は存在しないからだ。
「あなた」もないし、「彼」も「彼女」もない。
何もない。
スクリーンは完全に空白だ。

質問者：では、マインドはどうでしょう？

マハラジ：マインドなどというものはない。マインドは独自の存在ではない。それは思考の流れに過ぎない。マインドもエゴもない。あなたがエゴを生み出したのだ。あなたが生まれる前、エゴなどまったくなかった。存在する前、エゴもマインドもなかった。何もなかった！

それは私たちが
自分自身に知られていなかった「状態」だ。

私たちが体を去った後、エゴはどこに行くのだろう？　私たちはエゴ、マインド、知性など、輪の中に閉じ込められているたくさんのもの、つまり身体知識という重荷について話をしている。

シャンカラーチャーリヤの言葉に耳を傾けてみよう。『私』と言うのは幻想だ。『あなた』と言うのも幻想だ。『ブラフマン』と言うのも幻想だ。全世界が幻想だ」。では、エゴはどこにあるのだろう？　それはどこに置かれているのだろう？

質問者：謙虚な人と、エゴでいっぱいの人がいるとします。この場合、謙虚な人の方がエゴを取り除きやすいのでしょうか？　自分は謙虚だと思っている人はしばしば、自ら気づいているにせよいないにせよ、微細なエゴを働かせてしまっていることがよくあるように思います。

マハラジ：体はそこにあり、エゴもそこにある。しかし、体もエゴも存在していない。エゴや微細なエゴ、もしくはエゴが大きいか小さいかといったことに、特別な注意を向けてはいけない。なぜ、あなたは私より自分の方がエゴが大きいとか比べたり、測ったりしたいのだろう？

一つの法則を心にとめておきなさい。体はあなたの真のアイデンティティではない。体があなたのアイデンティティであったこともない。体があなたのアイデンティティであり続けることもない。瞑想、知識、バジャンなど、なぜこういうものが必要なのだろう？　体を得て、あなたは自分を身体形態として、分離した個人として考えるようになったからだ。これは体への強い執着につながる。その結果、今ではあなたは、身体形態に対して強い愛着を持っている。それはあなたにとって非常に大切なものになったのだ。

ただ、ちょっと考えてみなさい。

体を得る前は、

何もなかった。

名前もなかったし、要求も必要なものもなかった。

私たちは幸福も不幸も平安も知らなかった。

まったく何もなかった。

質問者：マインドは思考の流れに過ぎないとおっしゃいましたね。私の問題は、頭の中でたくさんの思考がぐるぐる回っていることです。それは決して止まることがないように思われます。私はそれに連れ去られ、流されてしまうように思われます。どうしたらいいでしょう？

マハラジ：それは自然なことだ。思考を重要視しないことだ。思考は流れて来るだろう。しかし、それに注意を払う必要はない。簡単なことだ。つまり、

あなたが存在する前、思考はなかった。

あなたが体と出会った瞬間、

思考が流れ始めた。

さあ、よくわかっただろう！　体はあなたの真のアイデンティティではないのだ。だから、ためになりそうな思考は利用して、ためにならない思考は避けなさい。簡単なことだ！

質問者：はい、前よりよくわかります。私のものの見方が変わりつつあります。でも、それには時間がかかるのではない

かと思います。ものの見方が変わったといっても、いまだに落ち込んだり、いろいろ心配したりするのです。

マハラジ：それは体に起こっていることだ。なぜなら、体は外側や内側の環境に影響を受けるからだ。

しかし、あなたはそうしたすべてとは、完全に別だ。

あなたはそうしたすべてと、完全に異なっている。

今日の気分や感じることは、明日のそれとは異なっているかもしれない。幸福や不幸は、あなたの臨在の上にかけられたベールだ。あなたが体をつかんでいるから、それは環境に影響されてしまう。つまり、この種の経験や感情、もしくは感情の層はやって来るが、それらは常に一定ではない。

今日、あなたは落ち込んでいる。

明日、あなたは幸せかもしれない。

しかし、観照者は同じだ。

その幸福や不幸を観照している臨在は、

常に同じだ。

簡単に言うと、「幸福」とはあなたにとって許容できるものがもたらす、いい感情に与えられた名前だ。反対に、あなたが許容できないもの、ネガティブな感情をもたらすものは「不幸」と呼ばれる。たとえば、頭痛がすれば、あなたは「不快だ」と考える。しかし、鎮痛剤を飲んで痛みが治まれば、「ああ、気分がいい！」となる。思考と感情は一時的な幻想だから、注意を払うに値しない。

だから、このようなときは、

スピリチュアルな錠剤を飲んで、

自分のアイデンティティを思い出さなければならない。

痛みがあるときは、それを即座に治してくれる錠剤をすぐにとるだろう。同様に、落ち込んだり、無気力で不幸せに感じるときはスピリチュアルな薬をすぐに飲みなさい。そうすれば、「私はこういう落ち込みや心配、無気力といった感情などは気にしない」と感じるだろう。

黒い雲がやって来て、

黒い雲が去って行く。

太陽はあるがまま、そこにある。

質問者：スピリチュアルな錠剤とは何ですか？

マハラジ：それは、次のような事実に注意を向けることだ。

私は身体形態とは何の関係もない。

私は身体形態とは何の関係性も持っていない。

私は体ではないし、体だったこともないし、

体であり続けることもない。

体に起こることはすべて、不確かだ。

それは本当のことではない。

質問者：見られるものに注意を向けるのをやめ、見る者に注意を向けなければならないということでしょうか？　一時的なものではなく、永遠なるものとともにあるということでしょうか？

マハラジ：その通り！　スピリチュアリティとは何か、なぜ私たちはここでこういうことをしているのか、そこをはっきりさせておこう。私たちは読み、聞き、学び、瞑想し、バジャンを歌う。なぜだろう？

　スピリットが体にはまったときから、
今日に至るまでの、
すべての記憶を消さねばならない。

　あなたは明らかな真実を吸収するため、瞑想、バジャン、真の知識などのプロセスを経なければならない。そういった活動もまた幻想だ。しかし、それらは基本なので、最初のうちは必要だ。バウサヒブ・マハラジは概念やエゴ、知性、マインド抜きで無邪気に帰依することの重要性を強調した。

　こうした修業は、あなたを持ち上げてくれるはしごや階段のようなものだ。
ひとたびたどり着いたら、はしごは投げ捨てればいい。

　さまざまな言葉、方法を用い、さまざまな角度から、マスターはあなたの実在をあなたに確信させようとする。

あなたは究極的な実在だ。
あなたは究極的な真実だ。
あなたは最終的な実在だ。

18　あなたは形がない

質問者：瞑想することなしに、この最終的な真実に独力でたどり着くことはできますか？

マハラジ：

　瞑想ははしごやエレベーターのような役目を果たす。
エレベーターなしに十階まで行くと言うのか？

　確信を得た後は、瞑想は必要ない。確信があれば、知っているからだ。この体は「ジョン」と呼ばれている。その名前を繰り返し唱える必要があるだろうか？　そんな必要はない！　あなたの名前は両親によって与えられ、そのように定められた。あなたには自分がジョンだという確信がある。

　瞑想もそれと同じことだ。確信を得れば、あなたは「私はブラフマンだ」と知る。しばらく経てば、いつの間にか二十四時間「私はブラフマンだ」と自動的、自発的に唱えている状態になる。マントラは体というアイデンティティを忘れるためのものだ。

質問者：他の伝統に伝わるマントラについても同じですか？

マハラジ：他のマントラのことは忘れてしまいなさい！　私に起きたことはあなたにも起こり得る。あなたが実在を完全に受け入れれば、自然に私のように話せるようになる！　あなたと私の体に違いはあるが、スピリットに違いはない。ジョンとは外側の覆いの名前だ。あなたは空をインドの空、中国の空、ロシアの空などと呼び分けるのだろうか？　そんなことはしない！　空は同じものだ。

あなたの自発的な臨在には

エゴも知性もマインドもない。

瞑想をしたり、こういうふうに真我の知識についての講話を聞いたりする唯一の目的は、知識を消し去ることだ。あなたは強い意志と内なる強さを持たなければならない。あなたには隠れたパワーがある。穏やかで静かにありなさい。

考えてはいけない！

知性やマインドを当てはめてはいけない！

あなたとともにいなさい。

マインド、エゴ、知性とともにいてはいけない。

あなた自身の教師でありなさい。あなたは幸福や静寂を超えて、自分が究極的な真実だと知っている。あなたがこの世界の源なのだから、忘れ、許しなさい。今しているような対話はすべて、あなたの自己なき自己につながっているストーリーだと考えなさい。

生まれる前のあなたのように生きなさい！

質問者：でも、私はそれがどんなだったか知りません。

マハラジ：そうだ、あなたは知らない！「知らない」とは、あなたにはどんな形もないということだ。あなたは空のように形がないということだ。そして空のように、あなたは死なない。私が「私は知らない」と言うときは、「私は身体形態ではない」と言っているのだ。もし私が「私は知っている」と言うときは、何らかの幻想がそこにあるということだ。「私は知らない」は完璧な答えなのだ。それを楽しみなさい。そして、そこからもっと深く深く潜って行きなさい。泳ぐことを楽しむのだ。そうできるのは、非常に稀なことだ。

質問者：しかし、忍耐や修行が必要なのではないですか？

マハラジ：あなたには忍耐という問題は生じない。あなたは患者ではないのだから（訳注：「忍耐強いこと」と「患者」はともにpatient）。忍耐強さは、苦しんでいる人にのみ必要なものだ！

質問者：日々の講話は、注射を受けるようなものです。本当によく効きます！

マハラジ：それは、私のマスターたちの恩寵だ。
質問者：非常に光栄なことです。
マハラジ：これは非常に稀なる真の知識だ。
質問者：そして、その知識は消え去らなければならないのですよね？
マハラジ：そう、その通り。だから、注意深く耳を傾けなさい。臨在は「私は在る」と言わねばならない。しかし、この自発的な臨在にはいかなる個人的アイデンティティもない。なぜなら、それは名もなく、特定できないアイデンティティだからだ。あなたの自己なき自己以外に、神もマスターもブラフマンもアートマンもパラマートマンもない。この確信は自発的に現れるものだ。

現在、あなたが知っていることはすべて、体があるから知っているに過ぎない。

「私は知らない」という答えには、多くの意味がある。自発的な臨在は、身体形態の中に現れた。最も重要なことだが、「私は知らない」とは、臨在は生まれる前からあったが、形はなかったという事実を意味する。あなたには形がない。

エゴの知識は混乱と葛藤を生む。スピリチュアルな知識は、あなたの特定できない、目に見えないアイデンティティを指し示す。日常の雑事はいつものように続くが、実在を知った後は穏やかに生きることができる。もちろん、この実在を受け入れねばならないという義務はない。それに従うこともできるし、反発することもできる。それはあなた次第だ！ 実在は実在であり、議論や討論の余地はない。
質問者：信頼しなければならないということですか？
マハラジ：そうだ。自分自身を信頼しなければならない。もし私が人間ならば、私はそれを次のように受け入れるという感じだ。

信頼はあなたに刻まれたものと関係がある。
自分は究極的な真実だと信じなさい。
マスターの言葉に信頼を置きなさい。

このような対話によって、私はあなたの真実、あなたの不動の真実をあなたに差し出しているのだ。あなたはブラフマン、パラマートマン、絶対的な真実だ。あなたは空をアメリカからインドに動かすことができるだろうか？
質問者：あなたは私たちをインドから究極へと動かしています！
マハラジ：誰も動いていない！ 誰も動いていないし、動くということはありえない。

あなたがマスターの言葉を絶対的に受け入れるとき、それは信頼と呼ばれる。

マスターがこれはあなたのアイデンティティではないと言う。あなたは空のようなものだ。あなたの臨在は至る所にある。

私が今まで言ってきたことをすべて、消化しなさい。
もし私がもっと薬を与えたら、
あなたは消化できないだろうから。

19 スピリチュアルな人生の秘密

マハラジ：エーカラヴィヤという少年が弓術を習いたいと思った。マスター・ドローナーチャーリヤは偉大な弓の教師で、王家に弓術を教えていた。エーカラヴィヤは十二歳くらいで、低い階級の出身だった。少年はドローナーチャーリヤが、幾人かの子供たちに弓を教えているのを見た。彼はマスターのそばに行き、自分にも弓を教えてくれるよう頼んだ。マスターはエーカラヴィヤには教えが理解できないだろうと言って断った。

しかし、エーカラヴィヤの決意は固かった。彼はドローナーチャーリヤの像を作って、それを自分のマスターとすることにした。そして、マスターに全幅の信頼を置き、マスターの名のもとに弓の技術を身に付けた。その像はエーカラヴィヤのマスターに対する信頼によってパワーを得たのだ。

マスターに導かれ、エーカラヴィヤは毎日、弓の練習をした。彼は像に尋ねた。「私は的を正確に狙っていますか？」。内なる声が答えた。「ちゃんと狙っているぞ！」。このように直接的な知識を通じて、エーカラヴィヤは弓矢の技術を完璧なものにした。

ときが経ち、ある日、弓の競技が行われた。ドローナーチャーリヤは参加者に言った。「向こうにいる犬を見よ。あの犬は口を開けているが、しばらくそうしているだろう。あの口の中に向けて矢を射よ。しかし、矢がどこかに刺さって、犬が傷付いたりしないように射るのだ」。アルジュナが最初に矢を放った。アルジュナはドローナーチャーリヤの弟子であったが、彼の矢は標的に当たらなかった。エーカラヴィヤの順番が来た。彼は完璧に矢を放ち、優勝した。

ドローナーチャーリヤは驚いて、エーカラヴィヤに尋ねた。「君はどこでそんな技術を身に付けた？」。エーカラヴィヤは答えた。「マスター、あなたが私にこの知識をくださったのです」。「私は君に教えていない！」。エーカラヴィヤは、マスターの像を作り、それから弓の知識を学んだことを説明した。

この話の重要な部分は、ここからだ。ドローナーチャーリヤは言った。「そうか、では君は私の弟子ということか。ならば、私に何か納めなければならない」。「あなたの言う通り、何でもお納めします」。エーカラヴィヤは答えた。ドローナーチャーリヤはエーカラヴィヤの信頼を試すため、彼の親指を要求した（親指を切り落とすことは、知識の源を認めることを意味し、それはマスターの知識であり、彼自身のものではないということ）。エーカラヴィヤはマスターの要求に従った。

この話には深い意味がある。あなたはマスターを深く信頼しなければならない。マスターに体があってもなくてもだ。エーカラヴィヤのように完全に専心し、完全に信頼すれば、自発的な知識が生じる。これは完全に自分に向き合ったときに起きる、内なる対話の例だ。それは最も高度な帰依、最後の帰依であり、「自己なき自己との対話」（Atoma Nivedanam Bhakti：完全に自己を明け渡した帰依）だ。あなたは自分の自己なき自己を確信しなければならない。それは自分自身に話しかけるということ、内なる自分自身に尋ねかけるということだ。

自分自身に話しかけ、
内なる自分自身に尋ねなさい。

すると、内なる問いかけと内なる答えが生じる。あなたは自分自身を納得させ、確信させているのだ。問いかけと答えが誰の助けもなしに即座に現れるのは、あなたの内側にすでにマスターがいるからだ。これは自己なき自己との会話だ。

あなたの確信が育ち、エーカラヴィヤのようになるには、あなたの信頼が欠かせない。自分とマスターを完全に信頼すること、その大切さは強調してもしきれない。このように石像を深く信頼した人に奇跡が起きることは、インドでもどこでもたくさんある。どうしてそんなことが可能なのかと疑問に思うかね？

石はマスターの名を付けられたに過ぎない。
奇跡が起こるのは、あなたが根本原理だからだ。
まず自分を信頼し、
それから神を信頼しなさい。

知性を用いれば、この世界のすべてのものについて話すことができる。

しかし、強い信頼があれば、
何かを顕現させることができる。

本物の信頼とは、何のエゴもなくマスターに仕えることだ。自分のパワーを誤用してはいけない。あなたが意志のパワーで何かを起こそうとして、それが実際に起きることがあるかもしれない。

もしそうなったときにエゴを付け上がらせてしまうと、あなたのスピリチュアルな人生が台無しになる。個別性は溶けて消えなければならないのだから。

自分自身を完全に信頼しているということは、

宇宙と一つになるということを意味する。

それは自己なき帰依だ。

すべての偉大な聖人たちは、自分のマスターに深い信頼を寄せていた。だから何事も彼らに影響を与えることはなかった。あなたの自己なき自己に帰依を捧げ、奇跡が繰り広げられるのを見守りなさい。

しかし、それを他人と分かち合ってはならない。そういうことをすると、エゴにあなたのスピリチュアル・ボディの支配を許すことになる。そして、あなたは「私はこんな経験やあんな経験をした」と語り、スピリチュアルな優越感につながってしまうだろう。さらには、「あなたは何も知らない」などと言ったり、考えたりするようになり、比較し始める。これはスピリットにとって良くないことだ。あなたの帰依を込み入ったものにし、だめにしてしまう。このシンプルな知識を信頼しなさい。

20 グルは鏡以上のもの

マハラジ：あなたが実在、究極的な真実、最終的な真実であることを教えてくれる、直接的な知識を持ったマスターは稀にしか見つからない。ニサルガダッタ・マハラジはこのように言っていた。「私はあなたを弟子にするのではない。マスターにしているのだ」。スワミ・ヴィーヴェカナンダは、そんなマスターを探していた。

質問者：はい、その通りです！　私もその話をよく知っています。本で読んだのですが、ヴィーヴェカナンダはしばらくの間、さまざまなマスターに神を経験したことがあるかと尋ねて回りました。そして、自分の内なる神を見せて欲しいと頼みました。しかし、誰もイエスとは答えませんでした。デベーンドラナート・タゴール（詩人タゴールの父）もその一人でしたが、彼はこう言いました。「君はヨギの目を持っている。今世において、きっと真我実現を果たすだろう」

ヴィーヴェカナンダはラーマクリシュナ・パラマハンサに出会い、探し求めていた答えをやっと見つけました。ラーマクリシュナは言いました。「私は神を見たことがある。お前にも見せてあげよう」

マハラジ：ニサルガダッタ・マハラジは言った。「マスターはすでにあなたの中にいる。しかし、あなたは気づいていない」

質問者：マスターは眠っているということですか？

マハラジ：あなたは外部の力によって自分のアイデンティティを忘れてしまったのだ。一生を通じて得てきたさまざまな経験や記憶、考え、感情などがたくさんあるので、それらによって、あなたは実在を見過ごすようになってしまった。

質問者：つまり、グルの積極的な役割とは、人の中にすでにあるものを目覚めるように促し、助けることですか？

マハラジ：マスターやグルはあなたを励まし、あなたの中に実在を刻み付ける。あなたが忘れてしまった究極的な実在をあなたの前に置くのだ。あなたは自分を過小評価している。

あなたは自分が何者かだと考えている。

あなたは何者でもない。

なおかつ、

あなたはすべての者だ。

この知識は自発的でなければならない。自発的な確信でなければならないのだ。ニサルガダッタ・マハラジにそれが起きたように、あなたにも起き得る。それは難しいことではない。特に、あなたに深みと強い信頼があれば。この真実を理解しなさい。それは明らかな真実だ。たとえば（ハンカチを持ち上げて）これは「ハンカチ」と呼ばれる。そんなことはわかっている！　これと同じように、実在を理解したとき、あなたも「知っている！」と言うだろう。

あなたの自発的な臨在は

ブラフマン、アートマン、パラマートマン、神と呼ばれる。

この体は外側の覆いに過ぎない。

ひとたび実在を知っても、あなたは以前と同じように体とともに生き続けるだろう。しかし、それと同時に「これは私のアイデンティティではない」と知っているのだ。この真我知識によって、あなたには恐れるものがなくなる。死への恐れがまったくなくなり、天国と地獄のような体に関連した概念も消え去る。

質問者：グルとは鏡のようなものなのではないでしょうか？私たちはそこに自分の投影を、確かに自分自身であるものを見ることができます。

マハラジ：グルは鏡以上のものだ。鏡には一つの面しかないが、グルはあなたにすべての面を見せる。

質問者：あなたは私たちが本物とそうでないもの、永遠に続くものとそうでないものを識別するのを助けてくださります。そうすることで、私たちに真のアイデンティティを思い出させてくれるのです。識別力があれば、私たちの執着は薄れ……

マハラジ：本で読んだことはすべて忘れてしまいなさい！　それは膨大なストーリーだ。この身体形態とその知識は、忘れてしまいなさい。あなたはただ言葉と戯れている。本の中の文字による名前と戯れているに過ぎない。あなたはお人形で遊んでいるだけだ！　色とりどりの言葉でいっぱいの小さな世界で、子供の遊びをし、楽しんでいるに過ぎない。

あなたは究極だ！　あなたは生まれていない！

質問者：グルと弟子、マスターと生徒の関係とは、どのようなものですか？

マハラジ：実際のところ、「グル」も「弟子」もない。関係性もない。あるのはただ「自己なき自己」、「ワンネス」、「究極的な真実」だけだ。言うならば、私は教えるために一歩下がって「グルの」役割を担い、あなたは「弟子」の役を担うということだ。しかし、私たちはしばらくの間、そういう立場をとるに過ぎない。究極的にはグルも弟子もいない。ニサルガダッタ・マハラジはこのように言っていたものだ。

あなたの自己なき自己以外に、神も
ブラフマンもアートマンも
パラマートマンもマスターもない。

質問者：あなたと話して、教えをうかがっていると、何か説明しがたいものが深いレベルで起きているのを感じます。もし、これがグルと弟子の「関係」ではないならば、それではいったい何が起きているのでしょう？

マハラジ：自己なき自己があるだけだ。あなたの自発的な臨在は目に見えず、名もなく、特定することのできないアイデンティティだ。ただ、理解しやすいように、このように言うことができる。

マスターは目に見えぬ話し手であり、
弟子は目に見えぬ聞き手だ。

マスターはあなたの中の目に見えぬ聞き手に話しかけているのだ。話し手と聞き手は一つで同じもの、つまり究極的な実在だ。結局、いつでも常にワンネスがあるだけなのだよ。

私はあなたに話しているのではなく、
あなたの中の静かな、目に見えぬ聞き手に話している。

質問者：どうしてなのかはわかりませんが、あなたの臨在とともにいると、安らぎと幸福を感じます。

マハラジ：わかろうとしてはいけない！　目に見えぬ聞き手はスピリットと呼ぶこともできるが、それは自分自身のストーリーを聞くのが好きだ。マスターは聞き手のアイデンティティを思い出させ、再び目覚めさせるのだ。

あなたにはわからないかもしれないが、

しかし、目に見えぬ実在は理解している。

そして、それはマスターの言葉と一体だ。あなたは灰に覆われているが、その下で火が燃えている。マスターは灰を取り除く。

質問者：つまり、私たちの本当のアイデンティティは、幾重もの幻想の層の下に埋もれているということですか？

マハラジ：私たちは自分の重要性、本当の価値に気づいていない。子供の頃から、私たちは休むことなく印象を受け取り続けている。そういう印象から、私たちは偽の自画像、偽のアイデンティティを作ってきた。あなたは自分自身を実在とは異なる切り離された別の存在、何者かとして認識する。それは真実ではない。

それに、スピリチュアルな知識があると自称している人たちでさえ、その知識は実際、ほとんど役に立たない。なぜなら、それは文字の知識に過ぎないからだ。

「私はブラフマンだ」と言うのも幻想だ。
なぜなら、あなたは身体形態という媒介を使って、
自分は「ブラフマン」だと考えているからだ。
「ブラフマン」は名前に過ぎない。
こうした知識はすべて、吸収されなければならない。
こうした知識はすべて、吸収されなければならない。

ジャコウジカはその香りで有名だが、ときに自分自身の強力な香りによって正気を失うことがある。それが自分自身の香りだと気づかず、ジャコウジカは強烈な香りを追って、そこら中を走り回るのだ。香りの元はシカ自身なのに、そのことに気づいていないから、それがどこから来ているのか探そうとする。弟子も誰か（たとえばマスター）がやって来て悟りをもたらしてくれるまで、このジャコウジカのように振る舞う。そして、「この香りはあなたから漂ってきます」と言う。

あなたが根本原理で、マスターだ。
あなたはすべてだ。あなたは無制限だ。

究極的な真実を確立するために、同じことを何通りもの言い方で説明しなければならない。あなたは最終的な真実、そういうことだ。

21 マスターはあなたのパワーを甦らせる

マハラジ：グルやマスターは知っている。自分自身を身体形態だとみなしていない。身体知識の輪の外にいるのだ。マスターは究極であり、その位置からあなたの中の目に見えぬ、名もなきマスターの注意を引き、あなたの実在を思い出させている。つまり、「あなたは究極だ。あなたは最終的な真実だ」ということだ。あなたが源なのだから、何も恐れることはないとマスターは伝えているのだ。だから、すべての活動が完全にやめば、探求も終わる。

探求者はすでに究極なのだから
実の所、探求などない。

質問者：しかし、それではこの探求に捧げてきた年月はどうなるのでしょう？　私は思い出せる限りずっと探求者、求道者でした。

マハラジ：「探求者」も「求道者」もない。だから、身体知識を通じて知的に、もしくは論理的、利己的に探求者を探そうとするのはやめなさい。あるのはただ自発的な実在だけだ。それはあなたの自発的な実在だ。それは「ああ！　私はブラフマンだ。アートマンだ。パラマートマンだ」などと考えたりはしない。それは自発的な実在なのだ。そして、外部の力に気を散らされないよう、実在を維持しなければならない。外部の力は常にその辺りを取り巻いている。

質問者：だから、あなたは同じことを何べんも何べんも繰り返しおっしゃって、私たちに叩き込むのですね。

マハラジ：そうだ、そうしなければならないのだ。マスターはあなたのパワーを甦《よみがえ》らせる。パワーはそこにあるが、灰で覆われている。灰は幻想の概念や思考などの形をとっているが、マスターはそれを取り除く。

質問者：思考は夜よりも日中の間、私を困らせます。時間とはどういうものなのでしょうか？　今日は一年の終わりの日ですが。

マハラジ：日中も夜中もない。あなたには時間的制限はない。知っての通りあなたは体ではない。ならば、なぜ昼とか夜に注意を払うのか？　あなたにとっての昼は、他の誰かの夜であり、逆もまた同じことだ。時間は体にだけ関係している。多くの概念が体を通して生じた。あなたが存在する前、夜はあっただろうか？　ない。何もなかった。このことを確信しなさい。

身体知識を得る前、概念はなかったし、神の必要性もなかったし、食べ物も必要なかった。マインドやエゴ、知性はどこにあったのだろう？　どこにもない！　何もなかったのだ！　弟子もないのだから、マスターも必要なかった。あなたは弟子ではなかった。「マスターと弟子」という概念は、臨在が世界に現れたときに生じたのだ。

質問者：でも、今はマスターが必要なのですか？

マハラジ：最初の段階では、覚醒したマスターが必要だ。**マスターとは基本的に媒介物や伝達手段であり、**

それを通じてあなたが自分自身を知るための手段なのだ。マスターがいなかったら、本当の意味で自分自身を知ることはできないだろう。マスターは静かなる、目に見えぬ聞き手の注意を引こうとしている。あなたはブラフマンだ！

質問者：私たちがここに来てあなたに会う前、ジェニーは「私たちはグルを見つけないといけない」と言いました。でも私は「だめだめ。ラマナ・マハルシやブッダのように、私たちも自力でできるのだから」と言って反対しました。グルについては、いつもこのように考えていたのです。でもジェニーはラマナ・マハルシ以外に独力で真我実現をした人がいったい何人いるかと尋ねました。自分の力だけでそれを成し遂げるのは大変稀なことだと、私も認めざるを得ませんでした。やはり、ほとんど不可能なのでしょうね？

マハラジ：あなたは直接的な知識にたどり着いた。真の知識とは、本当の意味で自分自身を知ることだ。私は使い古された知識について話しているのではない。あなたが学習して身に付けたすべての知識、そういうものについて話しているのではない！　そういう知識はあなたを助けてくれない。

そういう知識が何の役に立つだろう？

誰のためのものだろう？

それは「生まれていない子」のためのものだ。

すべてはあなたの内にある。あなたが知識の源だ。私はそれについて、あなたの内なる知識について話しているのだ。あなたはスピリチュアルなマスターかもしれない。何千冊もの本を読んで、言葉に精通しているかもしれない。あなたはスピリチュアルな言葉のマスターかもしれない。しかし、

その知識はあなたを助けてくれるだろうか？

あなたが体を去るときが来たら、

そうした言葉はあなたを助けてくれるだろうか？

質問者：わかりません。私はたくさんの本を読んできたから、それらが助けとなることを祈ります！

マハラジ：今こそ、確かめるときだ。手遅れになるまで放っておいてはいけない！　真我探究をして、自分がどこに立っているのかを知るのだ！　止まりなさい！　本は脇に置きなさい。自分の内側に行くのだ。自分自身の本を読みなさい。

質問者：わかってます、実行します！　もっと取り組みます。マハラジ、スピリチュアリティは人生に反するものだと言う人たちがいますね。というのも、世の中から目を背けて、内側に向かうものだからです。あなたは内側を見ているけれど、皆は外側を見ている。皆ではないにしても多くの人がそうしています。

マハラジ：内側も外側もない。どんな側もない！　自分自身

を知るために意図的な努力をする必要はない。どんな努力も必要ない。これは直接的なアプローチなのだ。すべてが自発的だ。

しかし、初めのうちは究極的な真実に到達するために、瞑想の修行をしなければならない。目に見えない話し手と、目に見えない聞き手には何の違いもない。

確信を得れば、
絶対的な平安、
完全な平安があるだろう。

あなたは自分自身の中で、完全に自由になる。そして、次のようなことに気づく。

私の臨在は至る所にある。
私の臨在はすべての存在の中にある。

シンプルで、謙虚でありなさい。「もうすぐ真我を実現するぞ」、「私は悟っている」などと考えて、マインドやエゴ、知性が邪魔してくるのに気を付けなさい。あなたを幻想に引きずり戻そうと脅かす困難に気を付けなさい。

ニサルガダッタ・マハラジはこのように言っていたものだ。「人生において不愉快な状況が生じるときは、究極的な真実に向かいなさい」。彼は困難を歓迎すべき挑戦と受け止めていた。「私は不愉快な状況やものを招き入れる。もし私が幸運なら、そういう困難をすべて歓迎するだろう」とも言っていた。

質問者：ニサルガダッタ・マハラジは最晩年のシッダラメシュヴァール・マハラジに出会うという幸運に恵まれましたよね。

マハラジ：ニサルガダッタ・マハラジはたった三年ほどしか、シッダラメシュヴァール・マハラジと過ごせなかった。

質問者：ニサルガダッタ・マハラジは運が良かったということですね。シッダラメシュヴァール・マハラジが亡くなる前に……

マハラジ：ニサルガダッタ・マハラジにはすでに土台があった。だからすべてがあるべき場所に収まっただけなのだ。彼には特別な知識があったのだから、「収まっただけ」と言うのは正確な表現だ。シッダラメシュヴァール・マハラジの講話を聞いたとき、ニサルガダッタ・マハラジはあまりにも感銘を受けたので、すべてを完全にまるごと受け入れた。彼の師に対する信頼はとてもとても強かった。本当にとても強く信頼していたので、「私のマスターは究極だ」とよく言っていたものだ。

後に、学識のある外国人たちがやって来て、手ごわい質問をしても、ニサルガダッタ・マハラジは何の苦もなく、すぐさま自然に答えた。瞬間的に答えることができたのだが、「それは私のマスターの恩寵によるものだ」と言っていた。

質問者：素晴らしい。本当にすごいですね。だから、西洋人がやって来たというわけですね。誰でも質問することができたのでしょう？

マハラジ：モーリス・フリードマンはよく難しい質問をしていたものだ。彼はさまざまな哲学や、スピリチュアルな修行を研究していたからね。ラマナ・マハルシ、クリシュナムルティなど、多くのマスターを訪ねていたが、ニサルガダッタ・マハラジにはとても感銘を受けて、「これは特別な知識だ」と言った。

質問者：それはマスターの知識ですか？

マハラジ：その知識はどんな本にも載っていない。本はあなたを連れ回して堂々巡りをするが、ここにあるのはダイレクト・アプローチ、直接的な知識だ。

質問者：では、シッダラメシュヴァール・マハラジ自身も、バウサヒブ・マハラジに全幅の信頼を寄せていたのでしょうね。つまり、この系譜全体に強い結び付きがあるということですか？

マハラジ：シッダラメシュヴァール・マハラジはバウサヒブ・マハラジを深く、強く信頼していた。この知識は自発的な知識だ。本の知識ではない。自発的な知識なのだ。

質問者：彼らの教えに違いはありますか？

マハラジ：当然のことだが、言葉や話し方は異なっている。しかし、根本原理は同じだ。つまり、自己なき自己以外に何もない。あなたの自己なき自己以外に、神もブラフマンもアートマンもパラマートマンもマスターもない。あなたが源だ。すべてはあなたの中にある。火はあるが、灰で覆われている。マスターはその灰を取り除く。

質問者：そして、爆発するのですね。ボッカーンと、火が燃え上がる！

マハラジ：その通り！　これは統合のプロセスなのだよ。前にも言った、バケツの水と海のたとえのように。あなたがバケツの水を海に注げば、その水を取り出すことはもうできない。なぜなら、それは海と一つになってしまったからだ。覚醒もそういうようなものだ。

　あなたが覚醒するとき、
　あなたの独立したアイデンティティは残らない。
　あなたが覚醒するとき、
　他者の独立したアイデンティティも残らない。
　それは消えてしまう。
　その瞬間、その段階において、
　あなたはすべてのアイデンティティを忘れるだろう。

あなたの臨在がある。あなたの臨在はそこにある。あなたの臨在は、誰かでも何かでもない。体を無視することなく、あなたはこのように気づくだろう。

私はこの家（体）に住んでいる。
これは私の一時的な住処に過ぎず、
私は永遠だ。

マスターの役割は、さまざまな角度や次元からあなたに実在を確信させることだ。あなたの役割は、マスターが言わんとしていることを受け入れ、自分自身を確信させることだ。

質問者：もう一つ、お聞きしたいことがあります。崇拝の儀式の中のアールティについてです。今朝遅く、私は部屋の反対側に行こうとして、数人の人たちをとても怒らせてしまいました。私が行こうとしていた場所は、崇拝の儀式において、とても大切な場所だったようです。

マハラジ：まず言っておくと、アールティという火を灯す儀式とその重要性は、習慣、概念だということだ。火が灯されたら、ホールの真ん中の線の向こう側に行ってはいけないというしきたりなのだよ。たくさんの神様が皆、とてもとても霊妙な形でそこにいる。だから、そのときに線の向こう側に行って、彼らの邪魔をしてはいけないのだ。バジャンや瞑想と同じく、これは帰依、集中するためのものだ。それによって、自分が究極的な真実であることを思い出そうとしているのだ。

22　自分のホームページを見る

マハラジ：臨在がなかったら、いったい誰が哲学やスピリチュアルを学ぶことができるだろうか？　ブラフマン、アートマン、神、マスター、弟子など、幾万もの言葉を誰が学ぶことができるだろう？　誰もできない！　あなたはいつ、こういう言葉に出会ったのだろう？　それらは何の役に立つのだろう？　真我探究をしなさい！　見つけ出しなさい！　ただただ読み続けているだけではだめだ。

「存在する前、あなたはどういう状態だっただろう？　あなたという存在が消えた後、何があなたに起こるだろう？　誰が平安や恐れのない人生を望んでいるのだろう？」。こういう疑問を明らかにしなければならない。だから、あなたは哲学的な研究や知識、スピリチュアルな知識を学ぼうとする。しかし、あなたはもっと深いところまで行かねばならないのだ。

結果について考えるのではなくて、

もっと深く、根源まで行かねばならない。
なぜこういうスピリチュアルな本を読んでいるのかを、
根源に行き、その理由を見つけなさい。
なぜこういうスピリチュアルな知識が必要なのかを、
根本に行き、その理由を見つけなさい。

知識の目的とは、身体に基づいたものだ。知識は身体的基盤にとって必要なのだ。身体に基づいた知識は、体のためのものに過ぎない。あなたは今、自分は体ではないと知っている。だから、あなたがスピリチュアルな本を読んだり知識を勉強してきたのはすべて、自分を本当に知るために過ぎなかったのだと気づくだろう。本を読んだり、勉強することによって、あなたは自分の真のアイデンティティへと導かれてきた。では、あなたのアイデンティティとは何だろう?

あなたの本当のアイデンティティは、
特定できないアイデンティティだ。
あなたの本当のアイデンティティは、特定されず、
目に見えず、名もなきアイデンティティだ。

それからあなたは、自分にこう尋ねる。「なぜ、こういうふうに本を読んでいるのだろう?」。本の中にあなたは見つからない。あなたは言葉の中にはない。あなたがしなければならないのは、「自分は究極的な実在だ」と受け入れ、知ることだけだ。すべてがあなたの中にある。だから、

汝自身を知り、そして自己なき自己の内にありなさい。

汝自身を知り、そして自己なき自己の内にありなさい。

自分自身の内側を見なさい。
あなたの本を読みなさい。あなたの寺院を訪れなさい。
あなたのホームページを精読しなさい。

スピリチュアルな知識は、あなたの究極的な真実を指し示すものであり、それ自体は究極的な真実ではない。

あなたが究極的な真実だ。

あなたはこのことを確信しなければならない。あなたはすべてのものに先立つ。知識は後からやって来た。こういうすべての知識に先立って、あなたの臨在があった。あなたの臨在がなければ、真の知識について話すことすらできない。あなたの臨在は目に見えず、名もない。

質問者：あなたは何か理解を超えた神秘的なものについて話しているのですか?

マハラジ：正確には、それは理解ではない。それは実在だ。

あなたが何かを理解するとき、
それはあなたから分離している。
あなたは実在だ。

何かを理解しているということを意味する言葉を使うとき

は、そのすべての背後にあなたの臨在があることを思い出しなさい。私はその自発的な臨在の注意を引こうとしているのだ。あなたは臨在を通して話をし、全世界は臨在を通して投影される。

あなたの臨在がなければ、
一言の言葉を発することもできない。
スピリチュアルな知識について話すこともできない。
スピリチュアルなマスターについて話すこともできない。

あなたは言葉の犠牲者になっている。前にも言ったように、私たちがすべての言葉に意味を与えた。存在する前、アルファベットはどこにあったのだろう？　あなたが存在する前はどんな状態だったのかについて、私は話しているのだ。そこには混乱も葛藤も言葉も言語も、何もなかった。あなたはいた。しかし、どんな目に見える形もなかった。私は存在に先立つ「それ」について話しているのだ。

本の知識は究極ではない。
幾万冊もの本があふれているが、
それらを読んだ者の何人が
真我実現をしただろうか？

私はいろいろな例えを用いて、知識を簡単なものにしようとしている。

質問者：とてもわかりやすいです。

23　水たまりではなく海で泳ぐ

マハラジ：経験というものはすべて、少しずつ進んでいく段階であり、究極的な真実ではない。経験されるものは何であれ、究極的な真実ではない。

自分を見なさい！

そして生まれる前の自分がどんなだったかを見なさい。あなたはアートマン、ブラフマン、パラマートマンなのだ。これが基本的な真実だ。あなたは自分のアイデンティティを忘れてしまった。

私たちは瞑想を手助けとして、究極的な真実の注意を引こうとしている。それはすでにあなたの中にあるのだが、身体形態で覆われている。やがて実在が姿を現すとき、それは特別な経験、「私は不死で至る所に偏在する」となるだろう。そのときまでには、すべての概念が消え去り、あえてスピリチュアルな生活を送ろうとはしないだろう。

質問者：では、それは何の概念もない純粋な臨在のようなものですか？

マハラジ：そうだ。経験も、経験する者もいない。

質問者：なぜ、いまだに外側の物事によって問題が生じるのでしょう?

マハラジ：それは、あなたがまだ自分自身を身体形態とみなしているからだ。困難は生じるだろう。それがやって来て、去るのに任せなさい。物事は映画の中のように動いているだけだ。スクリーンは空っぽだが、その上では多くのことが起こっている。時間になれば、あなたは立ち上がって映画館を去る。こういうふうにあなたは自分を確信させなければならない。ただ歩み去らなければならない。サーカスで何が起きていても、実在が動かされることはない。ここでまたあなたを槌で鍛えるとしよう。

あなたの自発的な臨在の上に、
すべての外側の物事が現れた。

あなたの自発的な臨在は概念から自由だ。生まれる前は、外側も内側もなかった。こういう質問はすべて、身体知識に関係しているに過ぎない。体を去れば、再び外側も内側もなくなる。身体知識は消えねばならない。それがスピリチュアリティの根本原理だ。

一言も言葉を発することなく、
あなたは絶対だという真実を受け入れなさい。

質問者：あなたはよく、文字の知識は不十分だとおっしゃいますね。

マハラジ：文字の知識とは、文字や理論上の知識に結び付いているということだ。あなたの質問はすべて、文字の知識に関連している。

私は知識に先立つものについて話をしている。

文字の知識は本に関係している。本は何かを指し示すことができる。本とは世俗的な知識、理論上の知識だ。理論と実践は常に異なる。水泳の理論、泳ぎ方を知っていても、まだ実際に泳ぐことはできない。

本でいっぱいの図書館があり、あなたにスピリチュアルな知識を教えてくれる。本はいくらかの真実を指し示してくれるかもしれない。しかし、

あなたは自分自身に向き合わなければならず、
そして、自分自身をこのスピリチュアルな大海に放り込みなさい。
そのとき初めて、
あなたは泳いでいると言える。

言葉による知識は理論上の知識に過ぎない。

こんなエピソードがある。インドのバンガロールで、ドイツ製の印刷機が壊れた。何人もの従業員やエンジニアたちが

修理しようとしたが、うまくいかず、機械を始動させることができなかった。そこで、簡単な基礎知識と常識を持った従業員が呼ばれた。その男は「ハンマーを貸してください！」と言って、機械をハンマーで打ち付けて衝撃を与えた。すると、機械はすぐに動き始めた。何人ものエンジニアたちが修理しようとしてもできなかったのに、専門知識はないけれど実地経験のある男が直してしまったのだ。これが実際的知識というものだ！

文字や本の知識は実際的な知識ではない。無数のマスターたちがヴェーダンダなど、スピリチュアルな本について語っているが、彼らには実際的な知識がない。

実際的な知識とは、
「私は体ではない」
という確信を持っていることだ。

実際的な知識！　自発的な確信とは、文字による確信ではない。それはあなたが「ジョン」として生きているのと同じようなものだ。もし誰かがあなたの伝記を書いたら、それは完璧な伝記かもしれないが、それでもしかし、ジョンの人生を生きることができるのはあなただけなのだ。もしくは、もし誰かがナーシク・アシュラムを見学して、そこで見聞きしたことを書き記したとする。しかし、それはあなたが実際に暮らしているナーシク・アシュラムの毎日とは違う。あなたは知っている！　あなたには実際的な知識がある！　私が話しているのは実際的な知識についてであって、本の知識ではないのだ。

今現在、
あなたは海岸に立っているが、
まだ、実際のスピリチュアルな大海では泳いでいない。

24 自分の足で立つ

マハラジ：覚醒したマスターに会ったら、あなたが本で読んだことを確証してくれるだろう。そして、全世界が幻想だとあなたに告げるだろう。マスターはあなたの前に証拠を置いて、それを証明するだろう。

目覚めには、肉体の目覚めとスピリチュアルな目覚めの二種類がある。肉体が目覚めるのは、スピリットが体にはまってあなたが世界を見るときだ。スピリチュアルな目覚めとは、あなたが最初からずっと幻想の世界の影響下にあったということを意味する。

あなたは神という概念を、世界を支配する超自然的なパワーのようなものとして信じてきた。神とは誰だろう？　神とは何だろう？　あなたは知らない。神とは全世界をコントロールし、悪を罰し、善を祝福する何者かだという概念があるだけだ。そういう概念には何の害もない。しかし、

あなたは自分が誰かを知らない。

あなたは神とは何かを知らない。

あなたはこの影響のもとに人生を歩んでおり、

ときに安らかで、

ときに落ち込む。

実際のところ、あなたは何が起きているのかを知らない。

覚醒したマスターに出会えばすぐに、「あなたは幻想の世界で生きている。体はあなたのアイデンティティではない。あなたはそういうものとは違う」と言って教え導いてくれる。

あなたはマスターのマスターだ。

あなたはこの世界の父だ。

あなたは神の父だ。

神はあなたの反映だ。

あなたはとてつもないパワーを持つ自分の存在を知らない。あなたは自分の実在に気づいていないから、あなたの自発的な存在を無視している。あなたは幻想の力、幻想の影響のもとで、落ち込んでいる人、不幸せな人として生き、常に幸福、平安、恐れのない人生を求めて奮闘している。

覚醒したマスターに会えば、実在という槌であなたを鍛えてくれる。あなたは生まれていないのだから、このすべての幻想とは何の関係もないのだと、何度も何度も教えてくれる。あなたは自分を身体形態としてみなしている。それは幻想だ。あなたは体ではない。あなたは体だったこともないし、体であり続けることもない。

体はそれを通して自分自身を知るための媒介だ。

体がなければ、目覚めもない。

体がなければ存在できないから、あなたは自分自身を知ることができない。体とスピリット、もしくは臨在とでも何とでも呼べばいいが、この二つが組み合わさることがきっかけとなる。

あなたは完全に体ではない。これは明らかな事実だ。

この現実を刻み込まなければいけない。

この確信がそこになければいけない。

この自発的な確信が生じると、あなたのアイデンティティは目に見えず、名もないアイデンティティであることがわかり、それまであった恐れもすべて、消えるだろう。死の恐怖ももうない。なぜなら、あなたは自分が空のように、生まれていないと知っているからだ。空には感情も、兄弟姉妹もな

い。神、マスター、弟子とは誰だろう？　夫、妻とは誰だろう？　こういう関係性はすべて、身体に関連したものだ。

質問者：あなたがおっしゃっているのは、第二の目覚めについてですか？

マハラジ：私が言ったことは、コミュニケーションのために用いられる言葉に過ぎない。文字通りに受け取ってはいけない！　実際のところ、第一の目覚めも第二の目覚めもない。第二の目覚めによってあなたは真の知識を得る。第一の目覚めは存在しない。第一の目覚めは身体知識に関係しており、第二の目覚めはスピリチュアルな人生に関係している。

質問者：つまり、マスターに出会う前は、幻想の世界の影響のもとにあるということでしょうか？

マハラジ：そういう影響とは、概念だ。マスターを訪ねれば、目覚めが起きる。

この目覚めが起きるのは、
あなたが真の知識を受け取り、
そして世界を見るパワーを与えられるからだ。
この知識に照らされて、あなたは自分自身を見ることができる。

「**そうか、私は体ではないんだ！**」

体は物質的なものに過ぎない。子供時代、青年期、老年期を経て、消える！　私が体ではないのならば、私は生まれていない。生と死の恐怖はすべて、体にだけ関係している。体は外側の衣服のようなものだ。もし服に何か問題があれば、あなたはそれを捨てる。シッダラメシュヴァール・マハラジは体とは外側のパーツで、大きくて厚いウールの防寒コート「ダグラ」のようなものだと言っていた。体はダグラだ。

知識はあなたの中にある。それは灰に覆われた火のように概念で覆われている。炎を燃やし続けなさい。スピリチュアルな火を。ナーム・マントラは火が明るく燃え盛るよう、そういう概念を取り除いてくれる。

強く、勇敢でありなさい。

あなたには内なる強さがたくさんある。しかし、あなたはまだ、自分は正常に機能しておらず、助けが必要だと考えている。あなたは自分の二本の足で歩くことができる。自分の足で立ちなさい！　いつも何かに依存し、外側に助けを求め、神やアートマン、ブラフマンといった概念に頼るのをやめなさい。

質問者：ニサルガダッタ・マハラジは「偽りを偽りと知りなさい。そうすれば知識がやって来る」と言いました。

マハラジ：それについては、こんな話をしてあげよう。ある晩、ジャナカ王は悪夢を見て寝返りを打っていた。ジャナカ王は偉大な王だったが、この晩に見た夢の中では森の中の乞食だった。目が覚めたとき、王はとても混乱していた。この夢に大変悩まされ、それが何を意味しているのかを知りたいと思った。「何が真実なのだろう？　私は誰か？　私は宮殿にいて、この王国を統治する王なのだろうか？　それとも、森の中で迷い、飢えている乞食なのだろうか？」

　その答えを知りたかったので、王はあらゆる地域から、すべての学者を呼び寄せた。そして、次のような声明を発表した。「誰でもいいから、この質問に満足のいく答えを与えることができた者に、私の王国を授けよう！」。王は尋ねた。「夢の状態と、起きているときの状態、どちらが真実なのだ？」

　しかし、誰も答えを見つけられなかった。やがて、一人の若者が彼を遮《さえぎ》ろうとする守衛を振り切り、大広間にやって来た。この若者は体の関節がいくつも歪んでいたので、アシュタバクラ（八つの捻じれの意）と呼ばれていた。「私はこの質問に答えたい！」とアシュタバクラは叫んだ。王宮にいた健康で頑強な者たちは若者に目をやった。そして、「賢者」たちは笑い始め、アシュタバクラの障害について嘲笑的な冗談を言った。ジャナカ王はアシュタバクラに、前に出て話をするように言った。

　アシュタバクラも人々を見回して笑い始めた。「王様、彼らは皆、偽物ですよ！　私は賢者の集まりの中にいるのかと思っていたけれど、彼らは私の外側や表面しか見ていないことに気づきました」

　ジャナカ王はアシュタバクラに尋ねた。「私は乞食だろうか？　王だろうか？」。アシュタバクラは答えた。「どちらも真実ではありません。どちらも幻想です。もしどちらかが真実だとしても、そのどちらもまた偽りです」

　乞食か王か？　どちらが真実か？　苦しむこと、苦しまないこと、どちらが真実か？　これは興味深い質問だ！　自分自身に尋ねてみなさい。真我探究をしなさい。識別力を用い、見る者とともにいなさい。

　存在する前、
あなたは自分に知られていなかった。
あなたが見始めたとき、
あなたが体と出会ったとき、
あなたは苦しみ始めた。

　人々は苦しんでいる。悪い状況、良い状況がある。あなたの臨在がなければ、この世界を見ることはできない。直接的にせよ、間接的にせよ、全世界があなたの自発的な投影なのだ。偽りを見ている者は偽物ではない。だから、こういうスピリチュアルな知識が必要なのだ。

25 繰り返し撹拌《かくはん》する

マハラジ：これはとても簡単なことだ。あなたにはとてつもないパワーがあるが、あなたはそれに気づいていない。最初のうち、瞑想しているとエゴや知性、マインドがマントラに抗って戦うだろう。しかし、断固としてマントラを唱えていれば、やがてマインドを支配することができる。マインドは変化し始め、「私はブラフマンだ」ということを受け入れるだろう。

だから、私の言ったことをよく消化しなさい。私は同じことをいつも繰り返し言っている。何度も何度も繰り返している。言葉は違うかもしれないが、言っていることの根本原理は同じだ。

体の感覚が消える瞬間、すべてが消える。体の感覚が消える瞬間、存在が消滅する。「私は在る」という感覚があるうちは、世界はここにある。聖カビールが言ったように「『私』が消える瞬間、全世界が消える」

私たちがここで話していることはすべて、娯楽に過ぎない。

シャンカラーチャーリヤのやり方も直接的だった。「『私』と言うのは幻想だ。『あなた』と言うのも幻想だ。『ブラフマン』と言うのも幻想だ。全世界が幻想だ」

あなたは身体形態ではない。この確信があなたの内に自発的に生じるだろう。あなたと私がこのことについて話をするのには言葉が必要だ。

私が話しかけているのは、あなたの中の目に見えない聞き手だ。それにはどんな形もない。

男も女も何もない。ただそれだけ、（トランス状態のように手を持ち上げて）ただ「私」があるだけだ。最終的な段階では、経験もなければ経験する者もなく、観照も観照する者も何もない。私たちは体を通して「自分は何者かだ」とか、男、女、ブラフマン、アートマンなどだと知る。こういったものはすべて概念だ。たくさんの概念があふれている。

あなたは無だ。あなたは無だった。あなたが何かであり続けることはない。無から、あなたはすべてを見る。無は無に消え入る。

誰が観照されているのだろう？　誰が観照しているのだろう？　経験する者などいない。

これは稀なる知識、特別な知識だ。目に見えぬ聞き手の知識だ。

もう一度、言おう。真実を確立するには、一定の修行をしなければならない。

真実はあなたの内にある。真実はそこにある。
あなたは最終目的地にいる。
あなたは自分の本当のアイデンティティを忘れてしまっただけなのに、
あちらこちらを探し回っている。
「マイケルはどこだ？」
「マイケルはどこだ？」
あなたがマイケルなのだ。

あなたは自分に教えなければならない。スピリチュアルな本を読み、いろいろなマスターを訪ねて、あなたはたくさんの知識を得たが、

マスターのエッセンスが自分の中にあることを
あなたは知らなければならない。
マスターのエッセンスは、あなたの中にあるのだ。

あなたはこのことを忘れてしまっただけだ。ニサルガダッタ・マハラジがよく言っていたように、「私はあなたを弟子にするのではない。マスターにしているのだ」。こういう知識を耳で聞くのは簡単だ。誰でも聞くことができる。でも、それを吸収するのはちょっと難しい。だから、完全に専心する必要がある。一日の中である時間だけ取り組んでも、成果は上げられないだろう。

あなたは完全に、深く
自己なき自己を理解しなければならない。

小さなエゴがあなたに問題を引き起こす。小さなエゴは問題を起こし、「私は何者かだ」と考える。あなたがブラフマンや神を経験するのも幻想だ。経験というものはない。ブラフマンや神などは、コミュニケーションするために使われる洗練された言葉に過ぎない。あなたが根本原理だ。ニサルガダッタ・マハラジが言った次の根本原理に従いなさい。

自己なき自己以外に何もない。
あなたの自己なき自己以外に、
神もないし、
ブラフマンもアートマンもパラマートマンもマスターもない。

26 自発的なパワー

質問者：マスターと二十年も三十年も過ごせる人がいると、あなたがおっしゃっているのを聞きました。私はここに一週

間しか滞在しません。マスターと長い時間を過ごせば、より恩恵を得ることができるのでしょうか？

マハラジ：その三十年、四十年は誰のものか？　あなたの話だけしなさい。あなたはいつ、年数を数えるようになったのだろう？　スピリットが体にはまった瞬間、私たちは年数を数え始める。覚醒し、悟ったマスターのもとに行った瞬間、それは瞬時に起きる。瞬間的に確信が生じるだろう。

質問者：昨日は家族の問題に巻き込まれ、世界に引き戻されてしまいました。超然と起こっていることから距離を置くことができず、再び穴にはまった自分に腹が立ちました。それに何より、本当にひどい頭痛がして。こんなときはどうしたらいいのでしょう？

マハラジ：平常心でありなさい！　心地よく、安らかでありなさい！　緊張したり、イライラしないこと！　起きたことも、起きなかったことも、もう過ぎたことだ。それに関わり続けてはいけない。そのことを考えるのはやめなさい。すべては自発的に起きる。だから静かにありなさい。

どういうふうに振る舞ったらいいのかを知りたければ、あなた自身の中に答えが見つかるだろう。すべての質問はあなたの中に自動的に生じ、自動的に解決される。

考え過ぎてはいけない！　平常心であれ！　静かにあれ！　**考え過ぎてはいけない！　忘れてしまいなさい！**

あなたの内側のパワーが、面倒を見てくれるだろう。あなたには巨大なパワーがある。

質問者：私たちには素晴らしいパワーがあると言うならば、それを物理的に用いることはできるのでしょうか？　できないのなら、そんなパワーを持つことに何の意味があるのでしょうか？　なぜ、そんなものが必要なのですか？

マハラジ：このパワーを使うことができないのなら、なぜそんなものが必要だろうか？　あなたはまだ、自分自身を体だと思っている。

この体は、死んだ体だ。

あなたはまだ、自分を身体形態だと考えている。あなたは体ではない！　あなたは体の所有者だ！　あなたは身体形態の立場、視点から、こういう質問をしているのだ。

誰がパワーを欲しいのか？

あなたは体ではない。

ならば、このパワーを何のために用いたいのか？

いや、いや、このパワーをそういうふうに用いることはできない！　マスターのパワーは自動的に働く。マスターは自分のパワーで何かを起こそうと考えたりはしない。もし、このパワーを使いたいと思うなら、それはあなたがエゴを用い、体としての立場をとっていることを意味する。

これは幻想だと私は伝えた。マスターは何かを起こそうとは考えない。起きることはすべて、自発的に起きる。マスターの目から見ると、すべての人は平等だ。マスターは誰のことも贔屓《ひいき》したりしない。

マスターはパワーを使わない。

それはひとりでに、

帰依から生じる。

マスターの臨在は世界の至る所にある。もし、帰依者の一人が困難に遭えば、マスターはそこで彼を助ける。マスターは自分が身体形態だとは思っていない。これが悟りというものの特質だ。

何らかのパワーを期待しているなら、

それが意味するのは、

まだ自分自身を身体形態として扱っているということだ。

そのパワーは何か自分とは異なるものだとあなたは思っている。しかし、そういうものではないのだ。太陽には膨大なパワーがあり、世界中を輝かせる。そこに、パワーに対する期待はない。

パワーを期待してはいけない。

何も期待してはいけない。

身体―マインドは常にあなたを騙そうとしている。

思考がやって来て、

あなたを正しい道から引き離す。

これに対抗するには、自分自身とマスターを完全に信頼しなければならない。パワーのようなものを期待してはいけない。それはすでにある。穏やかで静かにありなさい！

「あなたのパワーのおかげでこういうことが起こった、ああいうことが起こった」と人々はニサルガダッタ・マハラジによく言ったものだ。すると彼は「私には何のパワーもない。このパワーは私のものではない。私のマスターのもの、シッダラメシュヴァール・マハラジのパワーだ」と答えていた。

このように、パワーがあなたの帰依から来るものならば、それを誤用し、エゴをのさばらせてはいけない。

もし、そういうことをすれば、

あなたは転落してしまうだろう。

あなたのスピリチュアル・ボディを

エゴが再び支配してしまうだろう。

あなたはスピリチュアルなパワーを育てるために努力しなければならない。誘惑に駆られて、転落してしまうこともあるだろう。もしそうなったら、再び浮かび上がるのは難しいかもしれない。

真の帰依者は自分のパワーを利用したり、それについて語ったり、見せびらかしたりせず、「これは私のパワーではありません。私のマスターのものです」と言うだろう。彼は自分を身体形態だと思っていないので、このように謙虚に振る舞う。マインド、エゴ、知性の犠牲者になってはいけない。マインドやエゴ、知性は常にスピリチュアル・ボディを攻撃しようとしている。

27 マインドとは思考の流れ

質問者：今日、私はリラックスして、落ち着いているように感じます。昨日よりずっといい感じです。思考がいつもより早く流れるときがあるのですが。
マハラジ：よろしい！　思考は無視しなさい。それと戦ってはいけない。ただ流れるままにしておきなさい。思考の流れをあるがままにしておけばいいのだ。気を付けなさい！　思考に注意を払ってはいけない。思考はただ、やって来ては去り、やって来ては去る。あなたは思考とは別のものだ。一歩下がって、観客として観察しなさい。
質問者：私は今、思考のプロセスに気づいています。しかしその後、「誰が気づいているのだろう？　誰が考えているのだろう？」と尋ねてしまいます。
マハラジ：あなたの自己なき自己だ。あなたが唯一の源だ。思考はあなたから自発的に生じる。あなたは思考や、思考のプロセス、思考の流れとは完全に別のものだ。すべてはあなたから投影されている。あなたが唯一の源だ。だから、流れに注意を向けてはいけない。
あなたが最終的な真実、究極的な真実なのだ。これが確信だ。私はあなたに究極的な真実、最終的な真実、あるがままの真実に至る最短距離の道を教えている。これを知的に理解することはできない。すべてのものは知的に理解することが可能だが、そういう理解ではあなたの目的を果たすことはできない。確信が完全な確信になり、すべての概念、身体知識が消えなければならない。
究極的な真実を確立するには、瞑想、バジャン、集中に取り組んで、あなたが今までに得た身体知識を鎮めないといけない。いろいろな思考に押しつぶされそうなときは、それらに注意を向けないことだ。あなたが思考の根源なのだから。
あなたの自発的な存在は、そこにある。自分を身体形態だとみなしてはいけない。あなたの外側の見かけは、服のようなものに過ぎない。静かにありなさい！　いつもの義務を果たしなさい。厳格かつ不変のルールなどない。ただ、他人ではなくあなたに集中しなさい。

他人ではなく、自分自身の言葉に耳を傾けなさい。
あなたの内なる声に耳を傾けなさい。
今、スピリットは開かれている。
穏やかで静かにありなさい。

あなたの特定できないアイデンティティは、この世界とは完全に切り離されていることが理解できる。言葉を使って、私はあなたの特定することのできないアイデンティティに話しかけ、働きかけている。あなたはすべての強さとエネルギーの源だ。

世界の中にパワーを探してはいけない。
世界全体が
あなたのパワーとエネルギーの反映なのだから。
あなたはこの開かれた秘密を見ることができる。
私はこの開かれた秘密をあなたの前に置く。
これはあなたのものだ。

だから、あなたは体とは完全に切り離されているのだ。マインドも、エゴも、知性もない。究極的な段階において、経験する者とすべての経験は、「死」にまつわる恐怖とともに消え去る。あなたは強い。自分を低く見積もってはいけない。

このような生きた、直接的な知識を
あなたに与える人はこの世界には誰もいない。
ブラフマンやアートマンについて
人々はただ話をしているだけだ。

乾いたスピリチュアルな議論は、あなたを幸福にしてはくれない。実際的でありなさい！　私はあなたに実用的な知識を与える。

私はあなたを海に投げ込み
泳ぎ方を教える。
ただ水泳について話をしているのではない。

だから勇気を持ちなさい！　幸せでありなさい！　堅固でありなさい！　他人の考えの犠牲者になってはいけない。どこにいるときも、あなたの究極的な真実とともに強くありなさい。あなたに悪いところや欠けているところは何もない。あなたは弱くなんかない。あなたは完全だ。

私は何もしていない。
私はあなたの究極的な真実を見せている。
私のマスターと分かち合った同じ知識を
私はあなたに伝えている。

（ニサルガダッタ・マハラジの写真を指差しながら）彼が

すべてを行っている。私は何もしていない。私はマスターの操り人形に過ぎない。私はただの抜け殻だ！　この体は死んだ体だ。私は何もしていない。

あなたのスピリチュアルな人生には高い価値がある。自分の時間を無駄にしてはいけない。権力や金銭、セックスはあなたに恒久的な幸せをもたらしはしない。あなたは今、正しい場所にたどり着いた。完全に恐れのない状態になりなさい。そうすれば、ときが来て体を去るとき、「どんと来い、私は幸せだ！」と言える。体を去るときも、あなたは幸せな気分でいられるだろう。

質問者：生きているからこそ死ぬことが可能なのですか？

マハラジ：死は体と関連しているだけだ。死も誕生もない。死と誕生は、形や形態を前提とする。死ぬためには、何かがなければならない。あなたには形がない。あなたは無形だ。

この体は「私は在る」を反射した閃光に過ぎない。ほんの一閃だ。

あなたは完全に目に見えない。象をちょっと想像してみよう。大きな象が歩いている。もし、その象にスピリットがなかったら、クレーンで運んでやらなければならない。このスピリットに象を歩かせるとてつもないパワーがあるのだ。だから、何も恐れることはない。

質問者：つまり、すべてのものは、スピリットゆえに存在しているということですか？

マハラジ：その通り！　もしスピリットがなければ、誰が「私はブラフマン、アートマン、神だ」と言うのだろう？

あなたの自発的な臨在はすべてのものに先立っている。

毎日、あなたは同じ太陽、月、人々を見る。しかし、それに先立ち、あなたはまず自分自身を見る。自分自身を見る瞬間、あなたは世界を見る。もし、その見る者が体から消え去ったら、この世界やマインド、エゴ、知性、神、女神について語る者は誰もいない。朝、あなたが目を覚ますと、誰が世界を見るのだろう？　朝の目覚めがないのならば、誰が「世界がここにある」と言うのだろう？　見られるもの、見る者の投影は、偽りに過ぎない。見る者だけが本物だ。

あなたの臨在は至る所にある。あなたがどこに行こうと、あなたの臨在はビデオ撮影をしている。自動カメラのように、臨在はそこで二十四時間、すべてを記録しているのだ。それだけではなく、臨在はあなたの夢も撮影している。あなたがすることはすべて、一つひとつ映像に記録されている。ノンストップでビデオが撮影されているのだ。

見る者とは、目に見えない臨在だ。それはとても神秘的で、宇宙や空よりもずっと神秘的だ。あなたは空や宇宙を超えている。なぜなら、あなたは空や宇宙を見ることができるからだ。では、誰がこのビデオを撮っているのだろう？　何らかのパワー、スピリットがそこにある。それは究極的な真実、最終的な真実、ブラフマン、アートマン、パラマートマン、神などと呼ばれる。

体は道具、媒体に過ぎない。目それ自体には、世界を見るパワーはない。耳と口も道具に過ぎない。

誰がこの手を動かしているのだろう？
誰がこの目を通して見ているのだろう？
夢を見ている間でさえも、
あなたは世界を見ることができる。
目を閉じていても、あなたはそれでも見ることができる。
夢の中であなたはさまざまな食べ物を味わう。
誰が味わっているのだろう？
誰がこの夢の世界を見ているのだろう？
あなたは知らない。
それはあなたの自発的な臨在だ。
それは至る所にある。

あなたの存在は自発的な存在だ。あなたは常に自分を身体形態とみなしている。それが混乱を引き起こすのだ。このすべての幻想から出て来なさい！

28 あなただけがある

質問者：私はジーヴァ（個人）ではなく、シヴァ（破壊の神）でもありません。
マハラジ：それらは言葉だ。「私は何かだ」とか「私は何かではない」とか、誰がそういう言葉を口にしているのか？　あなたはそのどちらでもない。
質問者：私の舌がただそういうことを言うだけですが……
マハラジ：それは、体があるからだ。「私は何かだ」、「あなたは何かだ」などと言うには、誰かがいなければならない。
質問者：誰もいません。私は見ているだけです。
マハラジ：シヴァとは外側のものに与えられた名前だ。
質問者：わかりました、私は無です。私は「ジーヴァ」とか「シヴァ」とか言うべきではありません。
マハラジ：違う！　「私は無だ」と言うには、エゴの立場をとらなければならない。
質問者：これはコミュニケーションをとるためだけにあるのですね。やっとわかりました。「私」というのは偽物で、存在しません。
マハラジ：大変よろしい！　それでは、誰がこれをわかっているのか？　あなたはジーヴァでもシヴァでもないことをはっきりさせておきなさい。あなたはそういうものではなく、定義できないものだ。

質問者：つまり、意図的に努力することは不可能ということですか？

マハラジ：すでに言ったように、人生に起きることは、食物からなる体のためだ。つまり、生きるために食べるということだ！

質問者：努力して、ということですか？

マハラジ：そう、努力はある。しかし、それはエゴのない努力だ。たとえば私は今、このカップを持ち上げ、そして下に置く。それについていつまでも考え続けてはいけない。すべては自発的だ。それは起きる。役に立つ考えを見つけたら取って置き、役に立たないなら捨てなさい。

質問者：役に立つスピリチュアルな考えを見つけたら、どうしたらいいですか？

マハラジ：それを利用しなさい！　でも、そういうスピリチュアルな考えは究極的なものではないということを理解しておきなさい。あなたのスピリチュアルな生命は、そういうものとは完全に異なっている。すでに言ったように、すべては思考の背後に、スピリチュアルな思考であろうとなかろうと、すべては思考の背後にある。

あなたの臨在は、すべてのものの背後にある。
臨在がなければ、あなたは考えることもできない。

思考を記録してはいけない。つまり、「私はこんなことを考えた、あんなことを考えた」などと記憶してはいけない。思考を利用したら、後は忘れてしまいなさい！　私たちは体を保持し、五感と三つのグナ（活動性、純粋性、不活発性という属性や傾向）を持っているため、おびただしい数の思考が内側に流れている。

問題が生じるのは、私たちが思考と戦うからだ。「私はこの思考だけが欲しい。その思考は欲しくない」などというように。「どうしていつもこんな思考がやって来るのだろう？」といつまでも嘆いているより、観客になりなさい。あるがままにしておきなさい！　思考が流れるのは自然なことだ。たとえば、ショッピングセンターでベンチに座っているとしよう。たくさんの人が通り過ぎていく。あなたは誰にも注意を払わない。つまり、何か好ましくないことが起きるとき、あなたはそれに注意を払い過ぎているのだ。忘れてしまいなさい！

思考が流れるには、何らかのエネルギーが必要だ。エネルギーがなかったら、光を使うことはできない。電気が必要なのだ。同じように、すべてのものの背後にパワー、エネルギーがある。このエネルギーを通じて何かが投影され、映し出される。

私たちは映写機ではなくて、
投影されたもののことばかり考えている。
投影物を投射する源、
根源とともにありなさい。

自分自身を知れば、自分が第一で、他のすべては二次的なものだとわかるだろう。

あなたが第一で、
あなたが根本原理だ。

日常生活のためには、体を利用しなさい。昨日、私は食事をした。そして今日は、そのことを思い出さない。今朝、私はお茶を飲んだ。どうやってお茶を入れたかなどと考えてはいけない。ただお茶を飲んで、前に進みなさい！

日常生活においては、仕事を果たしなさい。でも、それを記録しないこと。それをあなたの内部に刻み込んではいけない。そういうふうに刻み込んでしまうと、イライラが生じる。しかし、物乞いのように生きるのもいけない。何かを学び、人生において何かをしなさい。「私はスピリチュアルな人間だ、働くことなどできるものか」などと言って、盲目的にスピリチュアリティを追及するのは意味のないことだ。生きるためには、働かなければならない。ただ座って「私はブラフマンだ」と言っているだけなら、それに何の意味があるだろう？　お金がなかったら、誰かがあなたに食べさせてくれるのか？　そういうわけにはいかない。現実的に生きなさい。しかし、それと同時に、ただ本当の意味で自分自身を知りなさい。

常に、
自分の自己なき自己と接触を保っていなければならない。

これがバジャンを歌う目的だ。バウサヒブ・マハラジは常に帰依の歌を歌えば、自分を自分自身に結び付け、自己なき自己と接触を保つことができると言っている。こういうふうにすれば、いわゆるマーヤーもあえてあなたを攻撃してはこない。

質問者：このフェスティバルの時期に多くの人がやって来ると、私はちょっと動揺を感じてしまいます。たくさんの人が来れば来るほど、注意は散漫になりますが、後から強い波動を感じます。人が少なければ、波動も弱いです。

マハラジ：それは弱い波動でも強い波動でもない。ただの波動だ。そういうものはすべて、あなたから来る。そして、あなたがそれらを「強い」とか「弱い」とか言っている。あなたの臨在がその波動の背後にある。近付けば近付くほど、臨在から波動が明るく燃え上がる。自己なき自己に近付けば、あなたは波動を強く感じる。私が言っていることは、情報を伝えるために用いられる言葉に過ぎない。

自己なき自己に近付けば、特別な幸福、特別な静寂があるだろう。その段階では質問も浮かんで来ない。特別な平安があるだけだ。あなたは体もマインドもエゴも、何も感じない。

あなただけがある。

あなた以外には何もない。「ただ私だけ」。すべての覆いは取り除かれる。

でも今のところ、まだ覆いが残っている。マインドの層、知性の層、エゴの層、たくさんの覆いがかぶさっている。

深く、深く入って行けば、

この力強い火のようなエネルギーを見ることができるだろう。

あなたはそのエネルギーから切り離されてはいない。しかし、体のせいで分離しているように見える。どんどん近付いて行けば、ある瞬間、特別な静寂が訪れるだろう。

質問者：サマーディについておっしゃっているのですね。

マハラジ：これはサマーディではない。サマーディ以上のものだ。サマーディにはまだ経験する者がある。「いいサマーディに入れた」などと言いながら、サマーディを経験しているのだ。再び、思い出しなさい。サマーディとは言葉に過ぎない。それに囚われてはいけない。

あなたが自分自身に知られていないこの「状態」、つまりサマーディと呼ばれている状態は、瞬間的なものだ。私が話しているのは持続的なものだ。世界に対する執着もない。世界とは、人々が「私は男だ」などと言っている場所だ。最終的な段階では、スピリットは自発的に行動する。スピリットは「私はブラフマンだ」などとは言わない。瞑想を通して、あなたの実在が刻み込まれ、成長し、「それが私だ！」に至る。

サマーディとは存在する前のあなたのあり方を示す。

その存在する前の状態において、

経験はない。

「私は体ではない。私はマインドではない。私はエゴではない。知性でもない。私は無だ」。これがあなたの実在となる。全世界が自分の投影だと、あなたは知るだろう。「私は自分が世界の中にいるのだと思っていた。でも、覚醒した今、

私は世界が自分の中にあると知っている」

だからマインドやエゴ、知性によって自分自身を身体形態だとみなしてはいけない。あなたの臨在はそこにある。私はこの臨在の注意を引いている。そこには観照も観照者もない。

そこに残るのは、何か特別なもの、説明することのできないものだ。

究極的な段階においては、
自分自身を経験することはできない。

あなたはこの世界で生きているけれど、あたかも演技をしているかのように、世界への関心がなくなるだろう。それは夢の中で演じつつ、夢が過ぎ去るのを見ているようなものだ。あなたの内なるマスターがあなたの先生だ。あなたが自己なき自己に近付けば近付くほど、あなたの内なるマスターからの指示がやって来る。それはあなたがマスターを強く信頼しているからだ。

内なるマスターとの対話も起きるだろう。これは真我への帰依と呼ばれる。この対話から、あなたは自分自身を教え導き、自分のマスターとなることができる。ニサルガダッタ・マハラジが「自己なき自己以外に神はない……」と言ったのも、このことを意味している。だから、静かにありなさい！

29 自分の家を掃除する

マハラジ：「私は覚醒した、悟った」などと言うには、エゴが必要だ。しかし、あなたの臨在は自発的で、そこに観照者はいない。言葉（word）も、世界（world）もない。だから、こういう質問のすべてがあなたの中に吸収され、あなたの中で答えを得れば、あなたは穏やかで静かにいられる。心配も誘惑もない。

あなたはどこに、なぜ行きたいのか？　どこに行こうと、空は同じだ。アメリカに行こうが、インドに行こうが、中国に行こうが、空はどこでも同じだ。違う空をどこかに見つけることはできない。アメリカの空はオーストラリアの空と違うだろうか？　あなたは空を見つけにどこに行くのか？そして、あなたはブラフマンを見つけにどこに行くのか？人々はあのマスター、このマスターを訪ねて、ヒマラヤやいろいろなところに行く。

そういうことはすべて、時間の無駄だ。すべてはあなたの内にあるのだから。しかし、あなたはその事実を無視している。あなたは自分の自己なき自己に注意を払っていない。私は繰り返し、目に見えぬ聞き手の注意を、あなたは究極的な真実だということに向けさせようとしている。

究極的な真実があなたに刻み込まれていないのは、
幻想の概念が
すでにあなたの中にたくさんあるからだ。

あなたの究極的な真実の重要性は、多数の概念によって曇らされている。

実在が概念でいっぱいになっているのだ。

このことを説明するために、一つ本当にあった話をしよう。私は朝、ボンベイ国立公園によく散歩に行っていた。そのとき、プネに広い土地を持っている知人と立ち話をすることが時々あった。その頃、彼はまだ結婚していなかったので(だからすべての部屋が必要というわけではなかったので)、ある友人に「この家の一階に住めばいい。部屋はたくさんあるんだから構わないよ」と言った。そこで、その友人は一階に住み、彼自身は二階で暮らした。

その後、二十年以上の間に彼は結婚し、子供も何人か授かり、いろいろなことが起こった。それで、もっと部屋が必要だということに気づき、その友人に頼んだ。「頼むから、どこか他の場所に引っ越してくれないか。いくらかお金も払うよ。私と家族に、この敷地は狭いんだよ」。しかし、友人は出て行くのを拒み、こう言った。「どうしろと言うんだ? そんなことできっこないよ。間借り人にも権利があるんだから、出て行ったりしないよ」。彼は丁寧に頼んだのだが、友人は出ていくことを拒んだ。

その後、彼に公園で会うと、いつも落ち込んだ雰囲気だった。だから、朝の散歩のとき、友人たちは彼に、どうしてそんなにイライラしているのかと尋ねた。彼が訳を話すと、友人たちはその部屋を借りている人物について「バラモンの階級なのか?」、「ベジタリアンか?」などと、いろいろ尋ねた。間借り人は厳格なベジタリアンだと彼は答えた。

そこで友人たちの一人が、腐った臭い干し魚を買うように勧めた。当時は家の一階部分のすぐそばに、大きなタンクと炉があった。皆がそこで薪をくべてお湯を沸かしたりしたのだ。彼は友人のアドバイスに従い、お湯が蒸気を上げているとき、一キロの干し魚を炉にくべた。間借り人はこの匂いに耐えられなかった。あまりにもイライラしたので一週間たたないうちに出て行った!

この話が伝えるのは、望まれぬ間借り人を追い出すのがいかに難しいかということだ。間借り人は出て行きたくない。

あなたが丁寧に接していれば、間借り人は出て行かない。何らかのパワーが必要なのだ。

マインド、エゴ、知性は、そういう間借り人だ。それらはすべて幻想だ! それらを取り除くには、他の幻想の助けが必要だ。だから私たちは瞑想、バジャン、真の知識の助けを用い、望まれぬ間借り人にとって耐えられない環境を作り出すのだ。

こういう「間借り人」が出て行くときには、あなたにきっと嫌がらせをする。臭い魚のように、憂鬱《ゆううつ》な考えが浮かんだりするだろう。それはクリーニングのプロセスだ。家を掃除するときに嫌な匂いがすることがあるが、その後は家はとてもきれいになる。

それは大きな家だ。体はたくさんの概念の詰まった大きな家なのだ。それを取り除く唯一の方法は瞑想、真の知識、バジャンだ。瞑想をすれば、すべてが溶けていく。エゴ、知性、マインドなどのすべての概念が溶けて、あなたは完全に概念から自由になるだろう。私は子供に対してそうするように、すべてを単純化して話している。あなたは後でこの話を思い出して、「ああ、そうか、こういうことはすべて、クリーニング・プロセスとして起きているんだな」と気づくことができるだろう。

敷地が完全に明け渡されるまで、あなたは真剣に、断固とした態度をとらなければならない。招かれざる客がいるなら、家をクリーニングし続けなければならない。やがて、クリーニングは自動化されるだろう。初めのうちは、ネガティブな考えが湧いてきて困難を覚えるだろうが、それはクリーニングに必要なプロセスの一部に過ぎない。すべての場所がきれいにならない限り、あなたは正常に機能できない。

あなたの黒板が完全にチョークの粉で覆われていたら、そこに新しい文字を書くことはできない。

バジャンをすると、あなたの中にヴァイブレーションが生じ、注意深さを保つことができる。このヴァイブレーションによって、望まれぬものや不快なものが追放され、それらはやがて消える。盗人は出て行った！

これは単純なことだ。スピリチュアリティなど忘れてしまいなさい。もし家の中でホルンやトランペットのような楽器を吹いていたら、盗人は警戒するだろう。家の中に誰かいると知って、盗人は忍び込むことを考え直す。たとえ、すでに勝手口の近くにいたとしても、あなたの存在を知る盗人は家には入って来ないだろう。同様に、バジャンや瞑想、真の知識によって、臨在がここにあると常に知らしめることができるので、悪い考えや幻想の思考はあなたの中に入って来ようとはしない。

質問者：いろいろな思考がやって来て、私のマインドは大忙しです。これはどう考えても良くないです。

マハラジ：あなたは「私のマインド」について話し続けているが、「私のマインド」は消されなければならない！　それはやがて消えるものだ。「マインド」もないし、「エゴ」も「知性」も「私」もない。こういったものはすべて、体に関係した思考に過ぎない。「私」、「マインド」、「マーヤー」、「幻想」、「カルマ」、「パラマールタ」といった言葉や、それらの意味はすべて、身体知識の輪の中に属している。そして、あなたを幻想の輪の中に閉じ込める。

身体知識を得る前は、何もなかった。
あなたが今持っている知識はすべて、体の消滅とともに消える。
すべてがやがて消えていくならば、
こういう知識に何の意味があるだろう？

質問者：でも、私たちが人として機能するには、マインドやエゴ、知性が必要なのではありませんか？　マインドを使わないなんてことができるでしょうか？

マハラジ：あなたはマインドを使ってもいい。でも、漬物のように使いなさい。漬物を食べたことはあるかね？　漬物を食べるときはちょっとだけで、常に食べ続けたりはしない。

質問者：なるほど！　わかりました！

マハラジ：それは悪い仲間とつるむようなものだ。あなたはマインド、エゴ、知性といった悪い仲間とつるんでいる。そういう悪い子たちと関わってはいけない。でも、あなたは悪い仲間と付き合い続けている。親だったら、自分の子供に「そういう悪い仲間と一緒になってはいけない。彼らは悪い子なのだから」などと言うだろう。親は子供にそういうふうに教える。単純な心理作戦を用いて、子供が成長するように導くのだ。

同じように、マスターもあなたにマインド、エゴ、知性が悪い仲間、悪い要素だというように教える。あなたは「私のマインド、私のエゴ、私の知性」と言うが、誰がそういうことを言っているのだろう？　そう言っているのは誰か？

あなたが「私のマインド」と言うとき、
あなたはマインドではないということを意味している。
私の手、私の足などと言うのも、
あなたがそれらから分離していることを意味する。
「私の」は「私」ではないとマスターは言う。
「私の」は「私」ではない。

なぜ、マインドやエゴ、知性の奴隷になるのか？　それらはあなたの赤ちゃんだ。あなたがそれらに生を与えた。あなたがそれらに食事を与えている。あなたがそれらにパワーを与えている。それなのに、あなたは今それらを恐れている。なぜだろう？

マインド、エゴ、知性に食事を与えるのはやめなさい。
それらにパワーを与えるのはやめなさい。

そうすれば、それらは黙り込み、
静かになる。

質問者：私のマインドは常にとても活発で、忙しいのです。どうしたら、それを止められるのかわかりません。

マハラジ：あなたは家をきれいにしなければならない。大掃除をしなさい！　真の知識という箒《ほうき》を手に取り、除菌剤をばい菌に振りかけなさい。

私たちは思考の犠牲者だ。それは、私たちが思考を盲目的に受け入れているからだ。「ああ、私は憂鬱で不幸だ！　機嫌が悪いから一人にしてくれ。放っておいてくれ」。なぜ、そうなるのか？　それは、

直接的だろうと、間接的だろうと、
あなたは思考が体の中に生じるといつでも、
それを受け入れるからだ！

思考を無差別に受け入れると、その結果、あなたの物質的肉体やメンタル・ボディ、スピリチュアル・ボディのすべてが影響を受ける。そして混乱や葛藤が生じ、あなたは落ち着きがなくなってイライラする。

なぜだろう？　それは、こういう思考は自分と何の関係もないし、実際のところ、別個のものだと知っているにもかかわらず、まだ微細なエゴが残っているからだ。

微細なエゴがまだあり、
「私は何者かだ」とまだ感じている。
やがて、そのエゴによって、
あなたの知らぬ間に、思考が受け入れられてしまう。

とても単純な例を挙げよう。たとえば、犬が外で吠えていて耐えられない。その影響はすぐに出る。あなたは鳴き声が嫌なので、外に出て犬に石を投げ付けて叫ぶ。これは、あなたが犬の鳴き声を受け入れたことを意味する。犬の鳴き声はあなたにとって迷惑なものとなった。しかし、犬は鳴くものであり、それは自然の摂理だが、あなたはその犬に注意を向け、「まいったな！　何でこの犬は鳴いて私を困らせるのだろう？」と考える。

つまり、この時点で
あなたの微細なエゴが生まれる。
あなたのマインドが吠えている。
あなたのマインドが吠えているのは、
あなたが吠える犬に注意を向けているからだ。

質問者：つまり、思考に注意を向けたり、受け入れるなということですか？

マハラジ：あなたが思考を受け入れなければ、思考は何の問題も起こさない。思考はあなたに影響を与えない。さあ、や

る気を出さなくてはいけない。このように考えて、自分にやる気を出させなさい。

「私は今まで、自分が身体形態だと考えてきた。
でも今、私は自分が体だったことはなく、
体であり続けることもなく、
体は私のアイデンティティではないと知った。
だから私は、環境と何の関係もない。
私は世界に関心がない」

身体という基盤のことは忘れてしまいなさい！　身体基盤のことは忘れるのだ！

あなたの臨在は体より先にあったが、
それは目に見えず、名もなく、特定もできなかった。
だから、あなたは知られていなかった。

スピリットが体にはまった瞬間、あなたは命を計算し始める。あなたが体に出会ったとき、あなたはこのように考え始めた。「私は女性だ。私は一九七五年に生まれたので四十歳だ。そう、私は四十歳だ」

スピリットが体にはまった瞬間、あなたは年数を計算し始めた。しかし、そういうものに先立って、あなたの臨在は存在した。体を手放しなさい。身体形態を手放しなさい。

あなたは女性ではない。
あなたは四十歳の「シーター」ではない。
あなたは生まれていない。

30 瞑想は幻想に対するアンチ・ウィルスソフト

質問者：どうやってマインドをコントロールすればいいですか？　どうしたら、すべての精神的活動を無視することができるのでしょう？　そんなことは不可能に思われますが。

マハラジ：何でも可能だ。あなたのような場合、つまり慢性的な幻想を扱う場合、マスターは「瞑想」という薬を処方する。瞑想とはアンチ・ウィルスソフトだ。フィールドを掃除し、すべての幻想の思考を取り除くには、瞑想が基本的な土台となる。瞑想とは、完全な集中を意味する。

瞑想とは完全な集中を意味する。
マントラは手段、道具だ。
マントラを使っている間、
あなたはマインドを引き付け、同時に、
知識や実在とともに、
あなたのスピリットが内側に流れる。

質問者：マインドの注意を引いて、マントラを唱えるとき、何が起きているのですか？　それはどのように働くのですか？

マハラジ：

マインドの活動が止まる。
マントラの音とともに、自然に
知的な活動が止まり、
エゴの活動が止まる。

最近は誰でもコンピューターやノートパソコンを持っている。それらは時々ウィルスに感染してしまう。この問題を解決するには、アンチ・ウィルスプログラムを使わなければならない。これと同じように、あなたのウィルスも完全に消されないと、究極的な実在が実現されることはない。

質問者：どうしたら、何年も何年もかけて幾層にも積み重ねられた幻想を取り除くことができますか？　それは不可能に思われますが。

マハラジ：

不可能なものは何もない！

瞑想はスピリチュアル・ボディに影響を及ぼす。スピリットはとても繊細で多くの印象を吸収する。それに刻まれたものは、すぐさま反映される。子供の頃から、スピリットは自分自身を身体形態だと考えてきた。「私は何者かだ。私は生まれ、いつか死ぬ」。それから、すべての印象、条件付け、しつけ、環境があり、「伝統」、「素行」、「文化」、「善行」、「悪行」、「プラーラブダ」、「カルマ」、「転生」、「天国」、「地獄」などといった、ありとあらゆる概念があった。私たちは盲目的に契約を交わし、何の疑問もはさまずにすべてを受け入れた。

こういう概念は瞑想によって消える。
瞑想によって、
あなたは自分のパワーを再生させ、
そして、究極的な真実の記憶を新たなものにする。

質問者：それは素晴らしいですね！　奇跡のようです。

マハラジ：（微笑んで）思い出しなさい！　私の言葉を文字通り受け取ってはならない。あなたは究極的な真実を忘れ、体を受け入れた。このすべての幻想の概念のせいで、あなたは体として生きている。子供の頃から今日に至るまで蓄積された、たくさんの幻想の概念の圧力のもと、体として生きているのだ。

それだけでなく、あなたは恐ろしい考えや、それに伴う不安のもとに生きている。「何かが私に起きたらどうしよう？　もし、誰某《だれそれ》が明日死んだらどうしょう？　未来はどうなるだろう？　今、何が起きているのだろう？　過去には何が起きたのだろう？　もしこうだったらいいのに、ああだったらいいのに」。あなたはいつも何かしら心配している。だから、この幻想のパッケージを丸ごと消すために瞑想が必要なのだ。

質問者：私はあなたの言うことを聞いていますが、それと同時に、瞑想は本当に必要なのだろうかと考えてしまいます。もし私のようにたくさん本を読んだり、勉強していても、それでも必要なのでしょうか？

マハラジ：本を読んだり、勉強するだけでは十分ではない。誰が読んでいるのか？　誰が勉強しているのか？

本を読むだけでは十分ではない。

勉強だけでは十分ではない。

誰が読んでいるのか？

誰が勉強しているのか？

人はいつも動き回り、聖地を訪れたり、あっちに行ったり、こっちに行ったりしている。なぜだろう？

誰か他の人のではなく、

自分自身の場所を訪れなさい。

まずは自分の家をきれいにしなさい。

質問者：私はずっと瞑想が苦手なんです。マントラを聞くと、何だか気分が悪くなってしまい、いつも途中でやめてしまうのです。どうも、私は長い間、集中できないようです。

マハラジ：まずは集中だ。深く専心して集中することが欠かせない。この真の知識、実在というものは、瞑想の助けがあってこそ明らかになる。瞑想が真我知識という家に入るための「マスター・キー」だ。マスター・キーは真我知識への扉を開く。

質問者：どのように瞑想すればいいですか？

マハラジ：ナーム・マントラがとても重要だ。もしナーム・マントラを持っていないなら、何か他のマントラか、あなたの信じる神様の名前を用い、それに集中しなさい。完全に集中することが必要だ。たとえば、「私はブラフマン、ブラフマンが私だ」や「私は至高なる存在だ」でもいい。

質問者：ナーム・マントラとは何ですか？

マハラジ：私たちの系譜では、聖なる言葉が瞑想のために与えられる。ナーム・マントラはマスター・キーだ。だから、インチェゲリ・ナヴナート・サンプラダーヤの創始者であるシュリー・バウサヒブ・マハラジは、初心者はまず瞑想をすべきだと主張した。ある期間、瞑想すれば、それは自発的なものとなる。一日に二時間、自分自身のために瞑想しなさい。

スピリットはとても繊細なので、ナーム・マントラのヴァイブレーションを受け入れ、スポンジのように吸収する。最初はマントラを唱えるのに努力がいるだろう。というのも、エゴがマントラに抵抗しようとして戦うからだ。この段階では、問題が浮き上がって来るので、あなたはマントラを唱えるために一生懸命、頑張らなければいけないかもしれない。しかし、その後は、自動的に唱えることができる。

ナーム・マントラの意味は、

「私はブラフマン、ブラフマンが私だ」

瞑想とは、本当の私たちを思い出させてくれる修正プロセスだ。子供の頃から現在に至るまで蓄積された幻想の層をきれいにすることで、スピリットが再生する。瞑想の言葉、つまりマントラの意味は先にも言ったが、「私はブラフマン、ブラフマンが私だ」。私たちはあなたが受け入れるまで、これらの言葉やあなたの実在をあなたに叩き込んでいるのだ。

質問者：エゴは瞑想の修行に抵抗しようとするとおっしゃいましたね。それは、エゴがボスは自分だと考えており、王座から追放されたくないからですか？

マハラジ：マインドにはその程度の分別しかない。

質問者：あなたは幻想について話しておられましたが、瞑想もまた幻想ではないのですか？

マハラジ：そう、瞑想も幻想だ。すべては幻想だ。しかし、ある棘を抜くためには、他の棘を用いなくてはならない。もっと進んだ段階では瞑想は必要なくなるので、瞑想のことは忘れてしまってよい。でも初めのうちは、幻想を溶かして消すために、別の幻想が必要なのだよ。

瞑想を通して、
私たちはあなたのアイデンティティを甦らせる。
あなたは自分のアイデンティティを忘れてしまった。
だから、私たちはあなたのパワーを再生し、
目に見えず、特定できない
あなたの本当のアイデンティティを思い出させる。

31 私の臨在は至る所にある

マハラジ：私たちの系譜の創始者バウサヒブ・マハラジはスピリチュアルな建築家だった。彼は瞑想の影響を見越して、すべての事態に備えた。知識を消化可能なものにするには、母親が子供に食事を与えるときのように、一度に少しずつ与えればいいということに気づいたのだ。燕がヒナに餌を与えるときは、丈夫に育つよう、一度にほんの少しずつ与える。もし、ヒナがエサを満腹になるまで食べたら、消化できないだろう。

現在では、スピリチュアルな知識を手に入れるのに、外へ出かけていく必要がない。秘教的な環境で学ぶ必要もない。

昔は多くの規制があったが、今ではスピリチュアリティも自由になった。あなたたちがこのように知識を簡単に得られるのは、とても幸運なことだ。真剣になり、瞑想しなさい！あなたのスピリチュアル・ボディを見つけるまで、瞑想は必要だ。

質問者：それにはどれくらいかかりますか？

マハラジ：どれくらいかかるかって？　なぜ、そんなことを聞くのか？　時間はない。継続的に集中すれば、「ああ、私は体とは何の関係もないんだ！　私は体ではなかった。私は生まれていない」と理解するようになる。

体はやって来ては去る。

体には年齢という要因、時間の制限がある。

しかし、「私」にとって、時間の制限はない。

私は至る所にいる。

私の臨在は偏在する。

質問者：それはすぐに起こりますか？

マハラジ：即座に起きるとも！　それはあなたにかかっている。マインドと争わないことだ。思考はやって来ては去る。望ましい思考を受け入れ、望ましくないものは拒否しなさい。思考には良い思考と悪い思考がある。

やがて、すべてが良い思考になるだろう。

質問者：やってみます。そしてどうなるか様子を見てみます。

マハラジ：そういう「様子を見てみる」といったカジュアルなスピリチュアリティはうまくいかない！　完璧に成し遂げるには、完璧な土台が必要だ。そして、そのためには瞑想が必要だ。瞑想することで、あなたは外側のアイデンティティも内側のアイデンティティも忘れ、次のようなことを理解するようになる。

はい！　これが私の究極的な真実です。

私の自発的な目に見えない臨在が、

この世界を投影している。

私が存在する前、私はまったく何も知らなかった。

質問者：それは素晴らしいですね。でも私はまだ、実在を本当に理解するのには時間がかかるに違いないと思っています。

マハラジ：あなたは思考に注意を向け過ぎている。マスターの言うことを聞きなさい！　マスターがあなたについて言うことを受け入れなさい！

あなたのストーリーを聞きなさい！

実在を受け入れなさい、あなたの実在を。

あなたは究極で最終的な真実だ。

マスターはあなたが究極的、最終的な真実だと告げる。

すでに言ったように、瞑想とはアンチ・ウィルスソフトのようなものだ。この瞑想のプロセスを通して、すべてが取り除かれ、きれいに洗浄される。あなたは状態のない状態、思考のない実在に到達するだろう。

質問者：瞑想するとき、蓮華座で座らないといけませんか？ 私はこれができないんです。若い頃はできたけれど、今ではだめです。

マハラジ：それは構わない。体や年のせいで瞑想の姿勢をとれないのは問題ない。それよりも集中することが大切だ。

質問者：では、瞑想の目的は集中ですか？

マハラジ：

あなたは体ではなかった。
あなたは体ではない。
あなたは体であり続けることはない。
体はあなたのアイデンティティではない。
この確信が瞑想によって生じる。
これが瞑想の要点であり、
瞑想の結果だ。
だから、初めの段階においては、
集中がとても大切なのだ。

質問者：わかります。

マハラジ：瞑想によって知識がもたらされる、あなたの知識が。

ただ、あなた自身を本当の意味で知ること、
それが知識だ。

あなたは究極的な真実だ。あなたは最終的な真実だ。言葉を、スピリチュアルな言葉を弄ぶな。スピリチュアルな言葉はたくさんある。

あなたは無知の中で溺れている。
あなたは言葉の海で溺れている。

外側の衣服をすべて取り払いなさい。すべての幻想の層を取り除いて、あなた自身を見なさい。あなたは完全だ。すべてはあなたの内にある。あなたは自分のアイデンティティを忘れてしまった。それだけのことだ。しかし、初めのうちは一定の修行を行わなければならない。

最初のうち、あなたはマントラを繰り返すことを肝に銘じなければならない。しかし一度、自分の実在を受け入れれば、後は自然にひとりでに流れていく。

あなたのマスターは言う。
あなたはアートマンであり、あなたはブラフマンであり、
あなたは神だ。
同時にあなたは、それと同じ意味のマントラを繰り返す。
やがて、それが完全に受け入れられる瞬間が来る。
しかし、その確信が打ち立てられるまで、

あなたは戦わなければならない。
あなたは奮闘しなければならない。

あなたは究極的な真実だということを受け入れなさい！ すぐに確信が訪れる人たちもいる。しかし、今までに受けた心的印象が正しく消去されていないために、もっと時間がかかる人たちもいる。深く完全に専心して、瞑想しなさい！

32 マスター・キーであるナーム・マントラ

マハラジ：私たちの系譜のマスターは、真剣な探求者にナーム・マントラを伝授する。あなたはこのマントラを誰にも口外してはならない。これはルールの一つだ。わかるかね？

質問者：もちろんです！ 私はそのルールを尊重します。

マハラジ：私たちの系譜について、その背景を少し話しておこう。それは開祖とみなされているダッタートレーヤまで遡る。レヴァナート・マハラジら九人の師、聖人はダッタートレーヤの弟子だった。これら、ダッタートレーヤの直接の弟子たちは、人々が悟りを得るよう、スピリチュアルな知識を分かち合うことを指示された。レヴァナート・マハラジからずっと、同じ知識が弟子から弟子へと継承されてきた。

インチェゲリ・ナヴナート・サンプラダーヤは、シュリー・バウサヒブ・マハラジとともに始まった。それからシュリー・シッダラメシュバール・マハラジに受け継がれ、最近ではシュリー・ニサルガダッタ・マハラジやシュリー・ランジット・マハラジがいる。これはごく簡単に私たちの伝統の系譜を説明したに過ぎないが、今このアシュラムで、私たちはこの伝統に従い、「直接的」な知識、「自己なき自己」の知識を分かち合っている。

質問者：それは素晴らしいです！ この素晴らしいマスターたちの知識とパワーのすべてが伝えられ、いわゆる「生きた知識」として、この系譜に引き継がれているということなのですから。本当に見事です！ 私が思うにナーム・マントラは、この系譜全体によってパワーを与えられているのです。私はこの伝統の一員であることを非常に名誉に思います。

マハラジ：ナーム・マントラを伝授されたら、あなたは修行を続けなければならない。前にも言ったように、スピリットはとても繊細だ。その繊細さを考慮に入れて、この秘伝の言葉が伝えられる。この聖なる言葉が効を奏し、スピリットに刻み込まれると、実在が明らかになる。

実在が姿を現すだろう。
すべての知識が流れるだろう。

これは個別的な知識ではなく、
自己なき自己の知識だ。

マントラの詠唱などはすぐに自動的に行われるようになるが、今のところは専心することがとても大事だ。物理的な義務を果たしつつ、それと同時にあなたの自己なき自己との接触を保っていなければならない。

質問者：そのためにはどうしたら一番いいですか？

マハラジ：二時間、少なくとも二時間は修行しなければならない。一時間を二回、もしくは三十分を四回というふうに分けてもいい。自分の日常生活に合うように変えなさい。

シュリー・バウサヒブ・マハラジは一日に十時間から十二時間、修行していた。ときには、編んだ髪を水車に括《くく》り付け、井戸の中に立っていた。彼は目を覚ましておくために、こういうことをした。もし居眠りをしてしまったら、頭が前にガクンと垂れて、そのショックで目が覚めるというわけだ。

こうしたマスターたちは、激しく厳しい修行を自分に課した。当時は大きな困難を耐え忍んだのだ。その努力のおかげで、私たちは今日、簡単に修行できる。こんなにも簡単になったのは、マスターたちのおかげなのだよ。

質問者：私たちはマスターたちの専心と奮闘の恩恵を受けているのですね。

マハラジ：私たちの系譜では、マスターたちは皆、このようなとてつもない努力をしていたのだ。固い決意とともに厳しい修行をすることで、マスターたちは「自己なき自己」の秘密を発見しようとした。彼らはとてもとても厳しかった。しかしその後、シッダラメシュヴァール・マハラジが瞑想に必要な時間を二時間に減らした。

マスターたちの忍耐のおかげで、私たちは今、高度で稀な知識を、とても簡単で直接的に分かち合うことができる。

質問者：二一世紀に生きていることをありがたく思うばかりです！　その頃に比べたら、今の修行は簡単に思えますね。

マハラジ：当時のマスターたちが「体」をあまり省みなかったのは、私たちにとっても幸運なことだった。彼らは体のことは構わず、真の知識を人々と分かち合い、できるだけ多くの人を悟らせようと尽くしていた。彼らは自分を犠牲にしていた。それは稀なる犠牲だったが、彼らには大きなパワーがあったので、そんなことは気にしなかった。

このパワーが常にマスターたちとともにあり、
それが彼らに身体形態のことを忘れさせた。
彼らは体を利用したが、
自分が体とは完全に異なることを常に知っていた。
彼らは自分が究極的な真実だと知っており、

そして、そのように生きた。
彼らの知識は
本物の
実際的なものだった。

さあ、マスター・キーを受け取りなさい。このキーを通して、マスターたちは悟りを達成した。究極的な真実を実現するには、マスター・キーが基本、土台となる。

33 瞑想にとりつかれる

マハラジ：瞑想はとても簡単だが、とても難しくもある。

瞑想とは何だろう？　もし誰かに侮辱されたら、あなたは「何て奴だ、復讐してやる！　あいつはどこにいる？」と言うだろう。そして続く二十四時間、自分を侮辱した男のことを考え続けるだろう。あなたは怒りで燃えたぎっている！　あなたは燃えるほどに立腹し、仕返しがしたい。あなたはそれを考えるのに夢中になっている。

これと同じように、瞑想に対しても火のような情熱を持たなければならない。いつでも二十四時間、自分が誰なのかを探し出すのだ。あなたの決意は固く、自己を発見することにとりつかれる。あなたは深く完全に取り組む。

自分が本当は何者なのか、何が何でも発見しなければならない。

何もあなたを止められない！

あなたを侮辱した男が言った言葉で、あなたの一つひとつの細胞のすべてが燃えている。「今に見ていろ、復讐してやる！」

質問者：全存在が燃えているということですか？

マハラジ：そうだ！　あなたの全身が煮えたぎっている！　あなたはこのことしか考えられない。

瞑想とはそういうものだ！

質問者：わかりました！　私たちは完全に取り組まねばならないのですね。私たちは生涯を通じていろいろな印象をシナリオのようにため込んでいます。そして「私はクリスだ」と言い続け、この「クリス」に伴うすべての関係性や荷物を持ち続けています。だから私は、それに継続的、集中的に取り組まねばならないでしょう。つまり、私たちは常に追求しなければならないということですね？

マハラジ：（壁の肖像を指差して）これらの偉大な聖人たちは皆、瞑想を勧めていた。

質問者：歩いたり、何かしながら瞑想するのはどうでしょう？

マハラジ：瞑想するために座る必要はない。働いているときも、リラックスしているときも、いつでもどこでも瞑想はできる。マントラの詠唱も常に自動的に行われる。瞑想はバックグラウンドで継続的に起きている。自然に、ひとりでにマントラが唱えられるのだ。スピリットはとても繊細なので、そこに刻み込まれたものはすべて反映されるのだ。

あなたが瞑想しているのは、自分のため、自分の利益のためだということを覚えておきなさい。

マスターのためではない。

手軽なスピリチュアリティはうまくいかない。一日のうち、決まった時間だけ向き合うだと？　それではだめだ！　絶対的に完全に自分に向き合うことが必要なのだ。そうすれば、劇的な変化が訪れるだろう。瞑想とは、「集中する者に集中すること」に過ぎない。このようにして、あなたは常に自己なき自己とともにいることができる。

質問者：瞑想における、帰依という側面について質問があります。

マハラジ：初めのうちは、本当の帰依はない。ここで言う帰依とは、明け渡しと受容を意味する。必要なのは、ノンストップの帰依だ。

帰依とは自分自身を知りたい。

「**私は自分が誰かを知りたい**」

質問者：つまり、あなたは戦い、奮闘するとともに、明け渡していることですか？

マハラジ：その通り！　この身体知識を取り除き、そこから抜け出すには帰依が必要だからだ。それは意図的に行われる。初期段階では、あなたは自分自身を帰依者だと考える。究極的な真実に到達するには、帰依に取り組まねばならない。

初めのうち、あなたは帰依者だ。

それから、あなたは帰依、修行、瞑想を行う。

帰依の後、「あなたは神性を実現できる」

つまり、帰依者から帰依へ、神性へと経ていくのだ。でも、こういうものは言葉に過ぎないことを覚えておきなさい。言葉を文字通りに受け取るという罠に陥ってはいけない。実際のところ、帰依者も帰依も神性もない。

質問者：今は、わかります。でも、継続的にそれを自分に思い出させなければなりません。マインドには貪欲につかんで、しがみ付く癖がありますから。私は時々、自分で自分に「わかったぞ」と言っているのに気づきます。私はこれをやめようとしていますが、難しいんですよね。というのも、あなたが話されていること全部、つまり本当の私たちである究極的な実在とは、言葉に先立つもの、すべてに先立つものです。それは言葉で表現できるものではないからです。

マハラジ：あなたがここに帰依者として来るとき、あなたは「私は自分自身を知りたい。私は自分が誰かを知りたい」と言う。マスターはこう答える。「あなたは究極的な真実だ。でもあなたは長い間、体と関わってきたので、マスターを信頼していない」。あなたの信頼、信念は揺れ動いていて確かではない。安定性がないのだ。あなたはブラフマン、アートマン、パラマートマンだとマスターは言う。この実在が浸透し、吸収されるよう、あなたはこのマントラを唱えなければならない。

質問者：言葉について私が言ったことに戻りたいのですが、もし、私たちが言葉を作ったのであり、それらはすべて幻想ならば、言葉であるマントラを唱えることに何か意味があるのですか？　マントラは本当に持続的な効果を及ぼすことができるのですか？

マハラジ：そう、言葉は幻想だ。しかし再び繰り返すが、私たちは一つの幻想を消すのに、別の幻想を用いなければならない（「私は人間だ」が「私はブラフマンだ」に取って代るということ）。あなたのスピリットはとても繊細だ。だからスピリットに刻み込まれたものは、すべて反映される。

質問者：つまり、マントラは明らかに効くということですか？

マハラジ：もちろん！　あなたが自分に完全に専心していれば、百パーセント効く。これはちゃんと実証された科学的で一貫性のあるメソッドなのだよ。マントラを通じて、究極的な真実があなたに刻み込まれるのだ。やがてあなたは「私はそれだ！」と知る。そこには特別な静けさがあるだろう。それは特別で、自発的な静寂だ。

質問者：それは素晴らしいですね！

マハラジ：すべての思考がやめば、そこにあなたがある。思考のない段階では、「私」さえもやむ。「私」も「あなた」もない。しかし、それは無意識の状態ではない。あなたは体の中に生きているけれど、あなたと体は完全に別のものであり、あなたは世界を知らない。

私はあなたの前に聞き手の真実、あなたの真実を置いている。あなたはできる！　勇気を持ちなさい！　不可能はない！　私の中の話し手と、あなたの中の聞き手に何の違いもない。ただ身体形態が異なるだけだ。

今、あなたは自分を確信させなければならない。明らかな事実が、あなたの前に置かれた。

あなたはキーを持っている。さあ、それを使いなさい。
料理が運ばれてきたのだから、
さあ、食べなさい！

34 マスターは奇跡の人ではない

マハラジ：さあ、あなたはキーを与えられた。この系譜のマスターたちのマントラが今、あなたのマントラとなった。どうやって使ったらいいかはすでに説明した。後はあなた次第だ。真剣な人たちにとってはとても簡単だが、気軽に瞑想に取り組んでいる人たちにとっては、そうではないだろう。すべては、あなたの瞑想に対する見方にかかっている。あなたが瞑想をどの程度、重要で価値があると思っているかにかかっているのだ。

次のことを覚えておきなさい。

あなたの人生のすべての瞬間は、とても大切なものだ。
それが再び繰り返されることは決してない。
そしてあなたが自分自身を本当の意味で知らなければ、
平安や満足が失われてしまい、
恐れと不安がそこに生じる。

質問者：おっしゃることはわかります。「この瞬間をつかみ、真剣であれ。努力して、修行をせよ」

マハラジ：この修業が必要なのは、私たちが身体に執着しているからだ。体への執着がなければ、何も必要ない。このように考えなさい。何も存在しないというのが歴然たる事実だ。まったくもって、何もない。

体がなかったとき、
神の必要も、
ブラフマンの必要も、何の必要もなかった。

質問者：無であると同時に、完全に満ち足りていたということですか？

マハラジ：そういうことは言葉に過ぎない。あなたの想像だ。私は知っている！ でも、あなたは知らない！ それは、丘の上で手を振っている男の話のようなものだ。丘の下にいる男が、丘の上の男に向かって叫び尋ねる。「上の方はどんな感じだい？」。頂上にいる男はこう答える。「君もここまで来て、自分で見てみなくちゃいけないよ」

質問者：はい、私は想像しています。あなたが言うところの身体知識を使って理解しようとしているのです。でも、あなたの知識は自発的に生じ、直接的です。

マハラジ：すべての必要性、不足、要求は、体とともに始まった。私たちが「存在」する前、私たちは神の意味を知らなかった。マスター、弟子、兄弟や姉妹の意味も知らなかった。名前もなかったし、意味もなかった！　すべての関係性は身体に関連している。好むと好まざるとにかかわらず、あなたはいつの日か知る。あなたはこれらのすべてを置いて行かなければならないと。この体を自分と一緒に持って行くことはできないのだ。

私たちが話したり、聞いたり、見たりできるのは、ひとえにスピリットのおかげだ。

全世界は、究極的な真実、ブラフマン、アートマン、神とも呼ばれる、あなたの自発的な臨在の投影だ。

これは明らかな事実だ。

でも、「どうしたらそんなことが可能なのだろう？」と考えて、頭を悩ませてはいけない。それはとても簡単なことだ。とても、とても簡単なのだ。体への執着が消えた瞬間に理解できる。それから、あなたは誰もいないことを知る。私は同じことを何度も何度もあなたに言って、叩き込んでいる。

とてつもないパワーがすでにあなたの中にあるが、あなたはそのパワーに気づいていない。

このプロセスもとても簡単に直接的に働く。スピリットはとても繊細だ。それを考慮に入れた上で、ナーム・マントラ、グル・マントラが道具として与えられる。これは二重に働く。あなたの身体知識を消すと同時に、あなたの真のアイデンティティを思い出させてくれるのだ。

ここに簡単な例を挙げよう。たとえば、ある人が記憶をなくして、自分のアイデンティティを忘れたとする。つまり、記憶喪失で苦しんでいるというわけだ。私たちはその人が記憶を取り戻すための手がかりを与える。その人の人生に起きた過去の出来事を話してあげたりして、記憶を甦らせようとするのだ。

もし、子供が何か忘れたら、私たちはその子に思い出させてやろうとする。それと同じように、マスターはあなたに記憶を取り戻してやろうとしているのだ。その記憶とはこれだ。

あなたはブラフマン、アートマンだ。

あなたはブラフマン、アートマンだ。

あなたは男ではない。あなたは女ではない。これは予備的な段階、初期段階だ。その後、確信が打ち立てられれば、もう修行の必要はない。その瞬間から、すべてが自発的に起きるようになる。また、確信を得た後は、どこかに行って探求しようとも思わなくなる。「ブラフマン」とか「アートマン」といった専門的な言葉を使う必要もない。

身体形態を抜きにしたら、

どんなふうに見えるか、
ちょっと自分自身を見てみなさい。

マインド、エゴ、知性は忘れてしまいなさい。すべてを取り除くのだ。幾重もの幻想の層を、一枚ずつはがしていきなさい。タマネギの皮をむいていったら、後には何が残るだろう？

質問者：何が残るか？　何も残りません！

マハラジ：そう、「何もない」が正解だ！　では「何もない」を意味する専門用語は何だろう？　それは「ブラフマン」だ。

質問者：つまり、私たちがしている修行はすべて、何もないということを発見するためなのですか？　うーん、なるほど！　もう一つ質問ですが、もしすべてが幻想ならばなぜ瞑想したり、バジャンを歌ったりしなければならないのですか？　私は自分がブラフマンだと知っています！

マハラジ：知っているなら結構。ただし、文字の知識では意味がない。知識は吸収されなければならない。「私はブラフマンだ」と言うことは誰にでもできる。重要なのは言葉ではない。言葉の背後にあるもの、エッセンス、マスターが伝えようとしていることが重要なのだ。マスターが伝えようとしている要点、それがとても重要なのだ。

疑問があれば何でも尋ねなさい。わかっていないのに頷いたりしてはだめだ。疑問を残してはいけない。そうでないと、しっかりとした土台を築くことはできない。わかったかね？

質問者：はい、わかりました！

マハラジ：ある幻想を取り除くには、別の幻想を用いなければならない。手に刺さった棘を抜くのに、別の棘を用いてほじり出すようなものだ。真の知識を完全に吸収するまで、瞑想をやめてはいけない。あなたはすべてに疑問を差し挟む癖がある。それは文字の知識の影響によるものだ。「どうしてそうなんだろう？」、「それには何の意味があるのか？」。だめだ！　マスターの指示を分析してはいけない。

あなたの内側から自発的な指示が
やって来るときがいつか来る。
次に何をすべきか、何をすべきではないか、
それによって導かれていく。

これはスピリチュアルな用語で言うところの内なるマスターだ。「内なるマスター、外なるマスター」、「内在するマスター、外在するマスター」などと言ったりもする。これらは言葉に過ぎない。伝達、説明のために用いられる言葉に過ぎないのだ。外なるマスターは身体形態をとっている。内なるマスターは「目に見えない聞き手」だ。

身体形態以外に、

私とあなたの間に違いはまったくない。
体は違っているが、
聞き手にも話し手にも形はない。

つまり、すべてはあなたの内側にあるのだ、しかし、あなたはそれに気づいていない。だから私たちは、あなたの中の偉大さ、「あなたの中の、目に見えぬ静かなる聞き手」の注意を引いているのだ。自分を見つめて、この「私」とは何なのか、見極めなさい。この体は、それ自体には何の価値もない。スピリットが去る瞬間、私たちは「それを取り除いてくれ、もう体に用はない」と言う。

思い出しなさい！　すべての瞬間がとても重要なのだ。しかしそれは、義務を果たすことを怠り、「私のようなスピリチュアルな人間に、どうしてこんなくだらないことができようか？」などと言ったりするのとは違う。あなたの義務を果たしなさい。仕事をし、健康管理も怠らないこと。こういうふうに自分を確信させたら、後はもう、何の疑問もない。

あなたの疑問に対するすべての答えは
あなたの中にだけある。
だから、真我知識であなたを助けるために
このマスター・キーが与えられたのだ。

このキーを一貫して使っていきなさい。そうすれば、すべての疑問は自発的、自動的に解決されるだろう。疑問はもう残らない。それに、あなたも私のように話すことができるだろう。あなたはそうできる。それは起きる。しかし、注意深く、謙虚でありなさい。エゴが現れて、「ああ私は悟りを得た！」と主張したりするかもしれないから。

私は奇跡の人ではない。私には魔法の杖などない。私が話しているのは、あなたのパワーについてだ。それはすでにあなたの中にある。

あなたはすべての束縛から自由だ。
あなたは自由な鳥で、
あなたは飛べる！

あなたは多くの概念や世俗的な関心事に縛られている。今、あなたは解き放たれた。すべての束縛が取り除かれた。覆いが取り除かれ、あなたは開かれた。今、あなたは気分が良くなって、「私は自分の翼で飛べる！　私は完全に独立している、完全に自由だ！」と感じているかもしれない。

あなたは誰にも依存していない。
しかし、その自立性を
消化、吸収しなければならない。
聖なるマントラの助けを借りて、
この真の知識を消化、吸収しなくてはならない。

35 患者

マハラジ：内なるマスターとか外なるマスターというものは、理解しやすくするために使われる言葉に過ぎない。本当は内も外もない。「内なるマスター」や「外なるマスター」と言うとき、そこには区別、二元性、何か分離しているものがある。あなたは世界を二つに分け、「私は内側、もしくは外側にいる」、「マスターは私から分離している。私はマスターとは違う他の誰かだ」などと考える。そんなものは存在しない！

私たちがすべてのこういう壁を作り出したのだ。壁を取り崩しなさい。

質問者：内側も外側もないのですか？

マハラジ：マスターの言ったことを完全に受け入れないのならば……

質問者：はい、わかりました。内側も外側もありません。外部も内部も、内も外もありません。

マハラジ：「外側」と言うとき、あなたは自分を形や形態のあるものと考えている。私は何者かだ、そして生きたマスターがそこにいる、という具合に。

あなたの臨在はまさに生きたマスターだ。あなたは生きたマスターだ。

あなたの臨在はまさに生きたマスターそのものだ。あなたは生きたマスターなのだ。

質問者：私が生きたマスター？　では、あなたの中の生きたマスターと、私の中の生きたマスターには何か違いがあるのですか？

マハラジ：まったく違いはない。

質問者：それは一つのマスターなのですか？

マハラジ：一つのマスター？　二つのマスター、三つのマスター、四つのマスターとは何だね？　私たちは数遊びをしているのではない。理解するために、言葉を用いているだけだ。子供に何か教えるときは言葉を使うだろう？　一つのマスターも二つのマスターも三つのマスターもない。実際のところ、あなたがマスターなのだ。

質問者：マハラジ、なぜ私たちはあなたにお辞儀しなければならないのですか？　あなたがマスターであることを知っているから、そして私たちはまだ覚醒していないからですか？

マハラジ：覚醒とはどういうことだ？　あなたは覚醒している。でも、その状態に注意を払っていない。あなたはアートマンやブラフマン、パラマートマンが自分の究極的な真実であることをちゃんと知っている。でも、それに注意を払っていない。あなたには確信がない。だから、あなたは私のところに来る。実在を知れば、覚醒すれば、悟れば、言葉はどうであれ、あなたは本当の意味で自分自身を知るだろう。覚醒とは、身体形態としてではなく、本当の意味で自分自身を知るということだ。

あなたは最終的な真実だ。あなたは体ではないし、体だったこともないし、体であり続けることもない。「私」とか「あなた」とかいう言葉を取り上げるのは、議論のために過ぎないのだ。

体は違うが、
スピリットは一つだ。

異なる家々が並び建っているが、その上の空は一つだ。これは小屋、あれはビル、ここはロシア、インド、アメリカ、それらは名前に過ぎず、空は一つだ。国ごとに空が違ったりはしない。私たちが名前を与えただけなのだ。空のこの部分はアメリカ、あの部分はロシア、イギリス……空は空だ。

質問者：私たちがここにいるのは、あなたが覚醒しているからです。私たちは自分の実在を忘れてしまいましたが、再び目覚めるよう、あなたが助けてくださるのです。もし、私たちがマントラと教えを使って、真我探究の修行をし、マスターの臨在とともにいることで言葉を超えた何かを……

マハラジ：ニサルガダッタ・マハラジはこう言った。

一歩だけ前に進み出なさい。
そうしたら、私があなたのために次の一歩を踏み出そう。

質問者：もし、あなたが私の足を持ち上げてくだされば、私は走り出すことができるかもしれません。この二者の間には協力があるということですか？　マスターと帰依者はつながっているのですか？

マハラジ：一方通行のつながりではない。あなたは医者だから、このような例えを用いれば理解できるだろう。あなたのところに来た患者は、あなたと協力する。そうでなければ、治癒はあり得ないだろう。

質問者：そうです。患者が私のアドバイスに従わないと治癒はありません。

マハラジ：たとえば、患者が何か問題を抱えているのに、あなたに協力しないとしたら、治療はうまくいかないだろう。あなたのような仕事は双方向のものだと言える。マスターと弟子の間にも同じことが当てはまる。

質問者：ここでは私が患者です。実際、私の病気はとても重いです。私にはたくさんの問題があります。助けてくださいますか？

マハラジ：何でも尋ねなさい！

質問者：ありがとうございます！　たとえば、金銭的問題があるのですが。

マハラジ：問題はない。物理的な問題、精神的な問題、知的な問題、論理的な問題などがあるが、それらはすべて身体に関係している。それらはすべて、あなたが自分を身体形態として知るようになってから生じた。

　思考が流れているときは、日常生活に役に立つものを受け入れ、役に立たないものは捨ててしまいなさい。そういう思考に注意を払ってはいけない。

質問者：あなたのそばにいるときはとても安らかで、何の問題もないのですが、家に帰ると問題が生じて、どう対処したらいいのかわからないことがあるのです。

マハラジ：違う、違う！　この世界はまるごと、あなたの家なのだよ。

全世界があなたの家だ。

　それはアメリカでもイギリスでもインドでもない。空には自分の家があるかね？

質問者：確かに、どこにもそんなものはないですね。こことイギリスの間に分離はありません。

マハラジ：空には自分の家があるだろうか？　空が「私の家はインドにあるのでしょうか？」などと聞いたりすると思うかね？　そんなことはない！　空は自分のアイデンティティも知らないのだから。あなたが自分を身体形態とみなしているから、「私の家はアメリカにあります」などと言ったりする。自分を身体形態だとみなしてはいけない。こうしたトラブルはすべて、それから来ているのだ。

あなたが自分自身のトラブルの原因だ。
あなたは自分自身の思考の被害者だ。
自己なき自己よりも思考に
注意を払っているからだ。

　思考が生じる。良い思考、悪い思考がある。そして、何かを話したりする。これらすべてが、「マインド」と呼ばれるものだ。マインドとは二十四時間、継続している思考の流れだ。それには現在の思考、過去の記憶、未来に関する思考がある。すべての記憶が問題を生じさせる。

　たとえば、十年前に何か困ったことが起きていた。そして今、突然そのとき起こったすべてのことが一瞬のうちに鮮明に、細かいところまで思い出される。記憶があなたを過去に引き戻し、穴に落とす。あなたは痛みをすべて再経験し、「ああ、何てことだ！」と言う。そしてそれに気づかずにさらに落ち込み、新たな苦しみを感じる。それはすべて記憶のせいなのだ。

　思考が流れるのは、あなたが自分の臨在を忘れてしまったからだ。残念ながら、あなたは思考を観照しているのではなく、思考を受け入れてしまっている。だから思考があなたの問題の原因なのだ。

あなたはどの思考を受け入れ、どれを拒否するか決める訓練をしなければならない。どこに注意を払うべきか、そうでないかを見極められるように自分を訓練するのだ。あなたは医者だから、いつ注意を払うべきか、そうでないかはよくよく知っているだろう。

質問者：患者に対してはうまくできますが、自分に関することだとうまくできません。根強い習慣となってしまっているのです。

マハラジ：あなたは自分を治すことができる。あなたは自分自身の医者だ。「習慣」とは、中毒的な状態を引き起こすものだ。スピリチュアルな習慣を発展させなさい。スピリチュアリティに完全に夢中になりなさい。中毒になるのだ！　自分に教えなさい！　自分を治療しなさい！

質問者：今、実践できる修行法があることが、とてもうれしいです。私はすでに、この系譜のパワーを感じています。

マハラジ：真実があなたの前に置かれている。さあ、あなたが選択する番だ。どの思考を受け入れるか、拒否するか。ここに簡単な例を示そう。たとえば、大きな皿にたくさんの種類の食べ物が並んでいて、好きなものを選ぶことができる。そのうちのいくつかは、あなたの体には合わない。こってりし過ぎていたり、油っぽかったりするので、あなたは「これはいりません、それもいりません」と言う。あなたの好みに合わない不要な食べ物は下げられ、あなたは欲しいものだけを受け入れる。これは複雑なことではない。こういうふうに考えて、自分を訓練しなさい。自分を訓練するのだ。あなたは自分自身のマスターだ。

質問者：マントラも助けになりますか？

マハラジ：もちろん、もちろん。

質問者：そして、私がマントラを信頼すればするほど……

マハラジ：その通り！

質問者：マントラを信頼していればいるほど、困難な状況に対処できるようになるということですね。

マハラジ：マスター・キーがあなたに与えられた。それをどのように扱うかはあなた次第だ。食事が供されたのだから、食べなくてはならない。あなたは建築家、自分自身の建築家で、自分自身のマスターだ。

36 雨が降ったら傘を差す

質問者：職場で問題があるので、心配になったりストレスを感じます。そういうものに注意を払わないようにしようとしているのですが、なかなかできません。

マハラジ：まずしなければならないのは、瞑想に集中することだ。あなたはそういう出来事に自分が何の関係もないことを知っている。夢を見るように、そういう出来事を見て、無関心でいなければならない。悪い夢を見ようが、良い夢を見ようが、あなたは夢など気にとめない。エゴに乗っ取られてはいけない。起きていることを無視できるのなら、無視しなさい。他人の思考を受け入れてはいけない。あなたの強さと能力に応じて行動しなさい。あなた自身の意志の力を使うのだ！　あなたは強い！

質問者：自分が強いとはあまり思えません。こういう状況を無視するのはとても難しいです。

マハラジ：強くなりなさい！　恐れを感じなくなるように瞑想があなたを強くするだろう。問題はすべて、瞑想によって消える。あなたはスピリチュアルな強さを獲得し、それによって好ましくない環境から脱出できるようになるだろう。あなたは内なる強さを得て、どんな環境でも恐れを感じなくなるだろう。

誰もがマインドやエゴ、知性のプレッシャーのもとにある。あなたのパワーが静かにゆっくりと持続的に甦るにつれ、あなたは問題を歓迎するようにさえなるだろう。あなたのパワーは、身体的な影響が消えたときに甦る。世俗的なものからは少し離れているように感じるだろう。確信を持てば、すべての思考は体に関係しており、そのため幻想に過ぎないことがわかる。

あなたが体に愛着を持っている限り、
問題に悩まされるだろう。

「あなたは体ではないし、体だったこともないし、体であり続けることもない」。この事実を受け入れ、確立しなければならない。これは「あなたは究極的な真実だ」ということを意味する。すべての心配、好ましくない状況は身体に関係している。穏やかで静かにありなさい！　感情にイライラしないこと。感情を重要視してはいけない。すべての犬の吠え声に注意を払ったりするかね？

あなたが存在する前、問題はなかった。あなたが体を去った後も問題はない。つまり、あなたは生まれていないということだ。この非常に基本的な知識を、あなたのスピリチュアルな人生の土台としなければならない。自分自身を本当の意味で知りなさい。自分を身体形態とみなさないこと。内側も外側も強くありなさい。

マインド、エゴ、知性の奴隷になってはいけない。

流れに逆らいなさい！

内なる強さと、堂々とした威厳を養いなさい。これは、ナーム・マントラを継続的に唱えることで達成されるだろう。あなたは実在を知っている！　あなたがマスターだ！　あなたの中のマスターのエッセンスの導きに任せて、決断しなさい。この導きによって、あなたは前に進んで行く。それはあなたの内なるガイド、聞き手の究極の真実だ。

質問者：さっきまでみじめな気分でしたが、今は気分がいいです！

マハラジ：それは天気が変わっただけだ。あなたは変わっていない！　変化するのはあなたではなく、楽しい気分、悲しい気分、不安な気分、平和な気分という天気だけだ。あなたはまさに空のようだ。幸せな雲、イライラした雲、不安な雲、平和な雲、落ち込みの雲、至福の雲、すべてがやって来ては去る。しかし、あなたは空のようにいつも同じで、あるがままだ。

季節はやって来ては去る。

季節は変わるが、

あなたは変わらない。

雨が降っているときは、傘を差しなさい。寒いときは、セーターを着なさい。さまざまな思考がやって来ては去る。あなたのハードディスクをクリーニングすれば、いい結果が得られるだろう。あなたのノートパソコンは幻想の思考というウィルスでいっぱいになっている。私はあなたにアンチ・ウィルスソフトをあげた。つまり、ナーム・マントラだ。

私はあなたにアンチ・ウィルスソフトをあげた。

さあ、プログラムをインストールしなさい。

待って、様子を見るのだ！　この実在を消化すれば、変化に気づくだろう。あなたの万能薬を服用しなさい。ナーム・マントラはあなたの体からすべてのウィルスを取り除き、免疫力を強化してくれるマルチビタミン剤だ。処方箋に書いてある指示に従えば、あなたの問題は解決される。

私はさまざまな角度から、あなたを確信させようとしている。心配はいらない。あなたのマインド、エゴ、知性、すべての問題をナーシク・アシュラムに預け、そして去りなさい！　これはとても簡単なことだ。

マスターが言う。

「あなた自身を深海に、

スピリチュアルな深い海に投げ入れなさい。
そうすれば、あなたは泳ぎが上手になる。
私たちはあなたに深海ダイビングのレッスンをしている。
小さな湖や水たまりではなく、
深海に飛び込む方法を教えているのだ」

最初の段階で出くわす問題はすべて、無視しなさい。ただ、現実的に対処していきなさい！　ニサルガダッタ・マハラジがシッダラメシュヴァール・マハラジに出会った頃、ニサルガダッタ・マハラジは多くの困難に見舞われたが、そのおかげで真の知識を経験することができた。家族、金銭、健康など、彼は多くの問題に直面したが、師のパワーによって困難に立ち向かうことができた。すべての問題に正面から向き合いつつ、とてもシンプルな暮らしを送り続けた。あなたにもこういうことが起きるかもしれない。

マスターが言ったことはすべて実行し、
その影響を観察しなさい。
マスターから聞いたことすべてに厳密に従えば、
あなたの内部で起きる経験に
気づき、
驚かされるだろう。

質問者：そのときが訪れるのが楽しみですが、今は集中するのが難しいです。なぜかはわからないのですが、怒りをたくさん感じています。

マハラジ：クリーニングのプロセスが始まったのだ！　もし、便秘気味な感じがしたら適切な薬を飲むだろう。たとえば、イチジクジュースなどを飲んで、お腹をクリーニングしようとする。その後はすべてが良くなって、解決する。

これと同じように、あなたは新しいナーム・マントラのプログラムを用いて、古いファイルや誤りのあるファイルを取り除かなければならない。この新しいプログラムがひとたびセットされ、始動すれば、そのヴァイブレーションの影響により、完全な平和、静寂が生じる。あなたが今感じている怒りやイライラは、プログラムが働いているということを意味するのだ。

ある種の感情は、体と長い間結び付いていたので、非常に強固にこびりついている。だから、あなたは辛抱しなければならない。しかし、それが溶ければすべては鎮まる。

質問者2：夜中に数回目が覚めて、まるで夜明けが来たように感じました。目が覚めるたび、夜明けのように感じたのです。強く、とても新鮮な「目覚め」の状態がありました。とても新鮮でした！

マハラジ：どんどん近付いて行くにつれ、ドラマチックな変化が自分の中で起きていることを感じるだろう。

質問者：マントラとは、集中の対象ですか？

マハラジ：その通り！　ブラフマンとは究極的な真実に与えられた名前だ。形はない。少し時間がかかるし、忍耐が必要だが、待って観察しなさい！　植物の種を植えても、それがすぐに育つというわけにはいかない。少し時間がかかるものだ。心配しなくていい！

マスターが言う。「あなたは空のようなものだ。あなたの臨在は至る所にある」。しかし、これを確信できるようになるまでは、マントラを唱え続けることが必要だ。

質問者：でも、マントラは本当に効くのですか？　もしそうなら、素晴らしいのですが！

マハラジ：物語を一つ聞かせよう。秘密のマントラの物語、ナーム・マントラの重要性がわかる話だ。ニサルガダッタ・マハラジが生まれた村に、あるマスターがいた。そこに住んでいるのは素朴な田舎の人たちで、教育もほとんど受けていなかった。マスターは一人の弟子とともにいたが、彼に秘密のマントラを授けたばかりだった。弟子はそのマントラを誰にも漏らしてはいけないと言われた。

翌日、弟子は水浴びをしに川へと歩いて行った。そこに着くと、人々が彼の秘密のマントラと同じ言葉を唱えていた！

弟子は少々困惑した。「私の師はここにはいない。でも、皆が私のマントラを唱えているとは、どういうことだ？　マスターはこのマントラは秘密だと言っていたのに、ここの人は皆それを知っている。こんなことはあり得ない」

弟子は非常に混乱し、年老いたマスターのもとに戻って尋ねた。「あのマントラはどういう種類の秘密の言葉なのですか？　さっき川に行ったら、皆が同じ言葉を唱えていましたよ」。マスターは微笑み、弟子に石を渡した。つやつやとして丸い石だった。「この石の価値を調べてみなさい。この石の価値を知ることができるか、試してごらん」

その後、十五日から二十日間ほど、弟子は石の価値を調べるために遠くまで出かけて行った。マスターの巧妙な策によって、弟子は大変な困難を味わった。彼はもともと頭が疑問でいっぱいで、混乱していたが、それでもマスターの指示には従った。

弟子はまず、自分の祖母が住む小屋に行き、尋ねた。「おばあさん、こんな石をもらったんだけど、どれくらい価値があると思う？」。祖母は答えた。「一ルピーか二ルピーくらいじゃないかね」。それから弟子は、地元の小さな金細工屋を訪ねた。「こんな石があるのですが、価値を知りたいのです」。金細工師はそっけない様子で石に目をくれると、「四百ルピーで買い取ろう」と言った。「いいえ、結構です」と弟子は答えて、小さな街へと向かった。そこで宝石屋の主人に「この石の価値が知りたいのです」と尋ねると、主人は注意深く石を見つめ、「うーん、おそらく二千ルピーといったところかな」と答えた。

しかし、もっと豊かな地区の宝石屋の主人は「二十万ルピー！」と叫んだ。そして弟子はついに、ボンベイやニューヨークのような大都市にたどり着いた。そこで見つけた一番大きな高級宝石店を訪ねると、そこの主人は興奮した様子で弟子に尋ねた。「誰がこの石を君にくれたんだ？　これは値の付けられないほど貴重なものだ！　特別な価値を持つとてもユニークな石だ！　この店全部よりも価値がある」

この話からわかることは、何かの価値を知っている人は、それについてよく知っているので、その価値を十分に評価できるということだ。

ナーム・マントラにも同じことが当てはまる。人によって、それに与える価値は異なる。マントラの価値を知っている人は、それを高く評価し、非常に重要なものと考える。

その真の価値を知る人は、
それを非常に重要なものとみなす。

私が言いたいのは、ナーム・マントラにはこの話の石のように高い価値があるということだ。

このマントラによって覚醒した人たちは、
私の師のように
それに高い価値を置く。

このマントラを気軽なものとして受け取る人たちにとっては、それはほとんど、もしくはまったく価値がない。何の役にも立たないだろう。

37 人形遊び

マハラジ：象と盲目の人たちの話を聞いたことがあるかね？巨大な動物の周りに、目の見えない人たちがたくさん集まっていた。彼らはそれが象であることを知らされた。そこで、彼らは「象とはどんなものだろう？」と尋ね合い、象の体に触り始めた。ある人は「象とは塔のようなものだな」と言った。この人は象の足にだけ触ったのだ。象の耳だけ触った人は「象とはトウモロコシの皮で作ったかごのようだ」と言った。同じように、象の胴にだけ触った人や、腹にだけ触った人が、それぞれ非常に異なる意見を述べた。何かを見るとき、視界が遮られていたら、それについて部分的にしか知ることができないし、それは誤解や混乱に通ずる。

マスターがここで、あなたに象の全体像を見せている。皆が実在を見つけようともがき、奮闘している。象を完全に見ようとして、究極的な真実を見ようとして奮闘しているのだ。世界中でこういうことが起きている。目の見えない人たちが、それぞれに違う部分に触っているのだ。彼らのうち誰も象の全体、全体図を見ることができない。

だから、生半可な知識しか持っていない人と交わってはいけないということが言える。そういう人たちは部分的には正しい。しかし、あなたは象の全体を見たことがあるのだから、彼らと議論してはいけない。違うかね？　究極的な真実、あなたの臨在の究極的な秘密、目に見えない臨在を知っているのに、どうして他人と言い争ったりする必要があるだろう？　あなたが落ち着いてしっかりとしていれば、世界中の誰もあなたの気を散らすことはできない。

西洋ではどうか知らないが、インドでは遠くまで旅をして長く洞窟に閉じ込もる人たちがいる。世間から離れ、何らかの「サマーディ」や至福の経験などを得ようとするのだ。

存在する前、

あなたは自分を洞窟に閉じ込めたりしただろうか？

質問者：しなかったと思います！

マハラジ：彼らはあちらこちらに行く。頭髪を伸ばし、長いひげを生やしたり、頭を剃る人もいる。花輪や数珠を身に付け、数珠の玉を数えながら歩き回ったりする。最近、ある人がヨーロッパから来たが、彼は長いローブをまとい、神の名を唱えながら数珠の玉を繰っていた。私は彼にこう尋ねた。

「あなたはなぜ、そのような人形遊びをしているのか？」

数珠の玉を数えることに何の意味があるのか？

何も起こらないだろう。

あなたは何も起こすことができないだろう。

それはただの指の運動だ。

こういうことがよくあるのは、何のためにそういうことをするのか誰も教えてくれないからだ。こういう人たちは真実、最終的な真実に気づいていない。誰かに「これをしなさい」と言われると、その目的も知らぬまま、それに従ってしまう。何のためにそれをしなければならないのか？

そういうことを行う目的は何なのか？　その結果、どうなるのか？　人の言うことにただ盲目的に従うのではなく、自分自身に尋ねなければならない。もし誰かがあなたに何かをしなさいと言ったら、その人にそれは何のためなのかを尋ねなさい。目的は何か？　その結果、何を得られるのか？　どんな利益があるのか？　私は幸せになれるのか？　数珠を数えることの意味は何か？　そういうものは子供の遊びだ。子供が人形で遊んでいるに過ぎない！

私たちに必要なのは、自己確信、もしくは真我実現、自己開悟のプロセスだ。名前は重要ではない。スピリチュアルな科学においては、体は五大元素と三つのグナからできていると言われているが、これは身体知識であり、物質的な知識だ。スピリチュアルな科学は身体知識、物質的な知識なのだ。こういう物質的知識が消えない限り、あなたは本当の意味で自分自身を知ることはできない。

この体は覆いに過ぎない。骨と血と肉からできた大きな覆いだ。それは食物からなる身体だ。もし一週間、食べ物を食べなければ、体は痩せてしまう。誰が食べ物を食べているのだろう？　たとえばあなたの体が六十キロだったとすると、一週間食べなければ五十五キロになるだろう。この五キロに何が起きたのだろう？　誰がそれを取って行ったのか？

これは食物からなる身体、
油を必要とするランプのようなものだ。
油が切れた瞬間、
ランプの灯は消える。
これはとてもとてもシンプルな知識だが、
人々はそれを複雑なものにする。

これが、何の中間物もない直接的な知識だ。
すべてはあなたから始まり、
あなたとともに終わる。
あなたの自発的で目に見えない臨在から、
全世界が投影されている。
あなたの体が消えた瞬間、
全世界が消える。

確信を得れば、物質的身体への執着は減り、恐れも自然になくなるだろう。

質問者：私は来週イギリスに帰る予定です。何だか不安な気がします。

マハラジ：ちょっと不安になるのは自然なことだ。でも、それと同時に、あなたはどこにも行かないということを覚えておきなさい。あなたとともにあるものは、常にともにある。それは臨在だ。

38　あなたの臨在は空のようなもの

マハラジ：

誰が死んでいるのだろう？　誰が生きているのだろう？

ただ真我探究をしなさい。

誰も死んでいないし、誰も生まれていない。

ニサルガダッタ・マハラジはスピリチュアリティの根本原理を一文で言い表した。「あなたの自己なき自己以外に、神もブラフマンもアートマンもパラマートマンもマスターもない」。この宣言は、私たちがここで毎朝歌っているバジャンと同じ意味だ。「チダナンダ・シヴォハム・シヴォハム」

質問者：これは美しいバジャンですね。

マハラジ：両者は同じことを言っている。つまり、母も兄弟も姉妹もマスターも弟子も、どんな関係性もないということだ。すべての関係性は、身体に関係したものだ。

体を得る前、存在する前、
あなたの臨在はそこにあったが、
しかし、どんな形もなかった。
あなたが存在しなくなった後、
あなたの臨在はそこにあるだろうが、
しかし、どんな形もない。

あなたを何かにたとえるとしたら、それは空だ。空はあらゆるところに偏在している。あなたは最終的な真実、究極的な真実だ。だから、シャンカラーチャーリヤは『私』と言うのは幻想だ。『あなた』と言うのも幻想だ。『ブラフマン』と言うのも幻想だ。全世界が幻想だ」と言ったのだ。

質問者：そのように考えるのは、とても難しいですね！　私たちが現実だと考えているすべての人やもの、私たちの愛する人たちをも否定するということですから。

マハラジ：

あなたがこの世界に形を与えた。
スピリットが体にはまった瞬間、
夢が始まった。この「人生」は夢に過ぎない。

それは、あなたが眠っているときに夢を見るようなものだ。これは夢だ。あなたはこの夢の中で、何者かとして演じている。男や女を演じ、そして夢の中で神や海、寺院などを見ている。あなたはたくさんの人や景色を見る。

この夢から覚めるとすべてが消え失せ、あなたは自問する。「あの人たちは皆、どこに行ってしまったんだろう？　あのすべての景色はどこに行ったんだろう？」。夢の中であなたが関係していた人々に、何が起こったのだろう？　彼らは天国に行ったのか？　それとも地獄か？

質問者：私たちは目が覚めたとき、夢を見ていたのだと、ただ受け入れるのではないでしょうか？

マハラジ：あなたは夢から覚めると、しくしく泣き始め、「ああ、私の友人がどこかに行ってしまった。私は友人を失ったのだろうか?」と言う。

質問者：いいえ、そんなことはしません。私はこれがただの夢だと知っていますから。

マハラジ：あなたはこれが夢だと知っている。ということはつまり、たとえ親しい友人たちの夢を見て、彼らに執着を感じたとしても、目が覚めたらすぐに彼らのことを忘れてしまうということだね?

質問者：はい、そうです!

マハラジ：よく注意して聞きなさい! あなたが夢から覚めると、その夢の世界全体が消えてしまうのだ。それと同じように、この世界も夢に過ぎない。長い夢に過ぎず、いつか消えてしまうのだ。私が言うことを吸収しなさい。

世界は、あなたの自発的な臨在の投影だ。

世界は、あなたの自発的な臨在の投影だ。

この知識を完全に吸収しなさい。これは知的な知識ではない。これは実在だ。

これはあなたの知識で、
ブラフマンの知識ではない。
これは聞き手の知識、
目に見えず、名もなく、特定できないアイデンティティの知識だ。

それは言葉では定義できない。

言葉では定義できない。

これは直接的な知識と呼ばれる。何の中間物もない。それは自発的で直接的だ。長ったらしい説明や例えはいらない。そういうものは、私たちをぐるぐると堂々巡りさせ、ますます混乱させる。

私たちの系譜のマスターたちは私やあなたのような、ただの普通の人たちだった。彼らは自分のマスターから遠慮することなく実在を受け取ったのだ。実在を見つけ、自己なき自己の知識を明らかにしようという決意と努力によって、真の知識を得た。彼らの決意は固く、熱心に取り組み、とても強い信念を持っていた。それは強い強い信念だった。

完全に恐れから自由になりなさい! 本当の意味で自分自身を知れば、恐れがなくなる。なぜ、死と誕生を恐れているのか?

死も誕生もない。

あなたは生まれていない。

勇気を持ちなさい! と言っても、エゴの勇気や精神的な勇気、知的な勇気ではない。自発的な勇気を持ちなさい。「はい、知っています! 私はそれだ!」というような勇気だ。

今、あなたがたどり着いた新たな理解があれば、他人のところに行って何かを求める必要などないということがわかるだろう。すべてが自分の中にあると知っているのに、どうしてそんなことをする必要があるだろう？　すべてのものの根本はあなたの中にあると知っているのに、どうして他人に何かを乞う必要があるだろう？

先月、聖人君子のような人が私のところに来て、「どうか、あなたの手を私の頭に当ててください」と頼んだ。「なぜ？」と私は尋ねた。「あなたは自分の手を自分の頭に置けばいい。私たちは同じなのだから！」

質問者：（微笑んで）ここに最初に来たとき、私も同じことをあなたに頼みたかったのですが、怖くてできませんでした。私には心配事がありました。人生における特定の問題に関する恐れが少々あったのです。だから、あなたから祝福を授かれば、助けになるのではないかと思ったのです。

マハラジ：そういうふうに考えてしまうのは、あなたが自分のパワーに気づいていないからだ！

質問者：そして、私が自分はそのパワーから切り離されていると考えているからですか？

マハラジ：そう、その通り。さっき言った聖人のような男と同じようにね。彼は四十年か五十年も勉強し続けていた。聖典やスピリチュアルな本を読んで、頭の中は疑問だらけになっていた。彼には恐れが刻み込まれていた。それによって、彼は自分の恐れを外に投影していた。

質問者：自分でモンスターを作り出しておいて、後からそれを怖がるようなものですね。

マハラジ：この男はやがて、ある神を怖がるようになった。私は彼にこう尋ねた。

「なぜ、神を恐れるのか？
『神』と言うためには、あなたの臨在が必要なのだ。
あなたの臨在がなかったら、
神もない。
神はあなたの子供だ」

あなたの臨在がまず最初にある。他の何よりもまず、あなたの臨在がなければならない。

あなたの臨在がなかったら、
太陽も月も海もなく、
他人や人々、世界、神もない。

突然、彼の顔が明るくなった。真実がわかりかけたのだ！

ここでもう一度、私の師の言葉に戻ろう。「あなたの自己なき自己以外に、神もブラフマンもアートマンもパラマートマンもマスターもない」

質問者：ああ！　これは大胆な宣言ですね。因習からかけ離れており、論争を呼ぶ宣言です。でも、本当にあなたは今、とてつもないことをおっしゃいましたね。これだけでなく、あなたの教えのすべてが革新的です。私は今までたくさんの本を読んできましたが、こういう知識がこのように説明されるのを聞いたことがありません。あなたの表現はとても明快です！　素晴らしいです！「ついにわかった！」と言いたいところですが、あなたはきっと「わかったのは誰か？」と私をたしなめるのでしょうね。

マハラジ：これは稀なる知識、高度な教えだ。自己なき自己だけがあるということがわかれば、あなたは「他人」を攻撃するのをやめるだろうとニサルガダッタ・マハラジは言っていた。あなたは誰のことも軽蔑しなくなるだろう。敵など、どこにも存在しないことがわかるから、誰かを憎んだり、嫉妬したりといった感情もなくなる。あなたは自分があらゆるところにいると理解する。それと同時に、あなたは次のようなことを知る。

あなたは自分が身体形態ではないと知る。
だから嫉妬、敵意、憎悪といったものは存在しない。
あなたとともにあるスピリットは、
すべての人、すべての存在とともにあるスピリットだ。
だから自分に尋ねなさい。

誰が善で、誰が悪なのか？
誰が偉大で、誰が卑小なのか？

あなたは目隠しをされた人のように、あちらこちらと探し求めてきた。そんなことをする必要はもうない。恐れたり、人生から逃げてはいけない。恐れることはない！

困難は訪れるだろう。不愉快な状況がときおり起きるが、それは問題ではない。ただ、それがやって来ては去るに任せなさい。あなたはしっかりと安定している。わかったね？さあ、座って瞑想しなさい！　この知識を吸収するのだ。

質問者：ありがとうございます、マハラジ。

39 あなたは覚醒したか

質問者：この二、三年ほど、私はいわゆる「ネオ・アドヴァイタ」の教師たちの多くを訪ね、サットサンに参加してきました。でも、まだ何かが足りないのです。うまく言葉にできないのですが、あなたがくださる知識は絶対的で、完全で、満ち足りています。それは私の中の真実に触れ、私を満たし、安らがせてくれるのです。

あなたの臨在とともにあることが関係しているのかどうか

はわかりませんが、自分がいつも微笑んでいることにふと気づきます。スピリチュアルな滋養がはっきりと感じられ、あなたの言うすべてのことに真実の響きがあります。それが真実だと、私はただ知っています。あなたがここで分かち合ってくださる知識はとても新鮮で、稀なもので、生き生きとしています。それは多分、それが自発的で……

マハラジ：知識とは単に自分自身を身体形態としてではなく、本当の意味で知ることだ。それは基本的に自分自身の真の知識、真我知識だ。だから自分自身を本当の意味で知りなさい。あなたはマインド、エゴ、知性、すべての概念などを通して自分を知っているが、あなたはそれ以上のものなのだ。

あなたはそういったすべてのものを超えている。
あなたの臨在はそういったものではない。
目に見えず、名もない聞き手に
この知識は直接アプローチする。

あなたは今までどれくらいの間、自分を身体形態として理解してきたのだろう？　この身体形態は後どれくらいもつのだろう？　むろん、私たちにはある程度の知識がある。しかし、それは身体知識、乾いた知識だ。本当の意味で自分自身を知っているのでなければ、真の知識とは言えない。

ニサルガダッタ・マハラジは言う。「神やスピリチュアリティ、今世、来世、未来など、さまざまな事柄について語られるすべての言葉や概念は、ただ身体知識と関係しているだけだ」

質問者：つまり、私たちが今まで学び、経験してきたすべてのこと、私たちが長年かけてため込んできたすべての知識は本物の知識、真の知識ではないということですね。そういうものはすべて、あなたが「身体知識」と呼ぶものに過ぎないのですね？

マハラジ：そう、その通り。存在する前、あなたはまったく何も知らなかったということだよ。あなたはまったく何も知らなかった。すべてを知らなかった。「知識」という言葉さえ知らなかった。というのも、自分自身を知らなかったのだから。身体形態に悩まされることがまったくなかったのだ。でも、スピリットが体にはまった瞬間、自己同一化が始まった。そして、たとえばお母さんが「あなたは女の子よ」、「あなたは男の子で、ラヴィという名よ」、「この子はシータ、あの子はジョンよ」などとあなたに言ったとき、条件付けが始まったのだ。

それから、あなたに関してさまざまなことが話されるのを聞くうちに、あなたという人間の大部分が定義付けられ、あなたはそれを何の疑いもなく受け入れた。やがて、子供の頃から積み重ねられた印象の層が、あなたを形作る。そして、あなたは身体知識の幻想の世界を認めるようになり、そのすべてが真実だと考えるようになる。

だから、私たちは今、あなたの中の静かなる、目に見えぬ、名もなき聞き手の注意を引こうとしているのだ。私たちはあなたの実在に話しかけている。実在はあなたの存在に先立つ。実在はその上に重ねられた幻想の層に先立つ。

質問者：実在は幻想の毛布で覆われており、私たちがその毛布を実在だと誤解してしまったということですか？

マハラジ：私の言葉を文字通りに受け取ってはいけないと言ったはずだ。重要なのは、私が伝えようとしていることだ。私たちは静かなる、目に見えぬ、名もなき聞き手の注意を引こうとしている。あなたは究極的な真実だ。あなたは最終的な真実だ。

静かなる、
目に見えぬ、
名もなき聞き手——実在、
あなたはそれだ。

実際に究極的な真実を示すことはできないけれど、実在に近いものを指し示す言葉を使わねばならない。でも、言葉をそのまま受け入れてはいけない。

対話や議論をするとき、言葉の感覚や原則、要点、本質的な意味を理解するためには、私たちは言葉を用いなければならない。この言葉は何を伝えようとしているのか？　人々はここに来て、議論し、話し合いたいと思っている。しかし、議論は存在しない。

ここで分かち合われる知識は直接的、本物で、
そこに議論の余地はない。

質問者：こんなことをお尋ねしてすみませんが、マハラジ、あなたは覚醒しているのですか？

マハラジ：それは馬鹿《ばか》げた質問だな。他人が覚醒しているかどうかをどうやって判断するつもりだね？　このマスター、あのマスターとあれこれ比較するより、自分が覚醒しているかどうかを見なさい。これは身体に基づいた無用な質問だ。

質問者：すみません。自分でもそう思ったのですが、尋ねずにいられなかったのです。

マハラジ：そんなことを聞く代わりに、自分に集中しなさい！　あなたの目的は何だろう？　あなたはこの幻想の世界のすべてから抜け出さないといけない。そして、自分を知ったとき、それが起こったとき、世界が、この身体知識のすべてが徐々に消えていく。それらはあなたにほとんど影響を及ぼさなくなる。しかしそのためには、真剣に取り組まなくてはいけない。
だから、あなたは問いかけ、真我探究をしなければならない！　あなたはこの幻想の映画、幻想の世界から抜け出なければならない。あなたは臨在していないもの、存在していない世界に盲目的に参加し、それを現実のものとして受け入れているのだ。

質問者：では、どうしたら真我実現をした人になれますか？　つまり、どうしたらそこにたどり着けますか？

マハラジ：「なる」は存在しない。「あなた」もない。「たどり着く」もない。まず第一に、すべての身体に基づいた知識が消えなくてはならない。それをすべて取り除いて初めて、究極的な真実が現れ出る。
私が今話しているようなことが、あなたから自発的に湧き出て来る。知らぬ間に自然に出て来るので、あなたは驚いて「わあ、真の知識が流れ出て来る！」と叫ぶだろう。それはただ起きるのだ。
自分が身体形態だと考えるのはやめなさい。子供の頃から現在まで刻み込まれてきた印象や記憶、すべての条件付けは消されなければならない。

あなたはマスターを完全に信頼するように、
自分自身を完全に信頼しなければならない。

これが基本的に必要なことだ。ニサルガダッタ・マハラジは師のシッダラメシュヴァール・マハラジを深く信頼していたが、この師も自分の師を深く信頼していた。これは自発的に起きることだから、マインドや頭を悩ませる必要はない。

質問者：昨日、あなたが話していたとき、澄み切って、明瞭な感じがしました。そのときあなたが話していたことは、その瞬間にまさしくふさわしいものでした。あなたの語りかけは、そのときは完全には気づいていませんでしたが、後から「ああ、そうか！」と腑に落ちる感じでした。わかりますか？　あなたはそのとき、その場にふさわしいことをおっしゃったのです。それは直接的な知識だと感じられました。でもそれは、ただあなたが話していたことだけではなくて……
一瞬の間、聞き手と話し手が一つに溶けあったように感じました。つかの間、ワンネスがありました。それは言葉を超えていました。

マハラジ：言葉を超え、世界を超えている。ここでは、あるがままの真実が話されている。かくれんぼをする必要はない。この真の知識は直接的な知識で、このアプローチは直接的なアプローチだ。

これは知的なアプローチではなく、
論理的なアプローチでもなく、

エゴによるアプローチでもない。
それらはすべて、あなたの臨在の後にやって来たものだ。

40 食物からなる身体の知識

マハラジ：私たちは内側に目を向けていないので、探求者、発見者を無視して、あちらこちらと走り回っている。皆が幸福や平安を求めて、あちらこちらと走り回っている。皆が誤った方向に導かれ、ある者はあちらを探し、またある者はそちらを探しているといった具合だ。人々は自分自身の外側を探し回り、常に他人や本、聖地など、自分の外に答えを見つけようとしている。

質問者：私たちは内側に答えを見つけようとせず、外側に探し求めているということですね？

マハラジ：そうだ。こういう究極的な疑問に対する答えを見つけるためには、強い意志が必要だ。「私は誰か？　死とは何か？　生まれるとはどういうことか？　存在する前の私はどんな状態だったのか？」。こういう未解決の問題を解決しなければならない。深く深く入って行かなければ、自分自身を知ることはできないだろう。

質問者：ほとんどの人が、ただ生きているだけのように思われます。人生の浮き沈みを耐え、流されて行くのです。私の友人も、ほとんどがそんな感じです。

マハラジ：他人のことは忘れなさい！　自分のことを話しなさい！

質問者：真我探究を十分にやる時間が取れないのですが？

マハラジ：時間は体とだけ関係している。時間はまったく存在しない。だから、そういう概念はすべて忘れてしまいなさい！　あなたが存在する前、時間はなかったし、何もなかった。すべての概念は体とともに生じた。そのことに気づかなければならない。それをよく理解し、確信を持ちなさい。

質問者：わかりました！　おっしゃったことを肝に銘じ、そのように心掛けます。

マハラジ：皆が、それぞれの恐れを持っている。不快な状況に置かれて、恐怖に震えていることに気づくこともあるだろう。ほんのちょっとした混乱が生じても、あなたは悩み、落ち込んでしまう。幻想に陥らないよう、自分自身を訓練しなさい。

混乱状態に陥ったときは、ただ次のように自分に尋ね、答えを見つけなさい。「私が落ち込んでいる原因は何なのか？」、「誰が悩んでいるのか？」、「この不幸と動揺の原因は何か？」、

「どうすれば不安を解消できるだろう?」、「どうすれば恐れをなくすことができるだろう?」。こういう疑問を解決しなければならない。すべての答えは、あなたの内にある。しかし、あなたは外側の物質的世界から答えを得ようとしているのだ。

あなたは自分の外側の
物質的な源から、
幸福と平安を見つけようとしている。

スピリチュアリティにおいて、人々はしばしば誤って導かれる。誰かに会えば、すぐにその人の言うことを聞き入れてしまう。これをしなさい、あれをしなさい、これを捧げなさい、お金を寄付しなさい、ここに行きなさい、あそこに行きなさい。いろいろな儀式がたくさんある。これはインドだけの話ではなくて、同じことが世界中で起きている。

人々は幸福と平安を自分の外側の源から得ようとしている。彼らは自分自身の真のアイデンティティを知らない。彼らは彷徨い歩き、あちらこちらと旅して回り、幸福や平安を見つけようとしているが、うまくいかない。ある程度、彼らはスピリチュアリティによって、スピリチュアリティの名のもとに欺《あざむ》かれているのだ。

質問者:その通りですね。今日のスピリチュアリティはビジネス、商品となっています。私の友人の多くが、いわゆるネオ・アドヴァイタの教師たちのもとへと去って行きました。こうした友人たちは、それらがマーヤーだと気づいていないようです。彼らはいわゆる「真実」に対してお金を払うことさえします。スピリチュアリティや真実の探求を始めるに当たって、これは間違いなく悪いやり方、とても危うい基盤です。ネオ・アドヴァイタの教師たちは、経済的な利益を得るために、生徒を自分に依存させます。すべての教師がそうだとは言えないにしても……

質問者2:私もこのネオ・アドヴァイタ・ブームには深みが欠けがちだと思います。でも少なくとも彼らは、私たちや世界が現実ではないことを人々に気づかせています。体は存在しないし、誰も存在しないし……

マハラジ:わかった、よろしい。ここでは、マスターはあなたを弟子ではなくマスターにする。マスターはあなたを独立させる。あなたは外側からは何も必要としていない。すべてはあなたの内にある。あなたは物質的な原因がなくても持続する幸福と平安を見つけるだろう。

この食物からなる身体のせいで、
この食物からなる身体の知識のせいで、
私たちは自分のアイデンティティを忘れてしまった。

そして、私たちが真のアイデンティティを忘れてしまったので、瞑想や真我探究といった修行をしなければならない。あなたは確信を持たなければならない。「私は食物からなる身体の知識や、食物からなる身体とは何の関係もない。この食物からなる身体が生きていられるのは、私が食事を提供しているからに過ぎない」。しかし、それより重要なことがあるから、よく聞きなさい。そもそも、スピリットがなかったら、この体は機能できない。

この体はスピリットがなかったら、機能できない。

質問者：「スピリット」とは、自発的な臨在と同じですか？

マハラジ：そう、その通り。でも、それらはただの言葉、ただの名前に過ぎない。言葉ではなく、言葉の背後の意味をつかみなさい。この身体知識の悪循環から抜け出しなさい。死と誕生から抜け出しなさい。自分自身を本当の意味で知りなさい。体はあなたのアイデンティティではないのだから。あなた方皆に、繰り返し言う。

あなたは体ではないし、
体だったこともないし、
体であり続けることもない。

体に価値があるのは、自発的な臨在、名もない臨在、目に見えない臨在、それ自身のアイデンティティも知らぬ臨在のおかげだ。

この自発的な臨在、
目に見えぬ臨在が、
それ自身のアイデンティティを知らないのは、
空のように
広大で、
全能で、
偏在しているからだ。

空は「自分は空だ」ということを知らない。あなたが「これは空だ」、「これは宇宙だ」と言う。太陽は「自分は太陽だ」と知らないし、それぞれ「自分は月だ」、「自分は水だ」とも知らない。あなたの真のアイデンティティはそういうものを超えている。それ以上のものなのだ。

体のせいで、いろいろな制限がある。あなたは身体知識の輪の中から出て来なければならない。あなたは自分の人生の建築家だ。あなたは自分の人生のマスターだ。勇気を持ちなさい！

質問者：あなたがこのように直接的な教えをくださるとき、安らかな感情に包まれます。でもそうすると、「この感情は何だろう？　誰が、もしくは何が、これを感じているのだろう？」と考えてしまいます。

マハラジ：聞き手が、それ自身のストーリーを聞いているのだよ。この目に見えぬ聞き手は、自分自身のストーリーを聞いている。だから、それは完全に安らかに感じているのだ。もし誰かがあなたの名前とか、生まれた場所とか、あなたのストーリーを語ったら、あなたは「それは私のストーリーだ！」と言うだろう。

目に見えぬ聞き手が耳を澄ましている。この目に見えぬ、特定できないアイデンティティが耳を傾けているとき、真の知識が吸収される。そして、あなたは自分のアイデンティティを忘れる。あなたは自分の個別性を忘れるのだ。そこには自発的な平安がある。あなたは身体形態と、身体に関連した感情のすべてに完全に無関心になる。あなたは体を保持しているけれど、完全に体に無関心だから感情もないし、「私」という感覚もない。

修行を続けて、もっと深く、深く進んで行きなさい。そうして初めて、物質的原因とは関係のない特別な幸福を見つけるだろう。

ただ一つの源だけがある。

あなたが源だ。

自己なき自己だけがある。

ニサルガダッタ・マハラジが言ったように、哲学やスピリチュアリティの根本原理、核心とはこれだ。

「あなたの自己なき自己以外に、神も、ブラフマンもアートマンもパラマートマンも、マスターもない」

41　マスターは究極

質問者：信頼とは何ですか？

マハラジ：それはとてもシンプルなものだ。それは完全に受け入れること。スピリチュアルな知識はちょっと脇に置きなさい！　ここに簡単な例を挙げよう。私があなたにどこかに行く道筋を教えたとする。信頼があれば、あなたはその指示に従い、私が教えた方向に行く。信頼があれば、誤った方向に行くことはない。

信頼とはシンプルな帰依だ。無学な人たちでもスピリチュアルな知識を見つけることができるのに、なぜあなたはできないのか？　あなたは大学に行って教育を受けた。無学な人たちは何か資格があるわけでもないけれど、マスターを深く信頼している。それは、今から話す女漁師のエピソードからもわかる。

雨季の時期に、講話とキールタン（詠唱）の会が何度か夜に開かれた。ある女漁師が嵐の晩もその会合に出席したいと思い、講師に相談した。講師は「主クリシュナの名を唱え続ければ、無事に会合に出席できるでしょう」と言った。

女漁師はボートに乗って会場まで行かねばならなかったが、ボートの運転手は不安に思い、嵐の海に出るのを嫌がった。しかし、女漁師は運転手を説得した。彼女には恐れがなかったのだ。二人は出発した。航海の間、女漁師はクリシュナの名を唱え続けた。ボートは何とか高波を避けて、目的地に到着した。

講師は女漁師を見て驚いたようだった。「どうやって、この嵐の中をやって来たのですか?」。女漁師は答えた。「あなたが主クリシュナの名を唱え続ければ、すべてうまくいくとおっしゃったのではありませんか?」

女漁師は知性に頼ることなく、ただ無邪気に帰依したのだ。この話は、もし完全な信頼があれば、他に何もいらないということをよく示している。

信頼とは、
あなたの中の信頼だ。
あなたの内なるマスターがあなたのパワーを甦らせ、
導きを与える。
指示が自発的に現れるのだ。
あなたはブラフマンだ、アートマンだと私が言ったら、
あなたはそれを受け入れなければならない。
あなたはマスターの言葉を信頼しなければならない。
そこに疑いがあってはならない。

シッダラメシュヴァール・マハラジは、ある聖人の話をよくしていた。その聖人が「丘のふもとに行って、この草を牛にやりなさい」と弟子に言うと、弟子は丘を下って、牛を探した。しかし、牛はどこにも見当たらず、ただ犬がいるだけだった。マスターが牛に草をやれと言ったのだから、多分その犬を牛だと思って草をやらねばいけないだろうと弟子は考えた。

そこで、弟子は犬に草をやった。マスターは弟子を試していたのだが、弟子はその課題を乗り越えた。それは、弟子がマスターの言葉に疑問を差し挟むことなく、指示に従ったからだ。弟子はマスターを深く、完全に信頼していた。それが信頼というものだ!

質問者：では、たとえ、師の指示がちょっと変でも、それがマスターの言葉なら実行しなければならないということですか?

マハラジ：そうだ! 知っての通り、私たちの系譜ではマントラが伝授される。あなたはマスターを信頼し、伝授を信頼し、マントラを信頼しなければならない。いかなる疑いも生じてはならない。その真の知識や実在を疑ったり迷ったりすることなく、完全に受け入れなければならない。

マスターを、

そして自分自身を完全に信頼しなさい。

もし信頼がなかったら、あなたは簡単に影響を受け、対立と葛藤が生じ、それが問題を引き起こす。

質問者：信頼を持たなければならないというのは、神に対する信頼ですか？

マハラジ：人生において、私たちは何かを信頼しなければならない。その対象は神かもしれないし、マスターかもしれないが、信頼を持つことが極めて重要だ。

質問者：そして、自分自身も信頼しなければならないのですね？

マハラジ：もちろん。あなたは自分自身を信頼しなければならない。もし、自分を信頼していなければ、他人を信頼することもできない。もし自分が混乱していれば、他人を信頼することはできない。たとえば、もし両親に何かをするなと言われたら、あなたはそれをしないだろう。あなたは両親が良かれと思ってそういうことを指示したのだと知っている。もし、両親の指示に背くのなら、それは不敬の表れだ。

だから、あなたの人生において、何かを信頼しなさい。それと同時に、注意深くありなさい。要するに私はあなた方に、確信が得られない限り、信じてはいけないと言っているのだ。「ああ、マハラジがこんなことを言った……でも、私にはよくわからない」。そして、あなたは疑い始める。そういうやり方ではだめだ。もし、真の知識を受け入れたのにまだ疑っているのなら、それは葛藤と問題を生じるだけだ。

質問者：マスターを信頼するなら、完全に信頼するか、それともまったく信頼しないかのどちらかだということですか？

マハラジ：その通り！　誰かを自分のマスターとして受け入れたら、あなたは帰依し、相互的な関係性を持たなければならない。あなたは完全に身を捧げ、次のように強く感じなければならない。

これが私のマスターで、

これが究極だ。

もし医者に診てもらって薬を処方されたら、それを信頼しなければならない。信頼とは受け入れることだが、盲目的な信頼ではない。

質問者：盲目的な信頼とは何ですか？

マハラジ：魔法のようなもの、つまり人々が奇跡的な経験を求めて他人を頼ることだ。奇跡を起こすことができると主張する人がいて、そういう人が売っているものを買う人がいるなら、それは盲目的信頼だ。その手のものが物質的な人生に変化をもたらしてくれると信じているから、断食をしたり、自分を否定したり、自分に身体的苦痛を与えたりする。

マスターを受け入れたら、あなたの気を散らすような人たちと交わってはいけない。ニサルガダッタ・マハラジは次のように警告していた。「あなたは自分のマスターに帰依している。マスターはあなたに究極的な真実、すべてのものを与えた。これからは、生半可な知識しか持っていない人や、自分の気を散らすような人と付き合ってはいけない」

質問者：そうすると、マスターへの信頼とは、マスターに一生、仕えるということなのですか?

マハラジ：ニサルガダッタ・マハラジはこう言った。

たとえ神があなたの前に現れても、
何も反応してはいけない。
あなたのマスターが究極なのだから。

質問者：マスターが究極なのだから！　美しいですね。

マハラジ：ニサルガダッタ・マハラジはヒマラヤの偉大な聖人の話をよくしていた。このヒマラヤの聖人は、自分の弟子をニサルガダッタ・マハラジのもとに送り、自分のパワーを受け取らないかと尋ねた。聖人は「あなたは私が長い間、修行して得たパワーを捧げるにふさわしい唯一の人物だ」と伝えた。この聖人は非常に年を取り、弱っていた。

ニサルガダッタ・マハラジは弟子に答えた。「あなたのマスターにこう伝えなさい。『スワミ、私は未亡人ではない』と。たとえ、私のマスターが肉体的に生きていなくても、彼は私とともにあり、彼が私のパワーだ」（これはシッダラメシュヴァール・マハラジが亡くなって間もなくのことだった）。「さあ、行ってあなたのマスターにそう伝えなさい」。この答えを聞いたヒマラヤの聖人は、自分の申し出が拒まれたので、非常に腹を立てた。しかも、とてもぶっきらぼうに断られたので、侮辱されたように感じたのだ。

聖人は再び使者を送ったが、今回は脅しの言葉を届けた。「お前に何かしてやる。私のパワーで何か邪悪なことをしてやろう」。再び、ニサルガダッタ・マハラジは答えた。「あなたは何もできません。私のマスターはとても偉大ですから。私のマスターは最も偉大なマスターです」。聖人はこれを聞き、そしてこう言った。「ああ、この男は本当に覚醒している！」

偉大な聖人にパワーを授けると言われても、ニサルガダッタ・マハラジはまったく動じなかった。彼は完全な信頼を持っていたのだ。

信頼に妥協はない。

これが覚醒した者のしるしだ。あなたは自分自身とマスターを信頼しなければならない。

また別のとき、当時の首相インディラ・ガンジーがニサルガダッタ・マハラジのもとに使いをよこして、自分を訪ねるよう招待した。しかし、彼は断った。彼は金銭や名誉など、何かを期待して誰かに頭を下げることは決してなかった。誰かが彼を指差して「この人は偉大な聖人だ！」と言っても、彼はたじろぎもせず、うれしそうな様子も悲しそうな様子も見せなかった。こうした資質をあなたもしっかりと養わなければならない。

私は同じことを皆と分かち合っている。教えを好む人もいれば、そうでない人もいる。社会的な地位のある人もいれば、そうでない人もいるが、そういうことは関係ない。私はただ、人々の前に彼ら自身の真実、最終的な真実を置く。あなたはそれを受け取るかもしれないし、受け取らないかもしれない。

日常生活で起きるドラマは、あなたの真の知識を試す機会だと考えなさい。そうすれば、だんだんとそういう誘惑に巻き込まれなくなっていく。たとえ神があなたの前に現れても、あなたはそれが自分の臨在の投影だと知っている。

神の姿は、あなたの反映だ。

神と言うには、あなたの臨在が必要だ。神には独自のアイデンティティはない。これはまっすぐなパワーだ。私はとても多くのことを私のマスターから学んだ。

42 ロープと蛇

質問者：修行の核心は自発的な臨在が実在だと信頼し、確信することだと理解できたように思います。私たちはそこにとどまらねばなりません。この確信と信頼によって、身体知識、マインド知識が滅ぼされていくのですね？

マハラジ：私たちが「自発的」というような言葉を使うのは、単に目に見えない聞き手の注意を引くためだ。しかし、この聞き手は言語を持っていない。

もし、あなたが深く専念すれば、教えを吸収するのは難しいことではない。今、あなたはより深く理解している。この外側のアイデンティティは不変のものではないと、あなたは知っている。スピリチュアリティには確信が欠かせない。あなたは体ではないという確信が必要なのだ。

あなたの自発的な臨在は名もなく、目に見えず、特定できない。それをスピリットとでも、パワーとでも、好きなように呼べばいい。名前は重要ではない。私たちは何らかのスピリットを通して会話をする。私たちが何かを見たり聞いたりしているとき、その背景で働く何らかのパワーがある。すべての活動は体のためのものだ。すべての活動は、体のためのものなのだ。

電気が存在するように、

何らかのパワー、強さ、スピリットが存在する。

それは目に見えず、名もなく、特定することもできない。

それによって、私たちは感じることができるのだ。それがなかったら、あなたは一言も話すことができない。それがなかったらあなたは手を持ち上げることすらできない。あなたは体を使っている。体があなたを使っているのではない。あなたの自発的な臨在がなかったら、あなたは指一本持ち上げることができない。そのパワーがなかったら、スピリットがなかったら、動くこともできない。このスピリットはブラフマン、アートマン、パラマートマン、神、パラブラフマン、マスターと呼ばれる。

このスピリット、この目に見えず、名もなく、特定できない臨在は、いろいろな名前で呼ばれてきた。

それがあなただ！

質問者：この臨在、スピリットとは何ですか？

マハラジ：

それに死はない。

それに誕生はない。

ただそれだけ、ただそれだけだ。

質問者：体が死んだ後、何が残るのですか？

マハラジ：それはとてもシンプルだ。

そこには何もない。

経験もないし、

経験する者もいない。

知識もない。

何もない。

何も残らない。

質問者：私たちは常に、ただ臨在であるだけだから、体が消えても臨在であり続けるということですか？

マハラジ：体が生じる前は、何もなかったし、体が消えた後も何もない。あなたの体が消えたとき、あなたの世界はどのように見えるだろう？

質問者：存在がなかったら、つまり体がなかったら、どう考えても、何も見えないし現れないし、世界もないでしょうね。何もありません。

マハラジ：そうだ。なぜなら、世界はあなたの自発的な臨在の自発的な投影なのだから！　だから、体も世界もない！何もない。私たちがこういう言葉を使うのは、ただコミュニケーションするために過ぎない。つまり、体として現れた「何か」は、やがて消える。そして、その「何か」は無と一緒になる。それは無と一つになるのだ。それらはお互いにつながり合っている。つまり、

無から

何かが生じる。

その何かはやがて、

無に帰って行く。

無が何かと混じり合い、

何かが無と混じり合う。

質問者：でも、実際には「何か」は存在しないのでしょう？自発的な臨在だけがあるのだから、その「何か」は幻想なのですよね？

マハラジ：そう、その通り。これを理解するとともに、次のような確信を持つといい。

「**私は完全に世界に無関心だ**」

質問者：つまり、すべてを新たな光のもとで、新たな視点で見なさいということですか？

マハラジ：何も努力してはいけない。それは自発的に起きる。確信は自発的だ。確信は自発的なものなのだ。

すべての必要性、

関係性、期待は

体に関係している。

私たちは平安が欲しい。誰がそれを欲しいのだろう？　私たちは幸せが欲しい。誰がそれを欲しいのだろう？　私たちは不安や葛藤のない人生が欲しい。不安や葛藤のない人生とは何だろう？　幸せの意味とは何だろう？　平安の意味とは何だろう？

私たちは存在する前、こういう言葉を知らなかった。

これらは、体とともに生じ、

これらは、体とともに去る。

こういうふうに、何かが欲しいという必要性は体にとって必要なのであり、あなたにとって必要なのではない。体は消える。これは明らかな事実だ！　あなたには恐れがある。皆が体に執着しているから、何らかの恐れを持っている。

死を望む者はいない。

皆が死を恐れている。

しかし、死の真実がわかったら、

あなたはもう恐れないだろう。

自分に尋ねなさい。「なぜ私は死を恐れているのだろう?」。もし、あなたが実在を知らなければ、この恐れはざわめき、増殖し続けるだろう。死に当たって恐れのない状態、それが本当の知識、実際的な知識、究極的な真実だ。

質問者：死に関する真実を本当に理解して受け入れるには、どれくらいかかるとお考えですか?

マハラジ：なぜ「どれくらい?」などと聞くのかね? 一瞬で理解できるのに! ロープと蛇の有名な話を知っているかね?

質問者：はい。

マハラジ：あの話を知っているなら、理解には一瞬しかかからないということもわかっているだろう。最初、あなたは何かを蛇だと思って恐れる。そこには恐怖がある。しかし、灯りのもとで、それはただのロープだったと気づけば、恐れは一瞬で消える。蛇ではなく、ロープに過ぎないことが明らかだからだ!

同様に、私たちは生まれていないと知れば、
死は体にだけ訪れると知れば、
死への恐れは消える。
私たちが恐れを持っていたのは、
よく知らなかったからだ。

今は、よく知っているから、恐れはただ消えていく。

質問者：私は自分がある種の恐れを抱えてきたことを知っています。死がないことはわかっています。わかっているのですが多分、知的に理解しているだけなのだと思います。わかっているのに、体にとても執着しているのです。そのせいで恐れや不安が生じます。

マハラジ：そういうことはよく起きる。だから、私は同じことを皆に言い続けているのだよ。

真我探究をしなさい!
自分を本当の意味で知りなさい。
あなたは身体形態ではない。
誰が死んでいくのか? 誰が生まれるのか?
真我探究をしなさい!
真我探究をしなさい! 真我探究をしなさい!

あなたはすべての真の知識の根源だ。あなたは体ではない。あなたはこの全世界の根源だ。目に見えぬ聞き手が全世界の根源だ。全世界があなたの自発的な臨在から投影されている。

質問者2：マハラジ、あなたはよく、確固とした土台を持つことの大切さを強調なさいますね。マントラを唱えていたら、形のない「私」がより深いところへと連れて行かれるような感じがしました。洞窟のイメージが現れました。それはとても深いところにあって、私は自分の中を深く深く進んで行きました。

言葉にするのが難しいのですが、やがて底に到着しました。それは硬い石のような、強固な基盤でした。そこが行ける限り低い、もしくは深いところでした。そして私は自分がこの洞窟の一番底に立っているような感じでした。形のない私が、形を見ているのを見ました。確固とした土台、真の知識を打ち立てるための破壊不能な基盤がそこにあることがわかりました。

そのとき、いろいろなことが自発的に起きました。昨晩、眠りに落ちる直前にバウサヒブ・マハラジが深い青色の中に現れました。彼から来るエネルギーはとても強いものでした。彼は私の目の前にしばらくの間、浮かんでいました。それから私は、ニサルガダッタ・マハラジもそばに立っていることに気づきました。びっくりしました！

マハラジ：そういうことが起きることはある。マスターたちがあなたを励ましているのだ。

43 すべてが無から来る

マハラジ：すべてが無から来る。存在に先立ち、あなたの臨在があった。

質問者：意識はどうですか？　あなたは意識については何もおっしゃいませんね？

マハラジ：意識は後から来た。あなたが「意識」と言うには、まずあなたの臨在がなくてはならない。臨在とは名もなき臨在、目に見えない臨在だ。そこにはあなたの「私」すらない。あなたが「私」と言うには、臨在が必要なのだ。体を使わなければ、「私」と言うこともできない。

だから名前、ラベル、指標、すべての言葉は後から来たのだ。それらに先立ち、あなたの臨在があった。私はその臨在に、その目に見えない名もなき臨在に、あなたの注意を向けさせようとしているのだ。

あなたが名もなき者であるのは、
何も知らなくても「あなたは在る」からだ。
そこにあるのはあなたの反映だ。

マインドはない。それは後から来た。スピリットが体にはまった瞬間、全世界が投影された。それに先立って、あなたの自発的で目に見えない存在があった。私は、あなたの注意を「それ」に向けさせようとしている。それに理由はないし、意味もまったくない。私たちは意識とか気づきといったものについて話しているのではない。あなたが「意識」と言うとき、それは何かが、何らかの形式がそこにあることを示している。あなたに形はない。

口、目、耳は何のためにあるのだろう？　臨在がなければあなたはしゃべることも、見ることも、聞くこともできない。臨在がなかったら、口や目、耳などはただの穴に過ぎない。この教えを理解することがとても重要だ。完全に集中し、完全に専心しなさい。そうすれば理解できるだろう。あなたは、身体知識の犠牲者だ。

これらはすべて言葉だ。私は言葉を用いて、あなたの注意を実在に向けさせようとしているが、実在は言葉を超えている。私たちは言葉を作り、それに意味を与えた。しかし、私たちが今、話そうとしていることは言葉を超えている。私たちは「マインド」、「気づき」、「意識」などと言うが、それらはさまざまな言葉に過ぎない。これは「A」、これは「B」、これは「C」。だから、言葉を文字通りに受け取ってはいけない。

あなたはマスターの指示に従い、直接的な教えに耳を傾けなくてはならない。それは簡単だ。乾いた議論は役に立たない。マスターが、あなたが選んだマスターが必要だ。でも、マスターのもとに通うならば、マスターに対する強く完全な信頼を持たなければならない。

前に、ニサルガダッタ・マハラジにパワーを授けようとした偉大な聖人の話をした。彼はそれを受け取らなかった。なぜだろう？　それは彼が自分の師に完全な信頼を置いていたからだ。たとえ神があなたの前に現れても、あなたは「結構です」と言うだろう。この確信によって実在に導かれる。私がこうして語っている言葉もまた、幻想だ。しかし、私の言わんとすることが、実在に導いてくれる。確信しなさい！

質問者：瞑想についてお聞きしたいのですが、瞑想するとき、まず最初はマントラをゆっくり唱えます。そしてだんだんと、もっとゆっくり唱えていきます。私がお聞きしたいのは、私のやり方が正しいかどうかです。瞑想時間が長くなるとマントラがぼやけてくるのですが、それはまだそこにあります。そして、体がリラックスしてマインドが鎮まるのを感じます。それから、覚醒と睡眠の間、ちょうどその境目のところにたどり着きます。あなたのホームページに、卵のひびから光が出て来る絵がありますよね。あの卵のひびは瞑想中に私に起きることと同じでしょうか？　あれがそうですか？

マハラジ：すべては幻想だ！　あなたの臨在の後に見るものは、すべて幻想だ。

あなたの臨在の後に見るものはすべて幻想だ。

すべてが幻想だ。たとえ神を見たとしても、あなたのマスターを見たとしても、幻想だ。何もない！　それらは概念に過ぎない。

私たちはスピリットを通して話したり、聞いたり、すべてを受け入れているが、このスピリットはとても繊細なものだということは前にも話した。すべてを自発的に受け入れてしまうのが、スピリットの性質だ。だから、もしあなたが深く完全に取り組めば、それが反映、投影されるのだ。

たとえば、あなたはマスターを深く信頼し、マスターと一つになったとする。あなたはマスターとは別のところに住んでおり、何か問題に出くわした。たとえ別々に暮らしていても、あなたがマスターを信頼していれば、スピリットはマスターの形をとることができる。ある帰依者のように、あなたも私の姿を見るかもしれない。彼は七時間に及ぶ手術を受けていたとき、私がそばに立っているのを見た。後で、彼は私に「マハラジ、どうやって手術室に入ったのですか？　奇跡ですよ！」と言った。

スピリットにおいて、彼は私と一つだから私の姿を見たのだと彼に言った。マスターはいついかなる瞬間も、あなたを守るためにそこにいる。スピリットはそのワンネスからマスターを投影し、その姿をとる。

肉体を去ったマスターが弟子のもとに現れることがある。これはマスターが生まれ変わったのだと誤解されることがよくあるが、そうではない。違う！　マスターは自由だ。マスターは生まれ変わったりしないし、死んだマスターとして現れたりもしない。

あなたが自己なき自己と一つになると、
あなたのアイデンティティは忘れ去られる。
あなたが何かを頼めば、
あなたのアイデンティティがマスターの形になる。
それがあなたのマスターの姿をとるのだ。

あなたの行く手に問題が起こるだろう。しかし、マスターや神など、どんな形態をとっていようが、そういうものを深く愛し、心に刻んでいれば、問題はすぐに忘れ去られてしまうだろう。

神にアイデンティティはない。
あなたの自発的な臨在がその姿をとっているのだ。

そして、あなたは言う。「ああ、私は神を見た」。これがダルシャンだ。マスターを深く信頼し、信じていれば、あなたはマスターの感触を感じることができる。

質問者2：マスターが現れると言えば、最近、私が一人で静かに座っていたときのことです。それは安らかな午後で、私は家におり、意識的にマントラを唱えなくても自然と背景で静かに流れていました。私は何かに気づきました。横を見ると、ラマナ・マハルシが椅子の一つに腰かけていました！　驚きましたよ！　そして、それだけではなかったのです。ソファーに目をやると、ニサルガダッタ・マハラジとシッダラメシュヴァール・マハラジが揃って腰かけているではないですか！　何も言葉は口にされませんでしたが、マスターたちの臨在がそこにありました。

翌日、私は何が起きたのか、再び考えました。そして、マハラジ、あなたはどこにいたのだろうと思いました。それで、私は気づいたんです。あなたは私の中にいた。私たちは一つなのです。だから、あなたは他のマスターたちとともに現れなかった。でも、これは本当に驚くべきことでした！

質問者：とても興味深いですね。私は今まで、マスターたちは菩薩のように私たちを助けるために戻って来たのだと思っていました。

私がさっき瞑想について尋ねたことですが、中間の段階にとどまっていてもいいのですか？

マハラジ：構わない。それもプロセスだから。あなたは瞑想する者の注意を引いているのだ。それを重視し過ぎてはいけない。瞑想はプロセスに過ぎないのだから。あなたは深く刻まれた幻想の印象をすべて、取り除こうとしているところだ。あなたはそれに深く執着してきた。

自己なき自己に近付いて行けば行くほど、あなたは自分のアイデンティティを忘れる。あなたはすべてを忘れる。全世界が幻想だ。神も幻想だ。なぜなら、何かを見るには臨在がそこになくてはならないからだ。臨在がなかったら何も見ることはできない。これはとても高度な知識、最高度の知識だ。これは、どこかで見つけることができるものではない。瞑想はそのプロセスだ。バジャンもまた、あなたが外側のアイデンティティを忘れるのを手助けするプロセスの一部だ。

質問者：頭痛のように、瞑想に対して肉体的に反応が出るのは正常なことですか？

マハラジ：そういうことにあまり注意を払ってはいけない！

そういうことに悩んだり、

真剣になり過ぎてはいけない。

「瞑想をしなければ、マントラを唱えなければ、バジャンを歌わねばならない」などと言って、そういうことを重視し過ぎて「悩む」と、あなたはエゴをのさばらせることになる。

普通でありなさい！　スピリチュアリティも含めて、すべての活動は普通に行わなければならない。どんな微細なエゴもあってはならない。これはとても簡単なことでもあり、とても難しくもある。なぜなら、あなたは今までたくさんの本を読んで、多くの影響を受けてきたからだ。あなたはたくさんの人たちの言うことを聞いてきた。「この人がこう言った、あの人がこう言った」と、あなたはその人たちを分析し、比較する。

すべてがあなたの臨在の輪の中にある。コンピューターのように物事を分析してはならない。もし臨在がなかったら、誰が世界や瞑想、マスター、神について話したりできると言うのか？　だから、スピリチュアリティ自体も幻想だ。確信を得れば、あなたにもわかる。「そうだ。スピリチュアリティも含めて、すべては幻想だ」

常に
あなたとともにありなさい。
そのすべてとともに普通でありなさい。

実在はあなたの前にある。シンプルで謙虚な人生を送りなさい。「ああ、私は真の知識を得た！」、そうではない！　知識は知識ではない。すべては無から来て、無の中に溶けて消える。

44 実在は目に見えぬ聞き手に刻まれている

マハラジ：マスターはあなたのスピリチュアルなコンピューターの中に、ナーム・マントラを入れる。あなたはそれに真剣に従わなければならない。あなたは誰でもないとひとたび理解すれば、あなたは完全に体や世界に関心がなくなる。あなたは完全に無関心になるだろう。

空のように
あなたの臨在は自発的だ。

全世界が臨在から投影されている。私たちの臨在がなければ、世界を見ることもできない。私たちは何も見ることができない。

この臨在は
名もなく、目に見えず、特定することのできないアイデンティティだ。
それはブラフマン、アートマン、パラマートマンと呼ばれる。
そしてこの臨在には
死も誕生もない。

あなたは生まれていない、あなたは究極だということを受け入れると、天国と地獄に関する疑問ももう生じて来ない。

そういうものには妥当性がない。

救済の必要がないのは、
救われる必要のある者がいないことを
あなたは知っているからだ。

カルマやプラーラブダに関する議論もすべて、意味がない。

質問者：プラーラブダは必然的なものに思われますが？

マハラジ：プラーラブダという概念は、人々をなだめるためだけにある。個別性は存在しないから、プラーラブダもない。

質問者：宗教もですか？

マハラジ：宗教？　私たちは人々に何らかの平安と満足を与えるためだけに宗教を作った。それは人々にアイデンティティを与えるためにある。それは大衆をコントロールするためにある。こういう概念はすべて、忘れてしまいなさい。すべてを忘れるのだ。こういったものはすべて、身体に関連している。こういう知識はすべて、身体形態の知識だ。

質問者：何と言っていいのかわかりませんが、あなたの教えを聞けば聞くほど、すべてが取り払われてしまうように感じます。そのうち、私はつかむものが何もなくなってしまうでしょう。それはちょっと不安に感じられます。私たちが価値を置いているもの、生きるよすがとしているものをすべて、あなたは巧みに取り除いてしまいます。

マハラジ：実在と幻想を区別するには識別力を用いなければならない。また、あなたはすべての身体知識を消さなければならない。私が言ったことを思い出しなさい。

すべての身体知識が消え去るまで
究極の実在は現れない。

執着しているすべてのもの、あなたがそれらに出会ったのは生まれた後だ。「これ」も「あれ」もすべて身体知識、使い古された知識だ。こうした幻想の概念は身体形態とともにやって来た。身体形態が存在する前、あなたは「幻想」という言葉を知っていただろうか？

質問者：知らなかったと思います。

マハラジ：そして、存在する前、個々人に名前が付けられていただろうか？　存在する前、あなたは「マイケル」と呼ばれていただろうか？

質問者：いいえ！　名前も、個人も、誰も存在しませんでした！

マハラジ：宗教とその根本原理は、平安な生活に刺激を与えるためだけに作られた。祈りの根本原理も作られた。それは問題ない。ただし、

自分の人生の秘密を
知り、理解しているなら問題ない。

あなたはそれが意味するものを
はっきりと実感しなければならない。
そのとき初めて、あなたは完全に恐れから自由になる。

真我探究をしなさい！　「なぜ私は死を恐れねばならないのか？　死はすべての人に訪れるというのに」

質問者：その通りです！

マハラジ：誰も「死」や「死者」という概念から逃れることはできないとあなたは考えているかもしれない。しかし、「誰が死んでいるのか？　誰が生きているのか？」という問いの答えを見つけなさい。ただ、真我探究をするのだ！　私は同じことを何度も何度も繰り返し言う。直接叩き込めば、あなたはやがてメッセージを理解するだろう。

誰も死んでいない。
誰も生まれていない。
誰も死んでいないし、誰も生まれていない。
あなたは生まれていない。あなたは生まれていない。

問題は身体形態の視点から考えてしまうということだ。そして、私たちはこういう幻想の概念をすべて、盲目的に受け入れてしまった。「私は男だ」、「私は女だ」、「私はこの宗教の信者だ」、「私はあの宗教の信者だ」、「私の前世はこうだったが、来世はあのようになるだろう」。現世、前世、来世、生まれ変わり……私たちは幻想の輪の中にはまり込み、ぐるぐると堂々巡りをしている。

質問者：つまり、概念や信念体系、哲学などを、深く考えることなく受け入れてしまったことが問題なのですか？

マハラジ：私たちは問いただすこともせず、盲目的に受け入れ、契約を結んだ。私たちはすべての幻想を受け入れ続け、契約を結び続けるだろう……これはたとえば、あなたは何の罪も犯していないのに、「私は犯罪者です」という供述書にサインをしてしまうようなものだ。

マスターがあなたは何の罪も犯していないと言う。あなたは罪など犯せない。しかし、あなたは概念や幻想を受け入れ、「いいんです。私は犯罪者です」と言う。マスターはあなたに教える。あなたは決して罪を犯していないと。あなたは犯罪者ではない。

あなたのマスターはあなたの反映だ。
当然のことながら、マスターはいないし、
弟子もいない。

私たちの「知識」はすべて「身体知識」から作られ、体と身体的な関係性の周りを取り囲んでいる。つまりそれは、

あなたではないもの、あなただったことがないもの、
あなたであり続けることがないものだ。

質問者：身体という幻想を取り除くには、どうしたら一番いいですか？
マハラジ：あなたは自分自身の人生の建築家だ。これはすべて夢だとあなたは知るだろう。それは、劇の中でヒーローやヒロインもしくは悪役を演じることにたとえられる。あなたは自分が演じていると知っている。そのことをちゃんとわきまえている。数時間、あなたはある特定の役を演じる。あなたはそれが自分の役だと知っている。
　それと同じように、私たちは「私は男だ」とか「私は女だ」というような役を演じている。私たちはこういう概念をすべて受け入れている。しかし、私たちはそれらのすべて、いかなる概念とも関係がない。

あなたは生まれていない。

　実在を知るには、基盤が必要だ。だから、あなたは瞑想や真我探究、バジャンといった修行をしなければならない。
質問者：それらの他に、マスターの臨在とともにあること、真の知識の教えを聞くことも含まれます。これは本当に強力なカクテルです。不死の霊薬とも言えるでしょう。なぜなら、この甘露を口にすれば、真我知識を得られるからです。あなたは生まれていないと知ることが、本当に知ることができるのですから。
マハラジ：あなたは酔いしれるだろう！　私は同じ根本原理をあなたの前に置く。私たちが「神」と呼ぶものは、あなたの外には存在しない。すべてはあなたの内側にある。私はさまざまな言葉や方法を用い、さまざまな角度や次元から……
質問者：真実を叩き込んでいるのですね？
マハラジ：そう！　直接的に叩き込んでいるのだ。直接的にハンマーで打ち付けているのだ。メッセージはいつも同じだ。他には何もない。

あなたの自己なき自己以外に、
神もアートマンもブラフマンもパラマートマンもない。

これがメッセージだ。私はあなたの中に真実を打ち立てるため、簡単な例を挙げることがある。それは子供に物語を聞かせるようなものだ。ストーリーの背後の根本原理を伝えるためには、まず物語形式で語る必要がある。母親や父親はまず子供に物語を聞かせた後、その意味を説明してやる。
　これと同じように、マスターもある言語や言葉を用い、あなたの究極的な真実を物語形式で説明する。
　マスターがあなたに究極的な真実を示したら、後はあなた次第だ。
質問者：修行を続けるかどうかは私たち次第ということですか？

マハラジ：これはジグソーパズルのようなものだ。あなたには真の知識がある。確信を得て、そして何をすべきか、すべきでないかを知るための次のステップはあなたにかかっている。あなたはパズルを完成させなければならない。

なぜなら、あなたは自分の自己なき自己を
誰よりも知っているからだ。
あなたは自分の自己なき自己を誰よりもよく知っている。

自発的な確信が訪れるのは、
あなたが最終的な真実と一つになったときだ。
これが確信で、
悟りで、
覚醒だ。
それは、さまざまな名で呼ばれる。
名前は重要ではない。

直説的に叩き込むプロセスを通じて、確信が生じる。「私は生まれていない。それならば、なぜ死を恐れる必要があるだろう?」とあなたは気づくだろう。誕生も死もないと理解すれば、あなたは「すべての恐れが消えた」と驚きの声を上げるだろう。恐れは消えてしまう。これが直接的に叩き込んだ結果だ。

質問者：あなたのお話を聞いているとき、私はあなたの言葉を本当にはわかっていないことがある気がします。でも、確かにわかったという自信、「イエス!」という理解のひらめきがあることもあります。

マハラジ：あなたの中の目に見えぬ聞き手は、穏やかで静かに耳を傾けている。

あなたの中の目に見えぬ聞き手は
穏やかで静かに耳を傾けている。
実在はその目に見えぬ聞き手に刻み込まれており、
取り除くことはできない。

おそらく、あなたは何かに気づいていない、もしくは何かを理解していないのかもしれないが、それでも静かなる聞き手は録音機のようにすべてを受け入れている。

質問者：それは素晴らしいです!

マハラジ：記録のプロセスは静かに続いている。分析のプロセスも静かに続いている。あなたの知らぬ間に、マインドやエゴ、知性の知らぬ間に。

エゴはなく、知性もなく、マインドもない。

質問者：マインド、エゴ、知性が遮ろうとして……

マハラジ：それらはすべて外側の層だ。あなたはそれらを利用できる。それは悪いことではない。いつでも、好きなようにそれを利用しなさい。あなたはそれらを利用できるが、それらの奴隷になってはいけない。何かを利用し過ぎると、それは毒になる。何であろうと、使い過ぎは毒となる。もし必要以上に食べれば、それは体に毒だ。過剰に取り過ぎれば、何でも毒になるのだ。

質問者：過剰なマインド、過剰な精神的……

マハラジ：マインドはまったくない！

これは特別な知識だ。
これは実在だ。
それは本の知識ではない。
それは文字の知識ではない。

質問者：これは私が今まで出会ったすべての知識を超えています。私は今までスピリチュアルな本をたくさん読んできたのですが。

マハラジ：これはすべてを超えている。

これは知識を超えており、
すべてを超えている。
言葉を超えており、
世界を超えており、
想像を超えている。

ニサルガダッタ・マハラジはよくこう言っていたものだ。
「存在する前の状態であり続けなさい。そのままであり続けなさい」。あなたが生まれる前、あなたはどんな状態だっただろうか？

質問者：正直言って、わかりません。

マハラジ：それが正しい。あなたは「知らなかった」。あなたは完全に何にも気づいていなかった。あなたは何もまったく知らなかった。しかし、あなたは体と出会って、それからいろいろなものを知り始めた。だから、

マインドは身体知識なのだ。
何が残るだろう？　食物からなる身体だけだ。

あなたはマインドでも体でもない。マインドは存在しないし、体は食物からなる身体だ。そうすると、残るのは何か？　いつの日か、あなたはこの体を去る。体はあなたのアイデンティティではない。

45 集中する者に集中する

質問者：ニサルガダッタ・マハラジは、「欧米人」は「スピリチュアルな旅行者」だと考えていたので、ほんの少しの欧米人にしかマントラを伝授しなかったと聞きました。あなたは唯一のとは言わないまでも、マントラを伝授してくださる数

少ない中の一人です。なぜ、伝授しようと決めたのですか？

マハラジ：それは探求者に悟りを開かせるため、彼らと真の知識を分かち合うため、そして彼らを幻想の世界から助け出すためだ。

質問者：瞑想は本当に必要ですか？

マハラジ：多くの人がこの質問をする。子供の頃から現在まで、あなたは体への執着をたくさんため込んできた。体に対する愛情、身体に関する関係性がたくさんあるのだ。これを消さなければならない。もちろん瞑想も幻想だ。しかし、私たちは棘を抜くために、別の棘を用いなければならない。これは焦点を当て、集中するために、最初の段階においてのみ必要だ。

集中する者に集中しなさい。

体はあなたのアイデンティティではない。あなたは「最終的な真実」、「究極的な真実」だ。しかし、この完全な確信を持つには、すべての概念と身体知識を消さねばならない。

私たちはすべてを知的に理解しているかもしれないが、
しかし、知的な理解は十分ではない。

だから、あなたは瞑想をしなければならない。最初のうちはそれが欠かせない。後々、もっと進んだ段階では、瞑想は必要ない。

私たちの系譜、インチェゲリ・ナヴナート・サンプラダーヤではマントラを与える。しかし、すでにマスターを持っている人には与えない。あなたは一人のマスターに忠実であり続けなければならないのだ。

質問者：マントラはどのように働くのですか？

マハラジ：マントラはあなたの中にヴァイブレーションを生む。このヴァイブレーションを通じて、あなたは実在を知るようになる。

ゆっくりと、静かに、そして永続的に、
内側で何らかの変化が起きているのを感じるだろう。

あなたの身体知識は消えるだろう。あなたは完全に恐れがなくなるだろう。なぜなら、「私は体ではない」と知るからだ。

毎日、私は同じことを言っている。

すべての必要性は身体に関係したものだ。
神の必要性、
食物の必要性、幸福の必要性、平安の必要性。
これらはすべて身体に関係している。

あなたが体に出会ったとき、すべての必要性が生じ始めたのだ。

存在する前は、何の必要性もなく、
何の恐れもなかった。

質問者：では、規則正しく瞑想することによって、変化が促進されるのですか？

マハラジ：瞑想は基本だ。完璧で強い土台を作るための、最初のプロセスだ。このマントラを唱えるにつれ、

あなたは自分の「特定できないアイデンティティ」に、あなたがアートマン、ブラフマン、パラマートマンだということを思い出させる。

あなたは実在を知っている。しかし、それを忘れてしまった。皆が、自分の中の実在の知識を持っている。

確信し、真の知識を打ち立てて吸収するには、瞑想のプロセスが必要だ。

乾いた知識、本の知識、文字の知識は真我知識ではない。瞑想によってのみ、

真我知識に導かれる。

質問者：マントラを唱えていると、こんな疑問が湧いてくることがあります。「誰が唱えているのだろう？」

マハラジ：そうだ、誰が唱えているのだろう？　この疑問は、体への執着から来ている。「誰」も「彼」も「彼女」も存在しない。何もない。こういったものは言葉に過ぎない。身体に関連した言葉に過ぎないのだ。

誰がマントラを唱えているのか？

集中する者、目に見えぬ臨在だ。

なぜ、あなたはマントラを唱えているのか？

自分のアイデンティティを忘れてしまったからだ。

マントラはどのように働くのか？

あなたはマントラを唱えている間、

目に見えぬ臨在の、

あなたの究極的な真実の

注意を引いているのだ。

最初の段階では、マントラを唱えるのに努力を払わなければならない。しかし、その後は知らぬ間に二十四時間、自発的に起こるようになる。起きている間も、夢を見ている間も、眠っている間も常に。知性や論理、あてずっぽうの推論など、マインドに関係した活動を通じては、自分自身を本当の意味で知ることはできない。なぜか？

あなたという存在は、自発的な存在だからだ。

存在する前、あなたはどんな状態だっただろうか？　体を去った後はどうなるだろうか？　何があなたのアイデンティティだろうか？　ここで導き出される結論は、真のアイデンティティは常に同じだということだ。それは今日も、存在する前も同じなのだ。

唯一の違いは、

あなたが体にしがみ付いているということだ。

だから、再び繰り返し言う。

身体知識は完全に消されなければならない。

そのためには、あなたは瞑想しなければならない。

瞑想は不可欠だ。

質問者：私はマントラをしばらく唱えてきましたが、今ではあなたがおっしゃったように、自発的に起きています。それに、瞑想の効果も現れつつあります。素晴らしい静寂や平安、空っぽの感覚など、ほとんど手に取ることができそうなくらい確かな何かがあるのです。あなたの言葉を借りると、「明らかな実在」があるのです。何の原因もなく、ただ自発的に幸福なのです。

マハラジ：あなたはマスター・キー、ナーム・マントラを使っているのだ。深く専心しているので、それはあなたを自己なき自己に近付けてくれる。その自発的な幸福は、自己なき自己の香りだ。それは真の知識が吸収されつつあることを意味する。とてもいいことだ！　自己なき自己を抱擁し、もっと深く、深く入って行きなさい。自己なき自己の内へと、深く深く入って行けば、想像を超えた多くのものが見つかるだろう。あなたはこの外側や内側のアイデンティティを忘れてしまうだろう。

あなたは自分に知られぬままとなる。

知識のないことが知識だ。

知識のないことが知識だ。

体に根付いた知識は何であろうと、

幻想だ。

ブラフマン、アートマン、パラマートマンの知識も

幻想だ。

それらはただの、こ、と、ば、に過ぎない。言葉に問題はない。おそらく言葉は、あなたに何らかの喜びを与えてくれるだろう。つかの間の幸福や、ちょっとした娯楽をくれるだろう。しかし、

それは究極的な真実ではない。

それは究極的な真実ではない。

46 言葉は指し示すものに過ぎない

質問者：マハラジ、臨在とは何を意味するのですか?

マハラジ：臨在とは「それ」だ。あなたを生かし、あなたが話をできるのも「それ」のおかげだ。あなたの中の質問者が「臨在とは何か?」と尋ねるとき、それが臨在なのだ。

質問者：では、私の臨在は私の死後も存在するのですか？
マハラジ：臨在は空のようなものなのだから、「死後」はない。
質問者：では、それが私である、ただ臨在であるということですか？
マハラジ：そう、その通り。
質問者：それでは、ランジット・マハラジが言った「私は彼だ」というのも同じですか？
マハラジ：そういう言葉はすべて、ただ何かを指し示しているに過ぎず、究極的な真実ではない。「私はそれだ」、「あなたはそれだ」、「私は彼だ」など、いくらでも好きなように名前を付けることができる。ここに来る人たちはこの間違いを犯す。単に何かを指し示しているだけのものを、本物だと取り違えるのだ。それは私たちが作り上げた、ことばに過ぎないというのに。「究極的な真実」や「究極的な実在」など、何と呼んでもいいが、それを理解しやすくするために、私たちはそれにいろいろな名前を付けた。それだけのことだ。

マスターの言葉を文字通りに受け取ってはいけない。
あなたの臨在は自発的で、
静かで、名もなく、特定できない。
だから、「私は彼だ」も単に指し示すだけの手がかりだ。

質問者：それでも私は「私は彼だ」が好きで……
マハラジ：それは構わない。そのフレーズが何かを指し示すものに過ぎないことがわかっていれば、それでいい。それは手がかり、ヒントだとわかっていればいいのだ。それを「究極的な実在」と取り違えてはいけない。
質問者：もし、それが名もなく、知覚もできない臨在であるならば、誰がそれを知ることができるのですか？
マハラジ：「誰か」のことは忘れなさい。自分自身について話しなさい！
質問者：わかりました。では、どうしたら私はこの臨在を知ることができるのですか？
マハラジ：

あなたは知識の源だ。
あなたには特別なパワーがある。
あなたの内なるマスターは究極的な真実だ。
あなたと私？　私たちは同じものだ。

質問者：自分を身体形態として捉えるのは幻想だとあなたはおっしゃいますね。それは、自己なき自己を知覚することはできないからですか？
マハラジ：あなたがそれを見ようとすると、見る者は消えてしまう。

あなたがそれを見ようとすると、見る者は消えてしまう。

存在する前のあなたがどんな状態だったか、ただそれだけを見なさい！　あるがままのあなたでいなさい！　存在する前のあなたでありなさい！

知覚可能、知覚不可能、

知識、男、女、誕生、死。

こういった概念はすべて、身体に基づいた知識だ。忘れなさい！

「私はブラフマンだ」、「私はアートマンだ」などと皆が言う。でも、その知識をあなたの内に完全に、本当の意味で吸収しなければならない。あなたはマスターのマスターだ。確信を得る瞬間、あなたは自分のアイデンティティを忘れるだろう。しかし、覚えておきなさい、この確信は自発的なものだ。無理に生じさせようとしてはいけない！　それは自然に、自発的に現れるのだ。

47 すべてはあなたとともに始まって終わる

質問者：私はマスターだ、とあなたはおっしゃいましたね。でも、自分がマスターだと感じられないのですが。

マハラジ：体が不安や葛藤の原因だ。私たちはすべてのものの基盤を身体レベルに置いている。しかし、体はあなたのアイデンティティではなかった。体はあなたのアイデンティティではない。体があなたのアイデンティティであり続けることもない。ならば、なぜ感情に煩わされる必要があるだろう？　不安の雲や至福の雲、あれこれに対する恐れ、死に対する恐れ、そういうものについて思い悩む必要があるだろうか？　あなたは自分の真のアイデンティティを忘れてしまったのだ。

質問者：では、どうしたらそれを思い出せますか？

マハラジ：私たちの系譜では、マントラのように唱える言葉を授ける。スピリットはとても繊細だ。何であれ、スピリットに刻み込まれたものは反映される。つまり、

目に見えない聞き手が自分のアイデンティティを忘れてしまった。

瞑想のプロセスを通して、

私たちは目に見えない聞き手にそれを思い出させることができる。

瞑想とははしごのようなものだ。一度使った後は放っておけばいい。それは最初のうちだけ必要なのだ。

質問者：自己なき自己について、もう少し質問してもいいですか？　もし、マインドの視点から自己なき自己を探した

ら、見つけることはできないのでしょうか?

マハラジ：それは身体に関係した質問だ。マインドにかかずらってはいけない！　探そうとしてはいけない。そういうことをすると、エゴが生じる。自己なき自己は自発的だ。

あなたは臨在を、何らかの形あるものとして捉えようとしている。

ブラフマンとかパラマートマンという言葉は、特定できないアイデンティティを特定するために使われているだけだ。

実際のところ、
経験も経験する者も、
観照も観照する者も、
何もない。

質問者：マインドはただ知ろうとしているだけなのではないでしょうか。

マハラジ：

あなたが存在する前、
そして、あなたが存在しなくなった後も、
マインドはなく、
エゴもなく、
知性もない。
それはある種の夢だ。
目が覚めたら、夢は消える。

この人生は夢のようなものだ。

自己なき自己とは、夢の後を意味する。
夢が終わると、すべての家が崩壊する。
それらは夢が終わると破壊され、
後に残るのは空、空間だけだ。

質問者：ではその前、臨在はどんな状態だったのですか?

マハラジ：世界が存在する前、あなたの臨在はそこにあった。しかし、それは「知られていない臨在」だった。「私は在る」と知るようになってから、あなたは微細なエゴを帯びた。

しかし、実際のところ、あなたは誰でもない。
それはつまり、あなたは皆だということだ。

質問者：では、マインドは?

マハラジ：私たちはすべてを知的に知っている。しかし、私たちは実在を見落としている。それはマインドのプレッシャーのせいだ。私たちはマインドが本物だと誤って信じている。瞑想をすれば、すべての真の知識が実際に実行に移される。

質問者：そうすると、何が起きるのですか?　ひとたび実在を知ったら、それはどんな感じですか?

マハラジ：実在を知れば、あなたは自己なき自己の内に静かにとどまり続ける。これはある種のスピリチュアルな酩酊状態だ。そのとき、あなたは完全に体に関心がない。「私は行為者だ」と言うエゴの痕跡もない。

質問者：では、私はブラフマンなのですね！

マハラジ：あなたは男でもないし、女でもないし、ブラフマンでもない。

「私はブラフマンだ」と言うのもまた、幻想だ。
言葉はあなたの高い価値、
偉大さを指し示しているに過ぎない。

質問者：この知識を、どうやってこの世界で生きていくことに結び付けたらいいですか？

マハラジ：結び付けることなど存在しない！　誰が結び付けるのか？

質問者：俗世間での暮らしによって、かき乱されることはないのですか？

マハラジ：あなたが存在する前、何かにかき乱されることなどあったかね？　誰が誰をかき乱しているのか？　私たちは知性を当てはめて、真の知識を知的に理解しようとしているだけだ。

あなたは世界の父であり、言葉の父だ。
それは見ている者の反映、見ている者の投影だ。
見る者がいなかったら、何も見ることはできない。
すべてはあなたから始まり、あなたとともに終わる。

48 誰がダルシャンを欲しているのか

質問者：私はここにあまり長くいられないと思います。というのも、マザー・アンマに会いに行きたいのです。

マハラジ：マザー・アンマのところに行きなさい。私はあなたがすることを得られると思うなら、そこに行きなさい。もし、あなたがここで幸せでないなら、どこでも自由に行きなさい。しかし、アンマに会って得られるのは、別の種類の知識だ。あなたは身体形態の中に、身体形態の幸せを探そうとしている。

私たちの系譜では、
あなたの目に見えぬ実在に、
直接的な知識を与える。
あなたの身体形態に与えるのではない。
それはあなたのアイデンティティではないのだから。

しっかりしなさい！　しっかりと落ち着いていなさい！

もし、妻を何度も何度も取り換え続けていたら、あなたは自分のスピリチュアルな人生をだめにしてしまう。どこにでも、行きたいところに行きなさい。しかし、あなたはそこにとどまらなければならない。あるマスターのところで平安を見つけたら、そのマスターのもとにとどまりなさい。

不安定で、ぐらぐらと落ち着かないマインドは、スピリチュアルな人生にとって不健康だ。身体知識の輪の中から抜け出て、問題や落ち込みをなくすには安定がとても重要だ。石像だとか、何らかの偶像を信仰したり、崇めたとしても、それに忠実であり続けるのなら問題はない。

人や像、石にパワーがあるのではない。
パワーはあなたの中にだけある。
あなたが最も重要な偶像、唯一の偶像だ。
だから、自分自身に忠実でありなさい。

深く自分に向き合うことがとても大切だ。旅ばかりしているのは良くない。どこかに幸せがあるだろうと期待して、自分の自己なき自己を過小評価しているのだ。それは意味のないことだ。

なぜなら、平安を求めている
旅人をあなたは知らないからだ。
あなたは自分の内なるパワーを無視している。

質問者：マントラを繰り返し唱えていると、体の力が弱くなるように感じます。

マハラジ：それは、ヴァイブレーションのせいだ。あなたが弱くなるように感じるのは、自分自身のパワーに耐えられないからだ。心配はいらない。マントラを唱え続けなさい！

質問者：最初にマントラを伝授されたとき、とても強力なために、それによって完全に消去されてしまったように感じました。その結果、私はマントラをすっかり忘れてしまい、あなたにもう一度、聞かねばなりませんでした！　そのときは安らぎと調和がありました。でも今は変化して、平安を同じように感じることができず、少し動揺を感じます。

マハラジ：それは体の影響だ。それはあるべき状態ではない！　あなたは私が言ったことを覚えていない。私が繰り返し繰り返し叩き込んだことを覚えていない。私の話を聞きなさい！　誰のマインドか？　誰の感情か？　誰の調和か？　誰の動揺か？　そういうものは外側のパーツだ。あなたは自分自身の概念の犠牲者だ。

あなたはまだ自分自身を
自己なき自己の外にあり、分離した
何者かだと考えている。

誰が幸せを求めているのだろう？　誰が平安を欲しているのだろう？　誰が恐れているのだろう？　あなたは体ではな

い！　この体があなただろうか？　スピリチュアルな科学によれば、あなたは体ではない。あなたが体に執着している限り、こうしたすべての感情を経験するだろう。この悪循環から抜け出しなさい！

あなたは瞑想の修行を続けなければならない。

それが確信を得るための唯一の方法だ。あなたが落ち込みを感じるのは、まだ体に強い愛着を持っているからだ。

質問者：もし覚醒しても落ち込みの感情などはありますか？

マハラジ：あなたはそういう感情にも影響を受けなくなるだろう。もし犬が吠えても、あなたはそれを何とかしようとじたばたしない。同じようにマインド、エゴ、知性も、あなたがそれらに注意を向けるから吠えるのだ。思考や感情に注意を払ってそれらを重視すると、苦しみが引き起こされる。良いものも悪いものも、あなたにとっては同じだ。もし、吠え声に注意を向け続ければ、あなたは苦しむだろう！

マントラにはとてつもないパワーがある。しかし、実在が明らかになるのは、あなたが誠実で真剣であるときのみだ。この聖なる言葉を使って、あなたはスピリットにそのアイデンティティを思い出させているのだ。つまり、特定できないアイデンティティ、目に見えないアイデンティティ、名もなきアイデンティティを。ゆっくりと、静かに、永続的に、あなたは自分の究極的な真実を刻み込んでいく。（手を打ち鳴らして）確信を得た瞬間、あなたは身体知識から遠ざかる。そして、すべてが明らかになっていく。

待って、観察しなさい。待って、観察するのだ。それは植物に水をやるようなものだ。水はすぐには流れて行かない。まずは吸収だ。水は地面に吸収されて、それから流れ始める。瞑想もこれと同じだ。吸収して、吸収して、そしてその結果がどうなるかは、すでに話した。物理的なマインドやエゴ、知性はこのアシュラムに全部、預けて行きなさい。そうすれば、もう恐れはない。

ポケットに何かが入っていれば、
あなたは泥棒を恐れるだろう。
もし、何も持っていなければ、
盗られる心配はない。
ポケットを空にしなさい。
そうすれば、スリを恐れることもない。

質問者：ダルシャンを受けに誰かに会いに行くことが、なぜあまりいいことではないのか、説明してくださいますか？

マハラジ：誰がダルシャンを欲しているのか？　あなた自身のダルシャンを受けなさい！　自分自身にダルシャンを与えなさい。

あなたがいなければ、
ダルシャンもない。

「アンマ」と言うには、あなたの臨在が必要だ。「神」と言うには、あなたの臨在が必要だ。あなたがアンマの父、アンマの母だ。あなたの臨在がなければ、あなたはアンマに会うこともできない。なぜなら、全世界はあなたから投影されているからだ。

見る者ではなく、
見られるものをあなたは重視している。

見る者がいなかったら、誰が見られるものを見ることができるだろう？　こういう聖なる言葉を通じて、あなたは自分自身を知ることができるようになる。銀行口座を開くには、電話番号が必要だ。あなたは自分の電話番号を忘れてしまった。マスターはそれを取り戻してくれる。

その番号を暗記しなければならないのは
それが口座を開く
マスター・キーだからだ。

私はあなたに自分自身のパワーを確信させようとしている。あなたは自分が弱いと感じ、他人に依存している。それはあなたが体に執着しているからだ。ダルシャンを受けにあちらこちらに行けば、強さが与えられるとあなたは考えている。すべてはあなたの中にあるのだ。

すべての神や女神は、あなたの中にある。
全世界があなたの自発的な投影だ。

旅行する者を知らなければ、旅行しても意味がない。旅行する者は誰かを知れば、旅は終わる。

もし、あなたが徐々に神を理解しつつあり、神とでも何とでも呼んでいいが、自分の家で平安を見つけつつあるのなら、なぜ他人のところに行く必要があるだろう？　なぜ他の場所に行かなければならないのか？

希望があるから？
誰が希望しているのか？
希望はない。
強くあるとともに、勇気を持ちなさい。

聞きなさい、聞くのだ！　唱えなさい、唱えるのだ！　そうすれば、すべては明らかになるだろう。あなたがどう考え、振る舞い、行動するかは、完全にあなた次第だ。誤った方向に行くのもあなた次第だ。あなたは究極的な真実であり、身体形態ではない。スピリチュアルな言葉は何かを指し示しているに過ぎず、究極的な真実ではない。

真我探究をもっとしなさい。深く探り、自分自身に尋ねなさい。私が本当に欲しいのは何なのだろう？　恐れや落ち込み、不安、死の恐怖などを探索しなさい。

質問者：死の恐怖はもうありません。以前はすべての中に強烈な死への恐怖がありました。でも今は死はないと、これは死なないと知っています。これは生まれなかったし、私という存在は影響を受けません。この経験はただ起こりました。

マハラジ：死の問題は決して生じない。あなたは生まれていないのだから。

習慣的に聖地やマスターを訪れたりするのはやめなさい。行ったことがあると他人に言うために訪れるのもやめなさい。あなたは自分がなぜあちらこちらと訪ね回っているのかを知らなければならない。真我探究が必要不可欠だ。なぜ、あなたはアンマを訪ねるのか？　誰が幸福を期待しているのか？　臨在がなかったら、あなたはただの死体だ。あなたは見られるものを重視し過ぎている。自分自身の足で立ちなさい！　あなたはいつまで、祝福を求め続けるつもりか？

自分自身を祝福しなさい！
他人からもらってはいけない。
自分自身からもらいなさい。
あなたは完璧に独立しており、
完全だ。

49 あなたは灰に覆われている

マハラジ：毎日、私は同じことを繰り返し、皆に同じことを言っている。「私の言葉を文字通り受け取ってはいけない」と。マスターが伝えようとしていること、そのエッセンス、意味、要点が重要なのだ。私たちは議論をするためにここにいるのではない。語られた言葉を正確に研究するためでもないし、いろいろな教えを比較するためでもないし、マスターたちの比較研究をするためでもない。私の話を聞きなさい！

私はあなたに話しているのではない。
あなたの中の静かなる、目に見えない聞き手に
話しかけているのだ。

質問者：マスターの存在や対話も、ある種のゲームのようなものに過ぎないのですか？

マハラジ：初めの段階では直接的な知識を与え、「弟子」に自分もマスターだと思い出させるために、マスターが必要だ。マスターは弟子とマスターの間に違いはないという確信を与えるのだ。マスターが弟子を確信させるプロセスを始めて、そして弟子が自分自身を確信させることで、このプロセスは続いていく。

マスターは究極から話をしている。マスターは身体形態の制限を超えており、幻想に囚われていない。マスターは知っている。なぜなら、マスターの知識は真我知識、直接的な知識だからだ。マスターはたとえば次のようなことを言って、弟子が自分の真のアイデンティティを思い出すように促す。

「マスターがあなたのパワーを甦らせる」

「あなたは自分の真のアイデンティティを忘れてしまった」

「あなたは体ではないし、
体だったこともないし、
体であり続けることもない」

「あなたは灰に覆われ、
その下では火が燃えている。
マスターが灰を取り除く」

実際のところ、「あなた」も「私」もない。「彼」も「彼女」も「弟子」も「マスター」もない。幾重にも重なった無知と幻想の層を取り除き、源に戻り、実在を明らかにするため、私たちはマスターと弟子のふりをして遊ばなければならない。

質問者：真我とエゴを区別したら、それはある種の二元性となるのではないですか？

マハラジ：世界はあなたの自発的な臨在から投影されている。マインド、エゴ、知性は私たちの赤ちゃんだ。それ自体は、独自の存在ではない。

質問者：もし、マインドとその中身が幻想ならば、すべての言葉は、マスターによって語られた知識も含めて、真実ではないのではないでしょうか？　ランジット・マハラジとシッダラメシュヴァール・マハラジは、知識は最も深い無知だと言っています。

マハラジ：マスターはマインドを超えている。マスターは「思考のない実在」から話す。マスターは実在の底なき底から話す。私たちはここで身体知識について語っているのではない。身体知識は無知だ。マスターの知識は自己なき自己の知恵であり、使い古された本の知識や、経験的な知識ではない。スピリチュアルな本を読むときでさえ、あなたはそれが自分ではない他の何か、他の誰かのストーリーであるかのように読んでいる。

本の知識では十分ではない。真の知識は内側から来るものでなければならない。すべての身体知識が消えたとき、真の知識の扉があなたに対して開かれる。

質問者：悟りとは何ですか？

マハラジ：悟りとは、「あなたは体だったことはない。あなたは体ではない。あなたが体であり続けることもない」という確信だ。それは、あなたはブラフマンやパラパートマンを超えているという確信、あなたは自己なき自己であるという確信だ。

それは自己だ。

それには中身も身体知識もない。

自己なき自己を指し示すことはできるが、それを説明することはできない。「あなたは自発的で、目に見えず、名もなく、特定できないアイデンティティだ」

質問者：思考や「マインド」の流れを完全に止めることは不可能です。思考は幻想だと確かに知るだけで十分だと思うのですが。

マハラジ：まず、あなたはマインドのマスターにならなければならない。つまり思考の流れを、それに影響を受けることなく観照するのだ。もっと進んだ段階では、思考はなくなる。幻想である考える者が消えるのだ。

質問者：私はすべての経験の基盤だけれど、行動も時間も空間もいかなる種類の知覚もない虚空のようなものだと確認することはできますか？

マハラジ：再び繰り返すが、虚空とか時間、空間、行動、知覚は言葉に過ぎない。それらはすべて、あなたの自発的な臨在の反映に過ぎない。究極的な段階では（段階はないが教えるために用いる）、経験も経験する者もないし、観照も観照する者もない。何もないのだ。それは何も知らない状態だ。あなたは自分に知られていない。ニサルガダッタ・マハラジはよくこう言ったものだ。「存在する前のあなたの状態であり続けなさい」。何の必要性も不足もなく、マスターもない。知識もない！

あなたは「知識」という言葉すら知らなかった。

質問者：ニサルガダッタ・マハラジが言っていたように、「知覚できるもの、考えられるものはすべて、それではない」ということですね。

マハラジ：そう、そう。知的に理解するのはたやすいことだが、この真の知識はちゃんと吸収し、日常生活に応用されなければならない。これは実際的な知識なのだ。それに、あなたは自分が究極的で最終的な実在だという確信であらねばならない。そうであれば、体を去るときが来ても、何の執着もない。

50 溶解プロセスはワンネスに向かう

マハラジ：見守りなさい！　溶解のプロセスが始まったのだ。多くの経験が起きて、あなたを強くするだろう。究極的な実在とは何か、もしくは実在ではないものとは何かとか、考えてはいけない。「これがそうだろうか?」、「あれがそうだろうか?」。そういうことを見極めようとすることもやめなさい。「究極」とか「究極ではない」といった言葉も忘れてしまいなさい。こういう言葉を取り除きなさい。

あなたの自発的な臨在は究極的だ。あなたの自発的で目に見えない臨在は究極的で、それを超えている。経験はあなたの自発的な臨在の上に生じる。

この溶解プロセスの最中に何を経験するとしても、起きることはすべて適切で、正しい。しかし、何が起きているのか、起きていないのかと問いただしてはいけない。そういうことをすると、自発的な展開に干渉してしまうからだ。

これは溶解のプロセスでワンネスに向かっている。

あなたを消すプロセスの最中に、ある種の経験の層が生じる。究極的な段階では、観照する者も観照も、観照することもすべて、完全に消える。これが起きると、あなたはもう何も観照できないだろう。それが起きるだろう。これは瞑想の結果だ。

質問者：瞑想は本当に身体知識や記憶を消す効果があるのですか?

マハラジ：もちろん!　私が瞑想を強調するのは、子供の頃から現在に至るまで、多くの思考が私たちに刻み込まれてきたからだ。溶解プロセスにはしばらく時間がかかるが、だから私は瞑想の重要性を強調し続けているのだ。瞑想は欠かせない。

溶解プロセスにはしばらく時間がかかるだろうから、瞑想が欠かせない。

あなたは自分自身に深く向き合い、専心しなければならない。そして、マスターにも献身しなければならない。マスターはあなたに特定できないアイデンティティを見せてくれたのだから。

質問者：では、マスターは必要であり、とても重要なのですか?

マハラジ：私たちがこの教えを聞くことができるのは、ただひとえにマスターたちのおかげだ。私のマスター、ニサルガダッタ・マハラジがいなかったら、私はこういう教えを一言でも話すことはできないだろう。そして、いまだに神殿をあちらこちら巡り歩き、幸福と平安を探していただろう。私たちに今、強固な土台があるのはマスターたちのおかげだ。ニサルガダッタ・マハラジはこのように言っていた。

「あなたの自己なき自己以外に何もない。私が自己を見るとき、

そこには何もない」

質問者：もっと話してください、マハラジ。

マハラジ：何をもっと聞かせて欲しいのだね？　これ以上、何も言うことはない。あなたの自己なき自己以外に何もないということは、はっきりとしている。ならば、なぜどこか他の場所に、何か他のものを探し続けるのか？　すべてのパワーはあなたの中にあるのに。

　これ以上、何も伝えることはない。やがて明らかになるだろう。真の知識のドアが完全に開かれるだろう。この専心、確信がニサルガダッタ・マハラジが完璧だと言っていたものだ。

　物乞いの少年の話を思い出しなさい。少年は叔父に百万長者だと告げられ、証拠を見せられた後に確信した。少年は新しく発見した状態をすぐに受け入れた。同じように、マスターが「あなたはブラフマンだ、アートマンだ」と言うのに、なぜ、あなたはそれを信じないのか？　どこか後ろの方で小さな声が言う。「まさか、冗談だろう」。あなたを確信させるのは簡単ではない。だから、瞑想のプロセスが必要なのだ。瞑想にはこういう幻想のすべての層を溶かす効果がある。

すべての幻想の層が溶けて消えたとき、
あなたは自分の完璧さを発見して言う。
「まさに、私はそれだ！」

こうした層はすべて、自発的に消える。

　こうした層はすべて、自発的に消える。マスターと、彼が話すことに信頼を置きなさい。マスターがあなたに真のアイデンティティを見せてくれたのだから、深く信頼しなさい。

マスターは完璧だから、
あなたは最大の敬意を持って
彼に対応しなければならない。
なぜなら、マスターはあなたの究極的な真実を見せてくれたのだから。

　マスターに対する信頼は、盲目的なものではない。あなたが実在を「つかむ」ことができたのは、ただマスターのおかげだ。それはひとえにマスターのおかげなのだ。もしマスターに出会わなかったら、あなたはきっといまだにあちらこちらと旅する「スピリチュアルな旅人」であったことを、あなたは知っている。あなたはいまだにいろいろな知識を探し求め、あのグルやこのマスターを探し歩いていただろう。

あなたの自己なき自己以外に
何もない。
あなたの内なるマスターとともに立ち止まれ。
あなたの内なるグルとともに立ち止まれ。
強くありなさい！

（こぶしを握るしぐさをして）受け入れなさい！　これは明らかな事実だ。

質問者：それを受け入れるには、どうするのが一番いいですか？

マハラジ：ゆっくりと、静かに、永続的にするのだ。

51「私の過去」はない

マハラジ：私たちの系譜では、真の知識、瞑想、バジャンのカクテルを提供する。これはとても強力だ。また、物語の形式をとり、甘みもほんの少し提供する。真の知識は抗生物質のようなものだ。抗生物質によって酸が生じることもあるので、真の知識を吸収するためには制酸剤も処方される。瞑想が制酸剤だ。制酸剤によって体が弱まることがあるが、それには強壮剤が必要だ。それがバジャンだ。バジャンはビタミンB複合体のようなものだ。

これは強力な知識なので、
あなたは消化しなければならない。

この消化のプロセスを助けるには、瞑想が役に立つ。帰依の歌、バジャンも有効だ。これら三つの組み合わせが重要なのだ。

質問者：それらは一組のものなのですね。『アイ・アム・ザット　私は在る』の本の中でモーリス・フリードマンは、この系譜が一番いいと言っています。帰依、真の知識、行動、瞑想が組み合わされているからです。フリードマンはこの系譜を「解放への王道」と呼んでいます。それは、この系譜が覚醒へと直接的に導いてくれるからです。

マハラジ：それは強力なスピリチュアリティ、強力な薬のコンビネーションを作り出す。このスピリチュアルな薬があれば、あなたはもう他人の考えに誘惑されることはないだろう。その結果、

たとえ神があなたの前に現れても、
それが起きるには、
あなたの臨在がまずなければならないということを、
あなたは知っている。

私は自分の臨在から見ている。もし、私の臨在がなかったら、神を見ることなどできるだろうか？　できない！　この対話はエゴによるものではない。これは論理的で自発的な対話だ。しかし、真の知識を持つには、意図的な努力がいくらか必要だ。

質問者：なぜですか？　もし私が、私はブラフマンだと知っ

ているなら、なぜ努力する必要があるのですか？

マハラジ：なぜなら、それはそんなに簡単なことではないからだ。文字の知識を利用して話をするのは、とてもたやすいことだ。しかし、あなたはその真の知識を吸収しなければならない。ここが難しいところだ。

質問者：長年、条件付けされ、洗脳されてきたからですか？

マハラジ：そう、その通り。しかしここでは、こういう修行をして、実在が現れるよう、すべての記憶を取り除く。

質問者：脳を洗うようなものですね。すべてを洗い流す、私の過去もすべて洗い流すということですか？

マハラジ：「私の過去」などない！　始めの段階では特に、意図的な努力が必要だ。そうすれば、完全に集中し、注意深くあることができるようになる。

バウサヒブ・マハラジは集中的に瞑想し、徹底的に真我探究をした後、こういう修行が必要だと気づいた。彼は人間の心理と行動をとてもよくわかっていたのだ。人間の弱さについて、鋭い洞察力を持っていた。

真の知識、マントラ、バジャンという道具を用いて、あなたは究極的な実在を知るだろう。

バウサヒブ・マハラジは哲学者グルデブ・ラナデが、最も高度な意味を持つバジャンを選ぶように指導した。

質問者：つまり真の知識、瞑想、バジャンのカクテルは、確証された手法であり、それに従えば悟りを得ることは保証されているということですか？

マハラジ：そのカクテルはよく効く。努力すれば、必ずそれは効く。

最初の段階では、こういう修行をすべて意図的に行わなければならない。ブラフマンやアートマン、パラマートマン、「神」について話をするのは幻想であるように、こういう修行もすべて幻想だ。進んだ段階では、修行は必要ではない。なぜなら、修行は知らぬ間に自動的に継続されるからだ。

だから、私は皆に真剣になれと頼んでいる。真剣に実在を知ろうとせず、ただ以前と同じように本を読んで、マインドと知性を用いていたら、実在を知ることはできないからだ。

バウサヒブ・マハラジは欠かすことなく毎日、早朝にバジャンを行い、長期間に渡って一日中瞑想した。

質問者：でも、そういうことは本当にすべて、必要だったのですか？

マハラジ：自分の真のアイデンティティを忘れぬよう、あなたは注意深くあらねばならない。最初のうちは、真剣に取り組みなさい。そうすれば自己なき自己といつでもともにいられる。

質問者：真の知識と瞑想が必要なのはわかります。でも、バジャンはどうでしょう？　多分、私たち西洋人はこういう歌を歌うことに慣れていないからだと思いますが、バジャンが修行の重要な部分だと思えないのです。

マハラジ：バジャンを歌うのは、確信を得て、究極的な真実を確立するプロセスの一部だ。スピリットはスピリチュアルなバジャンが好きだ。このような帰依の歌は、真の知識の扉を開くのに役立つ。そうすれば、実在が自発的に明らかになるのだ。

実在は自発的に明らかになるだろう。

スピリットはとても繊細なので、私たちにダンスを踊らせたりする。マスターたちもスピリットに突き動かされて踊ったものだ。でも、突然立ち上がり、踊ろうと決めて踊ったわけではない。そうではなくて、突き動かされたのだ。七十代の前半になっても、ニサルガダッタ・マハラジはバジャンの間、踊っていた。これは自発的に起きる。だからバジャンは、スピリチュアリティのプロセスの一部なのだ。それは必要だし、真の知識にパワーを与える。

質問者：バジャンの歌詞はとてもパワフルで美しく、気分を高揚させますよね。瞑想のようだと言ってもいいくらいです。歌詞を理解することが大事ですね。意味がわかっていれば、それはとても強力になります。

マハラジ：そうだ、感動的だ。とても感動的だ。

質問者：今日ここに来たとき、私は疲れていたのですが、歌い始めたら疲れはどこかに行ってしまいました。バジャンの内容は、とてもパワフルです。

マハラジ：すべてが自己なき自己に関係している。さっき言ったように、バウサヒブ・マハラジは弟子のグルデブ・ラナデが高度な内容のバジャンを選ぶように指導した。高度な内容とは、あなたのハートの底に触れ、高揚させるということを意味する。そうすることでバジャンの内容、意味するところが深く心に刻まれるのだ。

すべてのバジャンがそれぞれ、高度な意味を持っており、あなたの自己なき自己の知識を反映している。だから、読書、真の知識、瞑想、バジャンはすべて、一つの目的を果たすのだ。それらすべての背後にある根本原理は、ただあなたの究極的な真実を確立することだ。これで土台は完璧だ！

質問者2：私はしょっちゅうバジャンを歌うのですが、これはいい修行だと思います。バジャンはスピリットをより受容的でオープンにしてくれます。

マハラジ：バジャンがとても大切な理由はこうだ。

内なるスピリットはバジャンから自発的な幸福を得る。

たとえ言葉がわからなくてもバジャンを歌うことはできるが、意味を学びなさい。これは特別に高度な言葉だ。そう、バジャンはとても大切なのだよ。

バジャンの背後にある言葉が
あなたの自己なき自己の中へと、
深く、より深く入って行く。
二十四時間三百六十五日、それは続く。

質問者2：それが自発的であることは理解できます。それは内側の何かを揺さぶる音楽を聞くような感じです。やがて知らぬ間に、体が左右にリズムを取り出すのです。

マハラジ：特定できないアイデンティティに近付けば近付くほど、個別性は少しずつ吸収されていく。これが起きると、その吸収されてしまった個別性を取り戻すことはできない。できないのだ！　前にしたバケツの水を海に注ぐ話を覚えているかね？　いくら、その水を取り戻そうとしても、もうできない。

質問者：水は海と一つになってしまったからですか？　それをワンネスのプロセスとでも呼ぶとして、それは後戻りできないものであり、個別性を取り戻すことはできないということですか？

マハラジ：個別性はない。そういう言葉を使うのは、ただコミュニケーションするためだ。幻想の輪の中から出て来なさい！　私たちは幻想から抜け出て、消滅するために、スピリチュアリティについて語り合っているのだ。しかし、間接的な隠れた幻想の概念がまだそこにある。こういう概念は幻想から生じた。修行をすれば、こういう隠れた概念にも気づくようになるだろう。たとえば、「私の」とか「あなたの」といった言葉を使うときなどに。気を付けなさい！

もし、基礎や土台が弱いと、
小さな漏れが生じて
すべてを破壊してしまうだろう。

だから、土台を強化することがとても大事なのだ。瞑想が幻想であることはわかっている。ナームも幻想だ。真の知識やバジャンも幻想だ。こういう修行はすべて、身体知識から生まれたのだから。しかしそれでも、私たちは究極的な真実を確立するために、それらを利用しなければならない。

52 これは長い夢

質問者：疑問はどこから生じて来るのでしょう？　こういう質問はすべて、どこから来るのでしょう？　なぜ質問が湧いてくるのでしょう？　これらすべての源は何なのでしょう？

マハラジ：あなたが源だ。あなたの自発的な臨在が、質問や答えと一緒に現れているのだ。つまり、あなたという存在は自発的だということだ。あなたの存在は自発的なのだ。その存在から、スピリットは体と出会った。質問やすべての必要性も自発的に発生している。

存在する前、質問も何もなかった。あなたは完全にあなたに知られていなかった。あなたは完全に世界に知られていなかった。だから、あなたは体を通してのみ、自分を知ることができるのだ。「私は何者かだ」と。そして、それを通じて知的な疑問や質問が生じる。「私は誰か？　私はどこにいるのか？　私はどこから来たのか？」。だから、すべての質問は身体に関連した質問なのだ。これらの質問は、体を去れば消えてしまう。

スピリチュアルな科学においては、あなたのアイデンティティは体ではない。体はあなたのアイデンティティではないし、この先もそうであり続けることはない。それはただ、自発的に現れたに過ぎない。それには根拠もない。それはまさに夢のようなものだ。私たちはどんな夢を生じさせるかと決めたりはしない。夢は自発的だ。今日見た夢は、明日見る夢とは違うかもしれない。同じように、この世界も夢なのだ。

すべての質問はスピリチュアルな、知的な、利己的な質問だ。

究極的な段階では

質問はないし、

何もない。

存在する前、経験はなかったし、何の質問もなかった。あなたは自分に知られていなかった。あなたには今いくらかの情報と知識がある。しかし、それがあるのは体があるからだ。だから、その知識は幻想だ。体はあなたの永続的なアイデンティティではない。体を去れば、何も残らない。何の質問も残らない。

質問は自発的に生まれ、そしてマインドやエゴ、知性のせいで、あなたは問いかける。質問をするとき、私たちは自分自身を実在から切り離しているのだ。私たちは自分が分離した「個人」であるかのように質問する。しかし、質問が生じるのに必要なエネルギーを供給しているのは誰、もしくは何なのだろう？　誰がこの質問を経験しているのだろう？　誰がこの質問を観照しているのだろう？　誰が質問にパワーを供給しているのだろう？

それはあなただ。

究極的な真実、

最終的な真実。
それはどんな言葉でも描写できない。

私のマスターはこう言っていた。「もし自分を何かにたとえたいなら、空にたとえなさい」。空は質問を持っているだろうか？　空は「私はどこから来たのか？」などと尋ねたりするだろうか？　空は至る所にある。同様にあなたの臨在、あなたの自発的な臨在も至る所にある。しかし、あなたは自分を身体形態としてみなしている。だから、こんなにたくさんの質問を持っているのだ。

質問者：ありがとうございます。あなたは「本当の意味で」自分自身を知ることについて話されていますね。知的に知ったり、言葉によって知るのではなく。本当の意味でとはどういうことか、もう一度説明していただけますか？

マハラジ：再び、あなたに注意しなければならない。私たちが話しているのは言葉に過ぎない。「本当」もないし、「偽り」もない。

私たちが区別をするのは、
身体形態をとっているからだ。

「本当」と「偽り」について話すことのできる者はいるだろうか？　いない！　誰も存在しないし、何も存在しないのだから。本当とか偽りとか、こういう身体に関連した質問をするのは、生まれていない子供だけだ。あなたは生まれていない子供だ。だから、本当も偽りも論理的思考に関係しているに過ぎない。

何も起こらなかった。
何も起こっていない。
あなたは幻想について尋ねている。
生まれていない子供について話している。
あなたの臨在は完全に特定不可能だ。
それは特定できないアイデンティティだ。

あなたは体を通して実在を特定しようとしている。何度も繰り返し言っているが、体はあなたの永続的なアイデンティティではない。それは一吹きの煙のように消えてしまう。この真の知識、この実在はあなたの中に刻み込まれ、吸収されなければならない。そうして実在を理解すればあなたは世界に無関心、無関係でい続けることができる。それは、あなたが夢に関心を払わないのと同じようなものだ。

これは夢の世界だ。
これは長い夢だ。

バールティ王は長い夢の中に迷い込んでいた。王にはたくさんの妻がいたが、ピンガラがお気に入りで、深く愛していた。ピンガラも王の愛に応え、「もし私の最愛の王に何かあれば、私も死にます」と言っているのが、王の耳にも及んだ。

王はピンガラの愛が本物かを確かめることにした。ある日、王はピンガラに使いを送り、王は狩猟の最中に虎に殺されたと告げた。

この恐ろしい知らせを聞いて、ピンガラの胸は張り裂け、自殺してしまった。王はこの悲劇を聞いて、悲しみで取り乱し、後悔の念でいっぱいになった。「ああ、何てことをしてしまったのだろう！　ピンガラなしに、どうやって生きていけばいいのだ？　ピンガラに生き返って欲しい。ピンガラなしには生きていけない」。このように、くだらない上に残酷で危険な遊びをしたばかりに、王は最愛のピンガラを失ってしまった。

王はピンガラが火葬された地面の上で、何日も嘆き続けた。涙を流し、大きな声で最愛のピンガラを呼んだ。嘆き続ける王のそばに多くの人が付き添った。

ある日、一人のヨギが火葬場にいる王のそばに歩いて来て、土器のツボを地面に落とした。ツボは壊れて、粉々になった。ヨギは泣き始めた。激しく泣きじゃくり、そばで泣いている王よりもずっと大きな声だった。

王はイライラしながら言った。「泣き止みなさい！　お願いだから、泣き止んでくれ。新しいツボをいくらでも買ってやるから」。「だめだ、だめだ！」とヨギは泣きながら答えた。「私はあの古いツボが欲しいんだ」。「何を馬鹿なことを言っているんだ。なくなったものは仕方ないじゃないか」と王は言った。

ヨギは泣き止んで言った。「賢い王様、そのようにおっしゃるなら、なぜあなたはまだ泣いているのですか？　あなたのピンガラはいなくなり、もう帰って来ないというのに」

王は答えた。「お前の失ったものと、私が失ったものは比べられない。私は最愛の美しいピンガラを失ったのだ。心から深く愛していたピンガラを。お前は何の価値もない土器のツボを失っただけじゃないか」

ヨギは答えた。「ピンガラもツボもどちらも大地から作られたものです。大地から生まれたものは大地に帰らなければなりません」。そして、ヨギは百人のまったく同じピンガラを作り出し、どれが王の特別なピンガラなのかと尋ねた。当然のことながら、王は一人を選び出すことはできなかった。そして、ピンガラが王自身の自発的な臨在から投影された夢の一部だったのだと気づいた。

突然、王は悟った。王は自分が夢のために泣いていたことに気づいた。王は夢を実在と取り違えていたことに深く恥じ入った。その後まもなく、王は国を手放してヨギの弟子になり、実在に目覚めたのだった！

53 自立して飛ぶ

マハラジ：マスターはあなたのものでないものは、何もあなたに与えない。すでにあなたの中にあるけれど、なぜか忘れられてしまったものを思い出させているだけだ。あなたは実在を知っている。後は、ただ注意深くあらねばならない。

息子や娘が大学に行くとき、親は今までとは違う新たな環境に注意しなさいと忠告する。そして、新しい環境の刺激によって気を散らされることなく勉強しなさいと言う。同じようにあなたも、起こり得るすべての脅威や困難に対して、肉体が消えるまで常に、非常に注意深くあらねばならない。

質問者：私はしばらくの間、落ち込んでいました。幻想にすっかり取り囲まれていました。さまざまな教会や寺院を訪ねて、いろいろな信仰を探求したりしました。でも、自分が何をしているのか、何を求めているのか、よくわかっていませんでした。自己流で瞑想もしましたが、まだマーヤーに囲まれています。

マハラジ：マーヤーはない。マーヤーはブラフマンと同じく概念に過ぎない。自分を身体形態とみなしている限り、誘惑がやって来て、影響を受けてしまうだろう。人生のいかなる瞬間も、スピリチュアリティはあなたを助けてくれる。概念を溶かし去りなさい！

たとえ感じることができても、
あなたの存在は目に見えない。
それは生まれる前、
あなたの臨在が目に見えなかったのと同じだ。

質問者：あなたを見つけることができて、とてもうれしいです、マハラジ。あなたは私をまっすぐ、はっきりと導いてくださいます。それに今、私はいつでもそうしたいときに、あなたに会いに来ることができると知っています。私たちの間の距離が広がり始めたときは、私はあなたの臨在に浸らねばなりません。私はこの種の分離感が好きではないのです。

マハラジ：そうか、しかしマスターは形ではないことを覚えておきなさい。マスターの形に依存してはいけない。マスターに形はない。あなたは自分自身とマスターを完全に信頼しなければならない。しかし、マスターの物理的形態を信頼するのではない。（自分の胸を差して）この「体」はマスターではない。話し手が、マスターだ。目に見えぬ話し手が話をしている。それがマスターだ。そして、目に見えぬ聞き手が聞いている。体は異なるが、スピリットは一つだ。

マスターに形はない。

マスターはあなたにパワーを与えた。あなたはいつまで、マスターの翼の下にとどまっているつもりだね？

自分自身の翼で飛びなさい！

マスターはあなたにすべてを与えた。自立して、飛びなさい！

若い頃、私は師のニサルガダッタ・マハラジが言っていたことをすべて理解していたわけではなかった。でも、後からよく考えて、理解した。彼は言った。「何かをしなければならないときは、自分でしなさい。誰かの助けを期待するな。他人の避難所にとどまるな。強くありなさい」。そして、

自分自身の聖域に避難しなさい。

自分自身の足で歩きなさい。

マスターは時々あなたに助言を与える。ときには、少し怒ることもある。しかし、それは本当の怒りではない。それは親が子供を強くしてやろうとするような「厳しい愛」に過ぎない。マスターが伝えようとしていることが非常に重要なのだ。自分を形なきものとして見なさい。マスターを形なきものとして見なさい。そうすれば、もう分離はない。

54 刺青のように実在を刻む

質問者：前におっしゃった強固な土台について、説明していただけますか？

マハラジ：自分が体ではないと知ることの結論は、「私は誰か？」ということだ。まずは、真我探究をする。そしてスピリチュアルな科学によって「あなたは究極的な真実だ」という理論的な知識を得る。その次のステップは、真実を根付かせる方法を見つけることだ。真の知識は、瞑想を通じて確立される。このようにして、あなたの土台は強固なものとなる。ここで言う土台とは、体は実在ではないと確信することだ。

次は、「どうやってそれを受け入れられるだろう？」という疑問が湧いてくるかもしれない。種を蒔く前には、スピリチュアルな地面をきれいにしておかなくてはならない。それから体に無関心でいるために必要な確証をくれる修行をするのだ。その最終的な結果は、特別な幸福と平安だ。

幻想の層は微妙な覆いのようなものだ。

すべての層、

すべてのものが消えると、

そこに土台、基礎がある。

だから本を読んで、マントラを唱えなさい。あなたは究極

的な真実だという確信を与えてくれるマスターという媒体に耳を傾けなさい。

あなたが最終的な真実なのだから、
すべては自分の中にあり、
自分以外に何もないと、あなたは悟るだろう。
すべては無から生じ、
そして、すべては無の中に消え入る。

あなたはもう物質的なものの影響を受けないし、幸福になるのに物質的な原因を必要としない。幸福がもう必要ないとき、あなたは最終目的にたどり着いたのだ。世界には、あらゆる娯楽があふれている！　人々は何をしているのだろう？　お金を稼いでいるのだ！

あなたが世界の源だ。
あなたは形がない。「私」はない。
あなたは至る所にある。
この真実を確立しなければならない。

あなたは究極的な薬だ。あなたの自己なき自己の向こうには何もない。たとえ真実を知っていても、身体知識の影響によって、微妙な期待が生じる。注意深くありなさい！　しっかり取り組みなさい！

質問者：カルマは重要なものですか？

マハラジ：人々はカルマについてたくさん尋ねる。カルマは意味のない幻想だ。存在する前は何もなかったと、私はあなたに何度も言った。何もないとは、何もないということだ。だが、それでも人々は言う。「はい、わかりました、何もありませんでした。でも、カルマはどうです？」。存在する前は、何もなかった。カルマとかプラーラブダはすべて、幻想だ。こういう幻想は、すべて忘れてしまいなさい！

質問者：実際の人生において、覚醒したマスターにとってはおそらくカルマはないのでしょう。でも、普通の人にとっては悪行などのカルマはあるのではないでしょうか？

マハラジ：身体知識を得る前は、何もなかった。あなたはすべてを忘れなければならない。カルマとかそういったものは、幻想や心に刻まれた印象の影響だ。それらは究極的な真実の上を覆う層だ。究極的な真実の上の層に過ぎない。

死体が幻想することなどできるだろうか？　私の言うことをよく聞きなさい！　「私は体ではないし、体だったこともないし、体であり続けることもない」が土台だ。すべてがあなたから生じ、すべてがあなたの中に消えていく。

実在を知ったら、あなたという存在については忘れなさい。そうするにはマスターに完全な信頼を置くことが必要だ。

過去を忘れなさい！　過去はない。

過去、現在、未来は概念だ。

自分を身体形態とみなすのをやめなさい。

それは大きな幻想だ。それは大きな罪だ。

体があるから、神が必要なのだ。私たちはかみという言葉を想像から作り上げた！　あなたは自分自身の翼で飛べる。しかし、あなたは努力をしていない。奇跡を期待しているのが、まだ自分を身体形態とみなしている証拠だ。

あなたは実在を刺青のように刻み込まなければならない。

実在が消えてしまわぬよう、刺青のように刻印しなさい。

子供の頃から現在に至るまでため込んできたすべての概念を取り除きなさい。壊れたファイルや悪いファイルは全部、消してしまいなさい。あなたのハードディスクをきれいにするのだ。自分自身にとって、良いファイルだけを取って置きなさい。

質問者：自分の人生に起きていることをコントロールできないように感じることが、時々あります。

マハラジ：だから、瞑想が必要なのだ。すべてが終われば、あなたはそこにある。始まりもないし、終わりもない。私たちがこういうふうに話をしているのは、ただ理解するためだ。スピリチュアルな議論はすべて、生まれていない子供についての議論だ。あなたは生まれていないのだから、何も起こっていない。

あなたの中の目に見えぬ臨在が消えると、

それは至る所に満ちる。

体が燃やされたら、神はどこに行くのだろう？　あらゆる場所だ！　すべてが消えたら、何もない。

55 知識の甘美さを楽しむ

マハラジ：スピリットが体にはまると、あらゆる種類の幻想のプレッシャーに常にさらされるようになる。それを消し去るには、さまざまな修行が必要だ。修行の途中で、確実な段階的進歩が見られることがあるだろう。しかし、それも幻想だと気づかねばならない。そこに「私」がないとき、説明できるものは何もない。

説明する者も経験する者も

いないから

説明できるものは何もない。

これはとても単純な真の知識だ。この実在を知れば、もう何も探すべきものはない。あなたは自由だ。

質問者：このアシュラムに滞在した後も、何か探し続ける人たちがいるのですか？　そんなことがあり得るとは信じがたいです。あなたの教えは、すべてを伝えているというのに。

マハラジ：そういうこともある。そういう人たちは幻想について話したり、ニサルガダッタ・マハラジやシッダラメシュヴァール・マハラジ、ラマナ・マハルシのようなマスターたちを比較したりするのが習慣になっているのだ。

何の束縛もない。
あなたはすでに自由だ。
人々は救いが欲しいと言う。
それは概念だ。
あなたは自由だ。

確信がなければならない。しっかりとして、強固で、不動の確信がなければならない。私はいつも同じことを叩き込んでいる。「あなたの自己なき自己以外に、神もブラフマンもアートマンもパラマートマンもない」。これは周知の事実だ。穏やかで静かにありなさい。

質問者：帰依には、バジャン以外の側面もありますか？

マハラジ：帰依とは、向き合うこと、深く関わることだ。「あなたは身体形態ではない」とあなたは言われた。「あなたは究極的な真実、最終的な真実、アートマン、ブラフマンだ。それがあなたの特定できないアイデンティティだ」と言われた。あなたはそれを完全に受け入れる。あなたはそれをすべて吸収する。吸収しなさい！

受け入れることが帰依だ。
吸収することが帰依だ。

これは、自己確信とともに、とても簡単なことだ。あなたは見る者が究極だと確信しなければならない。見る者が究極的な真実なのだ。

「それがあなただ」――言うまでもなく。

質問者：なぜ「言うまでもなく」なのですか？　私は自分に思い出させるため、「私はブラフマンだ。私はブラフマンだ」と、よく声に出して言っています。

マハラジ：何かを言うには、エゴが必要だ。知るだけで十分だ。だから、静かにしていなさい。

質問者：なるほど。つまり、私がそれを言うと、二元性が生じるということですか？

マハラジ：あなたはマントラや瞑想、バジャンの助けを借りて、この真の知識を吸収するだろう。聖人たちは何ら束縛することもなく、教えをくださった。あなたは自由な鳥だ。

最初のうちは、少し集中的に取り組むのがいい。

質問者：修行は新たな経験で慣れていないから、何らかの抵抗が出て来るということですか？

マハラジ：そう、そう。子供の頃から現在に至るまで、あなたは幻想に取り囲まれてきたから少しは戦わねばならない。

それと同時に、この真の知識を楽しむこともできる！

それは乾いた知識ではないのだ。

私はあなたに菓子を一袋あげた。あなたはそれを食べなければならない。「おいしいんですか？」などと尋ねてはいけない。それはだめだ！　そんなことは尋ねてはいけない。

質問者：それはつまり、どういう意味かと尋ねるなということですか？　分かち合われた知識をバラバラに解剖したりせず、ただ味わえということですか？

マハラジ：あなたはただ食べなければならない。あなたは真の知識を与えられた。真の知識とは実在のことだ。真の知識と実在は一つで、同じものだ。

真の知識とは実在のことだ。

これが最終的な目的地だ。

それ以上、何もない。

これが私たちのすべての議論の結論だ。私がこういう言葉を使っているのは、あなたの中の「目に見えぬ聞き手」に確信させようとしているからだ。

質問者：わかります！　私たちは達成の手助けとなるもの、道具を利用している、いえ、私たちはすでにそれなので達成するのではなく、つまり究極的な実在を知り、確立するのを助けてもらうために言葉を使うということですね？

マハラジ：ここに来る前、あなたはあちらこちら探し求めていた。おそらくあなたは、手がかりをくれる本や先生から、目的地への「住所」をいくつか書き出したことだろう。今、あなたは最終目的地にたどり着いたのだから、そういうメモは捨ててしまってもいい。それはもう何の役にも立たない。

質問者：はい、そうします。それから、バジャンについて一つ質問があったのですが。家に帰ったら、バジャンを英語で歌ってみることは可能ですか？　私はマラティー語に悪戦苦闘しているのです。たとえ、発音通りに書かれていてもだめなんです。

マハラジ：もちろん、何でもやりやすい方法でいい。それは同じこと、同じプロセスだ。

質問者：でも、バジャンはマラティー語で歌った方が、英語で歌うよりもパワフルなのではないですか？

マハラジ：言語は私たちによって作り出された。バジャンの場合、大切なのは言葉ではなく、リズムだ。リズムがあなたの中に何らかのヴァイブレーション、波動のようなものを作るのだ。料理するとき、塩をちょっと加えたり、ハーブやスパイスを入れたりする。それと同じように、波動のようなものを加えるのだよ。グナとは何か知っているかね？
質問者：はい、三つのグナですよね？
マハラジ：グナはすべて、体にだけ関係している。私はそれを超えた話をしている。でも、わかりやすくするために、三つのグナを用いて説明しよう。サットヴァ・グナは崇拝、帰依、祈りを行う人、神を信仰する人などに当てはまる。帰依を行い、バジャンを歌うと、サットヴァの波動が生まれる。
質問者：だから、バジャンを歌うべきなのですか？
マハラジ：それは、すでに言った。バジャンを歌っているとき、あなたは身体形態を忘れる。バジャンのリズムが、スピリットの好むヴァイブレーションを作り出す。言葉を文字通りに受け取ってはいけないということを思い出しなさい！
質問者：わかっています、わかっています。何て言うのか、私はあなたがおっしゃったことを分類しようとする癖があるのです。
マハラジ：ラジャス・グナとは、さまざまな物質的要因から楽しみを見つけようとする性質だ。タマス・グナは、たとえば邪《よこしま》な概念や考えに関係している。しかしグナはすべて、体にだけ関係している。
　私はそれ以上の話をしている。実際、グナは存在しない。それはニルグナと呼ばれる。だから、こういう話はすべて、忘れてしまいなさい！　こういうスピリチュアルな言葉や知識はすべて、体にだけ関係しているのだ。それはすべて、身体知識、身体に関連した知識だ。私はそれらすべてを超えた話を、知識を超えた話をしている。知識はない。何もない。
　真の知識とは真我知識だ。
　そして、帰依とはその知識を完璧なものにすることだ。

56　年数を数えているのは誰か

質問者：マスターやグルは本当に必要なのですか？
マハラジ：こういう概念のすべてから抜け出るには、ガイドが必要だ。
　私たちは全世界を知っているが、
　自分自身を知らない！
　私たちは全世界のすべてを知っているかもしれないが
　自分自身を知らないのだ！
　私たちは仕事やスピリチュアルな事柄など、何かについて延々と話し続けることができる。しかし、
　私たちは自分自身の実在の場に入っていない。
私たちはそれを無視している。だから、

目に見えぬ聞き手の注意を
マスターが引いているのだ。
あなたは究極的な真実、
最終的な真実だ。
体はあなたのアイデンティティではない。

私は毎日、こう叫んでいる。体はあなたのアイデンティティではない。「私」が存続することは決してない。たとえ、医者の助けを借りて体を守ろうとしても、医者にできるのはおそらくせいぜい死期を伸ばすことくらいだ。死を防ぐことはできない。

真我探究をしなさい！　死の秘密とは何だろう？　深く入って行けば行くほど、何も恐れることはないとわかるだろう。あなたにとって死は存在しない。ロープと蛇の話は知っているかね？

質問者：はい！　前に同じような経験をしたことがあります。暗い部屋で、巨大な蛇が床にいるのを見たのです。本当に怖かったので、助けを求めに走りました。でも、友人がこの恐ろしい蛇を見るために電気を付けたら、真実が明らかになりました。それはただ、分厚い黒いベルトが床の上に丸くなっていただけだったのです。恐怖は一瞬で去り、私は笑い出しました。

マハラジ：それはいい経験だね。光の下で、それは蛇ではなくロープだと気づいたら、もう恐れることはない。死の恐怖も同じことだ。「私は生まれていない。ならば、なぜ死を恐れることがあろうか？」

私はまったく生まれていない。
私がすべてを観照しているのだから、
体が私のアイデンティティであり続けることはない。

質問者：私は三十年以上も、こういう概念とともに生きてきて……

マハラジ：誰が年数を数えているのかね？

質問者：その通りです！　年齢も概念です。

マハラジ：よろしい！　スピリットが体にはまると、概念が侵入して来る。誰も事実について考えない。その代わり、私たちはこういう思考のプレッシャーのもとで、本来の私たちである実在を覆う幻想を受け入れる。あなたは実在を知らなければならない。

質問者：あなたはマスターとして、私が実在を知るのを助けてくださるのですか？

マハラジ：実在を知るには、いくらかの勇気が必要だ。何も不可能ではない。（バウサヒブ・マハラジ、シッダラメシュヴァール・マハラジ、ニサルガダッタ・マハラジ、ランジッ

ト・マハラジの肖像を指差して）

これらの聖人はすべて、あなたと同じスピリットだ。
これらの偉大な聖人はすべて、
あなたの中にあるのと同じスピリットとともにある。

質問者：ホールに飾ってあるこのマスターたちの肖像を見て、彼らの臨在を感じていると、いろいろなものを受け取ります。バウサヒブ・マハラジからは「アリの道」の瞑想を。ニサルガダッタ・マハラジからは「私はそれだ」と、真剣さと強さを。ランジット・マハラジからは「私は彼だ」と「すべてはゼロだ」を。シッダラメシュヴァール・マハラジからは「鳥の道」を。そして、あなたからは直接的であること、地に足が着いていること、シンプルであること、「急所を突く」こと、すべてを切り開くこと、革新的で絶対的であることを学びました。

マハラジ：教えはすべて同じだ。ただ表現が違うだけで。

とにかく、スピリットを過小評価するのはやめなさい。あなたは「私は男だ。もしくは女だ」ということを受け入れ、毎日、誰か他の人やものに依存している。たとえば、私たちは神に依存している。「神よ、私を祝福してください！」などと言ったり、神について話したりする。しかし、どの神について話しているのか？　そういう話をしている人たちは神を見たことがあるのか？　否！　あなたは神を見たことがあるかね？　否！　あなたは神を見たことなどない。それでも皆が「神はそこにいる」と言うが、「神」には何の形もない。

皆が神はそこにいると言うが、
神がそこにいるためには
まず、あなたの自発的な臨在がなければならない。

私たちは言葉の被害者、概念の奴隷だ。私たちは言葉で遊ぶのを楽しむ。

質問者：そうですね！　私もそうです。

マハラジ：だから、あなたはこの真実を受け入れなければならない。そして、「何が起こるだろう？」などというような幻想の思考のプレッシャーに負けてはいけない。何も起こらなかった。何も起こっていない。何もこれから起こらない。だから、秘密はもう秘密ではない。それは明らかで、とてもシンプルだ！　しかし、あなたは自分自身を概念の輪、風船の中に閉じ込めてしまった。これは悪循環だ。この身体知識の輪の中から、出て来なければならない。

質問者：もしくは、風船を割る？

マハラジ：その通り！　では、こういう何千ものスピリチュアルな本は何を指し示しているのだろう？　あなたは真我探究を通じて見つけなければならない。ただ自分自身に尋ねなさい。「私はこんなにたくさんの本を読んで、幾人かのマスターを訪ね、たくさんの場所を旅した。その結果は何だろう?」

あなたの結論は何だろう?

質問者:結論? よくわかりません。まだそれを探そうとしているところだと思います。

マハラジ:たとえば、真我探究をするときは、自分が読んだ本によって平安が得られ、恐れがなくなり、混乱から抜け出せたかどうかを尋ねなさい。もし、内なる声が「ノー」と言ったら、その反応があなたに知識をもたらすだろう。あなたはこういうことを自分に尋ねなければならない。完全に立ち止まらなければならないのだ。そうしないと、幾千もの言葉の海を泳いで、ただ目的もなく彷徨うことになる。

質問者:よくわかります。

マハラジ:もしあなたの内なるマスターが「ノー」と言ったら、それは完全に立ち止まれということだ。

完全に立ち止まらなければならない。

それから進路を変えて、真我知識へとまっすぐ向かう道をとらなければならない。

これはとても簡単なことだ!

スピリチュアルな追求をしても、

真我探究や真我知識にたどり着かなかったら、

その結論は、

大きな幻想に過ぎないということだ。

私たちは身体形態を通じて、自分自身を知ろうとしている。身体形態という媒体を通して知ろうとしているのだ。

体は媒体に過ぎない。

開かれた真実はあなたの中にある。

あなたはそれを無視している。あなたは最終的な真実だというのに。

全世界はあなたの自発的な臨在から投影されている。

そして、投影された世界が取り去られるとき、

同じことが逆向きに起きる。

実在を受け入れなさい。

質問者:あなたの言うことが、本当にわかってきた気がします。腑に落ちてきた感じがして、興奮しています。

マハラジ:私たちは体の影響やプレッシャーに、大いにさらされている。マインドはバランスを欠き、安らぎもなく、混乱と葛藤に満ちている。なぜだろう?

それは、私たちが実在を受け入れていないからだ。

それは、私たちが実在を受け入れていないからだ。

だから、あなたが本当の意味で自分自身を知れば、こういうことはすべて、終わりを迎える。

すべてが消えたとき、

あなたはある。

すべてが消えたとき、

そこにあなたはある。

私はさまざまなアプローチや言葉を用いて、あなたが究極的な真実、ブラフマン、アートマンであることを、目に見えぬ聞き手に確信させようとしている。実在を表す言葉はたくさんある。だからこそナーム・マントラが授けられた。

「私はブラフマンだ」と言うのは誰にとっても簡単なことだと、バウサヒブ・マハラジは気づいた。しかし、それは実際的ではない。彼は言う。

私たちは言葉を通じて真実を知る。

直接的に真実を知るのではない。

私たちは幻想の思考を通じて

真実を知る。

質問者：つまり、言葉を通じて真実を知っても、それだけでは直接的な真我知識ではないということですか？　だから、あなたが言うところの「本当の意味」で自分自身を知ることはできないということですか？

マハラジ：その通り！　だから、穏やかで静かにありなさい。幻想の思考に影響されてはいけない。

57 良いファイルが壊れている

マハラジ：前にも言ったが、（新しい訪問者を指差して）あなたに必要な最初のステップは、瞑想を行うことだ。なぜか？それはあなたのパソコン全体が、不良セクタでいっぱいだからだ。良いファイルも壊れてしまったので、このパソコンを完全にきれいにしなければならない。そのためには瞑想がとても重要だ。毎日お風呂に入ったり、服を洗ったりしなければならないのと同じだ。

瞑想によって、あなたのスピリチュアル・ボディを毎日、きれいにしなければならない。瞑想はまさに、毎朝、毎晩のお風呂で使う石けんのようなものだ。瞑想はスピリチュアル・ボディをきれいにするための石けんなのだ。

ここで用いられているアプローチは、科学的なものだ。あなたがすでに持っている真の知識をどうやって吸収したらいいかを教えてくれる。

質問者：「科学的」とはどういう意味ですか？

マハラジ：それは組織的で、系譜立っているということだ。

これは長く用いられてきた確証あるメソッドであり、結果が出る。最初の段階では、あなたの気を散らしたり、誤った方向に導くかもしれない人たちとは交わらないで欲しい。

質問者：修行にまだ慣れていなくて、影響を受けやすいからですか？

マハラジ：あなた強くならねばならない。だから、いい交友関係を持ちなさい。あなたくらいの年の若者がしばらくの間、ここにいたことがあった。彼は教えをよく聞いていた。しかし、古い友人を訪ねた後、突然変わってしまった。こういう人たちは気の毒だ。実在を見せられた後、他人の影響を受けて、再び幻想の環境の被害者になってしまう。

質問者：最も高度な教えと真実を聞いた後、それをそんなふうに、言わば打ち捨ててしまうなんて、信じがたいことのように思われます。

マハラジ：でも、そういうことが起きるのだよ！　幻想の夢のために、真実を投げ捨ててはいけない！　なぜ、そんなことをするのだろう？　マスターは常に、あなたに警告している。でも、実在を受け入れる帰依者は、本当にほんの少ししかいない。

　実在を受け入れる帰依者は、本当にほんの少しだけだ。

私があなたに実在を見せたのに、どうしてあちらこちら訪ね回る必要があるのか？　あなたには何の障害もない。あなたは何にも依存していない。あなたは自立している。この実在を維持するには、瞑想、バジャン、真の知識が欠かせない。そうすれば、あなたは恐れから完全に解放される。あなたは「(自分のセーターを指差して) このセーターを着ているように、この体を着ている」と理解するだろう。

　体がなかったとき、誰もいなかった。
何の必要性もなかった。なぜなら、
私たちは自分の自己なき自己に知られていないからだ。
これは明らかな事実だ。

　何か質問があるかね？

質問者：何の必要性もないとおっしゃいましたが？

マハラジ：すべての必要性は、体に関係している。なぜならあなたが体に出会ったとき、すべてが始まったからだ。食べ物、神、幸福、不幸、平安。

　存在する前は、
平安、幸福、不幸は必要なかった。
　死の恐れも、誕生の恐れもなかった。

質問者：だから、規則正しく瞑想することが役に立つのですか？

マハラジ：それが基本だ。文字によるスピリチュアルな知識は誰にでもあるが、この知識を吸収するには瞑想が必要なのだ。今がその機会だ！　これは絶好の機会だ！　でも、もしそれを逃したらどうなるか？　それはどこかに行ってしまう。だから、高みを目指しなさい！

質問者：職場の人とか、日常出会う人によって、気を散らされてしまうことがあると思う……

マハラジ：無関心でいなさい！　強くありなさい。そして、厄介な人たちは無視しなさい。彼らは育った環境に応じて、心に刻まれた独自の印象に基づいて行動しているだけだ。

存在する前の状態、
そしてあなたという存在が消えた後の状態、
それが究極的な真実だ。
あなたは完全にあなたの存在に気づいていない。
完全にあなたの存在に気づいていない。

質問者：思い出すことは不可能なのですか？

マハラジ：これは明らかな事実だ。人々は私が記憶について話しているのだと勘違いする。違う！　言葉を文字通りに受け取ってはならない。

私が言っていることは、記憶とは何の関係もない。思い出すことは、生まれた後に生じる。存在する前、記憶はどこにあったのか？　思い出すためには、それをするためにまず何かがそこになくてはならない。

あなたの臨在は目に見えず、名もなく、特定できない。だから、記憶の問題は決して生じない。空は自分自身を思い出したり、記憶したりするだろうか？　よく見なさい！　あなたは真の知識のメガネをもらったのだ。

真の知識のメガネはあなたのものだ。
あなたがそれで自分自身を見ることができるのは
あなたは最終的な真実だからだ。

全世界があなたの自発的な臨在から投影されているというのは、明らかな事実だ。そして、私たちは投影機ではなく、投影されたものを重視している。

あなたは究極的な真実だ。真の知識を吸収しなさい！　たくさんの言葉があふれている。たくさんの本があふれている。それはすべて、この幻想の世界に属しており、その一部だ。言葉で伝えられる知識はすべて、幻想だ。それは文字の知識、乾いた知識だ。それはあなたの役に立たない。

本当の知識とは真我知識であり、
言葉を超え、世界を超えている。
あなたは言葉を超え、
世界を超え、
想像を超え、

超えたものを超え、
すべてを超えている！

58 ワンネスには母も父もない

マハラジ：シャンカラーチャーリャは八歳か九歳のとき、母が死んだと言われた。彼は親戚や村の人全員に、遺体を火葬場まで運ぶのを手伝って欲しいと頼んだ。「どうか私を助けてください！」と言っても、誰も少年を助けてくれなかった。当時、人々は聖者に対して強い敵意を抱いていたのだ。

母はがっしりとして重く、シャンカラーチャーリャはやせっぽちの小さな少年だったが、遺体を一人で運ばねばならなかった。そのためには、母の体を運べる大きさに切り分けなければならなかった。彼は鋭い刀を用い、目を閉じて必要な仕事を終えた。そして、火葬場の積み薪のところまで、遺体の断片を一人で運んだ。これは本当に大変なことだった！

シャンカラーチャーリャは「チダナンダ・シヴォハム・シヴォハム」という歌を作った。その歌詞の意味はとても高度だ。これは特別な歌であり、まさに私たちの哲学を要約したものだ。母もいない、姉妹もいない、兄弟もいない、マスターもいない、弟子もいない、何もない。観照もない、観照する者もいない、経験もない、経験する者もいない。すべてが幻想だ。

究極的な真実はあなたの中にあるが、体への執着があるから、あなたは自分の自己なき自己に近付くことができない。しかし、それは不可能なことではない。このチダナンダの歌は体の内側の部分に届く。

こういうスピリチュアルな対話を聞いた後は、
溶解プロセスが始まる。
そのとき初めて、完全な平安が訪れるだろう。

エゴ、知性、マインドは完全に溶ける。そして、自己なき自己への愛情、スピリチュアルな愛、自発的な愛が訪れる！憎しみや二元性はなく、完全な静穏のみがある。体は異なるが、スピリットは一つだ。

ワンネスには母も父もなく、
兄弟も姉妹もマスターもない。
それらは身体的関係性だ。

神、ブラフマン、アートマン、マスター、兄弟、姉妹、母などのすべての関係性は、あなたが体と出会ったときに作られた。

こういう関係性はすべて体に関係している。

あなたの臨在は特別な臨在だ。

あなたの特別な臨在は言葉では表現できない。

穏やかで静かにありなさい！　今までカルマについて聞いたことはすべて、忘れてしまいなさい。最終的な段階においては、体を去るとき、あなたの中に特別な幸福が生じる。それはどんな言葉でも説明できない。完全な平穏があるだろう。完全に、完全に、完全に吸収しながら。

シャンカラーチャーリャのような聖者は多くの困難に直面した。すべての宗教には、それぞれたくさんの規則がある。それらはある程度は正しいのだが、その教えは究極的な真実ではない。私が言いたいのは、パワーはあなたの中にあるということだ。このパワフルなスピリットがあなたの中にある！　それにはとてつもないパワーがあるのに、あなたはそれを無視している。だから私たちはこの、あなたの中のパワーの注意を引いているのだ。

このパワーはあなたの中にあるのだから、

それをすべての無知から抜け出すために使いなさい。

この真の知識を聞いた後は、それを完全に吸収しなさい。こういう聖者たちは皆、多くの困難に直面しながらも素晴らしい真の知識を確立し、その完璧な模範となった。あなたも完璧になりなさい！　それを無視してはならない。それを気軽に扱ってはならない。あなたがこの身体形態においてしていることは、究極的な真実ではないことを知りなさい。

この体は期限付きだ。真剣になりなさい！　それは難しいことではない。不可能ではない。完全な謙虚さが必要不可欠だ。「ああ、私は何者かだ！」などと言ってはならない。それよりは、こう言う方がずっといい。

「私の臨在は至る所にある。

すべての存在の一つひとつの中に、

私の臨在はある」

体は異なるし、行動も異なる。しかし、行動できるのは、ただひとえにスピリットがあるからだ。

エゴもマインドもない。あなたはマインドやエゴ、知性を必要なときに利用することができる。しかし、それらの犠牲者や奴隷になってはいけない。マインド、エゴ、知性は共同関係にある。マインドに思考が生じると、知性が「これをしなさい！」と指示を出し、エゴが「はい！」と言う。それらは互いにつながっているのだ。それらがなければ、あなたは人生を送れない。それらは知るための道具であり、究極的な真実ではない。必要なときにそれらを利用し、後は忘れてしまいなさい。

59 死の亡霊に舌を出せ

質問者：マハラジ、死と死ぬことについてお尋ねしたいのですが。あなたはあまり死について話されませんね。

マハラジ：死はない。それは体にとってだけ存在する。皆が体の中で生き残りたいと思っている。最も大きな動物から、最も小さな虫に至るまでがそうだ。なぜだろう？　それは皆、体が好きだからだ。皆がその心地よさを楽しんでいる。アリを例にとってみよう。もし、アリのそばに水を一滴たらせば、アリは命がかかっているかのように逃げ出す。人間もアリと同じだ。

スピリットは体を通してのみ、自分自身を知る。スピリットはこのアイデンティティに執着しており、それを失いたくない。死の概念はゆっくりとあなたに忍び寄り、そしてある日、好むと好まざるとにかかわらず、あなたはこの体を去らなければならない。この体には期限がある。それは明らかな事実だ！　しかし、あなたは体ではない。あなたが体だったことはない。あなたが体であり続けることもない。あなたは生まれていない。それなら、誰が死ぬのか？　誰が生きているのか？　ただ真我探究をしなさい。

誰も死なない。誰も生まれていない。

体を去るときに幸せでいられるかどうか、今こそ確かめなさい。

質問者：どうやって確かめればいいのですか？

マハラジ：真我探究をしなさい。そして、自分自身を本当の意味で知りなさい。そうすれば死はないとわかり、あなたは死の亡霊に舌を出すだろう。あなたの人生のすべての瞬間が貴重なもので、二度とそれが繰り返されることはない。今こそ、発見のときだ。

世界というものの存在を、どのように見ればいいだろう？　それは、非存在から生じた。存在は非存在の中に消え入る。自分を見なさい！　これは何なのか？　そして最終的に、あなたは恐れから完全に自由になる。「ああ！」と気づくのだ。何も起こっていない。何も起こらなかった。なぜ、影を恐れる必要があるだろう？　あなたが恐れている恐怖の影があるのも、あなたの自発的な臨在があるからだ。それはあなた自身の影、あなたの根本原理に過ぎない！

質問者：あなたのお話を聞いていると、物事がぴたりと腑に落ちて、たくさんの気づきの瞬間があります。たとえば、「私は体ではない」と気づいたりします。私はあなたを信じます。でも、それでもまだ死ぬことが怖いのです。

マハラジ：誰が怖がっているのだろう？　真我探究をしなさ

い！　これは信念の問題ではない。多くの人が、スピリチュアルな知識を持っていると主張する。彼らは「私は体ではない」、「私はブラフマンだ。アートマンだ」などと言う。しかし、病気や事故のような何か予期せぬことが起きたときや、人生の最期の苦しみのときに、こういう真実はすべて吹き飛んでしまう。そして、恐れにわななき、悲鳴を上げながら死んでいく。そうなったら、もう何をしても遅過ぎる。

これは、「私は体ではない」という確信が深く染み渡らなかったということだ。確信が打ち立てられなかったため、それは現実ではなく、本当の確信でもなかったのだ。

あなたのスピリチュアルな知識はすべて、本物の真我知識でなければならない。体を去るとき、強く勇敢で恐れから自由であるために、真我知識は実際的なものでなければならないのだ。いかなる体への執着もあってはならない。あなたは体ではないし、体だったこともないし、体であり続けることもない。これは明らかな事実だ！　だから、この真実を受け入れなさい。

質問者：完全に吸収し、実際的に受け入れるには、時間がかかりますね。

マハラジ：なぜ時間がかかるのか？　時間などない。あなたが生まれる前、時間はあっただろうか？　あなたは自分が女性であることや、ある年に生まれたことを受け入れている。あなたは年数を数え、自分は五十何歳だとか言う。あなたはこういう幻想をすべて受け入れている。そして、私が師と分かち合った真の知識を分かち合おうとしても、あなたは受け入れない。

あなたの存在について考えなさい！　よく見て、熟考しなさい。誰も考えず、ただすべてを盲目的に受け入れているだけだ。もしあなたが体ではないなら、あなたは何だろう？　あなたは生まれていない。真我探究をすれば、あなたは体とは無関係であることがわかるだろう。

識別力を用いなさい！

繰り返す。これは単なる観念ではなく、真実だ。

あなたは決して生まれなかったのに、どうして死ねるのか？

誕生もないし、死もない。実在を知れば、あなたのすべての恐れには、何の基盤もないことがわかるだろう。それらは偽の自己認識や、体への執着、幻想の上に建てられたのだ。しかし、あなたは今、もっと分別がある。

ナチケタという少年の話をしよう。彼は好奇心いっぱいのちょっといたずらな少年で、いつも父に何か質問していた。ナチケタの質問には終わりがなかった。父は聖者や隠者のような人だったが、息子が絶え間なく質問ばかりするので、徐々にイライラして頭がおかしくなりそうになってきた。

ついに我慢の限界が来て、父は死の神ヤーマに、家まで来て、息子を連れ去ってくれと頼んだ。ヤーマが来ると、父は「頼むからこの子を連れて行ってくれ。この子は質問ばかりして、私を困らせるんだ」と言った。ヤーマはナチケタを連れ出した。その途中、少年はヤーマに次々と質問をし始めた。「じゃあ、あなたが死の神なんだね。死ってどういうこと？　でも、あなたが皆の魂を取って行くなら、あなたの魂は誰が取るの？」

ヤーマは答えた。「お前の欲しいものを何でもあげよう。その代わり、頼むから質問するのをやめてくれ」。少年は言った。「嫌だ、嫌だ。質問するのはやめないよ。いいから、答えてよ！」

この話は、実在を知る必要があることを説いている。私たちは常に起こってもいないことについて質問してばかりいる。未来の予想、まだ生まれていない子の運命について私たちは尋ねる。それよりも、実在を知らねばならない！

あなたの臨在は静かで、目に見えず、名もなく、特定もできない。あなたの臨在は今も、生まれる前と変わらない。それは死んだ後も同じだ。唯一の違いは、あなたが体を持っているかどうかだ。あなたは体の所有者だが、あなたは体ではない。

あなたは体の所有者だが、
あなたは体ではない。

60　存在する前、あなたの家族はどこにいたか

マハラジ：あなたはライオンのように咆哮しなければならないのに、羊のように生きている。「私はそれだ！」なのに、なぜ恐れたり、落ち込むのだろう？　何かが起きるときは起きる。それはやって来ては去る。そこに巻き込まれるから、巻き込まれ過ぎるから、苦しむのだ。そういう過ぎ去っていくものは、ただ無視しなさい。そういうものに影響を受けてはいけない。さもないと、苦しむことになる。

質問者：私はこの人生で嫌なことをたくさん経験してきて、家族など世俗的な問題に巻き込まれています。あなたの言うように、巻き込まれ過ぎているのです。今は、ナーム・マン

トラを受け取り、修行をしていますが、どのようにこの家族関係に対処していったらいいのでしょう?

マハラジ:以前と同じように、いつも通り、平常通りに続けていきなさい。家族関係がスピリチュアリティの障害になったり、ハードルになることはない。ただ、普通でありなさい。家族に初めて出会ったのはいつだろう?「家族」及び、その他すべての概念は、存在とともに生じた。スピリットが体にはまったとき、こういうすべての概念が始まった。人々、家族、場所、世界。いつもの義務を果たしていきなさい。何も問題はない。

質問者:修行のために、家族から少し離れた方がいいのではないかと考えていたのですが。

マハラジ:そんな必要はまったくない!(マスターたちの肖像を指差して)これらの聖人たちのほとんどが家族を持っていた。結婚して子供を持ち、仕事をしていたのだ。ランジット・マハラジは七十三歳になるまで雇われて店で働いていた。ニサルガダッタ・マハラジは長年、店を経営していた。シッダラメシュヴァール・マハラジも雇われて働いていた。その前のバウサヒブ・マハラジも働いていた。皆、何の問題もなく、義務と家族生活を果たしていたのだ。

マスターを通じて、あなたは自分の実在を思い出すことができる。マスターは身体知識を介さず、あなたの中の「究極」の注意を引いている。体は究極ではなく、重要なのはスピリットだ。もしスピリットが去ったら、体は死ぬ。

死? 死体? この過ぎ去りゆく体に、何の価値があるだろう? あなたとお母さんとの関係とは何だろう? 母とは誰だろう? 父とは誰だろう? 兄弟とは誰だろう? 姉妹とは誰だろう? 神とは誰だろう? マスターとは誰だろう? 友人とは誰だろう? 妻とは、息子とは誰だろう?

すべての関係性は、体にだけ関係している。これは明らかな事実だ。これは明らかな事実だ。

死後、こういう関係性は、どういう意味を持つのだろう? それはどこにあるのだろう? そういうものは存在しない! 関係性も家族生活もない。だから、すべての関係性は身体知識からのみ生じるのだ。

この体は食物からなる身体だ。

あなたが食事を与えている限り、体は生きていられる。

あなたが食事を供給するのをやめた瞬間、

体は終わりへと向かうだろう。

質問者:もし、教えと家族の間に葛藤が生じたら、どうしたらいいですか? たとえば、家族が教えに賛同しなかったら?

マハラジ：いつ家族に出会ったのか？　これは簡単にわかることだ。あなたが体に出会った瞬間、家族が始まった。この体を去れば、その関係性はどこにあるだろう？「チダナンダ・シヴォハム・シヴォハム」では、母も、父も、姉妹も、兄弟も、友人も、死も、マスターも、弟子も、何もないと歌われている。

全世界があなたの自発的な反映だ。
あなたの自発的な臨在がすべての根源だ。

あなたの臨在がなければ、あなたは見ることも話すことも、何もできない。だから、ただ自分を本当の意味で知りなさい。これは夢の世界だ。この世界という壮大なドラマの監督は、目に見えない。あなたがその監督だ！

質問者：つまり、家族について心配することはない、ただ、自分を本当の意味で知ることに集中しなさいということですか？

マハラジ：なぜ、家族について心配する必要がある？　葛藤もないし、問題もないのに。

質問者：でも、動揺してしまうことが時々あるのです。親しい身内でさえ、問題となることがあります。

マハラジ：それは、体に対する強い執着、強い愛着があるからだ。スピリチュアリティのために、家族生活をないがしろにする必要はない。マスターたちは家族への義務から逃げなかった。家族は障害物でもハードルでもない。

61 誰が苦しんでいるのか

質問者：ある教師を訪ねてきました。その人は「ペイン・ボディ」というものについて話をし、個人的な痛みと集合的な痛みについて説明しました。その先生によると、私たちの感情的な痛みはすべて集められ、蓄積され、その結果、ある種の存在とでもいうようなものになるのだそうです。それは痛みの塊、ボールのようなもので、私たちはそれを持ち歩いています。その痛みによって傷付かないようにするには、今を完全に生きるしかないと、その先生は繰り返し言っていました。なぜなら、「今」には大きなパワーがあるからです。

マハラジ：それはすべて、身体知識、想像だ！　あなたは体ではない！　体にはそれ自体、何のパワーもない。それなのに、ペイン・ボディなどというものが存在できようか？　それは何だか、誰かがあなたを怖がらせるために小さな怪獣を作ったようなものではないか。誰の痛みか？　誰のペイン・ボディか？　誰の「今」か？

あなたは生まれていない！　これは長い夢だ！　過去もないし、未来もない。現在もない。「今」もない！　すべてのパワーはあなたの中にある。私の真の師ニサルガダッタ・マハラジが言っていたように、「あなたの自己なき自己以外に、神も、ブラフマンも、アートマンも、パラマートマンも、マスターもない」のだ。

質問者2：でも、私は次から次に問題に悩まされている気がします。肉体的な問題や、感情的な問題などが苦しみをもたらすのです。

マハラジ：問題が大きくなるのは、あなたが体をあまりにも重視しているからだ。それは身体知識だ。夢の中で問題に直面しても、目が覚めれば問題はなくなるのと同じだ。聖人たちはいつでも、勇気を持って問題に立ち向かった。強い確信があったから、聖人たちは問題と自分を強く結び付けたりしなかった。たとえ深刻な喪失、病気、予期せぬ悲劇に見舞われてもだ。

聖ジュニャーネーシュワルの悲劇について考えてみなさい。彼の母と父はガンジス川に身を投げ、子供たちを貧困の中に残して去った。というのも、父が求道者になったのに、バラモンの掟に反して再び家族のもとに戻ったからだった。「掟によれば、間違いを犯したのは私です。それなのに、どうして私の子供たちを罰したりするのですか？」。父はこのように自分を罰するように訴え、子供たちを罰しないでくれと懇願した。しかし、バラモンたちはその願いを聞き入れなかったので、両親は子供たちが誰かに面倒を見てもらってうまく暮らしていけることを願いながら、聖なる川に身を投げた。後に残された四人の小さな子供たちは、三人が男の子で、一人が女の子だった。

正統的な宗教のマスターたちは、四人の子供たちが物乞いをすることを認めなかった。当時、人々は憎悪に満ちていたのだ。子供たちは大変苦しみ、謙虚に「どうか助けてください」と頼んだ。しかし、孤児となった子供たちは親戚からも無視され、のけ者扱いされた。誰も子供たちを助けなかったのだ。だから、子供たちはあちらこちら旅をして、自分たちを喜んで迎え入れてくれる場所を探した。正統的な宗教のリーダーたちにも何か所かで会ったが、彼らは子供たちを受け入れてくれなかった。

ジュニャーネーシュワルは学識あるバラモン僧たちに会い、家族の名誉を取り戻そうとした。「神はあまねく、すべての人のハートにそれぞれ宿っています」。ジュニャーネーシュワルは主張した。バラモン僧はジュニャーネーシュワルにそれを証明するよう要求し、こう言った。「わかった。では、この水牛に聖典ヴェーダを唱えさせてみろ！」
ジュニャーネーシュワルが水牛の頭の上に手を置くと、すぐに水牛はバラモン僧たちのように上手にヴェーダを歌い始めた！　大勢の人がこれを聞きに集まり、この奇跡を目撃した。人々はジュニャーネーシュワルのパワーに驚き、頭を垂れた。正統的な宗教の僧侶たちも、ジュニャーネーシュワルの偉大さと超自然的パワーを受け入れざるを得なかった。
この話は、葛藤の大切さを伝えている。

完全な信頼を持って
あなたの知識の源に
耳を傾けるなら、
内なるパワーが
自発的に生じるだろう。

ジュニャーネーシュワルのように決然とありなさい！
今、あなたは成熟し、真の知識と実在を手にしている。だから、身体レベルへと繰り返し後戻りしてはいけない。体は道具として、媒介として利用しなさい。
あなたは体を持っている。だから、あなたは肉体的、精神的、そしてスピリチュアルな問題を持つこととなる。皆が自分の問題が一番大変だと思っている。しかし、大きな視点から見れば、いつでも常に、誰か自分よりもっと苦しんでいる人がいるものだ。
問題とは、自分のスピリチュアルな人生を試すものだと考えなさい。真の知識を実行に移すのだ。雲のようにやって来ては去る問題を、過度に重視してはいけない。真実を確立すれば、耐えられない問題も耐えられるものになる。あなたには素晴らしい知識がある。しかし、それを実行に移さないことが本当の問題だ。発見者が行方不明になっているのだ。あなたには多くの資産があるが、あなたはそれを使っていない。そして、計画性がないので、結果が出ない。ちゃんと計画を立てて資産を利用すれば、利益を享受できる。
質問者：あなたは身体知識を完全に消さねばならないとおっしゃいましたね。
マハラジ：それは自発的に消える！
質問者：「私はそれだ。私はすべてだ」という経験をしました。そのことをあなたにお伝えしたかったのです。
マハラジ：それはとても良かった。この種のスピリチュアルな経験は漸進的《ぜんしんてき》に進んでいく。つまり、そういう経験は究極的な真実ではなく、だんだんと進んでいくステップだということだ。だから、そういう経験は励みになる。

経験はあなたの臨在から投影される。
経験する者と経験が消えると、

そこにあなたがある。

これは自発的に起きる。そして、あなたは自分が世界とは無関係だという確信を得る。良いことであろうと悪いことであろうと、幻想の世界の中で何が起きても、自分とは何の関係もないと、あなたは理解するようになる。

見る者はすべての見られるものから超然としている。

「私はブラフマンだ」と言うとき、それは見る者を反映している。世界において、見る者の存在は自発的で形がない。

質問者：身体知識がある限り、私の自発的な臨在を理解することは不可能です。

マハラジ：見る者は一つだが、夢にはいろいろある。すべての夢から、エゴを取り除くつもりかね？　それは違う！　ただすべての夢を忘れればいいのだ。この夢も忘れてしまうことだ！　あなたが見ているのは、見る者の投影、反映だ。何か「良い」ものや「悪い」ものを見ているのではない。あなたはまだ、自分自身を実在から分離したものだと思っている。

実在を自発的に受け入れれば、どんな問題にも勇気を持って立ち向かうことができるようになる。人生において、問題から逃れることはできない。どのようにそれに対処するかは、あなた次第だ。人々は帰依したり、本を読むが、真我探究はしない。

あなたが説明した問題は、あなたが見てきたものだ。あなたは見る者を無視している。見る者がいなければ、見られるものを見ることもできない。

私たちはこれらの概念を創造し、
そして、これらの概念の輪の中で
生きていこうとしている。

水泳について話すことはできるが、あなたは泳げないのだ。

質問者：マハラジ、私は気づきました。私は二十年間、本を読み続けましたが、突然それをやめました。自分がなぜ読んでいるのかをわかっていなかったと、突然気づいたのです。

マハラジ：本で読んだすべての知識が、自分の役に立っているかどうか、あなたは確かめなければならない。そうでないと、それは無意味な修行になる。

実在を知れば、完全に内なる変化を遂げる。もしあなたが攻撃的な性質だったら、穏やかで静かな人になる。変化を振り返り、自分の今の立ち位置を知ることができる。ニサルガダッタ・マハラジはこのように言っている。「私はあなたを弟子ではなく、マスターにする」。マスターのエッセンスはすでにあなたの中にある。

そのマスターのエッセンスは、すでにあなたの中にある。

62 かゆい足

マハラジ：また旅に出たいのかね？　まだ、どこかで物乞いをしたいのかね？　もし、どこかに行きたいのなら、自分自身の中に深く入って行きなさい。

内側に行き、自己なき自己の中にいなさい。
自分の自己なき自己に祈りなさい。
自分を見なさい！
見る者を見ようとしなさい。
見る者を見ようとすると、
見る者は消えるだろう。

個人の感覚がすべて消え、何も残らないことにあなたは気づくだろう。存在する前のあなたの状態は知られていない。身体形態として知られてはいないし、言葉を通じても知られていない。あなたは自らを明け渡さなければならない。もしも、まだエゴや身体知識、隠れた恐れや疑いなどがうろついていたら、それらをすべてきれいにし、消さなければならないのだ。

エゴが伴う知識は問題を生み出す。

注意を内側に向け、あなたの自己なき自己に注目しなさい。探しているとき、探す者は消えてしまう。だから、知識のないことが知識だと、私はあなたに言ったのだ。

知識のないことが知識だ。

こういう言葉はすべて、身体に関係している。自分自身を空にたとえなさい！　あなた自身のマスターに、マスターのマスターになりなさい！　マスターのエッセンスはあなたの中にある。しかし、マインドやエゴの身体的影響により、あなた自身のマスターになれない。スピリチュアルな勇気、内なる勇気、深く向き合うことが必要だ。そうして初めて、あなたは恐れから自由になる。体に何かが起こっても、あるがままにしておきなさい！　あなたには何の関係もない。

あなたの体は、隣人の子供のようなものだと考えなさい。あなたは熱があっても、それは自分に起きているのではないと知っている。苦しんでいるのは隣人の子供だ。体は隣人の子供のようなものだと思いなさい。あなたはその子を気の毒に思う。でも、あなたは少し離れたところにいる。あなたは体をそういうふうに見ることができる。なぜなら体は真実ではないからだ。あなたは事実を無視している。すべてのものはあなたの中にのみあるのだ。旅行者になってはいけない！

質問者：私はアルナーチャラ山に行ってきましたが、それはとても有益でした。強いエネルギーでした！

マハラジ：アルナーチャラ山に行って、何を成し遂げたのだろう？　いい運動にはなったことだろう！　こういう旅行はエゴをますます増やし、自分自身から遠ざかるだけだ。その間ずっと、あなたは自分自身に向かう代わりに、遠ざかっているのだ。

あなたは自分自身のマスターに近付いていない。

あなたは自分自身の臨在を評価していない。

あなたの臨在には、計り知れない、無比の価値がある。

それなのに、なぜあちらこちらへ行くのだろう？

探し回っている探求者こそ、

究極的な真実なのだ。

あなたは究極的な真実だ。あなたが自分の探し求めているものだ。探している探求者が、究極的な真実なのだ。

63「私は何者かだ」はとても危険

マハラジ：あなたには真の知識がある。でも、それはまだしっかりと確立されていない。

質問者：では、それが強力接着剤のように私にくっついて、しっかりと永続的なものになるには、どうやってそれを確立させればいいのですか？

マハラジ：前にも言ったが、しっかりとした土台を作ることが唯一の方法だ。そして、瞑想がその基盤だ。あなたは修行をして、真の知識を生きたものにしなければならない。瞑想、帰依、真の知識、祈り、これらすべてが確固とした基盤を与えてくれる。

身体知識が消えていないと、

確固とした基盤を築くことはできない。

質問する者、目に見えぬ質問者がこんなにたくさん質問しているのは、あなたが自分の真のアイデンティティを忘れてしまったからだ。あなたはとてもたくさんの質問をしている。しかしそれと同時に、質問する者を無視している。あなたにたくさんの質問があるのは、あなたの知識が身体に基づいているからだ。

マスターはあなたに瞑想をしなさいと言う。瞑想は集中だ。集中する者に集中し、目に見えない臨在、目に見えない真実、最終的な真実に集中するのだ。

質問者：初めのうち、私たちは臨在を想像、推測したりしているだけということですか？

マハラジ：そうだ。「私は誰か？」と尋ねるとき、私たちは知性を用いているからだ。私たちは「私はブラフマンだ」と知的に知っている。しかし、この真実は確立されておらず、そのために私たちは落ち込んだり、質問が湧いてきたりする。瞑想の目的は、あなたの自己なき自己について考えることだ。常に自己なき自己について考えていれば、しばらくすると、考える者が消える。瞑想する者について瞑想し、あなたである目に見えない臨在について瞑想するのだ。

質問者：それは二元的ではないのですか？　瞑想と瞑想する者というのは、二元性ではないのでしょうか？

マハラジ：二元性はない。瞑想はプロセスに過ぎない。瞑想する者、あなたの中の目に見えぬ瞑想する者が自分の真のアイデンティティを忘れてしまったから、瞑想するというプロセスが必要なだけだ。

この瞑想する者があなたのマスターだ。

この目に見えぬ瞑想する者があなたのマスターだ。

あなたは自分に「私が神であるわけがない」と言う。それはあなたが強いエゴを持ち、体に執着しているからだ。私たちはエゴのとても強いプレッシャーのもとにある。エゴが出す指示や条件に注意を払い過ぎれば、あなたは破滅するだろう。「私は何者かだ」という支配的な性質を持ったエゴは、とても危険だ。エゴが消えたとき初めて、あなたは実在を知るだろう。

個人としてではなく、

本当の意味で自分自身を知りなさい。

あなたの自発的な臨在が最終目的地、

終着点だ。

すべてを溶かし去り、自己なき自己に向き合いなさい。手軽なスピリチュアリティや乾いた議論は役に立たない。いろいろな場所を訪ねるのも役に立たない。いろいろなマスターを訪ねるのも役に立たない。

あなた自身のマスターを訪ねなさい。

そうすれば故郷に帰ることができる。

私たちはブラフマンとは何かを知らない。それは本で知っただけだからだ。私たちは完全に無知で、実在をまったく知らない。私たちは神とは誰かを知らない。それは私たちのせいではない。しかし、実在を知ったら、神の概念は消えるだろう。

あなたの臨在がなかったら、神について話すことさえ不可能だと、あなたは知るだろう。

神を見ることができるかどうか、気にしてはいけない。

すべての神の姿は、

あなたを反映したものに過ぎないのだから。

私たちは奇跡を探し求めているので、それを起こしてくれそうなマスターたちのもとを訪れる。しかし、奇跡は究極的な真実ではない。あなたの自発的な臨在が奇跡なのだ。エゴが消えない限り、あなたは自分自身を知ることはできない。修行を続けなさい！　それはつまり、「私は何者かだ」や「私は分離した体だ」に関係したすべてのものを忘れるということだ。

自分自身に忠実でありなさい。忠実であれ！
あなたがあなた自身の管財人だ。

年老いた帰依者の中に心臓の悪い人がいるのだが、今朝その人が倒れた。しかし、彼はただ「大丈夫」と言って起き上がった。何の恐れもなかった。これは勇気の見本だ。吸収された真の知識の生きた見本だ。

同じように、あなたの中のとてつもないパワーによって、とてつもない自信が染み渡ってくるだろう。私たちは信頼が足りないので、自分自身を侮辱している。だからあなたが真の帰依者、弟子になるには、こういう対話によって勇気を与えることが必要なのだ。

言うまでもないことだが、「私はブラフマンだ」という自発的な確信を得た後も、あなたは以前と同じように体を使うことができる。しかし同時に、確信と実在がそこにあるのだ。「私は体ではない、体とは何の関係もない。私はそれを超えている、それを超えている……」。これは論理的な推測ではない。あてずっぽうでもない。これは実在だ。

あなたの目に見えない臨在は実在だ。しかし、体の影響により、それを受け入れていない。あなたは弄《もてあそ》んでいるすべての思考のうち、どれが本物かを見極めようとしている。本物も偽物もない！　すべてはあなたの中にある。今、すべてはあなた次第だ。

質問者：私だけではなく、ほとんどの人がそうだと思うのですが、瞑想などの修行をするということになると、抵抗が出て来てしまいます。

マハラジ：修行は必要だ。あなたは困難を作り出している。あなたは奇跡が欲しいが、努力をする準備ができていない。成長したら、スピリチュアリティは必要なくなるだろう。

質問者：誰のための修行なのですか？　エゴのためですか？

マハラジ：それは知的な質問だ。初めのうちは、身体知識を忘れるために修行が必要だ。

質問者：エゴを消し去るために必要なのですか？

マハラジ：エゴは自発的に消えるだろう。あなたには知識があるが、それは実際的な知識ではない。あなたはまだ、体に関連した質問をしている。質問する者はその質問者を、目に見えない質問者を見なければならない。あてずっぽうではいけない！「私はブラフマンだ」という完全な自発的確信は、知的なものではない。知性は体とともに生じた。
質問者：それは知的に知るものではないということですか？
マハラジ：そうだ。知的に知るのではない。知性は身体知識に関係している。こういうすべての幻想の概念を取り除くのには、修行が必要だ。

病気から回復するまでは、
薬をとり続けなければならない。
ひとたび、完全に回復すれば、
もう薬の必要はない。

64 「あなた」が平安をかき乱している

マハラジ：瞑想とともに、浄化のステージが始まる。浄化とは、すべての概念が徐々に、静かに永続的に消えていくということだ。最初のうちは、身体レベルで多くのことが起きるだろう。ほんの少しの間だけ、スピリチュアリティを脇に置いて、事実を見なさい。

スピリチュアリティについては忘れなさい。
存在する前、
あなたは世界や家族や神について何も知らなかった。

すべての必要性と要求は、身体知識を通じてのみ確定される。もし体がなければ、家族もないし、妻や夫、子、父、マスター、弟子、神も必要ない。スピリットが体にはまった瞬間、あなたは長い「欲しいものリスト」を持つようになった。「私は幸福が欲しい、平安が欲しい」等々。こういうものは概念だ。誰が平安を欲しいのか？　あなたは平安が何かを知らない。「私は平安が欲しい」、「あなたは平安が欲しい」、これらは概念、ただの概念に過ぎない。あなたはいつ、この「平安」に出会ったのか？

平安はある。それをかき乱しているのは、あなただ。
平安はあるのに、
あなたがそれをかき乱しているのだ。

質問者：世界の中で働いていると、それに飲み込まれてしまいます。自己なき自己を忘れて、動揺してしまうのです。どうしたらずっと……
マハラジ：これは精神レベルの話だ。全世界は幻想だとわかった瞬間、こういう動揺や落ち込みは、精神レベルで起きているに過ぎないということがわかるだろう。期待していたことが計画通りに行かないと、かき乱されてしまうことが時々ある。

妻、息子、娘、父、誰であろうと、これらのすべてが期待の輪の一部だ。もし、あなたが輪の中で行動すれば（つまり、期待に応じて行動すれば）、あなたは良い人だと思われる。あなたが輪を超えてしまうと、「ああ、あの人は良い人じゃない！」ということになる。

もし、あなたの両親が「お前は良い子だ」と言えば、あなたは「ああ、僕は良い子なんだ」と言う。でも、もし両親が「お前は悪い子だ」と言えば、あなたは自分は悪い子だと感じる。これはすべて、精神的なものだ。これが精神レベルで起きていることだ。

悪いものはなく、良いものもない。

この種のことが、初めのうちは起きるだろう。やがて、溶解プロセスの最中にすべてが消えていく。実在は完全にあなたの中に吸収されなければならない。それが起きるには、完全に向き合うこと、完全に帰依することが必要だ。そうすればもう問題はない。

百年前、
あなたには何か問題があっただろうか？
体を去った後、
何か問題はあるだろうか？

質問者：昨日あなたは、スピリットはそれ自身を知らないとおっしゃいました。では、スピリットがそれ自身を知るのを助けるために、私には何ができるのでしょうか？

マハラジ：何の努力もしてはいけない。あなたの自発的な臨在はそこにある。スピリットとは自分を知るために用いられる言葉に過ぎない。重要なのは私が伝えようとしていることだ。それはあなたのストーリー、目に見えない聞き手のストーリーだ。『アイ・アム・ザット 私は在る』を読みなさい。誘惑、病気、予期せぬ出来事など、難しいことが起きたとき、もしあなたが脆弱《ぜいじゃく》だと土台が揺さぶられ、恐れ慄《おのの》き、不安定になるかもしれない。そうすると確信は崩れ去ってしまう。

もし可能なら、『ダスボド』もちょっと読んでみなさい。これはマハーラーシュトラ地方の偉大な聖人で詩人のスワミ・ラムダスによって書かれた。この本にはガイサス博士による素晴らしい翻訳があり、私たちにガイドラインを与えてくれる。たとえば九種類の帰依や、自己なき自己に近付き、理解する方法などを教えてくれる。読むたびに、より多くの情報を得られるだろう。

だから、質問者がすべての質問への答えなのだ。質問する者が、すべての質問への答えなのだ。

あなたは質問する者を無視している。
あなたは自分のアイデンティティから分離などしていない。

あなたが「これはブラフマン、これはアートマン、これはスピリット」などと言うのは、ただ体があるからだ。こういう言葉はすべて、コミュニケーションしたり、議論するために作られたに過ぎない。目に見えない、名もなきスピリットに注意を払い、働きかけるために作られたのだ。

言うまでもないが、

あなたがそのスピリット、その「私」であり、

それから全世界が投影されている。

だから、あなたの臨在はすべてのものに先立って存在していた。すべてのものに先立って、あなたの臨在があった。それを定義することはできない。私たちは実在を、目に見えない聞き手の実在を刻み込もうとしている。この聞き手には形はない。もし、それを何かにたとえるなら、それは空のようなものだ。空はそれ自身の存在を知らない。空はそれ自身の存在を知らないのだ。これはとてもシンプルな知識だ。あなたの脳や記憶を悩ませてはいけない。誰の記憶か？　私は誰か？　私は誰ではないのか？

こういう思考のプロセスがすべてやむと、

思考のない状態の中に、

あなたがある。

落ち込み、混乱、不安定なマインド、マインド、エゴ、知性、これらはすべて、あなたが受け入れてきた微細身（訳注：粗大身〈肉体〉に対して、知的な働きをする身体、エネルギー体）の一部だ。あなたはそこから抜け出なければならない。「私は体ではなかったし、体ではないし、体であり続けることもない」という確信ともに。

「生と死の問題は、決して生じない。

私は生まれていないのだから」

あなたが生まれていないというのは、明らかな事実だ。私たちは自分を身体形態だとみなしている。だから、難しいのだ。あなたはいつでも、自分を身体形態だとみなしている。あなたは自分自身を過小評価している。だから、誰かの祝福を求めて、あちらこちらに行く。あなたのエゴが問題を作っている。あなたのエゴが突き刺さって「私は何者かだ」と言う。謙虚さが必要だ。

エゴが伴う知識は意味がない。

完全に溶かすことが必要だ。

こういう聖者たちはすべて、とても謙虚だった。とても、とても謙虚だったのだ。彼らは「私は偉大なマスターだ」などと言って、自分を差別化したりしていなかった。実在の知識にとって、エゴは障害、ハードルとなる。あなたには知識があるが、それにはエゴが伴っている。微細なエゴがあり、こう言うのだ。「私は何者かだ」。そこには謙虚さがない。

謙虚さがあれば、すべてがたやすい。まず自分自身を敬い、それから他人を敬いなさい。自分自身を尊重し、それから他人を尊重するのだ。自分自身を尊重するとは、体や地位のことを言っているのではない。

「私は無だ」が真実だ。

ならば、どうしてエゴが存在し得るだろう？

すべての聖人はとても敬虔《けいけん》で、穏やかで静かだ。彼らはイライラしたり、動揺したり、葛藤したりしない。彼らを模範としなさい！　これはあなたが自分自身を本当の意味で理解したときに起きる、自発的な反応だ。誰かが怒っていても、誰かに良いことや悪いことを言われても、常に無限の辛抱強さがある。ニサルガダッタ・マハラジは言っていたものだ。「もし誰かに良いことを言われても、私は幸せではない。もし誰かに嫌なことを言われても、私は不幸せではない」

幸や不幸は体に関係している。だから、これには少し時間がかかる。というのも肉体的なエゴ、精神的なエゴがあるからだ。しかし、後ろを振り返ってはいけない！　過去は忘れなさい。過去を思い出そうとしてはいけない。あなたの自発的な臨在がターゲットなのだから。

これはつまり、「どこにも行くな」ということでもある。あなたは最も高いところに到達しなければならない。スピリチュアルな人生において、最も高い位置とは、自発的に身体的アイデンティティを忘れることだ。実在を知ったら、あなたは恐れから自由になる。

過去を忘れ、

すべてを忘れなさい。

第二部　真我知識（SELF-KNOWLEDGE）

65 スピリットのアイデンティティ

質問者：スピリットはそれ自身のアイデンティティを知らないと、あなたはおっしゃいましたね。

マハラジ：その通り！　スピリットは身体形態を通してのみ、それ自身を知る。そう！　私たちは身体形態をとっている。身体形態には幸福と平安の感覚がある。幸福と平安を見つける必要があるのだが、基本的にあなたが体だったことはないし、あなたは体ではないし、あなたが体であり続けることもない。だからスピリットは、究極というそれ自身のアイデンティティを知らない。

スピリットはそれ自身のアイデンティティを知らない。その究極的で、状態のない状態を知らない。

この体は物質的なものだ。物質的なものとして、体はあらゆる種類のものをすべて必要としている。それには終わりがない。私たちが体を所有している、つまり本来とは異なる形態をとっているから、物質的な必要性が大きくなり、体は平安と幸福を探求する。体は（スピリットとしてのアイデンティティではなく）自分が何者かであり、独立した存在だと考えている。だから、こういう必要性が身体形態において生じるのだ。

あなたは体を所有しているから、食べ物を食べたいし、楽しみたい。

物質的な体を所有する前は、欲しいものも不足もなく、何も必要なかった。

だから、あなたが身体形態をとっている限り、つまりこの物質的な体を所有している限り、あなたは自分に平安をもたらすものを探す。それらを自分の外側に探すのだ。「体の中」に存在するとは、多くのプレッシャーや緊張のもとにあるということだ。体のプレッシャー、恐れ、緊張があるから、あなたは持続的な平安や幸福を見つけることができない。小さなことすら葛藤や混乱を生み、それによってさらに緊張がひどくなる。

質問者：では、そういう体のプレッシャーを感じないようにするには、どうしたらいいですか？

マハラジ：それを克服するには、こういうふうに自分を納得させ、確信しなければならない。

私は体を所有しているけれど、
身体知識には関心がない。
この身体知識を得る前、
私の存在はあったが、
どんな形もなかった。

質問者：体がなかったとは、どんな感じだったのでしょう？

マハラジ：形がないのだ！　どんなものが存在していたのか、私たちは知らない。それは想像や知性を超えている。スピリチュアルな科学や本は、これについて多くのことを語っているが、当然のことながら身体知識を得る前の状態について、私たちは何も知らない。

何の知識もなかった。
その状態においては、何も必要なかった。
なぜなら、私たちには形がなかったのだから。

スピリットが体にはまった瞬間、すべての必要性や要求が生じ始めた。私たちは幸福を欲し、平安を欲し、不安や恐れのない人生を欲する。こういう必要性はすべて、身体知識とのみ関係している。

確信を得る瞬間、つまり「私は体ではないし、体であり続けることもないし、体だったこともない」と知るとき、すべてはただ消えていく。これは明らかな事実だ。身体形態に関係している限り、すべての必要性が残り続ける。私たちはマスターを必要とし、神などを必要とするのだ。

「神」とは未知のパワーに与えられた言葉だ。
「神」は言葉に過ぎない。

私たちは神とは何かを知らないが、全世界を司る神のイメージは持っている。これは概念だ。

質問者：裁きの座から私たちの罪を罰するような神ですか？

マハラジ：存在する神、全世界を統治する神だ。神は悪いことをする者を罰し、良いことをする者に褒美を与える。これらは概念だ。ささやかな慰めと幸せを提供する概念に過ぎない。しかし、この幸せは一時的なものだ。実在とは何だろう？

あなたはそれを自分の中から掘り出さねばならない。
見つけ出しなさい！
あなたの実在とは何か？

身体知識を得る前、存在する前、私たちはこういう言葉は何も知らなかった。神とは何か？　ブラフマンとは何か？　そういう知識は何もなかった。体が消える瞬間、すべては消える。

あなたの知識は何の役に立つのか？

それには何らかの重要性があるのか?

いや、何もない!

それには何の重要性もない。なぜなら、まず、あなたはすべてを無から見ている。そしてやがて、無は無の中に消え入る。無が無の中に消え入る。

何の形もない!

それでは、あなたの形はどこにあるのか?

質問者:つまり、私たちが本などから得た知識は、身体知識であり、真の知識ではないということですか?

マハラジ:あなたには形がない。体は外側のパーツ、食物からなる身体に過ぎない。

あなたは身体形態の中から、究極的な真実を知ろうとしている。

あなたは本や言語、言葉を利用して実在を見つけようとしている。あなたはこういう言葉が本物、真実だと思っている。違う! 言葉は何かを指し示すものに過ぎない。

確信とともにあなたの視点は変わる。

この体は非永続的だ。それを知るのに何の知識もスピリチュアリティもいらない。私たちは毎日、人々が「死んだ」とか「生まれた」と聞く。この人生は長い夢だ。誕生も、死もない。スピリチュアリティなど忘れてしまいなさい! 簡単に考え、自分にこのように尋ねなさい。「私が身体形態でなかったとき、この世界はどんなだったのだろう?」

あなたはその答えを知らない! 「知らない」は完璧な答えだ。知らないとは、「私は何の形もない。私は完全に知らない。私は自分が誰かを知らない」ということだ。体が消えるとき、すべても去り消える。ただ夢が消えるように。

夢の中であなたはすべてを見ることができる。太陽、月、人々。ときには、異なる性別の自分を見ることすらできる。しかし、目覚めの段階において、これらの人々には何が起きたのだろう? すべてはただ消えてしまった。人々、場所、出来事、景色、すべてがただ消えてしまった!

この人生はある種の夢だ。

目覚めとは自分を本当の意味で知ること。それが目覚めの段階だ。

あなたは自分が体だったことはないし、体ではないし、体であり続けることもないという確信を持たなければならない。私はいつもこれを繰り返し言って叩き込んでいる。ひとたび確信が打ち立てられれば、あなたは完全に「世界という現象」に無関心であり続ける。これは簡単な、簡単な話だ。しかし、あなたはこれを吸収しなければならない。

人の群れの中にいても、
一人でいるのと同じだ。

これに関して、例を挙げてみよう。モーリス・フリードマンと彼の友人のアメリカ大使がシュリー・ラマナのアシュラムを訪れ、一晩そこに滞在したことがあった。モーリスは静かに落ち着いて眠ることができたが、友人は眠れなかった。朝になって友人はモーリスに言った。「ひどい人混みに騒音だ！」。モーリスは答えた。「え？　騒音って何のことだい？　僕はぐっすり寝たよ」。モーリスは騒音に気づかず、安らかに眠った。精神的にも、肉体的にも、いかなる意味においても、世界に関心がないかのように安らかに眠ったのだ。しかし、友人は外側にもっと注意を払っていた。そして、おそらく心理的なお荷物も背負っていたのだろう。彼は居心地が悪く、落ち着かなかった。

質問者：つまり、騒音は彼のマインドの内側から生じていたということですか？

マハラジ：そう。騒音はまったくなかった。それはマインドの内なる騒音だった。彼はモーリスに文句を言ったが、モーリスはそれに気づかなかった。だから、この例が示しているのは自発的な臨在から離れ、外側に注意を払えば、問題が生じるということだ。もし、外側で起きていることも、内側で起きていることもすべて無視すれば、そのとき初めて実在が明らかになる。だから、自分自身に何度も何度も、こう言いなさい。

「私は無関心だ。
私の臨在はこの世界に先立つから
私はこの世界とは何の関係もない」

66　万に一つ

マハラジ：マハーラーシュトラ州には、富の女神ラクシュミーに関する言い伝えがある。ラクシュミーがあなたの家のドアをノックするのだが、あなたは彼女がラクシュミーだと気づかない。あなたは箒をつかんで「帰れ！」と言う。同じように、マスターが真の知識を持って現れるが、あなたはマスターの重要性を知らず、軽視しているので、「結構です。マスターはここではなく、ナーシクにいるんだから！」と答える。

一般的に言って、ここに来る九十九パーセントの人が、「私にマントラをください。これは私の息子です！　これは私の娘です！　彼らを祝福してください！」と言う。そういう人たちは熱心にマントラを欲しがるのだが、それは奇跡を求めているからだ。彼らはマントラを受け取れば金持ちになったり、仕事や結婚を得られると期待している。こういう期待を超えて、本当に興味を持っている人はほとんどいない。

シヴァ神にまつわる話を聞かせよう。シヴァ神の寺院に何千もの人が集まって踊り、「シヴァ神よ、あなたに帰依いたします」と祈っていた。

古代の賢者の一人、ナラダがシヴァ神に尋ねた。「なぜ、あなたはこの人たちにダルシャンを与えないのですか？　彼らは素朴な帰依者です。皆が、『それと一つ』になりつつあります。彼らはあなたの名を唱え、褒《ほ》め称《たた》えています。それなのに、どうして彼らを無視するのです？　あなたは残酷だ。彼らのもとに行くべきです」

シヴァは答えた。「わかった。とても大変なことだが、行こう。しかし、それには一つ条件がある。私は皆から十キロ離れたところに立つ。彼らに私のところまで来るように言いなさい」。ナラダは寺院に行き、人々に告げた。「帰依者たちよ！　シヴァ神がこの世に降臨し、ダルシャンを与えてくださる。私とともに来なさい」

半分の人がこう言った。「何て馬鹿な男だろう！　シヴァ神がこの世界にやって来るわけなどないだろうが。馬鹿馬鹿しい」。残りの半分の人々は言った。「もしかしたら、シヴァ神は来るかもしれない。本当かどうか、見てみよう」

そうして、半分の人がナラダとともに出発した。道の途中で、銅の台所用品や器を売る商人たちに会った。人々はこれに完全に心を奪われてしまった。一行の半分の人が「わあ、これはとってもいい銅製品だ。家に買って帰らねば」と言って別れを告げた。「じゃあね、バイバイ！」

残りの人たちは旅を続けたが、今度は銀の器が売られているのに出くわした。幾人かが、「さっきの銅も良かったが、これは銀だ！　しかもとても質がいい！」と叫んだ。そして、半分の人が銀の器を買って家に帰ることにした。

再び、残った一行は出発したが、誰かが近くで光るものを見つけた。「わあ、金だ！　金の器だ！　すごいチャンスだ。いくつか手に入れなければ！」

このときすでに、ほんの少しの人しか残っていなかった。高級宝石店の前に来ると、一人を除いて全員が興奮しながら入って行った。彼らは輝くダイアモンドをじっくりと眺めた。

ついに、一人の帰依者がシヴァ神のもとに到着した。シヴァ神は言った。「あの帰依者たちは皆、何かを期待していたのだ。彼らは何かを求めていた。私はたった一人の真の帰依者のために、ここに来たのだ」

この話が伝えていることも同じだ。皆が僧院や寺院、アシュラムに行くが、彼らはスピリチュアリティに興味があるのではない。彼らはたくさんの場所を訪れて、あちらこちらで何かを味見しているに過ぎない。彼らはただ、五、六か月、インドを訪ねて休暇を取っているだけだ。アシュラムに滞在してはいるが、真の知識に興味があるのではない。彼らはアシュラムからアシュラムへと、南から北へと渡り歩く。

ニサルガダッタ・マハラは言っていたものだ。「彼らは旅行者だ。探求者ではない」。彼らは本物の探求者ではない。だから、

私はあなたに旅行者になるなと頼んでいるのだ。
これはあなたの機会だ。
もし、あなたがこの機会を逃したら、
それはもう戻ってこない。

そして、あなたは再び葛藤し、困難の中にあることに気づくだろう。

覚醒したマスターは、大きな困難の後に来る。
何と稀なる知識だろう！
多くのマスターがいるが、
弟子に悟りを与えるマスターは非常に稀だ。

ニサルガダッタ・マハラジは言った。「私はあなたを弟子にするのではない。マスターにしているのだ」。このようなマスターは、とてもとても稀だ。彼には何の気どりや飾りもなく、名声も気にかけなかった。

このようなマスターを見つけるのは、とても難しい。

このようなマスターを無駄にしてはいけない。
そのチャンスを見つけたら

そのチャンスを指の間からとりこぼしてはいけない。

マーヤーと外側の娯楽、誘惑に気を付けなさい！　皆が世俗的な幸福を求めて、あちらこちらに行きたいという誘惑にかられる。外側の力が常にあなたを実在から引き離し、足を踏み外させようとするだろう。こういう蛇のような誘惑を避けるために、いくつか注意すべきことを教えよう。

バウサヒブ・マハラジは早朝のバジャン、朝のバジャン、夕のバジャン、瞑想を勧めていた。あなたの自己なき自己との接触を保つということ以外に、何のルールも条件もない。修行も幻想だ。しかし、修行をしないと自己なき自己との接触を保てない。身体知識はあの手この手であなたを攻撃してくるだろう。だから、

いつも注意深く、そして穏やかな人生を送りなさい。
そうすれば何の困難もないだろう。

67 誰が良くて誰が悪いのか

マハラジ：あなたには体への強い執着と、身体に関連した関係性がたくさんある。つまり私の夫、私の妻、私の兄弟、私の姉妹、私の息子、私の娘、私の親戚等々。そして、皆がさまざまな神を信じている。宗教には三千三百万の神があるが、誰も見ていない。

誰も見ていない。

誰も目を開いて、

真の知識の目で見ていない。

浮かぬ顔をしたスピリチュアルな人たちがたくさんいる。なぜだろう？　幸せでいなさい！　ニサルガダッタ・マハラジはこう言っていたものだ。「知識をたくさん持っている聖人のような人たちがいるが、彼らは決して深刻であるべきではない」。幸せでありなさい。この人生は幻想で、スピリチュアリティも幻想だとあなたは知っているのだから。これは夢だし、それも夢だ。どちらも嘘だ。すべてを笑いなさい。そうすれば、すべてが穏やかで静かになる。強くありなさい。強く！

自分とともに常にあり続けなさい。

常に、自分の自己なき自己とともにあり続けなさい。

盲目的に信頼してはいけない。「私は誰か？　この人生は、なぜあるのか？」、その答えを見つけ出しなさい。人々は「前世のプラーラブダ、今世のプラーラブダ」などと言うが、それは誰のプラーラブダだろう？　幸運とは何を意味するのだろう？　不運とは何を意味するのだろう？　運などない！　良いものと悪いもの？　これは身体知識の輪だ。

自分が誰かを見つけ出しなさい。

これが直接的な知識だ。

難しいことはない。

開かれた秘密だ！

あなたは体に執着してきた。あなたは体に強い愛着を持っている。体は自分のアイデンティティではないとあなたは知っているが、これを確信することが必要だ。確信を築き上げるには、瞑想とバジャンの修行が必要だ。そうすれば、ゆっくりと静かに、永続的に、真実の全体が吸収される。そして、「ああ、そうだったのか！」となる。

あなたは自分自身が依存した存在だと思っており、本当は完全に自立していることに気づいていない。もし、自分を何かにたとえるなら、空か宇宙にたとえなさい。しかし、あなたは空や宇宙以上のものだ。空にはある種の境界、端があるが、あなたにはない。

私たちは事実を、
実在を受け入れていない。
食物からなる身体への愛着から来る
プレッシャーのせいだ。

あなたはこういう幻想の思考をすべて、盲目的に受け入れている。もし誰かの考えに頼るなら、それはあなたは自分を信じていないということだ。あなたは自分を信頼していない。あなたは自分のパワー、自分自身のとてつもないパワーを知らない。その代わり、あなたはいつも誰かがあなたの面倒を見て、助けてくれるのを期待している。なぜだろう？

すべてはあなたの中にある。
あなたが源だ。

世界に完全に無関心になるまで、知識をあなたの中に吸収しなければならない。すべてを忘れて許し、穏やかで静かにいられようになるまで吸収しなければならない。そうなれば辛抱強くなり、葛藤や憎しみはなくなるだろう。なぜ葛藤するのか？　なぜ憎むのか？　誰が敵か？　敵はない。誰が悪者か？　誰が良い人か？　あなたは完全に変わらねばならない。

マハーラーシュトラ州に伝わる、素朴な話がある。クリシュナ神が二人の兄弟を使いにやった。一人には、村に行って、そこで罪深き行いをしている悪い人がいるか見て来るよう言い付けた。言われた通り、彼は村で多くの家を訪ね、評判の良くない人たちをチェックした。

村を一周すると、彼はクリシュナ神のもとに戻って報告した。「罪深いものはいません。皆が善人です。罪を犯したり、何か良くないことをしている人は一人もいませんでした」

そこでクリシュナ神は、もう一人の兄弟にもその村を訪ね、何か罪深いことや悪いことをしている人がいないか調べるよう頼んだ。彼も任務を果たすと、クリシュナに報告をした。「この村の人たちは皆、悪人です！　一人も善人はいませんでした！」

この二つの異なる視点は、真の知識を示している。つまり「善」も「悪」もないということだ。それはすべて、視点にかかっている。どういう立場から見るかにかかっているのだ。

見られるものに注意を向けると、
幻想に引き込まれてしまう。

幻想を本物だと思っている限り、善と悪、正と誤の二元性が存在する。

見る者とともにいなさい。

悟りを得て、自分自身を本当の意味で知れば、あなたは完全に変わる。「私は至る所にある」と感じるようになる。私の臨在、自発的な臨在、目に見えぬ臨在は至る所に、すべての存在の中にある。そのときが来れば、あなたはもう他人を身体形態としては見れなくなる。

同じスピリットがここにあり、
同じスピリットがそこにある。
善も悪も
そこにはない。

これが起きれば、そしてあなたが自分の臨在を至る所に見るようになれば、もう嫉妬もないし、憎しみもない。あなたはすべての人を平等に扱うようになる。瞑想によって視点が変わり、ものの見方も変わる。あなたも私が見ているように、他人を見るだろう。こういう変化は、内側の体で生じる。これにより特別な幸福感や平安がもたらされるが、それはシンプルながらもとても深い感覚で、あなたが他人を別のものと思わないことから生じる。主クリシュナは言う。「私は至る所にある。私の臨在はすべての存在の中にある」。あなたの視点はこのように変わる。こういう変化が起きるのだ。

質問者：『アイ・アム・ザット 私は在る』の中で、確かニサルガダッタ・マハラジがそれについて何か言っていましたね。「善も悪もない」と言ったのです。人々はこの言葉にひどくショックを受けました。というのも、今まで一度もそういうふうに考えたことがなかったからです。

マハラジ：そうだ！ 善と悪は身体知識に関連している。

質問者：人々はものすごくショックを受けました。すべての戦争、世界中で起きた災難、殺人やもろもろの……

マハラジ：私たちが自分を身体形態とみなしているから、善と悪があるのだ。実際のところ、あなたが体だったことはないし、あなたは体ではないし、体であり続けることもない。これが究極的な真実だ。誕生も死もない。そういうものはすべて概念だ。すべて概念なのだ。誕生も死も、救済も束縛もない。

質問者：戦争もないし、天国もないのですか？

マハラジ：何もない。前にも言ったように、すべてが無から生じ、無に溶けていく。これは明らかな事実だ。すべての記憶が体とともに消える。私たちはこのことを知っているが、いまだにこの体の影響やプレッシャーのもとにある。

私たちは実在を知っているが、それを受け入れていない。あなたはこの身体知識を溶かすプロセスを経なければならない。最初のレッスンは瞑想だ。そうすれば、すべてが開かれていくのだ。なぜなら、あなたという存在は自発的な存在だからだ。

あなたの存在は自発的だ。
あなたは「アメリカ、もしくはイギリス、中国などに生ま

れる」といった馬鹿げた見当違いの概念の一部ではない。

あなたはそういうことはできない。

身体形態ではなく、実在を受け入れなさい。この実在を受け入れるには、深い信頼と専心が必要だ。たとえ、いわゆる神があなたの前に現れても、惑わされてはならない。

神とは、あなたの自発的な臨在の反映だ。

質問者：そういうことは今まで聞いたことがありませんでした！　素晴らしいです！

質問者2：あなたのおっしゃることはすべて受け入れます！　マハラジ、私が今言った言葉は直観的に出て来たんですよ。考えることもなく、自発的に出て来たんです。

マハラジ：夢の中で世界や神などを見るようなものだ。

質問者：その神とは、どこにいるのですか？

マハラジ：神と言うには、また何を言うにせよ、あなたの臨在が欠かせない。もしあなたの臨在がなかったら、どうやって神や女神を見ることができるだろう？　あなたの自発的で目に見えない臨在がすべてのものの背後にある。

実在は想像を超え、
知性も超えている。

最終的な真実、究極的な真実、特別な真実、どんな言葉を使ってもいい。言葉は媒体や道具、手段として働くのみだ。

質問者：コミュニケーションするためということですか？

マハラジ：私たちが言葉を生み出した。アルファベットを作り、文字をつなぎ合わせて言葉を作り、それらに意味を与えた。だから、文字の知識は十分ではない。

質問者：真実に近い言葉も少しはあるのでしょうか？

マハラジ：何かを指し示している言葉もあるだろう。そういう言葉はメッセージを伝えてくれる。しかし基本的に、私たちがアルファベットを作り、言葉に意味を与えたのだ。スピリットが身体形態の中にあるから、コミュニケーションのために言葉を使わなければならないだけだ。

言葉や本を通して自分自身を知ることはできない。たとえ最良の文学でもだめだ。私たちは文字や言語に先立つものだ。真我知識を通さなければ、自分自身を知ることはできない。スピリチュアリティの根本原理は、自分自身を本当の意味で知ることだ。

「私はまったくもって生まれていない」

本当の意味で自分を知ったとき初めて、あなたは恐れから自由になる。あなたは空のようなものだ。私たちは至る所に壁を築き上げているが、それでも空はそこにある。壁が崩壊したら、空はどこに行くだろう？　こういうふうにして、自分を確信させるのだ。マスター・キーがあなたに与えられたのだから、それを使わなければならない。これが目に見えぬ聞き手の真実だ。

これが聞き手の真実だ。
目に見えず、名もない聞き手が、
この目を通して見て、
この耳を通して聞き、
この舌を通して味わっている。
スピリットがこれらの器官を活動させている。

もしスピリットがなかったら、この目を通して見ることもできないし、この鼻を通して匂いを嗅ぐこともできない。何もないのだ！

こういう知識から、どんな結論が導き出せるだろう？　自分自身以外に何もないということだ。究極的な実在の向こうには何もない。だから思考や感情、経験、さまざまなグルを探し求めるのはやめなさい。

質問者2：先ほどは、とてもおかしな感じがしました。というのも、知らぬ間に言葉が口から出て来たからです。あなたの言うことをすべて受け入れると自分が言っているのを聞いて、とても驚きました。

それに今朝、瞑想している間、あなたがおっしゃっていること、つまりスピリットだけがあるということについて、啓示を受け取りました。

私は目を閉じていたのですが、光が現れて、明るく燃える火になりました。この純粋な聖なる火は常に燃えている、常に明るく燃えているというメッセージが来ました。それはスピリットの永遠の炎のようでした。

マハラジ：それはとてもいい経験だ。でも、それは究極的な真実ではない。

68 洗練された言葉

マハラジ：すべての言葉や概念は、あなたを弱めてしまう。こういう幻想の思考はすべて、体にだけ関係している。マスターは静かなる目に見えぬ聞き手の注意を引いている。あなたは究極的な真実だ。あなたは生まれていない。しかし身体知識、食物からなる身体の知識や物質的な知識の影響により、私たちは実在を無視している。

マインドは思考の流れに他ならない。あなたはこの思考の流れを観照しているのだ。あなたは夢を観照している。これは長い夢、まさに長い夢のようなものだ。毎日、さまざまな種類のたくさんの夢を見て、時間を無駄にしている。

見る者は同じだ。
それぞれの夢の状況は異なる。
今日の夢、
明日の夢、
それぞれ異なる。

夢の中で起こっていることに、重要性を与えてはならない。この確信を持たなくてはならない。これが究極的な真実、最終的な真実だ。なぜなら、あなたは生まれていないのだから。

見ることができるものはすべて幻想だ。
見る者がいなかったら、
何も見ることはできない。
あなたの臨在がなかったら、
ブラフマンやアートマン、神、マスターについて
誰も語ることもできない。

あなたの臨在がすべてのものの背後にある。それは自発的な臨在、目に見えぬ臨在、名もなき臨在だ。

質問者：臨在の「背後」、ですか？

マハラジ：言葉を文字通りに受け取ってはいけない！「背後」も「前」もない！　それらは言葉だ。私がこういう言葉を用いるのは、コミュニケーションするためであり、真の知識を言語化する試みに過ぎない。この教えに耳を傾けなさい。私の言葉はとても重要だ。自発的な臨在、目に見えぬ臨在、名もなき臨在。それには名前がない。

それには名前がない。

それは定義したり、説明したりすることのできないものだ。この名前のないパワーがなかったら、私たちは見ることもできない。

それは自発的な、特定することのできないアイデンティティだ。
あなたの臨在は特定できないアイデンティティだ。

この臨在には高い価値がある。計り知れぬ価値がある。自分自身を過小評価してはならない。神のような聖者、マスターのような聖者、彼らも皆あなたより下の二次的なものだ。彼らはあなたの後に現れる。あなたの臨在がまず最初になければならない。

何かを言うには、あなたの臨在が必要だ。たとえば「これが私の父です」と言うには、あなたの臨在が必要だ。「これが神だ！」とか「神」と言うにも、あなたの臨在が必要だ。

全世界はあなたの臨在からのみ生じる。
あなたの臨在がなかったら、
この世界は本物だ、偽物だと言うこともできない。

誰も何も言うことができない。

あなたの臨在は目に見えず、至る所にある。それは言葉では定義できない。言葉とは知識を伝えるものに過ぎない。私たちが言葉を作ったのだが、今では、私たちは言葉によってパワーを弱められている。

質問者：ほとんどの人にとって、言葉と言語がマスターになっていると思います。私たちはこういう何百万もの言葉が私たちをコントロールし、混乱させ、妥協させることを許してしまっているのです。私たちは真実ではなく、言葉に囚われています。もしくは言葉は真実に等しいと考えています。

マハラジ：それは私たちが身体形態をとっているからだ。ブラフマンとかアートマンとか、パラマートマンといった言葉はすべて、あるレベルにおいては何の問題もない。何かを指し示すものとして、問題なく働く。しかしそのレベルを超えると、そういう言葉には何の意味もない。人々はあちらこちらに行ってさまざまなマスターを探し、次々とスピリチュアルな本を読む。しかし本当のところ、彼らはそういうことをして、エゴをますます付け足しているだけなのだ。

あなたはブラフマン、アートマン、パラマートマンについて話をするが、

それらを名前として、言葉として知っているだけだ。

あなたはそれらの意味を知らない。

私はブラフマンやアートマン、パラマートマンに関する知識について話しているのではなく、

あなたの知識について話しているのだ。

あなたは自分自身の人生、スピリチュアルな人生の建築家だ。それをどのようにかたどるかは、あなた次第だ。私は簡単な言葉を用い、複雑さを避け、この実在を簡略化しようとしている。

あなたの質問はすべて、身体知識から生じている。「私は何者かだ。私はマスターだ。私は知識がある」。これらはエゴの考えだ。あなたは無だ！　すべては無から生じ、無の中に戻り、消え入る。どう思うかね？

質問者：まったく、その通りです。それに、あなたは教えをとてもシンプルに伝えてくれます。ごたごたや飾りは一切ない！

マハラジ：混乱させる概念や言葉がそこら中にあるから、あなたは強くあらねばならない。私たちはそれらの中に迷い込んでしまっている。誕生、生まれ変わり、未来、過去世、来世、救済、地獄、天国、ムンバイ、カリフォルニア等々。救済とはどういう意味だろう？　天国と地獄とは何を意味するのだろう？

無数の言葉が作られたが、それらの意味を知るためにさらに言葉を作る。どんな知識を得ようが、それは体とともにいつか消えてしまう。

簡単な質問をしてみよう。「この知識は、私が体を去るときに役に立つだろうか？」。もし、微妙な恐れが残っているなら、そういう洗練された知識には何の意味があるのだろう？　それは、実際には使えないことが判明した貨幣をあれこれ集めているようなものだ。あなたはドルやポンドの札束を貯め込んできたが、それらは偽札だった。それを使うことはできない。

つまり、あなたはスピリチュアリティやブラフマンやアートマン、神などに関するたくさんの知識があり、それらについて話したり、見事な講話をすることができるかもしれない。しかし、

その知識が本物で、実際的なものかを確かめなさい。
そうでないと、意味がない。

あなたはこの著名な科学者のアルバート・アインシュタインのエピソードを聞いたことがあるかもしれない。アインシュタインはアメリカのあちらこちらの大学を回って講義をしていた。運転手のハリーは常に彼に付き添い、講義にも出席して、教室の後ろに座っていた。ある日、アインシュタインが講義を終えた後、ハリーが言った。「教授、私はあなたの講義を何度も聞いてきました。だから、私にも絶対、講義ができます！」

「素晴らしい」。アインシュタインは答えた。「来週、私たちはダートマスに行く。私はそこでは知られていないから、君が講義をして、私が君になろう！」。そして、ハリーは一語も違わずに完璧な講義をし、アインシュタインは運転手の服を着て教室の後ろで居眠りをしていた。ハリーが教壇を去ろうとしたちょうどそのとき、一人の研究助手が彼を呼び止めてとても難しい質問をした。それは、たくさんの複雑な計算や方程式が必要な質問だった。ハリーは素早く答えた。「それはとても簡単な質問です！　だから、私の運転手のハリーに答えさせましょう！」

この話をしたのは、誰でも本やマスターの言葉をオウムのように繰り返すことはできるが、真我知識がなければ質問に答えることはできないと説明するためだ。

ただ哲学やスピリチュアリティのマスターになるのではなく、
実在のマスターになりなさい。
教授は真実について講義をするが、
マスターは真実を生きる。

かつて哲学博士が訪れて、たくさんの質問をしたときにニサルガダッタ・マハラジはこう答えた。「今まで読んできたことを捨て去り、耳を傾けなさい！　子供の頃から今まで読んだすべてのものを取り去り、ただ聞きなさい！」

もし、何も知りたくないのなら、
あらゆるスピリチュアルな本が役に立つ。

私たちは生まれていない子供について話をしている。何も起こらなかった。何も起きていない。

質問者：マハラジ、私たちの家の屋根裏には、何百冊もの本があります。それはすべて、スピリチュアルに関する本です。もう用は済んだと思ったので、二、三年前に屋根裏にしまったんです。それらの本が断熱材になって、冬には家が暖かいんです！

死ぬとき、本は何の役にも立たないとあなたはおっしゃいましたね。死の床にあるとき、そういう本を全部、枕元に置いておくことはできるけれど、何の助けにもならないと。たとえ、そういう本を全部読んでいても、やはり助けにはならないのですよね？

マハラジ：あなたはこういうスピリチュアリティをすべて考慮に入れて、自分をかたどっていかねばならない。再び同じことを繰り返すが、瞑想が基礎となる。瞑想の重要性はいくら強調しても足りない。スピリットは敏感なので、瞑想によって実在をスピリットに刻み込んでいく。「あなたはブラフマンだ。あなたはブラフマンだ」と。

マントラを唱えるのはとても効果的だ。その例をここに挙げよう。警察官が犯罪者を捕まえたとき、初めのうちは犯罪者は「何もしていません」と言うだろう。しかし、少しプレッシャーを加えたり、何ならちょっとばかり苦痛を与えれば、犯罪者は諦めて罪を認める。「わかりました。わかりました。すべて話します」と。

これと同じように、最初のうち、あなたは「私はブラフマンだ。私はブラフマンだ」と言って、自分自身を苦しめているように感じる。これは、あなたという存在にとっては脅威となる。エゴが生じて反応し、逆らう。しかしやがて、エゴは降伏し、受容が起きる。「はい！　私はブラフマンだ」。そして、すべての秘密があなたに明らかになる。

あなたはウィルスがパソコンに入って来ないよう、このアンチ・ウィルスソフトを常に使わなければならない。だから、修行して、過去を忘れなさい。

過去も、現在も、未来もない。
良いも、悪いもない。
私たちは自分が受け入れられるものを

「良いもの」と呼び、
受け入れられないものを
「悪いもの」と呼ぶ。

受け入れられないのは、「私は在る」だ。「私は在る」は受け入れられない。だから(それとうまくやっていくために)、臨在は娯楽を必要とするのだ。子供が生まれると、その子にはちみつや甘いものをあげるようなものだ。存在することは、私たちには耐えられない。何か娯楽がないと、私たちはそれを耐えられない。

存在する前、
あなたにはどんな種類の娯楽があっただろうか?
何もなかった。

しかし、今は話が違う。私たちは食べ物やあれやこれ、たくさんのものが欲しい。お風呂に毎日入り、歯を磨く。存在する前は、何もする必要がなかった。磨くべき歯もなかったし、石鹸も必要なかったし、お菓子も食べ物も必要なかった。何も必要なかった。私たちは神も、ブラフマンも、パラマートマンも、アートマンも知らなかった。

これはとても、とてもシンプルな知識だ。
しかし、尽きることなき本の山によって、
それは複雑なものにされてしまった。

ニサルガダッタ・マハラジはこう言っていた。「あなたは究極的な真実、最終的な真実だ。これがすべての要点だ」。本については、このように言っていた。「本を読みなさい。しかし、それに溺れてはいけない。本を読んでも、それらに溺れてはいけない」

こういうスピリチュアルな本を読むときは、
目に見えぬ読み手の話だと理解しなければならない。
それは目に見えぬ読み手のストーリーだ。

二元性はなく、
個別性もない。

二元性も、個別性もない。深く、深く内側に入って行けば、特別な幸せが見つかるだろう。そして、あなたは驚きの声を上げるだろう。「ああ、私は何て馬鹿だったんだろう! 私はただ信念のシステムを使っていただけではないか」。もし、過去を振り返れば、あなたの知識は馬鹿げたものだったと、あなたのしていたことは馬鹿げたことだったと気づくだろう。大人になって分別を得て、子供時代にしたことを振り返ると馬鹿げていたと感じるようなものだ。今、あなたは成長し、大人になり、自分自身を知っている。

69 万能の神

質問者：ニサルガダッタ・マハラジが「私は神だ」を超えて行けと言ったのは、どういう意味なのでしょうか？　もし、すべてが神なら、神を超えることなどできるでしょうか？

マハラジ：神とは概念だ。神、ブラフマン、アートマン、パラマートマン、これらは私たちによって作られた概念だ。あなたは神とは何か、神とは何を意味するのかを知らない。ブラフマンとは何を意味するのか？　あなたの臨在が世界に現れる瞬間、あなたは「神のご加護を」、「神よ、お助けください」などと言ったりする。

　あなたが存在する前、神はどこにいたのだろうか？　あなたは神を知っていただろうか？　否！　何もなかった！　ブラフマンは？　なかった！　全世界が無から生じた。全世界が無から生じ、無に溶けていく。わかるかね？　それは無であり続ける。

　スピリットが体にはまると、あなたは世界を見る。体が原因で、世界はその結果だ。もし体がなかったら、その結果もない。体が独自に働くことはできない。体が機能するには、スピリットが必要だ。扇風機には電気が必要なように。行動するには、身体に関係した行動が起きるには、何らかのスピリットやパワーが必要なのだ。

質問者：そのパワーとはブラフマンや神ですか？

マハラジ：それらは名前だ。ブラフマン、アートマン、パラマートマン、神、それらは私たちがパワーに付けた名前だ。しかし、それはあなたのパワーだ。パワーはそれ自身のアイデンティティを知らない。パワーはそれ自身のアイデンティティを知らないのだ。私たちはブラフマン、パラマートマン、神などといった名前を付けるが、それは単にそのパワーを特定し、理解するために過ぎない。

あなたの特定できないアイデンティティは、
それを超えている。
この特定できないアイデンティティ、
名もないアイデンティティ、
目に見えないアイデンティティは説明できない。

　私がこういうさまざま言葉を使っているのは、あなたに自分が究極的な真実だと確信させるためだ。そしてあなたも、エゴ抜きでそれを自分に確信させるために、さまざまな言葉を使う。これは論理的に考えているのでもなければ、知的に考えているのでもない。精神的な概念は存在しない。マインドもないし、エゴも知性もない。

質問者：「私は在る」はどうでしょうか？　「私は在る」とい

う感覚にとどまるために努力することについては、どう思いますか？

マハラジ：なぜ、感覚や感情にとどまるのか？　何の努力をする必要もない。「私は在る」は自発的だ！　あなたはすでに「私は在る」だ。だから、何もしようとしなくていい。

質問者：でも、ニサルガダッタ・マハラジは「私は在る」をしっかりとつかめと言っていました。

マハラジ：あなたはまた、言葉を文字通りに受け取っている。マスターは何かを指し示すために言葉を使う。言葉を通じて、指し示しているのだ。言葉の犠牲者になってはいけない！　私たちはこのすべての幻想の束縛から自分を解放しなければならない。

あなたはこの知識をマインドで理解しようとしている。
あなたの知識は、マインドに先立つ。

束縛など、まったくない。あなたはすでに自由で自立している。

質問者：あなたの恩寵により私は自由になります、マハラジ。

マハラジ：あなたはすでに自由だと私は言ったのに、あなたは常に自分が依存しており、障害を負っていると考え、誰かからの恩寵を期待している。私たちは自分の重要性に気づいていないから、自分自身を身体形態だとみなしている。

それは幻想に過ぎない。存在する前、あなたは決して身体形態ではなかったのだから。それに、あなたが身体形態にとどまり続けることもないのだから。

これは明らかな真実、明らかな事実だ。これはとても簡単なことだ。しかし、あなたは自分の自己なき自己を認識していない。あなたは自分の自己なき自己を少しも認識していないのだ。

あなたにはとてつもないパワーがあるのに、自分を身体形態だとみなしている。
それはあなたのアイデンティティではない。
常に変化しているものがアイデンティティになれるだろうか？

あなたは小さな子供だ。子供は成長する。若者になり、そして老人になり、やがていつか（手を打って）、体を去る。このことを真剣に考えなさい！　自分自身を理解し、確信させなさい。

私たちは体に強い執着がある。それは非常に長い関係性があるからだ。つまり、前にも言ったがスピリットは体を通してのみ自分自身を知るからだ。だからこのスピリット、ブラフマンは、体を去りたくないのだ。

質問者：スピリットが自分はスピリットではなく、何か他のもの、スピリットから分離した何かだと考えているからですか？　つまり、自分は体だと考えているからですか？

マハラジ：何とでも好きなように説明しなさい。スピリットは執着している。「私は体だ。私は何者かだ」ということしか知らない。当然ながら、あなたは何者でもないが、この体は「私は何者かだ」と言うのが好きなのだ。

あなたは何者でもない。

同様に、「私はブラフマンだ」と言うのも幻想だ。

「私はブラフマンだ」と言うのも幻想だ。

あなたはそれに何か名前を付けたいが、名前は存在しない。

あなたには名前がない。

質問者：わかります！　これは誤ったアイデンティティです。私たちは子供の頃から体を自分だと思い、それがアイデンティティだと思ってきました。それによって、自分を身体知識の輪の中にとどまらせてきたのです。後々、たとえば本を読んだりして自分の真のアイデンティティを探そうとするときでさえ、私たちはその輪の中にとどまっています。まだ自分自身を体と同一化し、身体知識の輪の中に囚われているのです。

これは、私たちが見つけた知識は、幻想の世界を源としているということです。それはこの幻想の人間によって、幻想のマインドによって、幻想の「エゴ－私」によって獲得された知識なのです。そうですよね？

マハラジ：なぜ、滅びゆくものを求めて叫ぶのか？　あなたの真のアイデンティティは滅びゆくものではないというのに。あなたの永遠のパワーは、すべての滅びゆくものより偉大だ。あなたにはとてつもないパワーがある。この世界を作り出すパワーがある。あなたは見る者ではなく、見られるものを重視している。「神」と言うには、あなたの臨在が必要だ。あなたはその神の父だ。あなたは自分のパワーを知らないし、そのパワーに知られていない。体に重要性があるのは、ただ臨在のおかげだ。

あなたの人生の秘密を知りなさい。すべての秘密はあなたの内側にだけある。自分の重要性を理解していないから、あなたはあちらこちらと走り回っているのだ。あなたの価値ある存在、臨在を理解しなさい。私があなたに伝えているのは、開かれた秘密だ。それは聞き手のストーリーだ。あなた、つまり聞き手は、身体形態ではない。あなたはこの全世界と何の関係もない。

あなたは全能の神、
あなたは全能の神だ。

あなたは全知全能の神だ。

（長い静寂が続く）

質問者：あなたの言葉に一撃されたように感じます。あなたの言葉が「私」をとても強力に打ち付け、体を貫いて、深く内側に入って来たように感じました。真実の重み、パワー、意味が、私の内と外で爆発したようでした。驚くと同時に、謙虚な気持ちになりました。説明するのは難しいですが。

マハラジ：外側も内側もない！　あなたはこの世界とは関係ない。だから、世界とあなたを取り巻くすべてのものに無関心であり続けなさい。

雲はやって来ては去る。思考もやって来ては去る。自分にとって役に立つ思考は、すべて受け入れればいい。もし役に立たないなら、そういうものは投げ捨てればいい。この思考の流れは身体形態の特質であり、五大元素から生じる。さまざまな思考が生じ、三つのグナを定める。体は五大元素に属するので、浮き沈みは必然的なものとなる。

これはスピリチュアルな科学に過ぎず、私たちにとって意味のない情報だ。私たちはグナを超えている。なぜなら、私たちは体ではないからだ。言語は理解するために使われるものに過ぎない。言語は実在を指し示し、あなたに確信させることができる。しかし、スピリチュアルな科学には限界がある。つまり、こういうことだ。

あなたの特定できないアイデンティティは全能の神だ。

あなたの特定できないアイデンティティは全能の神だ。

この実在を受け入れなさい。

70　宇宙はあなたの中にある

質問者：昨晩、マントラを唱えていると、空中に音符のイメージが浮かびました。音符は宙に浮かんでいました。何かが内側で揺り動かされ、そして幸福の波が訪れました。この系譜のマスターが全員集まって、私の後ろに立っていました。マスターたちもとても幸せそうで、手を叩いていました。マスターたちのエネルギーは目に見えませんでしたが、それはマスターたちの臨在だとわかりました。

この話をしたのは、ただあなたに聞いてもらいたかったからで、バジャンに関してお聞きしたいことがあります。バジャンの修行も、瞑想のように定期的に毎日行うべきですか？

マハラジ：そうだ、毎日やりなさい！　これはすべて、知識を吸収するために必要なのだ。しかし、最初のうちだけだ。「最初のうち」とは、あなたが確信を得るまでということだ。確信が生じるまでは、瞑想とバジャンの修行をしなければならない。そうすれば、それは自発的になるだろう。

真実を確立するには土台が必要だ。
あなたの土台が完璧でなかったら、
本当の意味で自分自身を知ることはできないだろう。

この修業に従えば、真実は自動的にあなたの内に投影される。私が話しているのは聞き手の知識、目に見えず、名もなき聞き手の知識だ。それはすでにあなたの中にある。しかし、あなたは気づいていない。

質問者：私は気づいていない？

マハラジ：私はマイケルの身体形態に話しかけているのではない。私はあなたの中の名もなき聞き手、目に見えぬ聞き手に呼びかけているのだ。私が言うことは、あなたの中の目に見えぬ、何の形もないマスターに届けられる。わかるかね？ それは目に見えぬ聞き手、名もなき聞き手だ。

だから、真の知識について聞き、深く考えれば、実在が自動的に刻み込まれ、真の知識も彫り付けられる。そして最終的な段階で完全な理解が訪れると、あなたは「ずっと求めていたものを見つけた！ わかったぞ！」と言うだろう。実在はあなた自身の財産だ。あなたは自分の富、自分自身の財産を忘れていたのだ。

実在はあなたの財産だ。
ブラフマンやアートマン、神の財産ではない。

あなたの中の静かなる、目に見えぬ聞き手は、さまざまな名前で呼ばれる。ブラフマン、アートマン、パラマートマン、神、マスター。それらはただの言葉だが、あなたはそれに執着している。生涯に及ぶ幻想の思考があなたに刻み込まれてきた。ナーム・マントラと瞑想がそれらを取り除く最良の方法だ。

質問者2：私の師はニサルガダッタ・マハラジなのに、あなたから秘伝を授かってもいいのですか？ 何か問題があるでしょうか？

マハラジ：問題ない！ すべては一つだ。

質問者2：その通りですね！ でも、師が体を持っていないというのは問題でしょうか？

マハラジ：個別性は存在しない。インドの空、ヨーロッパの空、ロシアの空、オーストラリアの空に違いはない。インドの空とアメリカの空が喧嘩したり、対立したりするだろうか？ そんなことはない。

個人は存在しない。私たちは皆、一つだ。ニサルガダッタ・マハラジ、ランジット・マハラジ、私、あなた。唯一の違いは、身体形態だ。私たちはニサルガダッタ・マハラジは分離している、ランジット・マハラジは分離している、シッダラメシュヴァール・マハラジは分離しているなどと言う。

体は分離しているが、
究極的な真実は一つだ。

マスターの違いを問題にしても意味がない。なぜ、それが問題だと思うのか？

質問者2：マスターとの交流の度合いについては、どうでしょう？　ある人が体を持っていないマスターに百パーセント心を決めて帰依している場合、そういう交流の仕方も実際に生きているマスターとの交流と同じくらいパワフルなものでしょうか？

マハラジ：内なるマスターと外なるマスターに違いはない。寺が壊れても、空はまだそこにある。

質問者2：では、疑いを持つ必要はないのですね。何も問題ないのですね？

マハラジ：そういう疑いが出て来るのは、幻想の思考の影響だ。「私は身体形態だ」と考えている限り、質問と疑いが出て来る。あなたの身体形態、食物からなる身体の知識が消えた瞬間、即座にあなたは巨大な宇宙になるだろう。全宇宙があなたの中にある。

質問者2：全世界が私の中に？　どういうことですか？

マハラジ：それはあなたが、自分の自発的な臨在から世界を見ているということだ。あなたの臨在から、あなたは世界を見るのだ。その臨在が消えた瞬間、すべてが消える。あなたは生きたマスターと死んだマスターを区別しているが、体はどこに行ったのだろう？　体に何が起こったのだろう？（手を叩く）

私たちは自分を身体形態とみなしている。それは幻想だ。身体形態は一定不変ではないが、スピリットはどこにも行かない。

家が壊れても、空がどこにも行かないのは、
形がないからだ。
あなたも形がない。

私はまた同じことを言っている。この確信を持つには、修行をしなければならない。確信を持てないのは、身体形態、体の感覚を深く信じているからだ。

たとえ「私はブラフマンだ」と言っても、
身体感覚はまだそこにある。
体によって、もしくは体の中に、確信を持ったり発見す

ることはできない。

それは自発的なものだ。

質問者2：だから、絶対的な確信を得るまでは、厳しい修行が必要なのですね。

マハラジ：その通り！

質問者2：「私は体ではない」という絶対的な確信を打ち立てるということですか？

マハラジ：自発的で絶対的な確信だ。それは自発的だ。

質問者2：それはひとりでに起きるのですか？

マハラジ：それは知的なもの、精神的なものではない。

質問者2：確信は精神的なものではなく、何か自発的なものなのですね。ちょっとよくわかりません。どういうふうに起きるのでしょうか？

マハラジ：それは自分の体が男の体だと受け入れるようなものだ。あなたは男だ。ひとたび体について知れば、あなたは自分は男だと考え始める。あなたは「私は女だ」とは言わない。あなたには自分が男だという確信があるからだ。

これと同じように、マスターが「あなたは究極的な真実だ、ブラフマンだ」と言うが、あなたは身体形態の影響のせいでそれを受け入れない。身体形態が消えない限り、あなたは自分を本当の意味で知ることはできないだろう。

私たちは夢の世界の中で眠っている。あなたは夢の中で、自分が男や女だと考える。自分を何者かだと考えている限り、いかなる知識にも意味がない。この体はスピリチュアルな人生、スピリチュアルな幸福のための機会なのだ。しかし、幸福は失われている。

あなたの自発的な臨在は特定できず、名もなく、目に見えないアイデンティティだ。

臨在はそこにあるが、

このような形も、どのような形もない。

質問者2：では、ニサルガダッタ・マハラジが「最初の概念は、『私は在る』という感覚だ」と言ったのは、どういう意味ですか？　それは受胎の瞬間に生じた、もしくは始まったのでしょうか？

マハラジ：そうだ！　スピリットが体にはまった瞬間に始まったのだ。スピリットが体にはまった瞬間、あなたは世界を見ることができるようになった。その前は何の概念もなかった。そのとき、概念はどこにあったのだろうか？　誕生する前は何の概念もなかったし、幻想も神も、ブラフマンもアートマンもなかった。

こういう洗練された言葉はすべて、とても素晴らしいが、あなたが生まれる前には存在しなかった。こういう会話や言葉は、あなたの自発的な臨在の注意を引くためのものだ。マントラを唱えるのも同じことだ！

質問者2：では、瞑想中にマントラを唱えているとき、私はマインドの働きを止めているのですか？

マハラジ：マインドは存在しない！　何べん言えばわかるのだ。マインドとは思考の流れに過ぎない。マントラを唱える練習をすれば、外側のアイデンティティは忘れてしまう。そして残るのは、たとえば「私は在る」だけだ（これは言葉に過ぎず、実在ではないことを思い出しなさい）。言葉も、感情も、観照もない。究極的には、すべてが消える。「私は在る」も含めて、観照、観照する者、経験、経験する者、すべてが消えるのだ。

質問者2：私はニサルガダッタ・マハラジの本を読み、研究してきましたが、しかしこうやってあなたの臨在に浸り、こういう教えを聞くのは、まったく異なる経験ですね。

マハラジ：あなたの基盤は強固なものでなければならない。基礎となる知識、強い土台が必要だ。瞑想はあなたの土台を非常に強化し、煮詰めるプロセスを引き起こす。すべての概念が煮詰められ、蒸発する。

あなたの土台が強くなれば、
その上にすべての建物を容易に築くことができる。
もし、土台が弱ければ、
あなたの知識はすべて崩壊してしまう。

質問者2：この世界にはあまりに多くの亀裂や誘惑があるからですか？

マハラジ：誘惑には三つの種類がある。名声（権力）、金銭、セックス。すべての誘惑と娯楽を振り捨てねばならない。

質問者：確かどこかで読んだのですが、ニサルガダッタ・マハラジは、帰依の詩を書くのが趣味だったそうです。ところがある日、シッダラメシュヴァール・マハラジにそれをやめるように言われました。あまりにも詩を書くのを楽しんでいたからです！　多分ニサルガダッタ・マハラジは詩を書くのが上手になって微細なエゴが出て来たのかもしれませんね。もちろん、彼はすぐに詩を書くのをやめました。彼は師に言われたことは全部、したのですから。

マハラジ：あまり考え過ぎないように！　普通で、自然にありなさい。これは、あなたの真の知識だ。だから、「ブラフマンはどこにあるのだろう？　アートマンはどこにあるのだろう？」などと考えて、自分を悩ませないことだ。ブラフマンやアートマン、パラマートマンについて話をするのは、スピリチュアルな娯楽に過ぎない。

まだ疑問があるかね？

質問者：自分で気づいていた疑いはすべて消えたと思います。洗い流されてしまいました。あなたがおっしゃった重要なことを覚えておこうと思います。非常に深く帰依し、修行を行えば強い確信に至ります。他のすべてのことは簡単です。

71 何も起こっていない

質問者：ここにいるときは本当にいい気分なのですが、家に帰ったら何が起きるのかわかりません。

マハラジ：家に帰ったら、何が起きるだろう？　何が起こり得るだろう？　何も起こらないだろう。あなたの臨在は肉体的、物理的なものではないのだから。

　あなたは生まれていない。

　何も起こらなかったし、
　何も起こっていないし、
　何も起こることもない。

　あなたの臨在は肉体的なものではないし、精神レベルのものでも、知的レベルのものでもない。臨在は自発的だ。しかし、それは身体形態の中にあるので、あなたは自分が何らかのもの、何者かだと考える。臨在には体も形も形態もない。

　意識もないし、無意識もない。気づきもないし、気づきがないこともない。観照も、観照する者も、経験も、経験する者もない。これが最終的な真実だ。これは明らかな事実だ。

　この事実を受け入れなさい。

質問者：家に帰ると、あなたが今おっしゃったようなことを理解していない人々と一緒にいることになります。彼らは私を「クリス」だとか、何者かだと考えており、この新しく発見した状態に気づかないでしょうね。

マハラジ：他人のことは忘れなさい。あなたのことだけ話しなさい。あなたが他人に出会ったのはいつのことかね？　いつ他人に出会っただろう？　夢の中にはたくさんの人がいる。彼らに何が起こったのだろう？　何人が現れ、そして地獄や天国に行ったのか？　あなたはその数を数えているかね？　他人がいるとあなたが気づいたのはいつだろう？

　あなたが「他人」と言うには、
　あなたの臨在がなければならない。
　何かについて語るには、臨在が必要だ。

　すでに話したが、全世界があなたの投影だ。朝、起きた瞬間（手を叩いて）、あなたは即座に「私」と言い、世界が投影される。自分自身を認識し、自分自身を見なさい。

質問者：今まで起こったすべてのこと、そして私の年齢を考えると、深くしみ込んだ習慣を変えることはできないように思われます。
マハラジ：何も起こっていない。あなたは自分をやる気にさせなくてはならない。あなたは自分のやる気を引き出さなければならない。習慣など、忘れてしまいなさい！
　実在を知れば、あなたの見方は変わる。だから何らかの方法で、自分のやる気をかき立てなければならない。たとえば次のように考えるのだ。「私は自分を身体形態だと考えていたけれど、今では、自分が体だったことはないし、体であり続けることもないとわかった。私の体は私のアイデンティティではない。私は無であり、私を取り巻いているすべてのものと無関係だ。私は世界に関心がないから、身体的基盤のことは忘れてしまう」

世界はあなたの自発的な投影だ。
だから、アメリカに行っても、世界のどこに行っても、
あなたの自発的な臨在がそこにある。

　このことを、とても簡単に説明しよう。この体は「男」と呼ばれている。もし、アメリカに行ったら、この体が男と呼ばれていたことを忘れてしまうだろうか？　この体は男、もしくは女と呼ばれている。もし、アメリカやロンドンに行ったら、「ああ、インドでは私は男、もしくは女と呼ばれていたのに」などと言ったりするだろうか？　私が言っていることは、確立された真実だ。とても簡単なことだ。

あなたはブラフマン、アートマン、パラマートマン、神
であり、確立された真実だ。
アイデンティティを忘れてしまうという問題がどこにあるのか？

　あなたは「自分が男だ」ということを忘れているだろうか？　そんなことはない！　あなたはそれを忘れていない。この体が「男」と呼ばれているのは、明らかに確立された真実であり、あなたはそれを受け入れた。今、あなたはこの体が自分のアイデンティティではないと知っている。

ブラフマン、アートマン、パラブラフマン、神が
確立された真実だ。
それが体の所有者であり、
それが体の聞き手、体の経験者、体の観照者だ。
私はそれの注意を引いている。
つまり、あなたはそれだ。

　今まで、本で読んだことはすべて、忘れなさい。今まで、聞いたこともすべて、忘れなさい！　今、あなたは最終的な運命にたどり着いた。自分自身を明け渡し、究極的な真実を吸収しなさい。あなたはそれが少し難しいと気づいているところだ。

質問者：なぜそうなのでしょう？　なぜ、真実を吸収するのは難しいのですか？

マハラジ：それはあなたが多大な努力を払って、さまざまな偽札をたくさん集めてきたからだ。つまり、あなたはさまざまな思考をたくさん集めてきたということだ。「私は偉大なラマナ・マハルシの本を読んだ。私はジッドゥ・クリシュナムルティの本を読んだ。私は……」。しかし、あなたは常に、エゴを付け足していた。エゴ、エゴ、エゴ……洗練されたエゴ、さまざまなエゴ。あなたに知識があることはわかった。「私はこの本を読んだ、この課程を学んだ。この本を書いた」という知識はあるが、

しかし、あなたはそういう探求から何を得たのか？

そういうスピリチュアルな本を読んで、何を得たのか？

質問者：いい質問です！　私は、それについて考えなければならないと思います。

マハラジ：真我探究をしなさい！　見つけ出しなさい！　それは役に立ったのか？　それは、あなたの究極的な真実の役に立ったのか？　その知識によって、勇気を得たのか？　まだ恐れがあるのか？

質問者：当然です！　誰もが何かを恐れています。

マハラジ：よろしい、では急ぎなさい！　体を去るとき、いかなる種類の恐れもあってはならない。あなたの中に恐れに満ちた思考があってはならないのだ。もし、まだ恐れがあるなら、それはつまり、あなたが読んだものはすべて無駄だったということだ。それは、偽札を集めてきたようなものだ。このことを知るのが大切だ。わかったかね？

質問者：はい、マハラジ。

マハラジ：今まで読んだり聞いたりしたことをすべて忘れなければならない。それらの用はもう済んだ。私の言うことを聞きなさい。

今まで読んだり聞いたりしたことをすべて忘れなければならない。それらはもう用済みだ！

黒板をきれいに消して、これを受け入れなさい！

質問者：では、もう本や小冊子を読む必要もないのですか？

マハラジ：それらによって、あなたはここにたどり着いた。読んだり聞いたりしたこと、それらすべてのおかげであなたはここまでたどり着いた。しかし、今はもう何かを探求しようという誘惑はない。

マスターが探求者をあなたの前に置く。

あなたは探求者を見ている。

ここが頂上、先端だ。

不可能なものはない。アメリカに帰ったら何が起きるのだろうと恐れてはいけない。何も起こりはしない。アシュラムの写真を何枚か撮って、教えを思い出しなさい。一人で座って、この真の知識に集中しなさい。

真の知識があなたのハートの底に触れるようにしなさい。

あなたに何か問題が起きるとは思わない。私はあなたに特殊部隊の訓練を授けたのだから。

72 脳を洗う

マハラジ：マスターの話を聞けば、「私は究極的な真実だ」という自発的な確信がエゴ抜きで生じる。あなたのスピリチュアルな存在はすべてを超えている。その確信は、永続的に確立されなければならない。なぜなら、それはあなたの究極的な真実、最終的な真実であり、ブラフマン、アートマン、パラマートマンなどと呼ばれるものだからだ。

幻想の輪の中にとどまり、自分自身を分離し続けている限り、「私は誰か?」と「ブラフマンとは何か?」という二つの問いは、別々のものだ。そうである限り、あなたは困難に出会い、不愉快な幻想の状況を経験するだろう。

「私は誰か?」と「ブラフマンとは何か?」という問いは、二つの別々のものではない。

あなたには恐れがあるかもしれない。混乱し、さまざまな気分を感じるかもしれない。悲しくなったり、落ち込んだりするかもしれない。抑鬱《よくうつ》などはすべて、身体知識と関係したアンバランスから来る。だからもう一度言うが、マスターが言うことを受け入れなさい。

あなたは自分が体ではないという確信を打ち立てなければならない。

これは明らかな事実だ。あなたが体だったことはないし、

体ではないし、

体であり続けることもない。

あなたが所有している体は、究極的な真実ではない。あなたの中の聞き手、名もない聞き手、目に見えない聞き手には、まったく形がない。形は存在しない。あなたはこの体の助けを得て、聞いている。しかし、聞き手は静かで目に見えない。私はこの静かで名もなく、目に見えぬ聞き手の注意を引いている。

質問者：誰が聞いているのですか?

マハラジ：あなたの中の目に見えぬ聞き手だ。集中しなさい！　それがあなたの究極的な真実、究極的なアイデンティティだ。しかし、身体知識によって圧力をかけられているから、私たちは常に自分が何者かだと考えている。

すべての身体知識が消えるときが来るまで、あなたは不安定に感じ、変化や浮き沈みを経験するだろう。これは明らかな真実だ。明らかな真実、最終的な真実だ。

体との誤った関係性により、

あなたはこの真実を受け入れることができない。

質問者：どうすれば、その関係性を取り除くことができますか？

マハラジ：瞑想が唯一の方法だ。それは、映画のフィルム上の何千もの映像をきれいに消してしまうようなものだ。瞑想によって「私は生まれ、死ぬ」というような幻想の思考や概念のフィルムをきれいにするのだ。幸福、不幸、孤独、希望、恐れ、過去、記憶、こういう概念はすべて、なくさなければならない。すべて、消えなければならない。

最も重要な概念は、

「私はいつか死ぬ」だ。

皆が死を恐れている。

死が好きな者はいない。

体は死を経験する。しかし、もっと深く分け入って「もし私は生まれていないし、生まれなかったのなら、では誰が死ぬのだろう？　誰が死ぬのか？」と自分に尋ね、その答えを見つけなさい。死と誕生は体にのみ関係している。体は私のアイデンティティではない。これは明らかな真実だ。体がいつか埋められるか燃やされることは間違いない！　避けることはできない！　スピリチュアリティは忘れてしまいなさい！

これは合理的で論理的な考え方だ。もし、体は自分のアイデンティティではないということを受け入れれば、その論理に従って、死もないということになる。この結論は疑いようのないものだ。死を恐れる必要などあるだろうか？

あなたが生まれていないのは、言うまでもないことだ。この最終的な真実を、あなたの中に打ち立てなければならない。それは瞑想や対話、教えを聞くこと、読書によってもたらされる。

ゆっくりと静かに、永続的に、

あなたの忘れられたアイデンティティが、あなたの中に

刻み込まれ、彫り込まれている。

「私は究極的な真実だ、私は最終的な真実だ」

それは言うまでもないことだ。

この確信があなたの中に生じるだろう。

もし指示に従えば、修行によって確信を得られるだろう。

あなたは最終的な真実だという確信を。すでに言ったように修行は欠かせない。土台の準備をし、敷地を全部、百パーセントきれいにしないと、自分自身を知ることはできない。

人々はここに来て、いつも同じことを尋ねる。「なぜマントラを唱えて、瞑想をしなければならないのですか？」と。それに対して私はいつも同じことを答える。「あなたが自分のアイデンティティを忘れてしまったからだ」

修行が欠かせないのは
あなたが自分のアイデンティティを忘れてしまったからだ。
あなたはブラフマン、アートマン、パラマートマン、
神、マスターだ。

確信が自発的に起きるまで、あなたはこの修業をしなければならない。

質問者：それでは、この修業をすべて行えば、私にとってどんな利益があるのですか？

マハラジ：私にとって？「私」は忘れてしまいなさい！　執着がなくなれば、どこにいて何をしていようと、あなたは体のすべての活動から距離を置き、無関心になる。

以前と同じように、あなたは体として行動し、仕事を果たすが、もう何かに影響を受けることはない。あなたは完全に世界に対して無関心になり、興味を失う。

質問者：それは自分が誰かを知っているからですか？

マハラジ：確信があるからだ。あなたは知るだろう。「体を含めて、何を見ようとも、それは私のアイデンティティではない。私が見るものはすべて、世界だ」。見ることは私のアイデンティティではない。見る者が真のアイデンティティだ。見る者がなかったら、あなたは世界を見ることもできないのだ。

体も含めて、見られるものはすべて、
あなたのアイデンティティではない。
あなたが見るものはすべて、世界だ。
見ることはあなたのアイデンティティではない。
見る者が真のアイデンティティだ。
見る者がなかったら、
あなたは世界を見ることもできない。

質問者：見る者とは、何ですか？

マハラジ：それは名もなく、目に見えず、特定できない。それは究極的な実在を指し示すさまざまな名前によって知られている。ブラフマン、アートマン、パラマートマン、神、マスターなどは、単にそれを特定するために与えられた名前だ。かつて、あなたが「ジョン」という名前を与えられたのと同じようなものだ。今ではあなたは、その名前に固執している。もし、千人の人から「ジョン」と呼ばれれば、あなたはジョンとして反応する。同じように、マスターはあなたを次のように呼び続け、常にあなたを槌で打ち付ける。

あなたはブラフマン、パラマートマン、
神だ。

でも、あなたはこれをそう簡単には受け入れない。瞑想はあなたが自分の究極的な真実を受け入れるのに役立つ。

瞑想とは、
あなたの実在が最終的に染み込むまで、
それを常に繰り返すことだ。

私たちはあなたに心理的な治療を施し、「あなたはブラフマンだ。あなたはブラフマンだ」と、常に同じことを繰り返して、それが完全に受け入れられるまで叩き込む。

質問者：そのプロセスについて、ちょうど考えていました。プロセスというものが本当に存在するわけではありませんが、古いものの見方を新しいもので置き換えるという意味で、それは心理的なものなのではないでしょうか。あなたはこれをある種の洗脳によって成し遂げている。あなたのやっていることが洗脳だと言っているわけではなく、ただ何度も何度も繰り返し叩き込むというテクニックが使われているということです。誰かに何かを十分に繰り返し言って聞かせれば、その人はそれを信じるようになるというのは、広く受け入れられている事実です。私の言いたいことがわかりますか？

マハラジ：あなたが子供のとき、両親は「男の子」、「女の子」といったアイデンティティを強化して、あなたを洗脳しなかったかね？ もしくは、あなたに「ジョン」とか「スーザン」という名前を与え、おもちゃの汽車や人形を与えたりしなかったかね？

あなたはクリスチャンだ、キリスト教徒だと言われたとき、それは洗脳ではなかったかね？ そういうことが何度も何度も繰り返され、たくさんの概念が盲目的に受け入れられた。すべて幻想だ！

質問者：本当にそうですね！ それに、成長するにつれて学校や友人、テレビからも影響を受けました。それから、職業や専門分野のアイデンティティによる影響も受けました。「夫」、「父」などといったアイデンティティの影響もありますし、それらがどのように発展していったか、今では理解できます。正直に言って、あなたに洗脳してもらって、本当に助かります。何かの思想を無批判に吹き込まれ、ゾンビのようになってしまうとか、そういうことを言っているのではありませんよ。違います！

ここに来てから、言わば実際に物理的に「脳を洗われている」ような感じがします。たくさんの役に立たない概念がきれいに洗濯されているのです。説明するのが難しいですが、荷物が軽くなり、いい意味で空っぽになったように感じます。だから、あなたが何をなさっているにせよ、それを続けてください。よく効いているので。

マハラジ：記憶喪失を患っている人は、心理カウンセラーのところに行く。そして、何も思い出すことができず、不安で迷子になったように感じると訴える。カウンセラーは患者が忘れたアイデンティティを思い出すように彼の名前や家族の名前、仕事、趣味などについて教えてやる。カウンセラーは患者に事実を叩き込む。

マスターも、幻想に苦しみ、自分を男や女だと考えている「患者」を治療する。患者たちは「私は良いことや悪いことをしてきました。私はたくさんのプレッシャーを感じています。母が死にかけていますが私はそれを受け入れることができません。私は誰かを傷付けたので罪悪感を感じます」などといったことを言う。彼らは常に、感情や不愉快な状況のプレッシャーのもとにある。だからここでは、マスターが心理カウンセラーとして患者たちに、彼らが苦しんでいるのは誤ったアイデンティティのせいだと納得させる。

「**あなたは生まれていない。こういう問題はすべて幻想だ。なぜなら、あなたは誰でもないし、何も起きていないからだ**」

質問者：ひとたび確信を得れば、すべての概念はただ消えてしまうのですか？

マハラジ：確信すれば、すべての概念は完全に消える。それはあなた次第だ。あなたが自分を個人や「何者かだ」と思っている限り、自分自身を本当の意味で知ることはないだろう。この体は服のような覆いに過ぎない。それが残り続けることはない。スピリチュアリティは忘れてしまいなさい。これはシンプルな事実だ。

質問者：間違いありませんね。

マハラジ：この体を永遠に保つことはできない。好むと好まざるとにかかわらず、いつかある日、私たちはこの体というアイデンティティを失う。それは「死」と呼ばれている。しかし、あなたは死なない。体を去るとき、「私は死にかけている」というような感情はない。なぜなら、「私はこの体とは何の関係もない。私の体は服のようなもので、外側の覆いに過ぎない」ということが本当にわかっているからだ。服を脱ぐとき、「ああ、私は死ぬのだ」と思ったりするだろうか？

73 失われた真実があなたを見つける

マハラジ：夢の中で良いことや悪いことをしても、それらに対してエゴが執着することはない。ニサルガダッタ・マハラジはこう言った。「夢の中で千頭の牛を殺しても、起きてから『ああ、私は何て悪いことをしてしまったんだろう！』と言ったりはしない」

　それは夢だから、あなたは自分がそれを所有しているとは思わない。どう振る舞い、何をしたかも夢に過ぎない。それは夢だから、あなたは関心を持たない。あなたは殺人者ではない。つまり、「私は何かをした」というエゴがないということだ。

　あなたは何もできない。
行為者はいないし、行いもない。
見る者もいないし、見られるものもない。
経験もないし、経験する者もいない。
観照もないし、観照する者もいない。

　これは特別な知識だ。言葉がないと何も伝えられないので、さまざまな言葉を使わねばならないが、それはただ説明するためだけのものだ。言葉に意味を与えたのは私たちだ。
　存在する前、言葉はまったくなかった。

　あなたは「あなた」をまったく知らなかった。
あなたは「私は誰か？」と尋ねたりしなかった。
「私は在る」と言うためには、臨在が必要だ。

　注意深く聞きなさい！　これは深い知識だ。あなたの臨在は、それ自身のアイデンティティを知らない。あなたはとてつもないパワーを持っている。それなのに、なぜ臆病者のように振る舞うのか？

質問者：そんなパワーがあるのにどうしてということですか？

マハラジ：あなたは「私はどうしていいのかわからない！　これから何が起きるのかわからない！」と言う。あなたはマスターだ！　あなたは自分自身のマスターだ！　だから、それを知ったら、自分自身を本当の意味で知ったら、すべての恐れ、依存、誘惑は終わりを迎える。探求は終わるのだ。

　実際、探求はない。
失われたのはあなただ。
しかし今、失われた真実があなたを見つけた！
失われた真実があなたを見つけたのだ。

質問者：私たちは自分自身の真実を失っていました。私たちは探求をするのに忙しくて、探求者のことを忘れていたのでしょうか？

マハラジ：ジョンはどこにいる？　ジョンはどこだ？　彼はどこにいる？　あなたはここにいる。ジョンはここにいる。彼はここにずっといた。あなたはいつも真実を探していた。あなたは自身を探していた。でも今、あなたにはもっと分別がある。

質問者：これは本当に冗談のようですね！

マハラジ：自分のアイデンティティを忘れたので、それを思い出し、確信しなければならない患者たちがいる。それと同じように、私はあなたを確信させようとしている。

あなたは自分の内に強い信頼を持たなければならない。
私があなたに話したことはすべて、
あなたのストーリーだと深く信頼しなければならない。
あなたがこの真実だ。

これを受け入れ、理解しなさい。「ああ、これが私のストーリーだ！　やっと自分が誰かわかったぞ！」というように。私たちはいつも体について考えている。体を利用するのは問題ない。しかし、それは究極ではないし、最終的な真実ではない。

質問者：最近、ちょっとしたパニックとでもいうような恐れを経験しました。

マハラジ：ニサルガダッタ・マハラジはこういう話をよくしていた。以前、あるところに大きな家があった。その持ち主は、誰かに間貸しすることにした。しばらくして、その家主は、間借り人たちを追い出したいと思った。間借り人たちは叫び出し、家主に雑言を浴びせた。彼らはその家に慣れ親しみとても快適だったので、何も騒ぎを起こさずに黙って出て行くつもりはなかった。

（体を指差して）この家には、とてもたくさんの間借り人、概念がある。しかし、恐れる必要があるだろうか？　誰が恐れているのか？　何について恐れているのか？　存在する前、恐れはなかった。あなたが言った恐れやパニックは良いものだ。

この恐れは良いサインだ。
それはクリーニングのプロセスが始まったということだ。
一人、一人と間借り人が去っているところだ。
彼らは出て行くときにあなたを攻撃する。

質問者：隅っこに隠れている不法占拠者を追い出します！

マハラジ：空は何か恐れているだろうか？　あなたは自分自身の影を恐れている。あなたは自分の影を怖がっている。なぜ自分自身の影を恐れるのか？　誰が恐れているのか？　恐れとは何か？　深く入って、見つけ出しなさい。この恐れを見つけなさい。誰が恐れているのかを見つけなさい。

不愉快で耐えられないものが恐れを引き起こす。

しかし、あなたは体ではないのだから、

恐れはない。

だから、心配はいらない。こういう幻想の恐れも含めて、すべては去る。誕生と死は身体知識にのみ関係している。あなたの究極的なアイデンティティは生まれていない。なぜ、あなたの影を、あなた自身の反映を恐れるのか？

質問者：影とはどういう意味ですか？

マハラジ：あなたの臨在から、この全世界が投影されている。だから投影されているものは、あなたの影として反映されているのだ。あなたの身体知識や経験などのすべてが、あなたの反映された影だ。なぜなら、その背後にはあなたの臨在があるからだ。この全世界はあなたの自発的な影だ。なぜ、影を恐れるのか？　あなたは影を現実として受け入れた。だから、恐れるのだ。

質問者：では、恐れや心配など、こういう感情が出て来るのは、ただ体のせいなのですか？

マハラジ：体は物質的なものだ。だから、多くのことが起きている。古い思考や新しい思考などの思考が生じる。不幸や落ち込みが生じることもある。しかしあなたは、内側で起きていることにはまったく関心がない。なぜなら、あなたは体とは別物だからだ。

葛藤が起きたり、表に現れたりするのをあなたは見たり、観察したり、観照することができる。それはただの体、三つのグナからできている体に過ぎない。不愉快な思考、抑鬱的な思考、良い思考、悪い思考、微細な思考。あらゆる種類がある。

しかし、やって来ては去る雲を見るように、

あなたはこういう思考を観照している。

太陽は、いつもそこにある。

スピリチュアリティにおいては太陽と、やって来ては去る雲があると言われる。ときにあなたは疑いを持ち、ときに恐れる。なぜ恐れるのだろう？

恐れの原因は何だろう？

恐れの根本は何だろう？

死に対する大きな恐れ。

死に対する大きな恐れ。

誰が死んでいるのか？

なぜ恐れるのか？　私たちは何も悪いことはしていない。もし、大きな恐れを抱いているのなら尋ねるが、あなたはこの体を保存することができるだろうか？　体を保存することはできない。医者が何人いようと不可能だ。

体はあなたのアイデンティティではないのだから、
この現実を受け入れなさい。
私たちはこの究極的な真実を確立した。
あなたは究極的な真実だ。

質問者：では、ネガティブな感情や思考が出て来ても、あまり注意を払ってはいけないのですね。雲が去るように、ただそれらが過ぎ去るのに任せておけばいいのですね。それらに注意を払うと、ますます大きくなってしまうけれど、そういうものはただ放っておいて、一心にマントラを唱え続けていれば、それらに巻き込まれることはないのですから。

マハラジ：その通り！　あなたは身体知識に多大な注意を向けており、幻想の思考の層が幾重にも重なっている。そういう思考が消えれば、違いを感じるだろう。恐れに気をくじかれるな。マントラを唱えるのを邪魔するような感情が生じるかもしれないが、いかなる感情にも惑わされてはいけない。

それは、石を打ち付ける彫刻家のようなものだ。石を打ち付ければ、大きな像が姿を現す。その像はすでにあったのだ。ギザギザとした不要な部分を取り除けばいいだけのことだ。神性が完全に純粋な姿で現れるよう、マスターはあなたが不要な部分を取り除くのを助ける。

74 あなたが真実

質問者：真実を知りたいのですが。

マハラジ：あなたが真実だ。

質問者：わかっています、でも……

マハラジ：知る者が真実だ。知りたい者、真実を期待している者、それが真実だ。私たちは子供の頃から体の影響下にあるので、真の知識を吸収するのは難しいと思う。私たちは読んだり、聞いたりして知識を蓄積してきたが、まだ真の知識は吸収していない。

あなたは自分がブラフマン、アートマンだと知っているが、それを吸収するにはナーム・マントラを用いて規則正しく瞑想することが必要だ。そうすれば、あなたの周りを取り巻く、すべての幻想が消えるだろう。

この体の価値とは何だろう？　スピリチュアリティは忘れてしまいなさい！　臨在がそこにあれば、人々は頭を下げ「あなたは偉大だ、あなたは偉大だ」と言う。しかし、臨在もしくはスピリットが消えてしまえば、人々はすぐに「どけろ、どけろ」と言う。これは明らかな事実だ。

ブラフマンやアートマン、パラマートマン、神などと呼ばれる

あなたの自発的な臨在にとっては、
誕生も死もない。
私はあなたの中の目に見えない聞き手の
注意を引いているのだ。

あなたは究極的な真実だ。あなたは最終的な真実だ。あなたはマスターだ。しかし、体の影響を消さなければならない。不可能なことはない。もし見る者がいなければ、見られるものについて語ることなどできるだろうか？　もし見る者がいなければ、誰が世界について話すことができるだろう？　私たちはいつも「ああ、神様、私を祝福してください。マスター、私を祝福してください。私に何かしてください」と乞うている。自分の中の神のエッセンスを知れば、あなたはもう、誰の祝福を乞うこともない！

あなたは自分自身を祝福するだろう！
自分自身を祝福しなさい！
あなたは自分自身に対して頭を垂れるだろう。
自分自身に頭を垂れなさい。

マスターがあなたに新しい神性のメガネをくれた。さあ、それをかけなさい。あなたが最終的な真実なのだから。

質問者：どうすればマインドを消すことができますか？

マハラジ：前にも言ったように、マインドは存在しない！　マインドは幻想の概念からできているに過ぎない。私たちがそれを非常に重視しているから、私たちはそれの言うことを何でも聞いてしまう。「これをしなさい、あれをしなさい」

思考がマインドの中に入って来ると、
それは知性へと回される。
そして知性が思考を評価して決定を下し、最終的に、
エゴがそれらの思考を実行に移す。

あなたはこの内なる政府機関とその指示に盲目的に従ってきた。でも、それはもうやめだ！

あなたはマスターで、あなたがボスだ。
さあ、あなたが指示を出すのだ。

質問者：私たちの日常的な思考のほとんどは、避けることができます。だいたい九十五パーセントくらいは避けることができるでしょう。しかし、周期的に繰り返される傾向のようなものがあり、それが起きるときは非常に素早く起きるので、即座に習慣的に反応してしまうのです。

その瞬間、私たちは自分を臨在だとは思っていないので、迷子になってしまいます。そして二、三日たつまで、そのことに気づかないのです。だんだん影響が薄れてくると、「何てことだ！　私は何をしていたんだろう？」と考え、しばらく迷子になっていたことに気づくのです。

マハラジ：だから、いつでも注意深くあることが必要なのだ。幻想に対して常に注意深くあるには、真の知識、瞑想、バジャンが役に立つ。これらはあなたの道具、装備だ。

あなたが弱っているとき、気づいていないとき、
敵は近付いて来て、
裏口から入る。

あなたが注意深くあれば、誰も中に入って来ようとはしない。前にも言ったが、瞑想はアンチ・ウィルスソフトのようなものだ。あなたはそれをインストールしなければならない。そのようにして、常に自分の自己なき自己と接触を保つのだ。これは強力な調合薬だ。完全な確信が生じるまで、あなたを強く保ってくれる。

もし、あなたが弱いとマインドが攻撃してくる。敵があなたを攻撃するのだ。しかし、あなたが強くて、たとえばボディビルダーのような見た目をしているなら、筋肉をぎゅっと固くして見せれば、誰もあなたに喧嘩を売ってはこない。

あなたはスピリチュアルな意味で強くならなければならない。強さはあなたの中にある。欠けているのは意志の力、自信、勇気だ。瞑想をすれば、パワーを取り戻すことができる。

自分自身に教えなさい！　あなたには基礎がある。マスターがあなたにパワーを与えたが、それを今使うかどうかは、あなた次第だ。この真の知識を吸収しなさい。あなたが真実だ！

75 誰のハートか

質問者：何か、私が知っておいた方がいいことはありますか？

マハラジ：何のために？　目的地に着いた後もまだ、行くべき場所の番地が必要なのか？　そんなものは必要ない！

質問者：ハートに関して、質問があるのです。スピリチュアルなマスターたちのハートは開いていると言われています。ラマナ・マハルシもマインドがハートに溶け入るということを言っています。

マハラジ：誰のハートなのか？　ハートなど存在しない。体の微細な部分は、臨在を必要とするが。

質問者：宇宙のハート、普遍的なハートはどうですか？

マハラジ：そういうものすべてに名前を付けているのはあなただ。あなたはいつ宇宙に出会ったのか？　ハートや宇宙など、いろいろな言葉がある。私たちは目に見えず、名もない存在だが、自分を身体形態とみなしているので、「ハート」というような言葉を用いて、物事を推し量ろうとしている。

質問者：最近、二、三の訪問者がマスターのハートは開いていると言っていました。

マハラジ：最初のうちは、開いたハートが用いられる。なぜなら人々は、無知のプレッシャーのもとにあるからだ。しかし、究極的な真実、確信にたどり着いたら、もうそういう言葉は存在しない。誰がこういう言葉のすべてを作ったのだろう？

質問者：愛もですか？

マハラジ：誰が誰を愛しているのか？　誰が誰を愛していると言うのか？　愛、愛情、忠誠、信頼、信仰、これらは身体に基づいた言葉に過ぎない。活動は自発的なものだ。

あなたは自分自身を、他の誰よりも愛している。自己愛、愛、愛情、魅力、こういったものはすべて体に基づいている。体が存在する前、生まれる前、あなたは愛や愛情、信頼、信仰などについて知っていただろうか？　否！　何も知らなかった。

体が消える瞬間、この愛はどうなるのだろう？　愛はどこに行ったのか？　誰が誰を愛していたのか？　誰が恋人なのか？　誰が愛しているのか？　対象物は存在しない。私が愛しているこの対象物……この誰かや……この何か……、私はこれを愛している。私はそれを愛している。私は何者かだ。これらはすべて、二元性だ。

質問者：神が愛なのですか？

マハラジ：それは子供の遊びだ。あなたはもう子供ではない。

質問者：でも、神は私たちを愛していると言われていますよね？

マハラジ：ニサルガダッタ・マハラジは言っていた。「あなたの臨在がなければ、神は存在できない」。この世界に生まれ落ちて以来、あなたは自分が世界の中の何者かだという幻想を抱いている。そして、「愛」とか「愛情」といったすべての言葉も始まった。この真の知識を聞く前、あなたは「私は世界の中にある。愛の中にある。宇宙の中にある」と考えていた。

しかし今、あなたは真の知識の目を通して、
宇宙はあなたの中にあると理解している。

こういうことがどういうふうに起きたのかを説明しよう。私は前に、夢の世界の例を挙げた。あなたは眠っており、全世界がそこにある。宇宙はどうやって夢の世界に入ったのか？　あなたは海や太陽、月、空、たくさんの人、森など、投影された全世界を見る。これはどのようにして起こったのか？　それは単に「私」がポンと生まれ出たからに過ぎない。

世界を見るために、臨在がポンと現れ、成長するのだ。

同じことが、ここで起きている。この「人生」は長い夢だ。「私が海のそばに座っていた日、私の休暇、私の妻、私の親戚、私の息子、私の友人」。それは長い夢だ！ 何も関係性はない！

質問者：チダナンダのバジャンに「私は～ではない」とあるように……

マハラジ：チダナンダのバジャンには、幻想を認める言葉がいくつかある。言葉に執着してはいけないということを思い出しなさい！ 「私はない」というのもまた幻想だ。「私はない」と言うには、まず臨在がなくてはならない。あなたの臨在が存在する前、チダナンダはどこにあったのか？ チダナンダや幸福、不幸はどこにあったのか？ ニサルガダッタ・マハラジはこう言っていた。

「あなたは現実を全然知らない。
だから、そのように生きなさい。
それがあなたにとって問題になることはないだろう」

存在する前の自分に形はないと認識していれば、あなたには何の問題もない。だから、そのように生きようとしなさい！ 魅力も、愛も、宇宙も、神も、プラーラブダもない。何もない。

すべてが終わるとき、そこにあなたがある。
すべてが終わるとき、そこにあなたがある。

質問者：つまり、私たちは生まれる前のように生きるべきだということですか？

マハラジ：そういうことは言葉に過ぎない。それはあなたのストーリーだ。それは、何かを指し示すものだ。

存在する前のあなた、
私はその注意を引いている。
そういうことは言葉に過ぎない。
それはあなたのストーリーだ。
存在する前、あなたは知られていなかった。
だから、「知られていないもの」を経験することはできない。
知識はないし、知る者もない。

質問者：はい！

マハラジ：マインド、エゴ、知性、知る者、知識、帰依者、マスター、神、私たちがこういう言葉に出会ったのは、体に出会ったときだ。体はあなたのアイデンティティではない。マインド、エゴ、知性、マスター、神も違う。これは明らかな真実だ。本を読みたいなら、読みなさい。しかし、本の海の中に溺れてはいけない。

確信しなさい。そして、他人を確信させなさい。「他人」という言葉を用いるのは、コミュニケーションするために過ぎない。他人は存在しない。人々は自分自身を知らないから、「分離している」と考えるのだ。

質問者：自分自身を知らないから、「他人」なのですか？

マハラジ：彼ら自身が全世界の原因であり、結果だ。

あなたは自分の全世界の
原因と結果だ。

あなたの臨在がなければ、世界を形にすることはできない。

穏やかで静かにありなさい。
そこには特別な静けさがある。
葛藤も誘惑も熱狂もない。

質問者：物事や観念を追い求めたりはしないということですか？

マハラジ：落ち着きなさい。完全に止まりなさい。もう走ってはいけない！　やめなさい！　もう走るのはやめだ。

私が言ったことを思い出しなさい。すべてが終わるとき、そこにあなたがある。すべてが終わるとき、そこにあなたがあるのだ。

何の形もなく、
体もなく、形態もなく。

質問者：もう一つ、体についての質問があります。あなたは以前、スピリットは存在していることを耐えがたく思うとおっしゃいました。探求者を投影したのもスピリットなのですか？

マハラジ：そういう話は理解するためにしているに過ぎない。スピリットも同じだ。私たちは体を所有しているから病気になったり、何らかの不愉快なことが体に起きる。だから、もし自分の真のアイデンティティを知らなければ、それは耐えがたいことだろう。しかし実在を知れば「私」は耐えられるものとなる。なぜなら、あなたはそれに関心がないからだ。

真実が確立されれば、
耐えがたいものが耐えられるものになる。

体は隣人の子供のようなものだと考えて、体とともに生きていきなさい。あなたは隣人の子供に親切であろうとはするが、その子と自分は何の関係もないことを知っている。

質問者：隣人の子供に対するように、距離を持って体を見るべきなのですね？　それは役に立ちますね。体から距離を置くことができる。

マハラジ：そこには確信がある。それは隣人の子だから、あなたは自分には関係ないと知っている。隣人の子だと知っていれば、痛みに耐える必要もない。

だから、注意深くありなさい！　本の虫になってはいけない！　スピリチュアルな本を読んでいるときは思い出しなさい。本の中で究極的な真実について書かれていることは、あなたについて書かれているのだということを。それはあなたのストーリーだ。それはあなただ！　これが確信だ。

私たちは究極的な真実、究極的なアイデンティティだと自発的に、継続的に気づいていること、それが瞑想だ。

76「私」を捕まえようとする

質問者：私は子供の頃から、質問してきました。私は禅を信仰していましたが、その後、ニサルガダッタ・マハラジとラマナ・マハルシに出会いました。長年「私」に集中し、「私」を捕まえようとしてきました。仕事をしている間、食べている間、誰かと会っている間、何かを聞いている間、私はいつも「私」に集中しようと努めてきました。

しかし、最近、以前より強く苦しみや執着を感じます。そういうものはすべて追い払おうとするのですが、とても難しいのです。この苦しみとエゴ、強い執着のせいで私はちょっと絶望的になっています。純粋に帰依したいと、こんなにも願っているのに。

マハラジ：あなたには科学的な瞑想が必要だ。あなたはいろいろな薬を使い過ぎている。あなたは読書や、マスターの話を聞くことで知識を得ている。

このすべての混乱が起きているのは、土台が欠けているから、スピリチュアルな土台が欠けているからだ。

私たちの系譜では、「集中する者に集中する方法」を教えている。科学的な瞑想を行えば、あなたの混乱は消えるだろう。あなたがこんなに混乱しているのは、体の影響だ。それから、さまざまな本を読んだり、いろいろなマスターを訪ねたりしたことの影響だ。マスターたちは皆、何かを伝えようとしているが、それぞれがそれぞれの言葉で伝える。

科学的な瞑想とは気が散っていたり、マインドや信念が分裂していたりしないことだ。

ターゲットは一つでなければならない。

マスターは二人ではなく、一人。

マスターを比較してはならない。

マスターを取り換えても、あなたは幸せにはなれない。自分のマスターに対して、強い信頼を置かねばならない。あなたの内なるマスターを深く信頼すれば、あなたのパワーが甦る。あなたの内なるマスターが自発的にあなたにパワーと教えを与えるのだ。マインドが揺れ動いていてはいけない。完全な信頼と信念を持って瞑想しなさい。瞑想とは何なのか？

瞑想とは自分のアイデンティティを忘れることだ。
生半可な気持ちでナーム・マントラを唱え、
疑いを抱いているのは瞑想ではない。
大切なのは瞑想の質だ。
つまり完全な集中、完全な専心だ。

質問者：私は長い間、ラマナ・マハルシを信奉してきました。毎年アルナーチャラ山のリトリートに行きます。これでは混乱するでしょうか？　一人のマスターに心を定めるべきですか？

マハラジ：グルはたくさんおり、物理的な体はそれぞれ異なる。あなたはマスターたちを身体形態として捉えている。しかし、スピリットは一つだ。ラマナ・マハルシ、ニサルガダッタ・マハラジ、シッダラメシュヴァール・マハラジなど、多くの聖人がいるが、スピリットは一つだ。

聖者の身体形態ではなく、
そのスピリットにだけ、
しっかりと注意を払いなさい。

あなたはいろいろな修行をしてきた。それは良いことだ。しかし、そういう修行によってエゴが膨らんでしまうのもまた事実だ。そして、そのエゴのせいで求めている幸福を得ることができない。あなたは残念に感じたり、落ち込んだりし、恐れも持っている。

しかし、究極的な真実と一つになれば、その瞬間にそういう感情はなくなる。

あなたは生まれていないのだから、
自分を身体形態だとみなしてはいけない。
それはあなたのアイデンティティではなく、
外側の覆いに過ぎない。

質問者：帰依するのは難しいです。純粋で、良い帰依者であることは、とても難しいです。

マハラジ：難しいことは何もない。その人が生きていようがいまいが、自分のマスターを完全に信頼しなさい。本を読んだり、マスターを取り換えても役には立たない。

商業的な目的で教えている
古臭いマスターのもとではなく、
覚醒したマスターのもとに行きなさい。

誰かをあなたのマスターとして受け入れたら、完全な忠誠を捧げなければならない。従って、人生のいかなる状況においても、あなたのマスターに忠実でなければならない。マスターはそこにいて、あなたの面倒を見てくれる。ときには試練もある。

質問者：たくさんあります！

マハラジ：二元的なマインドがあってはならない。いかなる状況においても、マスターへの信頼が損なわれてはいけない。これがスピリチュアリティの本質だ。混乱と恐れがあるのは、さまざまな教師の話を聞き、運命やカルマ、プラーラブダなどについて話したりするからだ。運命はないし、プラーラブダもない。

こういうすべての思考はあなたではなく体にのみ当てはまる。

なぜ、誰か他の人の幻想の思考を受け入れて、自分の血圧を上昇させたりするのか？

あなたの探求は終わりを迎えねばならない。なぜなら探求などないからだ。すべてが終わる場所に、あなたは存在する。

探求ではなく、

探求する者に集中しなさい。

今、あなたは散漫で、乱れている。あなたのパワーは分裂している。あなたの信頼は太陽光線のように分散している。光線ではなく、太陽でありなさい！　パワーはあなたの内にあるが、それはあちらこちらに分散されている。指を一本だけ使っていては、大したことはできない。しかし指が五本あれば、こぶしを握り、したたかな一撃を繰り出すことができる。パワーは十本の指に分散されているが、すべての指が集まれば、何者もあなたに歯向かってはこない。

乾いた知識の議論は役に立たない。実際的な知識が必要だ。理論と実践は異なるものだ。あなたはどうやったら泳げるか、理論的に知っている。しかし、水中に飛び込まなければ、スピリチュアルな知識の大海の中を泳いでいるとは言えない。

77　偽金

質問者：私が気づいた困難の一つは、過去から引き継いだ傾向やカルマ、つまりプラーラブダです。もちろん、これは体との同一化ですが、私たちには特定のやり方で外側の人生を生きる傾向があるのは事実です。そして、それによって問題が生じるのです。これを克服するにはどうしたらいいでしょう？

マハラジ：意図的な努力はしてはいけない。プラーラブダはない。それは誰のプラーラブダか？　あなたの存在は自発的なものなのだ。

生まれる前、
あなたはどの体に入るかを決めて来たのか？
あなたが言っていることはすべて体にだけ関係している。

この体を去った後、何が起きるだろうか？

プラーラブダ、カルマ、地獄、天国、
こういう概念はすべて体とともにやって来て、
そして体とともに消え去る。

「前」と「後」の間について、私たちが話していることはすべて、幻想だ。私たちは生まれていない子供について話しているのだ。

体があなたのアイデンティティではないならば、
あなたは誰の願望について話しているのか？

聖カビールは言った。「すべては体とともに去る」。だから、今、私たちが話していることはすべて、生まれていない「中間の」子供についてだ。

いわゆる「誕生」から「死」までの間、
この「中間の」幻想の段階で私たちは遊んでいる。

それは、私たちが自分を身体形態とみなしているからだ。

だから今まで読んだこと、聞いたことは、
忘れてしまいなさい！　それらは偽金だ！

質問者：真実はただ空っぽだということなのですね、マハラジ。それは、空のようなものなのですね。

マハラジ：そうそう！　それでいいのだ。それはいいことだ。なぜなら、すべてが終わるとき、そこにあなたはあるのだから。そこには何の特質もない！

質問者：私は、空っぽで無だと感じます。

マハラジ：それは、ある種の素晴らしい経験だ。あなたの中の目に見えない聞き手が、究極的な真実と一つになり、他のすべてのものは消えてしまう。空《くう》を感じるとき、あなたの体のアイデンティティは消え去る。これは良いサインだ。この状態を瞑想によって維持しなさい。

質問者：この空《くう》にしがみ付かないとならないのですか？

マハラジ：しがみ付いたりしてはいけない！　それは自発的なものだ。何かをしようと、意図的な努力をしてはいけない。かつて、私の師はこう言った。「もし、毒を一滴飲んだら、それによって何が起きるかを知ろうとする必要はない。それは自動的に起きるのだから」。これと同じように、ナーム・マントラを受け取れば、すべては自発的に起きる。これから何が起きるかを知ろうとする必要はないし、何かを起こそうとする必要すらない。

最初のうち、あなたはナーム・マントラ、グル・マントラを唱えなければならない。前にも言ったが、それはアンチ・ウィルスソフトだからだ。概念、プラーラブダ、強欲、願望、幻想など、あなたにはたくさんのウィルスがある。

私たちは皆、独自の環境で育てられる。私たちはそれぞれ異なる環境で育ち、それがスピリチュアル・ボディに影響を及ぼす。

あなたは体ではない。

私たちはそれを常にあなたに叩き込む。

ナーム・マントラも同じようにあなたに叩き込む。

何か他に質問はあるかね？

質問者：あなたの教えについていくだけで精一杯です。

マハラジ：それは大変よろしい！　目に見えぬ聞き手が、私の話を聞いており、自発的に私の話が記録されているのだ。だから勇気を持ちなさい。勇敢でありなさい。

すべての知識を忘れなさい。

それが知識だ。

知識のないことが知識なのだ。

質問者：勇気と勇敢さを得られるよう、何度も祈りました。私に勇気をくださいますか？

マハラジ：勇気はすでに、あなたの中にある。体はそれぞれ異なるが、スピリットは一つだ。着ている服は違うけれど、スピリットは一つだ。あなたはまるで、インドの空と中国の空やアメリカの空を比べてくれと頼んでいるようなものだ。空は空だ。身体形態で物事を捉えるのはやめなさい！　それらは言葉、とても美しい言葉だ。勇気、平安、勇敢さ、とてもいい言葉だ。

しかし、あなたはいつ勇気や平安が必要になったのか？

それは臨在が身体形態として現れたときだ。

78　果実の木があなたの中に植えられた

マハラジ：私が言ったことを思い出しなさい。ただ思い出すだけでいいのだ。過去は忘れなさい。過去は忘れるのだ。私たちがここで最近話したことを、ただ思い出せばいいだけだ。それはあなたのストーリーだ。ニサルガダッタ・マハラジは言った。「私はあなたを弟子にするのではない。私はあなたをマスターにしているのだ」。それはマスターのエッセンスがあなたの中にあるからだ。私たちは同じことを何度も何度も話している。同じことを何度も何度も！　私たちは一つの根本原理について議論しているのだ。

ギーターにはさまざまな道が説明されているが、
あなたはすでに目的地にたどり着いた。
あなたはすでにゴールのラインを超えた。

自分自身を本当の意味で知ることが、真我知識だ。だから、穏やかで静かにありなさい。あなたの心配をすべて、このアシュラムに預けて行きなさい。すべての心配、誘惑、困難はこのアシュラムに預けて、出発するのだ。すぐに行きなさい。

質問者：素晴らしいですね！

マハラジ：最後にもう一つ、あなたから欲しいものがある。

質問者：え？

マハラジ：あなたのエゴを預けて行きなさい！　あなたの知性を預けて行きなさい！　あなたのマインドを預けて行きなさい！　そうしたら、帰ってもよい。人々は教えや、スピリチュアルな指示をもらってお金を払おうとするが、エゴや知性、マインドを預けて行こうとはしない。（笑う）

私は何も新しいことは見せていない。これは開かれた秘密だ。あなたは簡単に自分の中を一瞥できる。しかし、あなたはさまざまな考え、幻想の思考のプレッシャーのもとにある。あなたは幻想の思考のプレッシャーを受けながら生きている。あなたのライフスタイルは、こういう幻想の思考の影響によって完全にコントロールされている。しかし今、あなたには分別があるのだから、自分のライフスタイルを変えることができる。

質問者：そうします。

マハラジ：今まで学んだことをすべて、忘れることから始めなさい。今まで聞いたことを忘れなさい！　それはもう去ってしまった。過去は忘れなさい。過去とは、二十年前の記憶はこれ、五十何年前の記憶はこれなどと、マインドが物事を計ることだ。二十年前、何かが起きた。あなたはまだそれを今でも覚えている。そして、その痛みをすべて再経験したりさえする。

過去を忘れなさい！
過去も未来も現在もない。

質問者：現在もない？　過去と未来がないのは受け入れられますが、現在もないのですか？「今」、この瞬間もないということですか？　現在はなければならないと思うのですが！

マハラジ：誰の現在か？

あなたが体でないならば、
誰の過去か？
誰の現在か？
誰の未来か？

現在も、過去も、未来もない。空に過去や現在、未来はあるだろうか？　ニサルガダッタ・マハラジはよく言っていた。「もし、あなたを何かにたとえたいのなら、空にたとえなさい」と。あなたの特定できないアイデンティティは、空間のようなものだ。感情はない。この真実を、あなたの真実を受け入れなさい。

私たちはここで何をしているのか？

私たちは何もしていない。

私たちは火が燃えるように、

灰を取り除いているのだ。

火はそこにあるが、幻想のかたまり、幻想の山々によって覆われている。炎を燃やし続けなさい。スピリチュアルな火を。マントラを唱え続けなさい。そうしないと、幻想の灰にいつまでも覆われていることになるから。クリーニングのプロセスが始まったのだ。瞑想がすべてをきれいにする。瞑想がすべてをきれいにするのだ。これはクリーニングのプロセスだ。

質問者：私は瞑想を続けていきます、マハラジ。きちんと掃除をしたいです。

マハラジ：それをするには、いくらかの勇気が必要だ。しかし不可能なことは何もない。過去、現在、未来は身体知識に関連している。スピリチュアルな科学によれば、あなたは体ではないし、体だったこともないし、体であり続けることもない。これは明らかな事実だ。

過去、現在、未来というものを持つには、

まず最初に何かがなければならない。

しかし、何も存在しない。

あなたは形がない。

何もない。

あなたのパワーを受け入れなさい。

なぜ、自分のパワーを受け入れないのか？　自然で、シンプルに、謙虚でありなさい。あなたはキーを持っているのだから、それを使わなければならない。あなたは自分とマスターを完全に信頼しなければならない。

私が話して聞かせた聖者や勇者たちのようになりなさい。彼らは自分の師を深く信頼していた。教養もなければ、資格もなかったのに、彼らの口からスピリチュアルな言葉が出て来たのは、どうしてか？　誰が、彼らのために話していたのか？

私は多くの外国人がニサルガダッタ・マハラジを訪ねて来るのを見た。彼らは複雑な質問をたくさんしたが、ニサルガダッタ・マハラジはシンプルな答えを返した。

これはあなたにも起こり得ることだ。
同じことがあなたにも、誰にでも起こり得る。
体はそれぞれ違うし、
道も違うが、
スピリットは同じだ。
これは明らかな真実だ。

納得したかね？

質問者：はい、マハラジ！

マハラジ：

あなたは自分自身を確信させなければならない。

思考が流れている。それは体の性質だ。思考と戦ってはいけない。役に立つ思考は完全に受け入れなさい。わかったかね？（手を叩く）

質問者：マントラが徐々にもっと自動的になっていくといいのですが。

マハラジ：まったくもって、それはあなたがどれだけ真剣に向き合っているかにかかっている。あなた次第だ！

質問者：一生懸命やれば、その分、結果も得られるのですね。最初のうちは、特に最初のうちは努力を費やさねばならないのですね？

マハラジ：最初のうちは、意図的な努力がいくらか必要だ。その後は自発的に起きていくだろう。すべての行動と反応が自発的なものになる。あなたは世界に関心を持たなくなる。

世界に無関心であり続けなさい。

質問者：今こそ、世界に無関心になるべきときですね。マントラを唱えること以外に、何もすることがないのですから。

マハラジ：マントラを唱えることは、とても大切だ。マントラを唱え、瞑想することは大切だ。多くの人が知識の基盤を持っていない。あなたは博識だからいい基盤が、とてもいい基盤があるだろう。

新しい人たちがここにやって来るが、彼らは皆異なる背景を持ち、レベルも異なる。理解のレベルは人それぞれなのだ。あまり教育を受けておらず、しっかりとした知識の基盤がない場合、私は教えを伝えるのにたとえ話を用いる。誰もがそういう物語から何かを学ぶことができる。

理解の基準は人それぞれだが、皆が自分のレベルに応じて学ぶ。これはマスターたちの使うテクニックだ。シッダラメシュヴァール・マハラジが講話をするときは、生徒に応じて、どのように教えるかを決めた。そして、新参者が来たときは、すぐにやり方を変えた。古くからの帰依者たちは実在を知っているが、新しい人たちが来たときは、簡単なやり方で教えなければならない。

郵便はがき

恐縮ですが切手をお貼りください

101-0051

東京都千代田区神田神保町3-2
高橋ビル2階

株式会社 ナチュラルスピリット

愛読者カード係 行

フリガナ		性別
お名前		男・女
年齢	歳	ご職業	
ご住所	〒	
電話		
FAX		
E-mail		
お買上書店	都道府県 市区郡 書店	

ご愛読者カード

ご購読ありがとうございました。このカードは今後の参考にさせていただきたいと思いますので、アンケートにご記入のうえ、お送りくださいますようお願いいたします。

小社では、メールマガジン「ナチュラルスピリット通信」(無料)を発行しています。
ご登録は、小社ホームページよりお願いします。**http://www.naturalspirit.co.jp/**
最新の情報を配信しておりますので、ぜひご利用下さい。

●お買い上げいただいた本のタイトル

●この本をどこでお知りになりましたか。

1. 書店で見て
2. 知人の紹介
3. 新聞・雑誌広告で見て
4. DM
5. その他 (　　　　　　　　　　　　　　　　　　　　)

●ご購読の動機

●この本をお読みになってのご感想をお聞かせください。

●今後どのような本の出版を希望されますか?

購入申込書

本と郵便振替用紙をお送りしますので到着しだいお振込みください(送料をご負担いただきます)

書　籍　名	冊数
	冊
	冊

●弊社からのDMを送らせていただく場合がありますがよろしいでしょうか?

□はい　　□いいえ

シッダラメシュヴァール・マハラジはよくこのように言っていた。「あなたのために、私は一歩下がってエゴを用い、私はマスターに、あなたは弟子になる。あなたと私の間に何の違いもないのだが、私があなたに教えるとき、私があなたと話すとき、私があなたに講話をするとき、私はマスターというエゴをまとい、あなたは弟子となる」

だから、心配しなくていい。あなたにはいい基盤がある。あなたの心配や困難をすべて、アシュラムに預けて行きなさい。あなたには荷物がたくさんある！

質問者：文字通りの意味でも、比喩的な意味でも、たくさんあります！

マハラジ：荷物を全部置いて、身軽に帰りなさい。

ただ、あなたとともに！

ただ、あなたと一緒に！

質問者：それから、結果を求めない方がいいのでしょうか？たとえば、マントラを唱えるときは、期待しないようにするとか。

マハラジ：その通り。瞑想するときは、期待してはいけない。何か普通でないことが起きるかもしれないとか、何らかの経験やサインが得られるかもしれないなどと期待しないことだ。

質問者：まばゆい光などが見えたりするような経験ですか？

マハラジ：そういうことは自発的に起きる。それは自発的にやって来る。しばらくすると、あなたは何らかのパワーを得たと感じるかもしれない。こういう微妙な期待は、どうしても起きてくるものだ。しかし、瞑想に時間を割かなくてはならない。期待せずに帰依する。そうすれば、あなたは自分の中に神性を発見するだろう。

期待することなく帰依すれば

あなたの中の神性を知ることができる。

だから、私はさまざまな言葉を用いて、あなたに叩き込んでいるのだ。あなたの究極的な真実をあなたの中に据え、埋め込んでいるのだ。

あなたはそれに肥料と水をやり、

育てなければならない。

果実のなる木があなたの中に植えられたのだ。

あなたはどう世話するのか？

水と肥料をやるのだ。

肥料とは、

バジャンと瞑想のパワーだ。

こういう話を聞いた後は、『アイ・アム・ザット 私は在る』をまた読みなさい。そうすれば、もっと明らかになるだろう！　ニサルガダッタ・マハラジは稀に見る人物だった。彼の言うことには、とても強いパワーがあった。彼の話すことには、特別なパワーがあったのだ。だから私はとても、とても幸運だった。私が今こういうふうに教えているのも、すべて彼のおかげだ。師とあんなにも長い間、交流できたのは、本当に本当に幸運だった。

質問者：そして今、私たちがその恩恵を受けているのです。

マハラジ：私は同じ知識を、あなた方と分かち合っている。言葉は違うかもしれないし、やり方も違うかもしれない。でも根本原理は一つだ。

私はあなたの中に、私の幸せを見る。
私はあなたの内側に、私の幸せを見る。
あなたが幸せなら、
私も幸せだ。

だから、どこかで、完全に立ち止まらなければならない。スピリチュアルな旅人になってはいけない。大勢の人たちがここにやって来て教えについて議論し、そして「わかりました。では、また別のところに行って、別のマスターに会います」と去って行った。私が叫んでいたことはすべて、無駄になったというわけだ。それはとても残念なことだ。

質問者：でも、わかりませんよ。そういう人たちも、もしかしたら、いつか数年後にでも何かに気づくかもしれません。「わかったぞ!」と。あなたは種を蒔《ま》いているのですから。芽が出るには時間がかかります。

マハラジ：そう、忍耐が必要だ。

質問者：若い人の場合、これからいろいろなことが起きるでしょうしね。結婚したりとか。

マハラジ：だから幸せでいなさい。そして他の人たちも幸せにしなさい。目覚め、気づいていなさい。そして他の人たちが幻想から抜け出るのを助けなさい。

質問者：あなたは目覚めを「得なさい」とか気づきを「得なさい」などとは言わず、目覚めて「いなさい」、気づいて「いなさい」とおっしゃるのですね。「得る」だと、売り買いされるもののようだということですか?

マハラジ：繰り返すが、それらは言葉に過ぎない。あなたはすでに覚醒しているが、そのことに気づいていない。あなたはすでに覚醒しているが、それに気づいていないのだ。あなたが自分の真のアイデンティティを忘れているので、私たちは目に見えぬ聞き手、あなたの究極的な真実の注意を引いている。真の知識はすでにあなたのもとにある。あなたがそれを忘れているだけだ。

79 マスターは必要か

質問者：あなたが真我実現をしたとき、なぜすぐに教え始めなかったのですか？　なぜ、仕事を続けたのですか？　教えることより重要なことがあるのですか？

マハラジ：それらの出来事は別々のタイミングで起きるのだよ。真我実現は自発的に起きる。それは教えることとは、また別だ。ニサルガダッタ・マハラジが真我実現をしたとき、その後しばらくの間、教え始めなかった。彼は教えることを避けていたのだ。第一の理由は、教えることには大きな責任が伴うからだ。そして第二の理由は、真剣に学びたい人たちがどれくらいいるかなど、状況によって左右されるからだ。真剣に向き合い、帰依しようという人たちがいれば、自然に教えることになる。私が教えることになったのも、人々にそう強いられたからだ！　ランジット・マハラジが体を去ったとき、人々は「次は誰が教えるのだろう？　あなたが何とかしなければならない。そうしないと、私たちの子供たちはどうなる？」と言った。それは自然に起きたのだ。

質問者：私はあなたにとても感謝しています、マハラジ。

マハラジ：すべては私の師のおかげだ。私はさもない少年だった。二十代の前半には、一日に一ルピーか二ルピーほどの稼ぎしかなかった。それが、今ではこういうふうになったのだ！　すべては奇跡だ。

これは誰にでも起き得ることだ。ただ、あなたがどれだけ真剣に向き合っているかにかかっている。あなたは「覚醒」とか「悟り」について話す。それらは言葉だ。あなたはすでに覚醒している。しかし、そのことに気づいていない。すべてはあなたの中にある。しかし、あなたは気づいていないのだ。それがすべてだ。

私たちはあなたに気づかせる。

この会話を通して、あなたに気づかせる。

自分を見くびってはいけない。深く帰依し、真剣に専心しなさい。

質問者：帰依とは何なのか、お尋ねしたかったのですが。

マハラジ：帰依とは、私たちの自己なき自己に完全に専心することだ。帰依とは、エゴを抜きにして、私たちの自己なき自己に完全に向き合うことだ。意図的に何かをするのではなく、自己なき自己に自発的に向き合うのだ。

質問者：探求者の中には、真我を実現するのにマスターはいらないと言う人たちもいますね。マスターはどうして必要なのでしょう？

マハラジ：医者が薬を処方するとき、一度にすべての薬を飲めとは言わない。おそらく、一回に一錠か二錠ずつ、一日何回かに分けて飲むように言うだろう。これと同じように、マスターもあなたに薬を処方し、従うべき指示やガイダンスを与えるためにいる。マスターがいなかったら、あなたは暗闇の中で道を探すことになる。最初の段階では、マスターが必要だ。

マスターは探求者に、
特定できないアイデンティティを渡す。
マスターという媒体を通して、
特定できないアイデンティティが
探求者の前に置かれるのだ。

マスターはあなたの実在を指し示すためにいるのだ。あなたが実在を知ることができるよう、マスターはあなたにそれを見せ、あなたを確信させる。そして、あなたは「私は誰か?」と問うだろう。

「私は誰か?」は想像や推測の輪の中にはない。
あなたの臨在は自発的なものだ。

質問者:体が去ったら、何が起きるのですか? 何が残るのですか?

マハラジ:現在、あなたは体を所有している。生まれる前、体はなかった。体が消えた後、あなたは自分自身に知られなくなる。だから、あなたが今持っているどんな知識も、スピリチュアルな情報も、体とともに消える。何も残らない。

質問者:では、こういうスピリチュアルな知識というものには、何の意味があるのでしょうか?

マハラジ:あなたが自分のアイデンティティを忘れてしまったから、そういうものが必要なのだ。

存在する前の自分がどんなだったかを
あなたは忘れてしまった。

質問者:では、知識とは何なのですか?

マハラジ:あなたは立ち止まることなく、次から次へと気まぐれに質問をしている。

質問者:すみません。ここにいられることがうれしくて、興奮しているんだと思います。

マハラジ:それは構わない。でも、この知識は知的なものではなく、直接的な知識なのだ。真の知識とはただ自分自身を本当の意味で知ることだ。私たちは自分自身を身体形態として知っている。それはあなたのアイデンティティではない。

真の知識とは、真我知識だ。
帰依とは、真我知識を完璧にすることだ。

質問者:確信とは、盲目的な信頼ですか?

マハラジ:確信とは、単に究極的な真実を実現しているということだ。単純な例を挙げてみよう。この体は「男」と呼ばれている。だから、私はこの体が「男」と呼ばれることを受け入れた。これが自発的な確信だ。

質問者：あなたのおっしゃったことから感じたのですが、確信を得るには、瞑想が欠かせないのですか？

マハラジ：瞑想が基礎となる。瞑想によってのみ、こういう幻想の思考や間違った考え、誤った概念を消すことができるからだ。子供の頃から現在に至るまで、無数の幻想の思考が体の中で発達してきた。だから、そういうものをすべて消すために、瞑想が必要なのだ。最初のうち、あなたは努力をしなければならない。その後は、知らぬ間に進んでいく。

80 マスターのビジョン

質問者：瞑想している間、あなたが時折「目印」と呼んでいるようなことがたくさん、自発的に起きるのです。今朝は、マスターたちが私のために火葬用の薪を用意してくれました！　これは、私が完全にエゴを手放す努力をもっとするためのガイドラインだと思いました。そうすれば、私という残された幻想とともにエゴを焼き払うことができるでしょう。でも、他の帰依者と話をしたら、彼はこういう経験は何もしていないようでした。

マハラジ：それはいいことだ！　最初、修行を始めたばかりの頃は、人によって経験が異なる。あなたは何かを経験するかもしれないが、しないかもしれない。初めのうちは何も経験しない人もいるし、それは人それぞれだ。

瞑想し、完全に専心して自己なき自己にどんどん近付いて行くにつれ、たくさんのことを経験する人たちがいる。奇跡的な出来事を経験する人たちもいる。

簡単に言うと、スピリチュアルな科学では三つの方法で神を経験できると言われている。見ること、聞くこと、触ることの三つだ。あなたが完全に専心しているマスターの姿を見ることもあるし、マスターとの接触を感じることもあるし、マスターがあなたと話をすることもある。

完全に専心すれば、
あなたのスピリットはあなたのマスターの姿をとる。

ワンネスについて説明するために、ヘンヴァバイという聖人の例を話そう。彼女はバウサヒブ・マハラジの弟子だったが、不治の伝染病にかかったので、病気がさらに広まるのを防ぐため、森へと追放された。そこで、彼女は師に対して祈った。あまりにも深い帰依とともに祈ったので、バウサヒブ・マハラジが彼女の前に身体形態として現れた。そして、彼女の病は癒された。

師は彼女にベッジワディーのアシュラムに行くようにと言った。彼女は不安に思い、人々は自分を幽霊のように扱うだろうと師に訴えた。師は答えた。「あなたが祈るとき、私はそこにいる。しかし、あなた以外の人には見えない」。彼女はアシュラムに行き、人々にバウサヒブ・マハラジからダルシャンを受けたと話した。

地元の人たちは、彼女を試すことにした。供え物の載った皿が持って来られ、その後すぐにバウサヒブ・マハラジが現れて、皿をきれいにした。その後、人々はヘンヴァバイからダルシャンを受けた。この種の奇跡が起きることがある。もちろん、

聖者が実際に形をとって現れたわけではない。
あなたが完全に自己なき自己に専心すれば、
形あるものが投影されるのだ。

こういう経験は究極的な真実ではない。いい経験ではあるし、進歩の目印ともなる。しかし、それは究極的な真実ではない。こういう奇跡的な出来事は四六時中、いくらでも起きている。

もう一つ、例を挙げよう。年を取った帰依者の一人が大手術を受けることになった。息子に手術は怖くないかと尋ねられ、彼は答えた。「なぜ、怖がることがあるだろう。私は死の達人だ」。手術の間、彼は自分の師を見た。医師たちとともに、師がいたのだ。これは、彼が深い信頼を持っていたので起きた。

奇跡は究極的な真実ではない。
それは見る者の反映、
見る者の投影だ。
それはあなたの実在が形をとっているのだ。

スピリットはとても繊細だ。もし、あなたの師のことを深く真剣に考えて、自分のアイデンティティを忘れてしまえば、師があなたの前に現れるだろう。そういうことが起こり得る！　覚醒した聖者たちは、奇跡を奨励しない。ニサルガダッタ・マハラジは言った。「こういう奇跡が起きることを、人々に告げてはならない。そういうことを告げると、人々に間違ったメッセージが伝わってしまう」

奇跡は起きる。あなたの自発的な臨在から起きる。あなたにはとてつもないパワーがある。あなたにはとてつもない強さ、パワーがある。しかし、あなたはそのパワーを過小評価し、実在をどこか他の場所で見つけようとしている。自立しなさい！

81 言葉なき実在

マハラジ：あなたはこんなにも多くの衣装、幻想の層で覆われている。あなたはそれを一枚一枚、取り除かなくてはならない。この古くから伝わる話をあなたも聞いたことがあるだろう。弟子がマスターに「ブラフマンとはどんなものですか」と尋ねた。マスターは答えた。「それは玉ねぎのようなものだ」

それは玉ねぎ、もしくはキャベツのようなものだ。層を一枚一枚むいていくと、結局、何も残らない。これと同様に、もし幻想の思考をすべて取り除けば何も残らない。しかし、その無の中に、すべてがある。

その無の中に、すべてがある。

さまざまな方法、言語、言葉、文章を用いて、私たちはあなたに実在を確信させようとしている。

存在する前は、何もなかった。

存在が消えてなくなれば、何もない。

こうして今、会話をしているのも、生まれていない子供について話しているようなものだ。哲学やブラフマン、アートマンなどのいろいろな言葉について話をするのも、生まれていない子供について話すようなもので、無だ！

私たちは生まれていない子供について話をしている。

私たちは無について話をしている。

すべてが体とともに去る。ならば、ブラフマンはどうなるのだろう？　体がなくなってしまったら、そのとき、あなたにとって、すべての人にとってブラフマンはどうなるのだろう？　いわゆる死によって体が消える瞬間、このブラフマンはどうなるのだろう？　このブラフマン、パラブラフマン、アートマン、神はどこに行くのだろう？

そこに言葉はない。

これが実在だ。

では、なぜ言葉にこんなにも執着するのか？

あなたは言葉に強く愛着心を抱いている。

実在、あなたの実在を、

見つけるようにしなさい。

言葉なき実在を。

どうして、いつまでもこういう言葉を握り締めているのか？「この聖者は、どうしてこういうことを言うのだろう？あの聖者はどうしてああいうことを言うのだろう？」。何を「言うか」ではなく、何を意味しているかが最も重要なのだ。人々は言葉に依存している。ブラフマンとは何だろう？アートマン、パラマートマン、神、マスター、マーヤー、ブラフマンとは何だろう？　たくさんの言葉がある！　私たちがそれらを作り出した。私たちが言葉を作っているのだ。私たちはＡＢＣＤとアルファベットを作り、そして言葉を作った。「ＤＡＤ」は「お父さん」という意味だ！

私たちはさらに言葉を作り、
それらに意味を与え、
そしてそれを使って会話したり、喧嘩したりする。

言葉とは当然ながら役に立つものだ。言葉がなかったら互いに交流し、会話することができない。しかし、私たちは言葉の中に、もっと深く入って行かなければならない。

深く深く、
言葉の意味の中へ入らなければならない。

私はこの世界に、男や女として現れる。これは真実だろうか？　男や女などといった性別は、外側の覆いのようなものだが、これは真実だろうか、偽物だろうか？

たとえば、金や銀などの金属を用いて、二つの像を作るとしよう。一つは神の像、もう一つはロバの像で、これらを金細工師のところに持って行って買い取ってもらうとする。そのとき、「これは神の像ですから、ロバの像より価値があるでしょう！」などと言っても、あなたは神の像をロバの像より高く売ることはできないだろう。像の価値は金属の重さで決まるのであり、像の名前や形で決まるのではない。

これと同じように、究極的な真実も、究極的な真実なのだ。あなたは究極的な真実だ。それを自分に確信させなければならない。自分のやる気を引き出さなければならない。自分自身を形作らなければならない。

あなたに指示が与えられた。
ガイドラインが与えられた。
だから、それについて考え、
それを使い、
そして自分自身のパワーを取り戻しなさい。

自分自身を軽んじ、見くびってはいけない。勇気を持って外側と内側のものに向き合いなさい。波はやって来ては去る。思考もやって来ては去る。あなたはそれらを受け入れるか、もしくは拒否する。受け入れか、拒否。とてもシンプルだ！　あなたは自分自身のマスターだ。

質問者：おっしゃることはわかります。でも、それを実行に移すのは、また別問題です。私は自分の世界のマスターです。それは理解できます。でも、それを実践するのは、また別問題です。

マハラジ：単に真の知識を実践すればいいだけだ。事実があなたに差し出された。事実があなたの前に置かれたのだ。明らかな事実があなたの前に置かれた。明らかな真実があなたの前に置かれた。後は、あなた次第だ。それをどうするかは、完全にあなた次第だ。

究極的な真実があなたの前に置かれている。

それはあなたの真実、

あなたの最終的なアイデンティティだ。

どういうことかと言うと、本を読むとき、特定の言葉があなたに影響を与える。あなたはそれを分析する。ラマナ・マハルシはこう言った、ニサルガダッタ・マハラジはこう言ったと。あなたはさまざまな言葉を比較研究している。しかし同時に、

その比較研究をしているスピリットを

あなたは無視している。

さまざまな言葉があなたの究極的な真実を指し示している。それだけを受け入れなさい！　言葉で遊んではいけない！

82　あなたは今、微笑んでいる

マハラジ：真の知識とは、何と簡単なものであることか！

質問者：簡単だけど、難しいです。

マハラジ：私はあなたの注意を、すでにあなたの中にあるものに向けさせようとしている。あなたはただ、完全な信頼と確信を持ってそれを受け入れればいい。そして、それを必ず吟味、検討しなさい！　盲目的に信頼してはいけない。マスターの教えをすべて精査し、それが適切な情報かどうかを確かめなさい。

質問者：何が起きているのか、前よりもよく気づくようになりました。何か不愉快なことが起きたときは、恐れるのではなく、ただそれとともにいればいいということがわかっています。

マハラジ：そうそう、それでいい。スピリチュアリティとは、特殊部隊の訓練のようなものだが、それは軍事訓練以上のものだ。もう荷造りは済んだかな？　最後の質問はあるかね？

質問者：いいえ、ありません！　困難は去りました。悲しみも去りました！（笑う）

マハラジ：とてもいい、とてもいい。普通でありなさい！完全に静かでありなさい。考え続ける必要はない。何が起ころうと、ただあるがままにしておきなさい。あなたはスクリーン上の映像を見ている。そのシーンやストーリーによって、あなたは一時的に幸せになったり、不幸せになったりする。そして映画館を出れば、そういうことは忘れてしまう。

これは思考や映像が流れている、大きな映画館だ。これは夢だ。夢を見て、そして忘れなさい。いつも通り普通でシンプルで謙虚でありなさい。普通で、シンプルで、謙虚でありなさい。

自分の周りで起きていることに、
注意を向けてはいけない。
自分の周りで起きている思考に、誰のものであろうと
影響を受けてはいけない。

あなたの幸せは私の幸せだ。あなたは今、微笑み、笑っている。それはとてもいいことだ。ここに来たとき、あなたは深刻で、悲しそうだった。

これはとても簡単なことだ。とてもとても簡単でシンプルだ。悩んではいけない。気を散らすものに惑わされてはいけない。ときには誘惑を感じることがあるだろう。しかし、あなたは自分の内なるマスターに導かれ、指示を受け取るだろう。「これをしてはいけない。それはマーヤー、幻想だ。こっちに来て、これをしなさい」などというように。これは、子供のすごろく遊びに、ちょっとばかり似ている。

スピリチュアリティでは、
過去を忘れなさいと言う。
過去について考えるべきでないのは、
あなたの自発的な臨在があなたのターゲットだからだ。
あなたの自発的な臨在があなたのターゲットだからだ。

他人の思考や意見の奴隷になってはいけない。本の知識、文字の知識は忘れてしまいなさい！　完全にまっさらな黒板のようになりなさい。壊れたファイル、幻想のファイルは皆捨ててしまいなさい。そして、新しいあなたのプログラムを導入しなさい。ただ見方を変えなさい。仕様を変えてしまいなさい。それはあなたのストーリーだ。私はあなたの中の目に見えぬ聞き手の注意を引いている。

自己なき自己を知りなさい。
「自己なき自己」というプログラムを導入すれば、
それがあなたのすべてのパソコンの
面倒を見てくれる。

83 究極的な実在に顔はない

マハラジ：あなたは恐れのない人生を送ることができる。なぜ、恐れがあるのだろう？　それは私たちがこの体に執着しているからだ。もし外に出かけるとき、ポケットにお金がいっぱいあれば、それが盗まれるのではないかとあなたは恐れるだろう。だから、手をポケットに突っ込んで、心配そうにこわごわと辺りを見回す。あなたは泥棒を恐れている。もしポケットに何も入っていなかったら、あなたは腕を体の脇にたらしてリラックスしているだろう。

同じように、あなたに恐れがあるのは、この体に執着しているからだ。

もし何も大切なものがなければ、何も恐れることはない。

大切なものがなければ、恐れもない！

自分は何者かだという信念の痕跡が残っている限り、このエゴの知識が問題と葛藤を起こし続けるだろう。だから、もし自分を本当の意味で知りたいなら、専心することが必要だ。自分自身について考えなさい！　これはとてもシンプルな知識だ。スピリチュアリティのことはちょっと忘れなさい。あなたは小さな子供だ。それが若者になり、そして老人になる。

そういう段階は体にとってのものであり、あなたにとってのものではない。

あなたは小さな子供を観照し若者を観照する。

あなたは観照者だ。

観照者は変わらない。観照されるものが変わる。体は変わるが、あなたは変わらない。

あなたは不変だ。

「私は体ではない」と知っても、それでもなお、まだ恐れがいくらかある。これから何が起こるか、まだ微妙に恐れ、心配している。もし、体の調子がどこかおかしくなったら、あなたは医師に懇願する。「ああ、先生、何かしてください。生き延びるための注射をしてください！」。なぜだろう？

なぜならそれがスピリットの特質だからだ。

なぜならスピリットは体を通してのみ自身を知るからだ。

私たちはそれをスピリット、ブラフマン、アートマン、パラマートマンなどと呼ぶ。しかし、スピリットはあなた自身だ。あなたは自己なき自己だ。スピリットと体が結び付くこと、マインドやエゴ、知性の幻想、自分自身を分離した何者かだと考えること、こういうものによって、この夢の世界が作られる。

夢から覚めれば、あなたはもうその夢を認識しない。同様に、あなたはこの世界を認識しない。これは夢の世界だ。わかるかね？

質問者：すべては「マーヤー」だとよく本に書いてあるので、そのことを知的には理解していました。しかし、あなたは今、それをとても実際的に説明してくださったので、私は本当に、本当に理解できました。ただ真実であるだけでなく、とても実際的な説明でした。

マハラジ：確信が訪れるだろう。徐々に、すべての幻想の層が完全に溶かされていく。溶解プロセスはすでに始まった。ゆっくりと、静かに、永続的に、身体知識と物事が体に及ぼす影響が減っていき、溶けて消えてしまうだろう。

質問者：その代わり、そこには何があるのでしょう？

マハラジ：特別な平安だ。それには何の物質的原因も必要ない。現在私たちは、物質的なものから平安や幸せを得ようとしている。私たちは書物を読むが、これも物質的原因だ。私たちはおいしい料理を食べるが、これも幸せの物質的原因だ。それらは一時的なものだ！

私が言うところの幸せは、定義できない。

すべての概念は幻想だ。

概念が生じる前、

身体知識を得る前、

存在する前、

あなたはどんな状態だったのかを見つけ出しなさい。

私たちはそれを見つけるために、このプロセスを経る。このプロセスも幻想だ。知識も幻想だ。しかし、あなたはそれを目的地にたどり着くためのはしごや、住所を書いた紙のように利用しなければならない。目的地に着いたら、そういうものは捨ててしまえばいい。

『アイ・アム・ザット 私は在る』や、“Master of Self－Realization”のような本によって、マスターたちは読者に彼らの究極的な真実、最終的な真実を確信させようとしているのだ。そういう知識を手がかりにして、あなたは自分を確信させなければならない。そして、「私はそれだ」となる。

これは物質的な体だ。

あなたの臨在は目に見えず、至る所にある。

究極的な実在には顔がない。あなたは自己確信を持たなければならない。自分自身を確信させるのは、あなたの責任だ。マスターはあなたの前に、あなたの真のアイデンティティを置いた。それを受け入れるか否かは、あなた次第だ。

あなたは自分自身を確信させなければならない。

それはあなた一人にかかっている。

誰かがおいしい料理を持って来たら、あなたは「わあ、おいしそう！」と言うだけでなく、それを食べるだろう！　あなたはそれを食べ尽くす。それと同じように教えや真の知識も、「ああ、素晴らしい、素晴らしい。さて、お次は？」と言っているだけではなく、差し出されたものを食べ、消化しなければならない！　これについて、どう思うかね？

質問者：その通りです！　私はすべてをがつがつと食べています！

マハラジ：これは美しい旅だ。その人次第で、どんどん深いところまで入って行く。すべての教えを受け取りなさい。すべてを受け取りなさい。すべての豊かさを受け取りなさい。二、三ルピーばかり受け取るのではなく！

84 マスターはあなたの中の「神」を見せる

マハラジ：すべてはあなたの中にある。だから物理的にも、精神的にも、どこかに行って探す必要はない。ただ、この確信を得るために、修行をすればいい。

スピリチュアリティから何かを得たいという期待は、すでにあなたの中にいる、期待する者によって満たされるだろう。

この期待する者は神、アートマン、ブラフマン、パラマートマンと呼ばれる。スピリットが体にはまったとき、あなたの期待も始まった。私は平安が欲しい、完全な幸せが欲しい、安らかな人生が欲しい、葛藤のない人生が欲しいと。

こういう期待は、子供の頃に始まった。子供は泣く。それは、何が起きているのかを説明できない、もしくは理解できないからだ。私たちの国では、子供が泣くとはちみつをやる。甘さを味わえば、子供は幸せになる。

これと同じように、いわゆる世界に参入すると、私たちはたくさんのものが幸福と甘味をもたらしてくれることを期待する。なぜだろう？　それはスピリット、臨在にとって、この世界に存在することは耐えがたいことだからだ。

なぜなら存在する前、生まれる前は不幸も幸福もなかったからだ。

質問者：それは面白いですね！　今朝、瞑想していたときバウサヒブ・マハラジの臨在が現れて、「すべての喜び、幸福を手放しなさい」と言いました。そのとき、私には何のことかよくわかりませんでした。なぜ、人生の肯定的な側面を手放さなければならないのでしょう？　喜びや幸せは問題ではありません！　違います！　だから、私は喜びや幸せは取って置こうと思いました。もし、バウサヒブ・マハラジが「すべての痛みと苦しみを手放しなさい」と言ったら、私はすぐに従ったでしょう！　でも、今わかりました。存在する前は、幸福も不幸もなかった。幸せや喜びとは身体知識だから、去らねばなりません！

スピリチュアルな進歩を測るバロメーターとして、私は平安や喜び、至福、幸せを追い求めていました。しかし、そういうものもすべて、身体知識の一部だとわかっていませんでした。

マハラジ：幸福も不幸もない。皆が平安を求めて、あちらこちらに旅をして、もがいている。あなたは平安と幸福を見つけるために、はるばるここまでやって来た。幸せはあなたに知られていない。あなたはそれを娯楽や金銭、セックス、権力などを通して見つけようとする。スピリチュアルな経験もその一つだ。しかし、これだけいろいろなところを探しても、それはあなたの手に入らない。

幸せがあなたに知られていないのは
あなたは自分自身に知られていないからだ。
あなたの中の幸せの根本原理は
あなたから隠されており、
あなたに知られていない。

あなたはこの耐えがたき身体知識を受け入れ、マインドやエゴ、知性といった微細な身体形態も受け入れた。そして、平安を見つける方法を探し求めている。あなたはマスターや寺院、聖地を訪れる。それで鎮痛剤を飲むように一時的に幸せと安心を得られるかもしれない。しかし、それは永続的ではない。

そして、あなたは巡回サーカスのように、また別の寺院を訪ね続ける。誰かがあなたに「ここに行きなさい。あそこに行きなさい。これをしなさい。あれをしなさい」と言う。しかし、いくら探し回って旅をしても、誰も神はあなたの中にいることを明らかにしてはくれない。

誰もあなたに、あなたの中の神を見せてはくれない。

あちらこちらを探し回る必要はもうない。今、あなたは目的地にいる。あなたは最終目的地にたどり着いたのだ。これが究極的な真実だ。だから、それにしっかり張り付いていなさい。真剣になり、本気で受け止めなさい。

以前の旅のことは忘れなければならない。
今、あなたは家にいるのだから
もう、行き先の住所も道順もいらない。

月日とともに混乱が積み重なった。毎日、混乱が積み重ねられる。しかし、今、あなたは直接的な最終目的地にたどり着いた。それはすでにあなたの中にある。

あなたはもう体ではないのだから
どこかに探しに行く必要はない。
あなたの心配はすべて、体とともに始まった。
さあ、根本に行きなさい。
すべてはあなたの中に根付いている。

質問者：頭ではわかっているのです。でも、根本に行くのは難しいです。まだアンソニーに強く執着しているのです。

マハラジ：体に関係した知識は、あなたに幸福をくれないだろう。「私はブラフマンだ。アートマンだ。パラマートマンだ。神だ」と言いたければ、言うことはできる。しかしこれはすべて身体知識だ。あなたはブラフマンでもアートマンでも、パラマートマンでも、神でもない。それらは、存在するものに対して付けられた名前だ。いい名前だが、あなたの存在はそれ以上のものだ。あなたの臨在はそれを超えている。

あなたは究極的な真実だ。

あなたは最終的な真実だ。

あなたは世界の父だ。

質問者：私である究極の真実、それを実現するにはどうしたらいいですか？

マハラジ：それに必要なプロセス、あなたの頭を強くする薬をあげよう。

質問者：いいですね！

マハラジ：あなたにはマスターがいるかね？

質問者：今はいません。かつて、ある人を長い間、師と呼んでいました。私は師の足元に座っているのがとても好きでした。

マハラジ：そのマスターと一緒にいて、結局どうなったのかね？　何を理解しただろうか？

質問者：自分が何かを理解できたのか、よくわかりません。ただ、愛があると感じました。その人のそばにいると、とてもいい気分でした。ハートからたくさんの愛が流れて来るのが感じられました。

マハラジ：あなたが自分の真の実在を理解するには、真の知識が欠かせない。目的地に着けば、もう住所はいらない。あなたは深く信頼しなければならない。信頼が欠けていると、思考がいつまでもあなたをあちらこちらに行かせようとする。絶え間ない思考の流れには、安定性がない。それは落ち着きがなく、集中を欠き、あなたをあちらこちらに行かせようとする。

質問者：その通りですね！

マハラジ：いったい、いつまで、いろいろなマスターを訪ね歩くつもりだね？　なぜ、あなたはそんなにたくさんのマスターを訪ねるのだろう？　あなたは何を達成したのだろう？

あなたに自分の中の神を見せてくれるマスターのもとに行きなさい。ラーマクリシュナ・パラマハンサは、スワミ・ヴィーヴェカナンダにそれを見せてくれた。これは特別なことだ！　真のマスターに出会うまで、スワミ・ヴィーヴェカナンダはたくさんのマスターと話をした。これは稀にしか起きない！
　あなたに自分の中の神を見せてくれるマスターを訪ねなさい。長い伝統を持つ私たちの系譜でもそうしているが、それは聖なるナーム・マントラ、マスター・キーによって可能となる。この直接的な知識を、他のどこかで見つけることはできない。
　だから、立ち止まりなさい！　立ち止まるのだ！　真剣に努力しなさい。そうすれば、再びマインドの犠牲者になることはない。

ただ一人のマスターとともにいなさい。

　信頼しなさい！　マインドは常にあなたにメッセージを送ろうとしている。「ここに行きなさい！　あそこに行きなさい！　さあ、何かしなさい！」と。あなたは完全に立ち止まらなければならない。

いつまで、平安を探し求めるつもりか？

　誰が平安を欲しているのか？　誰が幸福を欲しているのか？　その答えを見つけなさい。あなたの内なるマスターに尋ねなさい。「この五十年、私は平安を求めて奮闘してきました。私は何を見つけたのでしょうか？　誰が奮闘していたのでしょうか？」

自分を見なさい！

自分を見なさい！

自分を見なさい！

85 あなたのハードディスクは満杯

マハラジ：死の概念がゆっくり、ゆっくりとあなたを脅かしていく。そして体もだんだんと年を取っていく。あなたのスピリチュアルな年齢に応じて行動しなさい。スピリットはそれ自身を体を通してのみ知るので、より長く生きたいと願う。
　あなた自身のマスター、教師でありなさい。完璧に知る瞬間、そこに死の恐れはない。この体はあなたに属してはいない。もし、体の具合がどこか悪くなっても、気にかけてはいけない。新聞を読めば、毎日、人々が事故などで死んでいるが、私たちは大して気にかけない。もし、親しい親戚が死ねば、あなたは泣く。それは、あなたがその人に執着しているからだ。
　同様に、あなたはこの体に強い愛着を抱いている。あなたは体を守ろうとし、体と密接に関係している。あなたは体の具合が悪くなって欲しくないと思う。もし、どこかおかしくなったら、それを守るために最善を尽くす。あなたは体を守るために、多大な努力を払うだろう。苦しみを取り除き、そして当然のことながら、命を長らえさせるために医師のもとに行く。

質問者：私は仕事柄たくさんの苦しみを目にします。死ぬとき、信仰を失ってしまう人もいます。そういう人たちはこう尋ねます。「どうして神は、こんな苦痛をお与えになるのだろう？」

マハラジ：私たちが世界を作った。夢の中であなたはたくさんの苦しみを見る。

体に付着したこの粘着性の概念はすべて、溶かしてしまわなければならない。

すべてを溶かしてしまいなさい。そして、自分自身を存在に先立つものとして位置付けなさい。自分自身を自己なき自己にしなさい。

質問者：私にとって難しいのは信頼を持つことだと思います。私は年を重ねてきたし、今までいろいろな教えをたくさん学んできました。でもまだ私のマインドに平安はありません。

マハラジ：そういうものはすべて、思考だ。今まで読んだこと、聞いたことはすべて忘れてしまいなさい。あなたは大きなコンピューターのようなものだ。それは完全に空っぽでなければならない。あなたの家は混み合っている。あなたの家は混み合っているのだ。違うかね？

質問者：その通りです。私のマインドは活発過ぎます。

マハラジ：マインドのことは忘れなさい。あなたはいつ、マインドに出会ったのかね？

あなたは自分のマインドの観照者だ。あなたは自分のマインドの父だが、マインドではない。

どんな思考が内側で起きているかをあなたは知っている。良い思考、悪い思考など、あなたはマインドの思考を観照している。あなたは「私のマインド」と言うが、あなたはマインドではない。あなたは「私のマインド」、「私の手」、「私の体」などと言う。しかし、あなたは体ではない。

あなたは体ではないし、手でもない。「私の指」とは、「私は指ではない」ということだ。皆が私の指、私の体について話している。そういうふうに言うとき、あなたは自分の体を指し示しているだけだ。それと同じように、私のマインド、私のエゴ、私の知性などもすべて、あなたとは完全に別物だ。

あなたは私の子供、私の父、私の弟と言ったりもする。あなたとそれらはまったく別のものだ。なぜなら、あなたは「私の父、私の子供」などを観照しているからだ。だから、あなたはそれらではない。こういうものはすべて関係性だ。マインド、エゴ、知性が関係している。それらは後から生じた。それらは体とともに生じた。
あなたはそういう関係性の指示に従っている。あなたはマインド、エゴ、知性といった関係性の指示に従っているが、それらはあなたではない。
もし何か疑問があるなら、それを明らかにしなさい。それはスピリチュアリティにおいて、とても重要なことだ。疑問があるのに、知識を受け入れてはならない。あなたは完全に明白に理解しなければならない。もし疑問があるなら、ただ尋ねなさい。

もし知識を受け入れたのに
まだ疑問があるなら、
あなたは混乱するだろう。

もし疑問があるのに知識を受け入れたら、そこには混乱があるだろう。

質問者：疑いを取り除くのは、私にとっては簡単なことではありません。私は年を取っています。いろいろな道をたくさん通ってきましたが、そのどれもが、私の求めていたものではありませんでした。

マハラジ：まず、あなたは自分を確信させなければならない。あなたはいい医者だ。あなたは何が良くて、何が悪いのかを知っている。いい医者は、自分を治すことができる。自分を癒すことができるのだ。あなたは自分自身の医者だ。いろいろな障害や問題があっても、あなたは自分がどこに立っているかを知っている。何をすべきか、何をすべきでないかを知っている。
まずは、あなたのコンピューターから、すべての不良セクタを取り除く必要がある。すべてが取り除かれなければならない。ハードディスクが情報でいっぱいだと、何も新しいことを試せない。

質問者：その通りですね。私のハードディスクは満杯で、正しく作動していません。

マハラジ：思考でぎゅうぎゅうになっているのだ。だから、私が言ったことを思い出しなさい。究極的な真実とは何か、見つけようとしなさい。そうすれば、「私は究極的な真実だ。身体形態ではない」という理解が訪れる。

質問者：では、私のハードディスクを空っぽにするのを手伝っていただけますか？

マハラジ：もしそうしたいなら、何の問題もない。しかし、多くの人が何らかの問題を抱えてここに来る。私は彼らに、あなたに話したのと同じことを伝える。しかし、彼らはここを去ると、また別のマスターのところに行って、迷い多き心を再び、揺り動かされる！　私は彼らを気の毒に思う。彼らは、機会を逃してしまったのだから。

質問者：私の場合は違うと思います。なぜなら、私はもうほとんど諦めていたのですから。そして、探し求めてきたものが見つからないので幻滅していました。私は真剣です！　本気です。私は地球を半周してはるばるここまで来ました。あなたのホームページを見て、何かが私の心の中で共鳴しました。ここを去った後は、もうどこに行くつもりもありません。ここが終着駅なのです。

マハラジ：ここが終点、終着駅。よろしい、今日はあなたに瞑想の仕方と、物質的原因なしに幸せになる方法を教えよう。私は何か特別なことをしているわけではない。

あなたの中の究極的な真実を
私は見せる。

そうすればもう、どこにも行く必要はない。あの乞食の少年の話のようなものだ。自分は金持ちだと知ったら、少年は直ちに物乞いをやめた。私がこういう話をするのは、あなたを確信させるためだ。

あなたが探し求めてきたものは、あなたの中にある神、ブラフマン、アートマン、パラマートマンだということがわかれば、神やマスター、ブラフマン、アートマンは、あなた自身の反映、体を伴わないあなたの投影であることがわかるだろう。

あなたが自分自身のマスターだというのに、
なぜ外側に神やマスターを探そうとするのか？

ニサルガダッタ・マハラジはこのように言っている。「私はあなたを弟子にするのではない。マスターにしているのだ」

質問者：私も、その言葉は聞いたことがあります。とても美しいですね。それは、私を立ち止まらせてくれます。外側にあると思って追いかけ回すことをやめさせてくれます。それはすでに内側にあると気づくのです。

マハラジ：ナーム・マントラは真剣に受け取らなければならない。

質問者：私は真剣だと思います。しかし、もちろんマインドがやって来て「でも、お前はそれほど真剣ではないんじゃないか」と言ったりしますが。

マハラジ：マインド、エゴ、知性はすべて消さなければならない。

質問者：それはいいですね！　マハラジ、あなたに聞いて欲しいことがあります。つい昨年、私は長年連れ添った夫を亡くしました。私のハートはまだ悲しみでふさがっているのだと思います。
マハラジ：それはすべての人に起きることだ。この世界に生まれた者は皆、好むと好まざるとにかかわらず、この世界を去らねばならない。(手を叩いて)体とともに関係性が築き上げられる。あなたがこの体ではなかったとき、関係性は存在していたのだろうか？　私たちが体を持っていなかったとき、私たちは自分の息子や父、母、夫、妻など、何も知らなかった。
　百年前、あなたは兄弟や姉妹、母などを持っていたかね？　そして百年後、どんな関係性が存在しているだろうか？　すべての関係性は身体に関連している。マスターと弟子の関係性でさえ、身体に関連している。
質問者：ニサルガダッタ・マハラジの奥さんが亡くなったときも、彼はいつも通りに講話をしました。
マハラジ：すごい勇気だ！　グル・ラナデブにも同じようなことが起きた。一人息子が亡くなったとき、彼は大学の大きな講堂で講義を始めようとしていた。悲しい知らせにもかかわらず、彼は哲学の講義をし、後でこう言った。「神は私に贈り物をくださった。そして今、神はそれを取り戻したいのだ」
　このように、想像を超えた状況においても耐え忍ばねばならぬことを耐え、コントロールする能力には、非常に感銘を受ける。
質問者：とても力強く、素晴らしい話ですね！
マハラジ：この勇気はどこから来るのだろう？　それは、このスピリチュアリティから来るのだ。なぜなら、あなたは知っているからだ。あなたはこの全世界は幻想だと知っている。この勇気を持つために、瞑想の修行がある。瞑想によって偉大な勇気が与えられ、真の知識が明らかになる。

すべてはあなたの中にある。
実在が明らかになる。
あなたはもうどこにも行く必要はない。

86 それはことばに過ぎない

質問者：私は長年ニサルガダッタ・マハラジの教えに従い、研究してきましたが、行き詰ったように感じています。少しも進歩していないように思えるのです。
マハラジ：あなたは身体に基づいた知識を使って、スピリチュアルに進歩できると考えている。知性と微細なエゴを通してスピリチュアルに進化できると期待しているのだ。ニサルガダッタ・マハラジのような偉大なマスターとともにいるとしても、ただ文字の知識に従うのではなく、マスターの言ったことを受け入れなければだめだ。

百年、マスターとともにいたとしても、
身体に基づいた知識を消さない限り、
何の違いも望めないだろう。

あなたは身体－マインドのアイデンティティを受け入れた。そして、それを通して究極的な真実に近付くことができると期待している。そうはいかないだろう。あなたは体ではないし、体だったこともないし、体であり続けることもないのだ。これは明らかな事実だ。「あなたの自己なき自己以外に、神もブラフマンもアートマンもパラマートマンもマスターもない」

これは言葉に過ぎない。
その意味を見つけなさい！

どんな種類の進歩をあなたは期待しているのだろう？　奇跡、名声、金銭、セックス？　どんな進歩だろう？　本当の意味で自分を知らない限り、いわゆる進歩には何の意味もない。

ここでは、真の進歩とは、
あなたの中に真実が完全に確立されており、
何の期待もないということだ。

幸福もなく、不幸もなく、経験もなく、経験する者もない。観照もなく、観照する者もない。もし、自分を何かにたとえるなら、空にたとえなさい。空には「私は在る」という感覚がない。この「私は在る」という感覚も幻想だ。なぜなら、あなたのアイデンティティはそれ以上のもの、想像を超えたものだからだ。何の制限もない。それなのに、あなたはどんな進歩を期待しているのだろう？　進歩は身体知識に関係している。

誰が進歩を期待しているのか？
もし、奇跡を求めているなら、
もしくは神を見たいのなら、それは起きない。
すべてはあなたの中にあり、
すべてはあなたから投影されている。

目覚めの瞬間、あなたは世界を見る。世界は新鮮で、臨在は新鮮だ。臨在は消え、世界は消える。

質問者：瞑想しているとき、あなたがおっしゃっていた「サイン」を経験したことがまったくないのです。それで、自分はまだまだ初歩の段階なのだと感じてしまうんです。まったく進歩していないなって！

マハラジ：それでも吸収されている。たとえ、何も起きていないように感じられても。

何らかの経験を期待してはならない。
あなたの臨在が偉大な経験だ。

誰が進歩したいのだろう？　今、あなたには分別がある。あなたはもう個人ではない。空にとって進歩とは何だろう？　空には個別性がない。同じように、以前のあなたは自分を身体形態として知っていたが、今はもっとよく理解している。マスターがあなたの前に究極的な真実、あなたの究極的な真実を置けば、あなたは少しずつ、身体形態への興味を失っていく。

「私はニサルガダッタ・マハラジと十年ともに過ごした。二十年過ごした」などと言うのはエゴが言っているのだ。あなたは何を身に付けたのか？　何を学んだのか？　身体形態としてのマスターについて学んだのか？　それとも、身体形態としてマスターを捉えるようになったのか？　「私はニサルガダッタ・マハラジのもとにいました」とか「ある有名なグルのもとにいました」とか言うのは、エゴが言っているのだ。こういうことが起きるのは、あなたが「私はマスターからパワーをもらわなければならない！」というようなことを考えているからだ。識別力を用いなさい。何も期待してはならない。

最初の段階では、あなたは帰依者だ。その後の最終段階では、あなたは神だ。

帰依者と神。帰依者と神。
そこには何の分離もない。
帰依者と神に分離はない。
神は帰依者を通して知る。
神は帰依者の中にある。

あなたは神と体を二つの分離した存在だと思っている。それは、あなたがまだ自分を個人だと考えているからだ。最初のうちは、それでいい。しかし、進んだ段階では「はい、私は神です」と気づく。あなたは神性を実現する。

質問者：なぜマスターは重要なのですか？

マハラジ：なぜなら、マスターは変換するからだ。これはことばに過ぎないが、マスターは聞き手を最終的な形態に変換するのだ。マスターはすでにあなたの中にいる。実在を知るまで、あなたは自分を帰依者だと考えている。マスターは言う。「あなたは神だ」

大きな期待、もしくはささやかな期待を抱いてマスターのもとに何年もとどまる人たちが覚醒することはないだろう。というのも、そういう人たちは奇跡やパワーという形式をとったいわゆる覚醒を、エゴのために探し求めているからだ。

完全に謙虚になり、

完全に明け渡して、
あなたはマスターのもとに行かねばならない。

自発的な臨在は、身体知識の輪の中にはない。体は外側のパーツに過ぎない。

誕生も死もない。
あなたは生まれていない。

いつまで帰依者でいるつもりなのか？　いつまで探し続け、欲しがり続け、しがみ付き続けるのか？　あなたは何も期待せず、自分をマスターに明け渡さなければならない。あなたが自分をマスターに明け渡せば、すべてが完全に吸収されるだろう。

マスターはいろいろな言葉を使って
あなたを確信させようとするが、
帰依者はまだそれを受け入れない。

もう一度、言う。スピリチュアルな本を読んでも、マスターとともに何年も住んでも、彼が伝えようとしていること、言おうとしていることを見つけ出すことはできない。

ある場所に行きたいとき、あなたはその場所の住所を調べるだろう。そこに行く途中、スイミングプールや銅像など、特定の目印を通り過ぎる。そうやって目的地まで正しい道を行く。そして、目的地にたどり着けば、そこにあなたはある。ひとたび、そこに着けばもう進歩は必要ない。

進歩について話すとき、そこには何らかの個別性が存在する。進歩は体に関係している。しかし、あなたは体ではない。空は進歩したりするだろうか？　空はあるがままだ。

すべてはあなたの中にある。探す必要はない。「道はない」のだから。

すべての道はあなたから始まり、そしてあなたにたどり着く。

なぜなら、あなたはいつでも、あなたとともにいるのだから。

すべての道はあなたから始まり、あなたの中に終わる。あなたは常にあなたとともにいるのだから（くすくす笑う）。手入れの必要はない。それは常にそこにあるのだから。

あなたは前に進み出なければならない。
マスターの前に進み出て
明け渡しなさい。

このプロセスを実行に移せば、あなたの中に幸せを見つけることができるだろう。

深く、深く行きなさい。

87 虫の応報

質問者：ここを去りたくないです。耐えがたいです。私はここで幸せです。家に帰りたくないです。

マハラジ：私たちはすでにあなたとともにいる。

あなたの家はアメリカでもインドでもイギリスでもない。

あなたの家は世界だ。

あなたの臨在は空のようなもので、限界がない。

あなたは至る所にある。

質問者：私たちの間のつながりを感じることができます、マハラジ。

マハラジ：いつでも戻って来なさい。私たちは真の知識を伝えている。それはある特定の種類の知識ではない。それは本の知識ではない。それは、あなた方すべてが自分を知るための機会だ。それが最終的な結果、最終的な真実だ。

どこかに行きたいという誘惑があってはならない。なぜならここが最終目的地だからだ。だからこの真実を厳密に、そして完全な信頼を持って受け入れなさい。完全な信頼を持って、この真実を受け入れるのだ。それが実在だ。あなたの実在なのだ。あなたはもう体には関心がない。なぜなら、存在する前、あなたは決して体に出会わなかったからだ。あなたが身体形態であり続けることはない。あなたが身体形態であり続けることはないのだ。違うかね？　なのに、なぜ心配するのか？

これは論理的に導き出された結論だ。あなたはこれではない、あなたはそれではない（ネーティ、ネーティ）。「私は誰か？　私は究極的な真実だ」。これは演繹と帰納のプロセスだ。論理だ。帰納、演繹、論理。「これではない、あれでもない、しかし……だ」というふうに考えればいい。

真実を受け入れなさい。概念の被害者になってはいけない。

存在し始めたときから、

存在し終わるまで、

私たちは概念とともに生きている。

しかし、自己なき自己には始まりがない。

自己なき自己には終わりがない。

存在する前、あなたはこういう幻想にまったく気づいていなかった。存在している間、あなたはこういう概念のプレッシャーを受け、身体知識の輪の中に閉じ込められる。

こういうすべての概念を取り除かねばならないのは、

それらは究極的な真実ではないからだ。

取り除かないと、

それらはあなたの存在が終わるまで、

ずっとあなたの周りに群がる。

存在する前、あなたの臨在はそこにあった。しかし、それは目に見えない臨在だった。存在が消えた後も、あなたの臨在はまだそこにある。それは目に見えない。だから、あなたはもう体に関心を持たない。世界にも関心を持たない。これは明らかな事実だ。なぜ恐れる必要があるだろう? あなたは体が自分のアイデンティティではないと知っているのに、なぜ恐れるのか?

私は同じ教えを何度も何度も叩き込んでいる。それは、あなたがまだ「私は何者かだ」と信じているからだ。それがあなたに絶え間なく困難をもたらす。「私は何者かだ。私は男もしくは女だ。私はブラフマンだ。アートマンだ。パラブラフマンだ。神だ。等々」。こういう終わることなき概念が、あなたにいつまでも問題をもたらす。それは虫に刺され続けるようなものだ。

この虫刺されを完全に撥《は》ね付けるのは難しい。あなたはこういうふうに反応するよう、子供の頃から訓練されているからだ。それは、体を守ろうとするための反応だ。この行動パターンを捨て去らねばならない。

インドには、虫の応報という話が伝わっている。大きな虫が壁に巣穴を作り、それから何も知らない小さな赤ちゃん虫を捕まえて、そこに閉じ込める。大きな虫は「ウー、ウー、ウー」という音を立てて、囚われの小さな虫に恐怖を吹き込み、そして刺す。無防備な囚われの虫は突然、生まれて初めての強い恐怖を感じる。しかし、同じ音を立てて大きな虫を刺し返し、自分の身を守る術をすぐに学ぶ。

つまり、虫の行動は学習により身に付けられた。これと同じように、私たちの行動も学習して身に付けられる。そして、弱さと恐れのために、エゴが自分を守り始める。幻想の層のように、スピリットの上に条件付けが重ねられる。

その結果、生きていくにつれ、生存本能がどんどん強くなっていく。「死にたくない、怖い」等々。この条件付けにより、スピリットは誤った知識を受け入れるようになり、「私は私だ! 私は何者かだ! 私はとても重要だ!」と言う。これは誤りのアイデンティティだ。この幻想の世界すべてから抜け出なさい! 誕生もないし、死もない。

質問者:存在している、生きている状態というのは耐えがたいものだと、あなたは前におっしゃっていましたね。だから、私たちは幸福を必要とし、どこかに平安を探しに行くのだと。

マハラジ:すべての不幸、幸福、平安、誘惑、誕生や生まれ変わり、死の概念は、私たちが存在し始めた瞬間に生じた。

存在する前、あなたは何も知らなかった。(手を叩く)

私はあなたの注意を引き、

存在する前の状態に

注意を向けさせせようとしている。

それは形もなく、まったく知られておらず、何も気づかず、

意識もなければ無意識もない。

質問者：知識もないし、概念もないし、問題もない。

マハラジ：経験もないし、経験する者もない。何の問題もなかった。問題は存在し始めたときに生じた。あなたの臨在、アイデンティティは存在に先立つものだ。あなたが自分を形あるもの、身体形態だと考え、「私は何者かだ」と考え始めてから、すべての問題が生じたのだ。

だから、出て来なさい！

前に出なさい！

勇気を出しなさい！

本当ではないものを、

あなたは疑うこともなく受け入れている。

幻想だとわかっているものを、どうしてあなたはすべて受け入れているのだろう？

あなたには強さ、パワーがあるのだから、勇気を出しなさい。あなたにはとてつもない強さとパワーがあるが、あなたはそれを使っていない。何をすべきか、すべきでないか、そしてこれから何が起きるか、起きないか？　なぜ心配するのか？　これから何が起きるのか？　何も起こらない。何も起こっていない。この先も何も起きない。何も！

質問者：そこのところが、まだよくわからないのですが、マントラの修行を続ければ、真の知識がやって来るということでしょうか？

マハラジ：心配はいらない！　ニサルガダッタ・マハラジの対話や講話はとても感動的だったが、私には完全に教えがわからなかった。彼はよく言っていたものだ。「私の話を聞きなさい！　私の話を聞きなさい！」。やがて、だんだんと、私は彼の言うことがわかるようになった。

真我知識だ！　あなた自身の真のアイデンティティの知識だ！　知識とは何を意味するのか？　ただ、自分自身を本当の意味で知ること、それが真の知識だ。自分自身を本当の意味で知ることが真の知識なのだ。私たちが自分について知っていることはすべて、身体形態だ。それはあなたの真のアイデンティティではない。あなたは決して体ではなかった。あなたが体であり続けることもない。

どんな体を所有していようと、それは終わりを迎える。それはあなたの究極的な真実ではない。いつの日か、あなたは好むと好まざるとにかかわらず、この体を去る。だから、体はあなたのアイデンティティではない。そして、すべての概念、体に関係した概念は幻想だ。

これはとてもとてもシンプルな知識だ。知識もまた幻想だ。知識を知るには、知る者が必要だ。

知る者はいないし、知識もない。

私の話を聞きなさい、私の話を聞くのだ！　私が言うことに集中しなさい。そして、それをあなたの中に記録しなさい。あなたの内なるマスターは記録するのがうまい。録音機は常にスイッチが入っている。だから、記録しなさい！

質問者：瞑想はどうですか？

マハラジ：瞑想が欠かせないということは前にも言った。瞑想とバジャンだ。瞑想とバジャンはあなたを溶かし、強固な概念や幻想の思考を消してくれる。とてもシンプルだ。あなたのマインドを悩ませてはいけない。脳を緊張させてはいけない。修行をしていれば、どこかに行く必要はない。「前世のプラーラブダ」、「前世のカルマ」、「来世のカルマ」などについて、いつまでも話しているのなら、あなたはまだ誤った方向に導かれている。

人々を誤った方向に導く教えを伝えているマスターが、世界にはたくさんいる。あなたは前世のカルマのせいで誕生したと彼らは言う。彼らはあらゆる種類の幻想、想像上のものを使ってあなたに圧力をかけようとする。

あなたの放浪の日々は終わった。

私の言うことがわかるかね？

質問者：はい、とてもわかりやすいです、ありがとうございます。

マハラジ：心配はいらない！　すべてをここに預けて行きなさい。あなたのエゴや知性をすべて、預けて行きなさい。あなたは自由な鳥だ。飛びなさい！　空があなたの限界だ（訳注：The sky is the limit. 限界はないという意味の慣用句）。

質問者：空が限界？　（笑いながら）そうですね、私に限界はありません！　空を超えて、それを超えて行きます！

マハラジ：あなたはあらゆるところにあるのだし、自分自身の翼で飛べるのだから、どこにでも行きなさい。あなたは偏在しているのだ。

88　自分自身を祝福する

質問者：瞑想中の経験とは、何なのでしょうか？　閃光、白光、さまざまな色の光のようなものやビジョンが見えるなどといった、いろいろな現象をどう思われますか？　それらは体の一部、マインドの側面なのでしょうか？

マハラジ：すべての経験は漸進的なもの、徐々に進んでいく段階だ。それは究極的な真実ではない。経験する者の臨在がなければ、誰も何も経験できないのではないかね？　経験している経験者の臨在がなかったら、誰が経験するのか？「これは良い経験だ、悪い経験だ」と言うには、あなたの自発的な臨在が必要だ。

あなたの自発的で目に見えない臨在がなかったら、あなたが経験するものを観照することはできない。

だから、あなたの臨在がとても重要なのだ。それは身体形態で色付けされているが、身体形態は幻想だ。瞑想は身体形態を溶かし去るための最初のレッスンだ。瞑想を修行すればすべての物質的な知識を乗り越えることができる。

質問者：体に同一化する自己という概念について、話していただけないでしょうか。シッダラメシュヴァール・マハラジは「何の束縛もない者が、束縛されている」と言っています。そしてあなたは「スピリットが体にはまる」と表現しました。これは、マインドが体を待ち伏せして襲ったということでしょうか？　そして、私たちは何とかしてマインドに自殺させなければならないということが、修行の意味するところですか？

マハラジ：すべての聖人が実在について話している。聖人たちの言ったことを分析するのではなく、彼らが伝えようとしていたことに注意を払い、それを受け入れなさい。私たちはシッダラメシュヴァール・マハラジやラマナ・マハルシなど、マスターたちの言ったことを分析するためにここにいるのではない。重要なのは、彼らが伝えようとしたことだ。実在、そして実在がどのように自己なき自己と結び付くのか、それが重要だ。

他人の言葉を引用してはいけない。私たちは分析家ではない。マスターたちが言ったことを分析したり、比べるのは、議論のもとだ。私たちは何かを議論するためにここにいるのではない。さまざまな聖人たちの言葉を分析するためにいるのでもない。私はエゴを叩き付けている。こういう比較や分析を楽しんでいるのはエゴだ。

マスターたちが伝えたこと、彼らが教えを通して分かち合った実在、彼らの講話、彼らのアドバイス、それが真に重要なのだ。

質問者：そして、それが確信なのですね。

マハラジ：その通り！

質問者：ここで再び、すべては幻だという確信が、最も……

マハラジ：確信は知的なものではない。それは自発的なものだ。この体が男と呼ばれたり、女と呼ばれるのと同じことだ。あなたは女性として夢を見てはいない。彼女も男性として夢を見てはいない。あなたには自分の体が男、もしくは女と呼ばれるものだという確信があるのだから。

これと同じように、あなたの究極的な真実はブラフマンだ。この確信があれば、話をしたり、議論したり、何かに完全に夢中になったりしているときも、それでもあなたはそのことを知っている。「私はそれを超えている。私はもう身体形態とは関係ない」。これがそれを超えている。私の臨在はそれを超えている。これが自発的確信だ。

質問者：だから、瞑想をすれば、すべての疑問や分析が本当に消えてしまう、もしくは答えを与えられるのですね？

マハラジ：分析することなどできない。このすべての混乱、葛藤、幻想は、完全に消える。それはいつ消えるのだろう？あなたが自分の自己なき自己にどんどん近付いて行くにつれ、消える。つまり「私はもう体とは関係ない。関係があったこともない。だから、体は私のアイデンティティではない。それが究極的な真実だ」ということだ。

これは、自発的に受け入れられる。それが確信と呼ばれる。あなたは身体形態として生きているが、あなたは完全にそれに関心がない。これは覚醒し、悟るための絶好の機会だ。真我を悟り、真我実現をするのだ。

あなたを祝福する者はいない。
あなたに恩寵を与える者もいない。
自分自身を祝福しなさい。
あなたは自分自身を祝福しなければならない。
あなたは究極的な真実なのだから、
自分自身に恩寵を与えなければならない。

あなたは完全に自立している。依存している人はこう言うだろう。「私は祝福と恩寵を授けてくれる有名なグルのところに行く」。これは条件付けや洗脳、文化的影響から来る想像だ。すべて幻想だ！

ゆっくりと静かに、持続的に、あなたは究極的な真実だという実在が理解される。これを確信すれば、もう死と誕生の恐れはない。なぜなら、あなたは自分が生まれていないと知っているからだ。

質問者：あなたと話をすることで、その確信が強まるのですか？　あなたとその教えに注意を向けることで、強くなるのですか？

マハラジ：私は師のニサルガダッタ・マハラジが分かち合ってくれた知識を、あなた方と分かち合っている。

質問者：はい、ありがとうございます。これは素晴らしい恩寵です。

マハラジ：

学んだことを、

継続し、発展させ、維持していきなさい。

聞いたことを継続し、維持しなさい。専心することがとても重要だ。スピリチュアルな知識に関する乾いた議論だけでは役に立たない。あなたは真の知識を実際的に実行しなければならない。真のアイデンティティを明確に把握するという意味で、修行をしなさい。あなたの真のアイデンティティ、目に見えぬアイデンティティについて熟考しなさい。それはブラフマン、アートマン、パラマートマン、神、マスターなどと呼ばれる。

スピリチュアルな知識によって、あなたは物質的な問題や、その他の問題に立ち向かう勇気を得る。すべての問題は身体形態に関係している。肉体的な問題、精神的な問題、知的な問題、論理上の問題、エゴに関する問題など、いろいろな問題があるが、すべての問題は身体形態に関係している。

存在する前は、何も問題はなかった。家族も、世界もなかった。家族など、あり得なかった。

スピリットが体と出会った瞬間、家族生活は始まった。

なぜ、家族をそんなに重要視するのか？

よろしい、家族の面倒は見なさい。

でも、そこにあまり執着してはいけない。

何も期待せず、義務を果たし、責任を果たしなさい。実在から気を逸らされ、幻想に連れ戻されてしまうので、家族に執着し過ぎてはいけない。家族の問題をスピリチュアリティに結び付けたり、関係付けない方がいい。ただ、私たちが話したことを思い出しなさい。思い出して、吸収するのだ。

質問者：はい、そうします。あなたの教えはとても明白です。あなたは教えをシンプルに伝えてくださいます。

マハラジ：では、この真の知識を持って返り、実行に移しなさい。家族生活とスピリチュアリティをごちゃ混ぜにしてはいけない。スピリチュアリティには独自の側面があり、家族生活にも独自の側面がある。

スピリチュアルに生きることは、家族生活とは何の関係もない。

体が消えたら、あなたの家族はどこにいるのだろう？ あなたの家族はどこにいるのか？ 存在する前は、何もなかった。私は皆に同じことを繰り返し言っている。存在する前は、何もなかった。家族もなく、世界もなく、何もなかった。

そして、体が消えれば、何も残らない。

その合間に私たちが見ているものはすべて、
あなたの自発的な臨在の投影だ。
存在し始めてから消えるまでの間に私たちが見るものは
すべて、
自発的な臨在、
世界の投影だ。
あなたが世界の父だ。

質問者：では、私たちが経験することや通過することは、私たち自身の投影なのですか？

マハラジ：もちろん、そうだ。あなたの臨在がなかったら、何も経験することなどできないのだから。

質問者：では、経験することはすべて、私たちが作っているのだということを理解しなければならないのですか？

マハラジ：あなたは自発的に自然に理解しなければならない。知的な理解であってはならない。理解とは、自分自身を本当の意味で知ることだ。それは実在を吸収すること、真の知識を、あなたの知識を吸収することだ。

あなたはこの世界とは完全に別のものだ。あなたと家族全体は別のものだし、体とも別のものだ。臨在がなかったら、あなたは世界を視覚化することもできない。だから、存在する前の状態、存在が消えた後の状態、それがあなたの自発的なアイデンティティ、目に見えぬアイデンティティだ。そこには言葉も世界もない。

言葉も世界もないところ、
そこにあなたはあり、自発的で目に見えない。

あなたの自発的な臨在が、一つひとつ、すべてのものを生み出した。あなたが自分自身を見なければ、世界を見ることもできない。

質問者：それが確信ですか？

マハラジ：これを知れば、自発的な確信があなたの中に生じる。それは自発的なものなのだ。

「私は最終的な真実、究極的な真実だ。それはブラフマン、アートマン、パラマートマン、神と呼ばれる。それが私の目に見えぬ、名もなきアイデンティティだ」。あなたは完全に恐れから自由になる。

89 誰が恋に落ちるのか

質問者：私は十年間ほど、あるスーフィーのマスターのもとにいました。私は瞑想の修行を行い、このマスターに対して、親密なつながりをハートで感じました。その後、私は禅仏教に興味を持ったので、二、三か月ほど僧侶たちと瞑想をしました。これはとても役に立つと、そのうちに感じるようになったのですが、その後もまだ、何かもっと他のものが必要だと感じていました。それで、シッダラメシュヴァール・マハラジに出会ったのです。

マハラジ：そのように努力、修行して、あなたはどんな結論を得たのかね？

質問者：エゴを完全に消さねばならないということです。そして、エゴがマインドとともに消えたら、愛、神性、真我以外に何も残りません。私はこれを信じ、真剣に帰依し、修行しています。

マハラジ：そういう努力や修行、知識のすべては、体と関係しているだけだ。基本的に、あなたは体ではなかったし、体ではないし、体であり続けることもない。

スピリットが体にはまった瞬間、こういうさまざまな哲学が必要になった。なぜだろう？　それは、平安や幸福を得て、葛藤と恐れのない人生を送るため、それだけだ。皆が多大な努力を払い、仏教や禅、スーフィズムなど、宗教や哲学の本を読む。膨大な量のスピリチュアルな知識が巷にあふれている。

しかし、あなたのアイデンティティは特定できないアイデンティティだ。

存在する前、

あなたにはいかなる種類のスピリチュアルな知識も必要なかった。

こういう必要性はすべて、存在とともに後から生じた。そして宗教や哲学、修行などもすべて、体と関係している。古代のものだろうが、現代のものだろうが関係ない。それらはすべて、例外なく、身体知識だ。

質問者：では、身体知識に関係しているとみなされるものはすべて、物質的なものはすべて、無視すべきなのですか？「それに先立つものは何か？」という根源的な問いは別として、熟考に値するもの、知るに値するものはないということですか？

マハラジ：ただ、自分自身を知りなさい。私たちが自分自身について知っていることは、身体形態の範囲内にとどまる。あなたの根本的なアイデンティティは何なのか？

自己なき自己以外に何もないと確信していれば、

何の知識も必要ない。

質問者：スーフィズムや他のスピリチュアルな修行によって私が理解した概念は言葉を超えています。実際、多くの場合、そういう修行の根本はマスターと恋に落ちることでした。愛によってマスターと一つになることで、自由になるのです。

マハラジ：誰が恋に落ちていたのだろう？　あなたは個人ではない。私たちが自分を個人だと考えるようになってからずっと、いわゆる知識、このぎゅうぎゅう詰めにされた知識が、たくさんの概念を投影してきた。ただ自分自身を知るだけで十分だというのに。

知識はスピリチュアルなものであろうと、そうでなかろうと、限界がある。知識は単に「あなたの自己なき自己以外に何もない」ということを伝えようとしている。しかし、あなたにはどんな形もない。あなたの自己なき自己には、どんな形態もない。

私たちが話しているようなことについて考えるとき、私たちは形態を用いる。「私はマスターだ。弟子だ。帰依者だ」というような形態を用いて考える。つまり、「私は何者かだ」というエゴを用いている。しかし、究極的な真実を得れば、あなたは自分が何者でもないことを理解する。なぜなら、あなたはすべての人だからだ。だから、自分を身体形態として捉えるのはやめなさい。

質問者：このあなたのやり方と他のやり方の相違点の一つは、私たちの中にあるもの、私たちが本来そうであるものに気づかせてくれるということです。他のやり方では、何か自分の外側にあるものと一つになるという経験をしました。この違いは微妙なものかもしれません。しかし、何か自分の外側にあるものと一つになるのではなく、すでに自分であるもの、自分の中にあるものに気づくのは重大な違いだと思います。

マハラジ：私たちはたくさんの言葉を使っているが、そのすべての背後には、臨在がある。

あなたの臨在がなければ、
あなたは一言も言葉を発することはできない。
あなたはすべてのものに先立つ。
知識は後からやって来た。

90　読んだことはすべて忘れる

質問者：私はあまりリラックスできません。いつも、考えて考えて、「なぜ？　なぜ？　なぜ？」と尋ねているのです。

マハラジ：考えるのをやめなさい！　「なぜ？」など、まったく存在しない。質問もない。考えるのはやめなさい。考えるから落ち込んだり退屈したりするのだ。あなたが考えてばかりいるのは、あなたがとてもとても繊細だからだ。
質問者：はい、私はとても繊細です。それに、この私の「繊細さ」が幻であることもわかっています。それは体とマインド意識に過ぎません。でも、私はいつでも物事を分析しているのです。
マハラジ：すべての言葉、概念を忘れなさい。意識、体、マインドといった概念など忘れなさい。今まで聞いたり、学んできたことをすべて、忘れなければならない。すべてを完全に忘れなさい。

今まで聞いてきたこと、学んできたことをすべて忘れなさい。

質問者：黒板の字をきれいにぬぐい取るようなものですか？それはいいですね！　何だか、泣きたい気分です。こんなに親密に理解できたことは今までありませんでした。いつもいつも本を読んでばかりいましたが、何の役にも立ちませんでした。
マハラジ：あなたが見るものはすべて、幻想だ。あなたが見るものはすべてが幻想なのだ。しかし、見る者は幻想ではない。見る者がいなかったら、全世界を見ることなどできるだろうか？　見る者がいなかったら「私は見ることができる」などと言うことができるだろうか？　見る者とは誰か？　見る者とは、あなたの中の目に見えない真我だ。それがあなたが見るものの姿をとっている。
質問者：あなたの言葉に真実を感じます。溶けて……
マハラジ：ただリラックスしなさい。考えるのをやめなさい。マインドや知性を緊張させてはいけない。ただ、とても謙虚で、シンプルでありなさい。今まで読んだこと、聞いたことはすべて、忘れてしまいなさい。
質問者：もう本はいりません！
マハラジ：スピリチュアルな言葉もすべて、忘れてしまいなさい。意識とかマインドとかエゴとか……何もなかった。あなたは、そういうすべてのものに先立つ。
質問者：どれくらいの期間、瞑想すればいいでしょうか？
マハラジ：時間の制限はない。目的に達したのに、なぜ「後どれくらい瞑想すればよいか」と尋ねるのか？　住所が必要なのは、道を見つけるためだ。目的地に着いたら、もう住所は必要ない。瞑想もそういうものだ。確信を得れば、瞑想は必要ない。
質問者：あなたはたくさんの概念を取り除いてくださりました。たった今、私はあなたと話をしながら、その真実や明晰さに圧倒されています。これから、あなたがおっしゃったことを咀嚼していくにつれ、いろいろ質問が湧いてくると思いますが、この経験により、私は世界への興味を失ってしまいました。

マハラジ：次に来るときまでに、質問をメモしておきなさい。こういうことはすべて、ある種の精神的な娯楽、肉体的な娯楽、スピリチュアルな娯楽だ。あなたのアイデンティティはそういうものを超えている。「私は体だ」という考えに固執しているから、娯楽がたくさん必要なのだ。どこかを訪ねたり、映画を見に行ったり、夕食を食べに行ったり。こういう娯楽はすべて、身体的な感覚を耐えられるものにするためにある。

存在する前は、娯楽などあっただろうか？　存在する前、あなたは自分に知られていなかった。体が消えれば、あなたは自分に知られないだろう。存在する前、あなたは映画を見たりしていただろうか？

存在することが耐えがたいのは、あなたは自分自身を本当の意味で知らないからだ。

肉体的な体、精神的な体、スピリチュアルな体として自分自身を知るのは幻想だ。全世界は幻想だ。なぜなら、それはあなたの自発的な臨在から投影されているからだ。

しかし、あなたは実在にあまり注意を払っていない。あなたは身体形態や精神的な形態に多大な注意を払っている。あなたは考えている。常に考え、大きな問題をずっと作り出している。落ち込みや退屈、無関心、体など、すべてのものについて考え、問題を思考に定着させる。だから、多くのエネルギーが精神的、知的、肉体的レベルで浪費されている。あなたの真のアイデンティティはそういうものを超えている。

多くのエネルギーが、精神レベルで浪費されている。

質問者：私は食べることが大好きでした。でも今ではもう、それは去りました。すべてが去りました。私は毎日をあるがままに過ごしており、自分自身のことをあまり気にかけていません。これは爆発のような経験でした！

マハラジ：人間は取るに足らない些細なことで葛藤している。人間はみじめだ！　ただ、存在する前の状態について考えてみなさい。個別性などなかった！　体を去り、体が消えれば、葛藤はない。考えるのをやめなさい！　そんなに考えてはいけない。思考は問題やストレス、混乱、葛藤とともに、後からやって来た。身体知識を得る前、思考はなかった。誰が考えているのか？　目に見えない考える者がいる。

あなたは考える者を通して考えているのに、
その考える者に集中していない。
あなたは思考にだけ集中している。
あなたは考える者ではなく、

思考に集中している。

考える者がいなかったら、あなたは考えることもできない。考える者が特定できないアイデンティティだ。考える者には形がない。それは特定できず、目に見えない。

質問者：私はまだ、自分自身を個人として見ています。

マハラジ：すべてはあなたの内側にある。しかし、あなたはそのことをずっと忘れている。そして、何度も何度も身体に基づいた知識に戻って来る。普通でありなさい。考え過ぎてはいけない。

質問者：はい、考え過ぎてしまうのです！　でも今はもっとよくわかっています。真実を垣間見ることは、究極的な実在ではありません。だから、私が何を経験したにせよ、それは究極的な実在ではないのです。私が究極的な実在なのです。たとえ、天国に連れて行かれて神様に会ったとしても、そういう経験は実在ではないのです！

何を経験するかは重要ではありません。そういうものはすべて、幻想の一部だと私は知っています。それはすべて、ゲームの一部なのです。でも、かつての私はその経験を捕まえて、それが私自身だと思っていたのです。今ならわかりますが、それが私の間違いでした。

マハラジ：では、その理解を吸収しなさい。それを完全にあなたの中に吸収しなさい。

質問者：真我探究がいかに役に立つかということもわかりました。誰が不幸なのか？　誰が考える者なのか？　私はマインドを大掃除しました。

マハラジ：マインドはない。何度も何度も、あなたはマインドについて話す。マインドはあなたの赤ちゃんだ。あなたがマインドを生み出したのだ。

誰か他の人に尋ねるのではなく、
自分自身に問いなさい。

あなたの内なるマスターはとてもパワフルだ。

このマスターに尋ねなさい。「私はたくさん本を読んで、六時間から八時間、瞑想しています。その結果、どうなるでしょうか？　何が得られるでしょうか？」。自分自身にそういう質問をしなさい。そうすれば、知識にたどり着く。

今この瞬間、あなたが身体に基づいた知識を通してやっていることは幻想だ。この「私」がたくさんの問題を作り出している。あなたの問題は、この「私」が消えるまでなくならない。たくさんの問題が「私」とともにやって来る。「私」がなかったときは、問題もなかった。

質問者：とても新鮮で、いきいきと感じます。ありがとうございます、マハラジ。

91 偉大な私のマスター

マハラジ：いつまで、手も足も出さずに「ああ、神よ、神よ、私を助けてください！」と言っているつもりかね？　あなたの臨在がなければ、神は存在することもできない。あなたの臨在がなければ、神はいかなる形でも存在できない。

あなたが神を生み出したのだ。

あなたが神を生み出したのだ。「神」と言うのにも、あなたの臨在が必要だ。あなたはとても重要だ。だから、自分を過小評価してはいけない。

普通の人として、謙虚な人として、エゴなしで生きなさい。マインドや知性を緊張させ、悩ませてはいけない。とてもシンプルな生活を送りなさい。実在を知れば、個別性の感覚はすべて去る。エゴはない！

質問者：マインドを楽しませる必要はないのですか？

マハラジ：私たちは自分が作ったさまざまな概念を楽しんでいる。ブラフマン、アートマン、神、マーヤー等々。私たちは胸を張って誇らしく、「私はブラフマンだ」と言って歩いている。そういうことを言うのはすべて、意味がない。私たちは生まれていない子供について話しているだけだ。

ニサルガダッタ・マハラジはよく言っていた。「良いことが起きても、私は幸せではない。悪いことが起きても、私はがっかりしない。誰かが雄弁に語っても、私は感銘を受けない。いかなる思考も、私には影響を与えない。なぜなら、私はまったく体ではないからだ」

自分は体ではないと知りなさい。あなたの臨在は空や宇宙のようなものだ。空は自分のアイデンティティを知らない。もし、あなたが空を侮辱したら、空は仕返しするだろうか？　空は自分の存在も知らない。空はそれ自身の臨在を知らないのだ。

質問者：行動面においては、すべてをブラフマンに捧げたり、すべてのものの中にブラフマンを見出すことは役に立ちますか？

マハラジ：存在する前、行動はあっただろうか？　行動と反応は存在の後に生じたのであり、存在に先立つものではない。行動はない。何か行動するには、行為者が必要だ。行為者などいない。行為者はない！　行為者はいないのだ。よく見て、聞きなさい。すでに言ったが、あなたは体ではない。これはとても簡単なことだが、とても難しくもある。

だから、あなたは自分を完全に信頼しなければならない。そして、それと同じように、あなたのマスターも完全に信頼しなければならない。ニサルガダッタ・マハラジとシッダラメシュヴァール・マハラジは二人とも、自分たちの師を深く信頼していた。彼らは「私の師は偉大だ」と言っていた。何の疑いもなかった。

あなたはマスターに明け渡さなければならない。

マスターを完全に信頼しなさい。

この言葉を自分に沁み込ませなさい。「私の師は偉大だ」

質問者：無条件に、完全に、マスターを信頼するのですね。

マハラジ：ニサルガダッタ・マハラジを訪ねた人たちは難しい質問をしたが、彼はすぐに答えた。彼は常に、それは自分の師のおかげだと考え、「私がこのように話すことができるのは、ひとえに、私の師シッダラメシュヴァール・マハラジの恩寵のおかげだ」と言っていた。

それは今、この場にも当てはまる。私が今、こうして話をしているのも、私の師ニサルガダッタ・マハラジのおかげに他ならない。

質問者：質問とは、疑いをなくすために用いられているだけなのですか？

マハラジ：体があるから質問がある。体が存在する前、質問はなかった。

質問者：では、質問をする必要はないのですか？

マハラジ：質問があれば尋ねなさい！　マスターはスピリチュアルな人生や、あなたという存在、自発的な存在、あなた自身のストーリーなどについて話をする。あなたは自分を確信させなければならない。

質問者：確信とは何ですか？

マハラジ：確信とは、あなたではないものを意味する。

確信とは、あなたではないものを意味する。

現在、私たちは自分を身体形態として知っている。身体形態はあなたの真のアイデンティティではない。そのことがわかれば、確信とは「私は身体形態を超えている」ということを意味する。あなたが何なのか、それは定義できない。

あなたが何なのか、定義することはできない。

92　特殊部隊訓練

マハラジ：毎日、実践することが欠かせない。常に用心深くありなさい。常に注意深くあり、武具の手入れをしておきなさい。だから、私たちはあなたに特殊部隊訓練を施すのだ。いかなる誘惑もあってはならない。もう、これ以上知るべきことはないのだから。

存在する前、あなたには何の形もなかった。存在する前のあなたには何の形もなかったのだ。そして体が消えた後、あなたが何らかの形を保つことはない。完全に形がない。
すべての記憶が消えるよう、スピリチュアルな知識に耳を傾けなさい。

注意深くあらねばならない。
不動でありなさい！

誰か他の人の思考の奴隷になってはいけない。たくさんの強者が、これをしなさい、あれをしなさいと熱心に自分の観念をあなたに勧めてくる。

質問者：そういう人たちに、いいようにされてはならないということですか

マハラジ：スピリチュアリティは人々に利用され、商売になってしまった。スピリチュアリティの名のもとに、無防備な探求者を利用し、お金を引き出そうとする人たちに注意しなさい。確信を得て、実在を知った後は、他人に振り舞わされることなく、確固としてありなさい。この真の知識を得たら、それをずっと維持していかねばならない。

質問者：はい、わかりました。

マハラジ：あなたはわかったと言っているが、ちゃんと自分を守りなさい。この敷地を出た途端《とたん》、ありとあらゆるものがあなたに影響を与え、注意を引こうとして、ひしめいている。だから、強く、注意深く、不変でありなさい。よく修行し、断固として、勇敢でありなさい。そして、悪い仲間と交流しないことだ。

あなた自身のボディガードでありなさい。

質問者：二十四時間、常に。

マハラジ：気を散らされたときはいつでも、すばやく警戒態勢に戻るのだ。

木を育てるには長い時間がかかるが、
切るには五分もかからない。

ニサルガダッタ・マハラジが私にこのように言ったことがあった。「もし、毒を一滴飲んだら、それがどのように働くかを考える必要はない。毒は自然に効くのだから」

これと同じように、ナーム・マントラという甘露を一滴飲めば、実在に導かれる。それはすでにあなたの中にあるのだから、それについて考える必要はない。目に見えない聞き手を覆っている身体形態は、消えるだろう。あなたが体だったことがないのは事実だ。だから、すべての幻想の概念は消え、実在が明らかになるだろう。

質問者：昨夜、自分が死んでいく夢を見ました。涙がほんの一滴、私の目から落ちそうになっていました。そして、その涙の中に、言わば何世代も遡る「人間性」の苦しみの映像を

見ました。それは、身体知識についてでした。私は何が起きているのかに気づいており、涙と死が何なのかもわかりましたが、どちらも幻想でした。

その夢の中で私は、これは瞑想と修行の影響だとわかっていました。夢見の状態でおのずとその効果が現れていたのです。もちろん修行の全目的は、私たちは体ではないという事実に目覚めることです。私たちが体だったことは決してないし、死はないし、私たちは生まれていません。

マハラジ：その通り。

質問者：体の死は実際、悲しい出来事ではなくて、楽しいものでしょうね。

マハラジ：そのとき、実在が吸収されるだろう。そのときが来たら、あなたは体のアイデンティティをすべて忘れる。ニサルガダッタ・マハラジがよく言ってたように、「これは食物からなる身体」なのだ。だから、ただ瞑想を続けなさい。クリーニング・プロセスを続けなさい。

質問者：私は一生懸命瞑想して、修行しています。

マハラジ：前にも言ったが、スピリットはとても繊細だ。それはちょうど、ボールを壁に向かって投げたら、それが二倍の力で戻って来るようなものだ。同じように、あなたが瞑想していると、それは二倍の力で戻って来る。確信が二倍になって帰って来るのだ。しかし、それには強力な瞑想が必要だ。もし全力でボールを投げれば、それは即座に跳ね返って来る。同様に、もし全力で瞑想すれば、それは思考なき状態とともに戻って来る。これはとてもシンプルなことだ。

だから、マントラを唱えることが不可欠であり、その後は自発的に起きるようになる。深い眠りの中でも、瞑想が起きるようになるだろう。マントラを唱えていると、何らかのヴァイブレーションをあなたは感じる。それは自発的なものだ。あなたは物理的な耳ではなく、内なる耳を通してそれを聞く。奇跡のような経験もしばしば起きる。そこには特別な幸福がある。継続的に修行をしなさい。

93 空よりも神秘的なあなた

マハラジ：さあ、実在について復習しよう。

質問者：はい。マハラジ、あなたは悪い仲間と関わることについて、話されましたね。悪い仲間とはエゴ、知性、マインドです。だから自分一人だけでも、悪い仲間とつるむことができるわけです。

マハラジ：エゴ、知性、マインドとは、物理的な体とスピリチュアルな体に組み込まれている悪い仲間だ。名声、金銭、セックスも悪い友人だ。強欲、娯楽、嫉妬もそうだ。そういうものはあなたを実在から引き離し、身体に基づいた葛藤を生み出しかねない。

しかし、こういう話は初心者のためのものだ。あなたはもう初心者ではない。

質問者：時々進歩したと感じることがあります。「私はこれだけ達成した」と考えたりするのです。私はそういうことが起きるのを見て、観照します。そしてそれは幻想だと気づき、私は行為者ではないと理解します。何かが起きるには、まず、私の自発的な臨在がなければなりません。

マハラジ：そうだ、あなたの臨在がすべてに必要だ。何か言うにも、何かするにも必要だ。もし臨在がなかったら、誰が世界について話をするだろう？　誰がエゴについて話をするだろう？　誰が神について話をするだろう？　誰がマスターと弟子について話をするだろう？

目に見えず、
名もなく、
特定できないあなたの臨在は
空のように至る所にある。
そして、空もあなたの中にあるのだから
あなたは空よりも神秘的だ。

あなたは眠っている。夢が始まり、突然、あなたの臨在がはっきり見えるようになる。それが投影だ。即座に、全世界が投影される。夢はあなたから生じた。それはあなたの中にだけあるのだから。夢の世界があなたから生じたのは、あなたの中に真の知識があるからだ。これと同じように、

この世界があなたから自発的に生じ、
あなたは目に見えるようになった。
だから、すべての源はあなただ。
すべてがあなたの中から来ることに気づきなさい。

あなたがマスターだ。あなたは自分自身のマスターだ。あなたは究極だ。これは明らかな真実だ。

質問者：体が真我実現の機会を与えてくれると理解していいでしょうか？

マハラジ：その通り！　体は真我実現のための機会だ。何と呼んでもいいが、それははしごのようなもの、媒体だ。体自体、それだけでは動かない。スピリット自体、それだけでは機能しない。この二つの組み合わせが重要で大切なのだ。スピリットと体が組み合わさることで、あなたは「私」と言うことができる。

「私」と言うには、

「スピリット」と呼ばれる
自発的な臨在だけでなく、
体もなければならない。
この二つが一緒になると、
「私」と言うことができる。

マッチ箱とマッチ棒の簡単な例えを用いてみよう。マッチ棒だけでは、火を生み出すことはできない。マッチ箱だけでもだめだ。しかし、マッチ棒をマッチ箱に一こすりすれば火が現れる。着火するには何らかの組み合わせ、直接的な努力が必要なのだ。

火は至る所にあるが、それは知られておらず、目に見えない。同様に、あなたの自発的な存在は至る所にあるが、あなたは自分自身を体を通してのみ知る。

質問者：あなたはよく「これは目に見えぬ読者、もしくは目に見えぬ聞き手のストーリーだ」とおっしゃいますね。

マハラジ：スピリチュアルな本を読むときは、次のように考えなさい。あなたが読んでいるものはあなたのストーリーだ。それは読み手のストーリーであり、読み手の知識であって、ブラフマンやアートマン、パラマートマン、神、マスターの知識やストーリーではない。

それはあなたのストーリーだ。
この会話も、あなたを描写する、
あなたのストーリーとして聞きなさい。
それは聞き手のストーリー、
聞き手のアイデンティティ、
聞き手の身分証明書だ。

何でも好きな言葉を使えばいい。しかし、ただ覚えておきなさい。あなたが体ではないというのは、明らかな事実だということを。

これは食物からなる身体だ。体を効率的に働かせるには、体に食事を与えなければならない。もし与えなければ、「バイバイ」だ。

94 発見者が究極的な真実

質問者：この二十年間、私はずっと探求を続けてきました。しかし、それを手助けしてくれる人には出会えませんでした。主に本を通してのみ、助けを得てきました。マハラジ、あなたは私が出会った最初の先生です。この二十年間、私はただ本を読んでいただけでした。

マハラジ：本を読んで、どこにたどり着いたのだろう？

質問者：私は人ではない、マインドでもない、体でもないということが最終的にわかりました。何かが私の周りにあります、周りに。外側ではなくて、この周辺、それが本当の道です。それをとても強く感じることが時々ありますが、感じられないときもあります。今朝、瞑想をしていたのですが、それはとてもパワフルでした。私はパワー、臨在を感じることができました。体はほとんど存在していませんでした。しかし、日常の雑事に戻ると、その感じは消えていくようです。

マハラジ：大変よろしい。うんと努力する必要はない。読書を通じて理解したことは、確信に変わらねばならない。私たちは体を保持し、それを通して多くの知識を獲得し、集める。知識の目的とは何だろう？　私たちが知識と呼ぶものは、幻想の概念から形成された。

スピリチュアルな本を読んでも、
いわゆる知識というものは身体に基づいているから、
実在を見つけることはできない。
そこにあるのはエゴだ。

確信を完全に打ち立てなければならない。そのとき初めて、あなたは究極的な真実を理解する。

何を発見しようと、覚えておきなさい。
「発見者」自体が究極的な真実だということを。
発見者こそが、あなたが見つけようとしていた真実だ。
発見者自身が実在、神なのだ。

概念は至る所にある。体がなかったら、あなたは存在できない。そして、あなたの存在がなかったら、神を認識することもできない。あなたの自発的な臨在がなかったら、誰も神について話すことはできない。あなたが「神」と言うには、あなたの臨在が必要なのだ。

これはつまり、あなたがただ自分の幸福のためだけに神の概念を作り出したということだ。しかし、あなたは自分自身に知られていない。あなたは自分の大いなるパワーに知られていない。あなたは自分のパワー、エネルギーを無視している。あなたは自分のエネルギーを過小評価している。

私たちが自分の幸福のために作り出したのが
神という概念だ。

確信は瞑想を通してやって来る。瞑想とは、集中するということだ。集中とは、集中する者に集中するということ、そのどちらもが消えるまで集中するということだ。あなたが体を忘れたとき、特別な静けさがあるだろう。その目的は、完全に自己なき自己と接触することだ。

つまり、あなたが最終的な真実、究極的な真実だ。あなたはこの確信を持たなければならない。これが究極的な真実、最終的な真実、むき出しの真実に至る一番の近道だ。

実在を知的に理解することはできない。

私たちはすべてを知的に理解するが、知的な理解はあなたの目的には適さない。

完全に徹底的な確信がなければならない。そのためには、すべての概念、もしくは身体知識を消さなければならない。あなたは基礎がしっかりしているから、何も難しいことはないだろう。

質問者：すべてが自然に訪れたのです、マハラジ。私はもともと何かを知っていたわけでもありません。私はクリスチャンですが、このような考えを持ったことは一度もありませんでした。イエス・キリストも「アブラハムが生まれる前から、私はある」など、同じことを何度も言っていますが、今になって、そういうことが理解できます。それは自然にやって来ました。

マハラジ：「私はこの宗教に属している。あの宗教に属している」。宗教などない。存在する前、宗教はなかった。すべての宗教は平和な社会を確立するために作られた。

質問者：私はひっそりとした教会に行って、静けさの中で座っているのが好きです。いつも長い間そこにいて、自分なりに瞑想をします。

マハラジ：それは問題ない。何の違いもない。教会に行くときは、ただあなたの自己なき自己以外には何もないことを思い出しなさい。

あなたの自己なき自己以外に何もない。

だから、何か他のものを探してはいけない。何かをもっと探してはいけない。何もないのだから。

すべてはあなたの中にある。

あなたは空のようなものだ。あなたの臨在は、まさに空のようなものなのだ。空には何の感情もない。空には恐れがない。空は自分が生まれたか生まれていないかも知らない。だから、あなたの真のアイデンティティは完全に生まれていないのだ。

質問者：私はニサルガダッタ・マハラジの本はすべて読みました。彼の師のシッダラメシュヴァール・マハラジの教えや、『ダスボド』もすべて、知的に読みました。そういう本から、本当にたくさんのパワーを得ました。毎晩、それらの本を少しでも読まずに床に就くことはありません。

マハラジ：それは素晴らしい。私はうれしいよ。あなたは知的に理解したその知識を今、あなたの自己なき自己の内に自発的に吸収しなければならない。しっかりとした背景、土台がすでにあるから、あなたにとって難しいことはないだろう。

質問者：起きている間ずっと、私は探求しています。

マハラジ：完全に自己に専心することが必要不可欠だ。

95　あなたが「読み手」を分離した

マハラジ：本の知識に頼ってはいけない。あなたは文字の知識は十分に持っている。スピリチュアルな本や、哲学に関する本を読んで乾いた議論をすれば、一時的には幸せに感じ、楽しめるかもしれないが、それ以上のことは何もない。本から得たスピリチュアルな知識、文字の知識はすべて、乾いた知識だ。

そう、それは特定できないアイデンティティに関係している。しかし、本を読むときにあなたは「私は読む者だ」と、読み手を知識から分離している。

本を読むときは、
それは読み手の知識であることを知りなさい。
話を聞くときは、
それは聞き手の知識であることを知りなさい。
それはあなたの知識だ。
二元性はなく、ワンネスがある。

誰かがあなたの伝記を書いてくれたと思って読みなさい。「ああ、これは私の伝記だ！　私のストーリーだ！」と。こういうふうにすれば、分離も二元性もない。

あなたはスピリチュアルな本の中に、自分自身のストーリーを読んでいるのだ。何か他のもの、ブラフマンとかアートマンとかパラマートマン、神などと呼ばれる分離した何かについてのストーリーではない。それらは実在、あなたの実在を指し示す概念だ。読み方、聞き方を知ることはとても大切だ。これは今まで語られた中で最も偉大なストーリー、あなたのストーリーだ！

皆が本を読むが、
身体形態として、
マインドやエゴ、知性とともに読む。
そして、言葉を分析し、
いろいろな教えやマスターを比較する。
これは乾いた知識だ。
目に見えぬ読み手に、その本を読ませなさい。
目に見えぬ聞き手に、マスターの話を聞かせなさい。
ワンネスの確信がない限り、知識は役に立たない。
本の著者、言葉、
読者は一つだ。

これが実在だ。同じことについて、違う言葉を用いていつまでもいつまでも話し続けることができる。私はあなたの前にあなたの実在を置いている。ブラフマン、アートマン、パラマートマン、神の実在ではなく、あなたの実在を。

「それ」には何の形もない。

知識は何を指し示していたのか？ それを分析したり、言葉を精査しようとしてはいけない。あまりにも多くの言葉があるので、私たちはすぐに迷路の中で迷子になってしまう。

あなたにはいい基礎がある。あなたにはしっかりとした土台がある。あなたは成熟しており、確信がある。しかし、あなたは「転落」して、読んだものをすべて分析し、比較したりして、エゴを用いる。私の中の目に見えない話し手と、あなたの中の目に見えない聞き手は一つの同じものだ。

話し手（ここにいるマスター）は
知識を与えているが、それは単に
目に見えぬ話し手の知識を与えているのだ。
そして聞き手は、
目に見えぬ聞き手の知識を聞いているのだ。

世俗的なアイデンティティは忘れてしまいなさい！ 前にも言ったように、あなたは体ではないし、体であり続けることもない。あなたが聞くもの、読むものはすべて、ただあなたの臨在から生じているのだ。

生まれた後、あなたは「神は偉大だ」と言って、「神」に自分を重ね合わせ始めた。生まれる前、あなたは「神」という言葉も知らなかった。「ブラフマンとは何か？ 神とは何か？」。神は概念だ。あなたは「マスター」と「弟子」に関しても何も知らなかった。こういうすべての概念は、スピリットが体にはまった瞬間にやって来た。

私はあなたの注意を
身体知識に先立つものに向けさせようとしている。

目的地にたどり着いたら、その住所は捨ててしまいなさい。ニサルガダッタ・マハラジはよく言っていたものだ。「これは道ではなく、究極的な真実、最終的な真実、最終目的地だ」

あなたが最終目的地だ。道はない。
すべての道が果てるところ、そこにあなたがある。

私のマスターが人々に「今まで読んだことはすべて忘れて、話をしなさい」と言ったとき、意味していたのは「本の知識、文字の知識の輪の中で話をしないで欲しい」ということだ。

この体は物質的なものだから
その知識は物質的な知識だ。

体は物質的なものだ。

あなたは究極的な真実なのだ。さあ、自分自身を確信させなさい。

96 神のメガネ

質問者：もし目覚めが突然起きたら、それはあまり深い目覚めではないということですか？

マハラジ：そういうことではない。あなたは自分自身を完全に信頼しなければならない。「私は自己なき自己だ」という究極的な真実がわかれば、ドアが開き、何の努力も必要ない。

「私は金持ちだ。物乞いではない」と知るときは、突然、理解する。変化は即座に起きる。物乞いだというストーリーを、この先十五年も続けていったりはしない。かつて物乞いだった人物はいなくなってしまった。

質問者：その人は消えてしまうのですか？

マハラジ：彼はいない！　誰もいない。自分を身体形態とみなしてはいけない。これは明らかな事実だ。スピリチュアリティについては忘れてしまいなさい。すでに言ったが、あなたは最初、小さな男の子だったが、やがて年を取っていく。こういう変化は体にのみ当てはまる。誰もいない！

質問者：つまり子供の頃、私たちは自分が旅をしていると思っており、大人になっても自分はスピリチュアルな旅の途中だと考えているけれど、そもそも最初から「私」などないということですか？　つまり、これは誤ったアイデンティティなのですね。旅などないし……

マハラジ：それは、ジャコウジカの話のようなものだ。

質問者：自分の香りを追いかけて探し回り、跳ね回る鹿の話ですね。

マハラジ：その鹿のようなものだ。私たちは究極的な真実を確立するために、たくさんのたとえ話を用いる。あなたの究極的な真実を確立するためだけに、こういう話をしているのだ。あなたは最終的な真実だ。あなたは生まれていない。

質問者：あなたは究極的な真実の中にとどまっているのですか？

マハラジ：私に何が言えようか？　「あなた」も「私」もまったく存在しないのだから。それが反映されているだけだ。私の師の恩寵のおかげで、私は何も考えない。答えが即座に自発的に浮かんでくる。（声を高くして）これはあなたにも起こり得る。私が話していることは、あなたにも起こり得るのだ。しかし、真我を吸収しない限り、それは難しいだろう。

マスターはあなたにメガネをかけるようにと手渡す。幻想の世界を見透かすことができる神のメガネ、神の目だ。

　私の言葉を文字通りに受け取ってはならない。言葉は媒体として必要なだけだ。私たちが話しているのは、聞き手のストーリーだ。しかし、聞き手は目に見えず、名もない。私が何か言うとき、あなたは聞いている。そのとき、分析が自然に起きる。誰が分析しているのだろう？　誰が識別しているのだろう？　それは自然に起きるのだ。

　あなたは私の考えを疑問に思い、分析する。その分析している者の注意を、私は引いているのだ。誰がこの思考を作ったのか？　この思考の背後にはあなたの目に見えぬ臨在がある。その臨在から、思考が即座に投影される。

　私が何か言う。そして質問が生じ、答えが生じ、思考が生じる。この思考のプロセスはどのように始まったのだろう？　それはあなたの自発的な臨在から始まった。思考はその臨在から投影される。その臨在から、思考が投影されるのだ。あなたは「私は何者かだ」と考え始めたが、あなたは何者でもない。

質問者：どのくらいの間、グルが必要なのですか？

マハラジ：あなたが弟子である限り。グルの臨在はすでにあなたの中にあるが、あなたは自分を体だと思っている。あなたは自分を身体形態として捉えている。だから、グルが必要なのだ。あなたは住所を知っていたので、ここまで来ることができた。このアシュラムに到着したら、もう住所は必要ない。それはもう目的を果たした。

あなたは到着した。

あなたが最終的な真実で、究極的な真実だから
あなたは最終目的地に到着したのだ。

残念なことに、
あなたは究極的な真実を受け入れておらず、
それが問題なのだ。

　同じ根本原理、同じものが、違う言葉や文章、物語を通して何度も何度もあなたの目の前に置かれている。しかし、根本原理は一つだ。「あなたの自己なき自己以外に、神もブラフマンも、アートマンもパラマートマンもマスターもない」

　あなたは自分自身のマスターだ。あなたは自分自身のパラマートマンだ。しかしあなたは自分自身を身体形態とみなしているので、自分の究極的な真実に気づいていない。

　あなたは自分の足で立たなければならない。あなたは障害を負ってはいない。この身体知識のせいで、あなたは自分自身が障害を負い、恵まれない環境にあり、能力がないと考えている。マスターは言う。「あなたには障害などまったくない。あなたは自分の足で歩くことができる。その義足を外しなさい。あなたは自分の二本の足で立つことを学ばなければならない」

勇気を持ちなさい！　問題が起きるのは勇気と自信がないからだ。「ああ、私は弱い」。海に飛び込んで泳ぎなさい！　強くなるには、そうするしかない。水泳の先生は子供を水の中に投げ込む。そうすれば次の瞬間、子供は泳いでいる。そして、その子の自信が育つ。マスターはあなたの自信を作り出すのだ。

マスターはあなたの中に自信を打ち立てる。
あなたはこのすべてのパワーを所有しているが、
それに気づいていない。
あなたは自分の強さに気づいていない。
あなたはいかなる困難にも立ち向かうことができる。

勇気を持ちなさい。「いかなる状況に見舞われようが、私は真っ向から立ち向かう」。そのようにありなさい。難しい状況から逃げてはいけない。思考はやって来ては去り、やって来ては去る。

あなたは土手から
川の流れを見ている。
あなたは落ち着いて、何にも心乱されず、安らかだ。

97　仕事を辞めるべきか

質問者：探求の旅の途中で、自分をいろいろな活動から解放する、たとえば仕事を辞めることは役に立つでしょうか？

マハラジ：そういう問題を気にすることはない。あなたは平常通り暮らしていける。探求と身体活動には何の関係もない。

質問者：そうですね。でも、私の仕事は考えることが必要なんです。だから、マインド－身体として機能しなければならないのです。

マハラジ：自分は何者かだ、個人だと考えている限り、こういう疑問がいつまでも湧いてくるだろう。あなたは誰でもない！

あなたは何者でもなく、そして何者でもないから
あなたはすべての人だ。
あなたは何者でもないから、すべての人だ。

あなたは今までの人生でずっと、この身体知識を所有してきた。だから、継続的な概念の流れによって条件付けられていて、目まぐるしい終わりのない思考がたくさんあり、特急列車のようだ。それは起きてくる。しかし今、あなたは勇気を出して、やめなければならない。考え過ぎるのをやめなさい！　集中しなさい！　集中する者に集中しなさい。すべてはあなたの中にある。これは開かれた真実だ。あなたはそれを受け取ることも、拒絶することもできる。

質問者：でも、何かを放棄し、諦める必要はないのですか？

マハラジ：完全な真実があなたの中にある。それを絶対的に信頼しなさい！　なぜ、こういう質問が出て来るのか？　あなたは弱さ、マインドの弱さや確信の弱さを治そうとしている。この弱さを取り除かない限り、あらゆる種類の困難に出会うだろう。

あなたは自分が弱いと信じている。あなたはまったく弱くない！　あなたにとって不可能なものは何もない。なぜ、妥協するのか？　勇気を持ちなさい！　自分自身を信頼しなさい！

これは真実、開かれた真実、最終的な真実だ。
すべての真実を、
私はあなたの前に置いている。

私のマスターからもらった知識を、私は分かち合っている。私はあなたの知識を、あなたの前に置いている。あなたはそれを受け取ってもいいし、受け取らなくてもいい。それはあなた次第だ。

ニサルガダッタ・マハラジも同じことを私に言っていたものだ。「勇気を持ちなさい。あなたの人生を無駄にしてはいけない。私の話を聞きなさい。私の話を聞きなさい」と。

あなたが知らぬ間に
目に見えぬ聞き手はすべてを記録している。
やがて、その知識が
あなたに明らかになる。

私は自分のマスターを完全に信頼していた。だから私は今、直接的な経験からあなたに話をしている。不可能なことなどないと私は悟ったのだ。

質問者：『アイ・アム・ザット 私は在る』を読んで、ニサルガダッタ・マハラジに初めて出会ったとき、私の胸に飛び込んで来た言葉の一つは、アメリカかどこかから来た人に向けた言葉でした。「私はすべてを超えている！　世界を超え、空を超え、宇宙を超え、すべてを超えている」。私は「何てすごいんだ！」と本当に感動しました。そして彼がこれを確信していることに、もっと感動しました。それで、私は探求者になったのです。

質問者2：私はフェイスブックで、ラマカント・マハラジを知りました。そして私の友人がインターネットであなたについての話を聞きました。あなたの教えは本当に完全です。それは万人向けではありません。あなたが言うように、「すべての身体知識を消さなければならない」からです。でも、期が熟した人にとっては、この教えは完璧にフィットします。
マハラジ：ときが経つのは早い。あなたの人生の一瞬一瞬が価値あるものだ。

あなたとともにありなさい！

人生の終わりのときまで、

自分自身を置き去りにしたりしないこと。

今こそ、自分を本当の意味で知ろうとしなさい。そうでないと、概念や幻想、思考があなたに圧力をかけ続けるだろう。あなたの人生は混乱と葛藤の内に終わるだろう。

死の概念に立ち向かう勇気を持ちなさい。あなたに死はない。体にとって、あるだけだ。あなたの人生は恐れのないものでなければならない。恐れのない人生は可能だ。ただエゴを取り去ればいい！　文字の知識は役に立たない。文字の知識は役に立たないのだ。それはちっぽけな知識だ。あなたはちっぽけではなく、偉大だ。あなたは全能だ！　あなたは偉大なのだ！　だから、あなたの偉大さを見つけなさい！　真我を発見し、自分自身の知識を明らかにしなさい。そうすれば、偉大なる真の知識が豊かに見つかるだろう。

知的な知識は十分ではない。

あなたは根本まで行かねばならない。

深く、深く行きなさい。

本を読めば、世俗的な痛みから一時的に解放されるかもしれない。しかし、あなたは根本まで行って、自分が誰かを見つけ出さねばならない。源まで行って、あなたのパワーを実現しなさい。あなたは常に自分を過小評価している。私の話を聞いて、私の言っていることを受け入れなさい。

あなたは偉大だ。

あなたは全能だ。

今こそ、真剣になって、内側を見て、根本まで行くときだ。死の瞬間は、幸せな瞬間でなければならない。

98 空に「私」はない

質問者：エゴに働きかけること、消し去ることについて質問があります。私は何ができるのでしょうか？
マハラジ：自分を身体形態として考えている限り、こういう質問がいつまでも湧いてくる。
質問者：努力しても、エゴを取り除くのは不可能なように思われ……
マハラジ：それは自動的に起きる。ニサルガダッタ・マハラジは言っていた。毒を一滴飲んだら「この結果、何が起きるだろう?」と問う必要はないと。

同様に、スピリチュアルな知識は
自動的に効果を発する
一滴の甘露のようなものだ。
それは、あなたではなく、
目に見えぬ聞き手に働きかける。

「私」を持ち込むな。何かが起きるかもしれない、起きないかもしれないと考える必要はない。

質問者:それはただ独自に働くということですか?

マハラジ:それはあなたではなく、静かなる聞き手に働きかけるのだ。

質問者:私はただ消えてしまいたいです。

マハラジ:その「私」と自分を混同しないように気を付けなさい。あなたはまさに空のようなものだ。

質問者:はい、わかっています。空さえも超えて……

マハラジ:空は至る所にある。イギリスの空、アメリカの空、インドの空に違いはない。私たちは空に名前を付けて分割する。「イギリスの空」、「アメリカの空」、「ロシアの空」、しかし、それらにはまったく何の違いもない。空は空なのだから。これと同じように、スピリチュアルな知識に関しても、ブラフマンはブラフマンだ。ジェームズのブラフマンがマイケルのブラフマンと違うということはない。ブラフマンはブラフマンなのだから。

究極的な真実はパラブラフマン、もしくはアートマンと呼ばれる。しかし、私たちはマインドや知性を用いて、こういう区別を行っている。マインドを使ってはいけない! そんなものは忘れてしまうことだ! マインドは後からやって来た。それ自体、独立した存在ではない。あなたがマインドにパワーを与えている。マインドが機能しているのはただ、あなたのパワーがあるからだ。

マインドはあなたのパワーで動いている。
マインドが働けるのは、
ただ、あなたのパワーがあるからだ。

エゴもあなたのパワーで機能する。そのパワーがなかったら、この体には何が起きるだろう? あなたが最終的な真実だから、あなたは生まれていない。それが事実だ。これを確信するには、このプロセスを経なければならない。真の知識を吸収しなければならない。質問や疑いがあるなら、自分の心の中にしまっておかないことだ。すべての疑いを明らかにしなさい。

質問者:そういうことはすべて、わかっています。これが究極だと完全に知っているのですが、それでもまだ、微妙な個別性が残っているのです。

マハラジ：「私は知っている」と言うのは幻想だ。存在する前、あなたは何も知らなかった。存在する前、あなたは自分がブラフマン、アートマン、パラブラフマン、神だということを知らなかった。あなたは何も知らなかった。それは「私は知らない」という状態だった。「私は知らない」は完璧な答えだ。あなたは自分自身のマスターだ。だから、あなたはすべての質問に答えられる。

質問者：私は自分を消すことができず、悩んでいます。自分が存在しないことは知っています。この「私は存在しない」はただの思考のようなものです。「私」はやって来て、そして去ります。

マハラジ：考えるのをやめなさい！ ただ、とどまっていなさい！ ありなさい！ 薬は効いている。すでに一滴の甘露が体内に入ったのだから、何が起きるか、起きないかと心配することはない。結果を心配してはいけない。マインドはクレージーだ。マインドはとてもクレージーだ。

マインドはしばらくの間、静かになる。
それから、また戻って来る方法を見つける。
それは犬の尻尾をまっすぐにするために
筒の中に差し込むようなものだ。
筒を外せばすぐに、
尻尾はまたくるんと丸くなる。

質問者：マインドが静かになっても、それが消えたようには感じられません。多分、ただ隠れているのだと思います。

マハラジ：私の話を聞きなさい！ 私は同じことを何度も叩き込んでいる。

マインドは独自の存在ではない。
私たちがマインドを生み出した。

マインドはどこにあるか？ こういうふうに議論するため、私たちはマインドを使っている。それは、スピリットが体にはまった瞬間に誕生した。そして、あなたは「これが私のマインドだ」と言うようになる。私たちがマインドを生み出した。これは明らかな事実だ。

質問者：しかし、この私とは何ですか？ 「私のマインド」、「私のエゴ」と言うとき、この「私」はエゴですか？

マハラジ：この混乱はすべて、言葉が引き起こしている。前にも言ったように、存在する前、言葉はなかった。なぜ、あなたはこういう幻想をそんなに重要視するのか？ 「私」も幻想だ。だから私は『私』はない、マインドはない、ただ空がある……『私』はない、マインドはない、ただ空がある」と言ったのだ。空にエゴはあるかね？

この身体知識の影響はすべて、消さなければならない。そのためには、瞑想の修行をしなければならない。そして徐々に、ゆっくりゆっくりと究極的な真実にたどり着く。「ああ、そうか！　私はそれだ」

私は自分を身体形態として知っている。この体は食物からなる身体だ。誰がこの食物からなる身体の中で活動しているのだろう？　この食物からなる身体が生き残ることはない。それには年齢の制限、時間の制限がある。もし、自分自身を本当の意味で知りたいのなら、あなたは正しい場所に来た。何か質問はあるかね？　どんな質問にも答えよう。

質問者：いろいろあり過ぎて、吸収しきれません！　私はただ「私」を殺してしまいたいです。

マハラジ：それはナンセンスだ。

殺すべきものは何もない。

すでに言ったように

「私」は幻想だ。

修行をして基礎となる知識も養いなさい。『アイ・アム・ザット 私は在る』を何度も何度も読みなさい。“Master of Self－Realization”も読みなさい。

ニサルガダッタ・マハラジがシッダラメシュヴァール・マハラジの講話を書き留めたものが“Master of Self－Realization”として本になった。当時はテープレコーダーもなかったから、対話の一部は欠けているかもしれない。しかし、ニサルガダッタ・マハラジは何とか大部分を書き留めることができた。彼には強固な基礎があったからだ。彼はシッダラメシュヴァール・マハラジが伝えたかったことを理解することができた。だから、この本はとても有益だ。

この真の知識は、とてもシンプルだ。これはとてもシンプルな知識だ。しかし人々がそれを複雑化したので、今ではそれはあなたのものではなく、誰か他の人のものであるかのように見える。

あなたの知識が、異質な

関係ないものになってしまった。

それは誰か他の人のものではない！

それはあなたのものだ！

それはあなたの知識だ！

質問者：あなたのおっしゃることに強いつながりを感じ、すべての言葉が心に響くこともあるのですが、何だかよくわからないこともあります。

マハラジ：前にも言ったように、そういうことが起きるのは、あなたの微細身にたくさんの考えや記憶が刻まれているからだ。そのため、思考がアンバランスになる。でも、マインドやエゴ、知性は後からやって来たものに過ぎないということを、ただ思い出しなさい。

自分自身をこの世界で演じる役者だと考えてみなさい。私たちは男として、もしくは女として人生ドラマを演じている。しかし、あなたは男でも女でもない。こういうふうにして自分の、目に見えず、名もなく、特定できないアイデンティティを確信しなさい。

99 自己愛

マハラジ：モーリス・フリードマンは『アイ・アム・ザット 私は在る』を作るために、大変な努力を払った。フリードマンは七十代だった。ひ弱で小柄だったが、スピリチュアルな教えに非常に精通しており、ラマナ・マハルシやクリシュナムルティ、ダライ・ラマ、ガンジーなどとときを過ごした。彼の終着点はニサルガダッタ・マハラジだった。彼は私の師の知識が特別なものだと考え、その教えの気づきを世に知らしめなければならないと感じた。彼はテープレコーダーとカメラを持って来て、何時間もマラティー語や、英語、ヒンズー語の翻訳を聞いていた。彼はとてもとても謙虚だった。よろしい。何か質問はあるかね？

質問者：今のところはありません。今は吸収して、中に取り込もうとしているところなので。昨日、あなたは自己愛について話されましたね。

マハラジ：自己愛は体と関係している。存在する前、愛も愛情もなかった。何もなかった。あなたが愛するのも、自分を最も愛するのも、体に執着しているからだ。

質問者：私たちは自己愛を超越すべきでしょうか、それとも自己愛とともにあるべきでしょうか？

マハラジ：それは体に向けられた愛や、マインドに向けられた愛、エゴに向けられた愛であってはならない。

自発的な自己愛とは、
完全に安らかであることを意味する。

私たちは言葉を用いて、実在を刻み付けようとしている。私たちが体に出会ったとき、愛に出会った。私たちが体に出会ったとき、愛や愛情、エゴ、知性、マインドにも出会った。それ以前は、何もなかった。

それは自然なことだ。私たちは体に執着し、それに大変な愛着を抱いているのだから、愛が存在するのは当然だ。私たちは母や妻、夫、姉妹、兄弟、父と身体的関係性を持っている。だから、愛着があるのは当然だ。誰か親しい人が突然死んで「消え」たら、あなたは悲しいだろう。これはとても自然なことだ。もし、親しい友人や父、姉妹、母が亡くなったら、悲しみを感じるのは当然だ。愛が打ち立てられているのだから。この身体的な愛が永遠のものでないことはわかっているが、それでもこういう感情はあってしかるべきだ。

スピリチュアリティにおいては、そういう執着は一時的なもので、私たちはすぐにこの世界は幻想だと気づく。好むと好まざるとにかかわらず、誰もがこの世界をいつか去らねばならない。だから、実在や究極的な真実についての知識から、勇気を得ることができる。「仕方ない。そういうこともあるさ」とあなたは言う。そして、感情がちょっとの間、浮かんでくる。「今日は彼の番だが、明日は私の番かもしれない」。愛着は消さねばならない。

究極的な真実が
本当の意味で確立されたときに
この無執着は自発的に生じる。

「本当の意味で」とは身体的、精神的、知的なレベルではないということだ。これらはすべて、やって来ては去り、やって来ては去って行く。観照者でありなさい！

もし、あなたが誰かを夢の中で愛し、その人が夢の中で死んだとする。そういうことが起きたら、あなたは泣き始める。しかし、目が覚めればすぐに「ああ、何だ、ただの夢か！」と言う。その夢と、愛する人には何が起きたのだろう？　夢の中であなたは泣いたり、叫んだりしていた。しかし目が覚めたら、すべてはすぐに忘れられる。

スピリチュアリティとは幻想や幻想の思考、感情から目覚めることだ。それは、あなたの食物からなる身体も含めて、全世界が幻想だという確信を持つことだ。食物からなる身体の知識はすべて消えなければならない。しかし意図的に努力してはいけない。ただ理解しなさい。理解しようとしなさい。

あなたはただ、実在を知ればいい。
実在を受け入れなさい。
あなたの実在を。

身体知識を得る前は、あなたの臨在があった。身体知識が消えても、あなたの臨在はあるだろうが、しかしそれには何の形もない。もし、自分を何かにたとえたいなら、空にたとえなさい。地震が起きれば、家々は崩壊する。でも、空には何か起きるだろうか？

壁の中に住んでいると、壁に遮られて空はそこにないように見える。空はあるのだが、私たちは「これは寺です。これはアシュラムです。これは台所です。ここに部屋がありますす」などと言っている。私たちは名前を付ける。「これはイギリスです。これはロシアです」。でも、アメリカをほんの少し、インドに持って来ることなどできるかね？　できない！　名前が問題を引き起こし、分離と幻想を生み出すのだ。

その小部屋の中から出て来なさい。

大地震が起きたら、すべての家が崩壊する。

しかし、空には何が起きたか？

何も起きず、空は何にも影響されない。

それと同じように、あなたの自発的な存在も、それ自身を知らない。「私は在る」も「あなたは在る」もない。これが究極的な段階だ。「私は在る」も「あなたは在る」も知らない。ただ私の話を聞きなさい。身体的アイデンティティがあるから、私たちはお互いを認識するが、もし体のアイデンティティが消えれば、それは空のようなものだ。

このことを理解、実現するには修行を一歩一歩、続けなくてはならない。少しずつ、すべてがわかってくるだろう。真の知識は、確信とともに打ち立てられなければならない。確信だ！　確信！　そうすれば、完全な平安が訪れるだろう。話をしたり、仕事をこなしたり、家族の世話はするが、それに巻き込まれることなく、超然として、いつも通り平然としているだろう。

100　完全に止まる

質問者：マハラジ、あなたから伝授を受け、ナーム・マントラを授かることが、私にはとても重要なことなのです。

マハラジ：まず初めに聞くが、あなたにはグルやマスターがいるかね？

質問者：はい、います！　私のグルはニサルガダッタ・マハラジです。そして、あなたは彼の弟子です。私にとってこれが、この伝統に参入する唯一の道なのです。だから、私はあなたに会いに来たのです。

マハラジ：マントラをあげるのは構わないが、あなたは厳しい修行を行わなくてはならない。瞑想をしなかったら、究極的な真実を実現することはできないだろう。

あなたはすでに「私はアートマンだ。パラマートマンだ。ブラフマンだ。神だ。すべてだ」と知っている。しかし、あなたの中に実在を確立するには、強い帰依が必要だ。マントラをもらっても、集中せず、確信がなく、真剣に受け取らない人たちもいる。そういう人たちは、心が彷徨っているので、また他の場所に行く。

マントラは奇跡の道具ではない。それは魔法の杖ではない。魔法の杖はあなたの中にある。私たちはあなたのパワーを甦らせている。パワーはあるのだが、あなたはそれに気づいていない。あなたの中には、とてつもないパワーがある。

質問者：では、瞑想の間はマントラに集中して、「私はブラフマンだ」と感じていればいいのですか？

マハラジ：感じてはいけない！　瞑想の間は何も感じてはいけないし、意図的に努力してもいけない。それは自発的なものだ。何もせず、ただ、それに従いなさい。「私はブラフマンだ。私はアートマンだ」とか、何かを考えてはいけない。それは自動的、自発的に起きるものだ。

どんなマントラであろうと、マントラを与えられたら、ただそれを唱えなさい。マントラを繰り返すのだ。「これは、どう役に立つのだろう？」などと考えてはいけない。まったく、何も考えてはいけない。それは自動的に起き、自発的に起きる。それはマスター・キーだ。

知識はあなたの外ではなく、中にある。皆が知識を持っているが、あなたは実在に気づいていない。だから、あなたは祝福を求める。「ああ、神様、私を助けてください、祝福をください。何かしてください！」。そして、いろいろなところに行って、いろいろなマスターに会う。

ブラフマン、アートマン、パラブラフマン、神など、私たちはとてもとても素晴らしい言葉を作った。しかし、それらもただの言葉に過ぎない。スピリチュアルな本には、素晴らしい言葉や素晴らしいストーリーがある。

それは誰のストーリーだろう？

ブラフマンの背後には何があるのだろう？

深く、深く、深く行きなさい。盲目的な信頼とは違う！

質問者：何が起こっていたのかわかりませんが、バジャンの間、笑いが止まりませんでした。ただ、高く、高く昇っていく感じがして、強い幸福感に満たされたので、笑いが爆発してしまったのです。こらえようとしたんですが、止まりませんでした。

マハラジ：それは素晴らしい！　バジャンは自発的な幸福感をたくさんもたらしてくれる。高度な意味があるので、ヴァイブレーションがとても強いのだ。

質問者：夕のバジャンが本当に好きです。「絶対的なグルについて、常に瞑想せよ。グルを崇拝することを忘れるな。彼だけが正しい理解をもたらしてくれるのだから」という歌詞がありますよね。それから「彼はすべての知識だ。バジャンを歌え。彼が光を照らす者なのだから」というような歌詞も。ただただ素晴らしいです！

マハラジ：瞑想とバジャンは、とてもいい組み合わせだ。この二つはとても大切だ。なぜならバジャンによって、内なるスピリットが自発的に幸せになるからだ。バウサヒブ・マハラジはこう言った。

「あなたはマントラとバジャンを通じて、究極的実在を知るだろう」

ニサルガダッタ・マハラジは「すべての探求を、完全に止めなければならない。これは完全な停止であり、究極であり、最終的な真実だ」と言った。どこか他の場所に行こうという誘惑も感じなくなる。真我を実現すると、さまざまな方向に引っ張られることがなくなるのだ。エゴも知性もマインドもなく、神のエッセンスを理解し、マスターはあなたの中にあると理解すれば、それは自発的に起きる。あなたはブラフマンだ。あなたはそれに先立ち、世界に先立つ。

私が言っていることは、目に見えず、静かに、永続的に、背景で本当に起きている。これを理解しなさい！

マインドがふらふらしていてはだめだ。強く、完全に自分を信頼しなさい。そして他のマスターに従わないことだ。完全な信頼、完全な帰依が欠かせない。今まで、どんな本を読んできたのかね？

質問者：たくさん読みました。ニサルガダッタ・マハラジについてもたくさん読みましたし、『ダスボド』や『ヨーガ・ヴァシスタ』も一部読みましたが、それらもとても好きです。

マハラジ：あなたにはしっかりとした基礎がある。何を読んだとしても、それを実行しなければならない。知的に読むだけでは、スピリチュアルな知識は娯楽に過ぎない！

スピリチュアルな本がたくさんある。
それらの本の聞き手、読み手が
究極的な実在だ。

それらを、アートマンやブラフマンの話に過ぎないと考えてはいけない。

スピリチュアルな本を読むときは、「これは私のストーリーだ」と理解し、確信していなければならない。つまり、形なき実在としてのあなたのストーリーだと理解するのだ。あなたが身体形態でないのは、明らかな事実だ。体は外側の覆いに過ぎず、時間の制限があり、終わりがある。

あなたは自分の究極的な真実に気づかねばならない。すべてはあなたの中にあるが、あなたはその実在に気づいていない。私はあなたの中の目に見えぬ聞き手の注意を引き、「あなたはブラフマンだ。アートマンだ。パラブラフマンだ」ということを思い出させようとしているのだ。しかし、マインド、エゴ、知性のせいで、あなたはその信頼を保つことができない。それらが「私はかくかくしかじかという者であり、ブラフマンになれるわけなどない」などと言うのだ。

質問者：こういうことをあなたから聞くのは、私にとってとても重要です。こういう教えをあなたから直接聞くのは、励みになり、力付けられます。本当にありがとうございます。

マハラジ：ニサルガダッタ・マハラジには特別なパワーがあった。私はそれと同じ知識を皆と分かち合っている。今が好機だ。この一瞬一瞬は決して戻って来ない。それに、実在において、あなたは決して生まれていないし、生まれなかったのだから、このすべての幻想の思考から抜け出ないといけない。誕生と死は体にのみ当てはまるのだ。あなたは体ではないし、体だったこともない。

　百年前、あなたは体を持っていなかった。死は体にのみ起きる。あなたは体ではないし、体だったこともない。百年後、あなたは自分の体を知らないだろう。つまり、身体知識を得る前のあなたの状態、そしてこの身体知識が消え去った後のあなたの状態、それがあなたの究極的な真実だ。最終的な真実、ブラフマン、アートマン、神、マスターなど、好きな名前で呼べばいい。

この身体知識を得る前のあなたはどんな状態だったのか、
そして、この身体知識が消え去ったらどうなるか、
それがあなたの究極的な真実、最終的な真実だ。

101 言葉中毒

マハラジ：マスターの話を聞いたら、この概念の世界から出て来なくてはいけない。そのためには帰依が必要だ。数多くの本が存在するが、読むだけでは十分ではない。だから、スピリチュアルな本を読むときは、修行も同時に続けなくてはならない。

常に覚えておきなさい。
本の聞き手、読み手が
究極的な実在だ。

スピリチュアルな本をアートマンやブラフマンのストーリーだとみなしてはいけない。本を読むときは「これは（身体形態ではない）私のストーリーだ」という理解と確信がなければならない。あなたが身体形態ではないことは明らかな事実だ。体は外側の覆いであり、時間の制限があり、終わりがある。

　あなたは（ジェスチャーしながら）私のようなものだ。（服を指差しながら）これは忘れてしまいなさい。体はただの層、覆いに過ぎない！　だから、それを次のように受け入れなければならない。

マスターがあなたに何か言うとき、

あなたの真実として、
あなたの実在として受け入れなければならない。
それはあなたのストーリーなのだから。

あなたは教えをこういうふうに聞き、理解しなければならない。「これは私のストーリーだ」。誰かがあなたの人生のストーリーを、始めから現在に至るまで語ってくれているかのように聞きなさい。

私が話しているのは、あなたの伝記、
あなたのストーリーだ。
このように、この知識を吸収して、
自分自身を徹底的に知らねばならない。

すべてのスピリチュアルな本が、ヒントや手がかりを与えてくれる。大部分の探求者が、本の知識に頼っている。それによって、ある程度は幸福を得られるが、体を去るときが来たら、知識の深さが試される。最近、帰依者の一人が死別を経験して苦しんだ。彼は震えていた。彼の土台(真の知識)は弱かった。私はいつも、ここに来るすべての人に「あなたの土台を強固にしなさい」と力説している。

なぜ、瞑想やマントラ、バジャンが必要なのか?
なぜなら、それらは土台の石であり、
特定できず、目に見えないアイデンティティの内に
実在を打ち立てるために必要なのだ。

ニサルガダッタ・マハラジは、よくこのように言っていたものだ。彼の言葉は難し過ぎて理解できないと思う人たちもいたが、本物の弟子、真の弟子たちは彼の教えを理解することができた。子供は母親の言葉を理解するものだ。母は子が何を必要としているかを知っている。母は知っているのだ!

だから、シンプルで、謙虚でありなさい。そして、あなたの頭を悩ませてはいけない。私はあなたの前に、あなたの真実、最終的な真実、究極的な真実を置いている。あなたのだ! 目に見えぬ聞き手、名もなき聞き手の真実だ。複雑なことはないし、混乱もないし、葛藤もない。

幼い子供の頃から多くの個人的な思考、概念が生じてきた。あなたの中にはたくさんの思考がある。あなたは前世で何の罪も犯さなかった。誰が悪いのだろう? カルマとは誰のものだろう? プラーラブダとは誰のものだろう? 私たちは果てることなき言葉と想像上の思考を作ってきた。それは私たちの上に刻み込まれ、盲目的に受け入れられてきた。

あなたは幻想の言葉、思考、概念の海に溺れている。
これはすべて想像だ!

スピリチュアリティには完全な土台、強固な基礎が必要だ。そうすれば、あなたが読んだり、聞いたり、勉強したことすべての中にワンネスがあるだろう。土台がないと、二元性が続いていく。あなたが今持っているすべての知識は体に関係している。すべて、身体知識だ。あなたは知識を知的に把握している。あなたの読書は、微細なエゴによってなされる知的な読書だ。「私は何者かで、この本を読んでいる。私は何者かで、この本を読んでいる」

あなたは身体に基づいた知識によって、理解しようとしている。この話をまた持ち出したのは、とても重要なことだからだ。アートマンやパラマートマン、神に関する本を読むとき、あなたは身体知識を媒介にして読んでいる。おそらく、あなたは本当に理解しているのだろう。しかし、

すべてを知的に理解しても、
それはあなたの中で確立されてはいない。
なぜなら、あなたは究極的な真実と一つではないからだ。

本を読んでいるとき、あなたはそれから分離している。教えを聞いたり、さまざまなマスターに会うとき、あなたはそれから分離している。あなたは自分を究極的な真実から分離してしまったのだ！

あなたの土台と出発点は身体に基づいている。
あなたは身体知識を土台にしている。

つまり、あなたが得るスピリチュアルな知識は、もろく儚い幻想の身体的な基盤の上に、積み重ねられているのだ。

スピリチュアリティを追求するとき、
あなたはマインド、知性、エゴを用いているが、
究極的な真実はそれらのすべてを超えている。

あなたは立ち止まって「マインド、エゴ、知性はいつ生じたのだろう？」と尋ねたりはしなかった。真我探究をして、マインド、知性、エゴは後からやって来たのだと知ることもなかった。それらは、あなたが生まれてから生じたのだから、究極的な真実を見つけるのには役立たない。あなたはそういうことにも気づかなかった。

マインドが、マインドに先立つものを発見することなどできるだろうか？

スピリットが体にはまった瞬間、「私は在る」が始まった。そして、「私は在る」からすべての概念が生じた。だから、あなたの土台は幻想の概念から形成されたのだ。

よく考えてみれば、すぐにはっきりとわかることが一つある。存在する前、私たちは何かに出会うことはなかった。たとえばブラフマン、アートマン、パラマートマン、神、幸福、平安などに会うことはまったくなかった。何もなかったのだ。こういう諸条件が発生したのは、臨在が体とともに生まれたとき、つまりスピリットが体にはまったときだ。

臨在だけでは幸福や平安、存在を知ることはできない。体と臨在の組み合わせが、この幻想を生み出した。つまり、扇風機と電気のようなものだ。体は「私」とは言えない。スピリットも「私」とは言えない。電灯がついたり、扇風機が動くのは、電気のおかげなのだ。

これと同様に、スピリットが体にはまると、あなたは即座に「私」と言う。そして、その「私」とともに、すべての期待、要求、必要性が生じた。「私は幸福が欲しい。私は平安が欲しい。私は何かもっと欲しい」

だから、自分自身を知ろうとしなさい。

身体知識を得る前、あなたの臨在はどこにあったのか？

そして、どんな状態だったのか？

身体知識を得る前、あなたは何も知らなかったし、何も持っていなかった。これに照らし合わせて考えれば「身体形態は私の究極的な真実ではない」という確信に至るだろう。

天国と地獄についてはどうだろう？　この概念には、多くの恐怖が付き纏《まと》う。ここでも同じことが当てはまる。あなたは存在する前、天国も地獄も知らなかった。あなたはこのスピリチュアルな知識を、後から知った。

知る者はいないというのに、

スピリチュアルな知識が何の役に立つのだろう？

あなたのスピリチュアルな知識は、

知る者がいないなら、何の役に立つというのだろう？

幻想の知る者は体と出会った。知る者は目に見えず、形態もなく、形もない。「知る者」はなく、「知らない者」もない。だから、すべてのスピリチュアルな知識は幻想に過ぎないのだ。

質問者：私たちが持っているスピリチュアルな知識がすべて幻想だと言うなら、どうやって究極的な真実を見つけることができるのですか？

マハラジ：あなたは自分の真のアイデンティティを忘れてしまった。スピリットが体に触れたとき、あなたは自分のアイデンティティを忘れてしまった。だから、あなたの内に「私は究極的な真実、最終的な真実だ」という真実を確立するためだけに、知識が必要なのだ。

あなたを最上階まで運ぶ

エレベーターのように知識は働く。

ひとたびそこに着けば、もうエレベーターは必要ない。身体に基づいた知識に依存してはならない。それは体とともに消える。あなたはブラフマンでもないし、アートマンでも神でもない。実際、あなたは何でもなく、無だ。あなたの基礎は強固なものでなければならない。

多くのスピリチュアルな知識があふれている！

本を読むなら、それを強力な知識にしなさい。
やむことなく本を読む人は、本のマスター、哲学のマスターかもしれない。しかし、こういうすべての知識には時間の制限がある。体が去る瞬間、すべても去る。だから、知識も幻想なのだ。知識は最終的な真実ではない。それは媒介物に過ぎない。

知識とは何か？

それは、自分を真の意味で知ることに過ぎない。
あなたは自分を身体形態として知っている。「私は男だ。私は女だ。私はブラフマンだ」。こんな幻想、あんな幻想、そんな幻想！「私はこんな活動をしている。あんな活動をしている。エゴ、エゴ、エゴ！」。あなたはエゴの概念に完全に囚われている。「私はこういうことをする。私はこういうことをした」。あなたは何もすることができない。

あなたはこの体で何かをすることはできない。

それは、この体はあなたの基盤ではないからだ。

もし、あなたが自分の基盤を見つければ、

その土台は完璧なものとなるだろう。

質問者：私の土台とは何ですか？

マハラジ：あなたの土台は、すべての身体知識を取り除けば確立される。私は同じことを何度も叩き込んでいる。注意深く聞きなさい！　存在する前は、何も必要なかった。平安も幸福も恐れもブラフマンもアートマンもすべて、後から生じた概念だ。

これはとても簡単なことだ。だから、ちょっと目を向けて、自分に尋ねるといい。「本を読んで身体知識を得た結果、私はどうなったか？」。私たちはこういった概念に依存するようになった。私たちは「私は男だ。私は女だ。私は悪いことをした。私は良いことをした」などと、盲目的にあれやこれやを受け入れ、自分自身の概念の被害者になった。今こそ、目覚めて、実在を知りなさい！

実在を知りなさい。

実在はあなたの前に置かれている。それは開かれた秘密だ。
輪の中から抜け出しなさい。あなたは束縛などされていない。知識は限られている。それが役に立つのは、あなたが生きている間だけだ。知識はない。知る者も概念もない。これは最終的な真実だ。弟子もマスターも神も帰依者もない。この幻想はすべて、あなたが世界に出会ったときに始まった。今あなたは、全世界はあなたの自発的な投影であることを知っている。この世界を見るためには、あなたの臨在が必要なのだ。

あなたはいかなる言葉の中にもない。

あなたは宇宙の中にもない。

宇宙があなたの中にある。

臨在が体にはまった瞬間、あなたは世界を見る。あなたの臨在がなかったら、あなたは世界を見ることができない。この臨在、目に見えぬ臨在、特定できない臨在の注意を、私は引いている。(訪問者を指差して)それがあなただ。

誕生と死は、あなたに何の関係もない。これが実在、あなたの実在だ。私は同じことを皆に言っている。こういう言葉の意味を文字通りに分析してはいけない。本をめくって「これは何だろう?　あれは何だろう?　ラマナ・マハルシはこう言い、ニサルガダッタ・マハラジはああ言った」などと尋ねてはいけない。本やマスター、教えを比較してはいけない。

彼らの言葉が伝えようとしていたことが、大切なのだ。比較してはいけない!　あなたはスピリチュアルな知識を研究しているのではない。

私たちは研究ではなく、確信を得ようとしているのだ。

たくさんの人がここに来て、これは何ですか、あれはどういう意味ですかと尋ねる。なぜ?　なぜ?　なぜ?　そういうふうに比較研究して、あなたは何を成し遂げようとしているのか?　そんなことをしても役には立たない。あなたはこの幻想の全世界から抜け出なければならない。


集中する者に集中しなさい。

文字の意味の海で泳いではいけない。

言葉の海で溺れてはいけない。

あなたはもう中毒患者ではない。

102　誰のために読書するのか

質問者：あなたはあまり、スピリチュアルな本を読むことには賛成なさっていないようですね。本を読むのは、修行の役には立たないのですか?
マハラジ：もちろん、知識を与えてくれる本を読んでもいい。しかし、そういうスピリチュアルな本を読んでいる間、あなたの究極的な真実はあなたから分離していないということをしっかり認識しなければいけない。あなたが読んでいるのは、読み手のストーリーなのだ。
この読み手には形がない。スピリチュアルな本を読むときは、自分自身のストーリー、目に見えぬ読み手のストーリーを読んでいるのだということを自覚しつつ読みなさい。究極的に、それは何の形もないあなたのストーリーなのだ。それがわかったとき、真の知識が確立される。

質問者：つまり、自分を本の中身と切り離してはいけないということですね。いわゆる個人のマインドを使った知的なエクササイズとしての情報集め、私たちはそんなふうに本を読みがちです。これは二元的です。しかしあなたは、読者は目に見えないとおっしゃる。それは、静かなる聞き手が自分自身に話しているようなもの、神が神に話しかけているようなものでしょうか？

マハラジ：“Master of Self–Realization”や『アイ・アム・ザット私は在る』のような本を読めば、それらは読み手のメッセージ、あなたの真実を伝えてくれる。

　私のマスターの言葉が、あなたが読んだすべての本の結論を示す。「あなたの自己なき自己以外に、神もブラフマンもアートマンもパラマートマンもマスターもない」。これが、すべての哲学、スピリチュアルな本の要旨、根本原理だ。

さまざまな言葉や終わりのないストーリーによって
この根本原理が色付けられ、
それによって読み手の知識を指し示す
主な原理がぼやけてしまう。
読み手には何の形もない。
読み手は目に見えない。

私があなたに何かを話し、あなたは聞いている。あなたはただ聞いているだけではなくて、分析もしている。そして、言われたことをただ分析しているだけではなくて、分析しているものを観照している。これらは即座に起き、あなたは繰り返し、観照する。私はこの観照する者、あなたの中の目に見えぬ観照する者の注意を引いている。それは、ブラフマン、アートマン、パラマートマン、神、マスターなどと呼ばれる。

　本をたくさん読んだのなら、何らかの結果がなければならない。本を読んで、どうなったか？　あなたはそれらの本から何を得たか？　あなたの究極的な真実にとって、それはどの程度役に立ったか？　どんなふうに役に立ったか？

結論がなければならない。
何らかの結論にたどり着かねばならない。
そうでないなら、あなたは貴重な瞬間を無駄にしている。

　集めたり蓄積した知識は、乾いた知識だ。それは、死の床において、何の役にも立たない。

こういう本を読むのは、いったい誰のためか？

質問者：私の場合、ただスピリチュアルな本を読むのが好きなんだと思います。

マハラジ：もし、ただ本を読んでいるだけなら、もし本を読むことしかしていないなら、あなたはただ「本のマスター」、文字のマスターになるだけで、実在のマスターにはならないだろう。本を読むだけでは役に立たない。

あなたはなぜ、いつまでも無知を付け足して、もっともっと知りたいと思うのだろう？　本はすでに、あなたが究極的な真実であることを示した。あなたはその究極的な真実の中でしっかり落ち着かなければならない。なのになぜ、もっともっと読みたい、何度もいつまでも読みたいと駆り立てられるのだろう？

質問者：おっしゃることはわかります！　スピリチュアルな本が、マインドではなく、私の中の目に見えぬ聞き手に語りかけるようにしなければならないのですね？

マハラジ：そうだ！　なぜならあなたはもう個人ではないのだから。今ではもうよく知っているのだから！　本の虫になってはいけない！　あなたは究極的な真実、最終的な真実だ。

究極的な真実に関係するものを
読むときは、
あなたがその究極的な真実であることを知りなさい。

それは本の知識ではなく、あなたの知識だ。「はい、私はそれです！」。これが確信だ。これが瞑想だ。自分が究極的な真実だと、常に自然に気づいていなければならない。

質問者：言葉を文字通りに受け取ってはいけないとか、他の本の言葉と比較してはいけないとか、あなたはよくおっしゃいますね。私たちは言葉に執着して、しがみ付いているということでしょうか？

マハラジ：知識はそこにある。しかし、それをどう解釈し、どう実行に移すかが問題だ。もし、その知識を正しく使わなければ問題が生じる。度が過ぎれば何でも毒になる。

質問者：『アイ・アム・ザット 私は在る』や“Master of Self−Realization”のような本は、他の本と比べて、目に見えぬ聞き手の注意を大いに引いてくれます。本の中身と一つになれるのです。なぜなら、こういう本はいわば、私たちの究極的な実在に直接的に語りかけてくれるからです。

マハラジ：そうだ、その通り。

質問者：あなたの教えに感謝します、マハラジ。読者が自分自身を、読者の知識から切り離しているとあなたはおっしゃいましたが、この教えはとても役に立ちます。あなたは微妙な違いを指摘しましたが、よく考えてみると、それは大きな違いです。私はスピリチュアルな名著をたくさん読んで、「何て素晴らしいんだ！」と感動してきましたが、私の一部が分離していたことに気づきました。そこにはまだ二元性がありました。本に共感し、結び付きを感じていましたが、それが「私のストーリーだ」と完全に感じてはいませんでした。

だから、あなたのやり方がとても役に立つのです、マハラジ。このブラフマンに関する本は、ブラフマンのストーリーではなく、「私のストーリー」だとあなたは気づかせてくれます。なぜなら「私はブラフマン」なのですから（言うまでもなく、エゴは抜きで）。こうして表現されている真実と一つになること、それがあなたのおっしゃっていることだと思います。説明するのが難しいですけれどね。それについては、またのちほど話をしますが、何か深いことが起きているのです。

マハラジ：それは大変よろしい、大変よろしい！

質問者：本に関することだけではないのです。今私は、あなたの話、マスターの言うことを、自分のストーリーとして聞いています。これは本当にリアルで、完全に受け入れられつつあります。それが真実だと私は知っています。深く感じるのです。私はあなたが伝える真実と一つだと感じます。

マハラジ：素晴らしい！　あなたは深く向き合っている。このまま深く深く行きなさい。

103「私は在る」

質問者：「私は在る」とは、簡潔な言葉で正確に言い表すと何なのでしょう？　そして、「私は在る」ではないものとは何でしょう？

マハラジ：「私は在る」とは、あなたの自発的な、名もなき臨在を指し示している。しかし、それには何の形もなく、色もない。わかりやすく伝えるために「アートマン」、「パラマートマン」、「神」といった名前が与えられたが、実在とは想像を超えるものだ。そこには、いかなる混乱もあってはならない。「私は在る」のために特別な家を作った人たちもいるらしい。しかし、進んだ段階では、「私は在る」も幻想なのだ。

再びはっきりさせておくが、「私は在る」はない。「あなたは在る」もない。これらは単なる言葉に過ぎない。存在する前、あなたは「私」や「あなた」とは何なのかを知らなかった。

「私は何者かだ」と言って、
あなたは人工的に自分自身を形作っている。
そして、その知識に基づいて、
「私は在る」について考え、瞑想している。

あなたは自分の実在に名前を付けて囲い込むことで、それを制限している。「私は在る」は概念であることを思い出しなさい。私たちはあなたの中の目に見えず、名もなき臨在の注意を引くために言葉を使っているが、それは単に理解するためにそうしているに過ぎない。すべての言葉は、ただ理解するために用いられているに過ぎない。

あなたのアイデンティティを知ろうとしなさい。

あなたの特定できないアイデンティティを知ろうとしなさい。

そうすれば、知る者は消えるだろう。

究極的な真実を知ろうとすると、

知る者は消える。

知識も、知る者もない。

質問者：私の理解では、「私は在る」とはとても深い……

マハラジ：誰が理解しているのか？　（笑って）「私」が理解している。誰がそれを理解しているのか？　そういうことをするには、臨在が必要だ。しかし、あなたの臨在には何の形も形態もない。それには形がないのだ。存在もないし、非存在もない。意識もないし、無意識もない。気づきもないし、気づきがないこともない。知る者もないし、知識もない、等々。

あなたはすでにあなたの内にあるものを無視している。形がなく、目に見えず、特定できないアイデンティティを無視している。あなたはそれだ。あなたはブラフマン、アートマンだ。「私」はまさに空のようなものだ。空は「私は在る」と言ったりするだろうか？　空は自分自身の存在にまったく気づいていない。同様に、あなたの臨在もあなたという存在にまったく気づいていない。

こういう言葉はすべて、身体知識だ。存在もまた幻想だ。存在しているとか、非存在だとか言っているのは誰だろうか？　体と出会ったとき、あなたは大きな幻想のフィールドを作り上げた。存在、非存在、気づき、気づきがないこと、意識といった幻想のフィールドを作り上げたのだ。

あなたはそのフィールドを放浪し、

知識を引き出そうとしている。

そのフィールドから出て来なさい！

勇敢でありなさい。

勇気を持ちなさい！

質問者：「私は在る」の修行は、あまりにも文字通りに受け入れられていると感じることがあります。多分、この修行法は、必要以上に強調されてしまったのでしょう。それに、ニサルガダッタ・マハラジが亡くなってから三十年以上たちますから、多くの混乱が生じています。この修行法は何か実際以上のものに膨れ上がってしまったのかもしれませんね……

マハラジ：探求者や帰依者、弟子たちがニサルガダッタ・マハラジの本を読んで、教えを四角く切り取り、その中から答えを見つけようとしたということだよ。そういうものはすべて、放っておきなさい。

何にせよ、体という存在から作り出されたものは、すべて、幻想だ。

あなたは混乱する言葉を用いて、自分を混乱のフィールドに連れて来た。あなたは自分自身の観念や概念の犠牲者だ。「私は在る」、「あなたは在る」、「彼」、「彼女」、「ブラフマン」……

質問者：「私は在る」の中にあるとき、私はどうやってそこにとどまればいいのでしょう？　それとも、それを超えて行くべきですか？

マハラジ：スピリチュアルな議論は忘れてしまいなさい。「私」と言うのはエゴだ。なぜ「私」の中に、もしくは「私」として、とどまろうとするのか？　それはつまり、エゴを用いて、「私は何かだ。私は何者かだ。私は他の何者かだ。私は在る」と言っているということだ！　つまり、あなたは自分が何者かだと考えているということだ。（目を閉じて）こういうふうにしていることが「私」だ。これは二元性だ。

何の努力もしてはならない。初めのうちは、「私は在る」があることを受け入れなければならない。体を通さないと「私は在る」を知ることはできないということも受け入れなければならない。体があなたのアイデンティティではないということは、明らかな事実だ。しかし、「私は在る」の中にとどまっていると、自分を何者かだと考えてしまう。そして、微細なエゴとともに、「私は在る」としてあり続け、「私」と言う。

ブラフマン、アートマンであるために、あなたは「私」を経験しようとしている。そのためには、別の何者かでなければならない。

質問者：だから、二元性、分離があるのですね。

マハラジ：そういう状態であり続けようとしたら、すぐに二元性が生じる。なぜ、そんなことをしようとするのか？　私はジョンであり続けたい。「私はジョンだ」。あなたはすでにジョンなのに、なぜ「私はジョンだ」になろうとするのか？　ジョンとはこの体に与えられた名前だ。それはあなたの究極的な実在ではない。これと同様に、あなたの自発的な臨在、あなたの存在には形がない。何も努力しなくてよい。こういうスピリチュアルな言葉を、文字通りの意味で受け取ってはいけない。そうではなく、言葉が伝えようとしていることを受け取りなさい。

あなたは自分自身のマスターだ。だから、あなたが聞いたり読んだりしたことはすべて、ある程度は役に立つ。しかし、最終目的地に到着したら、もう住所は必要ない。だから、マスターが言うことを文字通りに受け取ってはいけない。マスターが伝えようとしていることが、重要なのだ。あなたは風船を作り出した。それを割ってしまいなさい！

あなたがすべきことは、
体はアイデンティティではないと理解することだけだ。
瞑想するとき、
あなたは何者かとして行う。
だから、瞑想も二元性だ。

「私は在る」とは、何かを指し示すものに過ぎない。なぜそれを、そんなに熱心に分析するのか？　瞑想、集中、知識、真我探究、これらはすべて、最終的な真実に至るプロセスの一部、さまざまな段階に過ぎない。自分は体ではないという確信を得れば、もう、すべきことはない。あなたの反応は、自発的な行動となる。

あなたはすでに「私は在る」だ。ただ、自分を本当の意味で知ればいい。あなたの自己なき自己だけがあり、「私は在る」はない。なのになぜ、この小さな世界、この「私は在る」という文字の世界にとどまろうとするのか？　あなたはすでにそこに、二十四時間、ずっといる。なぜ、人工的に作られたものや、あてずっぽうに想像されたものの中にとどまろうとするのか？

言葉と葛藤してはいけない。言葉は究極的な真実を指し示し、それがあなたのアイデンティティであることを示しているに過ぎない。しかし、真実は目に見えず、名もない。だから、想像したり、憶測するのはやめなさい。論理や知性を使ってはいけない。

あなたは二十四時間、臨在しているのだから、
「私は在る」になろうとしたり、
それについて考える必要はまったくない。

あなたは、超越を超越している。

104　「私は在る」は幻想

質問者：私は規則正しく瞑想をして、「私は在る」の状態であり続けようとしています。

マハラジ：実在を知ったのに、「私は在る」であろうとしたり、その状態にとどまろうとしたりする必要があるだろうか？　あるがままでいなさい。とても簡単なことだ！　何もしてはいけない。行いはないし、行為者もいない。だから、何も意図的な努力はいらない。あなたは至る所にある。何もせず、「私は在る」の状態にもとどまろうとしてはいけない。そうしてもいいが、それは子供の遊びだ。あなたはもう子供ではない。「私は在る」が基盤となることは皆が知っている。

しかし、「これが基盤だ、これが基盤だ」とあなたはいつまで言っているつもりなのか？

質問者：ニサルガダッタ・マハラジは、「私は在る」が最初の概念だと言い……

マハラジ：言葉は媒体に過ぎないということ、何かを指し示すために使われる道具に過ぎないことを、常に覚えておきなさい。再び私は同じことを繰り返す。マスターが使う言葉を文字通りに受け取ってはいけない。言葉を文字通り、論理的に受け取ってはいけない。

体とは何か？　それは存在のサイン、「私は在る」のサイン、「私は在る」というある種の感覚に過ぎない。あなたは「私は在る」と感じる。そして、その自発的な感覚から世界を見る。朝一番に、あなたはこの感覚を感じる。最初、あなたは体を持っていなかったが、それからすぐに世界を見る。だから、「私は在る」は指示するものなのだ。あなたの自発的で、目に見えず、特定できないアイデンティティを指し示しているのだ。これは完璧な表現だ。「私は在る」は、その自発的なスピリットから来ている。

「私は在る」は、あなたの自発的で、目に見えず、特定できないアイデンティティを指し示している。

個別性や二元性、私たちはそういう言葉と戦っているのだ。言葉と戦ってはいけない！　私はあなたの前に究極的な真実を置いている。今まで読んだり聞いたことはすべて、忘れてしまいなさい。

存在する前、あなたはどんなだったか？

ブラフマンやアートマン、パラブラフマン、神について何を知っていたか？　何も知らなかった！

「私は在る」について何を知っていたか？　何も知らなかった！

質問者：前に、身体知識は消さねばならないとおっしゃっていましたが、それには「私は在る」も含まれるのですか？

マハラジ：「私は在る」という感覚は身体知識だから、それは自発的なものだ。あなたは身体知識を通して「私は在る」を知るから、自発的なものなのだ。存在する前、あなたはこの「私は在る」に気づいていなかった。だから、それはただの「私」という感覚だ。そこには体も知性も知識も、何もない。

スピリットが体に触れる前、あなたは自分に気づいていなかったし、自分に知られていなかった。これがあなたの真のアイデンティティだ。なのに、なぜ「私は在る」の中にとどまろうとするのか？　あなたはそれを人為的に行っている。

あなたはすでにそこにいるのに。あなたの臨在はすでにそこにある。それでもそこにとどまろうとするなら、それはエゴを用いているということだ。あなたは最終的な真実だが、自分のアイデンティティを忘れてしまった。そして、あなたは「私は在る」の中に心理的、精神的にとどまろうとしている。

質問者：では、ある意味、「私は在る」は蒸発し、消えて……

マハラジ：「私は在る」は、あなたの自発的な臨在を指し示している。前にも言ったが、「私は在る」と言うには、あなたの臨在が必要だ。

「私は在る」はあなたの臨在から投影されている。
あなたの臨在は知られておらず、
名もなく、目に見えず、特定することもできない。

質問者：臨在について、私は混乱しているように思います。それに、「私は在る」とは正確に言うと何なのですか？

マハラジ：あなたはそういうことを重要視し過ぎている！「私は在る」とはただの言葉だ。あなたはことばと格闘している。あなたは言葉に先立つもの、「私は在る」に先立つものなのだ。

質問者：では、臨在は「私は在る」に先立ち、それより前からあるのですか？

マハラジ：もちろん、そうだ。あなたの臨在について、聖ツカラムはこう言っている。「ずっとずっとずっと前。空やすべての神が存在する前。空も光もなかったとき、あなたの臨在はあった。光も空もなかったとき、あなたの臨在はあった。私たちは神やすべての神聖なるものに先立つ」。彼は無学で、二、三年しか学校に行かなかった。とてもわずかな教育しか受けていなかった。それなのに、聖ツカラムはどうやってこの真実を得たのだろう？

真実は彼の内側から現れたのだ。
しかし、あなたは集中していない。
あなたは十分に注意を払わずに、
言葉と遊ぶことと身体形態の中で起きていることに、
もっと興味がある。

誰が言葉を作ったのか？ バウサヒブ・マハラジに関するこのエピソードを知っているかね？ グルデヴ・ラナデは英語で文章を書いて、それを師に読んで聞かせた。バウサヒブ・マハラジは英語を知らなかったのだが、「その文章は間違っている！」と指摘することができた。

グルデヴ・ラナデは「どうしてわかるのですか？」と尋ねた。バウサヒブ・マハラジは答えた。「誰が言語を作った？ 言語は永遠だ。あなたはいくつかの言葉を並べているが、それらの意味は内側にある。言語は全能のスピリットに知られている。言語は障壁ではない」

質問者:「私は在る」の修行は入口だと考えられているけれど、実際のところ、障害物であったと自分の経験から思います。「私は在る」という言葉に囚われ過ぎてしまう可能性があると思うのです。結局、それはただの概念に過ぎないのに。マハラジ、あなたは概念について、あまり語りませんね。あなたは絶対的なものへまっすぐに向かい、そしてそこにとどまっています。これは、すべてをいっぺんに取り除いてしまう効果的なやり方ですね。

あなたは言葉をあまり使わずに、最も高度な知識を簡素化してくださいます。あなたの直接的なアプローチはよく効きます。それに、何度も同じことを繰り返して叩き込む手法とともに、とても明晰です。あなたの臨在はとても強力だから、あなたの教えには言葉にならない要素もあります。

105 言葉を超え、世界を超えて

マハラジ:存在する前は、何もなかった。あなたは完全に、自分自身に知られていなかった。体を去ると、何が残るだろうか? 何も残らない! ではなぜ、この身体知識について語りたいのか?

この存在は無から出て来て、
そして、また無の中に吸収される。

「私は在る」は概念だ。自分を身体形態とみなすのはやめなさい。私が話していることは「私は在る」を超え、「私は在る」に先立っている。真実は真実だ。真実はすべてにとって同じだ。あなたがやって来たところには、巻尺などなかったし、何かを測ったり、判断することはなかった。なぜ、身体知識について話し続けたいと思うのか?

質問者:「私は在る」について瞑想する修行を私はしてきました。社会的なアイデンティティや、条件付けられたアイデンティティに関係なく、自分の注意を私であるという感覚、「私は在る」の感覚に向けることができます。これは至福に満ちた感覚です。でも、その至福の感覚はやって来ては去って行くので、がっかりしてしまいます。どうしたらいいですか?

マハラジ:すべての感覚は、身体に基づいている。

質問者:では、私が自分自身だと感じている自発的な臨在も、本物ではないのですか?

マハラジ:あなたは体を通して、自分に知られている。体がなかったとき、存在する前、あなたは自分に知られていなかった。

「私」と言うにはあなたの臨在が必要だ。
あなたの臨在は名もなく、目に見えず、形もない。
経験もないし、経験する者もない。

質問者：形がないという経験は、ただ起きるのですか？　ただ、自由だ、すべてから自由だというような感じで経験するのでしょうか？

マハラジ：あなたは完全に自由だ。あなたが自分は束縛されていると感じるのは、ただ身体知識のせいだ。

質問者：それは、「私は在る」に先立つ経験なのではないかと思うのですが。

マハラジ：その通り！　あなたの自発的な臨在は「私は在る」に先立つ。存在する前、あなたは自分の臨在に知られていなかった。

質問者：私はそれに知られていなかった？

マハラジ：臨在に知られていなかったのだ！

臨在の起源をたどることはできない。

体と出会った瞬間、あなたは「私は在る」を知り始めた。要するに、あなたは実在なのだ。あなたは何の身体形態も持たない究極的な真実、最終的な真実だ。

質問者：自分が真実だと認識するには、初めのうちは努力が必要ですか？

マハラジ：初めのうちは、自分を本当の意味で知るために努力をしなければならない。あなたはたくさんの思考や概念に取り囲まれてきたからだ。あなたは幻想の思考でいっぱいだ。だから、それらを全部消すには、瞑想の修行とともにスピリチュアルな知識という形の手助けが必要だ。

質問者：私は「私は在る」という感覚について瞑想することもあれば、「私は誰か？」について瞑想することもあります。

マハラジ：自分自身に「私は誰か？」と尋ねるとき、その答えは、質問者だ。

質問者：質問者自身が答えなのですか？

マハラジ：質問者は目に見えず、名もなき質問者だ。あなたは身体形態を通して、自分自身に「私は誰か？」と質問をしているが、それはあなたが自分のアイデンティティを忘れてしまったからだ。

だから、「私は誰か？」と尋ねるときの答えはこうだ。

「あなたはすべて、
あなたは究極的な真実、
あなたは最終的な真実」
なぜなら、あなたには何の形もないからだ。

あなたの自発的な臨在がなかったら、あなたは一言の言葉を発することもできない。だから、あなたのアイデンティティはそれを超えている。存在を超え、存在に先立つ。

質問者：私がお尋ねしたいのは、そういうことを理解するのに「私は在る」の瞑想は役に立つのかどうかということです。

マハラジ：初めのうちはいい。でも、「私は在る」に集中しているということは、体の助けを使っているということだ。あなたは体ではない。これは明らかな事実だ！　あなたは目に見えぬ臨在だ。あなたの臨在は、何の身体に基づいた知識もなく、存在していた。

集中する者に集中しなさい。

そうすれば、集中する者が消える。

このようにすれば、「私は在る」はなくなる。修行しなさい。でも、難しく考えないことだ。気楽にやりなさい。

質問者：私はやり方について、ちょっと混乱しているのだと思います。

マハラジ：「私は在る」、「私」、これらは概念だ。肉体的なアプローチをとるときは、それでいい。しかし、あなたはすでに「私」だ。だから、本当は「私」を思い出したり、知ろうとすることに、そんなに注意を払わなくてよい。あなたはすでに「私」なのだから。多くの人が「私は在る」について瞑想しなければと言っているが、「私は在る」とはあなたの特定できないアイデンティティを指しているに過ぎないということを忘れているのだ。

「私は在る」はあなたの特定できないアイデンティティを指し示すものに過ぎない。

私はずっと、同じことを皆に言い続けている。「言葉を文字通り受け取ってはいけない」。私たちが「私」とか「私は在る」という言葉を作り出し、それらに意味を与えた。コミュニケーションするため、何かを指し示し、確認するために作ったのだ。しかし、それらは言葉に過ぎない。あなたは言葉に迷わされてしまった。

あなたの存在、

あなたの臨在は、

言葉を超え、世界を超えている。

自分を自発的に眺めなさい。そうすれば、瞑想する者は知らぬ間に消えるだろう。形は消え、それとともに記憶と「私は在る」も消える。

すべてが消えるとき、

そこにあなたは目に見えぬ形である。

質問者：では、光の中で泳いでいるような感じで、すべてが消えるポイントというのがあるのですか？

マハラジ：自分が究極的な真実、最終的な真実だということを覚えている限り、好きな言葉を使えばいい。あなたはブラフマン、アートマンだ。あなたはパラマートマンだ。あなたは神だ。あなたはマスターだ。

この実在が完全に吸収されることが究極的にとても重要だ。

吸収されればいかなる個別性も残らない。何も残らない。

質問者：すごいですね。それは平安、あるいは至福、それとも至福ではない何かですか？

マハラジ：平安は経験に属する。平安と静寂は経験に関係する。至福もそうだ。存在する前、平安はなかったし、幸福も不幸も落ち込みもなかった。何もなかった。

平安と静寂を必要とするのは、私たちが身体形態だからだ。

すべての知識が消えれば、そこにあなたはある。

なぜなら知識もまた、幻想だからだ。

質問者：そこまで至るのは、本当に長い道のりであるように思われますが？

マハラジ：「道」も「長い」もない。あなたの自発的な臨在は奇跡だ。あなたは自分に知られていなかった。体を通して、あなたは自分自身を知り始めた。そして体の中で、できる限り長く生き延びたいと思うようになった。

質問者：その通りです！ ひとたび理解すれば、すべては消えるのですか？

マハラジ：覚醒すれば、もう恐れも、死も、誕生もない。なぜなら、「私は生まれていない」ということがわかるからだ。一つだけ覚えておきなさい。私たちが今話し合っていることはすべて、生まれていない子供に関する話だ。

私たちが話していることはすべて、生まれていない子供についてだ。

質問者：(笑いながら)私の今までの葛藤は何だったのでしょう！ ただただ、素晴らしいですね。ひとたび、私は体ではないということが本当にわかれば、そして私はそれを超えているということが……

マハラジ：推測するのはやめなさい！ 推測は必要ない。ただ自発的でありなさい！ 自発的であり続けなさい！ 推測すると再び、あなたは体という形態をとる。

質問者：はい、わかりました！

マハラジ：シンプルでありなさい。シンプルであり続けるのだ。あなたの臨在はとてもシンプルだ。概念もないし、想像も、推測も、いかなる知的活動もない。

あなたにはいい知識があるが、
それを応用し、
実際に使わなければならない。
これが確信と呼ばれるものだ。

確信すれば、もう何の問題も疑問もない。あなたは質問する者であり、従って答えはあなたの中にある。だから、静かにありなさい！　自分自身を見なさい。そして、この身体知識を得る前の自分を見なさい。

質問も答えもなく、
幸せも不幸も誕生も死もなかった。
そして、この実在の光の中で、
すべてが消える。

自発的な幸福、自発的な静寂、自発的な平安が生じるだろう。

あなたには形がない。
あなたには形がない。
これからも、形がないままであり続けるだろう。
形はなく、個別性もない。

質問者：もっといろいろ質問したいと思うのですが、もう質問が出て来ない状態に達しました。

マハラジ：いいことだ！　それは、真の知識が吸収され、統合されているサインだ。私たちが話したことについて黙想しなさい。それはあなたの役に立つだろう。

質問者：はい、わかりました！　あなたの教えに、本当に感謝しています。

マハラジ：この教えを分かち合えるのは、私の師ニサルガダッタ・マハラジの恩寵のおかげだ。私は師が分かち合ってくださったのと同じ教えを、あなたと分かち合っている。

質問者：ありがとうございます、マハラジ。あなたに出会えて、私はとても幸運だと思います。

106 骨の髄までマスターとしてある

マハラジ：私が言ったことを覚えておき、修行しなさい。あなたは理論的には理解しているし、知っている。しかし、この真の知識を実際に利用し、そのように生きなければならない。マントラを唱えたり、バジャンを行えば、それらが深く浸透し、そのヴァイブレーションによって、すべての幻想の概念が消える。

私はあなたを確信させようとしている。
あなたも自分自身を確信させなければならない。

私は体ではないと自分自身を確信させなさい。そうすれば恐れがなくなり、いかなる問題にも全力で取り組む準備ができる。責任と家族への義務を怠ってはいけない。幸せな人生を送りなさい！　読んだことを実行しなさい。理論的な知識では十分ではない。瞑想して自分の内なる声を聞きなさい。

シンプルでありなさい。

そして、自分自身を本当の意味で知りなさい。

バウサヒブ・マハラジの遺体が火葬されたとき、彼の骨からナーム・マントラが聞こえたと言う人たちがいた。ナーム・マントラが骨から聞こえてきたのだ。ナーム・マントラは彼の全身と完全に一つになっていた。全身が、そして体の各部分が、自発的にマントラを奏でていたのだ。

すべての奇跡は、ただあなたゆえに起きる。

あなたの中だけで。

この真の知識を実際に実行し、体のすべての部分に吸収すれば、あなたの肉体的なアイデンティティはただ消えてしまうだろう。

スピリチュアリティにおいては、あなたは自分を空っぽにし、完全に空白にしておかなくてはならない。シッダラメシュヴァール・マハラジを訪ねた人々が「私はブラフマンだ」と言うと、彼は「では、なぜここに来たのか?」と尋ねたものだ。

こういうすべての概念から自由になるために、マントラを用いなさい。「徐々にやりなさい」と私が言うのは、マントラを唱えて概念を取り除くのは、それほど簡単なことではないからだ。だから、徐々に、落ち着いて、持続的にやりなさい。「これは真実ではない、これは真実ではない、これは真実ではない」と道をふさぐ障害物を取り除くように、一つずつ概念を取り除いていきなさい。あなたはスピリチュアリティを知的には理解しているが、実際的な意味では理解していないのだ。

マントラとグルの両方を、

重んじなければならない。

グルはとても重要な役割を果たす。グルはプロセスを直接的に経験しているので、あなたを導くことができる。

真我を実現したマスターはすべてを詳細に至るまで知っている。

マスター自身も、それを経験してきたからだ。

マスターは実際的な知識があるから、

真の知識、実在をあなたに刻み付けられる。

あなたが今知っていることはすべて、言葉を通して得られた。あなたには文字の知識がある。おそらくあなたは、マントラを唱えているときに思考がやって来るので、あまり集中できないだろう。それは構わない。マントラは徐々に効き始める。身体知識は消え、真の知識が吸収されるだろう。究極的な薬が消化されるのにはしばらく時間がかかる。

「すべては幻想だ」と、誰もが言うことができるが、それを受け入れることは別の話だ。

人々はそれを受け入れない。

こういうふうにして、真の知識は吸収される。植物に水をやるために、溝を掘らねばならないことがある。溝を掘れば、水は吸収される。

もし、私が「すべては幻想だ」と言うなら、それを受け入れていない。

こういうふうにして、それは吸収される。水が完全に満ち渡るまで、ゆっくりと吸収される。

まずは、覚醒したマスターのところに行く必要がある。そして次に、マスターを完全に信頼しなければならない。シッダラメシュヴァール・マハラジはマスターに一歩歩み寄らねばならないと言った。「協力が必要なのだ」。あなたは前に進み出なければならない。これは一方通行の道ではないのだ。あなたは真の知識を完全に受け入れなければならない。生半可な信頼は十分ではないし、実際的でもない。あなたは完全に信頼しなければならない。

私たちは身体形態において真実を得ようとしている。

スピリチュアルな知識があなたの内で爆発し、弾けると、そこには静寂とスピリチュアルな酩酊状態がある。「ああ！」。実在を知ると、あなたはとても穏やかで静かになる。過去の敵が再び現れても、あなたはかつてとは違う方法で対処するだろう。

なぜなら、あなたはすべての人の中に自分自身を見るからだ。

あなたは身体知識を忘れる。専心し、思考を寄せ付けないようにしていれば、自発的な幸福に満たされる。究極的な真実とともにあるためには、完全な専心が必要だ。

探求者を利用しているマスターたちが大勢いる。彼らは人々が幸福を求めていることを知っているからだ。私たちも知っているが、私たちは無関心でいなければならない。ニサルガダッタ・マハラジは他のマスターたちを批判したりしなかった。悟りを得れば、嫉妬や怒りのような悪感情の基盤がなくなるのだ。

すべての人が帰依者というわけではない。

しかし、マスターには教えを分かち合う義務がある。

人々がこのアシュラムから去るとき、問題から解放されていれば、それが私の幸せだ。私の願いは、あなたを幻想から引き離すこと。私には何の期待もない。ただ、あなたが安らかで幸せであればいい。すべての聖人が人々を悟りに導くために尽くした。

もし、実在を知った後も、まだお金や物質的な利益などを誰かから欲しいと思っているなら、それは大いなる堕落のサインだ。気を付けなさい！　エゴ、マーヤー、マインドは、スピリチュアル・ボディの中に再び居場所を見つけようとしている。マーヤーはあなたを奴隷にしようと待ち構えている。マーヤー、幻想は誤った概念だ。あなたはマスターだ。あなたは幻想を克服できる。あなたは自分で決断できる。あなたはマスターだ。

あなたはマーヤーのマスターだ。

確信を得る前は、マインドがあなたに命令するが、もうそういうことはない。今は、あなたが指令を下す。神も含めて、誰の被害者になってもいけない。

「神は私の赤ちゃんだ」と知っていることが、
真我を実現しているサインだ。

マスターはあなたに勇気をくれる。あなたはこの幻想の影響をすべて克服する勇気を得る。勇気はあなたの専心、帰依、ナーム・マントラから来る。それはマスターたちの帰依を観察することから来る。私は我欲に満ちたマスターのことを言っているのではない。あなたは誰にも感服しない。あなたは神とは何かを知っているし、自分を本当の意味で知っているのだから。

あなたはもう子供ではない。

「チダナンダ・シヴォハム・シヴォハム」

実在を知ったら、自分自身を確信させ、真の知識を吸収するプロセスを継続していかねばならない。シッダラメシュヴァール・マハラジはこのように言っていたものだ。「チョコレートを噛みしめなさい。ブラフマンのチョコレートを噛みしめなさい。そうすれば幸せになる」

誰も二人のマスターに仕えることはできない。他人を尊重しなさい！　あなたは自分自身を内と外から変えなくてはならない。光とパワーがあなたに与えられた。パワーはあなたのものだが、それを乱用してはならない。

「あなたの舌は剣のようなものだ」とニサルガダッタ・マハラジは言った。言葉は注意深く使うようにしなさい。帰依すると、ちょっとしたパワーが身に付くから、気を付けなさいと言っているのだ。それを悪用しないようにしなさい。さもないと、エゴがスピリチュアル・ボディを占領してしまう。注意深くしていなさい！

子供の頃には、何らかのスピリチュアルな影響が現れたかもしれない。しかし、スピリチュアルな成長を遂げた今、あなたの経験はもっと成熟したものになる。あなたは真実を確立したのだから。

真実があなたの内に確立された。
あなたのスピリチュアルな土台は、
帰依と専心のたまものだ。

あなたは自分が体とは関係ないし、体に何の用もないことを知っている。「体のない私の臨在が、究極的な真実だ」。あなたは実在を知っている。ヨガをして健康を保つように、それを継続していかなくてはならない。そうすれば、あなたはスピリチュアルな健康を維持することができる。

あなた自身の究極的な真実の中にとどまり続けなさい。

あなたの目に見えない臨在はとても繊細だ。それは磁石のように、すべてを即座に引き寄せる。あなたの目に見えない臨在はとても繊細だ。だから、注意深くありなさい。外側のものに注意しなさい。影響はすぐに出る！　影響を受けないように、この環境の中にとどまり続けなさい。そうすれば、すべてに無関心であり続けることができる。無関心であり続けなさい！　もし、職場で何か起きても、あなたは何も物理的な影響を受けないだろう。注意深くありなさい！

「私は世界に関心がない」

これが悟った賢者の特質だ。

私たちは「これは良い、これは悪い」と定義付ける。しかし、存在する前は、善も悪もなかった。このことがわかれば、すべての関心はあっさりと消えてしまう。

真実を完全に受け入れれば、
それは完全にあなたの中に吸収される。

他には何の思考もなくなる。考え直すこともないし、不信もないし、疑いもない。

「私こそが、ずっと探し求めてきたものだ」
これが自発的な確信だ。

そして、その確信によって、あなたは葛藤も疑いもなく、落ち着いた状態であり続けることができる。疑いから自由でありなさい！　蚊のような小さな疑いから問題が生じるのだ。とてつもない静寂、完全な静寂があるだろう。この先、何も起こらない。区別も差別もない。自分自身の足で立って、あなた自身の先生に、あなた自身のマスターになりなさい。あなたはもう依存してはいない。あなたは自立している。誰かの助けや奇跡を期待してはいけない。

奇跡はあなたの中にある。
あなたの臨在がなかったら、
あなたはいかなる奇跡も見ることができない。

質問者：助けを期待してはならないとおっしゃいましたね。でも、グルは私たちを助けてくれるのではないですか？

マハラジ：グルはあなたを助けない。グルはあなたにあなた自身の真実を見せているのだ。あなたはそれを忘れてしまった。あなたはすでに豊かだ。すべてはすでにあなたの中にあるのだ。

質問者：私はグルを父のように感じます。

マハラジ：シッダラメシュヴァール・マハラジは「マーヤー、幻想に、何も期待するな」と言った。あなたがマーヤーを生み出したのだ。ブラフマンとは何か？　あなたがこういう名前を作り出したのだ。こういう概念はすべて、体に根付いている。存在する前、あなたはマーヤーについて何を知っていただろう？　こういう洗練された言葉を使うのは、ただわかりやすくするためだ。

質問者2：マハラジ、あなたの臨在の中にしばらくいると、その後、二、三か月くらいいい気分でいられます。でも、その後にまた気分が沈んでしまうのです。

マハラジ：あなたはまだ自分を個人だと考えている。あるのはワンネスだけだ。マスターと弟子の間に何の違いもない。この真実を受け入れなさい。自分はマスターから分離していると考えている限り、そういう感情が出て来る。あなたの自己なき自己と二十四時間、ともにいなさい。

あなた自身の概念が灰を作り出している。火はいつもそこにある。真の知識の箒で灰を払いなさい。あなたの自発的な臨在は、マスターの表れだ。「私のマスターはインドにいる」と言うとき、あなたは概念と問題を自分で作っている。マスターはあなたから分離していない。マスターは身体形態ではない。マスターはまさに空のようなものだ。

あなたは世界の至る所に存在できる。

マスターは世界のあらゆるところにある。

あなたは真の知識のメガネを与えられた。だから、「私はマスターとは違う。分離している」などと考えてはいけない。完全に自分に向き合うことが必要だ。マスターはあなたのアイデンティティを明らかにしている。あなたのパワーを明らかにしている。

弟子であることをやめ、そしてマスターになりなさい！

「私はマスターからずっと離れたところにいる」などと考えてはいけない！　あなたの自己なき自己と、常にともにありなさい。「私はそこにいると、私のマスターが言う！」

ここで聞いたことについて黙想しなさい。この火を保ち続けなさい。そうしないと、ますます灰が積もる。誘惑に付け入らせてはいけない！　あなたの自発的な臨在には、言葉はない。あなたの究極的な真実に、言葉はない。何もない。さあ、その状態を維持しなさい！　ここでの対話を覚えておき、本を読み、瞑想しなさい。謙虚でありなさい！　葛藤してはいけない！　シンプルであり続けなさい！

マーヤーから離れていなさい。あなた自身の幻想の思考や概念の被害者になってはいけない。ちょっと注意深くしていれば、何もあなたに近寄っては来ない。あなたには特別なパワー、マスターのパワーがある。そのパワー・フィールドが、あなたとともにある。

107 内なるマスターに囲まれて

マハラジ：これはとても簡単なことだ。私たちはこの体をいつか去る。その後は何が起こるだろう？

スピリチュアルな科学では、
あなたはどこにも行かないと言われている。

あなたは至る所にあるだろう。

スワミ・ラムダスは言った。「あなたの体が焼かれたら、もうどこにも行かない」。あなたは空のようなものだ。もし建物が壊れたら、空や空間には何が起こるだろう？　何も起きない！　空は至る所にある。それと同じように、目に見えぬ話し手、目に見えぬ聞き手もどこにも行かない。体が去っても、聞き手のスピリットはどこにも行かない。

スピリットがどこにも行かないなら、あなたは不死だ。聞き手の臨在は自発的で、目に見えない。私たちは常に知性を使って、この臨在がどんなものかを推測している。「なぜ、こうなのだろう？　なぜ、そうなのだろう？　なぜ？　なぜ？」。それはあなたのせいではない。私たちは日々、エゴやマインド、知性の助けを借りて生活しているのだから。

思考し、知性を使い、精査する。すると即座に知性がエゴに指示を送り、考えを実行に移す。これは自然な機能、プロセスだ。体はそれ自体では何もできない。あなたは体を通して世界を見る。

すべての存在の中にある目に見えない部分が、ブラフマン、アートマンなどと呼ばれるパワーだ。このパワーは即座に知性を通過するが、そこで知性は守衛のように良い思考か悪い思考かを判断する。これはすべて体と関係している。なぜなら、私たちは自分自身に知られていないからだ。体が存在する前、知識はなかった。善と悪は、人によって異なる。

私が言わんとしているのは、こういうことだ。

全世界があなたの自発的な臨在だ。

これが結論だ。

あなたは究極的な真実で、生まれていない。

体が去れば、あなたは体のことなど気にしないし、恐れもなくなる。体はそれを通して自分自身を知るための媒体だ。死の恐れは取り除かれる。マインドはもう恐れを作らないし、それは去る。

スピリチュアリティの結論とは何だろう?

あなたは究極的な真実だ。

何をしようと、

自分が究極的な真実だということを覚えておきなさい。

どこかに行ったり、旅行するときは、あなたの中の目に見えぬ訪問者が究極的な真実であることを知りなさい。自分自身を本当の意味で知りなさい。それがわかれば、あなたはスムーズでシンプルな人生を送ることができる。家族を無視してはいけない! 家族を忘れてスピリチュティに取り組むのは、エゴのスピリチュアリティだ。

すべての問題は、

あなたが自分自身に知られたときに始まった。

だから、自分とともにいなさい。

マインドやエゴ、知性ではなく、

いつもあなたとともにいなさい。

そうすれば本当の平安、本当の安定が得られるだろう。

揺れ動くマインドは常に危険だ。疑い深いマインドは常に危険だ。それはあなたのスピリチュアルな人生をだめにする。

あなたに囲まれていなさい!

世界はあなたの臨在がある限り存在する。体がなくなったら、誰が神について話したりするだろう? マインド、エゴ、知性は自分を買いかぶっているので、実在を受け入れない。

質問者:エゴは厄介です。

マハラジ:それは言葉だ。それ自身の臨在はない。エゴやマインド、知性があるのは、あなたの臨在があるからだ。体が去ったら、そういうものはすべて、どこに行くのか? 物事を身体形態として見てはいけない。あなたは身体に基盤を置いて物事を見ている。すべての言葉は幻想だ。

あなたがこの夢の世界の父だ。

誰がこの夢の世界を作ったのか?

あなたがこの長い夢の世界の父だ。

質問者:この臨在とともに生きていくのは難しいです!

マハラジ:難しくなどない。ただ普通に生活を送りなさい。あなたはこれが夢だと知っている。あなたは演じ、反応している。行為者があるという問題は、決して起きない。

夢の中で悪いことをしても、

あなたは自分のしたことだとは思わない。
つまり、エゴを用いて自分が何か良いことや悪いことをしたと考えるから、
私たちはその結果を引き受けるのだ。
この夢の中で何が起きても、
あなたは何の関係もない。

こういう疑問が湧いてきたとき、真我探究が始まる。あなたは識別力を用いて、自分の中に答えを見つけなければならない。苦行によって疑問を解決するのはいけない。修行者は自分を苦しめる。彼らは何を成し遂げようとしているのか？誰のためにそんなことをしているのか？　体のためか？　マインドは消えなければならない。マインドが完全に消えれば、何も残らない。ただ、簡素で謙虚な生活を送るだけだ。簡素で謙虚な生活を送りなさい！

あなたは自分自身のスピリチュアルな人生の建築家だ。
この知識のもと、
どのように行動するか、しないかは、あなた次第だ。

聖者は叫んでいる。幸福と平安を追い求めるすべての人たちに向かって叫んでいる。幸福と平安は、あなたから切り離されてはいないと。

あちらを走り回ったり、
こちらを走り回っているのは、
あなたは走る者を知らないからだ。

エゴはプライドが高いから、「あなたとともにいる」ことを許してくれない。あなたが自分自身を知るのを妨げるエゴを、手放してしまいなさい。

質問者：知的な知識にもプライドがあります。

マハラジ：存在する前、知性はなかった。エゴ、知性、マインドがあなたの全身を占有し、それを統治するようになり、ショーが始まった。

エゴやマインド、知性の指示に従い、
人類は奴隷のように生きている。
それらはあなたのパワーを利用している。
あなたがそれらの所有者であり、
パワーだ。
あなたがそのパワーを供給しているのだ。

108 修行者でマスターのあなた

マハラジ：あなた自身のストーリーは至る所で書かれている。あなたは究極的な真実だ。スピリチュアルな本は、目に見えない読み手としてのあなたが究極的な真実であることを指摘する。しかし、読むだけでは十分ではない。それでは身体的な基盤に身体知識を付け足してしまうからだ。あなたは読んで、読んで、読んで、自分を混乱させている。

スピリチュアリティの背後にある根本原理は、自分自身を認識することだ。体のアイデンティティを忘れるには、真の知識が必要だ。そして、そのためには何らかのプロセスが欠かせない。

本を読むだけでは十分ではない。人々は何千冊もの本を読むが、いまだに進歩していない。完全な確信、完全な信頼、完全な専心が必要だ。本を読む目的がはっきりしていないのなら、それは時間の無駄だ。

最期の瞬間には、しばしば大きな恐怖が伴うものだが、そのときのために心を強くしなさい。スピリチュアリティは強くなる方法を教えてくれる。そして、あなたは生まれていないということを思い出させてくれる。あなたはいつまで本を読み続けるつもりなのか？　今まで読んできた本から何を得たのか？

本を読むなと言っているのではない。
自分自身の知識を読んでいるのだと
理解した上で読みなさい。

それは読み手の知識だ。
読み手には何の形もない。

内面的に変わりなさい！　本から得た知識だけを教えているマスターがたくさんいる。しかも、それでお金を取っているのだ。

なぜ、お金を取るのか？　あなたは真実だ。
私はあなたに何もしていない。
私はただあなたの前に、
あなたの財産である最終的な真実を置いているだけだ。
あなたが自分の財産を知らないので、
私はあなたの財産を見せているのだ。

あなたの所有物に対して、なぜ私がお金を請求できるのか？　あなたはただ、それを忘れていただけなのに。あなたは自分自身と、あなたのマスターを深く信頼しなければならない。

知られていなかったものが現れて、
体を通して知られるようになった。
知られていないものが、知られるようになったのだ。
それはいつか知られぬものの中に吸収されていく。
簡単な教えだ！

あなたの内なるマスターに尋ねなさい！　聖ジャナバイは

聖ナムデブに帰依していた。聖ジャナバイの信頼はゆるぎないものだったので、彼女はこう言っていた。「私は神をつかみ、すべての存在の中に自分自身を見る」。これが確信だ！

完全な専心が必要不可欠だ。

簡単なことから困難が生じるから、あなたはこの人生において、実際的でなければならない。あなたは実際的でなければならないのだ。

質問者：私の疑いは消えました、マハラジ。あなたは私の疑問に答えてくださいました。今は静寂だけがあり、それが私を鍛え上げ、修行を叩き込んでくれます。

マハラジ：よろしい！　怒りや感情的な動揺を引き起こす可能性のある概念がたくさんある。それらはあなたの注意を実在から逸らすので、すべて消え去らなければならない。

この真の知識は減速機として働くので、

感情が高まったときも、

その影響が少なくなるのだ。

本を読んで、瞑想を少しするだけでは十分ではない。深く、深く自己なき自己の中へと入って行かなければならない。マスターのエッセンスはあなたとともにある。あなたは修行者であり、マスターだ。しかし、あなたは外側のものに注意を向けている。

あなたの自己なき自己以外に何もない。あなたは全能の神だ。これがあなたの真の知識であり、あなたの権利だ。自分をこの知識に値する者にしなさい。そして、それをエゴ抜きで、完全に受け入れなさい。

あなたのスピリチュアルなハートの奥底から、それを受け入れなさい。

あなたはそのハートを通して聞く。

勇敢でありなさい。

世界を忘れなさい。「それが『私』だ！」

あなたの自己なき自己を見なさい。

そうすれば、見る者は消えるだろう。

自己なき自己を見れば、見る者は消えるだろう。

バケツの水を海に投げ入れるように、見る者は消えるだろう。あなたは自分自身をスピリチュアリティの海に投げ入れなければならない。あなたは生まれていない！

質問者：強い意志が必要だと、あなたはおっしゃいますね。私は家族に対して、心地よい態度で接することも心掛けねばなりません。

マハラジ：あなたは自分を個人だと考えている。だから、そういう考えが浮かぶのだ。それは幻想だ！

存在する前のあなたのように生きなさい！

誰が心地よさを欲しているのか？　体を他人のものであるかのように扱いなさい。体はあなたの隣人の子供だ。真の知識が完全に吸収されれば、あなたは降りかかるすべての不愉快なことに寛大になれる。

109 浮き沈みはない

マハラジ：この苦痛に満ちた人生を最小限に抑え、「私はブラフマンだ」も含めて、すべての概念を消し去るには、真の知識が必要だ。このプロセスは、あなたが自発的に実在を受け入れるためにある。

質問者：真実に近付いているような気がするときもあるのに、後戻りしているように感じるときもあるのですが、それはなぜでしょう？

マハラジ：あなたは浮き沈みを感じている。しかし、浮き沈みは存在しない。私はあなたの前に実在を置いている。浮き沈みを感じるのは、あなたが体を強く信じているからだ。確信を得るまで、このプロセスを続けていきなさい。存在する前のあなたの状態でありなさい。

私たちは知られているものから、知られていないものへ向かっている。

存在する前、知られていなかったものが、体を通して知られるようになった。

そして再び、体を去るとき、

知られているものは知られていないものになる。

このプロセスはすべて、身体形態を消すためにある。

浮き沈みを感じるときは、集中しなさい！

質問者：では、浮き沈みはないのですね？

マハラジ：言葉を文字通りに受け取ってはいけないと前にも言ったはずだ。これは簡単で単純な知識だ。身体形態として振る舞っている限り、瞑想が必要だ。体を去れば、瞑想する必要はない。これと同じような夢をまた見るということはないのだ。

スピリチュアルな知識は、最良の自己治癒だ。

真我知識とは、自己治癒のことだ。

シッダラメシュヴァール・マハラジはこう言っていたものだ。「いつまでＡＢＣについて話しているつもりだ？　ブラフマンやアートマンのような予備的知識について、いつまで話をしているつもりだ？」。そういうものは、いい基礎的な土台を作るための知識に過ぎない。

あなたは見せかけのアイデンティティ以上のものだと、マスターは言う。いろいろなことを言って、マスターはあなたを駆り立て、究極的な真実へと向かわせる。あなたは輪を打ち破らなければならない。

あなたはエゴ、マインド、知性を消し去らなければならない。

そして、存在する前の
あなたとしてありなさい。
簡単なことだ！

あなたはもう赤ちゃんではない。幼稚園児でも小学生でもない。これは大学院レベルの授業だ！

私はいつまで、あなたにアルファベットを教えなければならないのか？

存在する前のあなたはどんなだったか、
ただそれに気づきなさい。
そうすれば痛みは消える。

なぜ痛みがあるのだろう？　それは、自分の真のアイデンティティを忘れてしまったからだ。

自分のパワーを理解すれば、
すべての苦痛は消える。

真の知識を希釈するため、私はこういうふうにストーリーとして伝える。小さな子供に食事を与えるときのようなものだ。私たちが話していることは、薄めた食事のようなものなのだ。薄めた食事だ！　見なさい！　自分をちょっと見てみなさい。存在する前のあなたはどんなだったのか、体を去った後はどうなるのか、見てみなさい。

これは特別な知識だ。

以前、サフラン色の僧衣を着た若者がここに来た。彼の耳には、生々しい傷があった。それは修行者のサインで、マスターにそうしろと言われたのだそうだ。

生まれるとき、
あなたはサフラン色の布をまとって、
耳に傷があっただろうか？

これは身体知識だ！

私たちの系譜では、
自分をマスターとして重視せずに、聞き手を重視する。
聞き手は「潜在的」にマスターだ。
私たちの系譜のマスターは皆、とても謙虚だった。

この僧衣を着た訪問者は、ヨガと空手のインストラクターだった。私は彼に、訓練によって恐れがなくなったかと尋ねた。なくなってはいなかった。彼にはまだ恐れがいくつかあった。肉体的なヨガをするのは、体にとってはいいことだが、エゴを膨張させることもある。

私たちの系譜では、直接的なアプローチで教える。何の中間物もない直接的な知識だ。よくわかっていない探求者に、幻想の知識を説くマスターがたくさんいる。彼らの教えは新しいかもしれないが、それは新たな幻想に過ぎない。私たちの系譜には、ブラフマンやアートマンといった概念はない。

質問者：マスターがそばにいれば、真の知識もそばにある！

マハラジ：違う、そうではない！　私は形あるものではない。私はすでにあなたのハートの中にある。

私があなたの前に置くのは、
何か特別なものだ。

実在の光のもとで、あなたはこの幻想の概念の輪を打ち破らねばならない。あなたは形あるものではない。マスターも形あるものではない。これは簡単な知識だ！　存在する前、あなたには身体的な形態はなかった。しかし体と関係を結んだから、あなたは自分やすべての形を受け入れた。これはつまり、苦痛に満ちた人生を受け入れたということだ。

ブラフマンやアートマンは、てかてかになった古い人形だ。あなたはまだそれで遊んでいるが、そんなものは捨ててしまいなさい！

質問者：どうしたら、そんなに辛抱強くなれるのですか？私に特別なパワーをくださいますか？

マハラジ：そういうことではない。「誰」がパワーを乞うているのか？　真我探究をしなさい！　パワーはあなたから切り離されていない！　それはあなたの中、内なるマスターの中で起きる。それはあなたの中で自発的に起きるのだ。そして、あなたは外側のアイデンティティも内側のアイデンティティも忘れる。概念としてのパワーのことは、忘れなさい！

私の言うことを聞きなさい！
そうすれば、思考なき思考が生じるだろう。
なぜ、思考なき思考なのか？
思考は体に関係している。
思考なき思考は、究極的な真実に関係している。

すべての言葉に深い意味がある。思考とは、ただの思考だ。それは体に関係しており、精神的な思考、エゴの思考、知的な思考などがある。

思考なき思考は、
あなたの中から自発的に生じる。

特別な経験があなたの中に生じる。存在する前のあなたの状態を経験するのだ。そして、あなたはますます自分の自己なき自己へ近付いて行く。

すべての生きものは死を恐れている。
人類は実在を知ることができるから恐れる必要などない。

いかなる夢もあってはならない。真の知識の扉は開かれた。その秘密はあなたのものだ。疑いを持たず、誠実でありなさい。山の頂から目をそらしてはいけない。実在を知ったのなら、それを維持しなさい！　その向こうには何もない。

人々はスピリチュアリティの犠牲者になる。修行者は混乱の世界を彷徨い歩いている。あなたのマスターを深く信頼していれば、誘惑されることはない。

あなたは基準となる立ち位置を得た。

それを維持しなさい！

重要なのはあなたの振る舞いだ。あなたが行うことはすべて、自発的な確信を伴った自己なき自己への帰依であらねばならない。あなたは開かれた秘密を知っている。不愉快な状況においても、静寂が君臨するようになる。私たちはあなたに、不愉快な状況にも立ち向かう勇気を与える。

この体は魔法の箱だ！　すべての真実があなたの中にある！　どのように行動、反応するかはあなた次第だ。質問も答えもない。それらは、身体形態にとってのみ存在した。

無から、

何かになり、

また無になる。

何かとは、すべてのものだ。これも言葉に過ぎないが……。スピリチュアリティの基本原理は、あなたが体を去るときに恐れから自由であるよう手助けすることだ。それは「私は生まれていない」という自発的な確信によって、達せられるだろう。

スピリットをないがしろにしたり、いいかげんなやり方で取り組んではいけない。強い信頼を持ち、注意深くありなさい。自分自身も含めて、誰かの被害者になってはいけない。誰が体を去るのだろう？　あなたはどこにも行かない。私たちの文化では、境界線を引く。インド、中国、イギリスの間に境界線を引く。境界線などないということを、あなたは自分に確信させなければならない。

110　ボールが飛んで来たら打ち返す

マハラジ：あなたは最高のレベルにとどまらなければならない。だから、真の知識を吸収することが重要なのだ。トップレベルを保ちなさい。すべての人が恐れの影響下にあるので、瞑想の修行とナーム・マントラを唱えることが欠かせないのだ。

あなたには誕生と死、生まれ変わりに関する恐れがある。

そして、あれをすべきだったのにと罪悪感を感じている。あなたは悪くない。あなたは何もしていないのだから。

何も起きなかったし、何も起きていない。

これからも何も起きない。

なぜ、知りもしないことを受け入れるのか？　生まれ変わりはない。すべての概念を投げ捨て、あなたは究極的な真実だという実在を受け入れなさい。

オイルがなくなったからといって、

ランプが生まれ変わったりするだろうか？

あなたは体ではないのに、なぜ心配する必要があるだろう？　穏やかで、静かにありなさい。良い思考も悪い思考も、思考を完全になくしなさい。臨在はそこにある。静かなる臨在、名もない臨在がある。「私」、ただの「私」を一目見なさい。「私」、ただの「私」を一目見るのだ。意識はない。ただの「私」、ただの「私」、言葉では定義できない何かがあるだけだ。

質問者：壁のない「私」のようなものですか？

マハラジ：経験も経験する者もいない。私はコミュニケーションするために言葉を使っているに過ぎない。あなたは基本的な根本原理を知っている。だから、それを完全に受け入れなければならない。誰が生まれ変わるのか？　誰の運命なのか？

「私は不死だ」

だから、何の恐れもない。

あなたは自由だったし、今も自由で、これからも自由であり続ける。今、それはあなたの手の中にある。ボールがあなたのコートに飛んで来たら、打ち返しなさい！

すべての概念を忘れて、空っぽでありなさい。

胃に問題があって病気になることがあるように、マインドが病気の原因だ。あなたが感じたこと、受けた印象はすべて、自動的に反映される。

質問者：それを受け入れるのは難しいですね。

マハラジ：最終的な真実を受け入れるのは簡単だ。それは、自分は男だと受け入れるようなものだ。しかし、命令を受け入れて、マインドやエゴ、知性に圧力をかけられているなら、難しい。

誰かが、J・クリシュナムルティに「六十歳を過ぎたら、どのように生きるべきでしょうか」と尋ねたそうだ。クリシュナムルティはこう答えた。「死体のように生きなさい。家族や宇宙について気を配ることもなく、完全に無関心でいなさい」。死体には感情もないし、必要なものもない。「埋められたり、燃やされたりしたくない！」などと言ったりもしない。埋められようが、燃やされようが、死体には何の違いもないのだから。

すべての疑いを地面に投げ捨てなさい。
トップレベルに
あなたの状態を維持し、
そして、後ろを振り返ってはいけない。

登山者は後ろを振り返るなと指示される。もし振り返ったら、落ちてしまうだろう。過去のことは忘れなさい！　過去はもう去ったのだ。過去はなく、未来もなく、現在もない。空には過去も未来も現在もない。

これが実在、計り知れない価値のある実在だ。
それは、人生のすべての状況に立ち向かえるように
あなたを強くする。

あなたに示された実在を受け入れるか、受け入れないかはあなた次第だ。これは開かれた知識だ。

私たちの系譜では、何も隠さない。何の期待もなく、自由に開かれた真実を分かち合う。この真の知識を商業的に乱用すべきではない。それはあなたの財産だ。私はあなたの前にあなたの真実を置く。あなたはそれを受け取るかもしれないし、受け取らないかもしれない。それは完全にあなた次第なのだ。

111 概念なしで生きる

マハラジ：体以外に、私たちの間には何の違いもない。私たちは同じだ。スピリットは一つだ。マスターは自分の真のアイデンティティを知っている。聞き手は自分のアイデンティティを忘れてしまった。二つの体、二つのアイデンティティがあるように見える。しかし、スピリットは同じだ。マスターは自分を本当の意味で知っている。

彼は自己なき自己の内にある。

聞き手はマスターという媒体を通して、自分の本当のアイデンティティを知ることができる。マスターは言う。「私が言うことを分析するな。言葉を文字通りに受け取るな」

私が言っていることは、究極的な真実だ。
それに集中しなさい。

スピリチュアルな本は実在を指し示しているに過ぎないということさえ理解していれば、そういう本を読むことには何の問題もない。

あなたが知っていることはすべて、身体知識だ。
だから、それは幻想だ。

あなたの臨在がなかったら、「私はブラフマンだ」と言うこともできない。あなたの自発的な臨在が必要不可欠なのだ。

それがなかったら、行動することも反応することもできない。

質問者：あなたがスピリチュアルな本を読むことについておっしゃったことを、ずっと考えていました。そして、突破口が開けたように思います。以前、本を読むときは「私はブラフマンだ」という概念を受け入れ、言わばそれとともにいました。ブラフマンに関する何らかの経験も得ましたし、私はそれをとても重要なことだと思っていました。

でもブラフマンの実在と「私の」実在の間にはまだ分離があったことが、今はわかります。あなたがおっしゃっているのは、「私はブラフマンだ」の背後には、そしてすべてのものの背後には、私たちの自発的な臨在があるということです。その臨在がまずあるのです。「私はブラフマンだ」と言うには、それがなければならないのです。

要するに私は、「私はブラフマンだ」という言葉や概念が実在であるかのように執着していたのです。今では、私の自発的な臨在がまずあり、それが定義できない実在であることを理解しています。

マハラジ：最終的な真実、むき出しの真実。体が私のアイデンティティではないならば、私は誰か？　「ブラフマン」「アートマン」……それらはただの言葉だ。「私は誰か？」。こういう言葉や名前は、目に見えぬ自発的な臨在を認識するために用いられる。あなたの自発的な臨在がなかったら、行動も、感情も、思考も、本もない。

だから、あなたが見るもの、理解するものはすべて幻想だ。

「私は神を見た」と言うなら、それは見る者の反映、見る者の投影だ。

存在する前、あなたは何も知らなかった。今、あなたは言う。「これは『神』と呼ばれている。そしてあれは『幽霊』と呼ばれる」。それらは、あなたの実在の上に重ねられた層だ。「私は何か恐ろしいことをしたので、罪悪感を感じる」。これもまた、幻想の層だ。あなたは何もしていないし、何も悪くない。真我探究をして、これを自分自身で見つけなさい。

汝自身を知りなさい。

そして、自己なき自己の内にありなさい。

スピリチュアルな知識は何のためのものだろう？　この知識を明らかにしたいのなら、修行をしなければならない。瞑想をすれば、すべての幻想が洗い流される。鏡が曇っていたら、あなたは自分の顔を見ることもできない。だから、あなたの鏡を完璧にきれいにしなさい。真我知識によって確信に導かれる。それが真我実現だ。あなたは完全に信頼しなければならない。何の疑いもなく！

すべての証拠とともに、最終的な真実の秘密があなたの前に置かれている。

それは聞き手の秘密、話し手の秘密だ。

この聞き手を、どう説明したらいいだろう？「目に見えず、名もなく、特定できない」。何らかの言葉を用いなければならない。真の知識を受け入れ、吸収しなさい。それは少しも難しくない。

質問者：概念なしに生きると考えると、とても恐ろしいです。

マハラジ：実在を知っているのに、なぜ再び概念の海で泳ぐのか？

これは未知の領域だ。あるがままにしておきなさい。

探求して、深く分け入り、自分を発見しなさい。しかし、覚えておきなさい。それに名前を付けることはできないし、定義することも比較することもできない。

質問者：最近、瞑想しているときに、体を見つけることができませんでした。とても驚いて、怖かったです。

マハラジ：そういうことはある。心配いらない！ 自己なき自己に没頭していると、いろいろな経験が起きる。それらは、徐々に進んでいくステップであり、とても良いことだ。

経験には三種類ある。マスターを見るダルシャン、聞くダルシャン、触るダルシャン。マスターや神を見ることもあれば、何者かに触られることもあるし、マスターに話しかけられるかもしれない。こういう経験が起きるものだ。あなたが信頼しており、マスターと一つになっているので、マスターが体現されるのだ。マスターは姿かたちをとり、あなたと話をする。

たとえば、バウサヒブ・マハラジの弟子が伝染病になったとき、彼女はマスターに祈った。すると、バウサヒブ・マハラジが現れた。彼はすでに亡くなっていたというのに。そして、彼は彼女を癒した。彼女がマスターのビジョンを見たのは、帰依ゆえだ。

彼女はそれと一つになった。

彼女のマスターのアイデンティティと一つになった。

こういう経験は、知性とは何の関係もない。これは漸進的に進んでいく段階であり、私たちの励みとなる。こういう奇跡は、あなたの臨在から起きるのだ。ここで私は、より高度なことを話しているが、それでもなお、こういう経験は進歩のサインとなる。何の疑いも持たずに深く帰依すれば、奇跡が起きる。

最終的な段階では――本当は段階などないのだが――身体知識のすべての痕跡が消え去る。そのときが来るまでは、何の疑いも持たず、心を揺れ動かさず、ただ聞きなさい。そういう揺れ動く心が疑いをもたらす。あなたにこの明らかな真実、むき出しの真実、最終的な真実を確信させるため、私は全力を尽くす。強い信頼が必要だ。誠実でありなさい。何か言った後に、それと反対のことをしたりしてはいけない。すべての真実が、あなたの前に置かれている。

質問者：経験と言えば、今日このアシュラムでニサルガダッタ・マハラジを見ました。

マハラジ：素晴らしい！　進歩しているね。これは、あなたが身体的アイデンティティを忘れつつあるということだ。この不要なものを消し去り、真の知識を自己なき自己の内に吸収して統合するプロセスにおいて、皆がさまざまな経験をするのだ。

質問者：覚醒した人を、何人くらい知っていますか？

マハラジ：覚醒したとはどういう意味だね？　人々は「この人は覚醒していますか？」などと言うが、覚醒するとは、自発的な確信のことだ。覚醒したサインなどない。自発的な確信によって、あなたの視野と行動のすべてが変わるのだ。何か一つ、はっきりとわかる「悟りのサイン」のようなものがあるわけではない。そういうものは、理解するために用いる言葉に過ぎない。

存在する前のあなたの状態、

そして、体を去った後のあなたの状態、

それが覚醒だ。

112　奇跡を超えた知識

マハラジ：「気づき」、「悟り」、「覚醒」、「神」といったような素晴らしい言葉は、あなたの臨在から生じるのだ。それらはそんなに重要なものではない。私はあなたの前に「存在する前の状態」を置いている。自分自身に尋ねなさい。「存在する前、私はどんなだったのだろう？」

質問者：それを明らかにすることはできません。自分がどんなだったか、ちょっと想像することすらできません。

マハラジ：なぜなら、あなたの真のアイデンティティは想像を超えているからだ。あなたの臨在は想像を超えている。何かを想像するとき、あなたは体のエゴを使っているのだ。あなたは体などではないというのに。

質問者：つまり、話し始めるや否や、私たちは虚構の世界に参加してしまうのですね。

マハラジ：言葉は究極的な真実を確立するために使いなさい。言葉で遊んではいけない！　マスターが伝えようとしていることに耳を傾けなさい。あなたのアイデンティティは体とは何の関係もない。それは至る所にある。身体知識はもう必要ない。気づきとか悟り、神といった言葉もこれ以上、必要ない。こういう会話も無意味であることを、あなたは知っている。あなたには分別がある。知識のないことが知識だ。すべては無から生じた。すべては無の中に消えていく。

質問者：残酷なジョークですね。

マハラジ：誰にとって残酷なジョークなのかね？　過去もないし、未来もないし、現在もない。過去も未来も現在もない。スピリチュアルな本は、あなたの究極的な真実を指し示している。その部分だけを受け入れなさい。人々は言葉に影響を受け、混乱してしまう。言葉で遊んではいけない。言葉遊びは、つかの間の喜びのためにトランプで遊ぶようなものだ。

質問者：何かをするとき、すべての行いをサッドグルに捧げる、つまり内なるマスターか自分の師に捧げるのは、意味のあることですか？

マハラジ：なぜ、捧げるのか？　あなたはまた、「私は何者かだ。そして、何かを私のマスターに捧げる」と考えている。あなたと私は違うと、あなたは考えている。私たちの間には、何の違いもない。

質問者：エゴは狡猾《こうかつ》です。

マハラジ：そう、狡猾だ。

質問者：エゴは裏口から忍び寄って来ます。

マハラジ：エゴ、マインド、知性が、まだあなたに罠を仕掛け、捕まえようとしている。注意深くしていなさい。瞑想、真の知識、バジャンを続けなさい。そうすれば、騙されることはない。外側の力が、いかなる瞬間もあなたに罠を仕掛けようとしている。（手を上げて「止まれ」のジェスチャーをしながら）そういう力が押し寄せて来るのを、交通整理しなさい。あなたは管制官だ！

質問者：ここにいる間に、できるだけ多くのことを質問したかったのですが、今はなぜか、これ以上、質問したいことがないのです。なぜなんでしょう？

マハラジ：すべての疑問が解決されたのだよ。私たちの知識はとても実際的だ。それに、あなたが完全に信頼し、実在は自分から切り離されていないことを受け入れれば、解決するのは難しいことではない。ただ、それを受け入れなければならない。

あなた方の人生は一般的に言って、幻想をもとにして形作られている。幻想の中に平安を見つけようとしてきたのだ。

幸せはあなたの中に備わっているものだ。

あなたは自分が究極的な真実から

分離していると考えている。

この混乱は、覚醒したマスターによって取り除かれる。

私たちは探求者の注意を引こうとしている。「彼」や「彼女」が究極的な真実なのだ。探求者がこの世界の源だ。このことを本当に実際的に理解すれば、もうどこかに行く必要もない。

超自然的なパワーに関する混乱もある。人々は超自然的なパワーに対して誤った印象を抱いている。奇跡はあなたの自発的な臨在から起きるのだ。

何か奇跡を起こしてくれるかもしれないからと、
あなたは神やマスターを誤って信頼している。
あなたは自分が魔術師だということを忘れてしまった。
あなたの中に魔法の箱がある。
あなたは魔法の箱を持つ魔術師なのだ！

マスターはあなたが自分の足で立てるように助けてくれる。あなたはできる！　勇気を持ちなさい。そして、それと同時にマスターが教える根本原理に完全に従いなさい。

確信を得ればすべての探求が終わる。
すべての探求はあなたから始まり、
そして、すべての探求はあなたとともに終わる。
そこにあなたがある。

あなたの知識はすべての奇跡を超えている。白魔術や黒魔術を恐れる人がいるが、そういう人たちは自分自身のパワーを知らないのだ。

あなた自身の外に、いかなるパワーも存在しない。

しかし、あなたはまだ自分自身を十分に重視していない。私が言うことを、あなたは常に聞いているわけではないし、常に受け入れているわけでもない。

これは単純な知識であり
強い意志力で受け入れなければならない。
その根本原理は、
すべてのものはあなたから始まり、
あなたとともに終わるということだ。

質問者：以前、南インドにいたのですが、いつの間にか修行をしていました。

マハラジ：これが実在だと知っているのに、どうして氷の上に立って自分の体を苦しめるがごとく南インドに行く必要があるのかね？

質問者：そのときは、ひとりでに修行が起きてきたのです。

マハラジ：すべての修行には目的がある。あなたはすでに実在を知っているのに、修行をするのはある種の娯楽、気晴らしのようなものだ。

あなたがここにいるのは、謎を解きたいからだ。あなたの自発的な存在の神秘を解き明かしたいからだ。あなたはそれに知られていないからだ。実在を知れば、あなたのすべての問題は解決されるだろう。誰も善ではないし、誰も悪ではない。それらは身体に関係した言葉に過ぎない。すべてのものは消える。何も残らない。

すべての活動は自己を過大評価することなく、自然に行われなければならない。差別、区別をしないのが聖者の特質だ。すべてはあなたの中にある。あなたは先生であり、生徒であり、マスターであり、帰依者だ。崇拝者であり、崇拝される者だ！　このことをあなたの中に刻み込みなさい。もし誰かが、「神様が戸口に立っているよ」と言ったら、「失礼！」と言って、無視しなさい。

これは偉大な知識であり、
身体に基づいた知識には、まったく関係がない。
「神は私の臨在の反映だ。
私の臨在によって、神が生じたのだ」

113 恐れの海で泳ぐ

マハラジ：死の恐れから抜け出しなさい。恐れる理由などないのだから！　あなたは生まれていない。蛇とロープの話のように、あなたは幻想を恐れているのだ。あなたは生まれていない。不死だ。だから、誕生と死はあり得ない！

あなたが世界にサヨナラを言うとき、それは幸せな瞬間でなければならない。「死」の背後の現実を知ろうとしなさい。誰が死んでいるのだろう？　あなたの臨在はスピリットが体にはまる前から、あなたが存在する前からあった。

臨在がなかったら、体にとって誕生と死が存在することもない。スピリットは生まれていない。それは常に、臨在としてそこにある。瞑想や真の知識、祈りなどといったスピリチュアリティとは、「私は生まれていない」という確信を打ち立てるためにある。

あなたはさまざまなスピリチュアルな本を読み、そして書いてあることをすべて分析する。あなたは目に見えず、形のない読み手であり、究極的な真実だというのに、どうして分析などする必要があるのだろう？　食物からなる身体の知識が消えない限り、あなたは自分を本当の意味で知ることはできないし、確信も得られない。

あなたはスピリチュアリティの根本原理を知らねばならない。

乾いた知識は、スピリチュアルな娯楽に過ぎない。

あなたは幻想の海を泳いでいる。概念と恐れの海、罪と美徳の海を泳いでいる。宗教の根本原理は覆い隠され、そして人類によって定められた一連のルールとなった。このルールは、社会を規制するという自分勝手な目的のために作られた。スピリチュアルな指導者、教会の指導者は多大なる恐怖と幻想を作り出し、臨在をぼやかし、人々が彼らや宗教、神に依存するよう仕向けた。

こういう人造のルールはすべて、忘れてしまいなさい。こういう幻想はすべて、あなたの臨在から生じた。この幻想の夢の中の活動は、すべて記録されている。誰が記録しているのだろう？　誰がこの夢を楽しんでいるのだろう？　それを見つけ出しなさい！　蛇もいないし、死もない。

あなたは見る者を十分に重視していない。
見られるもののことは忘れなさい。
それはあなたの反映に過ぎないのだから。

質問者：つまり完全に自立すれば、条件付けから解放されて、完全に自分をコントロールできるということですか？

マハラジ：これは論理的に理解するのではなく、自発的に理解し、確信するのだよ。自分は男だと理解するのに、あれこれ考えたりしないのと同じだ。

あなたには理論的な知識はあるが、必要なのは実際的な知識だ。そして、それは瞑想を通してのみ手に入る。

質問者：瞑想とは、命を与えるようなものですか？　エゴに注意を向けるのをやめ、実在に注意を向けるということですか？

マハラジ：クリーニングのプロセスは振動、ヴァイブレーションを通じて起きる。鏡が曇っていたら、あなたは自分の姿を見ることができない。だから、すべての幻想の概念を消さなければならない。そうすれば、「ああ、私はそれだ！」とわかる。私たちは常に、自分は障害を負っており、不完全だと考えている。それは真実ではない。

質問者：私たちは幻想の補強材から自立しないといけないということですか？

マハラジ：深く行きなさい。深く深く……

質問者：「以外（except）」という言葉を「受け入れる（accept）」と言い換えることはできますか？　たとえば、自己なき自己「以外」に神はない……の代わりに、存在する前の状態を「受け入れる」というふうに言うことはできますか？

マハラジ：

あなたは言葉で遊んでいる。
岸辺にとどまり、濡れることもなく安全に、
乾いた知識とともにいる。

臆病者の人生を歩んではいけない。泳ぎなさい。海に飛び込み、獅子のごとく生きなさい！　水を恐れてはいけない！　いつも恐れている人は、臆病者だ。

質問者：私たちは「これが私のパワーだ」という態度をとらねばならないのですね。しかし、それと同時に、そのパワーを悪用しないよう、「それは私のパワーでない」と考えなければならないのですね？

マハラジ：これは乾いた議論だ！　乾いた議論はあなたの役に立たない。あなたは真の知識を実行に移さなければならない！

114 自分自身の本を読む

質問者：私は知識を消化しているところです。

マハラジ：とてもよろしい。それは良いサインだ。あなたは究極的な真実を知っているのだから、その状態を維持していかなくてはならない。瞑想を続けなさい。瞑想はとても大事だ。日中はバジャンを歌いなさい。そうすれば、自発的な幸福を得られる。これらの修行を定期的にしなさい。それは毎日の食事と同じくらい大切で、欠かせないものだ。スピリチュアリティの目的は身体に基づいた知識を消すことだ。そのためには、クリーニング・プロセスを継続していかなければならない。毎日、確信を新たなものにしなさい。

いろいろな本を読むより、
自分自身の本を読みなさい。

あなたのノートパソコンには、アカウントやパスワード、電話番号など、必要な情報がすべてある。あなたはグーグルやヤフーのような検索エンジンだ。すべてのホームページがあなたの中にある。すべてのホームページは、あなたの中で「一つ」だ。

質問者：時々、とても気が散ってしまうことがあります。

マハラジ：その感覚に注意を向けないことだ。瞑想は集中するのに役に立つ。すべての思考が消えるだろう。徐々に、ゆっくりと、すべての思考が消えるだろう。

あなたが世界の根本原理だ。

生涯をかけて考えや記憶、感情などを幾層にも積み重ねてきたのだから、それがすぐに取り除かれることはない。それにはしばらく時間がかかるだろう。すべきことをし続け、職務によく励みなさい。

あなたは至る所にあるというビジョンを持ちなさい。
男もなく、女もなく、すべてがブラフマンだ。

ゆっくりと静かに、安定性が確立されていく。

質問者：最初の頃はちょっと不法占拠者でいっぱいの家に住んでいる感じがします。でもやがて、自分が家の所有者であること、彼らは間借り人でしかないことがわかります。

マハラジ：自分がこの家の所有者だということがわかれば、あなたは家の掃除をしたいと思う。まずは、間借り人たちを追い出さなければならない。彼らはこの家が気に入っていて、出て行きたくない。追い出されるときは嫌がらせをしてくるだろうから、あなたは辛抱強く、断固としてあることが必要だ。

質問者：すると、間借り人は卑屈になって、「ボス、いかがいたしましょう?」などと尋ねてきたりするようになります。

マハラジ：劇的な変化が起きるだろう。瞑想を続けなさい。ゆっくり、静かに、永続的に、待って様子を見なさい。瞑想を続けなさい。それがあなたの土台となる。他人の概念の影響を受けてはいけない。弱い心はとても危険だ。あなたには分別がある!

誰かの考えを受け入れてしまわぬよう、精神的に強くあることはとても大切だ。誰にも付け入るスキを与えぬよう、自分に自信を持ちなさい。あなたは究極的な真実なのだから、誰もあなたに何かを教えようとしたりはしない。誰がヴェーダやウパニシャッドを作ったのだろう? それらはあなたの赤ちゃんだ。

すべてのスピリチュアルな知識は
あなたの自発的な臨在から生じた。

あなたはこの世界のマスターだ。これは明らかな事実だ。しかし、利己的な意味で言っているのではない!

質問者：古い習慣はとても強力です。

マハラジ：それは自然なことだ。あなたは長い間、体と関わってきたのだから。自分自身をカウンセラーが必要な病人だと考えてはいけない。毎日三時ぴったりになると、関節が痛くなるご婦人がいた! 彼女は三時を無視するようにとアドバイスされ、それに従ったら、問題は消えてしまった。

このように、正常な人たちが心理的な問題を抱えて病んでいる。善悪とか、罪、地獄、罪悪感など、無数の幻想の概念を何も考えずに受け入れてきたので、私たちは自分が何か間違ったことをしてしまったように感じている。その結果、私たちは罪悪感と恐れを抱く。

マスターは言う。「あなたは罪などまったく犯していない。それなのになぜ、刑事法廷で有罪を認めたりしたのか? あなたは自分自身の考えと感情の犠牲者になっている。あなた自身の夢の犠牲者になっている。そして、その夢の中であなたは泣き叫んでいる。あなたが犯した唯一の罪は、自分が

「人間」だと誤って考えたことだ。

あなたはブラフマンで、人間ではない。

犯罪者は人間だが、あなたは人間ではない。

だから、あなたは有罪ではない。

これにて、閉廷！

誰かがあなたからお金を借りて、返さなかったとする。あなたは「お金を貸したのだから、返してください」と言う。あなたはしょっちゅう、その人にお金のことを思い出させようとするだろう。「私はあなたにお金を貸した。さあ、ごまかしはやめて返してください！　私はそのお金が必要なのです」

それと同じように私たちはこう言っている。「いいえ、違います！　あなたは体ではなくスピリットです。ブラフマンであり、アートマンなのです。それなのに、あなたは不正に私の居場所を乗っ取ろうとしています。私の王座に座って、私を騙し、ごまかそうとしています！　出て行ってください！」

あなたではないものを受け入れるのは大罪だ！

それに、夢の中で泣き続けているのも大罪だ！

115 あなたのストーリー

質問者：私たちは親しい人間関係によって傷付くことがよくあります。

マハラジ：スピリチュアルな人は、誰の感情も傷付けてはならない。誰かを無視するのはいいが、その人と戦ってはいけない。忘れて許しなさい！　私たちの本質はすべて同じだが、それぞれの人が異なる基準を持ち、受けてきたしつけや教育も違う。不愉快な状況は、いつまでも続くわけではない。あなたはスピリチュアルな存在であり、人間ではない。

もし虎が現れて、あなたが走って逃げたら、虎はあなたの後を追いかけるだろう。しかし目を合わせて向かい合えば、虎が逃げ去る。もし誰かが侮辱しようとしても、あなたはそれに影響されない。スピリチュアリティがあなたに教えてくれる。つまり、あなたの内なる先生が指示を出してくれる。これは瞑想により、自発的に起きる。あなたは瞑想を通じて自己なき自己と一つになる。誘惑が生じても、内なる導きによって、どう行動すべきかがわかる。

シンプルであることが最上の方策だ。

面倒な人たちは避けなさい！

あなた自身のマスターが難しい状況で生きる術を教えてく

れる。これは最も高度な帰依だ。質問と答えが内なる対話のように流れ出るのだ。なぜ、問題があるのかと尋ねてはいけない。そういう質問は子供がＡＢＣを習うようなもので、あなたはここで言語の達人になろうとしているのだから！

これはあなたの自己なき自己に近付くための方法だ。話を聞き、ヒントを受け取り、導きを得る。この自発的な流れが覚醒したサインだ。

質問者：スピリチュアルな本を読むことについて、あなたが「読み手の知識」と呼んでいるものは、何なのですか？

マハラジ：そういう本を読むときは、それをただのブラフマンのストーリーとして読むのではなく、自分のストーリーとして読みなさいということだ。それは読み手の知識、読み手の伝記、あなたの「スピリットの記録」だ。穏やかで静かにありなさい！　何か話を聞いたら、自分の記憶を甦らせるために役立てなさい。何も複雑なことはない。

あなたとともにありなさい！

世界のことは忘れなさい。

あちらこちらと探し回ってはいけない。

スピリチュアルな知識はこの世界でどう生き、振る舞うべきかを教えてくれる。瞑想はエゴと知性を鎮めるのに効果的だ。何か感情が湧いてきたと気づいたら、それを無視しなさい。それに注意を払ってはいけない。吠える犬を無視するようなものだ！　あなたは自分自身に教えている。これは「自己指導」だ。

初めのうち、修行者は自己なき自己に近付こうとする。彼は自己なき自己にどんどん近付いて行く。最初のうちは、近付いて行くための意図的な努力と修行が必要だ。真我探究、瞑想、マントラを唱えること、バジャン、スピリチュアルな読書、沈思黙想などの道具を用いて、修行者は自分自身に教え、自己指導する。

実在を吸収すれば、修行者の内に自発的な目覚めが生じる。彼は内なる「神性」を実現したのだ。彼はいわば、「大海と一つになった」のだから、もう意図的に努力したり、何かをする必要はない。

そうなれば、自己なき自己と修行者は一つなので、すべての行動は自発的に起きる。だから、さまざまな状況において、どのように行動し、何をすべきかが自動的にわかるので、意図的な努力は必要ない。内なる導きがあり、自発的に指示が流れて来るのだ。私たちはこれを、何の意図的な努力もいらない自己指導と呼ぶ。目覚める前は、自分自身に教えるために何らかの努力が必要だった。しかし、今はそうではない。帰依者はマスターになった。自己なき自己のマスター、自己なき自己の教師になったのだ。思い出しなさい！　これらは言葉に過ぎない。言葉の背後の意味、要点に目を向けなさい。

今やあなたは、自分の自己なき自己の「教師」だ。自分の自己なき自己の「マスター」だ。だから、自分のスピリチュアルなパワーを用いなさい。仕事や家族、社会生活、スピリチュアルな生活など、人生のすべての分野において、あなたのスピリチュアルなパワー、知識を使いなさい。

質問者：あなたは犠牲者になってはいけないとおっしゃいますね。他人の概念に耳を傾けてはいけないと。

マハラジ：実在を知ったら、気を逸らされてはいけないとニサルガダッタ・マハラジは言っていた。この世界は幻想の世界で、人々があなたの信頼を揺さぶろうとし、あなたに再び疑いを抱かせる。しかし今、あなたは実在を知っている。それを瞑想によって維持しなさい。「ヴェーダにはこう書いてある。ああ書いてある」などと、本の知識を語る人々がいる。そういう人たちは、中途半端な知識であなたの気を散らそうとするかもしれない。そうなると、あなたは転落してしまう。気を付けなさい！

これはシンプルだが、本質的な知識だ。なぜ、この知識が必要なのだろう？　それは体が私たちのアイデンティティではないからだ。そして、私たちは自分自身に知られていないからだ。私たちは自分自身を本当の意味で知らなければならない。

この幻想の世界に「サヨナラ」を言う勇気が必要だ。

あなたは直接的な源、究極的な真実を知っている。だから、常にマントラを唱えて瞑想し、この真の知識を消化吸収しなければならない。こういうふうにして、あなたの「体の記憶」を、実在によって常に新たなものにしていくのだ。

ニサルガダッタ・マハラジは真の知識についてこう言った。「それをチョコレートのように噛みしめなさい。そうすれば、チョコレートが溶けて、味わいが新たに甦る」

質問者：ランジット・マハラジの本を読んでいたのですが、何もしないこと、何も言わないこと、何も食べないことについて書かれてありました。こういうことをすべきなのでしょうか？

マハラジ：それは想像上のトリックだ。初心者にとってはいいけれど、自分の臨在は目に見えないものだと知っているこのレベルにおいては役に立たない。なぜ、こんなことを尋ねるのか？　「私」はない。では、「私は食べない」について話をしているのは誰なのか？

あなたにはたくさんの知識があるのだから、
退歩してはいけない。
ここでずっと話を聞いたのだから、
あなたには何らかの土台、基礎があると私は考える。
でも、本を読んで幸せが得られるなら、読みなさい！

116 あなたが管理人

マハラジ：医者が診断を下し、薬を処方するには、患者の情報が必要だ。あなたは自分自身のマスターだ。この真の知識によって確信に至る。確固とした土台、いい知識の基盤があれば、あなたに必要なのはマスターからのほんの一押し、それだけだ。

でも、あなたのスピリチュアルな成熟度合いに応じた導きと適切な処方箋を得るには、前に進み出て、明け渡さなければならない。土台がしっかりとしていれば、不可能なことは何もないし、すべてが簡単だ。このようにすれば、真の知識は自動的に、あなたの自己なき自己の内に明らかにされる。あなたの知識はすでにそこにある。

私たちは井戸を掘っており、
石や泥を取り除き、掘って、掘って、
不要な石をすべて取り除いている。

すでに言ったように、瞑想は内側にヴァイブレーションを作り出す。この振動によって、ゆっくりと、静かに、永続的に、すべてが取り除かれていく。

その中に自分を投じる勇気が必要だ。
私はあなたを守るためにここにいる。

あなたには真の知識、瞑想、バジャンという三人のガードマンもいて、二十四時間守ってくれる。

まず必要なのは、上手な泳ぎ方をゆっくりゆっくりと教えてくれるいい先生だ。それから、あなたはスピリチュアルな大海の中に自ら飛び込まねばならない。悪い考えがやって来る。悪い概念がやって来る。でも、続けていきなさい！

井戸を掘ろうとすると、石や泥に突き当たる。辛抱強く掘って、掘り続ければ、やがて純水が現れる。ヴァイブレーションによって、すべての不要なもの、望まれぬものは取り除かれる。

あなたは自分自身を確信させなければならない。
あなたが管理人だ。

あなたは自分自身のスピリチュアルな知識の管理人だ。
私たちの系譜では、実際的なスピリチュアルな知識、真我知識を得るために瞑想という方法を用いる。このようにすれば、真の知識を一歩、一歩、体系的に、科学的に伝えることができる。

誰もがいろいろな薬が流通しているのを知っているが、医者だけが、それをどう適用すればいいかを知っている。あなたは法律を知っているかもしれないが、実際にそれを使うときは弁護士が必要だ。あなたはスピリチュアルな本をたくさん研究してきたが、体系的、科学的なやり方ではなかった。

私があなたに与えようとしているものは、あなたがすでに持っているけれど、そのことを忘れてしまったものだ。私は単に、それをあなたに取り戻させるだけだ。私はあなたに体系的な知識を与えた。あなたに欠けていたのは、知識を系統立てる方法だけだ。あなたには真の知識がなかったが、今は強い確信がある。すべてはあなたの中にある。あなたはただ、それを打ち付けて、火を起こせばいいだけだ。火はすでにそこにある。

この知識を刻み込みなさい。
この知識を抱擁しなさい。
この知識を完全に受け入れなさい。

ごくわずかな帰依者だけが、自分自身に向き合う。気軽に、このアシュラムにやって来る人たちもいる。そういう人たちはお辞儀すらしない。私にお辞儀をしないのは構わないが、私のマスターたちに対してはお辞儀をして欲しい。彼らは偉大な聖者だ。私を尊敬しなくてもよいが、彼らは尊敬しなさい。彼らに頭を下げなさい！

質問者：お辞儀をするのは、すべての教会、宗教における習慣ですよね。

マハラジ：ここに来る人たちの中には、長い距離を旅してきた人たちもいる。私は彼らと知識を分かち合うが、この壁に肖像が掲げられている偉大な聖者たちには、少なくとも何らかの敬意を払って欲しいのだ。

質問者：誰かが前に、平静であることについて話をしていましたね？

マハラジ：平静であるとは、世界に関心がないということだ。確信を得れば、もう何かに興味を引き付けられることはない。あなたの臨在は存在しているが、それは知られておらず、特定することもできず、名もなく、目に見えないアイデンティティだ。

実在を知れば、平静であることにも意味がなくなる。輪の中にはまっていたとき、あなたは金銭や地位、権力などを期待していた。強欲さもあった。しかし実在を知れば、あなたは気づく。「誰がこのすべてのお金を使うのだろう？　いつまで使うのだろう？　私という存在は体に基づいたものではないのに、強欲であることに何の意味があるのだろう？」。そして、あなたは世界に無関心であり続ける。

真の知識によって、覚醒に導かれる。知識が吸収されれば、その後は何も残らない。経験する者もない。あなたは自分の自己なき自己と一つになる。知識が完全に受け入れられて吸収されれば、何の痕跡も残らない。すべてが消え、何も見えない。すべての概念は消える。

「進んだ段階」とは、**知識が完全に吸収されていることだ。**

しかし、あなたはまだこの真実を受け入れる準備がちゃんとできていない。瞑想が基盤として必要だ。前にも言ったが、土台が弱いと建物全体が弱くなる。あなたの勇気とパワーが成長すれば、最終的な段階では何の思考も残っていない。そのとき、そこには自発的な静寂、スピリチュアルな酩酊状態があるだろう。あなたは自分自身の世界にとどまり続ける。

しばらくの間は、すべての概念やエゴを消していかねばならない。この真の知識を用いて、すべての幻想を消しなさい。皆が平等だ。競争する必要はない！　あなたは誰と競争しているのか？　内なるマスターが目覚めれば、すべての疑問は自動的に解決される。これが自己治癒、自己指導だ。

マスターという媒体を通して、あなたのアイデンティティがあなたの前に置かれる。

内なるマスターを知れば、あなたは違いなど存在しないことを知る。誰の間にも、何の間にも違いはない。

自分を体と同一化し、個人とみなしている限り、あなたは違いを見つける。違いも差もない。この真実を受け入れなさい。これが最終的な真実だ。これがあなたのストーリーだ。それがスピリチュアリティの根源にある目的であり、あなたは自分のストーリーを知ることができる。

117　実在はあなたのハートに触れる

質問者：最近、私は思考が満杯で瞑想もできません。

マハラジ：思考と戦ってはいけない。ただ、思考が流れるままにしておきなさい。思考は体と関係しており、ごく自然なものだ。思考を観照し、観察し、そして無視しなさい。

あなたは自己なき自己にまったく知られていない。自己なき自己とは空のようなものだ。空は自分自身の存在を知らない。あなたは形がない。瞑想する者は自分の真のアイデンティティを忘れ、自分を身体形態だとみなす。あなたが身体形態であったことはない。これが最終的な真実だ。

あなたの自発的な臨在は光を放つ。そしてあなたは見る者に反射した夢の世界を見る。名もなく、目に見えない見る者がいなかったら、あなたは世界を見ることもできない。

すべてはあなたから生じる。

つまり、自発的な臨在が反映されているということだが、臨在は形もなく、特定することもできない。

質問者：私たちを瞑想にさらにのめり込ませるような出来事が起きることもありますか？　上司にとてもイライラさせられるのですが。

マハラジ：物理的な問題も精神的な問題もすべて、瞑想によって消える。ある研究によると、瞑想する人たちの多くが、その恩恵を受けているという。瞑想によってストレスが減り、肉体的、精神的、感情的な問題が和らぐということは、科学的に証明されている。スピリチュアルな知識は、物理的な問題にも役に立つのだ。

こういう対話を通して、私はあなたに目に見えぬ聞き手のアイデンティティを見せているのだ。あなたは究極的な真実、最終的な真実だ。この実在があなたのハートに触れねばならない。

質問者：そして、いつかハートが開くのですか？

マハラジ：この世界においては、すべてが幻想だ。疑問を宙ぶらりんにしておいてはいけない。これは幻想の世界だということを「心」にとめておきなさい。この夢の世界では、すべては真実であり、すべては嘘だ。

覚えておきなさい。あなたは究極的な真実で、何の形もない。

あなたはこのことを知っている。しかし、まだ幻想の輪の中にとどまって、そこから平安と静寂を得ようとしている。誰が静寂を欲しいのだろう？　空は静寂を欲しがったりするだろうか？　この確信を得るには、私が述べた修行が必要だ。この対話は言葉のサーカスや見世物ではない。それは実在だ。あなたの目に見えぬ実在を指し示している。

強力なエゴのせいで、あなたは自己なき自己にたどり着くことができない。皆が落ち着いて静かに私の話を聞いているが、まだ幻想の知識の輪の中におり、「私は何者かだ。私はブラフマンだ。パラブラフマンだ」などとまだ考えている。あなたはまったく自分のものではないアイデンティティを受け入れている。

これは長い夢だが、この先ずっと続くわけではない。

子供の頃から、あなたは何千もの夢を見てきた。それらの中に出て来た人たちは皆、どこに行ったのだろう？　誰がこの夢のイメージを記録していたのだろう？　死後は何が起こるのだろう？　誰が死に、誰が生まれているのか？

こういう質問を自己なき自己に尋ねなさい。

こういう質問は、自己なき自己によって解決される。エゴは完全に消えなければならない。あなたは自己なき自己に明け渡さなければならない。そのとき初めて、実在があなたの中に現れ出る。あなたの自発的な臨在は実在を投影する。何の努力も必要ない。ただ、あなたが専心することがとても重要だ。

エゴを取り除きなさい。

そうすれば、あなたの前に置かれた実在が、あなたのハートに触れるだろう。

それはあなたのハートに触れ、あなたを揺り動かす。あなたはこのように感じるはずだ。

「**私は今日まで、自分の時間を無駄に費やしてきた。でも今からは違う**」

そうすれば、のちのち後悔することはない。もし、この機会を無視すれば、時間が背後に忍び寄り、あなたを後悔させる。「私は何てことをしでかしたのか！　なぜ、あれをしなかったのだろう！　せっかくチャンスがあったのに、私はそれを無視して棒に振った」。あなたは幻想の世界に引き付けられ、幻想の輪の中にとどまってしまったのだ。

118 山の頂

マハラジ：あるレベルに到達したら、注意深くありなさい。いかなる思考が戻って来ることも許してはいけない。身体知識は締め出すのだ！

「**そこには何もない**」**にとどまりなさい。**

何の疑念も不信も持ってはいけない。ターゲット、山の頂に焦点を合わせ続けなさい。集中を欠き、騒音などの気を散らすものに注意を引き付けられてしまうと「天国まで飛ぶ」ことはできない！　あなたはすでにそこにいる。ただ、自分自身を確信させなければならない。他人の思考に注意を払っていたら、人生の終わりのときに取り乱してしまうだろう。

これは直接的な道だ。迂回路はない。

直接的に叩き込むことによって、

あなたは自分が最終的な真実だと知る。

あなたは最終的な真実だ。

ひとたびスピリチュアルな立場をとったら、あなたはそこにしっかりととどまり、注意深くあらねばならない。かつて熱心な帰依者がいた。私は彼に「あなたは頂上に近い」と言っていた。しかし突然、肉体的な問題が起きて、彼はアシュラムに来なくなってしまった。そんな小さなことのために彼はすべてを投げ出してしまった。身体的、物理的問題に乗っ取られてしまう必要などないというのに。あなたは体を得る前の、存在する前のあなたであり続けなければならない。

あなた自身の考え、
あなた自身の感情が、
知らぬ間に問題を作っている。

質問者：あなたは「存在する前のあなたでありなさい」とおっしゃいますが、私には想像できません。

マハラジ：

そのスピリット、想像不可能なスピリットが、
自発的で、目に見えず、名もなき臨在なのだ。

質問者：それはどのようなものだと考えればいいのでしょうか？

マハラジ：それは思考を超えている！

実在を知った後は、
「世界は私の中にある」
この究極的な真実を完全に受け入れなさい。
肉体的、精神的にではなく、
スピリチュアルな意味で受け入れるのだ。

質問者：バガヴァッド・ギーターで、なぜクリシュナはカルマについて説明しないのですか？

マハラジ：バガヴァッド・ギーターの中ではいろいろなことが説明されている。あなたが言うカルマとは、どんなカルマのことかね？

質問者：もし何か悪いことをすれば……

マハラジ：悪いことも良いこともない。動物にとって悪いことも、肉屋にとっては良いことだ。ウパニシャッドとか、ヴェーダ、クリシュナ、ラーマのことは忘れてしまいなさい。そういうものは、スピリチュアルな娯楽だ。私は存在する前の話をしているのだ。文字の知識はすべて、中途半端な知識だ。あなたの臨在がなかったら、ウパニシャッドやマハーバーラータ、ヴェーダなどについて誰が話をすることができるだろう？　存在する前の状態にとどまりなさい！

あなたの自己なき自己の内を見るようにしなさい。
あなたの目に見えぬ臨在が、
このすべての知識の父だ。

私はあなたの中の目に見えぬ聞き手の注意を引こうとしている。身体知識を得る前、あなたはヴェーダやウパニシャッドを知っていただろうか？　あなたは私に挨拶をするが、この「私」とは誰か？　この「私」とは誰なのか？　それは、この目に見えぬ臨在だ。すべての幻想を投げ捨てなさい！　この外側の知識が、あなたを無能にした。

あなたは神を見たことがあるかね？　何らかの神を。

質問者：時々見ます！

マハラジ：いつもじゃなくて、時々かね？

質問者：たまにです。

マハラジ：あなたの臨在がなかったら、神はない。あなたはこの真実を受け入れていない。

帰依者は常に神だが、
自分を神だと理解したとき、
帰依者は消え、一つのものだけが残る。

実在を知ったら、すべての概念を消さなければならない。私のマスターはよくこう言っていた。「あなたが今まで読んだこと、聞いたこと、それらを全部、差し引いてから話しなさい」

輪の外で、身体という基盤の外で考えなさい。

知性を重視してはいけない。これは、とてもとてもシンプルな知識だ。私たちが犠牲者になったのは、ブラフマンとか、アートマンとか、自分自身の入り組んだ知識の罠にはまり込んだからだ。ブラフマンとか、そういうことを言っているのは誰だろう？

こういう質問を生じさせる
この質問する者の注意を私は引いているのだ。

確信していない限り、頷いてはいけない！

質問者：でも、確信を得るには百年かかるかもしれません！

マハラジ：もし、暗黒の洞窟の中に何年もいて、そして突然、光が差してきたら、「今はまだこの光は使いません。後百年待ってからにします」などと言うかね？　そんなことは言わない！　変化は即座で瞬間的だ。

光を見たら、ためらったり、使うのを先延ばしにして、暗闇の中にとどまってはいけない。明日はない。自分を身体形態だとみなしてはいけない。ただ自分を本当の意味で知りなさい。私たちは読んだり聞いたりしたことに依存してきた。

私たちは肉体的な知識を通じて、
スピリチュアルな人生を知ろうとしてきた。

この想像上の神はすべて消える。天国や地獄も含めて、すべての概念とともに消える。私たちは地獄などの概念をとても恐れているが、実際に誰もそんなものを見たことはない！

あなたの内なるマスターはとても強力だ。
あなたの内なるマスターを喜ばせなさい。

彼が神だ。

あなたの外なるマスターは、あなたが全能の神、至る所に偏在する究極的な真実だと告げた。あなたはそれをすぐには受け入れない。まだどこかに疑いがある。「私が全能の神であるわけがない」

「はい、私は全能の神です」という確信や感覚とともに前に進み出なければならない。

あなたは自分とマスターを完全に信頼しなければならない。そして、前に進み出るのだ。中途半端ではいけない。完全に専心することが必要だ！ あなたは泳ぎ方を知っている。だから飛び込んで、実践しなさい！ あなたは勇気と強さと気合いを持って飛び込まなければならない。すべてがあなたの中にある。しかし、あなたは自分のパワーを使っていない。あなたはマスター・キーによって、悪い考えをコントロールすることができる。

自己なき自己を見るために、視点を変えなさい。

勇気を持って、「私は体ではない、私はマハートマーだ」と知り、感じるのだ。この確信が真の知識に通じる。ヴェーダがあなたをここまで連れて来たが、ヴェーダのことは忘れなさい。文字の知識はあなたがマスターであり、究極的な真実であることを指し示す。そんなに深刻になることはない。幸せでいなさい！ あなたは実在を知っているのだから、幸せでいなさい！ 探求者は探していたものを見つけた。

探していたものは、あなたの中に見つかった。

それはずっとそこにあったのだ！

「私は神を探しに行って、神になった！」とスワミ・ヴィーヴェカナンダは言った。彼はあちらこちらに行って、人々に「神を見たことがありますか？」と尋ねたが、ラーマクリシュナ・パラマハンサに出会うまで、答えは得られなかった。ラーマクリシュナは言った。「ああ、わが子よ、私は神を見たことがあるとも。ここであなたを見ているように私は神を見るが、それはもっとはっきりしている。神は見えるし、話しかけることもできる。あなたに神を見せてあげよう」

スワミ・ヴィーヴェカナンダは驚き、愕然《がくぜん》とした。ラーマクリシュナの言葉は、内なる深みより発せられたものであることを彼は知っていた。「ああ！ こういう答えを聞いたのは、これが初めてです」と彼は言った。

自分が本物のマスターと対面していることを、スワミ・ヴィーヴェカナンダは直観的に知っていたのだ。彼は実在と対面していたのだ。神はマスターの中にしっかりと息づいていた。彼はこのマスターに対して何の疑いも持たなかった。これまで、誰もこのように言ってはくれなかった。マスターはこう言った。

「私は神を見たことがある。あなたにも見せてあげよう！」

これは特別なことだ。同じことをニサルガダッタ・マハラジも言った。「私はあなたを弟子にするのではない。なぜなら、マスターはすでにあなたの中にあるからだ。私はあなたに、あなたの中のマスターを見せている」

119 マスターは神の神

マハラジ：マスターがあなたを悟らせてくれるという強い信頼を、あなたは持たなければならない。ニサルガダッタ・マハラジは、もし師のシッダラメシュヴァール・マハラジに出会わなかったら、自分はただの普通の人のまま、あちらの寺こちらの寺と、あてどなく駆けずり回っていただろうと言っていた。

グル、マスターを尊敬しなければならない。聖カビールは言った。「もし、私のマスターと神が目の前に現れたら、私はマスターに敬意を払うだろう。私が神を知っているのは、ひとえにマスターのおかげなのだから」。だから、マスターやグルを重視しなさい。

マスターは神の神だ。

マスターは神の神だ。

そこに（バウサヒブ・マハラジ、シッダラメシュヴァール・マハラジ、ニサルガダッタ・マハラジ、ランジット・マハラジの肖像を指差して）、私たちの系譜を見ることができる。彼らは普通の人たちだったが、エゴがなく、知性もあまりなく、期待もなかった。彼らは謙虚だった。こういう特質があなたにも生じれば、それは悟りのサインだ。

何か不愉快なことが人生で起きたら、マインドは落ち着きをなくし、「ああ、何か問題がある！」と感じる。修行はとても簡単だ。しかし同時に、とても難しくもある。それは身体知識、食物からなる身体の知識を完全に消さなければならないからだ。この知識はとてもシンプルで、想像を超えている。あなたの知性は役に立たない。存在する前のあなたは、どんなだっただろうか？「知りません」とあなたは答える。

エゴも知性もマインドも神もなかったのだ。

神が必要になるのは、

ただ、あなたが身体形態をとっているからだ。

あなたはこの神とかマスター、知識といったものを本の中に見つけ、そしてそれらについて話をしているが、もし「誰も」いないのなら、それらはどこにあるのだろうか？　あなたは自分の真のアイデンティティを忘れてしまった。だから私たちは、あなたの中の静かなる、目に見えない聞き手の注意を引いているのだ。この聞き手はブラフマンとか、神と呼ばれる。

変化が起きるだろう。深く帰依し、強い意志を持ち、そしてほんの少しの犠牲を払えば、それは難しいことではない。一瞬一瞬が重要だ。これはあなたの時間だ。

真剣になりなさい！

気軽に

究極的な真実を探そうとしてはいけない。

何ら具体的な要因がなくとも、完全で絶対的な静けさが訪れるようになる。マインドやエゴ、知性など、いかなるものにも悩まされることのない、内なる平安があるだろう。たとえ外部の状況が好ましくないものでも、あなたは安らいでいる。たとえ混乱のときでも、悟りを得た帰依者は、完全に安らかだ。それはいかなるときも、何ものにも関心を持たず、影響を受けることもないからだ。

完全なる知識はワンネスに吸収される。

二元性はない。

雲がやって来る。雲が去る。太陽はいつでもそこにある。

私たちは哲学的な議論を何時間でも、何年でも続けることができる。しかし、それから得られるのは「スピリチュアルな娯楽」に過ぎない。それ以上のものは何もない。強い確信を得るには瞑想やバジャン、祈り、真の知識など、さまざまなプロセスを修行しなければならない。

あなたはとても真剣で熱心であらねばならない。切望しなければならない。こういうすべてのことについて考えた後、ある日、「ああ、わかったぞ！」と叫ぶだろう。

このような直接的な知識を持ったマスターたちに出会えた私たちは、とても幸運だ。この系譜のマスターたちもマーヤーやブラフマン、アートマン、パラマートマンについて語ったが、彼らはそういう洗練された言葉にはあまり重きを置かなかった。「前世のカルマ」、「来世のカルマ」などといった言葉は、あなたを罠にはめ、あなたは輪の中をぐるぐる回ることとなる。私たちのマスターはこういう洗練された言葉ではなく、地に足の着いた直接的な言葉を使うようにした。

すべてがあなたの中にある。

すべてがあなたの中にある。

目に見えぬ聞き手の注意を直接的に引くには、直接的な知識が用いられる。あなたの中の目に見えぬ聞き手に注意を集中させながら、私たちはあなたにこう告げる。

あなたが幸せの源だ。
身体形態ではなく、
あなたが平安の源だ。

徐々に、日を追うごとにあなたの執着は緩み、減じていく。あなたは体にとても執着し、愛着を抱いている。それがすべて消えれば、あなたは実在を知る。これはすでに知られている明らかな事実、明らかな真実、究極的な真実、最終的な真実だ。

私たちの系譜のマスターは、それがどのように起きるかを教えてくれる。真我実現は可能だということを教えてくれるのだ。それは彼らに起きたのだから、あなたにも起こり得る。

修行をしていけば、ゆっくりと、静かに、永続的に、幻想の思考が消えていき、いつか完全になくなる。

それはクリーニングのプロセスだ。ノートパソコンが壊れたファイルでいっぱいになっていたら、それはウィルスのせいだから、すべて消去しなければならないようなものだ。瞑想はアンチ・ウィルスソフトだ。このソフトがコントロールし、ガードし、見張ってくれるので、あなたは隙がない状態でいられる。家は毎日掃除しなければならない。それと同様に、あなたは「この家」も掃除しなければいけない。瞑想とバジャン、真の知識で毎日掃除をすれば、ことは簡単だ。しかし、あなたは帰依しなければならない。

帰依、非常に熱心な帰依、
特別な帰依、
特別な専心が必要だ。

ニサルガダッタ・マハラジは言っていた。「気軽なスピリチュアリティは役に立たない。気軽なスピリチュアリティによって、完全な平安を見つけることはできない」。すべてがあなたの中にあるのに、あなたはまだあちらこちらを探し、何か他のもの、何か違うものをもっともっと見つけようとしている。これを見つけよう、あれを見つけようと常に忙しくしているが、あなたは発見する者のことを忘れている。

あなたは発見する者を忘れてしまった。
発見する者がこの世界の源だ。
しかし、この発見する者は目に見えず、名もない。
それを言葉で定義することはできない。

確信を得ることは可能だ。しかし、強い信頼と勇気を持たなければならない。困難はやって来るだろう。それは避けられない。だから完全な信頼、完璧な土台、強い土台がなければならないのだ。

これはとてもシンプルな知識だ。複雑で難解なことは何もない。これは直接的な知識だ。あちらこちらに行く必要もない。本をもっともっと読んで、ますます混乱する必要もない。本を読むのはいいが、言葉に中毒しないことだ。

根本原理とともにありなさい。

あなたがその根本原理だ。

すべての言葉や本の背後にある根本原理だ。

そしてあなたは自分自身の教師でもある。あなたは自分自身の案内役、自分自身の人生の建築家だ。自分の自己なき自己を見なさい。どうしたらそれを見ることができるだろう？マジック・キーがあなたに手渡された。ナーム・マントラ、マスター・キーが、あなたの自己なき自己を見るのを手助けしてくれるだろう！

120 マスターは火を放つ

質問者：あなたがナーム・マントラを授けるとき、シャクティ・パワーも同時に与えられるのですか？

マハラジ：ナーム・マントラとマスターを完全に受け入れれば、マントラとともに何らかのパワーが生じる。何の疑いも不信もなければ、すでにあなたの中にあるパワーが爆発するだろう。

パワーはすでにあなたの中にある。

必要なのは、ほんの一押しだけだ。マスターを通じて、あなたはそれを得る。前にも言ったが、それは火のようなものだ。火はもともとあるものだが、それを生み出すには、マッチ棒でマッチ箱をこする、ほんの一押しがあればいいのだ。マッチ棒が箱をこすった瞬間、火が生じる。

質問者：では、ナーム・マントラの伝授とマスターを完全に受け入れたら、どうなるのでしょう？

マハラジ：パワーが自発的に生じるだろう。なぜなら、あなたの臨在は自発的だからだ。すべての行動と反応は、あなたの自発的な臨在に関係している。これは究極的な真実につながる直接的な道だ。最初のうち、マントラを唱えるのはちょっとしたスピリチュアルな拷問のようなものだ。「私はブラフマンだ。私はブラフマンだ。私はブラフマンだ」。しかし今、あなたは明け渡す。「はい、私はブラフマンです！」

聖ツカラムは言う。「人々は溺れている。私は彼らを助けようとするのだが、彼らはそれを受け入れない」。夢を見ても、夢のことなど気にかけないように、その他のことも気にかけてはいけない。あなたには分別があるのだから。

多大な努力を払い、あなたはある段階にたどり着いた。後戻りしてはいけない！

あなたは山の頂近くにいる。外側の環境は無視しなさい。まっすぐ天国に向かいなさい！　集中を失ってはならない。

一団の少年たちが弓術を習っていたが、その中には偉大な射手アルジュナもいた。何人かの少年が偽物のオウムを遠くの大木の枝に置き、皆にそれが見えるかと尋ねた。しかし、標的はあまりに遠かったので、見えるのはただ空ばかりだった。これを射止めるのは不可能だと思われたので、少年たちの間に動揺とざわめきが湧き起こった。アルジュナもあれが見えるかと尋ねられてこう答えた。「僕には目だけが見える。オウムは見えない」

これには深く、偉大な意味がある……「僕には目だけが見える」。アルジュナは目に照準を定めて、標的を射たのだ。この話は、たくさんの帰依者がいても真我を確信しているのはおそらく一人だけだということを伝えている。「私はブラフマンだ。私はブラフマンだ」と皆が言っているが。

皆が「帰依者」だが、深い帰依には欠けている。完全な集中、それが必要なのだが欠けている。だから、ゆっくりと静かに永続的に、あなたの自己なき自己に集中しなさい。瞬間ごとに、人生はどんどん失われていく。だから、それを軽々しく扱ってはならない。

私のマスターは言った。「あなたは最終的な真実だ」だから、私は最終的な真実なのだ。

エゴはない。あるのは自発的な感情だけだ。あなたはそれを受け入れなければならない。自分自身とマスターに強い信頼を持たなければならない。

マスターを身体形態だとみなすな。

あなたのマスターは、あなたの自発的な臨在の一部だ。あなたのマスターはあなたの自発的な臨在、言葉では定義できない自発的で名もなき臨在の本質的な部分だ。内側を一瞥しなさい！　誰が聞いているのか？　誰が話しているのか？　厳格に瞑想を行いなさい。完全に集中するのだ。たった二時間の修行なのだから！

質問者：マントラを唱えるときは、その意味に集中すべきですか？

マハラジ：知的なレベルではなく、ただ自発的に集中しなさい。あなたは完全に信頼しなければならない。過剰にマインド、エゴ、知性を使えば、スピリチュアルな人生がだめになるだろう。

常にあなたとともにいなさい。
あなたとともに常にいなさい。
それはつまり、良くない環境に身を置かないということだ。

こういうスピリチュアルな言葉は、自動的にあなたの中に実在をもたらす。毒を飲んだときのように、その結果はすでに内側で作用している。それは、一滴の花の蜜だ。「私はそれだ！」。すべての幻想は消えるだろう。私が言ったことを受け入れなさい。自分を過小評価しないことだ。すべてはあなたの中にある。

質問者：ナーム・マントラをいただいてから二日後に、バウサヒブ・マハラジが現れました。特に結び付きを感じていたわけでもなかったので驚きました。実際、私はこのマスターに関して、ほとんど何も知らなかったのです。シッダラメシュヴァール・マハラジとニサルガダッタ・マハラジには強い結び付きを感じていましたが。

瞑想中にバウサヒブ・マハラジが初めて現れたとき、彼は私の上に高くそびえる巨大な像のようでした。彼は私の頭に王冠を置いて言いました。「これはあなたの正当な相続財産だ」。彼は真の知識のことを言っているのだなとわかりました。それから、また別のときに瞑想していると、深い青を背景にして、同じ色の式服を着たバウサヒブ・マハラジが現れました。私の中に何かが開けていく感覚がありました。彼は言いました。「恩寵があなたに訪れる」。マスターのビジョンはとてもはっきりとしており、そのエネルギーはとても強く力付けられるものでした。

ナーム・マントラの直接的な影響として、たくさんのことが起きています。たとえば、自発的に笑いがこみ上げてきたり、自発的に泣いたりするということがあります。涙はほとばしるようでしたが、笑いにしても涙にしても、うれしいとか悲しいといった気分とは関係がないのです。とにかく、いろいろなことが起きているのですが、素晴らしいです。とてもパワフルで、興味深く感じられます。マスターたちの強力な臨在に感謝を捧げ、このプロセスを引き続き手助けしてくださるようお願いしています。

マハラジ：マスターたちに手助けを頼む必要はない。それはすでにあるのだから。

マスターたちがあなたの後ろにいて、背景で、目には見えない形で働いている。

あなたはいい経験をしているね。それは、あなたが深く専心しているからだ。

ナーム・マントラを受け取ることで、あなたはこの系譜のマスターたちの助けとパワーを受け取っているのだ。あなたはマスターたちと一つだ。もっと深く深く行けば、それは興味深いものになる。

いろいろなレベルでそれを受け取ることができるが、それはあなたの背景による。私は幸せだ！　あなたのスピリチュアリティを楽しみなさい！

121 マーヤーの妨害

マハラジ：あなたは深く帰依することができる。しかし、自己なき自己へどんどん近付いて行くとき、ある決定的なポイントにおいて集中を失うと、後戻りしてしまうことがある。ほんのちょっとした疑いによって、あなたの築いてきたすべてがだめになり、破壊されてしまうことさえある。

マーヤーはあなたが究極的な真実にたどり着くことを望んでいない。

注意深くあり続けなさい。さもないと、今まで積み重ねてきたものが失われてしまう！

いろいろなストーリーを用いて、

私は最終目的地に、

山の頂に「話し」かけようとしている。

振り返ってはいけない。

下を見てはいけない。

もし、誘惑がやって来たら、それはあなたと標的の間に入り込み、あなたは集中を失ってしまうだろう。「蛇と梯子」（訳注：すごろくのような子供向けゲーム）のように、あなたは振出しに戻ってしまう。これと同じように、この世界でも一回足を滑らせれば、山肌を転げ落ちてしまうかもしれない。

私はあなたに警報を、

警告を与えているのだ！

幻想の思考、強欲、エゴ、マインドなどと呼ばれる、

この蛇からどう逃げるかを教えているのだ。

これは物質的な体だ。だから、世俗的、物質的な誘惑があるのは当然のことだ。しかし実在を知れば、誘惑はまったく存在しない。

勇敢で強くありなさい。自分を助けなさい。あなたは自分自身のマスターなのだから、自分の自己なき自己を確信させなければならない。「私はエゴのない、究極的な真実だ。私は究極的な真実、最終的な真実だ。私のマスターがそう言っている」。あなたは自分のマスターを、それが誰であろうと、信じなければならない。あなたのマスターを信じなさい。

この知識を根付かせるには、

マスターを通さなければならない。

スピリチュアルな本を読んでいるだけでは、

真の知識をあなたに刻み込むことはできない。

この知識はあなたに触れる。あなたのハートの奥底に触れるのだ。

質問者：赤ちゃんについて質問があります。生まれたばかりの赤ちゃんを迎え入れ、小さいときからこの知識を教えたら、その子は自分の自然な状態を理解できるでしょうか？　それとも、こういうことはすべて、運命によって定められているのでしょうか？

マハラジ：いい質問だ！　子供に刻み込まれた印象は、反映される。赤ちゃんはまっさらな黒板のような状態でやって来る。もし、犯罪に満ちた環境で育てられたら、その子も犯罪者になるだろうか？　スピリットは磁石のように何でも引き寄せる。すべてのものを引き寄せ、記憶し、三十年前のことも覚えている。「ああ、私はそれを知っている」。写真の自動撮影のように、スピリットは夢も含めて、すべてを常に記録している。子供のスピリットは完全に空白だ。それは新しいコンピューターのようなものだ！　だから、子供が感じたことは、すべて反映される。受けた印象が刻み込まれるのだ。

質問者：では、小さな赤ちゃんに影響を与えることはできるのですね？　ニサルガダッタ・マハラジはすべてのものは五大元素によって、前もって運命的に定められていると言っていたようですが。悟りを得ようが得まいが何の違いもないと。

マハラジ：「運命によって定められた」ものなどない。

誰がそれを定めているのか？

あなたが言っていることは、身体に基づいた知識だ。あなたはそういうものを超えている。誰が定めたと言うのか？

質問者：五大元素の組み合わせです。

マハラジ：存在する前、五大元素の組み合わせはあっただろうか？　組み合わせなどというものが、あっただろうか？

質問者：物理的に現れた後の話をしているのですが。

マハラジ：その前は、五大元素というものを知っていたのかね？　あなたは何も知らなかった。

質問者：すべては概念的なものなのですか？

マハラジ：このように教えているとき、私たちはエゴを用いている。私たちは教えを通して、あなたは究極的な真実であることを、あなたの中の聞き手に気づかせようとしている。大切なのは、私たちが伝えようとしていることだ。すべてのものが一つひとつ、あなたの中の大きなコンピューターに記録される。何千ものプログラムがそこに保管されている。子供の頃から、現在に至るまで、さまざまなプログラムが詰め込まれ、条件付けされてきたので、あなたは即座に自然に反応することができなくなっている。

あなたは子供の頃から今まで交流した人をすべて覚えてい

る。あなたは魔法の箱のようなもの、とてもパワフルなコンピューターのようなものだ。私はあなたにはとてつもないパワーがあると言い続けている。あなたはどこかに行く必要などない。

あなたは究極的な真実、最終的な真実だ。だから、自分を身体形態だとみなしてはいけない。瞑想が変化をもたらしつつある。あなたは正しい道にいる。

質問者：でも、時々、私は正気を失ったように感じるのです。

マハラジ：マインドに注意を払えば問題が生じるだけだ。マインドはあなたを間違った方向に向けさせようとする。だからマインドに気づいたときは無視しなさい。マインドはいたずらをしかけようとしているだけだとあなたは知っている。

質問者：そう考えると、パワーを感じられます。マーヤーは罠をしかけているのですね。

マハラジ：マスターの言うことを分析してはいけない。マスターはあなたの臨在の秘密を伝えようとしているのだ。あなたは究極的な真実、最終的な真実だ。人によって異なるテクニックや言葉を使うが、それを伝えようとしているのだ。

質問者：どうしたら、「存在する前」を調べることができますか？

マハラジ：存在する前、あなたは自分自身に知られていなかった。やがてその後、あなたは男として、もしくは女としての立場をとるようになる。そしておそらく、真我探究を少しして、体を去る。何も残らない。なぜスピリチュアリティが必要なのだろう？　それは、あなたが自分の真のアイデンティティを忘れてしまったからだ。存在する前のあなたは、どんなだったのだろうか？　何も形がなかった！　何の形もない！　あなたには形がなかった。

122 徹底的に鍛え上げる

マハラジ：私たちはあなたを鎚で叩いて鍛え上げる！　石の不要な部分が取り除かれるとき、あなたはちょっと痛みを感じるだろう。石は聖者、主、神だ。マスターは神の素晴らしい像を作るために幻想の体から不要な部分を取り除く。叩き付けられることによって痛みが生じるが、それは一時的なもので、耐える価値のあるものだ。後々、あなたは微笑んで、「私は幸せだ！」と喜びの声を上げるだろう。

自分に専心しなさい！

あなたは今、実在を知り、パワーを得た。だから、あなたは真の知識を実行に移すことができる。あなたの気を散らそうとするもの、障害物、妨害、困難、マーヤーがさまざまな形であなたを引きずりおろそうとするだろう。これらの物質的な誘惑によって短期間、バランスを失うかもしれないが、あなたは自分をコントロールすることができる。あなたは自分の内なるマスターに導かれている。あなたの内なる声が「それはするな」とか「それをしろ!」、「気を付けて」などと告げてくれるのだ。

質問者：私の職場では、いろいろなたくらみが渦巻いているので、引きずり込まれてしまいます。

マハラジ：やる気をなくしてはいけない！　自分の義務を果たし、家に帰りなさい。たとえ何か侮辱されても、無視しなさい。

自分のスピリチュアルな義務に忠実でありなさい。
自分の自己なき自己に対して誠実でありなさい。

家族のこと、友人関係、常に競争ばかりしている社交生活、そういうものは忘れなさい。あなたはここで完璧さを手に入れる。

私は銀行で働いていたが、怒ったお客さんが来ることがあったものだ。そういうときにはまず、一杯のお茶を淹れて、お客さんの心を落ち着かせようとした。

質問者：実際の生活、職業的人生は、スピリチュアルな人生を送るのに助けとなりますか?

マハラジ：経験や修行を積むことは、きっと日常生活の役に立つ。偏見を持たず、辛抱強くあれば、ポジティブなアプローチを身に付けることができる。スピリチュアリティによって実際の世界でもそつなく振る舞うことができるし、エゴと知性をほどよく使う術も身に付く。あなたはどの思考を活用し、どの思考を捨てるかの判断をしなければならない。

質問者：厳しく善悪を判断しろということですか?

マハラジ：識別力を用いなさいということだ！　あなたがマスターだ！　あなたの存在は、マインド、エゴ、知性以上のものだ。それは言葉では説明できない。

それの中にとどまりなさい！
その究極的な真実の中にいなさい。

123 あなたの偉大さに頭を垂れる

質問者：グルやマスターは必要なのでしょうか?

マハラジ：マスターはあなたに実在を見せるために必要だ。マスターに出会うまでのあなたは、あの乞食の少年のようなものだ。あなたは自分の足で歩くことができると、マスターが教えてくれる。

スピリチュアルな人生を送ろうとして修行を行い、努力するとき、最初はつまづくかもしれないが、再び起き上がることができる。マスターが頑張り続けるよう励ましてくれる。あなたは落胆して、落ち込むことに慣れているが、それは自信がないからだ。そして、自信のなさの陰に、ある種のエゴ、プライド、気位の高さがあるからだ。それは、スピリチュアルな道の途上で出会う敵だ。

インドの文化では、寺に行ったときは頭を下げる。これは、あなたにも当てはまる。


あなたは明け渡さなければならない。

内的に自己を明け渡さなければならない。

あなたの自己なき自己に頭を下げなさい。

あなたは偉大だ！


そうすれば、自分の偉大さの指標を得られる。偉大な者は常に謙虚だ。謙虚さと親切さ、これが聖者のサインだ。

人生で何が起きるか？「私は地位を得た。こんなに立派になった」と人々は言う。これは乾いた知識だ。真の知識はあなたに触れ、感動させる。それは、あなたのハートの奥底に触れるものだ。それは、あなたのハートの奥底に触れる。

マスターはあなたに警告する。マスターはあなたを導くためにいる。マスターには堂々たる威厳がある。それによってマスターはパワーを与える。それは圧倒的なパワーだ！そのパワーによって命じられたことは、実行に移される。このパワーにふさわしい者でありなさい。

与えられたすべてのものに、
ふさわしい者でありなさい。
何の疑いもなく
このパワーを受け入れなければならない。
もし、疑いとともに受け入れれば、
パワーが発揮されることはない。

だから、すべてはあなたの内にあるのだ。すべての秘密が、あなたに明らかにされている。これは開かれた秘密だ。どのように行動し、反応するかはあなた次第だ。マスターはあなたにヒント、手がかりを与えた。それから、あなたのチャンスを妨げる誘惑や、あなたの気を散らす出来事への警告も与えた。

しかし、人々はマスターの導きを無視している。「私は帰依者です」と言う人たちも、マスターの言葉を無視している。それはマインド、エゴ、知性が疑いを作り出しているからだ。真実の全体が、あなたの前に置かれている。それなのに疑う必要があるだろうか？　マインド、エゴ、知性の指示に従ってはいけない。

開かれた真実、
明らかな真実が、すべて差し出され、
あなたの前に置かれた。
あなたに実在を確信させるため、
私たちは最善を尽くしている。

聞き手は重圧のもとに置かれており、瞑想が明け渡しをもたらす。

私はあなたを確信させようとしているのだ！　私たちは「神は偉大だ」などと言うが、それを言う人の方が神より偉大だ。自分の生徒が百点満点を取ったら、あなたは「よくやった！」と言うが、その優秀さはあなたの優秀さから来ている。あなたが「美しい！」と言うとき、それはあなたの中に美の根本原理があることを意味する。誰かに「よくできました！」と言うとき、あなたの中に優秀さがある。子供に「いい子だね！」と言うとき、あなたの中にいいものがある。

あなたは自分自身の資質を無視し、あなたの魔法の箱をないがしろにしている。ある程度の期間、集中すれば、瞑想という鍵によって、あなたの魔法の箱が開けられるだろう。

124 あなたの秘密を発見する

マハラジ：結局のところ、私たちは体に対して強い執着と愛着を抱いているが、それは消えねばならない。それが消えたとき初めて、私たちは恐れから自由になる。すべての存在が恐れている。それはアートマンやブラフマンと呼ばれているスピリットが、それ自身の存在を知らないからだ。それは自分自身を身体形態としてのみ知っている。

スピリットが体にはまったとき、スピリットは「これが私だ」と受け入れた。スピリットは体が好きで、体を楽しんでおり、体として生き延びたいと思っている。この体を通して、スピリットは幸福と平安を得る。この目に見えぬスピリットは、自分自身の存在にまったく気づいていない。

スピリットが自分の存在に気づくのは、
体を通してのみだ。

体は肉、血、骨からできた媒体だ。この体が家族を作り出すのは、スピリットのおかげだ。あなたはこの秘密、あなたの秘密を知らなければならない。

これは神の秘密ではなく、
ブラフマンやアートマン、パラマートマンの秘密でもない。
これはいかなる身体形態も持たぬ、あなたの秘密だ。

汝自身を知り、そして静かにありなさい。

言葉と格闘するのをやめなさい。これは討論ではない。人々はいつも質問し、話し続けているが、結局のところ、全世界が幻想なのだ。

汝自身を知り、そして静かにありなさい。

生まれていない子供について、話すことなどできようか? 子供は生まれていない。私たちはいつもその子について話をしているが、それは幻想だ。何も起きなかった。これからも何も起きない。

マスターはあなたの実在を確信させる。

あなたは自分自身を確信させなければならない。

マスターはあなたを説得する。その後は結論、確信に至るまで、あなたが自分自身を確信させなければならない。確信することが確信に通じる。確信することが確信に通じるのだ。「こうして、あちらこちらと彷徨い歩いてきましたが、ついにわかりました!」。あなたは自分こそが最終目的地であることを知っている。あなたが究極的な真実、最終的な真実だ。

あなたは自分が最終目的地だと知っている。

あなたは究極的な真実、

最終的な真実だ。

あなたは見る者を見なければならない! しかし、見る者を見ることはできない。なぜなら見る者は、目には見えず、名もなく、特定することもできないからだ。

スピリチュアルな知識とは何だろう? あなたのスピリチュアルな目が、スピリチュアルな知識だ。「私」は消える。誰もいない。「私」はない。あなたもない。何もない。あなたは世界を完全に超越しており、完全に無関心だ。経験もないし、経験する者もない。観照も、観照者もない。二元性はなく、何もない。二元性も個別性もないのだ。これは稀なる知識だ。すべてが消えるとき、そこにあなたがある。

自分に深く向き合えば、そこに至ることができる。私が言っていることを、あなたは直接的に真我知識として知るだろう。これは、真我知識だ。

私が今言っていることを、

あなたは直接的に理解するだろう。

自己への専心が真我知識をもたらすのだ。

初めてニサルガダッタ・マハラジのところに行ったとき、私は師の言うことがわからなかった。私にとって、それはまるで外国語のようだった。私の知的理解力、スピリチュアルな理解力は最低レベルだったので、師はとても直接的なアプローチをとった。師は「私の言うことを聞きなさい、私の言うことを聞きなさい!」と言って、いつでも私を励ましてくれた。それで今では、真の知識が明らかになった。ときとともに、無理なく自然に理解が訪れたのだよ。

質問者:何歳のとき、ニサルガダッタ・マハラジに初めて会ったのですか?

マハラジ:一九六二年で二十一歳の頃だ。よくあることだが、究極的な真実に向かわざるを得ない状況にあったのだ。私たちは快適な生活を送っているときは真実に向かおうとはしないが、何か困難に出会えば、真実を受け入れる。わかりやすい例を挙げると、子供が何か怖い目に遭ったら「お化けが出た!」と叫んで、お母さんのもとに駆け込む。子供はお母さんを抱きしめる。お母さんは究極的な存在、保護者だからだ。これと同じことが、マスターと弟子にも当てはまる。マスターが母親であり、父親だ。マスターはすべてだ。マスターは神だ。

ニサルガダッタ・マハラジは、よくこう言っていた。

「**もし私が幸運なら、**

不幸が私の道に来るだろう。

困難が私を訪れるだろう」

彼の人生には多くの困難、苦しみ、喪失があった。しかし彼は逃げたりしなかった。どんな不可能な状況に直面しても、常に強く、どっしり落ち着いていた。彼は多くの困難を経験した。

そして、亡くなる二、三日前まで、師は教え続けた。喉頭がんによる非常な痛みに耐え、喀血していたが、決して不満を漏らさなかった。これは彼の偉大さを示している。

一般的に言って、人は問題から逃げようとする。瞑想などの修行をしている人が、「なぜ、私にこんな問題が起きたのでしょう?」と尋ねることがよくある。瞑想と問題に何か関係があるとでも言うかのように。

スピリチュアルな人生と、世俗的な問題の間には、何の関係性もない。

身体知識とスピリチュアルな知識をごちゃ混ぜにしてはいけない。それらは何の関係もない。あなたの土台を強固なものにしなさい。とても強く、しっかりとしたものにしなさい。そうすれば、確信に至るだろう。それ以外には何もない。

だから、いかなる人や物事によっても、この価値ある知識から気を逸らされてはいけない。試練が訪れるだろう。だから常に注意深く、強くありなさい。人々や物事によって、気を散らされてはいけない。幻想のプレッシャーのもとにある人々が、あなたにも幻想を押し付けようとするだろう。あなたは自分を維持していきなさい。

質問者:自分のすべきことを続け、誰と付き合うかを注意深く選ぶということですね。はい、そうします！

マハラジ：それはもちろん、とても重要だ。ニサルガダッタ・マハラジは帰依者や弟子たちによく、こうアドバイスしていた。「あなたを根本原理から引き離し、邪魔する人々と交流してはいけない」。根本原理とは、究極的な真実だ。あなたは注意深くあらねばならない。「私は知っている」ということを自分に思い出させなさい。弱いマインドは気が散りやすい。だから、ニサルガダッタ・マハラジは弟子に、非常に注意深くありなさいと指導した。また彼はよく、こうも言っていた。

「**自分を軽んじて**

世界に取り込まれないようにしなさい」

ニサルガダッタ・マハラジは役に立つアドバイスをよくくれた。実際的なところがとてもよかった。「自尊心を持て」などと、よく言っていた。とても地に足が着いており、実際的な人だった。私が教育を受けられたのは、ひとえに師がお膳立てしてくれたおかげだ。

昔々、私は本当にとてもちっぽけだった。

しかし今、私は奇跡だ。

私は本当に奇跡だ。

私は自分の過去を知っている。今の私があるのは、すべて師のおかげだ。ただひとえに師のおかげだ。私の人生に劇的な変化が訪れたのは、偉大な師ニサルガダッタ・マハラジのおかげだ。私は今、同じ知識を皆と分かち合っている。

あなた方のうちの何人が喜んで受け入れるだろう？

受け取るか否かは、

あなた次第だ。

私の義務は秘密を明らかにすることだ。

あなたの前に宝石の洞窟が現れた。あなたの失われた宝が見つかったのだ。さあ、取りなさい！　好きなだけ取りなさい。能力に応じて、取れるだけたくさん取りなさい。

質問者：ちょっとではなくて、全部取ります！　この稀有な宝を見つけるのに、こんなにも長い間待っていたので、私の飢えと渇きはとどまることを知りません。

125　パワーの転移

質問者：恩寵とは何ですか？　最近、幾人かの人があなたの恩寵を乞うているのを見たのですが。

マハラジ：恩寵とはある種の手助け、励ましだよ。「サッドグル、もしくはマハラジから恩寵を賜る、祝福を受ける」などと言ったりする。これは、あなたの望みは実現すると保証してもらうことだ。恩寵に関しては多くの迷信がまとわりついている。現代でも、恩寵と呪いに関する迷信がたくさんあるのだ。

もし、誰かが欲しいものを得られなかったら「お前を呪ってやる」などと言うかもしれない。しかし、私たちの系譜における恩寵とは、自己なき自己に対して望むすべてのことが実現するということだ。それは起きるのだ。だから帰依者は、神やマスターを喜ばせるために帰依を捧げ、愛を表現する。私が言っているのは、何の期待もない「自己なき愛」であり、利己的な愛ではない。

マスターが帰依者に満足し、彼は本物の帰依者だと認めれば、マスターは彼に恩寵を与える。

帰依者がマスターに自己なき愛を見せれば、
マスターはそのパワーによって帰依者に恩寵を与える。

マスターにはとてつもないパワーがある。わかりやすく説明するために一つ例を挙げるが、いったん理解したら、こういうたとえ話はすぐに忘れてしまいなさい。それはともかく、インド哲学では「パワーの転移」という言葉を使う。知っての通り、すべてのパワーがあなたの中にある。しかし、ただわかりやすくするために、こういう概念が用いられる。

あなたにはすでにパワー、エネルギーがあるのだが、それを忘れてしまった。マスターはあなたにとてつもないパワーがあることを教えようとしている。だから、マスターはそのパワーであなたに恩寵を与える。

マスターはパワーであなたに恩寵を与える。
それはあなたの中にあるのと同じパワーだ。

マスターと弟子の間には、身体形態以外に何の違いもない。だから、マスターはさまざまな言葉や対話を用い、それらを繰り返すことで、あなたに自分のパワーを確信させようとするのだ。

あなたの自己なき自己に
完全に帰依すれば、
恩寵を受け取るだろう。

質問者：完全に帰依することは難しいですね。特に世間の中で家族を持って生活し、人間関係に問題を抱え、常にさまざまな事件が起きてくると、完全に帰依するのは難しいです。

マハラジ：何も起きていない。これは長い夢だ、長い夢。聖サマース・ラムダスはこう言った。「これは長い夢だ。長い夢だ。その中で、私たちは『私の母、私の妹、私の妻、私の息子』などと言ったりする」。私たちは強い感情や気持ちとともに「これが私の母、私の父、私の兄弟、私の姉妹、私の妻、私の神」などと言う。私たちはそういうことを言うが、しかし何も存在していない。こういう関係性はすべて、身体形態に関連しているのだ。

身体形態を得る前は、何の関係性もなかったし、誰もいなかったし、兄弟も姉妹もマスターもブラフマンもアートマンも誰もなかった。何も、何もなかった。あなたはこういうことを文字面の知識としては理解できるが、実際に活用していかなければならない。そのようにすれば初めて、確信に至ることができる。

あなたは論理的、知的に理解することはできるが、この真の知識を実際に生きなければならない。あなたはそのように生きねばならないのだ。ニサルガダッタ・マハラジはこう言った。

「**私はそういう人生を生きている、スピリチュアルな人生を。**

私は知的な話、論理的な話をしているわけではない。

私は生きた知識から話しているのだ」

それはあなたがスーザンのストーリーを生きているようなものだ。私たちはあなたのストーリーを語っている。あなたはスーザンだ。だから、その名を聞けばあなたは「これは私のストーリーだ」と叫ぶ。それはあなたの伝記を読んでいるようなものだ。なぜなら、マスターは想像の物語を話しているのではなく、あなたの本当のストーリー、あなたの真実のストーリーを話しているからだ。だから、あなたが完全に専心、帰依し、「私はそういう人生を生きている」と知れば、恩寵が訪れる。

読書、瞑想、真の知識、祈りなどといったプロセスは、あなたの自己なき自己を認識するためだけに存在する。こういう修行はすべて、結論にたどり着くためにある。

質問者：結論とは何ですか？

マハラジ：何もないということだ！ それは玉ねぎのようなものだ。皮を一枚一枚むいていったら、何も残らない。これは開かれた秘密だ。私はあなたとともに秘密を明らかにしている。この知識は、遠回りをして回りくどく説明したりしない。これは直接的な真の知識だ。直接的な、生きた真の知識だ。ただ、これを消化しなさい。これを消化するのだ。

これは直接的な真の知識だ。

直接的で生きた真の知識だ。

質問者：何か言いたくてたまらないのですが、言葉がありません。

マハラジ：静かに！ 沈黙しなさい！

126 スピリチュアルな娯楽

質問者：クンダリニーやチャクラについては、どうお考えですか？
マハラジ：何とかチャクラも、かんとかチャクラも、そんなものはない！　こういう乾いた知識は一時的な娯楽に過ぎない。存在する前、チャクラはなかった。クンダリニーとは何を意味するのか？　それはただ、体と関係しているに過ぎない。あなたはそれを超えている。それ以上のものだ。
文字の知識の奴隷になってはいけない。あなたの内側を見なさい。すべてが明らかだ。何千冊もの本や何千もの概念があり、すべてがあなたにこれをしなさい、あれをしなさいと言う。なぜだろう？　行為も行為者もいないというのに。
この知識は特別な知識で、そしてあなたのものだ。
しかし、エゴはあなたがそれを所有することを許さない。
エゴはあなたが幻想の思考の輪を打ち破るのを阻止する。あなたはまだ救いを探し求めている。すでに自由なのに、なぜ「救い」が必要なのか？　なぜ「解放」が必要なのか？　存在する前、解放はなかった。あなたは自分自身の思考と概念に縛られている。
質問者：でも、私たちは自己なき自己を知るために、体を使わなければいけないのですよね？
マハラジ：あなたは体を使わなければならない。体は媒体だ。スピリットは体を通してのみ、自分自身を知ることができる。スピリットは「私はブラフマン、神だ」ということを知らない。
「私は体ではない。私はマハートマーだ」とシャンカラーチャーリャは言った。彼は自分はブラフマンだという確信によって生きていた。この確信が真の知識へと導く。あなたの臨在はとても価値あるものだ。クンダリニーだの、チャクラについての話をして、時間を無駄にしてはいけない！
質問者：ウパーサナとは何ですか？
マハラジ：あなたは赤ちゃんではない！　なぜ、そんなことを知りたいのか？　あなたが本で読んだことは、ウパーサナではない。文字の知識の奴隷になってはいけない。あなたは初心者ではないのだから。
質問者：時間は記憶の中にのみあるのですか？
マハラジ：誰の記憶だね？
質問者：時間は記憶の中にあるに違いありません。記憶がなかったら、時間は存在しないのですから。
マハラジ：あなたが自分は身体形態だと考えるなら、記憶や時間、カルマなどがある。しかし存在する前、カルマなどあっただろうか？　あなたはヴァガバッド・ギーターを読んでいただろうか？

あなたは自分自身に対して頭を垂れなければならない。
頭を垂れるとは、「それ」に対して頭を下げることだ。
「それ」を通じて、あなたは自分の自己なき自己を知る。
あなたは自然に頭を垂れる。

ムクティとかウパーサナとかチャクラとか、そういったものについて話をするのは、生まれていない子供について話をするようなものだ。

生まれていない子供のことは忘れなさい。
そして、自分の偉大さを思い出しなさい。

あなたは魔術師だと、私は言った。あなたは魔法の箱を全世界に向けて開く鍵を持っている。箱はあなたの中にある。瞑想、バジャンなどのプロセスが必要なのは、あなたが自分の偉大さを忘れてしまったからだ。真の知識を知った後でさえ、あなたはまだどこかに行きたがる。あなたは何百万ルピーも持った金持ちなのに、まだ「私に一ルピーをお恵みください」と言っている。

金の皿を与えられたというのに、
あなたはそれを物乞いするために使っている。

真の知識はそこにある。実在はあなたの前、あなたの中、あなたの周り、至る所にある。

私は何べん、同じことを言わねばならないのか！　だから、継続的に叩き込むことが必要だ。私の言うことを聞きなさい！　プラーラブダはないし、カルマも宿命もない。瞑想と、そのヴァイブレーションによって、あなたはひよこのように固い卵の殻を突いて、突破口を開く。あなたはブラフマンだ。あなたはアートマンだ！

「私はどこにいる？」
「私はどこにいる？」とあなたは探し続けている。
常にここにいるのに。

ニサルガダッタ・マハラジはこう言っていたものだ。「道などない。死もない。いかなる道もない。あなたは常にあなたとともにある」。直接的な叩き込みだ！　あなたは終着駅だ。実在を知った後に、まだどこか他の場所に行きたいと感じるのなら、あなたはただ混乱を積み重ねるだけだ。この先いつまで、いろいろな場所を訪ね続けるつもりかね？　あなた、つまり訪問者自身が究極的な真実だというのに。

訪問者が究極的な真実だ。
あなたがしなければいけないことは、
自分自身の場所を訪ねることだけだ。
これは知的な知識ではない。

これは実在だ。

質問者：どのように生きるべきですか？　最善の道は何でしょうか？

マハラジ：どう生きたらいいかは、前にも言った。空のように生きなさい。空は自分自身の存在を知らない。それはそれ自身に知られていない。あなたの臨在は知られていない。ニサルガダッタ・マハラジはこう言っていた。

「**現実はあなたに知られていない。**
だから、そのように生きなさい。
それは、あなたにとって何の問題にもならないだろう」

あなたはいかに生きるべきか？　体が消えたら、あなたはどうなるのか？　そんなことは忘れなさい。過去も忘れなさい！　現在も、未来も、過去もない！　今までやってきたことは、ただ捨て去りなさい。それらのおかげで最終地点までたどり着いたが、もう役目は終わった。真の知識はあなたが何をし、何を食べているかとは関係ない。何でも過剰に取り過ぎれば毒となる。文字通りに意味を受け取ってはいけない！　あれをすべき、これをすべきではないといった規制やルールにはまり込んで、格闘してはいけない。

行為者だというエゴを取り入れてはいけない。
あなたは何もすることはできない。

質問者：このことを常に覚えておくのは難しいですね。

マハラジ：難しくない。簡単だ。体が食べ物を欲しているときは食事を与える。しかし、過剰に与えてはいけない。過剰な自由は毒になる！　自分自身と他人に敬意を払いなさい。微細なエゴを抑制するために、謙虚で慈悲深くありなさい。エゴに「ノー」と言いなさい。

すべての聖人があなたの中にある。

すべての聖人が謙虚だ。彼らのようになりなさい！　あなたは聖人を作り出しながら、彼らを自分から切り離し、異なる者にしているのだ。

ワンネスだけがある。

ハタ・ヨーガを独習するときのように、あなたは自分自身に教えなければならない。不可能なことは何もないことを理解しなさい。

この実在を受け入れなさい。
それはあなたの中にある。
このマスターのエッセンスはあなたの中にある。
あなたはついに彷徨い歩くことをやめるだろう。

マスターはあなたを神に紹介し、あなたに神を見せた。それがあったから、カビールは彼の師に頭を垂れたのだ。誰かの思考の奴隷にはなってはいけない。

質問者：私はまだ自分を「私」だと考え、他人を「彼ら」だと考えています。

マハラジ：あなたは見る者を見ることができるかね？　見る者を見ることはできない。見る者は究極的な真実だからだ。これは身体に関係した話だ。あなた以外に神はいない。神に、それ自身の存在はない。身体形態を想像するのをやめなさい。あなたは体ではなく、体の所有者だ。身体形態を想像してはいけない。

あなたは体の製作者ではなく、
体の所有者だ。

あなたの内なるヴィジョンを使って見なさい！　スピリチュアルな意味で、強くありなさい。あなたの身体知識は、完全に消されなければならない。ナーム・マントラを唱え続けなさい！

あなたは世界を投影する者だ。投影されたものではない。質問する者は目に見えない。質問する者、それ自身が答えだ。物事をシンプルに保ちなさい。

幻想と言うのも、幻想だ。
何もしてはいけない。
存在する前、あなたは何もしなかった。
体やマインドを用いずに、
あなたの臨在を知ることなどできようか？
ただ、自分を見なさい。
すべての思考を観照しているものを見なさい。

あなたは幻想の身体に基盤を置いて、自分自身を知ろうとしている。それは不可能だ！

存在する前の自分として、自分を知りなさい。それはどのようなものだっただろうか？　あなたは「知りません」と言う。この「否定」の答えは、「肯定」から来ている。

「私は知らない」とは、「私は知っている」ということだ。
しかし、私には何の形もなかった。
知っていることが臨在、「私は在る」だ。
自分は知らないということを、あなたは知っている。

簡単に言うと、それは子供の遊びのようなものだ。一人が戸を叩いて、「誰かいますか？」と尋ねると、もう一人が「誰もいないよ！」と答える。「誰もいない」と答える人がいるということは、つまり「誰か」がまずそこにいるということだ。

名もなく、目に見えず、
特定できない臨在のように生きなさい！

何かのショールームでも訪れているかのように、ここに来る人たちがいる。彼らは銅像のように座っているだけで、何かに心を動かされることもない。調査のための統計や情報を、淡々と機械的に集めているかのようだ。エゴがそうさせてくれないので、輪の中から抜け出し、私のマスターたちの偉大さに感銘を受けることもない。

彼らは私のマスターたちに敬意を示さない。ここで交わされる対話や実在によって心を動かされなければ、意味がないというのに。ある人はここに一週間いるが、表情に何の変化もない。彼は銅像のままだ。彼はまだここにいるのだが、何の変化も認められない。まだ銅像のままだ。

127 溝に落ちる

質問者：さまざまな形で障害物が常に生じるから、私たちはいつでも注意深く、警戒していなければならないのですよね？

マハラジ：スピリチュアルなプロセスにおいて、自己なき自己のすぐそばに近付いたとき、障害物が生じる。何らかの幻想の思考、娯楽、誘惑などが生じ、ここ一番というときに、あなたの気を散らすことがある。

こういうことが起きるのは、あなたの内なるパワー、
あなたの起源が明らかになりつつあるとき、
実在が現れつつあるときだ。

これはマーヤーと呼ばれる。しかし、実在において存在するのはあなたの自己なき自己だけであり、マーヤーはない。ブラフマンもアートマンもパラマートマンもない。こういうことが起きるのは、あなたがワンネスに近付いているときだ。

あなたが自己なき自己に向かい、
真の知識を吸収し、
ワンネスにどんどん近付いているとき、
まさにその瞬間、
ハードルが現れて混乱と葛藤をもたらすかもしれない。

このとき、何らかの誘惑や困難が生じる。つまり世間から超脱し、ある程度のレベルに達すると、再び引き戻されることがあるのだ。一時的な幸せをもたらす、ちょっとした誘惑に引き戻されるのだ。

意識的にせよ、無意識にせよ、ほんの一瞬、実在を忘れ、すべてを忘れ、そして後先を考えることもなく溝に落っこちてしまうかもしれない。そして、後々、誤りに気づき、後悔する。「ああ、何てことをしてしまったんだろう！」

スピリチュアルな文献を紐解けば、こういう例がたくさん見つかる。偉大な賢人ヴィシュヴァーミトラも恩寵から転落した。言い伝えによると、ヴィシュヴァーミトラは六万年もの間、揺らぐことのない強烈な帰依を捧げていた。彼はとてもパワフルだった！　しかし、ある日、特別に美しい女性に出会い、(手を叩いて)突然、彼女に引き付けられ、ヴィシュヴァーミトラはすべてを投げ捨ててしまった。(再び手を叩く)

この話が伝えているのは、
常に注意深くあることの必要性だ。
あなたを罠にはめようと、幻想は常に待ち受けている。
意図的にせよ、そうでないにせよ、何かが起きると突然、
まったく何の理由もなく、
スピリットは誘惑に引き付けられてしまう！

一時的な幸せのために、あなたはすべてを危険にさらしてしまうのだ。それは名誉のためかもしれないし、金銭や、セックスのためかもしれない。後先も考えずに、あなたはすべてを投げ出して幻想の世界に転落してしまう。こういうことが起きるのは本当に残念だ。私の言うことを聞きなさい！

こういうことは起きてはならない。
幻想の世界に戻って来させてはいけない。
あなたは自己なき自己にとても近付いているのだから、
後ろを振り返ってはいけない。

これは山を登っていて、頂上のすぐそばにまで来ているようなものだ。後ろを振り返ってはいけない。ただ進み続けなさい。ゴールに到着するまで進み続けるのだ。もし振り返ったら、あなたは足場を失って、谷底に転げ落ちてしまう。

この進んだ段階では、警戒策をとらねばならない。このことはいくら強調しても足りない。

確信を得たら、
いかなる種類の誘惑にも、意識を向けてはならない。
幻想に注意を払ってはいけない。
警戒しなさい。
マーヤーを重視してはいけない。

マスターはあなたに、警戒策をとれと警告を与えている。ちゃんと対策をとり、実在を生きれば、試練や困難、障害物に対しても、用心深く準備することができる。

確信を得た今、
あなたには分別がある。
あなたはもう個人ではない。
だから、誘惑されることはない。

質問者：もし、私が誘惑されたり、幻想に再び引き込まれたとしたら、それは本当は確信などなかったということ、もしくは土台が十分に強くなかったということですか？

マハラジ：その通り！　だから、真剣に修行をしなければならないのだ。瞑想の修行をすることが必要だと私が主張しているのも、そのためだ。あなたは完璧な土台、強固な土台を持たなければならない。瞑想が基礎となる。瞑想はすべての基礎だ。何度も言ったが、究極的な段階では、瞑想もまた幻想だ。しかし、身体知識を溶かし、実在を確立するには、瞑想が必要だ。

あなたは何のエゴもなく、
自分自身を確信させなければならない。つまり、
あなたの特定できないアイデンティティは全能の神だと
確信させなければならない。
あなたの特定できないアイデンティティは全能の神、
ブラフマン、アートマンだ。
この実在を受け入れなさい。
この実在を受け入れなさい。

あなたは実在ではなく、食物からなる身体を受け入れている。だから、すべてのものに依存している。存在する前、あなたには何も必要なかった。存在する前、あなたには何も必要なかった。身体形態がなければ、幸福と不幸もない。平安もないし、葛藤のない人生もないし、恐れから自由であることもない。これが実在のすべてだ。これが最終的な真実だ。

128 ハードディスクを空っぽにする

マハラジ：聖典、本、マスター、他の人たち。皆がそれぞれに「神とはこういうものだ。あなたはこれをしなければならない、あれをしなければならない。あなたにはカルマがあるからこれをしなさい」などと言う。これはすべて身体知識だ。

神はあなたの中にあるということを、
見せてくれるマスターは、
とても貴重だ。

このことを納得し、完全な確信を打ち立てれば、あなたはついに知る。「そうだ！　私が探し求め、見つけようとしていたものはすべて、体とは関係がなかったのだ。すべてのものが内側にあると、今、私は知っている。私はそれだ」

すべてが内側にあるのに、
なぜ、どこかに行く必要があるだろう？

これはエゴに基づいた話ではない。自発的な確信によって、次のようなことがわかるのだ。「私が探していたもの、知ろうとしていたもの、見つけようとしていたもの、求めていた幸福は私の中にあるし、今までもずっとあったのだ」。もう、どこか他の場所に行く必要はない。

あなたがすべてのものの源だというのに

なぜ、どこか他の場所を探しているのか？

確信を得ると、はっきりとした変化が訪れる。それは、自分が体ではないと確信しているからだ。それまであなたは、自分は身体形態だと思っていた。そして、この身体形態によって、神や幸福、平安を見つけようとしていた。

あなたは身体形態によって、神を、もしくは幸福と平安を見つけようとしていた。

根本的な原因へと向かいなさい！　そして、そこにとどまりなさい。体は永続的なものではないのだから。好むと好まざるとにかかわらず、私たちは体を去らねばならない。では、誰が幸福を欲しがっているのだろうか？　誰が幸福を欲しがっているのだろうか？　体は我慢ならないものだとスピリットは思う。体の中にいるのは耐えがたいと感じるのだ。体がなかったときは我慢することもなかったし、我慢できないこともなかった。幸福や不幸もなかったし、平安も動揺もなかった。何も必要なかったのだから。

質問者：何の必要性もなかったし、何の問題もなかったし、何か探すべきものもなかったのですか？

マハラジ：何度も言っているが、スピリットが体にはまる前、あなたは自分自身を知らなかった。あなたは完全に自分自身に知られていなかった。「私」も「あなた」も「彼」も「彼女」もなかった。こういうすべての必要性、要求、期待は、体とともに生じた。

根本的な源とともにいなさい。確信を得ればわかる。「こういう私ではないものを、私はすべて盲目的に受け入れてきた。まるで私は何者かだというように。体は私の実在ではない。それは究極的な真実ではない」。あなたはそのことに、まったく気づいていなかった。

あなたは体を究極的な真実として受け入れた。それで、あなたは「私は体だ」と考えるようになった。それから、すべての問題と心配が始まった。

質問者：体が病気になったり、老化すると、ますます困難が大きくなります。健康状態が良ければ、体を背景に追いやり、たとえば本当の自分にもっと集中できるのですが。

マハラジ：あなたの臨在は、すべての身体知識を超えている。修行を続けなさい。ここでは、あなたを強くする薬を投与している。

質問者：私にとって、すべての疑いを取り除くのは、そんなに簡単なことではないと思います。

マハラジ：あなたのハードディスクは満杯だ。

質問者：私はとても長い間、旅して、たくさんのマスターに会ってきました。

マハラジ：最終目的地に着いたら、その住所はもういらない。旅のことは忘れなさい。あなたは今、最終地点に着いた。

質問者：私は年老いて、疲れてしまったように感じます。手放すのが遅過ぎたのかもしれません。

マハラジ：誰が疲れているのか？　誰が年老いたのか？

存在する前、あなたはいつ、年を数え始めたのか？

あなたは何歳だったのか？

そういうものはすべて、思考、幻想だ。すべて忘れなさい！　コンピューターは完全に空白でなければならない。

質問者：マハラジ、私のハードディスクを空っぽにしてもらえますか？

129　あなたを見る

マハラジ：真我実現に、本気で打ち込みなさい。これは直接的な教えだ。あなたは真我探究を続けなければならない。ただ「私は体ではない」と考えているだけでは十分ではない。もっと深く知らなければならない。同じように、自分がブラフマンだということも、深く知らなければならない。私たちには今しかない。この瞬間が繰り返されることは、決してないのだ。

質問者：「あなたの人生のすべての瞬間がとても重要だ」とはどういう意味ですか？　あなたはよく、そうおっしゃいますが。

マハラジ：身体知識と付き合っていると、また今と同じような夢にはまってしまうかもしれないから、繰り返し言っているのだ。この確信を得るには毎瞬毎瞬を、実在を知るために使わねばならない。なぜなら、障害物が常に現れて来るのは当然のことだからだ。だから注意深くあり、実在を吸収しなければならない。ヴィシュヴァーミトラはほんの一瞬、気を散らされて、それですべてを失ってしまった。

あなたはこの人間としての人生において覚醒できる。

なぜならあなたには知性があり、

実在を知ることができるからだ。

だから、注意深くありなさい！　そうすればやがて、それは自発的になり、あなたは体や世界のことは忘れてしまう。

質問者：たとえ短い間でも、気を散らされずにいるのは、とても難しそうですね。

マハラジ：だから私たちの系譜では、瞑想の修行をするのだ。そうすれば、忘れられた実在があなたに刻み込まれる。

あなたは悪い交友関係を持っている。

あなたは誤った友情を抱き、体と友人になった。
それは誤った友情だ。
あなたは自分自身の友人でなければならない。
自分自身の友でありなさい。

車を運転しているときは、普通、溝や大きな窪みを避けようとする。そうしないと、そこに落ちてはまってしまう。それと同じように、人生にもたくさんの溝や障害物があるので、あなたはけがをしないよう、それらを避けなければならないのだ。

あなたはいろいろな方法で、自分に教えなければならない。あなたは自分自自身のマスターだ。だから彼にあなたをガイドさせなさい。もし、あなたが彼を無視したら、事故が起きてしまう。あなたは防止策をとって、うまく操縦しなければならない。この体は事故に遭いやすいものなのだから！

質問者：私は行為者ではないと、あなたはおっしゃいますが、私はまだ、過去に起きたことで罪悪感を感じています。

マハラジ：存在する前、あなたは何もしなかった。罪もないし、何もない。罪悪感などあるはずもない。あなたは完全に知られていなかった。過去世もないし、来世もない。

あなたは自分が罪深いと主張している。私は何か悪いことをした、私は生まれて来たと主張している。生まれ変わりや、天国と地獄の概念も採用した。それはすべて、誤った主張だ。こういう概念をすべて覆すには、あなたの自己なき自己を理解しなければならない。内側に向かい、実在を知ろうとしなさい。あなたは幸せを求めて、外側でさまざまなマスターを訪ねている。

自分自身のマスター、とてもパワフルで強いマスターにあなたは近付いていない。

そういうことが起きているのは、自分への信頼が欠けているからだ。それがマスターへの信頼の欠如にも通じる。これらのマスターたちのようになりなさい！　どんなマスターに師事することもできるが、選んだマスターに忠実でありなさい。

結論にたどり着くのだ！
あなたを見なさい！
あなたを見なさい！

そうすれば、隠されたドアが開くだろう。何の努力も専心も行わず、ただ知識を聞いているだけでは、目的を果たすことはできない。

前に進み出なさい。
一歩出なさい。
そうしたら私も歩み寄る。

これは一方通行の道ではない。利益を求めるのではなく、深い興味を持ちなさい。マスターから受け取りなさい。この知識は無料で与えられるが、高く評価されるべきものだ。私たちは何も見返りを求めていないが、ここに来た人は真の知識を真剣に受け取らなければならない。そして、それが深い意味を持つことを理解しなければならない。

質問者：南部でおかしな話を聞きました。ミスター&ミセス・ゴッド（バガヴァン）と呼ばれる夫婦がいるのだそうです。彼らは一分一秒ごとに、ユーロで料金を課し、外国人たちに「平安でも何でも、あなたの欲しいものをあげよう」と言っているそうです。

マハラジ：彼らは奇跡を約束して帰依者を騙し、利用しているのだ。

ここでは、あなたの幸せが私たちの資産だ。あなたの幸せが私たちの資産、マスターたちの資産だ。私たちから何かを受け取りなさい！　私はあなたに象の全体像を見せている！あの盲人と象の話のように、あなたが実在を知るときは、アートマンやブラフマン、パラマートマンに関する他人の意見に影響されることはない。あなたに宝石が捧げられた。しかし、あなたは石ころだけ拾って、物乞いを続けている。

すべてがあなたの中にあることを見せられたのに、
なぜ、物乞いをするのか？

気を付けなさい！　気を付けなさい！
実在はあなたの内にある。

根本原理から気を逸らすな。足を滑らせないようにするには、すべての瞬間が重要なのだ。ある一瞬を逃したら、あなたは足をすくわれる。敵はあなたの弱みや欠点を探し、待ち構えている。あなたが油断したとき、襲って来るのだ。

だから私は、あなたに注意深くありなさい、瞑想しなさいと言っているのだ。兵士を任務に就かせ、昼夜も見張らせなさい！そして、国境警備隊も警戒に当たらせなさい。　彼らが周囲の様子を見過ごせば、侵略者や不法移民が国に入って来る。これは大きな国だ。だから、ひとたび侵入者が入って来たら、彼らを追い出すことは難しい。あなたが指揮官だ。あなたが兵士たちを指揮する隊長だ。だから、常に警戒していなさい。もし、あなたが眠りに落ちたら何が起きるか、誰も知らない。

完全に明け渡せば、
エゴが抑えられるから、
それは難しいことではない。
あなたの自己なき自己に敬意を払いなさい。

プライドを避けなさい！　エゴを避けなさい！　プライドはエゴのサインだということを、あなたはよく知っている。

130 国も国籍もない

マハラジ：スピリチュアルな科学において、望ましいとされる資質が六つある。自分がそれを持っているかをチェックして、進歩を測ることができる。その六つの資質とは、寛容、忍耐、覚醒への期待、知りたいという切望、完全なる帰依、マスターへの信頼だ。

質問者：一般的に言って、インドの人はこれらの資質を備えているのではないですか？　それなのになぜ、インドにはもっと悟った人がいないのでしょう？

マハラジ：他人のことを考えてはいけない。他人を気にしてはいけない。自分自身を気にかけなさい。前にも言ったが、これは夢だ。あなたがこの世界で生きている人生は夢だ。

インド人も、オーストラリア人もいないし、イギリス人もいない。

あなたが存在する前、インド、ロシア、オーストラリアはどこにあったのか？　「次はオーストラリアに生まれよう。それとも中国に生まれようか」などと言っただろうか？　体という形をとったとき、あなたは国を想像し始める。

存在する前、あなたはいかなる国も知らなかった。あなたは空のようだ！　見方を変えなさい！　あなたの臨在は究極的な真実、空のようなものだ。それでもしかし、あなたは自分を身体形態として切り離し、さまざまな国を見たいと思う。

私たちはそういうことに関心がない。

私たちは自己なき自己に関心がある。

自己なき自己がなかったら、あなたはインドも日本も、どこも見ることができない。全世界はあなたの中にある。目を覚ます瞬間、あなたは世界を見る。全世界はあなたの臨在の反映だ。

見る者は自発的に反映されるのであり、意図的なものではない。しかし、私たちはこの世界において人間という形態をとっている。何度も繰り返し言っていることだが、体はただの覆いで、死んでいる。すべての国々も、あなたの臨在から生じた。

あなたが見ているものは、言葉と世界という形式をとった、見る者の反映だ。あなたの臨在が、それらすべての背後にある。こういう幻想の思考はすべて、避けなさい。あなたを見なさい！

私は体の中にはいない。私は話し、あなたは聞いている。

体はただの媒体だ。

聞き手とは、目に見えぬ静寂だ。

聞き手は、目に見えず、名もない。

この超自然的なパワーは、すでにあなたの中にある。しかし、エゴ、知性、マインドといった障害物があり、邪魔をしている。それが、あなたが究極的な真実に到達するのを阻んでいる。

すべての人が悟りを得るべきだ！

あなたを見なさい。それ以外のどこも見てはいけない！　インドもないし、中国もないし、どんな国もない。私たちは空や寺、トイレ、台所、バスルーム、ダイニングルームなどに名前を与えた。一つの家の中にいるのに、私たちはたった一つの空間、空にたくさんの名前を与える。

私たちは空をさまざまな壁の中に閉じ込める。寺、台所、トイレ。同じことを、国でもしている。「これはオーストラリア、これはインド」等々。私たちはこういう壁を、想像によって作り上げた。この人たちはインド人、あの人たちはオーストラリア人。誰が区別しているのだろう？　私はそういう意味で言っているのだ。

だから、自分は体ではないという確信を持たなければならない。ある程度のときが過ぎたら、あなたは体に「バイバイ」しなければならない。しかし、あなたの臨在に別れを告げることは決してない。空は空であり、今までも空だったし、これからも空だ。そして、あなたは空よりも霊妙で神秘的だ。家は壊れるかもしれないが、空は死んだりするだろうか？

これはとてもとても大切なことだ。あなたを見なさい。そして、この世界がどのように投影されているかを確かめなさい。私たちはＡＢＣというアルファベットで言語を作り、言葉に意味を与えた。私は言葉にも、その意味にも関心がない。私はあなたの注意をそれに向けようとしている。あなたである究極的な真実へと向けようとしている。

真剣に考えなさい！

深く、深く、深く、自己なき自己の中に入って行きなさい。

スピリチュアリティの秘密のすべては
あなたの中に隠されている。
あなたがそれを開けねばならない。
もちろん、強力な専心と信頼が必要だ。
あなたに対する信頼が必要だ。

信頼を、完全な信頼を持たなければならない。誰が真我を実現したとかしていないとか、悟っているとかいないとか、そういう比較研究に関わってはならない。実在を知ったら、完全に信頼しなければならない。

他人のことは忘れなさい。なぜか？
他人は夢の登場人物だからだ。

体は壊れやすいものだが、私たちはこの事実を受け入れていないのでたくさんの質問をする。瞑想が基礎だ。最終的な真実を完全に打ち立てるために幻想を溶かす基礎、ＡＢＣだ。

マスターのもとをいくらでも訪ねるがよい。
しかし、何度も言ってきたが、あなたが、
身体形態をとっている目に見えぬ訪問者が
マスターのマスターなのだ。
あなたがマスターのマスターだという
確信を持たなければならない。
あなた自身の偉大さを支持して、
他人の偉大さを否定してはいけない。

インドの文化では、寺に行ったらお辞儀をして敬意を表し、エゴを手放す。いかなる宗教においても、寺や教会でお辞儀をするのはいい習慣だ。悟っていようがいまいが、関係ない。しかし、エゴのせいでお辞儀ができないことがある。たとえば、このアシュラムを訪問する人の中には、私たちの偉大な聖者たちの肖像に頭を下げたくないという人がいる。

乾いた知識は役に立たない。本を暗記してスピリチュアルな講話をし、言葉のマスターになることはできる。これはただの丸暗記で、実用的な知識ではない。

だから、自分自身を知り、静かにありなさい。
それについて考えなさい！　それについて考えなさい！
考えることで考える者は消え、
そして、そこにあなたがある！

日常生活において、あなたはスピリチュアリティに酔いしれなければならない。つまり、ドラマの中で役を演じつつも、「あなたとともにあれ！　あなたの中にとどまれ！」ということだ。これは素敵なドラマだ。子供はあなたを「私のお父さん」と呼び、友人は「わが友」と呼び、上司は「私の部下」と呼ぶ。さまざまな名前があるが、すべては一つだ。

あなたは自分の自己なき自己をこう見なければならない。
この実在はすでにあなたの中にあるのに、
あなたは見ていないのだ。

質問者：たとえば、私はどこかに行って他のマスターに会ってみたいと思っていたのですが、これは私が「すべては自分の中にある」ということを受け入れていないサインですか？

マハラジ：そういうことが起きるのは、自分自身を信頼しておらず、自信がないからだ。おそらく、疑いやエゴ、プライドがあるのだろう。日常生活において、実際的でありなさい。常に、見られるものを超えて行き、その根源を探り、あなたの目に見えない臨在とともにいなさい。

何かが起きているのに気づいたら、「何も起こっていない」という知識に基づいて、根源を見なさい。何かが起きている、もしくは起きていないと言うときは、源に向かい「誰がこういうことを言っているのだろう？」と問いなさい。このように自分を訓練すれば、「何も起きていない」があなたのものの見方、スタンスとなる。

存在する前は、
何が起き、あるいは何が起きていなかったのだろう？
体が消えた後は、
誰が「何が起きたか、起きていないか？」について話すのだろう？

誰が善悪を決めるのだろう？　考え方は人それぞれ違う。意見がそれぞれ異なるのは、体の影響だ。それと子供の頃から現在に至るまで吸収されてきた印象に影響されている。善悪や正誤など、あなたの世界に関する見方、すべての身体知識は、消えなければならない。

自己なき自己の内側に
深く、深く、行きなさい。

あなたはすでに形がない。形は存在しない！

質問者：時々ですが、疑うことなく、強くそれを感じることがあります。

マハラジ：それはあなたが見過ごしているスーパーパワーだ。あなたは体の影響で、自分の実在を忘れている。

あなたは実在を支持しなければならない。
そうすればやがてドアが開き、
道が明らかになるだろう。

質問者：ドアが開くのですか？

マハラジ：それは言葉に過ぎない。ドアも道もない。すべてはすでに開かれている。穏やかで静かにありなさい！

質問者：でも、誰かに攻撃されたら、それに反応しなければなりませんよね。

マハラジ：もちろんだ！　もし蛇に噛まれそうになったら、逃げるだろう。あなたは自分の体を守りたいし、蛇も自分の体を守りたい。意図は一つで、同じだ。皆がさまざまな経験をするが、それに対する反応は自発的に起きる。すべての指示は、あなたの内なるマスターによって与えられるのだ。

質問者：内なるマスターの声を聞くためには、エゴが消えなければならないのではないでしょうか？

マハラジ：エゴはない！　この世界におけるあなたの立場、地位とは何か？　体には何の立場も地位もない。体には何の価値もない。あなたはスーパーパワーであり、超自然的なパワーを持っているが、まだ自分自身を知らない。だから、まだどこかに旅に行きたいのならば、

あなたの中の旅行する者に集中しなさい。

旅行する者が究極的な真実だ。

それには何の形もない。

これは本当に特別な知識、特別な実在だ。

131 内側を一瞥する

質問者：注意深くあることがとても大切だと、あなたはおっしゃいますね。常に注意深いのは誰なのでしょうか？

マハラジ：それは自発的なもので、意図的な努力ではない。あなたの注意深さは自発的なものとなる。ストーリーを真に受け過ぎてはいけない。ストーリーの背後にある根本原理、ストーリーが伝えていることを覚えておきなさい。

あなたの開かれた秘密が自発的に投影されるとき、すべての概念は消える。

これは幻想の世界だ。あなたはその中で、男や女としての立場をとる。存在する前、あなたは誰だったか？　この知識を消化しなさい。スピリチュアリティに打ち込みなさい。つまり、完全に専心するということだ。

自分自身の中を一瞥しなさい。

パワーはあなたの中に隠されている。

スピリチュアルな立ち位置に応じて、それぞれの人が異なる経験をする。

質問者：スピリチュアルな立ち位置とは、どういう意味ですか？

マハラジ：それは、あなたがどれだけ専心しているかということ、あなたのアプローチを意味する。あなたはどれくらい真剣に向き合っているだろうか？　スピリチュアリティはスピリチュアルな専門家や、哲学博士になるためにあるのではない。スピリチュアリティの目的は、体を去るときに幸福でいられるよう、すべての幻想と恐れを取り除くことだ。

誰も死なないし、誰も生まれない。一歳、二歳、五十歳、八十歳というのは、物質的な食物からなる身体の年齢だ。空に年齢はない。

見る者が重要だ。見ることが重要なのではない。あなたは実在よりも幻想を重視している。私たちはこういう概念に照らし合わせて自分自身を知ろうとする。ひよこのように固い決意を持ち、世界を見るために、固いドアのような卵の殻を打ち破りなさい。幻想の概念の強固な層を打ち破るのだ。

あなたは知性を通して真の知識を受け入れているが、それは自発的に受け入れられねばならない。あなたは自分が男だと決めたわけではないが、男という名とともに生きている。

マスターはあなたに「ブラフマン」という名前をくれた。しかし、まだ抵抗が残っている。すべてはあなた次第だ。その瞬間が過ぎたら、それはもう戻ってこない。あなたは自分の内なるマスター、あなた自身の存在、あなた自身の臨在を無視している。

質問者：なぜ、私たちはそれらを無視しているのでしょう？

マハラジ：身体知識のプレッシャーのせいだよ。秘密はあなたに知られている。

すべては無から生じる。

質問者：「私は体だ」と考えるのは、自然なプロセスではありませんか？

マハラジ：存在する前、その自然なプロセスはどこにあったのかね？

私たちがそのプロセスを作った。存在する前、知識はなかったし、何もなかった。

自然なものもなかった！　これは何か？　それは何か？　それらはすべて、身体に関係している！

あなたが今日まで集めてきた知識はすべて、捨ててから話を始めなさい。そうすれば、話すことなどないと気づくだろう。

132 知りたいという熱望

マハラジ：思考がマインドに入って来ると、すぐに知性に報告される。そして知性は「これをしろ！」と指示を出す。あなたがマスターだ。だから、あなたはマインド、エゴ、知性をコントロールできる。思考をその場で止め、知性に届かないようにすることもできる。そうすれば、行動も起きない。しかし、思考が知性に届くのを許せば、すぐに叩き込まれてしまう。

あなたはこういう微妙な要素のマスターだ。あなたはマインドやエゴ、知性といった目に見えない体を超越している。瞑想を通して、あなたはすべてのものを一つひとつコントロールできる。瞑想の恩恵は計り知れず、あなたに偉大なパワー、強さ、注意深さをもたらす。もし、好ましくない人が近付いて来ても、あなたはそれを阻止できる。好ましくない思考が生じても、それを止められる。「私はマインド、エゴ、知性ではなく、それらをコントロールする技術者だ」。このようにして、あなたは容易に自分自身をコントロールすることができる。その結果、すべての活動が自発的にコントロールされる。

質問者：私が人生で唯一価値があると思うのは、意識がそれ自身の属する場所に戻る道を見つけることです。

マハラジ：存在する前、あなたは意識や無意識を知っていたのかね？　気づきや気づいていない状態を知っていたのかね？　そういうものは理解するために用いられる甘い言葉だ。意識、覚醒、悟り、神、マインド、エゴ、知性、たくさんの、たくさんの言葉がある！　こういう言葉はすべて、あなたの臨在から現れ出た。私はあなたの前に「存在する前」を置いている。自分自身に問いなさい！　存在する前のあなたは、どんなものだったのか？

質問者：知りません。推測することもできません。

マハラジ：あなたの臨在は想像を超えている。

「これは私の家だ！　これは私の体だ！」。そのように言うとき、そこには体への執着がある。「これは私の家だ」という、ある種の確信さえある。そして、あなたは自分の家にとどまる。あなたのエゴがやって来て、「私はこの家の所有者だ」と宣言した。あなたはこの家を通して、すべての活動を行う。

あなたは私を見ている。食べたり、歩いたり、手を動かしたりする。知っての通り、体それ自体には何のパワーもない。私たちは議論し、質問し、聞き、考え、マインドや知性を使う。しかし、忘れてはいけない。体とパワーが組み合わさって、行動が可能となるのだ。

あなたはこれを確信しないといけない。
あなたはこの家に住んでいるけれど、
それは借り物だ。
あなたは他に所有者がいることを知っており、
それはブラフマンと呼ばれる。

所有者はあなたに今、家から出て行くように言う。なぜなら、将来、あなたは体から出て行かなければならないからだ。そうと知っているのに、あなたはいまだに、体に強く執着している。

あなたは真実を知っており、
皆も知っているが、
しかし、真実は確信にならなければならず、
そして、確立されなければならない。

どこかに行きたいと思うようなら、確信はない。

質問者：エゴは「私は体だ」と言います。

マハラジ：あなたの確信は体に根付いている。だから、それは確信ではない。疑いがそこにある！

質問者：私はなぜ、こんなに体に執着しているのでしょう？

マハラジ：それは自然なことだ。あなたの責任ではない。スピリットはとても繊細だ。あなたの存在、臨在が究極的な真実だということを理解しなさい。体ではないのだ。すべての慰めは体にとってのみ必要で、あなたには必要ない。完全に集中して聞きなさい。あなたにはたくさんの質問があるのだから。

質問者：スピリットは自立しているのですか？

マハラジ：もちろん。しかし、スピリットはそれ自身を知らない。それは体を通してのみ、自分を知る。こういう対話の目的は、あなたの重要性を伝えることだ。あなたがそれを受け入れるには、強い意志を持たなければならない。

私の言うことを静かに、完全に集中して聞きなさい。
私の言うことを注意深く聞きなさい。
私が話しているのは聞き手の根本原理、実在だ。

しかし、エゴは何度も何度も現れて、それとともに質問ももっと湧いてくる。あなたは注意して聞かねばならない。あなたはたくさんの本を読んで、一瞬の間は読んだことに集中するが、その後はすべて忘れてしまう！　三十年、四十年とスピリチュアリティを学んでも、まだ何もない。なぜ、そんなことをしているのか？

質問者：スピリチュアルな経験をしたいのだと思います。

マハラジ：それは身体の対話だ。存在する前は、経験などなかった。今、すべてが明らかにされている。それを受け入れるか否かは、あなた次第だ。

気軽な態度で臨んだり、思考を過剰に使い過ぎると、困難を招くだけで前進できない。瞑想とはあなたの全身、存在の全感覚が知りたいと熱望することだ。そして、常に自己なき自己について考えていることだ。

それはあなたのハートに触れなければならない。
それはあなたのハートに一撃を与えなければならない。
実在があなたに深く触れなければならない。

133 いらつき

質問者：以前だったら我慢できたことに耐えられなくなっていることに気づきました。

マハラジ：我慢とか忍耐は身体レベルに関係している。それから、マインドやエゴの影響にも関係している。今、あなたは実在を知っているのだから、我慢できないと感じられる物事を識別しなさい。そういう引き金となる物事について考えなさい。なぜ、それらが耐えられないのかを考えなさい。しかし、あなたが考えることは、あなたの真のアイデンティティではないということを思い出しなさい。あなたがそれを通して考えるもの、それがあなたのアイデンティティだ。

存在することは耐えがたいから、あなたはたくさんの娯楽を必要とする。結婚したり、家族を持ったり、アイスクリームを食べたり。

しかし、あなたにはスピリチュアルな心得があり、そういう娯楽が必要になるのはマインドのせいだと知っているのだから、問題を最小化しなければならない。問題を内側に入り込ませてはいけない。そういう思考を取り込むのは、とても良くないことだ。人生ではいろいろなことが起きるが、あなたは管理術を知っている。

偉大な聖者エクナスは、その生涯において幾度も困難に見舞われ、忍耐を育んだ。エクナスに会うたび、彼に唾を吐きかける人がいたが、そういうときはいつもエクナスはただ川で沐浴した。結局、その人は四十回唾を吐きかけた後、聖者の足元にひれ伏してこう言った。「私はあなたをイライラさせることができませんでした」。聖者は四十回も聖なる川で沐浴できたから良かったと言った！

これが忍耐だ。これはスピリチュアルな人生における試練だ。試練は常に訪れる。もし試練がやって来たら、すべての人を自分だと考えなさい！　あなたと他の人たちの間には、何の違いもない。友人も敵も、言葉に過ぎない。他人の中に自分自身を見ればいいのだ。自発的にそうできるようになるだろう。イライラしてはいけない！　自分を落ち着かせなさい！　スピリチュアリティはさまざまな状況において、いかに行動すべきかを教えてくれる。この人生には時間の制限があることを思い出しなさい！

今日見過ごしたら、永遠に見過ごし続けるだろう。

そしてまた、別の夢の中にいることに気づくだろう。これはいい機会だ。それを十分に活用しなさい。思考や感情に注意を払ってはいけない。今この瞬間は、あなたの時間だ。それに気づきなさい。そうしないと、あなたはそれを取り逃してしまう。それはとても残念なことだ。

質問者：私はそれを知っているはずですが、十分に、真剣に受け取っていないのだと思います。

マハラジ：あなたはスピリチュアリティから強さとパワーを得るだろう。いろいろなことが起きるが、それは一時的なものなのだから、イライラして腹を立てても仕方ない。強くありなさい！

多くの困難や試練が道中に訪れるだろう。私はあなたに特殊部隊訓練を行っている。それによってあなたは、どんな状況でも賢く行動できる万能選手になる。

134 あなたが世界を生み出した

質問者：マスターは弟子がすでに知っている何かを強化している、そんな感じがするのですが。

マハラジ：最初の段階では、マスターと弟子は二つの異なるアイデンティティだが、スピリットは一つだ。「マスター」と か「弟子」などと言うのは、わかりやすくするためだ。あなたが自分の真のアイデンティティを忘れてしまったから、あなたの形なきアイデンティティを示すために、マスターが必要なのだ。マスターはあなたの究極的な真実を、あなたの前に置いている。

質問者：では、経験する者も経験もなく、ただ経験することだけがあるのですか？

マハラジ：身体知識を得る前は、そんな言葉はまったくなかった。そういう言葉はすべて消してしまわなければならない。そして、そのためにマスターが必要なのだ。

質問者：「私は在る」は転換点のようなものでしょうか？エゴに向かうか、真実に向かうか、どちらか一つしかないように思われますが。

マハラジ：「私は在る」と言うには、あなたの臨在が必要だ。臨在がなかったら、あなたは一言も言葉を発することはできない。すべての言葉は体とともに生じた。体を去ったら、誰が「私は在る」と言うのだろう？「私は在る」とは、身体形態ではなく、あなたの自発的な臨在を指し示している。

全世界は集中する者の投影だ。
名もなく、目に見えない集中する者の
自発的な投影だ。

集中する者の性質を推測することはできない。想像することも憶測することもできない。論理的に理解することもできない。ただ、存在する前の自分を見なさい。「私は知らない」とは、自分を知っているということだ。しかし、それは形なき者としての自分自身を知っているということだ。

知覚することはできない！これらの言葉に照らし合わせ、あなたの特定できないアイデンティティを定着させなさい。

質問者：あなたがおっしゃる「存在する前」とは、「意識を得る前」と同じ意味ですか？つまり、私たちは分離されて……

マハラジ：こういう言葉を使うのは、ただわかりやすくするためだ。言葉を使うときは常に、あなたは本当のあなた以外のものだ。

すべての身体知識を消さなければならない。

質問者：では、経験することが最も近いでしょうか？

マハラジ：あなたが世界を生み出した。世界は見る者の反映だ。見る者がなかったら、世界を知ることはできない。基本的に、あなたは言葉やアルファベット通して世界を知る。アルファベットをつなぎ合わせて言葉を作り、それに意味を与えることで世界を知る。

質問者：では、つまり私たちは、知識と呼ばれるすべてのものに意味を与え、そしてそれらはすべて身体知識に過ぎず、真我知識ではないということですか？　だから、蓄えてきたものをひっくり返す、もしくは条件付けを覆して、すべてを取り除くプロセスが必要だということですか？

マハラジ：簡単に言うと、あなたは自分の真のアイデンティティを忘れてしまったということだよ！　あなたは真の知識の根本原理を知る必要がある。これはつまり、自分自身を本当の意味で知るということだ。自分自身を知り、実在を知るには強固な基礎が必要だ。それに確信と、マスターからの確証も必要だ。

135　ハートの愛

質問者：私はハートの愛と自己なき自己は一つの同じものだと信じているのですが。

マハラジ：ハートの愛は体に関係している。それは体とともに生じた。ハートはどこにあるのか？　愛はどこにあるのか？　愛情はどこにあるのか？　こういうすべての言葉は体とともに生じた。存在する前、あなたの臨在は知られていなかったのだから、「ハートの愛」なんてものもなかった。

こういう知識はすべて、身体知識だ。私はあなたの注意を、体を得る前、存在する前に向けさせようとしている。ハートもないし、愛もないし、愛情もない。「自己なき自己」という言葉を使うのは、「自己」は体に関係しているからだ。自己なき自己とは体がないこと、マインドがないこと、エゴがないこと、知性がないことだ。それを自己なき自己と呼ぶのだ。

「私は在る」は体に関係しており、身体感覚だ。身体感覚を得る前、「私は在る」はなかったし、自己もなかった。だから、それは「自己なき自己」と呼ばれる。

何の知識もなく、無知もなく、
経験も、観照も、経験する者もなかった。
あなたは空のようなもので、空は「私は空だ」と知らない。
自己なき自己は空のようなものだ。
アイデンティティはない！

質問者：では、愛もないのですか？

マハラジ：その愛は、体とともに生じた。空が愛するかね？　すべては一つ、スピリットは一つなのに、誰がそこにいて愛するのか？　違いも、分離も、個別性もない。オーストラリアの空がインドの空を愛するかね？　愛とか愛情に関する話はすべて、体とともに始まったのだ。

マインド、エゴ、知性、ハート、愛、愛情などはすべて、幻想の概念だ。こういう概念を用いるのは、あなたが自分を身体形態とみなしているからだ。存在する前、あなたはそういうものとは関係がなかった。あなたは「私は誰か？」も知らなかった。すべてのものは、あなたの自発的な臨在、目に見えぬパワーの背後にある。あなたの臨在は目に見えない。それらはコミュニケーションのために用いる言葉に過ぎないのだ。

見る者は自分の投影しているものが、自分自身の投影物であることを知らない。

見る者が見ているものは、目に見えず、

名もなく、特定できないアイデンティティだ。

だから、身体知識は消えなければならない。あなたの自発的な臨在は、食事を必要としない。臨在は「私は体だ」とか「私は何者かだ」といったことを知らない。スピリットが体にはまると、あなたは「私は在る」と言う。スピリットは体を通さないと、自分を知ることができない。あなたの真のアイデンティティは特定できず、目に見えない。あなたは確信しなければならない。愛とか愛情のことはすべて、忘れなさい。それは身体知識に過ぎない。

全世界が幻想だ。あなたは次のような視点を持たなければならない。

私の臨在は至る所、あらゆる存在の中にある。

だから、私は誰かを憎むことができない。

誰かと葛藤することもできない。

これが覚醒、自発的な覚醒と呼ばれる。

自分を見さえすれば、これはとても簡単なことだ。聞いたことをすべて、覚えておきなさい。

すべてはあなたの中にだけある。

「あなたを見なさい」

これらの言葉を覚えておきなさい。

そして、自分自身に適用しなさい。

それはあなたの知識だ。

あなたの微細なエゴは、あなたが覚醒するのを許さない。「覚醒」はすでにそこにあるが、まだ知られていない。確信を伴った覚醒、実在の確信が必要だ。あなたは実在だ。これを実現するには、瞑想が必要だ。行動せずに、ただ聞くだけでは意味がない。

私たちが伝えようとしている知識、真実は、
あなたのハートに触れなければならない。
あなたの中心にそれが届くくらい、
あなたは深くそれに動かされなければならない。

ここで私が使った「ハート」という言葉は、何かを深く感じる、「深い感情」という意味だ。もし、誰かに汚い言葉でののしられたら、あなたは深く感じるだろう。あなたの信頼が裏切られ、傷付けられたのだから、あなたのハート、中心で感じるだろう。私が言うハートとは、そういう意味だ。

質問者：本で読んだのですが、ハートにはもう一つの意味があるそうです。それは、意識するものという意味です。

マハラジ：「あなたはブラフマンだ」などと言われたら、あなたはそれが深く意義深い転換点となるよう、感じなければならない。

「そうです！　私はブラフマンだから揺り動かされ、感動しました」

あなたが感動したのは、長い間、
男や女として生きてきたからだ。

「私は在る」を知り始めると、突然あなたはすべての概念と他人を受け入れる。何か意図的な努力をする必要はない。それは自発的なものだ。他人のことは忘れなさい！

他人が存在するのは、ただあなたの臨在があるからだ。

質問者：誰かを意識的に許そうと決めるのはどうですか？

マハラジ：だめだ！　それは自発的で、自然なプロセスでなければならない。今まであなたは、自分を罪深い者だと考えてきた。瞑想が土台だ。瞑想によってすべてが取り除かれ、浄化される。それから、光の中で真の知識が植え付けられるのだ。

農夫は種がよく育つように畑を焼き、肥料を施す。石ころや雑草のような望ましくないものが土の中に残っていると、小さな種が育つチャンスはないだろう。

だから、あなたは概念を取り除き、
知識の実在を植えなければならない。
知識とは実在だ。
その後、瞑想と祈りで、
成長を促進しなければならない。

これはシンプルだ。あなたが専心することがとても大切なのだ。必要なのはそれだけだ。

私があなたの中に植え付けようとしている
知識を一目見なさい。
聞いたことを書き留めなさい。

言われたことを覚えておきなさい。

あなたの内なる記録係によって、
この知識はすべて記録されている。

尋ねるべき質問はもうないし、
概念によって叩き付けられることももうない。

エゴ、意志力、信頼を明け渡しなさい。エゴ、体面、プライドを手放しなさい。エゴには何の実体もなく、持続的なものでもないというのに、なぜエゴに指図をさせるのか？

埋められたり、焼かれたりして、
体は薪のようなものに過ぎない。

人生と格闘してはいけない。安らかに、平安な人生を送りなさい。すべての存在は平安な人生を望んでいる。自己なき自己を知っていれば、平安な人生を送ることができる。もし平安がないなら、やり方を変え、あなたの心を乱す人々を避けなさい。家族の中に、そういう人がいるかもしれない。彼らを避けなさい！

あなたの平安が最も重要だ。

あなたは究極的な真実だ。

あなたは最終的な真実だ。

136 自分自身の映画で演じる

質問者：いまだに、しばらく混乱してしまうときがあります。

マハラジ：混乱があるときは、「誰がこの混乱を知っているのだろう」と尋ねるといい。これはとても良いサインだ。なぜならこれは、あなたが実在を知っているということを示しているからだ。実在を知っているなら、自分の注意を自己なき自己に戻すことができる。内側にいくらか混乱があると気づいているのは良いサインだ。それは、何が起きているかを知っているということだから。

知っている者は注意深い。

それはつまり、あなたは分離している、
起きていることから分離しているということだ。

今、あなたは体から分離している。それは「体と私は別のものだ」と知っているからだ。もし家の中で何かが起きていたら、あなたはそれに気づく。それはつまり、あなたと家は別々のもの、あなたと体は別々のものだからだ。何か好ましくないものがあれば、あなたはやり方を変えることができる。

以前は、たとえば落ち込んだときなど、あなたはその感情にはまり込んでしまった。しかし今では、何が起きているかを知っている。これは良いサインだ。あなたは見る者へと、どんどん近付いている。あなたは何かが起きていると知っている。そして、それに対して何か対処することができる。

これはとても簡単な法則だ。

知識とあなたは一つだ。何の違いもない。

あなたの自己なき自己は、体や世界とは分離しており、別のものだ。この体は五大元素に属すものだから、気分の変化が訪れるのはしょうがない。五大元素がバランスを欠くと、それが反映される。それに気づけば、あなたは「何かが起きている」と言う。全身は五大元素からできている。バランスが崩れているときは、三つの質（グナ）に関しても同じことが起きる。

「タマス」の質が最も危険で、他人と争い、攻撃し、犯罪的なことをしたりする。「サットヴァ」は祈りと瞑想を好むので、スピリチュアリティにとってはいい質だ。「ラジャス」は喜びや享楽を求めるので、あなたを実在から遠ざけてしまう。この三つの質のいずれかでも過剰になると、バランスを欠いてしまう。さあ、グナの話はこれくらいにして、忘れてしまおう！

あなたはこれらすべてのグナを超越している。

注意深く、気づいていなさい。そうすれば大丈夫だ。自己なき自己にもっともっと近付いて行けば、世界から分離した状態にとどまることができる。三つの質から影響を受けることもない。すべてがあなたの中にある。存在する前、グナはどこにあったのか？　あなたはいつ、そういう知識に出会ったのか？　つまり、あなたはそれらを超越しているのだ。

質問者：それは、グナを選ぶことができるということですか？

マハラジ：なぜ選ぶのかね？

選ぶためには誰かがそこにいなくてはならない。

しかし、誰もいない！

存在する前のあなたでいなさい。

そのようにあり続けなさい。

グナはない！　真実を確立するのに、サットヴァは役に立つ。しかし、それは究極的な真実ではない。すべてのグナから抜け出よ！　これは基本的な教えだ。小学校レベルの話だ。グナも身体知識もない！

存在する前のあなた――究極的な真実でありなさい。

完全な専心が必要だ。深海で泳ぎたいなら、深く潜らなければならない。あなたはすべてを教えられた。だから怖がってはいけない。自己なき自己に対する信頼を生み出しなさい。

あなたには真の知識がある。

いつまで、川岸にとどまっているつもりか？

さあ、実践しなさい！

質問者：泳げない人はどうなるのですか？　死んでしまうのではないですか？

マハラジ：誰もいない。あなただけ、あなたの自発的な臨在だけがある。

知る者と知識が消えると、

そこにあなたがある。形はない！

なぜ、他人のことを考えるのか？　体を去るときが来ても、あなたは他人のことを考えているのか？

体の中に入ったとき、

あなたは妻や友人を一緒に連れてきたのか？

夢のことは忘れなさい！

大家族は夢だ！

あなたの夫は夢だ。あなたの妻は夢だ。

目が覚めれば、これらのすべてはどこに行くのか？

すべての答えは、あなたの中にある。しかし、あなたは内側に目を向けていない。自己なき自己から見ていない。私が言うことを文字通りに受け取ってはいけない。私がここで使っている言葉は、ただ理解を助け、あなたの自己なき自己を指し示すためだけのものだ。

私たちは世俗的な知識の輪の中で生きている。

あなたは自分の真のアイデンティティを忘れ、自分ではないものを受け入れた。自己なき自己と対話しなさい。あなたの内なるマスターに話をさせなさい！　あなたは質問する者であり、答える者だ。あなたはマスターであり、帰依者だ。何もないということがわかれば、幸福と平安が訪れる。何もないのに、どうして戦うのか？　あなた自身も含めた全世界が幻想なのに、なぜ戦うのか？

知識のないことが知識だ。実在を知れば、あなたは自分が空気を叩き付け、打ちのめし、戦おうとしていたことに気づく。「私」は存在に先立つものなので、戦う必要はない。

これは絶好の機会だ。

完全に明け渡しなさい！

部分的な知識では十分ではない。

実際的なスピリチュアリティとは、問題から逃げず、真っ向から立ち向かうことを意味する。たとえば、あなたは両親を見捨てたりしない。両親を見捨てることはスピリチュアリティではない。義務を果たし、両親の面倒を見なさい。どうしてスピリチュアリティの名のもとに、あちらこちらに出かけるのか？　あなたは全世界が幻想だと知っている。だから、いわゆる悪い状況や環境を良いものに変えるのは、あなたのスピリチュアルな知識を試す挑戦の機会と捉えることができる。

映画で役を演じているかのように生きなさい。悲劇の映画のときもあれば、コメディ映画のときもある。あなたは悪役を演じることもあるが、何が起ころうと、それは幻想であることをあなたは常に知っている。

ただ、あなたの自己なき自己を見なさい。

そして存在する前の自分がどうだったかを見なさい。

137 また別の夢を見たいのか

質問者：今では、物事がはっきりと明らかになりました。修行も、前よりよくわかるようになりました。

マハラジ：瞑想の修行を続けなさい。もう、また別の夢は見たくないだろう？　体を去るときに持っていた概念が反映されることがある。この反映は「生まれ変わり」と呼ばれる。しかし、生まれ変わりなどないのだ。さあ、あなたは本当のことを知っている！

あなたの正当な権利を要求しなさい。

少しだけ取るのではなく、
全部、取りなさい！


あなたは自分自身のマスターだ。あなたの考えはポジティブでなければならない。何の疑いもなく実在を受け入れなさい。そうしたら何が起こるだろう？　それは本物か偽物か？ノー！　そういうふうに考えるのは疑いを伴った知識だ。それはネガティブな考え、ネガティブな感情、疑いだ。あなたはポジティブに考えなくてはならない。あなたの究極的な真実を心から受け入れなさい。

言葉を使って、私はあなたの中の静かなる聞き手を確信させようとしている。基本的に必要なものは変わらない。つまり、身体知識を瞑想によって完全に消さなければならないということだ。これを避けて通ることはできない。

あなたの真の知識、あなたの実在を受け入れなさい。どうすれば自己なき自己を見つけられるか、今のあなたならわかっている。

あなたの手元には正確な情報がある。

今や必要なのは、真剣に専心することだけだ。

瞑想はあなたに、それを受け入れる勇気をくれる。世界のどこにいても、自己なき自己だけがあることを心にとめておきなさい。それ以外には、まったく何もない。

あなたの臨在は自発的な臨在だ。勇気と強い意志力があれば、あなたに不可能なものは何もない。あなたは実在を知っている。今必要なのは、食物からなる身体の知識を消すことだ。スピリチュアルな意味で、強くありなさい！　あなたは生まれていないのだから、恐れから自由になりなさい。この真実を確立するために、前に進み出なさい。私の方に一歩、前進しなさい。このプロセスには、双方向の道が必要だ。

あなたは実在を知りたいという強い意志を持たなければならない。そして、どこか他の場所に行きたいという誘惑に負けてはならない。もしも、まだ他のマスターに会って見たいと思っているのなら、それはつまりこういうことだ。

あなたは自分自身を誤って解釈している。

すべてはあなたの中にあるのだから、

もう何かを乞う必要はない。

質問者：ニサルガダッタ・マハラジは言いました。「不妊の女の子供……」

マハラジ：文字の知識の輪の中を歩き回っても、幸福にはなれない。知識を分析してはいけない。マスターたちが言ったことは正しい。しかし、彼らが言わんとしていたことが、もっと重要だ。これはスピリチュアルな競争でも議論でも口論でも反論でもない。

あなたの立っているところが究極だ。

それが重要なことだ。

あなたはもう、マスターの生徒ではない。これはスピリチュアルな知識の要点だ。これが根本原理、基礎、目に見えぬ聞き手の骨子だ。

だから、ポジティブに考えなさい。そして、この真の知識を刻み込みなさい。

この真の知識を刻み込みなさい。

それを逃してはいけない！　それを維持して、永続的に刻み付けなさい！　石や真鍮、金などに何かを刻み込めば、それは簡単には消せない。

138　あなたと世界は別物

質問者：この世界でスピリチュアルな人生を送り、気づきの状態を保つ方法を知る。それが、問題です。

マハラジ：誰が「知る」と言うのかね？　この世界は夢の世界だ。興奮させるものなど何もない！　シンプルで静かな人生を送りなさい。誰も友人ではないし、誰も敵ではない。実在を知るには、修行を実行しなければならない。そうすれば、完全に安らぐことができるだろう。マントラはヴァイブレーションを生み、それがすべての身体知識のファイルを消す。その中には、「心」、「菩提」、「意識」、「気づき」等々、洗練された概念も含まれている。人々は架空の名前で遊ぶのが好きなのだ！

名前は究極的な真実ではなく、
あなたが究極的な真実だ。

ナーム・マントラは余計なものをすべて消してくれる。私のマスターは言った。

「**体は最も汚れたものだ。**
体の所有者は完全に純粋で、最も純粋だ」

体が重要なのは、スピリットがあるからだ。確信を得れば、完全な穏やかさと静けさが訪れる。期待や不安はなくなる。確信を得たサインは、絶対的な知識、偏在性だ。

私たちは自分が誰かを忘れてしまった。
私たちは幻想を真実として受け入れた。

人生の目的、それが極めて重要だ。自己なき自己に重要性を置きなさい。あなたがこの全世界の根本なのだから。カルマとか、「三十年に及ぶ探求」とか、いかなる概念にも従ってはいけない！　そういうすべてのものが何の役に立つのか？　体を苦しめる修行をすることが何の役に立つのか？　誰の修行か？　あなたのスピリチュアルな知性を用いなさい。

あなたは自分自身を過小評価している。

もう概念の奴隷になってはいけない！

修行をすることで、あなたは何を得るだろう？　幸福、それに多分、平安か？　しかし、そういう恩恵は一時的なものだろう。

質問者：私のゴールは、修行を体現化することです。

マハラジ：誰が修行を体現化したいのだね？　存在する前は、誰がそして何が体現されていたのだろう？

質問者：友人との間に、ある事件が起きました。彼とは社交上の付き合いですが、ともかく不誠実で信用できない人だとわかったのです。私は不誠実な人は好きではありません。この話をしているのは、たまたま今この瞬間、心に浮かんだからなのですが。

マハラジ：社交生活は社交生活、スピリチュアルな生活はスピリチュアルな生活だ。それらは関係していない。その事件を心にとめてはいけない。それについてくよくよ考えてもいけない。興奮や動揺など、その種のエネルギーは一時的なものだ。そういうものをいつまでも握り締めていてはいけない。

すばやく忘れてしまうことだ。
出来事を記録し、
レコードのように
何度も何度もそれを再生し続けてはいけない。

この手の出来事をいつまでも覚えていてはいけない。それは役に立たない。思考や興奮、怒りを持ち続けてはいけない。それは健康的ではない！

こういう記憶をずっと持ち続けるのは、再びそれを実際に経験するということだ。

あなたはレコードのように、記憶を何度も何度も再生している。十年前に何かが起きたからといって、いまだに同じレコードを何度も何度も再生している！　それはだめだ！　それは悪い習慣だ。反応してしまうのは悪くない。しかし、記憶を持ち続けるのは良くない。それは賢いことではない！エゴをエゴ、エゴ、エゴと次々に付け足したりせずに、あなたのスピリチュアルな知識を用いなさい。

質問者：マハラジ、真我を実現したあなたでも、怒ったりすることはあるのですか？

マハラジ：最近、アシュラムに来た人がとても興奮していた。彼は個人的な問題を私にぶつけようとした。しかし、私は落ち着いて、彼を鎮めようとした。それは何でもないことだった。彼の八つ当たりは、何の影響も及ぼさなかった！　スワミ・ヴィーヴェカナンダの師、ラーマクリシュナ・パラマハンサが友人と一緒にいたときのことだ。一匹のサソリがそばにいた。友人は「なぜ、あのサソリを殺さないんだ？」と言った。ラーマクリシュナは答えた。「サソリが刺すのは本能だ。自分が何をしているかも知らないのだよ」。もし誰かがあなたを言葉で攻撃しても、ただ忘れなさい。いろいろなことが常に起きるが、そういうことは無視して、忘れなさい！

あなたには分別がある。

あなたは普通の人とは違う。

普通の人はスピリチュアリティについて何も知らない。

もし、あなたが普通の人の性質に同調すれば、あなたたち二人の間には何の違いもない。

四十回唾を吐きかけられたエクナスの話を前にしたね。エクナスは四十回も聖なる川で沐浴しただけでなく、敵を昼食に連れて行った！

不愉快なことが起きたら、ちょっと興奮したり、動揺したり、瞬間的に怒りを感じるのは当然のことだ。しかし、あなたはそれをコントロールしなければならない。そして、次の瞬間には忘れるのだ。

マインドはネガティブな考えを何度も何度も噛みしめるのが大好きだ。夢の中で、私たちは悪いことをしたり、殺人を犯したりもするかもしれない。しかし、その感情や苦痛を取り入れたりはしない。同じように、この人生も夢だ。だから、怒りをいつまでも持ち歩くな。あなたはこの世界から切り離されている。神のエッセンスがあなたとともにある。マスターのエッセンスがあなたとともにある。

本物の帰依、完全なる帰依があれば、
たとえ、怒りたいと思っても、
怒ることはできないだろう。
あなたは実在の中にしっかりと確立されているのだ。

以前、訪問者が私のマスターに向かって叫んだことがあった。訪問者はニサルガダッタ・マハラジの首をつかんだ。彼を試してやりたかったのだ。マスターは静かに落ち着いていた。部屋の中の他の人たちは動揺していた。これは自発的に起こった。

すべての幻想の概念は消えるだろう。これは、ナーム・マントラの効果だ。

質問者：このマントラはニサルガダッタ・マハラジのマントラと同じですか？

マハラジ：そうだ。ダッタトレーヤにまで遡る。このマントラは商業的なものではない。田舎のお医者さんはいろいろな薬をたくさん使う。でも、治療費を請求しない。薬代を請求するのは医学に反すると信じているからだ。同じように、

いかなる金銭的関わりも、
ナーム・マントラをだめにしてしまう。

私たちの系譜は何も要求しない。

私はこの知識を無料で分かち合っている。
しかし私は、あなたが教えに従うことを望み、
あなた自身のために、
このすべての幻想から抜け出すことを望んでいる。

あなたのマインドの奴隷になってはいけない。マインドはいつも要求している。新しい家、車、休日、お金、さらなるお金。

そのお金で何をする気かね？
天国の銀行に全額送金できるのかね？

質問者：多分、天国に一区画、土地を買うんじゃないですか！

マハラジ：何か意味のある供え物をしたいなら、あなたのエゴ、知性、マインドを、ここに私のもとに預けて行きなさい。

139 実感のある静けさ

マハラジ：あなたは今、体に完全に関心がない。自分は体ではないと、あなたは知っている。誰が体の所有者だろう？あなたは誰か？「彼ら」はそれをブラフマン、アートマン、

パラマートマン、神だと言う。それをどんな名前で呼んでも構わない。それにどんな名前を付けようと、あなたはそれを超えている。

あなたはそれを超えている。あなたはそれを超えている。
あなたは空を超えている。

実在を知れば、幻想の概念は自発的に消える。スピリチュアルな知識とは、自分自身を本当の意味で知ることだ。私たちは自分を身体形態として知っている。

この真の知識を得れば、
身体に基づいた知識は完全に消えるだろう。

まず初めに、あなたは瞑想に集中する。そしてゆっくりと上級コースに進んでいく。そこであなたは、自分自身も含めて、すべてを忘れる。

そこには特別な静けさと
特別な平安があるだろう。

質問者：ちょっと話したいことがあるのですが、最近、瞑想している間、マスターたちの臨在がとても強力なのです。昨日はニサルガダッタ・マハラジ、今日はシッダラメシュヴァール・マハラジでした。まるで、マスターたちが修行を手助けし、励ましてくれているような感じでした。道を整え、私を優しく前に押し出すような感じでした。ニサルガダッタ・マハラジはたとえば、ドアを開けて、「入りなさい！」と言いました。彼は手を振って、前に進みなさいと合図してくれました！

マハラジ：マスターたちはあなたを常に助け、導いてくれる。瞑想することで、あなたは自発的に自分の目に見えぬ存在を確認しているのだ。瞑想によって、あなたは自分の特定できないアイデンティティを確認しているのだ。

瞑想によって、
あなたは特定できない実在を確認している。
特定できない実在とはあなたで、
形もなく、体もない。

体に関係したすべての思考、概念は消える。あなたは完全に恐れから自由になる。困難が起きるかもしれないが、あなたは働き続け、責任を果たし続け、いかなる困難もまったく気にかけない。まるで夢の中で演技をしているかのように。

質問者：以前よりも深く、偉大な静けさ、平安があります。実感のある静けさなのです！

マハラジ：特別な静けさ、特別な平安があるだろう。それは、いかなる言葉でも説明できない。

真実は「私ブラフマンだ」を超えている。それを超え、静けさを超えている。これは自己なき自己を通して実現される。自己はない。自己が消えれば何も残らない。これが自己なき自己と呼ばれる。自己の痕跡があるうちは、それを特定できる。しかし、すべてが去れば、特定することも説明することもできない。

質問者：こうやってお話をまた聞いている間に、あなたのおっしゃったすべてのことが、ますます吸収されていきます。とても素晴らしいです！　こうして今、起きていることは、有機的であるように感じます。植物のように育っているのです。

マハラジ：それは私のマスターたちの恩寵によるものだ。

質問者：グル万歳！　私はとても幸せで強いです。修行がますます強く深くなっています。すべてがうまくいっています。

マハラジ：とてもよろしい！　強く勇敢でありなさい。

140 海と一つになる

マハラジ：知っておくべき基本は、真の知識はすでにあなたの中にあるということだ。スピリチュアルな知識はすでにあなたの中にある。あなたはただ、それを甦らせ、幻想の概念を取り除けばいい。そして瞑想はそのためにある。瞑想はエゴ、マインド、知性のパワーを弱める。

変化が起きるだろう。それは自発的な変化だ。
それはすでに内側に組み込まれているが、
あなたは気づいていない。

目に見えぬ静かなる臨在は、存在する前からあった。体が消えた後もその臨在はそこにあるが、観照者も経験もない。臨在は至る所にあるが、私たちは体によって制限されている。あなたがそんなにもたくさんの疑問を抱いているのは、ただ体に執着しているからだ。

質問する者に集中すれば、
答えを見つけられる。
質問が生じる源と、
質問する者に集中しなさい。質問する者とは誰か？

それと同時に、あなたは質問を観照している。つまり、あなたは質問であり、質問する者だということだ。あなたは聞き手であり、話し手でもある。しかし、食物からなる身体のせいで、あなたは自分の真のアイデンティティを忘れてしまった。だから、実在と究極的な真実の記憶を甦らせるために、瞑想が必要なのだ。

　瞑想に加えて、真の知識も必要だ。何度も言っているが、真の知識とは、単に自分自身を本当の意味で知ることだ。だから真の知識を得れば、「私が究極だ。私が最終的な真実だ」という確信も得られる。

確信に続く次のステップは吸収することだ。真の知識は体に吸収される。だから確信とは、あなたは知っているということだ。そして、これが実在へと通じる。「はい、私は実在を知っています！　私はブラフマンだ。私は究極的な真実だ」。しかしそれは、言葉として知っているに過ぎない。それはあなたの自己なき自己の内へと吸収されなくてはならない。

個人はそれを追い求める。
実在の知識は吸収された。
個人は去るだろう。

二元性はもうない。あなたのアイデンティティは消える。すべては無から生じ、無の中へと戻り、溶け入る。

体、
そして私たちが一生の間に見るもの、
無の中の何か、
それは無へと戻り、消え入る。

体を通して、あなたは自分自身を見て、知ってきた。あなたは体だけを通して、幸せと平安を手に入れようとしてきた。しかし今、あなたにはもっと分別がある。あなたは体が自分のアイデンティティではないと知っている。それは食物からなる身体に過ぎず、あなたが食事を与えている間だけ生き延びることができる。

確信は吸収につながるが、
それは一つになるということだ。
すべてが吸収され、
ワンネスと一つになる。

バケツの水を海に注げば、それは海と一つになり、もう切り離すことはできない。それは海になる。だから、吸収されれば、一つになるのだ。たとえそうしたくとも、もう取り除くことはできないし、元に戻すこともできない。

質問者：私がちゃんと理解できたか、確認していただけますか？　まず最初は瞑想と真の知識に取り組むと、確信が得られます。それは自己確信によって得られるだけでなく、マスターに実在を確信させてもらうことで得られます。私たちは実在を受け入れるためにそれに取り組んでいるところですから、これは「進行中」の確信です。

確信を得たら、つまり自分は体ではないと本当に「知った」ら、次は吸収期間になります。つまり、すべての真の知識が体に吸収されるのです。それから、自発的な確信という最終段階があります。これは起きるときに起きます。だいたい、こんなところで合っているでしょうか？

マハラジ：そう、そうだ。合っているが、真の知識はどういうふうに吸収されるのだろうか？　同じことを何度も繰り返すが、瞑想という基本的な修行を行うことで吸収されるのだ。瞑想はマインド、エゴ、知性のパワーを減じる。だから、秘伝のマントラが与えられるのだよ。

マントラを唱えているとき、
あなたは唱える者の注意を引いている。
私の言うことを注意深く聞きなさい！　マントラによって、
あなたは体から注意を逸らし、
唱える者に思い出させている。
自分こそ究極的な真実、
最終的な真実であることを。

マントラを唱えて、継続的に唱える者の注意を引けば、それは……「それが私だ！」になる。

あなたの自発的な臨在は最初、マントラに抵抗する。なぜなら、長いこと体に関係してきたからだ。しかし、今はもうあなたもわかっているだろうが、継続的にマントラを唱え、目に見えぬ臨在、究極の注意を引き続ければ……それは突然起きるのだ。「それが私だ！」この時点で「それ」は即座に世界への関心を失う。

あなたは外側のアイデンティティ、「私」を忘れる。すべてを忘れる。あなたの臨在も忘れる。いかなる身体知識にも関心がない。平安も幸福も必要ない。

そこには自発的な幸福、
自発的な平安がある。
葛藤や恐れがないのは、
「私は決して生まれなかった」
と知っているからだ。

だから前にも言ったように、確信が真の知識の吸収へと通じるのだ。確信した後は、吸収することがとても大切だ。それはある種の合併、一つになることだ。あなたは自分の体を使っているが、そこには何の期待も執着も愛着もない。あなたは自発的に機能するようになる。

確信を得れば自発的に生きるようになり、
すべての行動が意図的ではなく、
自発的になる。
それはシンプルだ。
すべてはあなたの中にある。
すべてはあなたの中にある。
簡単に言えば、あなたは気づいていなかっただけだ。

これはシンプルな知識だが、知的分析や本のせいで複雑なものにされてしまった。これは、あなたの自己なき自己に直接関係している、単刀直入な知識だ。どこかに行って発見する必要などない。発見者自身が究極的な真実なのだから。

発見者自身が究極的な真実だ。

私たちは発見者を求めて、あちらこちらと探していた。探す者、つまり発見者は究極的な真実だが、食物からなる身体によって覆われている。そして長い間、体と関係してきたので、私たちの知識はすべてエゴの知識だ。今、エゴは消えている。消えているのだ。

141 無とは無

質問者：臨在とは誰の臨在ですか？　子供は成長し、意識的になり、うまくいけば徐々に目覚めていきます。臨在とはどのようなものなのですか？

マハラジ：あなたは全世界をどのように見ているか？　子供、男、女、世界をどのように見ているか？　それはすべて、あなたの臨在、あなたの自発的な臨在の反映、投影だ。個別性はない。ただ非常に広大で、至る所に偏在する臨在があるだけだ。私たちはそれに「臨在」という名を与えた。しかし知っての通り、言葉もまた幻想だ。

言葉に巻き込まれてはいけない。言葉の背後に行きなさい。「子供」、「気づき」、「存在」、「意識」などと言うとき、私たちはコミュニケーションの手段として、そういう言葉を使っているに過ぎない。だから、それと同じように臨在も言葉であり、あなたの特定できないアイデンティティへとあなたを案内する。それは、あなたの特定できないアイデンティティを伝えている。

言葉はなく、
存在もない。臨在もない。

臨在について話すとき、私たちはエゴの思考、知的で論理的な思考を用いている。論理もないし、知性もマインドもエゴもない。まったく何もない。

しかし、あなたは無からすべてを見る。
溶けるもの、吸収されるものが何もないとき、
そこにあなたがある。

質問者：では、自発的な臨在とは、言葉によっては定義できないのですか？

マハラジ：言葉は何かを指し示すために用いられるに過ぎない。ただ確信するため、ただ空のような目に見えぬ聞き手のアイデンティティを知るために過ぎない。あなたは空を見る、あなたは海を見る！　それは見ている者の反映だ。あなたのアイデンティティはそれを超えている。超えているのだ。

質問者：誰が目覚めているのですか？

マハラジ：目覚めている者は誰もいない。身体形態に関係したものは何もない。目覚めもない。意識もない。意識の向こう側も、意識を得る前もない。それらは理解するために用いる言葉であり、確信するためのものに過ぎない。私たちはこの世界とは何の関係もない。個別性とも関係ない。こういう説明はすべて、目に見えぬ聞き手、あなたの中の自発的で形のない聞き手の注意を引くためのものだ。

質問者：すべては無から生じ、無に戻って吸収されると、あなたはおっしゃいましたね。では、無とは何なのですか？

マハラジ：無とは無だ！　無は定義できない。無とは無だ。それは定義できない。知識がないとはどういうことだろう？　それは知識がないということだ。前にも言ったように、私たちは生まれていない子供について話をしているのだ！

生まれていない子供について
私たちは話をしている。
何もなく、誰も生まれておらず、
生まれない。

質問者：でも消えた後も、まだ何かが無の中にあるのではないですか？

マハラジ：いいや。無もないし、何もない。消えるものもない。これらはすべて、言葉だ。ことば。また、あなたは身体の情報を通して話をしている。

質問者：そうですね！　でもあなたは、まだ何かがあるとおっしゃいましたよ。すべてが消えて、何もないとき、何かが少し……

マハラジ：言葉は常に、あなたに一杯食わせる！　言葉を文字通りに受け取ってはいけない。確信に関して、「そこにあなたがある」と私は言った。説明するときは、何らかの言葉を使わなくてはならないからだ。

質問者：では、「そこにあなたがある」とは、自発的な臨在のことですか？

マハラジ：そうだ！　目に見えず、名もなく、特定できない、あなたの自発的な臨在がなかったら、あなたは世界を見ることもできない。言葉を分析するのではなく、それが伝えようとしていることに焦点を当てなさいと私は皆に言っている。伝えられたことを、文字通りに受け取ってはいけない。

質問者：ニサルガダッタ・マハラジはこういうふうに言っています。小さな子供だった頃、体や名前と同一化する前、あなたは赤ちゃんのようによく知っていたと。「私は在るの前」の状態、体と同一化する前の状態について、ニサルガダッタ・マハラジは、多くのことを語っていますね。

マハラジ：彼が言っていることも、文字通りに受け取ってはいけない。彼はあなたに臨在を確信させるため、いろいろな角度や次元から臨在を指差しているのだ。

質問者：「私は在るの前」、「体がある前」のことですか？

マハラジ：それは、あなた自身の予想だ。『私は在る』の前は、何があったんだろう？」。こういう予想はすべて、身体形態に関係している。言葉は存在しない。

すべての言葉はそこで終わる。

言語はない。

言葉はない。

「存在」にすら、名前がない。それは言葉では定義できない。すべての疑問は、身体形態により生じる。

質問者：答えは静寂の中にあるのですね。

マハラジ：静寂がすべての質問への答えだ。

142 新たな耳で聞く

マハラジ：知識が存在するには、知る者がいなくてはならない。「知識」と言うには、知る者がいなくてはならない。知識が消えるとき、知る者も消える。知る者には、何のアイデンティティもない。「私はブラフマンだ。私はアートマンだ。私は知識を得た」と言うとき、あなたは自分自身を源から切り離しているのだ。微細なエゴによって、あなたは自分を分離した何者かだとみなす。

知識と知る者が消えるとき、

そこにあなたがある。

知識と知る者が消えるとき、

そこにあなたがある。

知識は知る者に関係している。知る者と知識は、物理的な存在ではない。知る者は物理的存在ではまったくない。

質問者：マントラを唱え続ければ、私のマインドの火が鎮まるだろうと、私は信じています。

マハラジ：「私の」は「私」ではない。『私の』体！」と言うとき、あなたと体は分離しており、別のものだ。「私の」妻、「私の」息子と言うときも、あなたは彼らから分離している。「私の」神、「私の」マスター、これらもあなたから分離している。すべてはあなたの臨在から生じる。あなたは臨在から「私のこれ、私のそれ」などと言っている。

質問者：マインドが去り、体も去ったら、何が残るのですか？

マハラジ：たくさんの言葉、無数の言葉があるが、それはただ理解するためのもの、あなたを注意深くさせるためのものに過ぎない。しかし、

いかなる言葉、世界とも
実在は関係ない。
実在はいかなるものとも関係がない。

マスターはあなたの究極的な真実を差し出している。マスターはあなたに最終段階を伝えている。その段階では、臨在は完全に目に見えず、名もなく、特定できないものだとあなたは知っているので、世界にまったく関心がない。

あなたは知っている！　あなたはよく知っている。しかし、あなたはまだそれを完全に受け入れていないので、それがあなたの人生の苦難となっている。今、あなたはすべてを知っているのだから、真の知識を受け入れ、それを使わなければならない。日常生活において、実践するのだ。あなたには素晴らしい知識があるが、それを行使していない。

この実在を受け入れた瞬間、すべてが消える。私はあなたが自分の実在を受け入れる瞬間について話しているのだ。

ブラフマンやアートマン、パラマートマン、神の実在ではなく、
あなたの実在を受け入れなさい。
あなたは何の形もない実在だ。
あなたは完全に形がない。

私たちの系譜のマスターたちは、究極的な真実の実在、「それがあなただ」をあなたに伝えようとしている！　マスターはあなたの内にあるが、あなたは完全には気づいていない。あなたは自分の重要性、偉大さに完全には気づいていない。だから、ここで私たちがしているのは、あなたに「それ」を見せること、それだけだ。私たちはあなたの偉大さ、あなたの価値、重要性を示し、見せている。

質問者：私は新たな耳で聞いていています。あなたが同じことを何度も何度も繰り返して、私を叩き上げてくだされればくださるほど、実在を受け入れるのが簡単になります。

マハラジ：これは複雑なメッセージではない。私はあなたの真実を簡素化し、あなたの前に置いている。それはブラフマンやアートマン、パラマートマン、神の真実ではない。それらは洗練された言葉、とても洗練された言葉だ。

あなたは自分の足で立つことができる。あなたは障害を負ってなどいない。障害を負っていたこともない。あなたは依存していない。自立している。こういう幻想の支えをすべて投げ捨てなさい！

143 王座に就いた王

マハラジ：モーリス・フリードマンがニサルガダッタ・マハラジのところに来たとき、フリードマンは多くの慈善事業に関わっていた。彼は孤児や動物を助け、その他にもいろいろな社会事業に関わっていた。ある日、ニサルガダッタ・マハラジは彼に尋ねた。「いつまで、他人を助けるつもりかね？ 助けるのはいいことだが、でも自分のしていることによってエゴを満足させてはいけない。自分はいいことをしていると感じては絶対にいけない。それでは内なるエゴが増長してしまう。根源に向かい、そこにとどまりなさい！」

「体を去った後は、誰を助けるつもりか？ 百年前は誰を助けていたのか？」。だから私はいつも、自分の仕事を果たし、エゴを受け入れるなと言っているのだ。真我探究をして、エゴが関わっていないかを確認しなさい。

質問者：真我探究を続けなければならないということですか？ 私はこの人生で瞑想をたくさんしてきましたが、正直なところ、真我探究はあまりしてきませんでした。

マハラジ：真我探究は真我知識に通じ、真我知識は真我実現に通じる。その逆もまたしかり。だから、あなたの問いに対する答えはイエス、真我探究を続けていきなさい。

真我探究を続けていきなさい。

意気地なしではいけない！ すべてはあなたの中にあるが、あなたはそれを見なければならない。

汝自身を知れ！

ライオンのように勇敢になって吠えなさい！ 王のように振る舞いなさい！ エゴのない王のように振る舞いなさい。あなたは王座に就いている王だ。あなたは物乞いではなく、百万長者だ！

質問者：それはいいですね、マハラジ。

マハラジ：あなたは百万長者だが、自分自身の財産、資産を知らない。

マスターという媒体を通じて、この財産、あなたの財産が見せられる。

あなたは百万長者だが、自分の富に気づいていない。あなたはマスターという媒体を通じて、あなたの実在を見せられる。あなたは自分を物乞いだと思っているが、それは幻想だ。マスターはこの幻想を取り除き、実在を見せる。

質問者：マハラジ、あなたは鏡を掲げて、私が羊ではなくライオンであることを見せてくれます。

マハラジ：その通り！ 私たちはシンプルな言葉を用い、簡単な方法であなたに真のアイデンティティを指し示そうとしている。過剰な言葉や本によって、このとてもシンプルな知識が複雑なものになってしまっている。

実際的な人生を送りなさい！　スピリチュアルな話をするのは、とてもとても簡単だ。あなたは体の所有者として、スピリチュアルに生きなければならない。確信があれば、あなたはそのように生きるだろう。マインドやエゴ、知性はあなたの赤ちゃんなのに、なぜそれらの奴隷になるのか？　それらに食事とパワーを与えるのをやめなさい。そうすれば、それらはやがて黙り込み、静かになる。

マインド、エゴ、知性に
食事とパワーを与えるのをやめなさい。
そうすれば、それらは静かになる。

自分自身を確信させ続けなさい。

自分自身を確信させよ！

そうすれば、あなたのスピリチュアルなライフスタイルは完全に変化するだろう。あなたのスピリチュアルなライフスタイルの全体が変化するだろう。誰か他の人が実在について言うことを信じ込んではいけない。自分自身に耳を傾けなさい。他人ではなく、あなたの言うことを聞きなさい。「あなた」とは、目に見えぬ聞き手、あなたのパワーである内なるマスターのことだ。

たった一つの寺院だけを訪ねなさい。
あなたの寺院を。
内なる寺院を。

質問者：この段階において、長年築き上げられてきた心的印象をすべて消し去るのに、瞑想が役に立つのではないでしょうか？

マハラジ：そうだ。あなたは自分の家をきれいに保つためにマントラを唱えなければならない！　この系譜のマスターたちは皆、同じマントラを唱えた。ニサルガダッタ・マハラジ、ランジット・マハラジ、シッダラメシュヴァール・マハラジ、バウサヒブ・マハラジ。マントラはあなたを本来の状態に連れ戻し、真の真我知識へと導く唯一の手段、唯一効果のある方法だ。

マントラを唱えなさい。
そうすれば、あなたの本来の状態に導かれる。

これは直接的なアプローチだ。私たちはあなたの究極的なアイデンティティをあなたに刻み込むため、言葉を用いている。すべての言葉は、メッセージを指し示す。それと同様に、本もまた灯台のようなものだ。その輝く光が、何らかのメッセージを示す。

質問者：マントラの詠唱はすでに、自発的に起きています！

朝、目を覚ますとそこにあり、寝るときまで一日中、継続しています！

マハラジ：そうだ、それは自発的なものだ！　自分自身とあなたのマスターに対する強い信頼を持ち続けなさい。私はあなたの前に、最終的な真実を置いている。その先には何もない。あなたはこれを認めるかもしれないし、認めないかもしれない。

実在を知ったのに、
なぜどこか他の場所に行くのか？

人々はまだ彷徨えるマインドを持っており、奇跡的な経験を求めているので、そういうことが起きるのだ。

この世界には数多くのマスターがおり、あなたのような人たちからお金を取っている。私たちはお金を課したりしないが、皮肉なことに今日の社会では、無料のものには価値が与えられていないようだ。

バウサヒブ・マハラジは言った。「私たちの系譜においては、帰依者から金銭を受け取ってはならない」。ニサルガダッタ・マハラジも一銭も受け取らなかった。まったく受け取らなかった！「西洋人」が来ると、彼は「私は商売人ではない」と言っていた。とても厳格な人だった。

質問者：真実は無料、知識は無料。当然、無料であるべきです！

マハラジ：私たちはあなたを幻想の溝から引っ張り出す努力をしている。しかし抜け出ても、また溝に飛び込む人たちもいる。どうしたものか？

帰る前に、後でここの雰囲気を思い出せるような写真を何枚か撮って行きなさい。それを見れば、実在が現れて、あなたに教えを思い出させてくれるだろう。

質問者：あなたは毎回、いろいろな角度から教えてくださいますね。私はメッセージを理解できるときもあれば、できないときもあるのですが、あなたが違う言い方をすると、「ああ、そうか！」と腑に落ちる瞬間が来るんですよね。それは本当にパワフルです！　でも思うのですが、あなたのメッセージはたった一つだけで、それを私たちが理解できるまで、いろいろな言い方で伝えていらっしゃるのですよね。叩き込んで、叩き込んで、叩き込む！

それに加えて、私たちも自分の務めを果たさなくてはなりません。真我探究を行い、瞑想をして、マントラを唱える。あなたがおっしゃるように、私たちの側からも協力することで、うまくいくのです。これは一方通行の道ではないということを私は理解しています。私も自分のすべきことをして、そしてマスターからさらなる手助けが得られるのです。

あなたの言うように、あなたは弟子を作っているのではなく、マスターを作っているのです。あなたに出会えて、本当に幸せです。最近は、ほんの少ししか中身がない、もしくはまったく中身の伴っていない教師がたくさんいますから。あなたは際立っておられます！ しっかりとした強固な教え。その背後に連なる伝統の系譜。この教えは岩のように強固で、とてもとても純粋で、非常にパワフルです。

アメリカではワンネスへの関心が高まっています。しかし今現在、アメリカや世界各地において、この分野のちゃんとした教師がいるのかは疑問です。あなたに出会えて私は幸運です。ありがとう、マハラジ。あなたにお辞儀をします。

マハラジ：私の師があなたを励まし、（壁にかけた微笑むニサルガダッタ・マハラジの写真を見上げて）「心配するな、私はここにいる」と言っているよ。そこに写真が見えるだろう。私のマスターがあなたに言っている。「心配するな、私はここにいる」と。

彼がパワーを供給し、

そして、私がそのパワーをあなたに伝える。

ここを去り、家に帰ったら、ただ自分が究極的な真実であることを思い出しなさい。

あなたは究極的な真実だ！

144 これは観念ではない――あなたは最終的な真実

マハラジ：乾いた知識は、身体知識の基盤によって把握され、物質的な知識を通して根付くので、実際に具現化されることがない。弟子は直接的な知識を体の中に、体を通して根付かせてはいけない。それは自己なき自己として、自己なき自己によって受け入れられなければならないのだ！ これはつまり、体とは媒体に過ぎないということだ。この媒体を通して、あなたは目に見えぬ聞き手のストーリーを聞くことができる。（手を叩く）

あなたは体や耳、知性を使っているが、この真の知識は目に見えぬ聞き手の実在だという確信を維持しなければならない。これはブラフマンやアートマン、パラマートマンの身体に基づいた知識に関するストーリーではない。

それは、あなたの中の目に見えぬ聞き手の実在だ。

それはあなたの実在、最終的な実在だ。聞き手には形がない。だから、実在を理解するために微細なエゴを用いてはいけない。

質問者：それは、理解するためにマインドや知性を使っているから乾いた知識なのですか？ そして、そういうふうにして、二元性が作り出され、概念となるのですか？ マインドが働いているのであって……

マハラジ：マインドのことは忘れなさい！　マインドには何の臨在もない。それは思考の流れに過ぎない。自己なき自己に真の知識を受け入れさせなさい。

質問者：では、あなたがおっしゃっていることは、知識を超えているのですね？

マハラジ：そう、その通りだ。知識を超えており、言葉を超えている。「超えて」という言葉は、ただ理解するために用いられているに過ぎない。「知識を得る前」、「存在する前」と言うのと同じようなものだ。それらは理解するため、確信を得るため、覚醒するために用いられただけだ。実際は「超えて」は存在しないし、「前」も「無」もない。こういう対話はすべて、実在を伝え、説明するためのものだ。何か疑問があるかね？

質問者：いいえ、まったくありません。修行をしていると、実在にちゃんと根付いているように感じます。

マハラジ：あなたが今までここで聞いたことはすべて、目に見えぬ聞き手のストーリー、実在だ。それは聞き手の究極的な真実、最終的な真実だ。前にも言ったが、しばらくすると修行は自発的、自動的になる。進んだ段階にたどり着くと、すべての真の知識が吸収される。何も残らない。

すべての知識が吸収されると、
何も残らない

質問者：タマネギのように、ずっと皮をむいていくのですか？

マハラジ：一枚目、二枚目、三枚目と取り除いていくと、何も残らない。最終的にすべてが取り除かれると、何もない。すべてが消えると、そこにあなたがある。修行とはすべて、そういうものだ。それは漸進的な段階、目印だ。最終目的地、終着駅にたどり着けば、すべての目印は消える。私たちは目に見えぬ聞き手を確信させるために、ただ言葉を用いているだけだ。

質問者：あなたは言葉を超えた教えを与えているのですね。

マハラジ：あなたは究極的な真実だ。「超えて」はない。

　これは観念ではない。これは概念ではない。
あなたは最終的な真実だ。
あなたが最終目的地で、
そこには始まりもなく、
終わりもない。
　始まりも終わりもない。

「超えて」という言葉を使うとき、それはそこに「何か」があるということを意味する！　何を超えるのか？　そこには何もない！　すべてが終わるところ、すべてが完全に停止するところ、そこにあなたがある。形もなく、あなたがある。

すべてが終わるとき、
そこにあなたがある。
何の形もなく。

しっかりとして、強くありなさい。マインドに圧力をかけたり、知性を緊張させてはいけない。実在はそういうものとは何の関係もない。このアシュラムを去るときは、すべてをここに捨てて行きなさい。すべてをここに預けて行きなさい。本を読みたければ、読めばいい。読み手のことを無視しない限り、それは問題ない。

読み手を無視してはいけない。
目に見えず、名もなき読み手を軽んじてはいけない。

何か、質問や疑問はあるかね？

質問者：修行を始めてから、再び古い習慣や常習癖がたくさん、表面に浮かび上がって来たように思います。

マハラジ：それはいい、とてもいいね。すべてが溶けているのだ。これは溶解のプロセスだ。

内面に多くの変化が現れるだろう。ゆっくりと静かに持続的に、すべての概念が一つひとつ去って行く。そして、説明することのできない特別な幸せ、特別な平安が訪れるだろう。長い間、得ようとしてもがいてきたものを見つけるだろう。前に進みなさい。前進しなさい！　深く、深く行きなさい！

145　開かれた秘密

マハラジ：臨在を追跡することはできない。知識のないことが知識だ。知識のないことが知識なのだ。

質問者：では、私は今、究極的な実在なのですね！

マハラジ：それらは言葉に過ぎない。今、あなたは確信に従わなければならない。あなたはすでにそこにいる。これは開かれた秘密だ。

あなたはすでにそこにいる。

あなたはずっとそこにいたのだ。形も形態もなく。しかし、あなたは気づいていなかった。これは開かれた秘密だ。あなたは常に体のための食事や、マインドのための思考など、何か外側にあるものを探し求めていた。

手に懐中電灯を持って、
暗闇を追いかけていたのだ。

これは開かれた秘密だ。これはあなたの時間だ。今というのは、あなたの時間なのだ。これは絶好の機会だ。完全に専心することがとても大切だ。完全に専心することがとても大切なのだ。それ以上、何が必要だろう？　さらなる説明を探し求めるのはやめなさい。

あなたの偉大さを見なさい！

あなたのスピリチュアルな目を用いなさい。

これ以上、何か発見することなどない。発見者はすでに発見され、明らかにされたのだから。これはスピリチュアリティの結論部分、スピリチュアリティの結論の部分だ。あなたは究極的な真実、最終的な真実だ。あなたは自発的で、自律的だ。

質問者：マスターは実在の底から話すと、昨日おっしゃいましたよね？

マハラジ：そうだ。それは自発的な臨在から、自発的に投影されたのだ。あなたが存在に先立つ、特定できないアイデンティティを認識するにつれ、秘密が明らかにされていく。あなたが認識するにつれ、秘密が明らかになる。

存在に先立つ、あなたの目に見えない臨在。

名もなく特定できないアイデンティティを

あなたが認識するにつれ、

秘密が明らかになる。

何度も言ったが、存在する前、あなたの臨在は目に見えず、名もなく、特定もできなかった。「私」はない。「私」と言うには、誰かがいなければならない。当然のことながら、誰かとは誰でもない。それはすべての人なのだから。あなたは強い確信を持たなければならない。その先には、何もない。

質問者：マハラジ、自分はただ自己なき自己だとあなたが悟ったのはいつですか？　ニサルガダッタ・マハラジとともにいたときですか？

マハラジ：そういうことは忘れなさい！　自己なき自己とつながった後は、グルやマスターに照らし出されて、秘密が徐々に徐々に自発的に明らかになっていく。

質問者：こういう教えは、静かなる、目に見えない聞き手によって理解されるだけでなく、長い道を行く旅人、半世紀近くもの間、探求してきた求道者によっても理解されるのでしょうか？　私たちはこういう教えをもう知っていますが、まだ実行していません。あなたはその代行者です。これはコンピューターのようなもので、新しいプログラムが入っていますが、それを使えるようにするにはボタンを押さねばなりません。マハラジ、あなたがそのボタンを押す人ということでしょうか？

マハラジ：プログラムを使えるようにするには、あなたが自分でボタンを押さなければならない。スイッチはあなたの手の中にある。あなたはスイッチを入れるかもしれないし、スイッチを切るかもしれない。

146 つる植物

マハラジ：ナーム・マントラはとても重要だ。「私は知識を得ましたが、なぜナーム・マントラが必要なのですか？」と人々は言う。それはそれで構わない。でも、

もし、自分自身を完全に知りたいのなら、ナーム・マントラは非常に大切だ。

自分自身を完全に認識したいのなら、ナーム・マントラのプロセスが非常に大切だ。人類はブラフマンやアートマン、パラマートマンなどについて、膨大な知識を持っている。しかし、それは実際的な知識ではない。それは議論のための乾いた知識でしかない。

質問者：ナーム・マントラがなくても、自分には実際的な知識があると主張する人たちがいます。彼らはニサルガダッタ・マハラジの本を読んで、その指示に従うだけで十分だと言います。そして、自分は絶対的な知識、絶対的な状態をナーム・マントラなしで見つけたと断言しています。

マハラジ：それは、究極的な状態を見つければいいという問題ではない。なぜなら、

発見されたものはすべて、身体に基づいた知識を背景として発見されているからだ。

（自分の体を指差して）この中に、身体に基づいた知識がある。それが消えない限り、その上に築き上げられたものはすべて、いつか崩壊するだろう。身体的基盤を消すことが、まず必要だ！

質問者：つまり、身体の土台の上に知識を建てることはできないということですか？

マハラジ：その通り！　ナーム・マントラなしにスピリチュアリティに取り組んでいる人たちが「知識を得た」と言うのは構わない。でも、それは一時的な安らぎをもたらすに過ぎない。

質問者：では、まずは身体知識を消すことが必要なのですね？　そして、そのためにマントラの助けが必要だということですか？

マハラジ：そうだ！　私たちはこのプロセスを経なければならない。偉大な哲学者で政治家だったある人物の例を聞かせよう。その人は七十歳くらいだったが、五、六か月ほど、ニ

サルガダッタ・マハラジとスピリチュアルな事柄を議論していた。ヴェーダやジュニャーネーシュワル、聖ツカラムなど、いろいろな哲学に精通していた。ある日、彼は言った。「あなたの教えは、よくわかります。しかし、それはまだ私の中にしっかり刻み込まれていないのです」

ニサルガダッタ・マハラジはつる植物のたとえを用いて、こう答えた。「壁を這う、つる植物を知っているだろう？つる植物はどうして、ああいうふうに這っているのだろう？それは種を正しい場所に蒔いたからだ。植物は壁の近くで育ち、そして、壁にしがみ付いて支えとして、どんどん強く、高く育っていった。

スピリチュアルな知識もこのように根付かねばならず、マスター、グルだけを通して根付かなければならない。

もし、つる植物の種をどこか他の場所に蒔いても、それが生い茂ることはないだろう」。マスターはあなたの自己なき自己の内に実在という植物を植えているのだ。これは目に見えぬ話し手から、目に見えぬ聞き手へと伝えられる直接的な知識だ。話し手と聞き手は一つの同じものだ。

また別のとき、モーリス・フリードマンがマスターに、真の知識を理解することはできるけれど、それをどうやって吸収し、確立させていけばいいのかがよくわからないと言った。フリードマンはそれを「本当の意味」で理解していたわけではなかったのだ。ニサルガダッタ・マハラジは再び、つる植物の例を用いた。帰依者はマスターに根付かなければならない。マスターが土台であり、支えだ。知識はマスターを通してのみ確立される。

あなたはマスターが言うことに従わなければならない。

最初の段階では、このグル・マントラのプロセスを使いなさい。

あなたのスピリチュアルな知識にとって、それが完璧な土台を作る。

しかし、もちろん、皆が異なる意見を持っている。

質問者：ニサルガダッタ・マハラジは、人々にマントラを受け取って欲しいと思っていたのですか？

マハラジ：いいや。普通の人であろうと、有名な人であろうと、外国人であろうと、誰に対しても、彼は何かをしろと無理強いしたりしなかった。「マントラを受け取って、私の弟子になりなさい」などとは、決して言わなかった。さっき話した政治家のときもそうだったが、それは自発的に起きた。彼は自分で心を決めて「私はグル・マントラを受け取りたいです」とニサルガダッタ・マハラジに言った。ときが経つにつれて、この政治家にとってそれは重要なものとなっていき、必要不可欠なものとなったのだ。

質問者：絶対的な境地にたどり着くのに、何か他の道はあるのですか？

マハラジ：他の道もある。たとえば、聖エーカラヴィアのように（こぶしを握って宙で振りながら）強い帰依があれば可能だ。他のメソッドを使って到達することも不可能ではないが、それは簡単ではない。気軽にスピリチュアルな本を読むだけでは到達できない。

あなたは駆り立てられねばならない。

「はい、私は実在を知りたいです。

知らねばならないのです！」

あなたのマスターが何者であろうと、あなたは完全に明け渡さなければならない。これも非常に重要なことだ。

質問者：もう体の中にいないマスターに帰依するのはどうですか？

マハラジ：彼の臨在が存在せず、存命ではないとしても、非常に強く専心すれば、このやり方も可能だ。しかし、完璧な帰依は稀にしか起きない。いかなる二元的なマインド、二元性の痕跡もあってはならないので、これは難しい。

質問者：ではマハラジ、あなたは人々にマントラを受け取って欲しいのですか？

マハラジ：私は何も無理に勧めたりしない。多くの人が私のところに来るが、私はその人たちにグル・マントラを受け取って私の弟子になりなさいなどと強いたりしない。そういうことはまったくしない。私は彼らに何の隠し立てもせず、すべてのスピリチュアルな秘密を分かち合う。私は何も隠したりしない。私は彼らにすべての秘密を与えている。

そして、この知識が役に立つかどうかを決めるのは彼らだ。深く感銘を受ける人たちもいるが、そうでもない人たちもいる。伝授を重要だと感じる人もいれば、興味のない人たちもいる。皆がそれぞれ違う。それに、各人のスピリチュアルな成熟度にもよる。

147 お金では買えないマントラ

質問者：最近、ニサルガダッタ・マハラジがナーム・マントラに関して述べた一節を見つけました。彼はこう言っています。「あなたの両親はあなたに名前を与え、そしてその名前であなたを呼ぶ。それと同じように、ナーム・マントラもあなたに与えられる。これはあなたの本当の名前、あなたの本当のアイデンティティだ」

また、彼はこうも言いました。「このマントラはとてもパワフルで効果がある。私は、私のグルからマントラを授かったが、その結果、こうして世界中から人々が訪れている。これを見れば、マントラのパワーがわかるだろう」。ニサルガダッタ・マハラジはマントラを非常に重要だと思っていたのですね！　しかしその後、マントラは無視され、ないがしろにされているように思われます。西洋の情報源は、マントラを軽視しがちですからね。

マハラジ：それは本当にあなた次第なのだよ！　あなたがマントラの価値を高く評価すれば、それはあなたを強力に助けてくれるだろう。しかし、気軽に扱えば、何の恩恵もないだろう。何かについての知識を持っている人は、その真の価値を理解しているのだ。

マントラも同様だ。

それぞれの弟子がそれぞれの価値をマントラに与える。

マントラには高い価値があると、私は皆に言う。

マスターの言うことを受け入れる弟子は、

マントラに高い価値を与える。

マスターを完全に信頼している弟子は、マントラにも高い価値を与えるだろう。そして、最も恩恵を受ける。マントラはマントラだ。しかし、それに与えられる価値は非常に異なる。気軽にマントラを受け取る者にとっては、「何の価値もない！」。それはあなた次第だ。

質問者：伝授を受けた翌日か二日後に、私はホールで瞑想をしていました。長年の間、私はあまり瞑想をしていませんでした。車の運転はたくさんしていたんですけどね！　まあそれはともかく、突然、瞑想中に私は再び運転席にいました。見えるものといったら、目の前に現れた泥でひどく汚れた車のフロントガラスだけでした。それ以外にはまったく何も見えないのです！

ところが、「魔法のワイパー」がスムーズに静かに動くと、たった一振りで一瞬のうちにガラスが完全にきれいになったのです。その明晰さは穏やかで、平和で、とてもパワフルで、生き生きとして、理解を超えていました。この変容は言葉では説明できません！　これによって、マントラの驚くべき慈しみに満ちたパワーが明らかになりました。この明晰さは今も続いています。私はとても感謝しています。

マハラジ：マントラを正しく用いれば、内面で劇的な変化が起きていることに気づくだろう。それは自発的な変化だ。それは物理的なレベルと精神的なレベルで起きる。スピリチュアルな経験も起きるだろう。

しばらく瞑想を行うと、三種類の経験が起きると賢者たちは言う。視覚、聴覚、触覚を通じた三つの経験だ。あなたは肉体的な形をとったマスターの姿を見るかもしれないし、マスターが話しかける声を聞くかもしれないし、マスターに触れられるのを感じるかもしれない。

こういう種類の経験が起きるかもしれない。

しかし、それらは究極的な真実ではない。

それらは漸進的な段階だ。人それぞれ、段階は異なる。

そこで立ち止まってはいけない！

奇跡的なパワーを経験することもあるし、自分の言ったことが、その後まもなく本当に現実になったりするかもしれない！　パワーがあなたの中に甦りつつある。しかし、それも究極的な真実ではない。そこで立ち止まってはいけない！

変化が自発的に起きるだろう。それが究極的な真実につながる。「ああ！」。完全に穏やかで、何の願望も誘惑もない。ただ、「オーム、シャーンティ、シャーンティ、シャーンティ」、それだけだ。これが最終段階だ。あなたの活動は平常通り行われる。しかし、そこにはエゴがない。「私」はどこかに去った。過去は忘れなさい。過去は忘れるのだ。ここで今まで聞いたことは、あなたのストーリーだ！

148 死

質問者：死について、どう思われますか？

マハラジ：誰が死んでいるのか？　死とは誰のためのものか？　死は幻想だ。なぜ、死について話すのかね？　それより「あなたは誰か」について話す方がいい。その方がずっと大切だ。今、チャンスがあるうちに見つけ出しなさい。自分自身に「私は誰か？」と問うのだ。死の概念はゆっくりとあなたに忍び寄る。そしてある日、好むと好まざるとにかかわらず、体を去らねばならない。これは明らかな事実だ

体には時間の制限がある。しかし、あなたは体ではない。あなたは生まれていない。私たちは毎日、誰かが死んでいると聞く。

目を覚ましなさい！

体を去るときが幸せなときとなることを確認する

絶好の機会だ。

質問者：バウサヒブ・マハラジが最期のときに、手を叩いて、とっても幸せだったという話を、二、三日前にあなたは聞かせてくださいましたね！

マハラジ：

誰が死んでいるのか？　誰が生きているのか？

汝自身を知れ。

私はあなたの記憶を新たにしているのだ。この死への恐れは、あなたが自分を体と結び付けたことにより生じた。そもそもの始めから私たちは、自分が生まれ、そしていつか死ぬことを信じるように条件付けられてきた。そして、私たちはこの情報を盲目的に事実として受け入れた。私たちはあまりにも強く体に執着してしまったので、今ではそれを手放すことを恐れている。自由になるのはとても難しいと思っているのだ。

大勢の人が、スピリチュアルな知識を持っていると主張する。「私は体ではない」、「私はブラフマン、アートマンだ」と言う。しかし、事故や病気など、何か予期せぬことが起きたり、死の床で苦しんでいたりすると、こういう真理はまるでただの自己暗示に過ぎなかったかのように、すべて消えてしまう。そして、ただ恐怖で震えていることしかできないのだ。私は一般的な話をしている。これはつまり、「私は体ではない」という確信はまだ根付いていなかったということだ。それは本当の確信ではなく、あなたの「スピリチュアル」な知識は本当の真我知識ではないのだ。土台のどこかにひびがあるのだ。

質問者：では、ひびがないと確認するには、どうしたらいいのでしょうか？

マハラジ：そのためにマスター・キーがある。ナーム・マントラを使い続けなさい。これはいい保険になる。自分自身を完璧に知りたいのなら、ナーム・マントラのプロセスがとても重要だ。私があなたにあげたこのマントラは、ダッタトレーヤから始まったもので、千年の歴史がある。それは言葉以上のものだ。その背後には科学と長い歴史がある。人類はブラフマン、アートマン、パラマートマンについての膨大な知識を持っているが、それはすべて議論と娯楽のための乾いた知識に過ぎない。

身体に基づいた知識は、（体を指差して）ここにある。

体に基づいた知識が消えない限り、
その上に建てられたものはすべて、崩壊する。

質問者：砂の上にお城を建てるようなものですか？

マハラジ：「ナーム・マントラがなくても、私には知識があります」と言う人たちは、それで構わない。しかし、彼らの知識はまだ鎮痛剤のような役目しかなく、おそらく一時的な安らぎをもたらすものに過ぎない。ミルク（知識）は、その辺にふんだんにある。しかし、その中にほんの一つまみでも塩を入れれば、それはすべてだめになってしまう。つまり、ほんの少しでも疑いがあれば、それが小さな振動を生み出し、ひびを作る。そして、徐々に地震が起きて、建物全体が崩壊するのは時間の問題だ。

ナーム・マントラを唱えれば、とてもしっかりとした、いい土台、いい出発点となる。私たちの土台はとてもしっかりとして強固なものとなるので、何かに影響を受けることもない。百パーセントの保証付きだ！

質問者：では、瞑想は私たち皆に処方される薬なのですか？

マハラジ：前にも言ったが、ナーム・マントラを使って瞑想するのは、「慢性的な幻想に対するアンチ・ウィルスソフト」のようなものだ。すべての身体知識を消し、あなたのハードディスクから幻想を取り除いて空っぽにするには、ナーム・マントラが必要だ。マントラはすべてをきれいにするだけでなく、あなたに実在を思い出させることによって、あなたのパワーを甦らせる。「私はブラフマンだ。ブラフマンが私だ」

あなたの人生のすべての瞬間がとても貴重だ。それが繰り返されることは決してない。今こそ、あなたの土台が強固なものかどうかを確かめるときだ。見なさい！　調べなさい！　発見しなさい！　まだ疑いが残っているだろうか？　今、真我探究をしなさい！　ぐずぐずして、最期の瞬間まで先延ばしにしていたら、ときすでに遅しということになる。

これは長い夢、長い映画だ。

あなたはその製作者、監督で、

あなたの人生の建築家だ。

あなたの映画の最後のシーンをどうするかは、

あなた次第だ。

質問者：つまり、最期のときがどうなるか、最後のシーンのシナリオがどうなるかは、完全に私たち次第ということですか？　私たちは至福に満ちて空の彼方に行くか、もしくは恐怖に震えながら、飢えた死神の餌食《えじき》となるかもしれないのですね。

スムーズに退場したいのなら、今すぐ真剣に自分自身と向き合い、自分の知識が「うわべ」だけになっていないかを確かめねばならないのでしょうか？

マハラジ：それは完全にあなた次第だ。真我知識は実際的でなければならない。つまり、体を去るとき、あなたは恐れから自由でなければならない。あなたの気を散らす執着が、少しでも残っていてはいけない。私はこれを何度も何度も叩き込んでいる。

あなたは体ではないし、体だったこともないし、

体であり続けることもない。

これは明らかな事実だ！

だから、この真実を受け入れなければいけない。

あなたが体ではないのなら、あなたは何なのだろうか？あなたは生まれていない。自分で見つけ出しなさい。そうすればわかる。自分は体とは何の関係もないということが、本当にわかる。識別力を用いなさい。見て、よく考えなさい。あなたの存在について、真剣に考えなさい！

あなたの存在は、それ自身を知らない。私はそれについて話をしているのだ。私は短く直接的な言葉を使って、究極的な真実のはっきりとした図をあなたの前に置いている。中間物は何もない。人々を確信させるために、私は言葉を用いなければならないが、言葉がなかったら、あなたをどうやって確信させることができるだろう？

誰も考えていない。誰もがすべてをただ盲目的に受け入れている。あなたの弱点を見つけ出しなさい！　あなたは自分の弱点を、誰よりもよく知っている。自分の立っている地盤がぐらついていないか、確かめなさい。おそらく、あなたはスピリチュアルな本をたくさん読んできたことだろう。おそらく、あなたには大切な信念があり、自分は準備ができていると思っているだろう。それはいいことだ。しかし、はっきりさせておきなさい。確認しなさい。

質問者：つまり、私たちは自分自身を試し、実在の上にしっかりと足を着けているかを確認しなければならないということですか？

マハラジ：私たちの系譜のマスターたちは皆、実際的なアプローチをとった。自分に四つの質問をしなさい。「私は完全に恐れがないだろうか？　私は完全に安らかだろうか？　私は完全に幸せだろうか？　私は緊張がないだろうか？」。これらの質問に「ノー」という答えが返って来たら、あなたの努力や知識はすべて無駄だったと思われる。あなたが買った通貨は、偽金、偽札だとわかったのだ。（くすくす笑う）

手遅れになる前に、自分に尋ねなさい。「私はどこに立っているか？」。体の終わりのときが近付くまで待つよりも、今、こういう幻想のお化けに直面しておいた方がいい。そのときまで待っていたら、あなたは「ああ、どうしよう」と恐怖に震えているだろう。そこに平安はなく、ただ恐怖があるだけだ。

質問者：はい、わかります。本当のスピリチュアルな知識、真我知識は実際的でなければならないのですね。それは、日常生活で実践されなければならないのです。あなたがおっしゃるように、単なる理論的、知的な知識のままだと、それは基本的に意味がありません。

マハラジ：誕生も死もないことを、あなたは知っている。自分が生まれていないことを、あなたは知っている。実在を知れば、この圧倒的な恐れには何の基盤もないことがわかる。この、「誕生」のときからあなたについて回ってきた恐れは、大きな幻想だ。今、風船は割れた！

あなたは風船を割った！

質問者：恐れはすべて、より大きな恐れ、死への恐れに根付いていることに、私たちは気づきます。そして、その死への恐れは身体的な概念、身体知識に過ぎないので、何の基盤もないでたらめなのです。

なぜ、自分が今笑っているのかわかりませんが、私たちが何十年も背負い込んできた、死にまつわる恐れという重荷はすべて、まったく必要なかったのだとわかりました。何て無駄なことをしてきたのでしょう！　私たち、もしくは私は、この巨大なモンスターを遠ざけるために、すべてのエネルギーを費やしていました。そもそも、そんな怪物は存在していなかったというのに。いやはや！　それはもういなくなりました。幻想は消えつつあります。時間はかかりましたが、今、気づいてよかった。

マハラジ：真我探究は、真我知識と真我実現につながる。本当の真我知識はとても重要なものなので、それがないと最期のときは痛みに満ちて、慈悲のないものとなる。

自分自身にこう尋ねなさい。「私はどうして死を恐れているのだろう？」。実在を理解しない限り、この恐れはざわめいて、増殖するだろう。死のときに恐れのない状態が、本当の知識、実際的な知識、究極的な真実だ。（温かくほほ笑む）

注意深くありなさい。

そして、幸せで安らかな瞬間のために準議しなさい。

それが真剣な探求者のゴールだ。

質問者：大いなるマハーサマーディ！　ありがとうございます、マハラジ。

149
あなたは神に先立つ

マハラジ：シッダラメシュヴァール・マハラジはこう言っていた。「あなたが一歩前に踏み出たら、私はあなたの足を持ち上げて、あなたのために次の一歩を踏み出させてあげよう」。一方通行の愛は効果的ではない。双方に愛がなくてはならない。あなたは自分のマスターを深く信頼し、忠実であり続けねばならない。

シッダラメシュヴァール・マハラジが亡くなって何年も経った後、ニサルガダッタ・マハラジはよくこう言っていた。「私のマスターは生きている。肉体的にここにいるわけではないかもしれないが、私のマスターは生きている。私は未亡人ではない」

質問者：ニサルガダッタ・マハラジはまだシッダラメシュヴァール・マハラジと結婚していたようなものだということですか?

マハラジ：そうだ！　ニサルガダッタ・マハラジは最強の信頼を持っていた。あなたのマスターが誰であろうと、あなたは彼を深く信頼しなければならない。そのとき初めて、真の知識が実行に移され、実際的なものとなるのだ。生半可な信用や信頼は役に立たない。

たとえ神があなたの前に現れても、
あなたはそれを認識しつつ否定する勇気を持たなければならない。そして、こう言うのだ。
「いいえ、いいえ、私のマスターはあなたより偉大です。
あなたは私の臨在から
神として現れたのですから」

この確信がなければならない。あなたの臨在がなかったら、神は現れることができない。あなたの臨在がまずあって、それから神なのだ。「私の自発的な臨在から、あなたは神として現れます。私の臨在がなかったら誰が神を見ることができるでしょう?　だから、私はあなたに先立つものなのですよ、神様」。これが確信だ。

この自発的な感覚は冗談ではない。
これはマスターへの強い信頼だ。

グル、マスターは神より偉大だ。カビールは言った。「もし、神と私のマスターが目の前に現れたら、私は神ではなく、マスターに頭を垂れる。なぜなら、私のマスターが私に神を見せてくれたからだ。マスターが『これは神だ』と言えば、私はマスターを信じる。私は自分のマスターを完全に信頼している。神とは何かを私は知らなかったが、私のマスターが『これが神だ』と見せてくれた。だから、私はまず最初に私のマスターにお辞儀する」

気軽なスピリチュアリティは役に立たない。人々は言う。「私はこのマスターに会いに行った。彼は素晴らしかった。それから、また別のマスターのところに行った。この人はもっとよかった」。こういう人たちは訪問者、放浪者、旅行者であり、安定性がない。あなたはこの場所を最終目的地にしなければならない。

マスターが究極的な実在を見せてくれたら、
あなたはそのマスターとともにいなければならない。
そして、マスターに忠実でなければならない。
マスターは母親のようなものだ。

あなたは母親を取り換えたりはしない。

自分はどこにも行く必要がないという確信を持つことは、非常に重要だ。これ以上、見つけるものなど何もないとあなたは知っている。

まだ、他のマスターに会いに行きたいと思うなら、
それはあなたがまだ確信していないという
サインだ。
あなたはまだ放浪し、彷徨い歩いている。

私のマスターが分かち合ってくれたのと同じ知識を、私は分かち合っている。あなた方の中の誰かが究極的な真実に向かってくれたら、私は幸せだ。それが私への報酬だ。実在のマスターになりなさい。単に哲学やスピリチュアリティのマスターになるのではなく。教授は真実について語り、教えるが、マスターは真実を生きる。これは実際的な生きた知識なのだ。

強くありなさい！　マスターに対して、強い信頼を持ちなさい。同じマスターがあなたの中にもいるのだ。

自分はマスターとは違うとか、
分離しているとか、決して考えてはいけない。
マスターは一人しかいない。
マスターとあなたは同一人物だ。

私たちの系譜のマスターは皆、とてもシンプルで謙虚だった。ニサルガダッタ・マハラジは店番をしていた。「私はマスターだ。私はスピリチュアルだ」などと言ったりはしなかった。そんなことはしなかった！　彼は完全に謙虚だった。しかし、

あなたが謙虚になろうとするのを、
エゴが歓迎すると思ってはいけない。

質問者：謙虚であることがとても大切なのですね？

マハラジ：実在を知れば、謙虚になるのは自動的なプロセスだ。実在を知った後、そこにあるのは……そこに残されるのは「私は無、無だ」、これだけだ。

質問者：それは私たちが期待することとは正反対のようですね。長い旅をして、こんなに努力したのだから、いつか王冠をかぶることができるだろうなどと私たちは期待しがちですからね！

マハラジ：確信が自発的に生じ、自分は無だと知ると、あなたはすべてになるのだ。

「私は無だ」
という確信があれば、
「私はすべてだ」ということだ。

注意深くありなさい！　用心していなさい！

質問者：そして忍耐強くあるべきですか？
マハラジ：あなたはこれらのマスターたちのように、強い信頼を持たなければならない。彼らは普通の人たちだったが、彼らのマスターたちから授けられた真の知識と実在をすべて完全に受け入れた。彼らは強い信頼、帰依、専心の素晴らしい見本だ。
質問者：だから、同じことを何度も何度も言って、私たちに叩き込み続けることが大切なのですね。
マハラジ：それが必要だから、私は同じことを言う。
質問者：それと同時に、私も自分を確信させています。でも、あなたにおっしゃってもらうと、とても効果的なのです。
マハラジ：そうだ。でも、あなたもいつも注意深くあらねばならない。だから、バウサヒブ・マハラジは瞑想とバジャンの修行について、明確に詳しく述べているのだ。あなたは究極的な真実である自分の臨在に二十四時間、注意深く気づいていなければならない。終わることのない叩き込みが必要だ。通常の活動も行いなさい。しかし、それと同時に常に「私はブラフマンだ。私はそれだ」とともにいなさい。
質問者：今朝、私たちはニサルガダッタ・マハラジによって書かれた"Master of Self－Realization"の序文を読んでいました。そこで彼は、自分の師シッダラメシュヴァール・マハラジへの帰依と、それがいかに大切で特別なものであるかについて語っていました。基本的に、マスターに完全な信頼を置いていなければ、時間の無駄だということが書かれていました。
マハラジ：そして、自分への強い信頼も必要だ。これがあなたの最後の旅となるべきだ。他のマスターを探しに行きたいという誘惑があってはならない。あなたは安定して、強くあらねばならない。

マスターはあなたの内にある。
自分のマスターを信頼しなさい。
そこに安定を見出しなさい。

質問者：「強くある」とはどういうことですか？
マハラジ：内的に強くあれということだ。断固として、勇気を持ちなさい。ここで聞いていることが真実だと信じ、受け入れなさい。自分自身を確信させ続けなさい。

明らかな真実があなたの前に置かれている。
あなたの真実、
あなたの究極、
あなたの最終的な真実だ。

あなたとともにありなさい！　深く、深く、深くあなたの内に行きなさい。

今日では大勢のマスターがいるので、あなたは気を付けなければならない。自分自身を知って覚醒している適切なマスター、真のマスターとともにいなさい。

自分が真我実現をしていなかったら、
どうして他者を真我実現に導くことができるだろう？

質問者：その通りですね！　それでは盲人が盲人の手を引くようなものです。

マハラジ：適切なマスター、真のマスターを探すのは難しい。ヴィーヴェカナンダは自分に神を見せてくれるマスターをさんざん探し求め、ついにラーマクリシュナ・パラマハンサに出会った。ラーマクリシュナは「あなた自身の中の神」を見せてあげようと言った。私のマスターも同じことを言った。

「私はあなたを弟子にするのではない。
なぜなら、マスターはすでにあなたの中にあるからだ。
私はあなたに、あなたの中のマスターを見せている」

質問者：その話、大好きです！　私たちは同じで、平等なのですね。あなたは私たちを依存させない。私たちが自分自身を見られるように、自分の真の実在を見ることができるように、あなたは鏡の役目を果たしてくださるのですね？

マハラジ：マスターは鏡以上のものだ！　鏡の後ろには、暗闇があるだけだ。鏡は一面しか見せない。

マスターはあなたに全世界を見せてくれる。
後ろも、前も、横も。
すべての面があなたに開かれている。
「明らかな実在」だ！

質問者：完全な信頼を持ってマスターに従えば、少しずつ私もマスターになるのですか？

マハラジ：なるのではない。あなたはすでにマスターだ。

質問者：わかりました。では、覚醒したマスターになるのでしょうか？

マハラジ：気を付けなさい！　それらは私たちによって用いられる言葉に過ぎない。あなたは「私はスーザンになりつつある」などと言うかね？　あなたはすでにスーザンだ。言葉は究極的な真実を指し示すに過ぎず、すべての言葉にはそれぞれ限界がある。あなたの存在はすべての限界を超えているのだ。

質問者：私はまた、ことばの罠にはまってしまいましたね。

マハラジ：これは特別な知識だ。受け取りなさい。マスターの教えを踏まえて自己確信することがとても大切だ。自己確信が非常に重要なのだ。学校で先生がいくつかの数字を示し、それらを足しなさいと言う。あなたは正しい答えを得るため、いろいろな方法を用いて、それらの数字を合計する。

これと同じように、マスターはあなたに真の知識を示す。それを合計して、真の確信、本物の完全な確信にいたることができるかどうかは、あなた次第だ。

質問者：そうですね。私たちはあなたが言ったことをすべて、何の疑いもなく受け取り、それらを合計しているのですね。議論や討論の余地はありません。

マハラジ：その通り。議論の余地はない。ここでは、真の知識を試す必要はない。真の知識は政治的問題でも哲学的問題でもない。それは議論するためのものではないのだ。

ただ知り、
平穏でありなさい。
ただ実在を知り、
平穏でありなさい。

そのためのキーはあなたに与えられた。秘密は明らかにされた。パワーはそこにある。それはあなたのものだ。その鍵は開けられた。あなたはそのとてつもないパワーを使わなければならない。

自分自身をないがしろにして、
あなたの内なるマスターを侮辱してはいけない。

こういうふうに自分自身を確信させなさい。あなたは客船の給仕係だったが、今「船長」に昇進した。昇進した後も、あなたは「イエッサー、何か御用でしょうか?」と言い続けるだろうか? あなたはもう給仕係ではないのだから、そんなことはしない! これと同様に、マスターがあなたにとても重要な地位を与えた。もう給仕係である必要はなく、「イエッサー」と言う必要もない。

実在を知った後は、次のように完全な信頼を持たなければならない。「私のマスターが、私の真のアイデンティティを見せてくれた。私はすべてだ。私は究極的な真実だ」。これは言うまでもないことだ。「私」はない。「あなた」もない。しかし、自発的な確信がある。

自発的な確信がある。
「私」もなく、
「あなた」もない。

150 目に見えぬ臨在から話す

マハラジ：これらの賢者や勇者、マスター、偉大な聖人たちを、身体形態として見ないことが重要だ。彼らが明らかにした秘密は、彼らの実在、彼ら自身のアイデンティティ、目に見えぬアイデンティティから生じた。

明らかにされる秘密は、
彼らの目に見えぬアイデンティティから来るのであって、
身体形態から来るのではない。

彼らの真実は、読み手の目に見えぬアイデンティティに自らを与え、呼びかけ、到達する。

それらは一致する。

それは一つだ。二元性はない。

すべての聖人たちは、彼らの目に見えぬ臨在から話しているのだ。あなたの目に見えぬ臨在も、彼らの臨在と同じだ。

質問者：覚醒するとは、どういう意味ですか？

マハラジ：私は覚醒したのかと、大勢の人に尋ねられる。覚醒とは何だろう？　この質問は見当違いだ。誰が覚醒するのだろう？　誰かが「私は覚醒した。私は悟りを得た」と言ったら、それは思考のない自発的な臨在を指す。

人々は常に、マスターを区別し、比較しようとする。そんなことはやめなさい！　そういうことをするのはスピリチュアリティにとって良くない。比較したりしてしまうのは、あなたが博識で、スピリチュアルな心得が十分にあるからだ。

幾重にも積み重なる知識を
あなたは収集した。

しかし、あなたが話すことはすべて、
究極的な真実ではない。

たとえば、ニサルガダッタ・マハラジと比較してシッダラメシュヴァール・マハラジの教えを批評するのは、明らかにいいことではない。そういう話をしたいなら、ここに来る必要はない。

マスターに対するこのような話を
スピリットは好まない。

前にも言ったが、あなたたちは議論をし、評価をし、比べるためにここにいるのではない。あなたたちは知的だ。そして、帰依者、もしくは弟子でもある。ここに、いくつか問題がある。知的なレベルで考えるのは好ましくない。神や、ラマナ・マハルシ、シッダラメシュヴァール・マハラジのようなマスターたちを、知的に判断しようとしてはいけない。そういうことをすると、あなたとスピリットは引き離されてしまう。

質問者：おっしゃることはわかります。マスターたちは彼らの目に見えぬ臨在から話しているけれど、私たちは小さなマインドによって彼らを分析しようとしているのです。私が言いたかったのは、あなたの臨在も重要だということです。マハラジ、あなたの臨在はとても強力です。それは言葉によるものではありません。

だから、言葉だけがあなたの教えではなく、何かが伝わってくるのです。と言うか、あなたが言うように、聞き手とマスターは一つだということが、何とも説明しがたい方法で経験されるのです。私には難しいですが、あなたなら説明できるでしょう。私はまだマスターではありませんから。

マハラジ：どうして、自分はマスターではないなどと言えるのかね？　あなたはすでにマスターだ。でも、自分の中のマスターのエッセンスにまだ完全に気づいていない。あなたは網を作って、それに絡まっている。障害物などないというのに。あなたは自分自身の思考の網に絡まって被害者となっている。それが唯一の障害物だ。

　聖者やマスターたちは独自のやり方で話し、自分を表現するということを覚えておきなさい。彼らが伝えようとしていたことは卓越している！　マスターたちを比較してはいけない。私たちはラマナ・マハルシやシッダラメシュヴァール・マハラジ、ランジット・マハラジ、ニサルガダッタ・マハラジの身体形態には関心がない。

存在する前、これらのマスターたちはどこにいたのか？

あなたがこれらのマスターたちや神について知り始めたのは、あなたが生まれた後だ。

あなたはマスターのマスターだ。

あなたの存在がなかったら、
あなたはこういうすべての神や
すべてのマスターを認識できないのだから。
あなたの臨在は、すべてのものに先立つ。
すべての神や
すべてのマスターも含めて、
全世界は、
あなたの自己なき自己の自発的な投影だ。

「神」と言うには、あなたの臨在が必要だ。あなたは「神は偉大だ！」と言うが、誰が神にこのような偉大さを与えたのだろうか？　あなただ！　あなたが百点満点を付けたのだ！

あなたが試験官だ。
あなたが神だ。
神は偉大だ。
あなたは偉大だ。

しかし、あなたはシンプルで謙虚でなければならない。

質問者：わかります！

マハラジ：よろしい。でも、あなたはそれを完全に受け入れなければならない。肉体や精神、知性、論理に基づいた理解ではだめだ。身体知識が終わるとき、そこにあなたがある。

マスターはあなたに視力を与える。

あなたの自己なき自己を見ることができるように、
知識のメガネを与える。
全世界はあなたの自発的で目に見えない臨在から投影されている。どこかに行く必要はない。
理解するのはたやすいが、
吸収し、
この知識を確信するのは、
少々難しい。

151 光の輪

質問者：最初のうち、ナーム・マントラを唱えていると、いろいろなことが起きました。経験がたくさん起きて忙しかったですが、その中でも心に残った経験は、マントラを受け取ったすぐ後に起きました。瞑想ホールに座っていたら、荘厳な人の姿がすうっと滑らかに近付いて来るのをぼんやりと感じたのです。
　それはこの系譜の祖であるバウサヒブ・マハラジでした。彼は私の前に静かに安らかに立っていました。瞑想に真剣に取り組むことの大切さについて、暗黙のうちにメッセージが伝わってきました。それから、そのエネルギーは私の中を通り抜け、彼は一瞬のうちに消えました！
マハラジ：瞑想のプロセスの最中、それぞれの帰依者が異なる経験をする。しかし、帰依者はいかなる経験も探し求めてはいけない。そういうことをしても、がっかりするだけだ。もし経験が起きたなら素晴らしいことだが、何も起きなくても、それも素晴らしいのだ！ 光り輝く輪や閃光などを見る人もいれば、体の重みがなくなったり、空を飛ぶ経験をする人もいる。帰依者によって、それぞれ経験は異なる。
　始めの段階では、こういう経験は進歩のサインだ。マントラをちょっと唱えるだけで、エゴの活動が自発的に止まり、真の知識が開かれるのだ。自発的な閃光が起きることもある。たとえ目を閉じていても、太陽よりまぶしい大きな閃光が見えたりするかもしれない。これは「スピリットの光(アートマ・プラカシュ)」だ。
　このような段階を経る人たちもいる。自分に形がないことを理解したり、特別な幸福と平安を経験したり、自発的な笑いがこみ上げてくる場合など、いろいろある。
質問者：そういう経験は、溶解のプロセスの一部なのですか？
マハラジ：そう、溶解のプロセスが起きている。それには直接的な即効性がある。

ゆっくり、ゆっくり、身体的アイデンティティが溶け、
そして、究極的な真実へと向かう。
そこには経験も、経験する者もいない。

瞑想のプロセスの最中に、いろいろな経験が起きる。しかし、それらは最終的な真実ではない。ニサルガダッタ・マハラジはそれらを漸進的な段階と呼んだ。それはいいものだ。

それは目印、
真我の実現へと至る道の途中にある目印だ。
しかし、目印は究極的な真実ではなく、
最終的な真実でもないし、最終目的地でもない。

だから、最終段階にたどり着くまで、あなたはちょっとずつ進んでいかなければならない。ちょっとずつ、ちょっとずつ、ちょっとずつ。ニサルガダッタ・マハラジはそう言っていた。それは漸進的な段階であり、スピリチュアリティの入門者はそれぞれ異なる経験をする。

私のマスターはこう言っていたものだ。「自分の経験を誰にも言うな。なぜなら、それは競争を生み出すからだ。それに、嫉妬してあなたを意気阻喪《そそう》させる人もいるかもしれない」。何らかのエゴの問題が起きることもある。たとえば、あなたが妻に自分の経験を話したら、妻は「私もそういう経験がしたい」などと言うかもしれない。

だから、ニサルガダッタ・マハラジはこの件に関してはとても厳格で、「悟った者は、悟っていない人と、そういう事柄について議論してはいけない」と言っていた。あなたの経験は、その人にとって役に立たないかもしれないし、逆もまた同じことだ。

自分の経験について何か尋ねたいのなら、
マスターに尋ねなさい。
「私はどこにいますか?」と。

自分の経験について、ともかく確認したいなら、マスターに確認してもらいなさい。それ以外の人に確認してはいけない。中途半端な知識しかない人は、あなたを混乱させ、悩ませるだろう。

バウサヒブ・マハラジは人間の行動の心理的な働きを深く理解していた。私たちが確信を得た後、エゴは私たちに気づかれないよう、何とかして再び入り込み、すべてを台なしにしようとする可能性がある。彼はそのことを知っていた。

コンピューターウィルスがあなたのノートパソコンに知らぬ間に入り込み、その結果、あなたのファイルはすべてだめになるかもしれない。だから、バウサヒブ・マハラジはマインドを忙しくしておくためにマントラとバジャンを用いるようにと力説した。あなたは常に注意深くあらねばならない。

パソコンのアンチ・ウィルスソフトを常に使いなさい。毎日、欠かさずスキャンを実行して、パソコンにウィルスが侵入していないかを確かめなければいけない。これと同じように、バジャン、真の知識、瞑想というソフトウェアはすべて、アンチ・ウィルスのプロセスなのだ。

質問者：スピリチュアルな修行は不変不動のものでなければならないのですね。世界は常にさまざまな方法で入り込んで来るのですから。目には見えず、背後からやって来ることもあります。

マハラジ：この五十年間、私は不屈の精神を持った人たちが大勢、溝に落ちていくのを見てきた。ある人は奇跡に心を惹かれ、マスターのもとを去った。彼の最期の日々はとてもとてもみじめなものだった。彼は混乱し、さまざまな神の名前を唱えていた。それに、ニサルガダッタ・マハラジを見捨てたことに対して罪悪感も感じていた。

あなたは自分の自己なき自己と
継続的に接触していなければならない。
あなたの自己なき自己と常に接触していなさい。

自分の仕事をしつつ、常にあなたの自己なき自己と接触を保ちなさい。

質問者：それは、大きな責任ですね。西洋で言うところのフルタイムのコミットメントです！

マハラジ：それは起きる。もし、あなたにニサルガダッタ・マハラジのような強い信頼があれば。

質問者：はっきりさせるためにお聞きしたいのですが、存在する前はすべてが完璧だったのですか？

マハラジ：どうしたら、そういうことが言えるのかね？ 同じことを尋ねた人たちがいたが、そういうとき私は「あなたは推測しているだけだ」と答える。完璧とは何を意味するのか？ それは身体知識だ！ 存在する前、「完璧」はなかった。前にも言ったが、何もなかったのだ！ あなたは自分で理解しなければならない。私はあなたに絵を見せている。そしてあなたも同じものを見るが、それは知性で見るのではないのだ。

ニサルガダッタ・マハラジは二人の男の話をよくしていた。一人が丘の頂上にいて、手を高く上げて振っている。もう一人は丘のふもとにいて、「なぜそんなことをしているんだい？」と尋ねる。丘の上の男は言う。「君もここまで登って来なくてはいけないよ！ 下にいては、この経験はできないから。頂上に来てごらんよ。そうすればわかるから！」

これと同じように、あなたも「下にいては」経験できない。

あなたはこの状態にならねばならない。そうすれば、「なぜ彼は手を振っているのか」がわかるだろう。あなたは今、ただ推測している。

私があなたに伝えていることは、
推論によりもたらされたのではない。
それは聞き手の実在だ。
知的に推測しようとしてはいけない。
それは実在だ。

質問者2：私もお聞きしたいことがあったのですが、馬鹿げた推測でした。自己なき自己、もしくはパラマートマンはそれ自身を知らねばならないということでしょうか？

マハラジ：どうしたら、それがそれ自身を知ることができるのか？　それには形がない。形がないのだ。これは想像、推測だ。あなたは推測して、マインドと知性によって真の知識を得ようとしている。だから、あなたはそれを得ることができないのだ。

質問者3：私は教えを吸収しているように感じます。ちょっと気づいたのですが、真の知識はまず脳の前頭葉に置かれ、そこからさらに深いところに行ったように感じられます。より自然に感じられるのです。想像に過ぎないように聞こえるでしょうけど。

マハラジ：マスターの導きのもと、タマネギの層が取り除かれている。一枚取り除き、そしてもう一枚。そして結局、何が残るだろう？　マスターがどれくらい残るかを教えてくれるかね？　何も残らない！　だから、すべての層が取り除かれる。すべての皮が取り除かれ、何も残らない。

質問者：それはより自然なのですか？　皆は「ニサルガ」、つまり自然な状態について話していますが。

マハラジ：いいや、自然は存在しない。それは完全に確かなものだ。自然はない。自然はなく、それは本物で究極的で最終的なものだ。確信を得るまで、あなたは誤った解釈をし続けるだろう。

鏡を見なさい。
そして、自分の姿を見なさい。
あなたは鏡の中に自分自身を見ることができるだろう。

152
鶏と卵

質問者：あなたのお話を今まで聞いてきましたが、「私は在る」について、まったく言及されないのですね。

マハラジ：なぜ、「私は在る」という文字の世界にとどまらなければならないのか？　あなたは全能の神だというのに。あなたの自発的な臨在には、何の焦点もない。「私は在る」にとどまろうとして努力をすると、微細なエゴが働いてしまう。

再び同じことを言う。こういうスピリチュアルな言葉を文字通りに受け取ってはいけない。それらは、あなたの目に見えず、名もなく、特定できないアイデンティティを指し示している。この幻想の風船、幻想の泡をポンと割りなさい！

あなたは「鶏」を知っているね？　鶏と卵は知っているだろう？　卵の中で、ひよこは固い殻が割れるまで、くちばしで何度もつつく。真の知識というくちばしが、あなたに与えられた。あなたは幻想の輪の中にいる。その知識のくちばしで、あなたは輪の中から出て来る。

知識のくちばしを使って、
あなたは幻想の悪循環の輪の中から出て来る。

小さなひよこは自発的に厚い覆いを破って出るのだ。

質問者：くちばしは殻を打ち破るために使われる真の知識を表すのですか？

マハラジ：究極的な真実は、そのようなものだ。私たちはそれをブラフマン、アートマン、パラマートマンと呼んでいる。その行動は自発的だ。

卵が成熟すれば、
殻の突破は起きる。

卵の殻はとても固い。でも、小さなひよこは何とかそれを打ち破る。それと同じように、私たちの周りも強固な幻想で覆われている。しかし、真の知識、究極的な知識、スピリチュアルな真実がつついて、つついて、ついに外に出る。

究極的な真実とはそのようなものだ。
私たちがブラフマン、究極的な知識、スピリチュアルな真実と呼ぶものが殻をつついて、出て来る。

だから、「私は在る」にとどまることを自分に強いてはいけない。形によって色付けされてはいるが、あなたはすでにそこにいるのだから。存在する前、「私は在る」はどこにあったのか？　「私」はどこにあったのか？　すでに言ったように、「私」とは空のようなものだ。これが実在だ。

私たちはアメリカ、インド、ロンドンといった言葉を使い、この実在に名前を付ける。ブラフマン、アートマン、パラマートマンのような名前を与える。私たちが「私」と呼ぶものは名もなく、静かで、目に見えず、常にそこにあるというのに。だから、それに焦点を当てる必要はないのだ。あなたはすでにある。存在する前の自分の状態にとどまりなさい。

「私は知らない」
の中に開かれた秘密がある。

インドを訪れた外国人の話をしてあげよう。彼はガイドに「誰がタージ・マハルを建てたのですか?」と尋ねた。ガイドは「知りません」と答えた。旅行者は訪ねた多くの場所で同じ質問をしたが、答えはいつも同じだった。「この人たちは誰ですか?」と聞けば、「知りません」と返ってきた。そして近くで死体が運ばれているのを見て「あれは誰ですか?」と尋ねたが、ガイドは「知りません」と答えた。

これはつまり、ガイドはいかなるものや人の名前も知らないということだ。

すべては夢だ。だから、

「私は知らない」

「私は誰が死んだのか知らない」

全世界が「私は知らない」だ。私たちは理解するためにこういうことを言う。存在する前、「私」はなかった。存在が消えた後、「私」はない。この「私」を感じる者はすべて、体を通して感じることしかできない。だからここで、あなたはその「私」や「私は在る」に形を与えている。それには何のアイデンティティもないのだが。

あなたは形のないものに形を与え、
特定できないアイデンティティに、
アイデンティティを与えている。

質問者:「私は在る」はトンネルのような入り口で、鶏と卵の話のようにそれを突き抜けねばならないという印象を、ニサルガダッタ・マハラジの教えから受けました。でも、私の修行はあまり進みませんでした。そして最近、瞑想している間に、こういう考えが浮かんで来たのです。「入口にとどまれ。ドアは開いている」。その瞬間、私は、「ドア」が障害物になっていたことに気づきました。そのことがわかったら、概念のドアが消えました。もうドアはありませんでした。

マハラジ:ドアなどない。壁があるのは、体があるからだ。

質問者:ドアを取り除いたら、私は通り抜けていました。つまり、ドアは消えたのです。

マハラジ:ひよこのように、打ち破ったのだ。マスターはあなたにキーを与えた。ドアを開くのに必要な真の知識を与えた。こういうプロセスはすべて、目に見えない聞き手、読み手の注意を引くためだけにある。存在する前、あなたは自分自身を知らなかった。そのとき、あなたはどんなだっただろうか? あなたは「知りません」と答える。体を去ったら、あなたはどうなるだろう? あなたは「知りません」と言う。それが正解だ。

「私は知らない」を見る者は、
「私にはいかなる形もない」と言う。

あなたの存在も幻想だ。あなたはいつ、存在や非存在、気づきや気づきがないこと、意識といった言葉に出会ったのかね？　これは大きな幻想のフィールドだ。あなたはそのフィールドを彷徨い歩き、幸福と知識をそこから引き出そうとしていた。さあ、今こそ大胆になりなさい！　勇敢でありなさい！　そのフィールドから抜け出て、離れていなさい！

あなたは究極的な真実だ。

完全な停止、ストーリーの終わり。

あなたはマスターの弟子ではなくて、マスターのマスターだ。自分のアイデンティティをよく観察してみると、そこには何も悪いものや欠けているものはない。それは完璧だ。だから外側の服、幻想の服をすべて取り除いて、自分自身を見なさい。あなたは完全だ。

旅をするのはやめなさい！　すべてはあなたの中にある。他人のではなく、自分自身のホームページを訪問しなさい。

自分自身のホームページを見なさい。

自分自身の家をきれいにしなさい。

真実を受け入れなさい！　マスターは言う。「あなたは究極的な真実だ」。その確信が打ち立てられるまで、あなたは戦わなければならない。

質問者：注意深く待つのですか？

マハラジ：待つ必要はない！　それは自然に起きる。

自分は究極的な真実だと受け入れるのなら、待つ必要がどこにあるのか？

確信が生じるまで、確信を得るまで、瞑想の修行を続けなさい。それがすぐ起きる人たちもいるが、すべての心的印象を消すのにもっと時間がかかる人たちもいる。前にも何度も言ったが、

あなたのすべての印象が消えない限り、

自分自身を知ることはできない。

人々は「生きているマスターを見たい」と言う。

あなたが生きているマスターだ。

生きているマスターに会いに行きたいのなら、本物の生きたマスターに会いたいのなら、行きなさい。しかし、そのマスターのもとにとどまりなさい。忠実でありなさい！

しかし、一人のマスターが身体形態を去ると、人々は別の生きているマスターを探し求めるものだ。彼らは常に違うマスターを追い求めている。

集中する者に集中しなさい。

自分自身の生きたマスターを無視するのをやめなさい。

行きたいのなら、どこにでも行きなさい！　でも、いつまで追い求め続けるつもりか？

究極的な実在の直接的な知識の向こうに

行くべき場所などない。

質問者：ここインドにもそういう人たちがいるかもしれませんが、概して私たち西洋人は旅して回り、たくさんのマスターをコレクションするのが好きなのだと思います。それは、大きな鍋にスープを作るための材料をすべて集めて、皆一緒に混ぜるようなものです。

マハラジ：あなたは「自分はこの世界に生きる男だ。私は男の形をとった何者かだ」と考えることで、自分自身を究極的な真実から遠ざけていた。個別性が完全に消えない限り、あなたが自分自身を本当の意味で知ることはできないだろう。

私は目に見えぬ聞き手に、あなたは究極的な真実だということを確信させようとしてきた。

あなたは究極的な真実なのだから、

どこかに行く理由などない。

153 最初の誕生の前、カルマはどこにあったのか

マハラジ：マスターはあなたが実在を吸収できるよう、目に見えない聞き手のストーリーを伝えたいと願っている。しかし、あなたはそれよりもむしろ、洗練された言葉と戯れたい。「ブラフマン」、「アートマン」などといった甘い言葉と戯れたいのだが、それらは私たちによって作られたものだ。それらは身体知識であり、二次的な重要性しかない。確信こそが、欠かすことのできない本質的なものだ。確信がなければならない、完全な確信が。

この真の知識の観点から、

あなたは自分自身に教えなければならない。

あなたがあなた自身のマスターなのだから。

あなたの人生のすべての瞬間がかけがえのない、価値あるものだ。今こそ、そのときだ。盲目的な信頼があってはならない。納得できないものを受け入れてはいけない。生まれ変わりとか前世での誕生、スピリチュアルな誕生、前世のカルマ、未来のカルマなど、たくさんの概念がある。誰のカルマか？ スピリチュアルな科学では私たちは前世のカルマのせいで誕生したと言われている。これについて考えてみなさい！

一番最初に生まれる前、

カルマはどこにあったのか？

カルマはない。ダルマもないし、宗教もない。私たちは文明的な社会を打ち立てるために宗教を作り、形成した。

ここでは、私たちは直接的な知識、率直で端的な知識につ

いて話す。これはあなたの知識だ。しかし、あなたは幻想の環境の圧力下にあるので、それを受け入れるのは難しいと思っている。

ブラフマン、アートマン、パラマートマン、神など、洗練された言葉はすべて忘れなさい。私は何回、同じことをあなたに叩き込んだだろう。あなたのアイデンティティは目に見えず、名もなく、特定できないアイデンティティだ。あなたは生まれていない。死の問題は、決して生じない。

誰も誕生と死を経験しない。

ニサルガダッタ・マハラジがこの問題について話をしたことがあった。帰依者が過去世と生まれ変わりについて尋ねたのだ。彼は答えた。「あなたが生まれたとき、母親のサリーの色は何色だったか？　あなたの前世のことなど忘れなさい！」

「**今回の誕生について話すこともできないのに、過去や未来の誕生について話すことができるだろうか？**」

私たちは盲目的にすべてを受け入れ、署名をして、「はい、はい、私は救済が欲しいのです」と言うのだ。でも救済が欲しいのは誰だろう？　あなたはいかなる束縛からも完全に自由だというのに。

死と誕生はゼロだとあなたは言うかもしれない。しかし、あなたが「ゼロ」と言うのにも、あなたの臨在が必要だ。真の知識はゼロだ。だから、これらすべてを考慮して、あなたは自分の自己なき自己を確信させなければならない。私は体ではないし、体であり続けることもないと確信させるのだ。私は誰か？　私は特定できず、目に見えないアイデンティティだ。そこには誕生も死もない。私はまったく生まれていない。私はこの体を所有しているが、それは究極的な真実ではない。この体は衣服のようなもの、外側の覆いに過ぎない。

あなたの身体的存在が終わるとき、あなたの知識が試される。だから、このように大胆で勇敢でありなさい。「私は死にかけてなどいない。死と誕生は体にのみ起きる。私はまったくもって体ではない。体だったことも、まったくない」。誕生と死は、身体的なものでしかないことを知りなさい。

これはあなた自身を確信させる方法だ。

この方法があなたの自己確信を育てるのだ。

これは開かれた秘密だ。私はあなたの前に、あなた自身の秘密、開かれた秘密を置いている。それはあなたの秘密だ。どのように受け入れるか、どの程度受け入れるかはあなた次第だ。すべてはあなたにかかっている。

ひとたび、この知識を受け取って、確信を得たのに、

まだ、どこか他の場所に行ってみたいという誘惑にかられるならば、注意しなさい。

それは何かが欠けているということだ。

それはマインドのアンバランス、混乱、葛藤を示している。注意深く気づいていなさい！　気を散らすものは至る所にある。ここに聖なる場所がある、あそこに聖なる川がある。人々は数珠の玉を数えながら、「ラム、ラム、ラム」と唱える。なぜだろう？　彼らは玉を何千回も、何十万回も数える。玉は体の一部のようなものだ。彼らは指の体操をしているに過ぎない。


それに、川の中に身動きもせずに立っている人たちもいる。体を傷付ける人たちもいるし、腕が萎えるまで何年も腕を上げ続けている人たちもいる。なぜだろう？　これはすべて幻想だ。あなたは勇気を持ち、大胆でなければならない！

道を踏み外して後戻りし、
自分のマインドやエゴ、知性の奴隷となり、
「ああ、神よ、祝福してください」
と他人に頼んではいけない！

あなたには分別がある！　あなたは今、前よりもよくわかっている。神は概念だと知っている。

神はあなたの臨在がなければ存在できない。

あなたの臨在がなければ、神は存在しない。

あなたには分別がある、ちゃんとわかっている！　死と誕生の問題は、もう二度と生じない。そして、そのときが来たら、その瞬間、あなたは勇敢で、死を恐れないだろう。これは真の知識が確立されたサイン、あなたが知識を確信したというサインだ。その瞬間が来たときに、完全に恐れがなければ、それは本物の確信のサインだ。

「私はいろいろなマスターのところに行きました。本もたくさん読みました」とあなたは言う。よろしい、よろしい。しかし、あなたは常にエゴを、微細なエゴをさらに付け足している。事実はこうだ。
すべてのマスターや本、スピリチュアルな知識も含め、
全世界が、
あなたの自発的な臨在の投影だ。
だから、ニサルガダッタ・マハラジによって正確に表現されたこの一節を繰り返そう。

あなたの自己なき自己以外に何もない。

自己なき自己、自己なき自己だけがある。

これが、すべてのスピリチュアルな知識の骨子だ。

人々は何年も乾いた知識を追い求めて「マスター、あなたの恩寵でお救いください」と言うが、まだスピリチュアルな言葉と戯れており、まだ祝福を乞うている。「マスター、お願いします。あなたの手を私の頭の上に置いて、祝福をください」

あなたの手を自分の頭に置きなさい。
自分自身を祝福しなさい！　自分自身に頭を垂れなさい！

なぜ洗練された言葉の奴隷になるのか？　真剣になりなさい！　自分が学んだことを、もっと真剣に受け取りなさい！　集中しなさい！　罠から抜け出なさい。大がかりな悪循環の輪から抜け出てすべての幻想を手放しなさい。端的に言おう。

あなたは特定できず、目に見えず、名もないアイデンティティだ。
あなたの目に見えず、名もなく、特定できないアイデンティティは、究極的な真実だ。
その他には何があるか？
何もない。

あなたが世界のどこに行こうと、あなたの臨在もそこにあるだろう。世界のどこに行こうと、そこに空がある。

空は空だ。
あなたの臨在は空を超えている。

ワンネスだけがある。分離はない。区別もない。ただ、私が言ったことを思い出しなさい。私たちは延々と話し続けることもできる。私は同じことを違うやり方、さまざまな言葉で何度もあなたに叩き込む。だが今、それはあなたの仕事だ。テニスボールはあなたのコートにある。すべてのパワーがあなたの中にある。

実在の黄金の皿を
私はあなたに進呈した。
あなたはもう二度と物乞いをする必要はない！
あなたは最終的な目的地だ。
すべての道が終わるところに、あなたはある。

究極的な真実にたどり着くために、あなたはいろいろな駅を比較した。そこに行くには、たくさんの選択肢があった。

あなたは今、地図を捨て去ることができる。
地図は忘れなさい！
あなたは終着駅に着いた、
究極的な駅に。

154
確信

マハラジ：親愛なる帰依者よ、あなたは神だ。あなたには死もない、誕生もない、やって来るものも、去るものもない。

質問者：それは励みになりますね！　私はそう確信したいです。確信を得ることは、年を取るにつれ簡単になるのでしょうか？　あるレベルにおいて私たちは死がないと知っていますが、体が病気になるとパニックが始まるのです！

マハラジ：物質的身体の性質を考えれば、そういう問題が生じるのは避けがたい。

ひとたび、実在を知れば、
すべての病気が耐えられるものとなる。

あなたは体に起きていることに関心を持たず、超然としていられる勇気を得るだろう。なぜか？

存在する前、
目に見えぬアイデンティティに病気はなかったからだ。

存在し始めた後、すべての病気の問題が始まった。心理的、肉体的、精神的病気、不幸や抑鬱など、多くの問題が始まったのだ。あなたも知っているように、これらすべてが始まったのは身体知識のせいだ。

もし、自分の究極的な真実に気づいていれば、あなたは「私はこの病気とは関係ない」と言うだろう。たとえ病気があっても、その具合が悪い感覚も耐えられるものとなる。

それは、あなたが完璧さを知っているからだ。

聖者は究極的な真実と一つだ。だから、病気にあまり注意を払わない。

質問者：超然としているのですね。

マハラジ：まったく執着がない。聖カビールが座って瞑想していたとき、犬がどこからかやって来て彼の脚を噛み始めたが、気づかなかった。通行人が「大変だ。脚から血が出ていますよ！」と言ったが、カビールはこう答えた。「犬には好きなようにやらせておきなさい！　私は体とは関係ないから困らない」。究極に没頭していると、こういうことが起きる。

究極に没頭していると、
何ものにも悩まされることがない。

もう一つ、例を挙げよう。ニサルガダッタ・マハラジの奥さんが亡くなった直後、兄弟弟子のガナパトラオ・マハラジが教えについて話し合いたいことがあって、遠くからやって来た。一時間ほど経って話が終わると、ニサルガダッタ・マハラジは「ああ、そうだ！　妻が亡くなったんだ」と言った。

とても困難な状況において、このような勇気を発揮するのは、真の確信のサインだ。どんなに困難でも、どんな状況であろうと、常に自発的な平安がある。

あなたは誰からも何も期待しない。
それがこの知識の特質、重要性だ。

確信があれば、あなたはもう体とは関係ない。そうすると、こういうすべての問題が治まり、つらさも減る。

集中する前、確信する前、私たちは体に非常に多くの注意を払っていた。私たちは嘆き、不平をもらし、「ああ、何て痛いんだ！」と文句を言った。私たちにはたくさん不満がある。しかし、確信すれば、そういうものにほとんど注意を払わなくなる。「私は体ではない」と言うのは簡単だ。しかし、これが実在でなければならない。

それは文字や本のレベルではなく、究極的な真実のレベルでなければならない。

質問者：私の健康問題について、お尋ねしようと思っていたのですが。

マハラジ：あなたにどんな問題があろうと、マスターはそれを解決するためにいるのではない。人々は「マスターに会いに行こう。きっと助けてくれる」と期待する。ときには奇跡や魔法をマスターに期待する。私は健康問題を癒すためにここにいるのではない。社会的な問題や個人的な問題を解決するためでもない。

過去や未来、現在を心配している人たちがたくさんいる。

幸せは過去を覚えていないことから生じる。

過去は去った。現在も去る。過去も現在も未来もない。マインドと知性は、スピリチュアリティには必要ない。ハートに手を当てて、**受け入れなさい。**

「これは私のストーリーだ」

教育も必要不可欠なものではない。ニサルガダッタ・マハラジとシッダラメシュヴァール・マハラジは二年生までしか学校に行かなかった。しかし、彼らは世界的に有名になった。

それはどのように起きたのか？

それは自発的に起きたのだ。

155 旅行はもう必要ない

マハラジ：一人目のグル、二人目のグル、三人目のグル、グル、グル、グル。あなたはいったい何人のグルが必要なのか？　必要なのは一人だけだ。あなたは一人のマスターだけに信頼を置かなければならない。そのマスターに完全な信頼を置きなさい。

あなたは一人のマスターと、百年ともに過ごせるが、もし、そのマスターを受け入れず、完全に信頼しなければ、すべては時間の無駄だ。

あなたは自分自身を完全に信頼しなければならない。そしてそれと同時に、あなたのマスターを信頼しなければならない。どんなグルでもいい。あなたの内なるグル、内なるマスターが一番大切な中心なのだから。「内側」とか「外側」という言葉を用いるのは教えるため、あなたを確信させるために過ぎない。だから再び繰り返すが、私が言うことを文字通りの意味で受け取ってはいけない。あなたの内側の内なるマスター、あなたの自発的で名もない臨在は、膨大な知識を持っている。あなたのマスターはそのパワーを甦らせている。

確信を得た後は、いかなる種類の誘惑もあってはならない。もっと知識を得るために、どこかに行きたいなどという願望があってはならないのだ。私はあなたのような人たちに以前、会ったことがある。彼らはマントラを受け取り、それからどこか他の場所に行く。私は彼らを気の毒に思った。私は彼らを確信させようとして時間を費やすが、彼らは他のマスターのところに行く。悲しいことだが、こういうことが起きる。

千人に一人、真剣な探求者がいるかもしれない。

この向こうには何もない。この知識の向こうには何もない。これは最終的な真実だ。「あなたはブラフマンだ。あなたはブラフマンだ」。私は同じことを毎日、叩き込む。しかし、あなたはそれを受け入れていない。なぜなら、あなたは幻想の世界から出て行きたくないからだ。あなたはそれにとても執着している。

スピリチュアリティのことは忘れてしまいなさい！　体には時間の制限がある。時計の針は進み、いつの日か、好むと好まざるとにかかわらず、あなたは体を去らねばならない。これは明らかな事実だ。

死の概念は、常に、どんどん近付いている。

あなたはいつまで彷徨い歩くつもりかね？　あなたはもう旅行者ではない。あなたは最終目的地、終着点なのだから。もう旅行は必要ない！

質問者：人々は自分自身から逃げているのではないかと思います。だから、彷徨い続けるのでしょう。

マハラジ：十万人に一人、スピリチュアリティについて考える可能性があり、一千万人に一人、実在を確信する可能性があると言われている。つまり、それくらいの人数が実在を確信しているかもしれないということだ。

質問者：完全な確信はとても稀なのですか？

マハラジ：それは、あなたが自分の個別性を無視しないから、自分の実在を受け入れないからだ。だから、私が何を言っても、それはごみ箱行きだ。

個別性に注意を向けている限り、

あなたは自分の実在を受け入れることはない。

そして、彷徨いたいという願望は続く。

質問者：それは、人々がなかなか変わらなかったり、なかなか変化を起こせないからですか？

マハラジ：違う！　人々は自分の中に変化を起こしたくないのだ。彼らはあまりにもたくさんの思考に影響されている。

質問者：習慣ということですか？

マハラジ：習慣ではない。それは幻想の土台だ。私は彼らを幻想の溝から引き上げてやろうとしているのだが、彼らはまだ、そこに飛び降りて戻りたいのだ。

質問者：溝にいることに慣れて、あまりにも心地よくなってしまったからですか？

マハラジ：これはシンプルな実在だ。私はそれをシンプルなものにしようとしているのだ！

質問者：では、この変化を起こすパワー、私たちが再び溝に落ちないようにするパワーとは何なのですか？

マハラジ：それは、あなたは完全な確信を持たなければならないということだ。あなたは実在を、あなたの実在を受け入れなければならない。マラティー語にこういう重要な言葉がある。「実在を知ったら、完全な信頼、強い信頼を持たなければならないとマスターは言う」

「私のマスターは私のアイデンティティを見せてくれた。**私はすべてだ。**

言うまでもなく、私は究極的な真実だ」

「私」はない。「あなた」はない。しかし、自発的な確信がある。あなたは自分自身のスピリチュアルな知識の建築家、自分自身のスピリチュアルな知識の建築家なのだ。私はあなたに、秘密を明らかにするキーを与えた。

あなたはキーを持っている。

あなたはパワーを持っている。

あなたは今、そのパワーを使わなければならない。

質問者：入手可能なすべてのスピリチュアルな本から、できる限り多くのことを学んだ後は、グル捜しが始まります。私たちは覚醒したマスターによるダルシャンの恩恵を受けたいと願うのです。

マハラジ：そうだ。それは確認するため、確信するためだ。多くの人が何らかの覚醒の経験をする。しかし、それは身体に基づいている。そういう人たちと話すと、彼らはスピリチュアルな知識について誇らしげに語る。ただ穏やかに静かにしている人は特別な人だ。そういう人は完全に穏やかで静かで、誘惑に負けることもない。「オーム、シャーンティ、シャーンティ、シャーンティ」。興奮もなく、個別性もなく、探求もない。

質問者：覚醒とは何を意味するのですか？

マハラジ：それは、あなたの中に真の知識が完全に確立されたという確信があることだ。もし誰かが「主クリシュナがあなたの前に立っているよ」と言っても、あなたは誘惑にかられない。あなたは無関心で、興味がない。もし誰かが偉大な神がそこに立っていると言っても、あなたは何の注意も払わない。

これが覚醒のサインだ。
なぜなら、あなたは主クリシュナや、
いわゆる神々は、
あなたの自発的な臨在の投影だと知っているからだ。

この確信があるのに、それ以上何かを見つけようとして興奮する必要があるだろうか？

これは自発的な確信だ。
すべての探求が終わるとき、そこにあなたがある。

何年か前、ある婦人が私に会いに来た。彼女は哲学博士で、いつもあちらこちらに旅をし、あれやこれやと探求していた。彼女は素晴らしい経験、奇跡的な経験をいくつかしたこともあった。私は彼女に言った。「探求をやめない限り、悟りの状態にはたどり着けないだろう」。彼女は泣いていた。本当に泣いていたのだよ。そういうことが起きる。私は彼女を批判しているのではない。ただ、そういうことが起きるのだ。

あなたにはスピリチュアルな知識がたくさんあるかもしれない。しかし、それには安定性がまったくない。「はい、これでいいです」という安定性がなければならないのだ。あなたは自分が目的地に着いたことを知っている。もっともっと経験したいと探し続けてはいけない。

あなたの探求は終わった。
これが終着駅、
終点だ。
この知識、実在が確立されないと、
旅を、
探求を、
いわゆるマインドによって続けさせられることになる。

質問者：まさしくおっしゃる通りです。

マハラジ：だから体の、微細な体の一部であるマインド、エゴ、知性が完全に消えていないと、この手の後戻りが起きるのだ。

多くの人が素晴らしい知識を持っており、自分がブラフマンだと知っている。しかし、実在が確立されていないので、不安定になる。土台が正しくないと、建物は崩壊する。小さな地震でも起きれば、壊れてしまうのだ。地震とは小さな疑いのことだ。その小さな疑いによって、あなたはすごろく遊びのように、いともたやすく振出しに後戻りしてしまう。

質問者：ゴールの一歩手前から振出しに戻るのですね！

マハラジ：（笑いながら）一回、「戻る」のコマに止まれば、あなたは後戻りしなければならない。疑いが一つあれば十分だ。あなたは牛乳（知識）をたくさん持っているが、一つまみの塩を加えただけで、味は台なしになる。たった一つの小さな疑いから、問題が生じる。あなたは自分自身を確信させなければならない。あなたが建築家であり、マスターなのだから。それは自己を明け渡すこと（アートマ・ニヴェダナム・バクティ）だ。あなたはすべてを明け渡さなければならない。完全に明け渡せば、何も残らない。「あなた」はないし、「私」もない。あなたは自分自身の足で立たなければならない。理論と実践は常に異なるものだ。

　前にも言ったように、ニサルガダッタ・マハラジやシッダラメシュヴァール・マハラジのような聖者はすべて、ほとんど教育を受けていなかった。しかし、彼らにはシンプルで深い帰依があり、それだけで十分だった。

　シンプルな帰依で十分なのだ。ニサルガダッタ・マハラジはよく言っていた。「シンプルな帰依者はすぐに完璧になることがあるが、知的な経歴を持つ帰依者は常に知的、論理的に考え、比較をし、『これはなぜだ？　あれはなぜだ？　なぜ？　なぜ？　なぜ？』と尋ねる」

質問者：頭がいい人というのは、とても有能で、マインドなどを用い、脳を常に働かせている人というイメージですね。

マハラジ：完全な謙虚さがとても重要だ。完全な明け渡し。外側の力が常にあなたの気を引こうとするだろう。体の中にいる限り、私たちの生活には名声、金銭、セックスという三つの誘惑がある。生涯かけて帰依してきた聖者のような人たちも、大勢が堕落してしまった。

　ここでは、私たちは直接的な知識を与える。とても直接的な知識だ。しかしそれでも、ここに来た後もまだ旅をし続ける人たちがいる。彼らはスピリチュアルな旅行者だ。やって来ては去り、やって来ては去る。

質問者：典型的なインド旅行者ですね！

156　悪ふざけはやめる

マハラジ：このアシュラムに来て、インドの至る所に行ったことがあると話す人たちがいる。ヨーロッパから来たある帰依者は、数珠を持っていた。彼女はいつも数珠の玉を数えていた。私は彼女に言った。「あなたはもう子供ではないのだ。『ラム、ラム、ラム』と唱えて、何になるのか？　それは時間の無駄だ」

スピリットは「ラム、ラム、ラム」と言っている。

しかし、あなたは「それ」を数えることができない。

あなたは「それ」を数えることはできないのだ。

数珠を数えたりするのは、ただの娯楽だ！　人々は「私は千回数珠を数えました」と言うが、それをしながら彼らは微細なエゴを付け足しているのだ。私はそういう人たちに、あなたたちはもう子供ではないと言う。

あなたは数える者を無視している。

私の言うことが気に入らなければ、彼らはどこか他の場所に行って、数珠の玉を数え続ける。

気を散らすものはどこにでもある。実在を知った後は、どういう人たちと交わるかに気を付けなさい。悪い仲間に交われば、再び影響を受けて幻想に戻ってしまうかもしれない。中途半端な知識しかない人たちは、あなたの気を散らせる。

ここで実在を知った後は、

どこか他の場所に行く必要はない。

人々がやって来ると、私は彼らを確信させようとする。ここを去った後、音信が途絶える人たちもいる。彼らの中の幾人かは修行を続け、マスターに忠実だと思う。

確信を得たら、誰と付き合うかに気を付けなさい。マインドは本物で、ブラフマンは存在すると彼らはあなたに言う。過去のカルマや未来のカルマ、プラーラブダ、生まれ変わり等々があると言う。そして、あなたは知らぬ間にサーカスに再び参加し、メリーゴーランドに乗ってふざけ回る。

あなたをこの悪循環から抜け出させるため、

私は最善を尽くしている。

しかし、再びあなたは溝の中に飛び込みたがる。

悪ふざけはやめなさい！

質問者：ご存じでしょうが、西洋ではちょっと事情が違います。一般的に言って、若い人たちもスピリチュアルな事柄に関心を持ちますが、それにだけ興味を持つわけではありません。もちろん例外はありますが、一般的により年配の人たちの方が真剣に取り組みます。

マハラジ：皆が「ナーム・マントラをください」と言う。何か奇跡や魔法のような変化を期待しているのだ。だから今では、何らかの規制を設けることにした。誰にでもマントラを与えるつもりはない。まずは、その人の信頼度を確認する。

まず最初に、マスターによって疑いを取り除かねばならない。以前、確信を得ていたというのに、輪の中に、夢と幻想の溝の中に戻ってしまった人がいた。それは、疑いが取り除かれていなかったからだ。私は同じ直接的な知識を皆と分かち合っている。私たちはここで、かくれんぼをして遊んでいるのではない。これはあなたの時間なのだ。あなたの人生のすべての瞬間がとても、とても重要だ。それはもう二度と戻ってこない。

あなたは自分が究極的であり、最終的な真実であり、最終目的地だと知っている。

実在に注意を払いなさい。

あなたの実在をないがしろにしてはいけない。

あなたは自分の知性を試し、私の知性を試すために、議論をしにここにやって来る。スピリチュアルな娯楽のためにやって来る。あなたは私の知識を試し、自分の知識で私を感心させたい。人々はここに来て、ただ自分の知性を用いて本の知識を伝えたいだけなのだ。

同じことが、ニサルガダッタ・マハラジにも起きた。人々はエゴとともにやって来て、自分は頭がいいと信じ、それを見せびらかしたいのだ。彼らは自分がマスターよりもよく知っていると証明したい。彼らには帰依がない。

質問者：西洋には帰依や、帰依への理解があまりありません。「天国の神」という概念を崇拝している人たちは別ですが。

マハラジ：自己なき自己への帰依がない。

自己なき自己について考えることさえ、非常に稀だ。

おそらく、千人に一人くらいしか考えないだろう。

世界中から訪問者がここにやって来る。彼らは創造主について語り、さまざまな神やマスターについて議論する。それは乾いた議論だ！

彼らは何も知らない。

彼らは質問と疑いでいっぱいだ。それらは彼らが読んだ本や経験、いろいろなマスターから聞いた知識から来ている。彼らは混乱の世界にいる。私は常に言う。「何か疑いがあるなら、頷いてはいけない」。あなたは「はい、はい」と答えるが、心の内では「いいえ」、「よくわからない」と感じている。でも、あなたは何も言わない。

すべての疑いが取り除かれなければならない。

そうでないと、あなたはそれを持ったまま、旅を続けることになる。

あなたの旅の日々は終わった。あなたはそれを知っている。

質問者：その通りです、マハラジ！

第三部　真我実現（SELF−REALIZATION）

157 チョコレートを噛みしめる

マハラジ：あなたはマスターに対して強い信頼を持たなければならない。強い信頼、強い帰依だ。あなたは生きたマスターだ！　完全に集中して信頼すれば、あなたは自発的な知識、実在を得る。強い信頼がとても重要だ。これは真の知識を吸収する唯一の方法だ。人々は常にマスターを変えている。そういうことは、起きてはならない。

すべてのマスターの中で、
あなたの中の神をあなたに見せてくれるマスターが、
偉大なマスターだ。
彼は他のマスターたちから抜きん出ている。

確信を得たら、あなたは実在をずっと維持していかなくてはならない。あなたはわかりました、わかりましたと言うが、このアシュラムを去った瞬間、何かがあなたの中に侵入しようとするだろう。だから強く、注意深く、不変不動でありなさい。規則正しく修行をし、決然として、勇敢でありなさい。

スピリチュアルな木の根が育つには、
長い時間がかかる。
しかし、その木を切り倒すには数分しかかからない。

質問者：進んだ段階においても、私たちは規律正しく修行を続けて、否定的な影響を与える人や、動揺させる人とは付き合わないようにするべきだということですね。苗木はまだ赤ちゃんだから、簡単に引き抜かれてしまいます。

マハラジ：この知識は特別な知識だ。それを完全に吸収、消化しなければならない。実在があなたの中に植え付けられた。実在という植物があなたの中に植え付けられたのだ。次は、それに肥料をやって育ててやらなければならない。帰依と瞑想という肥料をあげなさい。何か植物を植えたら、水と肥料が必要だ。

私はあなたに果実の木の苗をあげた。
だから、あなたはその世話をしなければならない。
もし、水と肥料をあげなかったら、
それは死んでしまうだろう。

だから、よく管理してあげなさい。そうすればいい結果が得られる。豊かに果実がなるだろう！

瞑想とバジャンを続けなさい。バジャンのリズムがヴァイブレーションを生み、それによって「知られていないもの」が「知られる」。この自発的な存在、臨在はあなたに知られていないけれど、知られるようになる。バジャンのヴァイブレーションから、あなたは知られていないものを知るようになるのだ。

あなたは知られていないものを知るようになる。

今、あなたは確信を得たのだから、世界で何が起きているか、起きていないかには興味がない。あなたは以前と同じように自分の体を使うが、それと同時に体は究極的な真実ではないこと、「それは私の真実ではない」ことを知っている。あなたは根底にある原理を理解して受け入れ、強固な土台を築いた。実体がないゆえに不安定で頼りない身体知識ではなく、今や、実在があなたの基盤だ。

疑いの影もなく
今、あなたは知っている。
あなたが見るものはすべて、
目に見えない見る者の投影であることを。
今、あなたは知っている。
あなたの自発的な臨在は目に見えず、
名もなく、特定できないアイデンティティであることを。

私たちは言葉を少し用いなければならないが、それによって、実在をいくらか説明できる。

質問者：あなたは「名もない」、「自発的な」、「特定できない」、「目に見えない」というような言葉を使われますね。これらの言葉は、隠れているものに言及し、「知られていないもの」、いわゆる「明らかにされていないもの」に接近します。「マインド」はこういう言葉を簡単に把握することができないので、とても役に立つと思います。これらの言葉はマインドを武装解除し、想像力が関連思考や概念を作り上げるのを阻止します。マインドはそういうものを作り上げるのが大好きですけれどね。

マハラジ：

実在を知れば、
すべての概念が消える。

ここに来る前、あなたは幻想のもとにあり、自分は個人だと考えていた。そして、幻想の問題をたくさん抱えていた。しかし今、すべてが変わった。穏やかで静かにありなさい。とても穏やかで静かにありなさい。あなたの葛藤は終わったのだ！

もう、いかなる種類の知識も付け足す必要はない。あなたの臨在は、生きた知識なのだから。

あなたは生きた知識だ。

あなたは生きたマスターだ。

今、あなたはより知っている、

今、あなたは知っている。

実在は自分の中にあることを、あなたは知っている。かつてニサルガダッタ・マハラジに弟子がこう言った。「毎日、私は同じ太陽を見て、同じ人たちを見て、同じ世界を見ます」。彼はこう答えた。「毎日、あなたは自分自身をまず見る。それから、あなたは世界を見る」。これが実在だ。

今、あなたはもう個人ではない。「見る者」、「知る者」などといった概念はすべて去る。それらはその目的を果たした。それらの概念は、ただ理解と伝達のために用いられたに過ぎない。実在を知れば、すべての概念が消える。スピリチュアルな知識は、あなたが自分自身を知るのを手助けしてくれる。存在する前のあなた、存在が消えた後のあなたとして、自分自身を知るのを助けてくれるのだ。知識はあなたの特定できないアイデンティティを認識するために用いられたに過ぎない。それは幻想、概念、混乱、葛藤、死にまつわる非論理的な恐怖などのすべてを取り除くのに役に立った。

あなたは進んだ段階にある。

それは確信の後の段階ということだ。

あなたはいかなる知識とも関係ない。あなたはいかなる知識とも関係ないのだ。知識はあなたを究極的な真実へと連れて行くための媒体だ。その役目はもう終わった！

質問者：究極的な実在の中に立脚した後も、まだ注意深くあらねばならないのですか？

マハラジ：自発的な確信が起きた後は必要ない。もう必要はない！　誰が注意深くあらねばならないのだろう？　誰が予防措置をとらねばならないのだろう？　それは、誰の注意深さだろう？　あなたがまだ自分を体、身体形態だと考えているときだけ、注意深くあることができる。この段階では、すべての言語は消える（手を叩く）。すべての思考のプロセスは消える（再び、手を叩く）。

思考はない。

考えることもない。

考える者は知られていないのだから。

この「知らない」という段階では、あなたは「私は考える者だ」ということを知らない。だから、すべての思考が消えるのだ。考える者には形がなく、名もなく、目に見えない。考える者や知る者、「マスター」、「神」、「ブラフマン」、そういう名前を付けるのは、ただ知るため、ただ知るために過ぎない。これは稀なる知識だ。それは本の知識ではなく、直接的な知識だ。

158 ゆっくりと静かに永続的に

質問者：私たちは自分のパワーを理解していないし、気づいていないと、あなたはよくおっしゃいますね。でも、その気づきは肉体的なものではないのですか？

マハラジ：それは自発的な気づきだ。実在は自発的なものだが、あなたは気づきの周りにある何かについて考え、それに何らかの特質を与えている。すべての思考のプロセスは身体知識に関係している。つまり、あなたは「私はスピリチュアルな女性だ」と考えているが、存在する前もスピリチュアルな女性だったのだろうか？　そして、体が消えた後もスピリチュアルな女性なのだろうか？　否！　体が消えたら、何が残るのだろうか？　あなたは答える。「私は知らない」

「私は知らない」とは、私には何の形もないということだ。

私は知っている！

だから、辛抱強くありなさい！　真の知識を吸収するには時間がかかる。前にも言ったが、自発的な確信は瞑想によって生じる。だから、決意も固く、瞑想を行いなさい。そして、辛抱強くあるのだ。

一つ例を挙げよう。幾人かの弟子が、マスターの話を聞いても、真の知識が得られないと文句を言った。そこでマスターは、大きな庭に溝を掘って植物に水が流れるようにしなさいと弟子たちに言った。弟子たちはできるだけ高い場所から水を注いだが、水は植物のところまで流れて行かなかった。弟子たちはしびれを切らして諦めた。しかし一人だけ、決意の固い弟子がおり、水をやり続けたので、ついに植物に向かって、はっきりと水が流れて行った。植物はその水をすべて吸収した。

これと同じように、真の知識が吸収されるには時間と忍耐がいる。そして、それが起きるには、瞑想を続けなくてはならない。水がひとたび流れ始めたら、修行はもういらない。それは自発的なものとなる。

水が流れ始めるのは、地面が真の知識をすべて吸収したからだ。地面は流れる水を吸いこみ、ゆっくり、静かに吸収するのだ。

人々は言う。「もう三十年も修行しているのに、なぜ何も起きないのでしょう？」。修行は科学的でなければならない。

氷の上に立ったり、体を拷問したりしてもだめだ。それは真の知識ではない。真の知識は、あなたの中で自発的に明らかになる。それはすでにそこにある。辛抱強くありなさい！

質問者：いったん水が地面に吸収されたら、ざあーっと泉になるんでしょうね！

マハラジ：私はさまざまな方法を用いて、あなたを確信させようとしている。「マスターの言っていることは、実現不可能なのでは？」とか「そんなことが本当に起きるのだろうか？」といった疑いや、幻想の思考によって自分を過小評価してはいけないと私は言い続けている。勇敢でありなさい！ マスターはあなたに勇気と強さとパワーを与えた。だから、あなたはどんな問題にも立ち向かうことができるようになる。思考が攻撃を仕掛けてきたら、注意深くあり、影響を受けないようにしなさいとマスターは言う。

何かが起きると、
マスターがあなたに言ったら、
それは起きるのだ。

だから、あなたのマスターの指示と教えに、常に従いなさい。他の人たちの言うことを聞いてはだめだ。

ニサルガダッタ・マハラジは「私のマスターは偉大だ」とよく言っていた。これは覚醒のサインだ。あなたは試練や困難、誘惑にさらされるだろう。しかし、自分とマスターを信頼していれば、それらに引き込まれることはない。否定的な考えや、落ち込ませる考えが浮かんでくることもあるだろう。それは仕方のないことだ。そういうことが起きたら、注意深く準備して、それらに注目しないようにしなさい。あなたは実在を、「明らかな実在」を見せられた！ 疑いも、葛藤も、混乱もない。

質問者：明らかな実在！ その通りです！ 私は強い。心配もありません。バジャンの一説にあるように、「私のポケットの中に神がある」のです。

159 あなたに忠実でありなさい

マハラジ：あなたには自己なき自己に関する情報と、真の知識がたくさんある。だから、これからはそれを維持していかなければならない。あなたの自発的な臨在は体に覆われており、そのせいで身体知識から抜け出ることができない。実際的でありなさい。体への愛着は消さねばならない。

あなたとともにいなさい、体ではなく。

質問者：それを維持するのは、たとえちょっとの間でも難しいですね。

マハラジ：今まで蓄積してきたことはすべて、忘れなさい。そして、集中する者に集中するのだ。自己なき自己に自分自身を投げ入れなさい。物質的な執着が消えるまで、究極的な実在を知ることはできない。

この執着が消えれば、そこにあなたがある！

本当の意味で自分自身を知るために、あなたの体を使いなさい。体はそれを通して究極的な真実を知るための媒体物に過ぎない。あなたは最終的な真実だ。あなたの名もなき臨在は何の形もなく、至る所にある。形への執着があるから、あなたは自分自身を知ることができない。強い勇気と深い専心を持ちなさい！　気軽な片手間のアプローチでは不十分だ。

世界は、あなたの存在、あなたの臨在の投影だ。だから、丸ごと完全に明け渡しなさい。エゴはスピリチュアリティの障害物だ。

今、あなたはこの知識をすべて持っている。

微細なエゴにそれを台なしにさせてはいけない。

体はやって来ては去る。しかし、あなたはどこにも行かない。老年期に向かうとき、あなたの内側に何らかの恐れが生じるかもしれない。弱さが出て来たら問題が生じるので、帰依から強さを引き出しなさい。

時折、**あなたは世界に集中して、**

自己なき自己に注意を向けず、

無視してしまうことすらある。

常に、あなたの自己なき自己とともにいなさい。

これは直接的なルートだ。道はない。すべての道が終わるとき、そこにあなたがある。あなたが最終目的地だ。

形あるものではなく、

実在に忠実でありなさい。

質問者：あなたはすべてを教えてくださいました。後は、私次第です。

マハラジ：あなたの前に、すべてが置かれた。

今、あなたはそれを完全に受け取らなければならない。

それに目を通し、

唱えて、記憶しなさい。

それで十分だ！

「私は何者かだ」という、べったり張り付いた幻想を消すことが基本だ。すべては明らかでシンプルだ。体はあなたのアイデンティティではないし、この先そうであり続けることもない。これは明らかな事実だ。思考を監視するのはあなたの責任だ。あなた自身の思考の犠牲者にならないように気を付けなさい。思考はあなたのスピリチュアルな人生をすべてだめにしかねない。それは、小さな蚊によって全身が病気になるようなものだ。
最も重要なのは、あなたの実在に忠実であり続けることだ。

あなたは自分自身を明け渡さなければならない。
体への執着を明け渡し、
恐れを消し去るのだ。
自分は生まれていないと知っていることから来る勇気を用いなさい。
真の知識を実際に使い、吸収し、そして楽しみなさい。

私たちは言葉を分析し、解剖するためにここにいるのではない。そんなことをしても混乱するだけだ。神殿について議論し、聖者やマスターたちを比較するためにここにいるのでもない。マスターが教え、伝えようとしているのは、あなたのストーリー、読み手のストーリーだ。

誰がこのすべての神や女神に命を与えたのか？
もし、それらの神が自分よりも偉大だと思っているなら、
それは、あなたが無知の穴に再び落ちたということだ。

何度も言ってきたことだが、あなたより偉大な誰も、何もない！　あなたはもう赤ちゃんではない。分析して比較するというあなたの癖は、文字の知識の海の中で盲目的に泳いでいるということに他ならない。

この読み手のストーリーは最終版だ。あなたは最終版、最後のアイデンティティ、最終的なアイデンティティ、究極的な真実だ。すべてが終わるとき、そこにあなたがある。これが真の知識の要約、骨子だ。

自己なき自己は最終的な真実だ。
これが果実の甘露だ。

あなたはいったいいつまで本を読んでいるつもりなのか？
読み手の知識を読みなさい。読み手のアイデンティティを知りなさい。マインドが入って来て真の知識を台なしにし、本当はとてもとてもシンプルな真実を複雑なものにする。

聖者たちがあなたのストーリーを伝えるとき、
その筋書ではなく、
根本原理を受け取り、聞き、耳を傾け、理解しなければならない。
筋書ではなく、
ストーリーの根本原理を受け取りなさい。
これは娯楽ではない。

質問者：それはおとぎ話ではないということですか？
マハラジ：マスターが「あなたはブラフマンだ」と言うと、あなたは川岸に走り戻る。知識を分析し始めるたびに、あなたはエゴを用いる。

誰がストーリーを分析しているのか？

この知識は実在、真実だ。

あなたの実在、真実だ。それは知的なものではない。

存在する前、あなたはスピリチュアリティも哲学もまったく知らなかった。

輪を打ち破るのだ。

知識は無知だ。

あなたは究極だ。

なぜ、体に戻りたいと思ったりするのか？

思考は実在のシンプルな純粋さを破壊する、バクテリアやウィルスのようなものだ。

すべてを吐き出すには、多大な努力が必要だ。

シッダラメシュヴァール・マハラジは言った。「真剣になりなさい！　スピリチュアリティは子供の遊びではない」

スピリチュアルに成熟しない限り、

実在を知ることはできない。

辛抱強くありなさい。マインドはストーリーにとても興味がある。それがマインドの手段だ！　私たちが興味を持っている唯一のものは、根本原理、ストーリーの骨子だ。それがとても重要だ。

160 実在を受け入れる

質問者：世界について忘れ、自己なき自己について考えろと、あなたはおっしゃいますね。

マハラジ：最初の段階では、あなたは身体知識と幻想に囲まれている。今あなたはもっと識別力があり、冷静だ。あなたは実在を知っている。しかし、まだあなたを引き留めようとしているものが何かある。つまり、混乱と幻想があるのだ。

・・・

あなたと接触を保ちなさい。定期的に運動して体の健康を保つように、スピリチュアルな健康を保ちなさい。

スピリットを健康に保つには、完全に集中しなければならない。あらゆることを、淡々と受け取めなさい。自分がすることに影響を受けてはいけない。完全に超然として、いかなる状況にも影響を受けてはならない。

「私は、体とは何の関係もない」

この実在、事実を、「私は男だ」という事実を受け入れるように受け入れなさい。

実在は概念ではなく、

あなたの真実、最終的な真実だ。

それを、あなたの中心に深く、刻み込まねばならない。

さまざまな姿をとって訪れる幻想の概念から、自分を守りなさい。

あなたのスピリチュアルな知識や、
スピリチュアル・ボディを守りなさい。

私の言葉を文字通りに受け取ってはならない。誰にも影響を受けてはならない！　あなたは頂上まで行かねばならない。自分より下にいる者が「こっちに降りて来いよ！」と言っても耳を貸してはならない。集中を失って、滑り落ちてはならない！　自分を取り囲む幻想を避けることはできないが、あなたは内的に強くあらねばならない。あなたの真の知識を実行に移しなさい。

人々はスピリチュアルな生活を、家族生活と統合しようとする。家族生活は幻想、身体知識だ。クリシュナには五人の妻がいた。それがあなたに何の関係があるのか？　人々はマスターたちの個人的な事柄や家族生活に興味を抱きがちだ。マスターのしていることではなく、言うことを行いなさい！馬鹿げた考えを侵入させてはいけない。社会にとどまりつつも、馬鹿げた考えを受け入れないようにしなさい。

これは身体知識から抜け出て、実在を受け入れるための機会だ。あなたの実在、究極的な真実を軽んじると、「生まれ変わり」という新たな夢が待っているだろう。自分自身に、あなたの実在、あなたの究極的な真実を深く刻み込みなさい。

誰かの思考の犠牲者にならないよう気を付けなさい。専心する勇気、深海で泳ぐ勇気を持ちなさい。深海で泳ぐ勇気を見出せば、「ああ、これはすごい！」と楽しめるようになる。あなたは自分自身のパワーを知らない。あなたはすべてだ！

必要なのは、ほんのちょっとの勇気だけだ。
誰かの慈悲にすがってはいけない。
自分の手を頭に置いて、自分を祝福しなさい。

マスターに導かれなさい。私とあなたの違いは、体以外に何もない。ドイツの空とアメリカの空に何か違いがあるだろうか？　あなたには考える力、スピリチュアルな考える力がある。それを使いなさい！　あなたのスピリチュアルな識別力を用いなさい。ニサルガダッタ・マハラジはいみじくもこう言った。「自分自身を見くびって、他人に取り込まれるな」数珠の玉を数えて、サフラン色の僧衣と花輪を身に付けている人たちがいる。彼らがしているのは体を、幻想の体を飾り付けること、それだけだ。

何かを飾りたいと思うなら、
あなたの内なるマスターを、
あなたの内なる聞き手を、
スピリチュアルな知識と信頼で飾りなさい。
それがとても重要なことだ。

これはとてもとてもシンプルだ。強い意欲と決意が欠かせない。

はい！　私は自分自身を知らねばなりません。

これは完全な停止です。この確信を打ち立てます！

今、あなたは実在を知っている。どこか他の場所に行きたいという願望があってはならない。なぜ、この新たに見つけた地位を危うくしたいと思うのか？　あなたの立場は強固だ。

「私はどこにも行かない。

私は最終目的地に着いたのだから」

マインドが揺れ動いて、あちらこちらを向いているようでは、平安を見つけることはできない。内的に強くありなさい！　あなたは肉体的には強い。しかし、スピリチュアルな意味でも強くありなさい。

完全に明け渡すのだ！

自分自身を完全に明け渡すのだ！

謙虚でありなさい！　あなたの世界観は、真の知識によって変わる。

あなたは自己なき自己と一つだ。

あなたは自分の自己なき自己と一つになった。

今、あなたは知っている。「私の臨在は空のようなもの、それはすべての存在の中にある。分離はない。

悪い空、良い空などがあり得るだろうか？

空のどの部分が悪くて、どの部分が良いと言うのか？」

そんなことを区別できるだろうか？　できない！　内なる変化が起きたということがとても重要だ。あなたの知覚とものの見方は劇的に変化した。

あなたはまだ体を所有しているけれど、もうそれに関係してはいない。

なぜなら今、

あなたはもう生きていることに関係していないからだ。

生きていることをやめたら、何が起きるだろう？　体を去るときには、何が起きるだろう？　何も起きない！　天国とか地獄に関する話は、すべてナンセンスだ。誰も天国も地獄も見たことなどないのだから！　ニサルガダッタ・マハラジはこう言っていた。

「生まれ変わりについて話すことなどできるだろうか？

あなたは現在の価値も知らないというのに」

現在について話すこともできないのに、生まれ変わりについて話すことなどできようか？　そういうものを受け入れてはいけない！　これがスピリチュアルな根本原理だ。それは自発的に吸収されねばならない。確信が得られるまで、瞑想しなさい。

あなたの実在について考えなさい。
自分自身について考えなさい。
今、あなたは知識の鏡を持っている。

瞑想とバジャンによって、あなたは自己なき自己を安全に収容できる。この持続性が絶対に欠かせない。外部の力や怒涛のような概念は常にある。それらは繰り返し、あなたを幻想に引き戻そうとする。しかし、それらが成功を収めることはない。あなたの地位は堅固で強い。こういう修行によって、あなたは敵が入って来ないように注意深くあることができる。幻想の概念があえてあなたの中に侵入しようとすることはない。あなたはウィルスを駆逐するために、アンチ・ウィルスソフトを導入したのだ。今、あなたは侮ることのできない強大なパワー、無敵の存在だ。

161 自己なき自己を認識する

マハラジ：バウサヒブ・マハラジは、終わりなく流れて攻撃してくる幻想の思考に対抗するため、系統立ったプランを作り上げた。彼は落とし穴を知っていた。いかにたやすく気が散って、集中が乱されるかも知っていた。彼は十八年間、森の中で立って瞑想した。マントラを唱え、瞑想し、バジャンをするという私たちの日々の修行は、このマスターの直接的な経験からじかに来ている。自分自身で直接経験したので、彼は弱点や罠を知り過ぎるくらいよく知っていた。私たちは今、彼の発見と叡智の恩恵を授かり、誰でもできるお墨付きの修行法を行っている。

平安が失われたり、動揺したり、マインドがアンバランスになったり、記憶に影響されたりすると、あなたの安定が脅かされる可能性がある。こういうことが起きるのを防ぐには、瞑想とバジャンを行って、「私は究極的な真実だ」と常に思い出すことが欠かせない。

識別力とともに、
瞑想とバジャンによって、
注意深くあることができるだろう。

識別力を用いなさい！　あなたの幸福は名声、金銭、セックスという三つの誘惑の向こうにある。あなたの幸せは自発的な幸せだ。それには、物質的な原因は何もいらない。完全で自発的な静寂が、修行によってもたらされるだろう。

実在を真剣に受け止めなさい！
あなたの真の地位を、最上の心配りで取り扱いなさい。
雑然とした思考が入って来るのを許したら、

新たな夢が作り出されるかもしれない。

危険な思考は遠ざけなさい。

今見ているような夢をまた見るのは嫌だろう。生まれ変わりとは、子供の頃に植え付けられた概念だ。それは取り除いてしまいなさい！

油断した一瞬のすきに、エゴがあなたを攻撃してくるだろう。だから完全な集中力を持って、あなたに専心しなさい。完全に集中するのだ！　いつかあなたは、この骨と血と肉から去らねばならない。心の準備をしなさい！　墓地や遺体が燃やされている場所の近くに行って、ときを過ごしなさい。これは実際的で役に立つ修行だ！

あなたの自己なき自己を認識しなさい。

あなたは最終的な真実だ。

あなたはブラフマンだ。あなたは神だ。

あなたは自分自身から切り離されていない。

あなたは自分自身を身体形態として考えていた。

あなたは決して体ではなかった。

あなたの目に見えない臨在は常に、そこにある。

あなたの自己なき自己を認識しなさい。

今こそ、あなたは男でも女でもなく、ブラフマンだと本当に知るための絶好の機会だ！　自発的な確信が生じるだろう。

あなたである実在を受け入れなさい。

マインド、エゴ、知性のせいで、あなたはこの実在を完全に受け入れることができない。実在とは何か？　あなたは究極的な真実だ！　これが実在だ。修行によってそれを刻み込みなさい。この段階では、これ以上勉強したり、教えを聞く必要はない。もう言葉は必要ない。言葉はあなたの臨在の後に生じたのであり、それは私たちによって作られたものだ。

質問者：伝統的に語り継がれる教え、パランパラが重要だとはお考えにならないのですか？

マハラジ：それは問題ないが、存在する前、その「パランパラ」はどこにあったのかね？　あなたが体と出会ったとき、このすべての身体知識と出会ったのだ。

知識のないことが知識だ。

知識のないことが知識だ。

自分自身を研究しなさい。あなた自身のスピリチュアルな探求を行い、パランパラの知識ではなく、自分自身の真我知識を見つけなさい！　なぜ「パランパラ」とか「ウパーサナ」とか「プラーラブダ」とか、そういう心地よい言葉を再び使いたいと思うのか？　あなた自身の真我知識を見つけなさい！

あなたは世界について何も知らず、

パランパラについても何も知らず、
スピリチュアリティについても何も知らない。
究極的に、スピリチュアリティもまた無知なのだ。

「確信」や「自発的な確信」は、こういう言葉にあなたの邪魔をさせない！　すべては幻想、さまざまな概念の覆いだ。

これは夢だと知りなさい。
概念でいっぱいの覆いを取り除きなさい。

夫とか妻とか、こういう関係性はすべて身体に関係しており、それ以上のものではないことを思い出しなさい。体を得る前、そこには空があるだけだった。そして、私たちは空以上のものだ。私たちはすべての活動や事件に関心がない。

何も起こらなかったし、
何も起こっていないし、
何も起こらないだろう。

勇敢でありなさい。でもエゴに満ちた自分勝手なやり方ではだめだ。受け入れなさい。でも、受け入れるものが論理に基づいたものであるかを確認しなさい。あなたの自己なき自己に敬意を持ちなさい。それを通して、この世界は投影されているのだ。世界はあなたのアイデンティティではまったくない。だから、それを受け入れてはいけない。

「死の瞬間」は悲惨なものであってはならない。それは幸せで、希望と熱望に満ちたものでなければならない。「さあ来い、さあ来い！」

実在を受け入れなさい、あなたの実在を。
あなたは最終的な真実だ。
あなたが最終地点、最後の目的地だ。
その中間はない。

このアシュラムに来る前、あなたはここの住所を教えてもらって、そのおかげでここに来た。

スピリチュアルな知識とは、その住所のようなものだ。
あなたが自己なき自己にたどり着けるよう、
あなたはスピリチュアルな知識を与えられた。

強い確信がなければならない。強い意志の力がなければならない。すべてのマスターは強い意志を持っていた。ニサルガダッタ・マハラジのような信念を持ちなさい！　彼と同じような信念があれば、あなたも実在に至るだろう。安定していなさい！　最初の段階で不安定だと、自分の根本から逸れてしまう。

どんな覚醒したマスターのところに行ってもいいが、
もっと重要なことは、
あなたの内なるマスターのところに行って、教えてもらうことだ。

修行者はアルナーチャラ山の周りを何度も歩く。素晴らしい！　でも、彼らはいったい本当のところ、何を達成しようとしているのだろう？　なぜ体をいじめて、ストレスをかけるのだろう？

あなたはすでにあなたとともにいる。

本は同じことを指し示している。

自己なき自己だけがある。

今あなたは知っているのだから、

それを維持しなければならない。

体を苦しめたり、我慢比べをする必要はまったくない。維持していくことが欠かせない！　修行を続けずにあなたの実在を無視すると、幻想が戻って来る。自分の土台を強化して、完璧なものにしなさい。完璧な土台があれば、完璧さを知ることができるだろう。自発的な完璧さ！　完全なる平安！

このアイデンティティは一時的なものだ。時計は体のためにチクタク、チクタクと進んでいる。体はタイムレコーダーだ。厳格に専心し、世界のことは忘れなさい。今、それはあなた次第だ。一つの望みだけ、本当の意味で自由になりたいという望みだけを持ちなさい。私はあなたの中の目に見えない聞き手に呼びかけている。

強い望みとともに、前に進み出なさい。

「**私は実在を知りたい！**」

そうでなかったら、マスターは現れないだろう。

あなたは自己なき自己に明け渡さなければならない。謙虚で、礼儀正しく、敬意に満ちて安らかでありなさい。嫉妬せず、誘惑にかられず、奮闘せず、争わない。ただ、安らかでありなさい！　なぜ戦うのか？　誰と戦っているのか？　スピリットは一つだ。エゴは危険だ。あなたが穏やかでいられるよう、エゴは完全に消さねばならない。

以前、話した六つの資質に照らし合わせて、スピリチュアリティがどれくらい吸収されたかを測ることができる。その六つの資質とは、寛容、忍耐、覚醒への期待、知りたいという切望、完全なる帰依、マスターへの信頼だ。これに近付けば近付くほど、あなたは世界のことを忘れる。常に目を見開いて、何かを盲目的に受け入れたりしなければ、あなたの中の実在を知ることができるだろう。ニサルガダッタ・マハラジのアドバイスに従いなさい。

「**自分を軽んじて世界に取り込まれないようにしなさい**」

呼吸の仕方を教えるのに百ドルを課す教師たちがいる！　そういう教師には従ってはいけない。誰かや何かに盲目的に従ってはいけない。

自分自身に忠実でありなさい！
あなたの自己なき自己に敬意を払いなさい。
探求をやめて、
究極的な真実である探求者に集中しなさい。

あなたの中にマスターのエッセンスがあることを教えてくれたマスターを、深く信頼しなさい。あなたもある日、今私が話しているように、自発的に話をしていることに気づくかもしれない。

知識の流れは自発的なものとなる。
あなたは自分の自己なき自己に敬意を払わねばならない。
あなたは実在に敬意を払わねばならない。
「**私は最終的な真実だ**」

162　自己なき自己と一つになる

マハラジ：あなたはマスターの話を聞いた。それから、理解をもたらす真の知識について熟考した。集中的な瞑想によって、知的な確信も得た。これはすべて、いいことだ。進んだ段階では、すべてが吸収されなくてはならない。集中的な瞑想によって自発的な確信、つまり真実の直接的な経験がもたらされるのだ。

今現在、あなたは理解し、知っている。しかしそれと同時に、おそらく少しだけではあるが、まだ何らかの推測が行われている。それは構わない！　自発的な確信が起きるだろう。自発的な確信が起きたら、あなたは自分を男もしくは女だというのと同じくらいの確信を持って、「はい、私はブラフマンです」と言うだろう！

この体の所有者はブラフマンと呼ばれ、
世界や体とは何の関係もない。
これが確信の特質だ。

スピリチュアリティのサインは、完全に穏やかで静かで安らかであることだ。こういう特質が内部にあるのだ。それは見世物ではない！

あなたはすでにあなたとともにある。しかしまだ、あなたは自分の隠されたパワーをもっと重視する必要がある。瞑想と真我探究の修行を続けなさい。最初はそれが欠かせない。それは究極的な真実ではなく、一つの段階に過ぎないと知っていても、それでももっと先へ深く進んでいかなければならない。そして、こう尋ねなさい。

「**私は誰のために、この修業をしているのだろう？**」

質問者：あなたのおっしゃることはわかります。修行にはまり込んで迷子になってしまう危険性があります。修行法にも、たくさんの選択肢がありますからね。

私は最近、あるグルを訪ねたのですが、そこでは特定の修行法に従わねばなりませんでした。こういう髪型にしなければならないとか、髪を剃ってはいけないとかいろいろ、髪に関する五つのルールに従わなければならないのです。

マハラジ：存在する前、あなたには髪の毛があったのかね？

あなたは自分自身に知られていない。

あなたは自分自身を知らない。

髪のことなど忘れてしまいなさい！　存在する前、物質はなかったし、知的な知識もなかった。あなたは自分に知られていなかった。こういうナンセンスな髪の毛のルールは、体、マインド、エゴ、知性にだけ関係している。それはすべて、物質的な知識だ。

自発的な真我知識は、
覚醒の根元に関係している。
それは覚醒の根元に関係しており、
体とは関係ない。自発的だ！

私の言葉はとても具体的だ。スピリチュアルな知識、知的な知識、マインド、エゴ、知性はすべて、物質的だ。それらは知的な知識だ。

この種の知識は物質的な知識で、
体の微細な部分に関係している。
それは存在する前にはなかった。
それは体とともに生じ、体とともに消える。
だから、あなたはマインド、エゴ、知性、
そしてすべてのスピリチュアルな知識を生み出した。

「スピリチュアル」については、多くのことが語られている。こういうスピリチュアルな話や、最新の「売り出し中グル」の教えに注意を払うたび、あなたは究極的な真実である、あなたの目に見えない聞き手を無視している。自分をないがしろにしているだけでなく、自分を侮辱しているのだ。あなたに専心しなさい！

スピリチュアルな大海に自分を投げ込めば、あなたは楽しく過ごすことができるだろう！　それは興味深く、楽しいことだと気づくだろう。川岸に心配そうにとどまって、安全に乾いたままでいようとしていてはだめだ。深海で泳ぎなさい！　そうすれば、それは楽しいと気づくだろう。「わあ、これはすごい！」。あなたは自分のパワーを知るだろう。あなたはすべてだ！

誰かの慈悲にすがってはいけない。
手を自分の頭の上に置きなさい！

マスターの導きのもと、瞑想をして、あなたはスピリチュアリティのテクニック、実際的なスピリチュアリティを学んだ。

人々は特定の期間、さまざまな修行法で体を痛め付けたり、サフラン色の僧衣と花輪を身に付けたりといろいろなことをする。なぜか？　これはすべて何のためなのか？　そんなことをして何を得るのか？　何もない！

何かを飾り付けたいなら、
自分の内なる聞き手を
スピリチュアルな知識と信頼で飾り付けなさい。
それがとても大事なことだ！

どうあるべきか？　それはとてもとてもシンプルだ。必要なのは、あなたのやる気だけだ。

はい、私は知らなければなりません！
これは完全なる停止です。
その確信がなければなりません。はい！

「はい！　これが私の最終目的地です。これが私の家です！　私はどこにも行きません！　私はここから動きません！」。内的に強くありなさい！　スピリチュアルな意味で強くありなさい！

完全に明け渡しなさい。完全に明け渡すのだ！
あなたの世界観は変わった！
いつでも常にワンネスだけがあった。
進み続け、どんどん近付いて行きなさい。
自己なき自己に、どんどん近付いて行きなさい。

内的な変化が起きたということは、あなたはもう生きていることに関係がないということだ。これがスピリチュアリティの根本原理であり、自発的に吸収されつつある。

自分自身について考えなさい。
あなたは知識の鏡を与えられた。
それはあなたの鏡だ。

継続的に修行をし、吸収しなさい。

汝自身を知り、そして自己なき自己の内にありなさい。
汝自身を知り、そして自己なき自己の内にありなさい。

163
輝く光の中で

質問者：それはとても静かな状態、静寂ですか？　この特別な静けさというのは、どんなものなのでしょうか？

マハラジ：その質問と答えは、あなたの中にだけある。スピリチュアルな科学では、「言葉」の誕生には、静寂から言葉に至る四つの段階があるとされている。しかし、そんなことは忘れなさい！　あなたの質問に対する答えはすべて、あなたの中にのみ見つかる。

体の中で生きるのは苦痛だ。

体を得る前、痛みがなかったのは、

身体的な動揺、影響がなかったからだ。

ここにおいて、スピリチュアリティがあなたの助けとなる。

質問者：その本物の「私」は神を超えているのですか？

マハラジ：知っての通り、「神」とは超自然的なパワーに与えられた名前に過ぎない。あなたの自発的な存在はすべてを超えている。だから、定義することはできない。

あなたは空を超えている。

質問者：ニサルガダッタ・マハラジは「神は崇拝するために存在する」と言いました。今、この意味が初めてわかりました。

マハラジ：石や彫像を神として崇拝する人たちもいる。彫像は「私は神だ」とは思わない。彫像を重視する人たちは自分自身の重要さを知らず、自分自身が実際は神だということを知らないから、彫像を重視するのだ。

あなたは神、あなたが崇拝している神だ。

あなたは崇拝する者であり、崇拝される者だ。

身体知識によって、さまざまな種類の痛みがもたらされた。百年前、あなたには知識などなかった！　今から百年後、何の知識もないだろう！　しかし現在、あなたは誇り高く「私は素晴らしい知識を得た。私にはたくさんの知識がある」と言う。

その知識があなたを強くしてくれないなら、

そして、知識によって「私は死なない」と理解することができないなら、

知識とはいったい何のためにあるのか？

スピリチュアリティは、「体は隣人の子供だ」とあなたが理解するのを助けてくれる。あなたは「私は誰か？」の真実に到着したからだ。その結果、あなたは体への関心を失う。瞑想によってパワーを得て、そしてそのパワーによって、どんなことが起きても耐えることができる忍耐力が増す。

最期の瞬間は、幸せな瞬間でなくてはならない。それがスピリチュアリティの目的だ。最期の瞬間を甘美なものにできるかどうかを確認するのはあなたの責任だ。

自分の自己なき自己に注意を払いなさい。

あなたは今、この知識をすべて持っている。

だから、注意を払いなさい！

微細なエゴは至る所にあり、私たちが自分の輪の中で生きていきたいと思うように仕向ける。「私の妻はこのようにあるべきだ。妻は私の期待に沿っていない」とか「私の夫はもっといい仕事を探すべきだ」などといった期待や不満とともに生きていくように仕向けるのだ。

元の状態に戻って、

物質的なものから幸せを得ようと探し求めてはいけない。あなたにはもっと分別がある！　あなたは限界を知っている。チョコレートを食べれば一時的な幸せが得られるが、その後はどうなるか？

自分自身を知りなさい。そうすれば、すべての痛みが消える。これはシンプルなシンプルな知識だ。「私は誰か？」という問いへの答えを見つけるために、何十万ルピーも費やす人たちがいる。そういう人たちは、いわゆる教師たちに囲まれているが、彼らの主な目的は金もうけだ。彼らは探求者の多くが無知で、本物の教師と偽物を区別できないことを知っているのだ。

あなたの自己なき自己を知るには、スピリチュアルな成熟が必要だ。あなたの人生のすべての瞬間は、それぞれがとても大切なものだ。あなたは「私はどこにいるのか？　ジェームズはどこにいるのか？　ジェームズはどこにいるのか？」と尋ねる。あなたがジェームズだ。あなたは自分自身を探している。ジェームズはここにいる。私はあなたの前に、正確な事実を置いている。

だから、私たちはマスターに感謝して「私のマスターは偉大です。彼は神を超えています」と言うのだ。あなたは神を超えている。覚醒したマスターに会うとき、あなたの探求は終わりを迎える。そのマスターのエッセンスはすでにあなたの中にある。マスターは単に、そのことに気づかせてくれるだけだ。

あなたのマスターを深く信頼し、

そして、自分自身を深く信頼しなさい。

世界のどこにいようと、あなたの特定できないアイデンティティとともにいなさい。あなたの手を頭に置いて、自分自身を祝福しなさい！

質問者：本物の「私」は、いかなる神の像をも超えているのですね。

マハラジ：そうだ！

なぜなら、あなたは自分自身に知られていないからだ。

神聖な像（ムルティ）のように、それについて話すことができるものは身体知識、知性、論理に関係しており、幻想であることを示している。

それについて話すことができないものは、

実在であることを示している。

あなたは物乞いの少年のようだった。あなたはずっと裕福だったのに、自分の富に気づいていなかっただけなのだ。
今、あなたは実在を知っている。あなたは悟っている。

マスターは体ではない。話し手と聞き手は、お互いにそっくりだ！　すべては見る者の反映だ。見る者は偉大だ！　私たちは見る者に敬意を払う。見る者に形はなく、それは骨や肉、血ではない。

マインドはない。

エゴはない。

そこにあなたがある。

その静寂がどんなものかを、今のところ、あなたは推測することしかできない。言葉がなかったら、あなたはどのようになるだろう？　あなたはどうなるだろう？

知られていないものが、知られるようになった。

知られているものは、知られていないものの中に消えるだろう。

あなたは体を通して自分自身を知った。それは、あなたは自分自身に知られていないからだ。その後、体は知られていないものの中に戻って消えるだろう。あなたが深く深く入って行きさえすれば、これはとても興味深い知識だ。

深く深く自分の自己なき自己の中に入って行きなさい。

瞑想をすれば、かつてあなたを拒んだ門が開くだろう。扉が大きく開かれるだろう。知識の深い洞窟が開かれるだろう。それはあなたの創造を超えている。それはマスター・キーだ！　瞑想の世界がマスター・キーだ。あなたは自分自身を用いなければならない。そして、

輝く光の中で自己なき自己を見るまで、

開いて、開いて、

開きなさい。

164 最期の瞬間は甘美に

マハラジ：私たちはなぜ瞑想をし、マントラを授かって唱え、真我探究をし、黙想し、本を読むのだろうか？　それは、最期の日、最期の瞬間を幸福で喜ばしいものにするためだ。スピリットが体から切り離されるときが来ても、「私は死ぬ」と考えたりしないように準備や確認をしているのだ。

そのときが来たら、

完全なる確信を持って

あなたは知るだろう。

「私は生まれていない」

この確信はすでに確立されており、本物だ。それはあなた

が楽しくうれしい気分になり、最期の瞬間が幸せな瞬間となるためにあるのだ。

これは議論や反論の余地のない、とてもとてもシンプルな知識だ。私たちは討論しているのではない。「何が本物か?」、「何が偽物か?」という話ではないのだ。本物も偽物もないのだから。究極的な真実とは、「本物」も「偽物」もないということだ。それが、究極的な真実と呼ばれるのだ。

何週間も、私たちは「生まれていない子供」について話している。スピリチュアリティ、あるいは哲学について話し合っているにせよ、どちらにしても私たちは生まれていない子供について話しているだけだ。

何も起こっていない。私たちは何も起こっていないということについて話をしていたのだ。修行者として、あなたは根本に、基盤に向かわねばならない。その根本とはあなたの自己なき自己だ。静かに穏やかに、何の言葉も世界もなく、そこにとどまっていなさい。存在する前、言葉もなかったし、世界もなかった。

そこに、あなたは根本原理を、

静かで静かで目に見えない聞き手を見ることができる。

その向こうには、何もない。

たとえ、何時間、何年間、ともに話し続けても、根本原理は変わらない。それは同じであり続ける。

質問者：帰依はどうですか? 確信を得て、覚醒した後も、帰依は必要ですか?

マハラジ：

完全に確信し、

究極的な真実が確立された後も、

帰依は続けなければならない。

帰依し続けなければならないのは、

あなたが体を所有しているからだ。

帰依を続けることは必要だ。絶対に欠かせない。私のところに通っていた帰依者の中で、哲学の本を書いている人がいた。彼はとても正直で、謙虚な人物だった。

ところが突然、気を散らされて政治に興味を持った。それに余りにものめり込んだので、自分で選挙に立ちたいとさえ思うようになった。彼は気づかぬうちに囚われてしまい、何が起きているかも知らぬまま、スピリチュアリティをそんなふうに投げ捨ててしまったのだ。彼の人生は政治で大忙しとなり、帰依を捧げる余地はなかった。彼は焦点と集中を失ってしまった。

真の知識を得た後の帰依は欠かせない。

帰依によって、あなたは謙虚でいられる。

質問者：私はとても幸せです、マハラジ。ほぼ四十年、探求し続けて、やっと最後の段階にたどり着いたのですから。昨日、私は体がなくなったような感覚も感じました！

マハラジ：あなたが言う最後の段階とは何だね？　段階などない。それに、誰が三十年とか四十年とか数えているのかね？　どうしたら体がないと感じられるのかね？　誰もいないというのに。あなたの臨在がなかったら、数えることもできない。あなたの臨在がなかったら、何も経験することはできない。あなたの真のアイデンティティは経験を超えているのだ。

この種の経験がいいものであることは間違いない。しかし、それは究極的な真実ではない。それは最終的な真実ではない。それは漸進的な段階、目印に過ぎないということを思い出しなさい。今日、あなたは「私はブラフマンだ」を経験し、明日は「私は全能の神だ」を経験するかもしれない。それは素晴らしい経験だが、しかし経験に過ぎない。こういう経験にせよ、いかなる経験にせよ、経験をするということは、そこにはまだ何らかの幻想や幻想の痕跡が残っているということだ。

あなたはブラフマンでも神でもない。

この種のスピリチュアルな経験とともに彷徨い歩いてはいけない。

私たちはたやすくスピリチュアルな経験に執着してしまうが、それはエゴを連れ戻すだけのことだ。あなたはそういうものとは異なる。「私は素晴らしい経験をした。私はブラフマンやアートマン、パラマートマン、神の素晴らしい経験をした」。こういう態度は、エゴを連れ戻してしまう。

あなたは完全に形がない。経験もないし、経験する者もない。あなたが経験するものは何であれ、すべてあなたの自発的な臨在に付け加えられた付属物だ。

経験について話すのではなく、

あなたの自発的な臨在とともにいなさい。

質問者：私はそういうことに気づいてもいませんでした。スピリチュアルなすごい経験をしたことに興奮して、すっかりそれに飲み込まれてしまったのです！

マハラジ：経験をするということは、それは究極的な真実ではないということだ。

究極的な真実はそれを超え、それを超え、

ずっと、ずっと、ずっと超えている。

すべての経験が終わるとき、そこにあなたがある。

「私には真の知識がある！　私は悟った！」と言う人たちは非常に無知だ。彼らはたくさん本を読んで、他人の話を聞いてきたかもしれないが、ほとんどの場合、単にマスターの真似をして、オウムのようにマスターの教えを繰り返しているだけで、アインシュタインの運転手ハリーのエピソードのようなものだ。ハリーは長い間アインシュタインと一緒にいたので、彼の真似をして雄弁に語ることができた。しかし、ハリーは決してアインシュタインにはなれない。

アインシュタインはアインシュタインであり、運転手ではない。

マスターの教えなど、スピリチュアルな本を読んだ場合も、これと同じだ。あなたは外部のソースから読んだことを記憶して、それについて話すことができるが、人々に質問を浴びせかけられると、どう答えたらいいのかわからない。

本を読み、マスターを訪ねたが、真我探究や真我知識がおろそかだと、こういうことが起きる。あなたは幾層もの知識を集めて、それについて話をすることができるかもしれないが、これは物質的な知識で、究極的な真実ではない。

質問者：年月を数えるのは意味がないことはわかっています。でも年を取るにつれて、私たちはますます焦ってしまうのです。私も含めて、まだマインドと知性で真実を理解しようとしている人たちもいます。

マハラジ：「年を取る」ことは忘れてしまいなさい。臨在に年はない。それは老人でもないし、若者でもない。過去に読んだり聞いたりしたことをすべて、今まで集めた知識をすべて、あなたは捨て去らねばならない！　人々はそうしたがらないが。

身体知識や、
スピリチュアルな投資だと考えているものを、
人々はすすんで手放したりしない。

「私は三十年もこれをしてきたんだ！　四十年もスピリチュアリティに費やしたんだ！」と考えているから、簡単に究極的な真実を受け入れたりしないのだ。人々は今のままでいたいのだが、それと同時に実在を知りたい。

あなたは幻想の世界にとどまっていたいが、
しかし同時に、実在を知りたいのだ。

質問者2：私は二十年以上もニサルガダッタ・マハラジの教えを学んできましたが、時々、輪の中をぐるぐる回っているだけのように感じます。もちろん、マハラジの教えは大きな希望を与えてくれますが、自分には方向性が欠けており、まったく、もしくはほとんど進歩がないように感じるのです。私はただ、教えに「乗っかって」、スピリチュアリティを新たなアイデンティティとして利用していただけなのかもしれない。今になると、それがわかります。マスターはまだ分離して外側に存在しているので、まだ二元性があります。

マハラジ：あなたはマスターの本を読んだが、内なるマスターを無視している。自分自身に尋ねなさい。今持っているすべてのスピリチュアルな知識は、あなたが最後の息をするとき、役に立つだろうか？　このいわゆるスピリチュアルな知識というものが最大の幻想であることに、あなたは気づくだろう。

知的な理解では役に立たない。マスターの言葉と戯れれば、微細なエゴにパワーを与えてしまう。マスターの名前に同一化することも、エゴにパワーを与える。あなたはマスターから分離してはいない。

マスターのエッセンスは一つだ。

ニサルガダッタ・マハラジの中にある、

その同じエッセンスが

あなたの中にもある。

あなたはマスターの名前に自分自身を重ね、執着している。マスターの形にも執着しているかもしれない。マスターは名前ではない。マスターの形ではない。ニサルガダッタ・マハラジであろうと、ランジット・マハラジであろうと、シッダラメシュヴァール・マハラジであろうと、ラマナ・マハルシであろうと、スワミ・ヴィーヴェカナンダであろうと、シャンカラーチャーリヤであろうと、マスターは形ではない。

存在する前、これらのマスターたちはどこにいたのか？

あなたは「マスターが言ったこの言葉はどういう意味だろう？」と尋ねる。マスターの言葉は、指し示すものに過ぎない。それに囚われてはいけない。マスターが言うことを信頼し、マスターのメッセージを受け入れなさい。マインドは捨てて、言葉を分析したり解剖するのをやめなさい。マスターたちが言っていることの意味、伝えようとしていることとともにいなさい。言葉にしがみ付くのはやめなさい。

これはあなたのストーリーであり、

あなたの実在だ。

実在を受け入れなさい。

この実在は、永遠にスピリチュアリティを学び続けることより、はるかにずっと重要だ。

あなたはずっと本を読んできたが、

まだ、読む者を読んでいない。

本によって、あなたはここまで来た。しかし、何を読もうと、それは十分ではない。あなたが学んだことの背後にある根本原理を発見しなくてはならない。あなたが探し求めているのは何か？　どんな概念に最も頭を悩まされるのか？　死と、死への恐れだろうか？　あなたはこのマスターが言ったこと、あのマスターが言ったことを研究している。そして常に、研究する者を無視している。

研究する者を無視してはいけない！

研究に焦点を当てるのではなく、誰が研究し、真我探究をしているのかを発見しなさい。あなたとともに、目に見えない読み手とともにいなさい。本を読んだり、マスターの知識に耳を傾けた後は、自分自身の本を、自分自身のストーリーを読まなければならない。

あなた自身の本を読み、
自分を発見しなさい。
自分を見なさい！

私のマスターは言った。「現実はあなたにまったく知られていない。だから、そのように生きなさい。そうすれば、知らないということは何の問題にもならない」。自己なき自己を知りなさい。真我探究をしなさい。瞑想し、マントラを唱えて、バジャンを歌い、あなたの内なるマスターの教えに耳を傾けなさい。あなたがマスターだ。

質問者：本当のことを言うと、私たちは実際に飛躍してそれになることを恐れていて、おそらくそうしたくないのでしょう。なるはない、そうですよね？ それに、戻って来ることはできないということも、私たちは感じ取っています。

多分、私たちはただ知識をもっともっと集めて、エゴをなだめるのが好きなんでしょう。そうすれば、いんちきなエゴを慰めることができるのです。あるいは、私たちは本当のところ、教えに深く分け入ってその背後にある意味を探したくないのでしょう。

マハラジ：前にも言ったはずだ！

それは難しいことではない！

実在を知れば、あのロープと蛇の話のように、それは起きる。あなたはそれが蛇ではなくてロープだと即座に知り、「ああ、わかった！ このロープを恐れる必要などない。これは私の幻想だ」と言う。すべてが即座に変わる。物乞いの少年の話も同じだ。少年は自分が百万長者だと知ったので、翌日は物乞いをするのをやめた。

質問者：でも私たちは翌日も物乞いをするのです。そうしないと、四十年に及ぶ探求には何の意味もなく、時間の無駄であったと感じてしまうでしょうから。

マハラジ：あなたが年数を数えるのは、探求する者を忘れているからだ。誰が年月を数えるのだろう？

質問者：ええ、すべては幻想だということはわかっているのです。体は線香のようにすぐ燃え尽きると知っているから、切迫感を感じるのです。

マハラジ：**あなたの内なるマスターは全能だ。**

この真実とともにいなさい！　あなたは年数を数える。そしてすべての名前や、幻想の体が訪問した場所を何の困難もなく、大切に記憶している。しかし、あなたは自分の内なる全能のマスターを、いかにたやすく忘れてしまうことか！

自分の中の全能のマスターのことを

あなたは忘れている！

シッダラメシュヴァール・マハラジは「もし目が見えなかったら、実在を知らないし、自分が神だと知らない。人々は盲目だ。神はあなたの中にある。神はあなたを通してすべてのことを行っている」と言った。「私はこれやあれをしている」と言う微細なエゴは、完全に溶かしてしまわなければならないのだ。

何度も言ったように、

あなたは何もしていない。

あなたは何もできない。

行為者はいない。

質問者：では、実際のところ、あなたはマスター、教師として、人々のストーリーには興味がないのですか？　たとえば私は、長く険しいスピリチュアルな旅を歩んできました。

マハラジ：ここに来れば、あなたは知る。無知の道、幻想の体を捨て去れば、マスターと弟子の間に何の違いもないということを。マスターはすでにあなたの中にいる。あなたはライオン、あなたはマスターだ。あなたは長い間、体と関係してきた。だから、実在をそう簡単には受け入れられない。

質問者：二十四時間、継続的に修行を行うとは、驚異的ですね！

マハラジ：あなたは二十四時間を「考えること」に費やしている。でも、それがあなたにとっては正常なのだ！（笑う）

質問者：わかりました。ノン・ストップで修業します！　ここに来る人たちは最初、強烈さに驚きます。修行は片手間にやるゲームや遊びではないと理解するのです。それに彼らは瞑想と実生活はまったくの別物だと思っています。たとえば「私は五分、もしくは十分、一時間、二時間は瞑想する」と言うけれど、残りの時間は完全に切り離されているのです。

マハラジ：真の知識はシンプルだ。それはとてもシンプルだ。でも、覚醒したマスターの導きが必要だ。マスターがあなたを槌で叩いて鍛え、真理を指し示し、目に見えぬ聞き手の注意を引くことが必要なのだ。「あなたは究極的な真実、最終的な真実だ」と叩き込むのだ！

マスターが大きな石を叩き付ければ、彫像が姿を現す。神の像が現れるのだ。

質問者：叩き込んでは叩き込む。叩き込んで削り出す！　私はたくさん叩き込んでもらわないといけません！

マハラジ：神はこの大きな石の中にいる。マスターは不要な部分を取り除く。あなたにとって、それは不快かもしれないが、我慢しなければならない。神を明らかにしたいのならば、叩き付けられることを耐えねばならない。マスターが石の不要な部分を取り除くのを、あなたは勇敢に耐え忍ばねばならない。

あなたは自分の人生のプロセスを扱っているのだ。だから困難や抵抗に直面するのは仕方がない。こういう困難や問題を、あまり重要視しないことだ。

質問者：あなたの教えは非常に根本的で深甚です。それはすべてを切り裂き、とても直接的で絶対的ですが、それと同時に地に足が着いており、単刀直入です。直接的で、高度な教えです。この知識は新鮮で、今まで、このように語られるのを聞いたことがありません。とても画期的です。

マハラジ：それはすべて私のマスター、ニサルガダッタ・マハラジの恩寵による。

165 特別な幸福

質問者：実在、状態のない状態、究極的な実在に関して、もっと話していただけますか？　昨日、あなたはとても興味深いことをおっしゃっていました。

マハラジ：それは人によって異なる。皆がそれぞれ異なる背景を持っているから実在、究極的な真実も、一人ひとりにとって独自の方法で明らかになるのだ。ここに一つ例を挙げてみよう。ある場所の住所を知っていれば、あなたはそこに行くことができる。到着すると、あなたはとても幸せだ。目的地を知っており、そこにまっすぐに向かえば、そこに幸せがある。表現することのできない幸せがある。

専心、帰依、修行、研究、真の知識などに取り組めば、あなたは突然理解する。「ああ！　これが私の探し求めていたものだ！　私はそれだ！」。あなたは身体知識を即座に忘れる。たとえ体を所有していても、確信を得た瞬間、「私は最終的な真実、最終目的地だ」と理解し、幸福がもたらされるが、それは言葉では説明できない。私が話している幸福とは、特別な幸福、説明できない幸福だ。

スワミ・ラムダスは言った。「もし、口のきけない人がジャガリーのようなお菓子を食べても、それがどんな味かを説明できない」。これと同じように、確信を得た後のあなたはそれを説明できない。その幸福を説明することも、それがいかに楽しいかを伝えることもできない。あなたは言葉を失う。それを説明することができないのは、その平安や満足感などといった特質は、説明や描写を超えているからだ。

これはすべての言葉が終焉を迎える場所だ。

これは場所だと言われても、言葉を文字通りに受け取ってはいけない。実際、「言葉が終わる場所」などない。いかなる「場所」もない。

観照も観照することもない。経験も、経験する者もない。特別な内なる幸福、内なる平安があるだろう。あなたは完全に、体や体に関係した言葉に関心を失う。

この全世界が体に関係している。

全世界が体に関係し、
そして言葉という形で、
すべての知識が手に入る。
この言葉というもの自体がすべて、体に関係している。

体があるから、知識もある。体がなかったら、知識と言葉など何の意味があるだろう？　知識は指し示すためのものであり、究極的なものではない。だから、すべては体のためにあるのだ。体が消えた瞬間、すべては消える。

すべての質問は、体に関係した質問だ。あなたが体ではなかったとき、質問はなかった。それは肉体的に存在していなかったからだ。あなたは自発的な臨在で、そこに個別性はない。自発的な臨在であり、個別性もなければ、「私」や「あなた」もない。私たちは体に出会ったとき、「私」、「私は在る」、「私はアートマン、ブラフマンだ」と言うが、アートマンやブラフマンが何なのかは誰も知らない。「究極」、「究極的な真実」、「最終的な真実」、「自己なき自己」といった名前は、聞き手の特定できないアイデンティティ、目に見えないアイデンティティを指し示すものだ。

それ以外には、
何もない。

それ以外には何もない。

だから強くありなさい。知識を再び蓄積し始めたりしないことだ。何のためにそうするのか？　それが何の役に立つのか？　誰のために知識を貯め込むのか？　誰のためにお金を貯め込むのか？　誰を満足させるためか？　誰の平安のためか？

実在は目に見えず、知られていない。
だから、あなたは生まれていない子供のために、
お金を集めているのだ。

あなたはこれを確信しなければならない。
そうすれば、誘惑に引き付けられることはなく、
何の物質的な原因もない、
特別な平安だけがある。

この平安の特質を説明することはできない。それは口のきけない人がお菓子を食べるようなものだ。たとえ誰かが「これは甘い」と言ったとしても、「甘い」とはどういうことだろう？ あなたは自分でそれを味わわなければならない。あなたがしなければならないのは、それを味わうことだ。言葉に頼ることはできない。

あなたはその内なる自己確信を維持しなければならない。
そして、言葉によって再び脱線させられないようにしなさい。

言葉に頼ってはいけない。こういうスピリチュアルな本や知識はすべて、身体知識に関係している。「ブラフマン、アートマン、パラマートマン、神、四身説、救済、種、誕生、生まれ変わり、プラーラブダ」、たくさんの言葉があるが、すべて身体知識に関係している。

あなたはそういうものをすべて超えている。

こういう言葉があなたの自発的な臨在の周りにある。全世界、全宇宙があなたの自発的な臨在の周りにある。

身体知識にはまってはいけない。
あなたはすべてが自分の中にあると知っている。
外側には何もない。
これ以上、見つけるべきものはない。

修行をし、義務を果たしなさい。すべきことをしなさい！（脚を叩き）でも、何のエゴもなく行うのだ。この真の知識を興味がある人と分かち合いなさい。しかし、その際にいかなる種類のエゴもほんの少しでもあってはならない。あなたは体ではないのだから。勇気を持ちなさい！ 限界を超えなさい！ スピリチュアルな科学には限界がある。それは輪を作り出し、あなたはその輪の中で自分自身を知ろうとしていた。

今、あなたはその輪の中から抜け出て、
自分のアイデンティティはそれらのすべてを超え、
あらゆるものを超えていると知っている。

確信があれば、もう葛藤はないし、議論や討論もない。これは事実だ。遠くからここに来て、真の知識に耳を傾けた人たちがここを去った後、まだどこか他の場所に行きたいと思っているのはとても残念だ。

そうしたいのなら、他の教師や聖地を訪ねなさい。何の問題もない！ でも、どこか他の場所に行って、何を得ようとしているのか？ 何を達成しようとしているのか？ マハラジに会って、それから誰か他の人に会って、あれやこれやと儀式を行う。それは構わない！　どこか他の場所に行くのは構わない。それによって何かを得ようと期待していないのならば。

最近、ある人がティルヴァンナーマライからここにやって来たが、そこではアルナーチャラ山をノンストップで巡礼して回り、身体的にすっかり混乱していた。体を苦しめ、長期間、洞窟に住んでいたのだ。

存在する前、あなたは洞窟にいたのか？

存在する前、あなたは洞窟に住んでいたのか？

こういう考えは想像から発展した。直接的に、想像に端を発しているのだ。概念は発展し、そして人々は山を巡礼し始めた。この流れが定まると、人々は立ち止まってその目的について考えることもなく、慣例に従う。

つまり、スピリチュアリティについて考えることさえ、とてもとても稀だということだ。十万人に一人は考えるかもしれないが、とてもとても稀なのだ。そして、たとえ二十年、三十年、四十年とスピリチュアリティを探求しても、まだ恐れとともに取り残されている人たちがいる。それは主に死への恐れだ。

質問者：なぜ、そういう人たちにとって、スピリチュアリティはうまくいかないのでしょうか？

マハラジ：それは、彼らが身体に基盤を置いているからだ。そして、彼らのスピリチュアリティは微細なエゴに栄養を与えているからだ。「私はこの儀式を行った。私はこういう修行をしている」。また、彼らはいつまでも言葉と戯れ、戦い続けている。

質問者：細かいことにこだわり過ぎているということですね？

166　実在は言葉とは何の関係もない

マハラジ：なぜ、言葉や意味を理解しようとして葛藤し、戦うのか？　なぜ、知的に分析しようとし、比較し、結論を出そうとするのか？　実在は言葉とは関係ないし、知性とも関係ないというのに。それはすべての身体知識を超えている。

存在する前はどうだったかを、あなたは説明できない。

言葉はなかったし、知識もなかったし、何もなかった。

言葉は「何も」説明できない。

スピリチュアルな知識は、身体形態にとっては十分なものだ。身体形態が存在する間はそれで十分だが、身体形態が消えたら何が起きるかを誰が知っているだろう？　確信を得れば、この真の知識が迅速に訪れる。非常に素早く、鋭く訪れる。それが起きると、もう平安や幸福は必要なくなる。

幸福と平安は体のためのものだ。

なぜなら、身体形態として存在することは耐えがたいからだ。

身体形態はあなたの究極的な真実ではないと確信した途端、どんな「良くない」ことが体に起きても、距離を持ってそれを見つめることができるようになる。それはあなたではなく、隣人の子供に起きたことのように感じられる。そのように感じられるのは、この体は物質的なものだからだ。そして、それはあなたではなく、隣人の子供に起きたのだから、あなたは巻き込まれない。

超然としていることは、覚醒したサインの一つだ。

質問者：そこに至る前の段階では、体はとても重要なものであり、私たちはそれを所有しているという強い感覚があるのですよね？

マハラジ：そうだ！　しかし、所有しているわけではない。あなたは体の所有者ではない。所有者は五大元素で、あなたは賃貸契約を結んでいる。つまり、体の力を借りているに過ぎず、あなたは水を借り、食べ物を借りている。二、三年ごとに契約を更新していくが、いつか出て行かなくてはならない！　食べ物や水を与えるのをやめたら、どうなるだろう？

質問者：家から叩き出されます！

マハラジ：これは家ではなく、檻だ。あなたは檻の中にいて、ニンジンをかじっている。それは黄金の檻かもしれないし、銀の檻、真鍮の檻かもしれないし、いろいろな檻がある。金持ちは金の檻を作り、貧乏人は鉄の檻を得る。

質問者：でも、すべて檻に過ぎません。

マハラジ：賢者は檻の中にいる。それは「賢者の檻」だ。確信を得た瞬間、あなたはその檻を打ち破る。私はあなたに勇気を与えようとしているのだよ。

「あなたはここを去らねばならない！

檻を開けよ！

檻を広く開けよ！

あなたは自由な鳥だ！」

エピソードやさまざまな言葉、比喩、たとえを用いて、私はあなたを確信に導く。しかし、私の言うことに耳を傾けなさい！　スピリチュアルな科学はすべて、生まれていない子供について話しているに過ぎない。

最初の段階では、人々はよく耳を傾ける。

しかし、その後も実在に深く入って行く人は少ない。

それよりもずっと人々が好むのは、
教えを分析し、
教えを表現する言葉について議論することだ。

何か問題が起きたとき、一般的に人々は、内側に目を向けて静かにしようとはしない。身体知識の古いやり方の方が心地よく感じられるのだ。実在の意味について議論や討論をする方が簡単だと人々は考える。それは意味のないことだ！

実在は議論や討論の対象ではない。

だから、私は皆に同じ質問をするのだ。「こういうスピリチュアルな本を読んで、あなたは何を得たのか？」。恐れがなくなったのなら、それでいい。あなたが体を去るときも、恐れがないことを祈る。しかし、気を付けなさい！　もし、まだ恐れがうろついているのなら、あなたが本を読んで追求したことはすべて、時間の無駄だったのだ。

恐れに震えているのは真の知識ではない。
真の知識とは、死の床において役立つものでなければならない。

スピリチュアリティによって恐れから自由になり、その結果、あなたは自発的な平安と幸福を得る。それは、もしポケットにお金がなければ、盗まれる心配をしなくていいようなものだ。泥棒を歓迎しなさい！　あなたのポケットは空だ！　今、あなたは確信を得た。そのときが来たら、それがあなたの助けとなるだろう。そのときには恐れはなく、ただ平安だけがあるだろう。いつの日か、あなたはこの家を去らねばならない。

毎日、
自分自身にこう言いなさい。
「この家は私のものではない」
家のことは忘れなさい！

あなたにはこの体を使って自分の自己なき自己、存在する前の自分の状態を知る機会がある。あなたの人生のすべての瞬間が、とてもとても重要だ。あなたの人生のすべての瞬間が、とてもとても重要なのだ。それをおろそかにすれば、新たな夢、また新たな夢、また新たな夢が続く。

あなたはこの悪循環から抜け出さねばならない。
あなたはそれを自分自身のパワーで行うことができる。
あなた自身のパワーで、悪循環から抜け出しなさい。
あなたはそれを打ち破ることができる！
あなたは究極的な実在なのだから。

二度と、何かを盲目的に受け入れてはいけない！　あなたは生まれていない。注意深くありなさい！　外部のパワーや、目に見えないパワーのプレッシャーによって、実在を無視してはいけない。スピリチュアルなパワー、肉体的なパワー、精神的なパワー、論理的なパワー、知的なパワーによって、実在を無視してはいけない。

実在を無視してはいけない。

マスターの名のもとに、皆が独自のアイディアを説こうとする。たいていの場合、あなた方は「そうですね、その通りです」と彼らに対して頷いてしまう。しかし、あなたは違う！　あなたはそんなことをしない。あなたはもう、そんなことはしない！

今、真の知識の鏡を使ってあなたは判断できる。
何が正しくて、何が間違っているか、
何が本物で、何がそうではないか。
真の知識の鏡に照らして、
あなたは識別し、判断できる。

あなたには確信がある！　言葉を使う必要があるときは、言葉が究極的な真実ではないことをただ思い出せばいい。

再び、言葉の犠牲者になってはいけない。
再び、言葉の罠にはまってはいけない。

それは起きる。
私はそれが起きるのを見た。

質問者：いかなる本にも教師にも誘惑されないようにします。だから、心配なさらないでください。本などの身体知識には限界があることはわかっています。それに、真我知識がいまだかつてなく明らかになりつつあるのに、本の知識を探し求める必要など、どこにあるでしょうか？

マハラジ：とても素晴らしい！　私たちは言葉を作り出し、それらに意味を与えた。私たちは言葉を常に使っている。たとえば、「神」と「ロバ」という言葉があるが、「神」は神性を表し、「ロバ」は動物を表す。もし、「ロバという言葉は神性を意味する」と決めたら、何が起きるだろう？　何も起きない！　それは単に言葉が変わったというだけのことで、本質は変わっていない。言葉のことは忘れなさい！　実在とともにいなさい！　いい時間を過ごし、あなたのスピリチュアリティを楽しみなさい。

静かに幸せでいなさい！

167 自己なき自己の内にありなさい

マハラジ：自分自身を叩き込んで鍛え続け、まだ残っている幻想の概念を消し去りなさい。まだ残っているものを取り除くのだ。自己なき自己に向かい、その中にありなさい。幻想

の概念を手放し、自己なき自己の「自己」を手放し続けなさい。繰り返し言っているが、

すべての身体知識が消えるまで、
究極的な実在は現れない。

瞑想をしてマントラを唱え、修行を続けなさい。帰依の歌を歌えばスピリットが高揚し、体を忘れるのに役立つだろう。

今、あなたは火が明るく燃え盛る段階にいる。あなたは大変、熱心に取り組んでいる。実在を見つけ、源に戻ろうと、かつてないほどに駆り立てられている。疑いは去り、あなたは自分自身を明け渡した。完全な確信とマスターや自分自身への信頼があれば、何もあなたを止めることはできない！

質問者：本当にそうですね、マハラジ。私は駆り立てられています。私は知らなければなりません。私は深く深く進んで行かねばなりません。ますます明らかになりつつあります。私は言わば、激しく追跡しているのです。

マハラジ：あなたはプロセスを一通りくぐり抜けた。帰依者から帰依、神へと至るプロセスを。あなたの中の神の像を、ますます明らかにしなければならない。真の知識がゆっくりと静かに、永続的に吸収されるにつれ、それは起きる。すべての自己の形跡が消えたとき、自己なき自己だけが残されたとき、それは起きる。

幻想が戻って来るのを許してはいけない！　修行を続けなさい。あなたは頂上にとても近いところにいる登山者のようなものだ。あなたは頂上のすぐそばにいる。後ろを振り返ってはいけない！　振り返ったら、あなたは集中を失ってしまう。起こっていることについて考えてはいけない。脳を緊張させてはいけない！

果実の木が着実に育っていることを信頼しなさい。何の努力もしてはいけない！　確信はそこにある。それは深く進んで行き、吸収され、確立される。そして自発的な確信、悟り、覚醒が訪れるが、それは何とでも呼べばいい。名前は重要ではないと、あなたは知っているのだから。そのときが来れば、あなたは知る。「私はそれだ」

質問者：以前は、あなたから分離している感覚があったのです。でも、それはなくなりました。あなたは何度もおっしゃいましたね。「私の中の目に見えない話し手と、あなたの中の目に見えない聞き手は一つの同じものだ」。私は今、これを知っています。本当に知っているのです。統合が起きたかのようです。今、私たちは一つで、あなたが私の中にあり、私があなたの中にあるように感じるのです。

マハラジ：それは良いサインだ。とても良いサインだ。統合のプロセスはワンネスへと向かって行く。ワンネスは常に

あったのだが、それは隠されていた。幻想の概念の灰で覆われていたのだ。
質問者：先日、瞑想中にあなたの臨在がとても強く感じられました。あなたのエネルギーとパワーはとても強力でした。
マハラジ：あなたのエネルギーとパワーだ！　それはあなたのエネルギーとパワーであることを思い出しなさい！　それはあなたから来ているのだ。あなたがマスターに近いので、この強さとパワーの感覚があるのだ。そういうことが起きる！　それはあなたの中のマスターのエッセンスだ。それはあなたの内なるマスターから来ている。外側のマスターの助けを借りて、あなたは自分の内なるマスターへどんどん近付き、導かれて来たのだ。あなたの内なるマスターは、あなたの親友で、いつもあなたに忠実であることを知るだろう。
質問者：マスターはせっせと石を叩き付ける彫刻家だという例えをあなたは用いますね。これはまさしく私に起きていることだと感じます。あなたは神性を覆っていた不要な部分を何とか取り除いてくださったのです。私の幻想はすべて取り除かれたとは言いませんが、大部分が取り除かれました。不要な覆いがすべて取り除かれるまで、あなたは叩き付け、叩き付け、深く深く、削り落としてくださいました。素晴らしいです！　私は驚き、興奮しています！　私の確信は百パーセント以上です。そして、内なる神性が自発的に、燦然《さんぜん》と姿を現すことを、ゆるぎなく信頼しています。
マハラジ：あなたに強い帰依があることが、私はとてもうれしい。この種の特別なスピリチュアリティは稀なものだ。それは私のマスター、ニサルガダッタ・マハラジの恩寵による。見ての通り、私は何もしていない。私は何も新しいことは言っていない。ただ、すでにあなたの中にあるものを、あなたに見せ、目覚めさせているに過ぎない。これはあなたの知識、あなたのパワー、あなたの実在、あなたの真実だ。
質問者：それに「あなたは灰で覆われているが、その下で火が燃えている」というあなたの言葉もしっくりきます。以前は、思考が忙しく渦巻いており、それとともにまとまりのない記憶が飛び出て来ました。でも、今ではすべて去りました。思考はほとんどありません。
感情全体も、一つの空《くう》というか、広大な平安と満足感と一緒になっています。灰は吹き飛ばされ、その下にあった火が幸福に輝き、燃えています。幸福という言葉は十分ではありません。それは幸福を超えています。言葉を超えています。私はあなたにとても感謝しています、マハラジ。
あなたに最大の敬意と感謝を込めて頭を垂れたいという衝動を、ほとんど常に感じています。

マハラジ：あなたに対して頭を垂れなさい！　マスターに頭を垂れるとき、あなたはマスターにではなく、自己なき自己に対して頭を垂れているのだ！　だから、自分に頭を下げなさい！　自分に頭を垂れるのだ！　もっともっと、自己なき自己に近付きなさい。

自己なき自己とともにありなさい。

私はあなたの内なるマスターを鼓舞しているのだ。

あなたの内なるマスターに話しかけなさい。内なるマスターに質問すれば、答えを得るだろう。答えを要求しなさい！　あなたの内なるマスターは反応し、指示を与えてくれるだろう。あなたのマスターのエッセンスが、あなたを導いてくれる。自己なき自己を抱擁しなさい。自己なき自己を抱擁しなさい。あなたの内なるマスターが目覚めた。

あなたは究極的な真実だ。

あなたは究極的な実在だ。

あなたは最終的な実在だ。

これ以上何も言うことはない。私たちは言葉を超えている。もう言葉はいらない。それは余計なものだ。真の知識も幻想だと私は言った。私たちは幻想の棘を抜くために、この真の知識という幻想の棘を用いる。真の知識はもうその役目を果たしたので必要ない。それは幻想と無知を取り除くのに役立った。今、真の知識という幻想も消さなければならない。

すべての知識がワンネスに吸収される。

すべての知識がワンネスに吸収される。

幻想から実在に至るプロセスは終わったと言ってよいが、ことばを文字通りに受け取ってはいけない。実際のところ、始まりもなく、終わりもなく、プロセスもなく、幻想もない。

自己なき自己の内にありなさい。

穏やかで静かにありなさい！　幸せでありなさい！　特別な平安、特別な静寂を楽しみなさい。自己なき自己の甘露に酔いなさい。

質問者：あなたがお辞儀についておっしゃったことはわかりますが、それでも、まだあなたに頭を垂れたいのです。深い感謝の気持ちが常に内側から湧き上がって来るのです。

マハラジ：それは構わない。帰依を続けなさい。帰依を続けることは重要だ。それは私たちを謙虚にする。

帰依のない知識は、空っぽで乾いている。

それには意味がない。

マスターはあなたが究極的な実在、最終的な真実であることを教えてくれたのだから、そのような自発的な感謝の気持ちが生じるのは自然なことだ。

あなたの自己なき自己以外に、

神はなく、
ブラフマンもアートマンもパラマートマンもマスターもない。

このフレーズには、教えの骨子が含まれている。これを心に刻んでおきなさい。

汝自身を知り、そして自己なき自己の内にありなさい。

これは、言うまでもなく自分が全能の神、ブラフマン、アートマン、パラマートマンだと知っているということだ。

言うまでもなく、あなたは全能の神だ。
だから、自己なき自己の内にありなさい。
自己なき自己の内にありなさい。

168 実在のマスターでありなさい

マハラジ：哲学やスピリチュアリティのマスターであるだけでなく、実在のマスターでありなさい。この真の知識は実際的な知識だ。だから、あなた自身の教師になりなさい。あなたは質問する者でもあり、答える者でもある。すべての身体知識が忘れ去られたとき、いかなる区別も違いも存在する余地がない。つまり、マスターも弟子もないし、話し手も聞き手もいない。

家々はそれぞれ異なるが、その上の空は一つだ。
体はそれぞれ異なるが、
スピリットは一つだ。

時々、動揺が訪れるだろう。だから、強くあり続けなさい。あなたには揺るぎない土台があるから、何の問題もないだろう。ちょっと地面が揺れても、あなたはしっかりと立っていられるだろう。時々地震が起きるが、あなたはそれに影響されない。あなたは集中的な特殊訓練を受けたのだから。

この訓練によって、あなたは堂々たる性質を獲得したので、試練も歓迎し、「地震よ、やって来い！　さあ、かかって来い！」と言う。これは瞑想などの修行によるものだ。あなたは強い。あなたは全能だ。

質問者：はい、私は無敵で不滅であるように感じます。それ以外にも、素晴らしいことが内側で起きており、今までとは明らかに違います。素晴らしいです！　まるで宇宙の光のショーのようです！　今のところ、私は仲間が必要だとも感じません。

マハラジ：そうだ、何かが湧き立っているような爆発が起きている。あなたは光や波を見ることができる。奇跡的な経験をたくさんするかもしれない。それらは漸進的な段階であり、いいことだ。それは究極的な真実が徐々に明らかになりつつあるということ、現れつつあるということだ。この前進により、あなたは内なる幸福を得たので、他人と一緒にいたいと思わないのは当然のことだ。

だから、あなたとともにあり、
自己なき自己と一緒にいなさい。
自己なき自己に話しかけなさい。

すべてを自己なき自己と議論しなさい。この友情、帰依を深めなさい。あなたの内なるマスターがあなたの親友であることを思い出しなさい。深く、深く、深く行きなさい。それがあなたのハートに触れるのを許しなさい！　こういう修行はすべて、究極的な真実を確立するためだけにあるのだ。それはすでにあなたの中にあるが、究極的な静寂をもたらし、心を穏やかにするために修行はある。

あなたは最終的な真実だ。あなたは究極的な真実だ。自己なき自己以外には何もない。スワミ・ラムダスは言った。「『ダスボド』に述べられていることはすべて、合理的な思考から来ている。それは、合理的な真我知識だ」

質問者：『ダスボド』を詠唱して瞑想すると、とても心を動かされることがあります。マラティー語なので意味はわからないのですが、涙が出るほど感動することがあるのです。

マハラジ：あなたはマラティー語を知らないが、あなたの内なるハート、内なる臨在は知っている。だから感動するのだ。

質問者：心が漂い出すときがあります。詠唱はヴァイブレーションであり、エネルギーがあります。

マハラジ：私のマスターは、それぞれの言葉の意味が反映されるよう、『ダスボド』の読み方を教えてくれた。私は五年ほど、それを早朝に読んだ。私はニサルガダッタ・マハラジと関わることができて、本当に本当に幸運だった。

質問者：そして私たちも今、とても幸運です。マハラジ、祈りについてはどうお考えですか？

マハラジ：帰依の歌を歌い、祈るのは、いいことだ。スピリットは祈りを好み、そこから幸福と平安を引き出す。祈りによって外側のアイデンティティを忘れるので、究極的な真実と一つになれる。

帰依においては、経験者も経験もない。観照者も観照もない。だから、スピリットは究極的な真実と一つになる。バガヴァッド・ギーターにはこうある。「私は天国にいるのではない。私は聖者のハートにいるのではない。私の帰依者が祈るところ、そこに私はいる」

深く、深く、もっと深く行きなさい。そうすれば、特別な幸せが見つかるだろう。この幸せは説明できないものだ。

あなたはこの幸せを本から得ることはできない。
あなたはそれを自分の中に見つける。なぜなら、
あなたが幸せの源だからだ。
あなたは実在のマスターだ。

質問者：稀なる教えです！

マハラジ：それは私のマスターたちの恩寵による。彼らが私に分かち合ってくれたものを、私は今、あなたと分かち合うことができる。

　真の知識の洞窟が、あなたの前に開かれた。
それを受け取りなさい！
好きなだけ、宝物を取りなさい！

質問者：私は長い間待っていたので、すべての宝石を、宝箱ごと持っていきます！

マハラジ：あなたは上手に泳ぐことを学んだ。だから、さあ大海に飛び込んで、深く潜りなさい。

169 思考なき実在

マハラジ：私は考えない。考えることなくあなたの質問に答え、自発的に話をしている。これと同じパワーがあなたの内にある。真我を実現し、自発的な確信を得た瞬間、あなたも同じことができるようになる。ラマナ・マハルシ、シッダラメシュヴァール・マハラジ、ニサルガダッタ・マハラジなど、すべての聖者は実在の底から話をしていたのだ。

　彼らは究極的な真実を生きていた。
彼らは考えることなく、
自分自身を表現していた。

　真我を実現した後は推論や想像、魔法もなければ、何もない。明らかな真実、思考のない実在があるだけだ。

質問者：巧妙なトリックもありません！

マハラジ：そんなものはない！　何の仲介物もない。これはとてもシンプルだ。私たちはこの幻想の世界、マインド、エゴ、知性、読書、誤った解釈、誤った思考、誤った推論、疑いなどにプレッシャーをかけられている。私たちは疑念や不安を作り出し続け、そして再び自分が輪の中をぐるぐる回っていることに気づく。あなたはその輪から抜け出さねばならない。この究極的な段階では、そこから離れていなければならない。

　今は、知識も知る者もない。
経験も、経験する者もない。
存在する前もないし、存在した後もない。

「存在する前」も「存在した後」も言葉に過ぎない。
存在する前も、その後もない。
こういう洗練された、心地よい言葉をすべて、
取り除きなさい！

質問者：それには、自己なき自己も含まれるのですか？　自己なき自己も取り除かねばならないのですか？

マハラジ：もちろん！　それはただの言葉に過ぎない。今、あなたは立場をはっきりと明確にしなければならない。

質問者：あまりにシンプルであるがゆえに、覚醒は稀にしか起きないのですね！

マハラジ：十万人に一人くらいは、スピリチュアリティについて考えるかもしれない。そして、本当の意味で帰依者になるのは、一千万人に一人くらいだろう。

質問者：この目覚めの道には、何千もの幻想の障害があるのでしょうね。

マハラジ：障害は一つだけ、幻想は一つだけだ。それは個人としての立場をとるということだ。実際は幻想も障害もまったく存在しない。あなたがそれを障害だと思えば、それは障害であり続ける。再び、聞きなさい。

障害は一つだけ、
幻想は一つだけだ。
それは個人としての立場をとるということだ。

質問者：私たちは自分を被害者にしているのですね。あなたがおっしゃったように、「あなたが平安を乱している」のです。私は私自身の思考の被害者です。

マハラジ：私たちは自分で網を作って、それに引っかかっている。まだ生まれていない子供には、何の障害物もない。障害物などないのだ。気分は時々変わる。ちょっとした葛藤が起きるかもしれない。でも、あなたは注意深くあることができる。あなたはそれが起きていることに気づいている。そして、それは単に経験の層でしかないことを理解している。

なぜなら、自分がそういうものとは完全に異なることを
あなたは知っているからだ。

質問者：だから、油断して捕まらぬよう、私たちは特殊部隊訓練を受けて、非常に注意深くなったのですね。

マハラジ：雲はやって来ては去る。太陽が輝くときもあれば、雲に覆われるときもある。しかし、それは絶えず去りゆく瞬間であり、一時的なものだ。永続的なものではない。落ち込み、悲しみ、不機嫌、幸福、平安、不安等々、それらのすべてを通り抜けつつ、あなたは安定している。その中にありつつ、それらのすべてを通り抜け、あなたは安定している。
それは汽車に乗っているようなものだ。汽車は動き、進んでいく。窓の外で木が動く。でも、あなたはそこにいて、じっと立っている。旅行をすると、素晴らしいものを見ることがある。不快なものを見ることもある。何を見ても、あなたは影響を受けない。あなたは安定している。

汽車は動いている。でもあなたは動いていない。

あなたは安定している。

がっかりして、やる気をなくしてはいけない！　それは簡単なことだ。真の知識を毎日の生活に応用すればいいのだ。これは実用的な知識だ。あなたは思考が流れているときでさえ安定している。それが「良い」思考であろうが「悪い」思考であろうが関係ない。落ち込む考え、悲しい考え、幸せな考え、それらはすべて思考や幻想だ！　あなたは訓練をしたから、いかなる瞬間も注意深くあることができる。それは、このすべての思考とあなたは何の関係もないと知っているからだ。そして、あなたはいかなる思考の犠牲者になることもない。

あなたはマスターだから、
現れ出る思考に
どの程度の注意を払うかを
決めなければならない。
不要な思考に注意を払えば、
苦痛がもたらされることを
あなたは知っている。
それらを無視すれば、
苦痛はない！

もし小さな子供が、たとえば小さな女の子が転んだとしよう。すると、あなたはその子に注意を払う。少女はあなたの注意を引くことができたと知り、その後も泣き続けてドラマを演じる。もし、あなたが少女を無視すれば、その子はもう泣かない。これが基本的な人の心理であり、事実だ。だから、もしあなたが何か起きていることに注意を払って同情すれば、何であれそれは苦痛に満ちたものとなる。しかし、それを無視すれば苦痛はない！　それはあなた次第で、あなたがマスターだ。

身体知識が消える瞬間は最も幸福な瞬間、最も安らかな瞬間だ。ニサルガダッタ・マハラジは言った。「私は物乞いではなかった。この苦悩、そしてすべては夢だった。目が覚めた後、そこには実在があった」

「すべては幻想だった。マインドもエゴも知性もない」と言えるようになる日まで、質問が湧き上がって来るだろう。すべては無から生じ、そして無の中に吸収される。

覚醒して悟った知る者は、
こういう思考や感情、気分を

ただあるがままに認識する。
それに注意を払ったりしないのは、
もう体には関心がないからだ。

これが、真の知識の適用法だ。あなたは自分自身を本当の意味で知っている。今、あなたはこの知識の観点から生きなければならない。

170 秘密を楽しむ

マハラジ：このような直接的な経験を、どこか他の場所で手に入れることはできないだろう。なぜなら、ここでは誰も自分の重要性を主張したりしないからだ。誰も「私は偉大だ」などと、誇らしげに言って歩いたりはしない。この系譜のマスターたちは、彼らの偉大さを静かで謙虚なやり方で他者に伝え、分かち合う。

それと同じように、私も自分が偉大なマスターだなどと主張したりしない。私は単に、私のマスターが分け与えてくれたすべてのものを、あなたと分かち合っているだけだ。幸せでありなさい！　完全に幸せでありなさい！　今、あなたは秘密を知っているのだから。

人生の秘密を楽しみなさい。
欲しいものがあるか？
ない！

義務を果たしなさい。いかなる幻想の思考にも巻き込まれてはいけない。

実在にとどまっていなさい、
あなたの実在に。
あなたは実在であり、
究極的な真実だ。

あなたが経験している思考と感情は、身体的な感覚に過ぎない。それらは、やって来ては去る波のようなものだ。あなたは根付いており、錨を下ろして安定している。起きていることをすべて、映画であるかのように捉えなさい。あなたはいろいろなシーンを見ており、ときに泣き、ときに笑う。あなたが見ているものは映画、あなたから投影された映画に過ぎないのだ。あなたは手品師だ！

あなたが見るものは
あなたの投影だ。

常に何かを要求しているマインドと戯れてはいけない。マインドはあなたとは分離している。それとあなたには何の関係もない。

私たちの系譜のマスターは皆、シッダラメシュヴァール・マハラジやニサルガダッタ・マハラジのように、自分のマスターに完全に帰依していた。この自己への専心、こういう積極的な帰依が必要なのだ。

あなたのマスターに深く帰依し続ければ、
すべてが内側から生じるだろう。
そして、あなたが頭を垂れるのは、
真の知識が
内側から
流れ始めているからだ。

気づかぬうちに、あなたは教えを伝え始めるかもしれない。それは、内なるマスターの目覚めのようなものだ。知らぬ間に、すべての真の知識が川のように流れ始めるのだ。それは、意図的に考えたりする必要もなく、自発的に起きる。もし、あなたにそういうことが起きたら、人々はあなたに向かって祈り始め、「彼は神だ！」などと噂を広める。これは作り話ではなく、事実だ！　偉大なマスターたちには、そういうことが起きたのだ。

何の妥協もなく、
完全にマスターに帰依すれば、
どういうことになるだろう？
マスターの偉大さが、
あなたに流れ込んで来るだろう。

質問者：パワーの転移というようなことですか？

マハラジ：そして、あなたのマスターのように、あなたは奇跡的な経験をし始めるだろう。深い幸福と特別な平安を感じるだろう。そこに恐れはなく、誘惑も動揺もない。

それはある種の酩酊のようなもの、
自己達成のようなものだ。

いかなる物理的な知識、もの、原因もなく、あなたは自分を実現している。それは自己－幸福、自己－平安だ。自然発生する幸福、自然発生する平安だ。

そこにあなたがある。
あなた、
だけだ。
他には何もない。

171 自己なき自己と付き合う

マハラジ：真の知識を吸収すれば、自発的な確信が訪れる。あなたはすでに覚醒している。しかし、体と関係しているせいで、自分は実在とは違うと感じている。そのことを知っておくのはとても重要なことだ。それは微妙な障害物であり、あなたの行く手をふさぐ可能性がある。

この感覚は消えなければならない。

そうすれば、すべては明らかになる。

質問者：あなたのおっしゃることは本当に興味深いですね。最近、瞑想しているとき、まさにそれに気づいたのです。私は何が残っているかを見ようとしていました。身体知識の痕跡を探し、明け渡しているうちに、それに気づいたのです。ある感覚があることに私は気づきました。覚醒という概念の周りにある感覚です。それが障害になっていたのですが、これはまさしくあなたが今おっしゃったものです。

マハラジ：

あなたは自分の自己なき自己に

明け渡さなければならない。

そうすれば、何の違いも分離もない。なぜなら、あなたはマスターであり、弟子なのだから。あなたは神であり、帰依者だ。

すべてがあなたの内にある。すべてがあなたの内にだけある。すでに言ったように、あなたの臨在、あなたの自発的な臨在がなければ、世界を見ることもできない。知っての通り、全世界はあなたの自発的な臨在の投影だ。

あなたはこの世界の父だ。

体とともに、たくさんの概念があなたの内に現れた。概念は厄介なものだが、実在を知れば、その力は明らかに減る。

あなたはマスターの導きを受けねばならない。

私が言うことに従いなさい。

すべての記憶を消すには、

瞑想を続けることが不可欠だ。

質問者：聖者と交流することはとても役に立つと、何かで読みました。

マハラジ：聖者と交流すること、付き合うことは、実際のところ、自己なき自己と交流することを意味する。聖人との交流や、身体に基づいた物理的交流ではなく、あなたの自己なき自己と絶えることなく交流することを意味するのだ。あなたの自己なき自己がなかったら、あなたは「私」と言うこともできない。

だから、私たちは議論するためにこういう話をしているに過ぎない。真の知識は吸収されなければならない。あなたには吸収しなければならない知識がたくさんある。私たちは常にさまざまな角度、次元から、同じことを言って叩き込んでいる。つまり、自己なき自己以外には何もないのだ。

だから、あなたを最終的な真実に開きなさい。
それはあなたの真実、聞き手の真実だ。
それはブラフマンやアートマン、パラマートマン、神の真実ではない。

知ることはできない。
いつ最終的な真実が完全に確立されるか、
知ることは不可能だ。

人々は聖なる川で沐浴する。北から南まで、人々は聖地を訪ねてあらゆる種類の儀式や自己否定的な修行を行う。体を拷問することは究極的な真実ではない。ヒーリングや宗教もたくさんある。

こういう修行はすべて、身体に基づいている。
外側のものによって覚醒できると、
人々が本当に考えているのは、実に驚くべきことだ。

すべては内側にある。あなたは今、そのことを知っている。だから、どこかに行こうという気にはならない。それは、あなたはもうどこにも行かないということではない。ただ、「あそこに行って、何かを得よう」とか「この場所を訪ねれば、悟りを得られるだろう」といった期待やプレッシャーがないということだ。

質問者：リシケシのような聖地とか？

マハラジ：リシケシか！　他にもたくさん聖地がある。今年はクンブ・メーラがナーシクで行われる！　インドには北から南まで、たくさんの聖地がある。

人々はそういう場所を訪れるが、
訪問する者のことを無視している。
彼らは訪問者を無視している。

彼らには見る力がないから、訪問者を無視する。マスターはあなたに視力を与える。あなたが、「他人」ではなく、あなたの自己なき自己を見ることができるように、真の知識のメガネをくれる。全世界はあなたの自発的で目に見えぬ臨在から投影されていると知っているのに、なぜあちらこちらに行く必要があるのか？　だから私は、教えを理解するのは簡単だけれど、吸収するのは難しいと言っているのだ。至る所に幻想があるから、吸収するのは難しい。

至る所で待ち構えている
世俗的な誘惑の
罠にはまってはいけない。
あなたがこれらの幻想を作ったことを思い出しなさい。
マーヤーはあなたの赤ちゃんだ！

常に、自己なき自己と一緒にいなさい。

172 あなたの幸福が私の幸せ

質問者：自己なき自己がなかったら何もできないと私は知っています。この知識は直観的にもたらされたのですが、私はそれをもっと深めようとしています。自己なき自己が、唯一大切なものです。マインドは私が起きているときや、夢を見ているときに、いつもストーリーを作り上げているだけです。私はそれをすべて見ています。深いレベルから、それを観照しています。知識と理解は深まっています。でも、体に戻ってしまうときがあり、深まっていくのには時間がかかります。自発的な確信が起きるには、恩寵が必要なのでしょうか？

マハラジ：いや、必要ない。それは、私は男だとか女だというような自発的な感覚だ。

質問者：これから起きるだろうとあなたがおっしゃったことがすべて、今起きています。

マハラジ：何も起こっていない！

質問者：だとしても、確信が常にあるよう、それを本当に強固なものにするには、どうしたらいいですか？

マハラジ：それは瞑想、ナーム・マントラ、帰依の歌などのプロセスを通して起きる。スピリットはそれを自発的に受け入れるだろう。

超自然的なパワーの根本はあなたの中にある。

質問者：深く理解しているのですが、まだ、私の中の一部が「神はどこだ？」と尋ねています。

マハラジ：私が言ったことを思い出しなさい！「神」という名前が、超自然的なパワーに与えられた。しかし、「神」と言うには、あなたの臨在がまずなければならない。

質問者：ほとんどの時間、私は形を感じません。ただ、空《くう》を感じます。でも、仕事に戻ると、形に戻ってしまいます。それで、時々ちょっとイライラしてしまいます。自発的な確信を得るには、とても長い時間がかかるのですか？

マハラジ：かからない！　それは即座に起きる。覚醒した瞬間、自発的な確信がある。あなたにはいい土台があるから、私はうれしい。

質問者：グルの祝福が常にありますから！　シッダラメシュヴァール・マハラジの誕生日に、私は深い理解を得ました。そのとき、恩寵は常に手に入るのだと理解しました。グルやマスターは常に私たちとともにいます。私たちがそれに気づきさえすればいいのです。すべては一つだと理解するのは、とても素晴らしいです。私は自分の外にある神に祈り、崇拝するように教えられました。でも、今は「誰が誰を崇拝しているのか？」という結論にたどり着きました。祈るとき、私は何も求めません。だって、誰が誰に求めるのでしょう？　私がするのは帰依と崇拝、それだけです。私はただ感謝し、褒め称え、崇拝するだけです。決して何も求めません！

マハラジ：帰依、瞑想、真の知識のプロセスは重要な意義を持つ。

なぜなら、あなたは常に自分の実在を新たなものにし、
注意深くあるからだ。

質問者：瞑想はより近付けてくれるので、本当に重要です。

マハラジ：瞑想はすべての幻想の概念を洗い流す。

瞑想によって、
死の恐怖とそれに関係したヴァイブレーションを
あなたは受け入れる。

質問者：すべては五大元素の一部でしかないことが、今ではわかります。だから、自分の周囲にあるものに、注意を与えないようにします。私は見られるものを重視しません。そういう、物事への執着は徐々に消えていっています。

マハラジ：素晴らしい！　とてもいい！　存在する前は、そんなものはすべてなかったのだから。

質問者：家族関係とか、仕事など、世界には困難があります。でも、自分の義務を果たさなかったら、他人が困るだろうと、私は自分に言います。

マハラジ：あなたは自分の義務を果たすことができる。それはスピリチュアリティとは別物だ。それは夢だ！

人生は長い夢。
普通でありなさい。

質問者：ありがとうございます、マハラジ。あなたが教えてくださったすべてのことに、深く感謝しています。今、経験しているような幸せと喜びを、これまでに感じたことはなかったと思います。

マハラジ：あなたの幸福が、私の幸せだ！

173　強い熱望

質問者：常に識別力を用いることで、ますます超然として冷静でいられるようになりました。真我実現が近付いていることを、どうしたら私たちは知ることができますか？　「私たち」は本当は存在しませんが、真我実現が起きそうになっていると、どうしたら私たちは知ることができますか？

マハラジ：マントラを唱え、識別力を用いて、たゆまず修行すれば、誘惑されたり、気を散らされたりすることは自動的に少なくなっていく。なぜなら、あなたは知っているからだ。あなたには分別がある。そして、知っているのだから、あなたが幻想に引き戻されることは論理的にあり得ない。その後は、この注意深さや超然とした態度を維持して集中し、安定させることが大事だ。

質問者：わかりました。でも、何らかのサインのようなものはありますか？

マハラジ：自分自身の現在の資質を観察すれば、どれくらい進歩したか、だいたいの感じがつかめるだろう。スピリチュアルな科学では、六つの資質、美徳が挙げられている。この六つの資質を自分に照らし合わせて、チェックすればいい。こういうことにあまり注意を払ってはいけないが、六つの資質を手短に説明してみよう。まず、誘惑にかられることなく、常に落ち着いていること。願望がなくなり、安らかに暮らしていること。忍耐強く、心が揺らがないこと。グルと自分自身に対する信頼、及び帰依を持つこと。最後に、世界に対して完全に無関心であること。もしそうしたければ、これらの資質に照らし合わせて、自分の進歩を測りなさい。しかし、

それよりもっと重要なのは、
一つの願望に従うことだ。
それはあなたの中で常に燃えている火だ。
自己なき自己へと
もっと深くもっと深く進み、
どんどん近付いて行きたいという
強い熱望だ。

自分自身を完全に、容赦なく明け渡しなさい。これが最善、最高度の帰依だ。エゴを無条件にすっかり捧げなさい。このように完全に明け渡せば、もう誘惑もないし、世俗的なことに気を散らされることもないし、身体に関係した愛着もなくなる。すべてが自発的になる。悟りなさい！

174 私は何も知らない

質問者：今週は、理解がもっと深まりました。私は存在しません。本当に、存在していません。それに、理解すべきことなど何もないということもわかってきました。なぜなら、私は何も知らないのですから。知るべきものは何もありません。理解されるべきものもなく、ただ空《くう》だけがあります。空《くう》だけです。そして、種はすでに蒔かれており、ひとりでに発芽しているというのが、素晴らしいところです。誰も何もしていません。

マハラジ：それは自発的に発芽している。

質問者：今では、答えは自然にやって来ます。あなたが使う空のたとえも、理解を深めてくれました。空は自分が何なのかを知りません。空は自分自身に気づいてもいません。それと同じように、「あなた」も「私」もありません。気づくべきものは何もなく、ただ空《くう》だけがあります。

　これを理解できたのは、すべてのマスターたちのおかげです！　理解するのに何年もかかりましたが、今では、すっかり理解が根付きました。私が今理解しているもの、それは受胎以前のようなものだと思います。私が生まれる前は、何もありませんでした。今も同じことが起きています。そして、答えがやって来ます。私にはもう緊張や不安がありません。意識的に何か望むこともありません。すべてはまさにあるがままです。すべてがあるがままです。

マハラジ：なぜなら、あなたの自発的な存在はすべてを超えているからだ。

質問者：はい、そうです。臨在は常にそこにあります。以前は本しかなかったので、私はそれから知的な理解を得ていました。でも今は、臨在とは知的なものではなく、もっとずっと深いものだと知っています。

　他にも役に立ったのは、あなたがおっしゃった毒のたとえ話です。あれはとても真に迫った例えでした。毒が体に回れば、これから何が起きるのかを尋ねる必要はありません。私たちは毒が効くと知っているし、信じているのですから。この例えは、私にはとてもよくわかったので、果実の汁、つまり真の知識が吸収されていることもわかりました。だから、何かを理解する必要など、まったくないのです。しっかりと握り締めるべきものなどないのですから。

マハラジ：それは特別な確信だ。理解と確信は別のものだ。自発的な確信とは理解とは別のもので、「私はこの世界とは関係ない」ということだ。それは、前にも言った通りだ。

　スピリチュアルな知識も偉大なる幻想だ。

それは最初の幻想を
取り除くためだけにある。

　本を読んでも、エゴを付け足すだけだ。

質問者：最初のうちは、本は必要なのではないかと思います。そうでないと、何のことだかさっぱり理解できないでしょうから。

マハラジ：もちろん、そうだ！　それは棘を抜くために別の棘を使うようなものだ。棘が抜けたら両方とも捨てられる。

　確信を得れば、知識は必要ない。

知識もまた幻想だ。

質問者：マスターは実際のところ、内側にいます。だから、修行の手法などはすべて無駄です。そういうものを求める人たちは、外側を見ているのですから。マスターは内側におり、すべての答えをくれます。

マハラジ：その通りだ。それは「自己なき自己への帰依」と呼ばれ、会話がやり取りされる。質問と答えがやり取りされ、会話が流れているのだ！　これは自己なき自己への帰依だ。

スピリチュアルな思考とは、まったく思考ではない。これは実在、スピリチュアルな実在の流れだ。

この流れは内側で起きている。そして、やがて実在を通して、すべての質問は消え去る。

質問者：質問が消え去るのは、理解が深まって答えが内側から来るからです。

マハラジ：あなたが進歩していて、私はとてもうれしい。

質問者：それに、他人を責めるという問題も起きません。それは自分から生じていると知っているのに、どうして他人を責めることなどできるでしょうか？　すべては自分から生じているのです。だから責めるべき人も、どんな人も存在しません。ただ、自己なき自己だけがあります。質問したいことが何もありません。そのうちにするかもしれませんが、わかりません。

マハラジ：質問がまったくない期間が必要だ。確信を得たら、いかなるスピリチュアルな教育も受けてはならないのだから。

質問者：でも、瞑想は理解を深めてくれるから必要ですよね。

マハラジ：瞑想は目に見えない瞑想者の注意を引き、「あなたは究極的な真実だ」と告げてくれるので、必要だ。

質問者：瞑想して、真実に深く入って行く。すべきことはそれだけですね。何十年も葛藤してきましたが、今では幸福に満ちています。

ここに至るすべての段階において、内なるマスターが私とともにいたことがわかります。誰かが私に本をくれたり、講話を聞かせてくれたりして、ついにやっと、私はあなたをインターネットで見つけました。そして、あなたと接触することができました。

マハラジ：あなたにはとてもいい土台、基礎がある。だから、確信に至ったのだ。あなたはもう、他に何もしなくていい。

あなたはもう、どこにも行ってはならない。

ニサルガダッタ・マハラジはこう言っていた。

さあ、臨在というチョコレートを噛みしめなさい。

質問者：この深まっていくプロセスを、もっと成熟させなければならないと思います。あなたと話をした短い間に、教えがしっかりと腑に落ちました。話をすればするほど、スピリチュアリティの核心に近付いて行っています。もう本は必要ありません。

マハラジ：帰依者や弟子が完全で明白な確信を得ると、私はとてもうれしい。この段階に到達すれば、個別性は消え、もう臨在について話すこともなくなる。二度と、臨在に言及しないし、臨在を経験することもない。

最終段階では、臨在も消え去る。

質問者：それは、偏在的なものになるのですか？

マハラジ：そうだ。でも、あなたはそれに気づかない。

質問者：ありがとうございます、マハラジ。私と話をしてくださったことに感謝します。あなたはたくさんの人と話をしなければならないというのに。

マハラジ：役に立ったのなら光栄だ！　私は真剣な帰依者が好きだ。彼らには何も要求しないが、彼らが確信を得るなら、それが私の宝であり、喜びだ。

175　満ち足りた輝き

質問者：私は長年、瞑想してきましたが、火がうまく燃え上がるようになったのは、あなたの教えを聞いてナーム・マントラを授かってからです。本当に驚くべきことが、たくさん起きています。説明するのが難しいのですが、全体的に空《くう》を感じているとだけ言うことができます。そして、その空《くう》とともに、大きな幸福があります。それに、それらはやって来ては去るのではなく、常にあるのです！　満ち足りた感覚が燃え上がり、眠れない夜が幾晩かありました。目が冴えたまま横たわり、顔には満面の笑みを浮かべ、安らかで至福に満ちているのです！

マハラジ：とても素晴らしい！　それは自己なき自己から漂う香りだ。

質問者：それに、何かとても聖なるものに触れられているような感覚があります。私はとても感激して、涙がこぼれることもあります。そんなときは、ただ頭を垂れることしかできません。それしかできません。私はあなたがしてくださったすべてのことにとても感謝しています、マハラジ。マスターたちがたくさん見えます。そして、昨日は「あなたは自己なき自己だ」と言う声を聞きました。ピンクの光も伴っていました。メッセージとピンク色の光は、内側と外側の両方から来ているように思われましたが、内も外もないことはわかっています。だから私はただ頭を垂れました。それはとても明白で、現実的だったので、私は非常に勇気付けられました。私はますます深く入って行き、どんどん近付いていています。「それ」は達成可能だと、私は完全に信頼しています。

マハラジ：それはあなたの内なるマスターだ。それは特別なものだ！ それは究極的な真実だ！ そして、それはすぐに実現される！ すべては私のマスター、ニサルガダッタ・マハラジの恩寵による。私はあなたが深く熱心に専心しているのでうれしい。この調子で続けなさい！ 前進しなさい！ 前進しなさい！ 私のマスターの祝福が常にあなたとともにある！

身体知識が消える瞬間、あなたは無を理解する。それはある種のスピリチュアルな酩酊だ。（恍惚とした様子で手を振り）「ああ！ すべてはこれだったのか！」。義務を果たしなさい。それと同時に、スピリチュアルな知識の甘露を飲みなさい。

質問者：私は礼拝（プージャ）したいと切に願っているのですが、どういうふうにするのが一番でしょうか？ こんな素晴らしいことをせずにはいられません。

マハラジ：プージャとは常にあなたの自己なき自己と接触を保つことだ。あなたは自分の自己なき自己に常に触れていなければならない。これが礼拝だ。

あなたが礼拝だ。

あなたが礼拝する者だ。

あなたが礼拝される者だ。

あなたはすべてだ！ あなたはマスターで弟子だ。あなたは神で、帰依者だ。

質問者：私たちはなぜバジャンをするのですか？

マハラジ：外側の力があなたを実在から遠ざけようとしているので、あなたは自分の自己なき自己に警報を出しているのだ。スピリットはバジャンと祈りを好む。

スピリチュアリティはさておき、もし誰かに感謝と賛辞を捧げられたら、あなたはうれしく感じるだろう。同様に、スピリットもバジャンを聞くと、とてもうれしく感じるのだ。

あなたの自己なき自己を喜ばせているとき、あなたは自己なき自己を褒め称えているのだ。

あなたは外側の神ではなく、あなたの自己なき自己を重視している。もし誰かに褒め称えられたら、あなたはうれしく感じ、元気付けられるだろう。あなたが帰依の歌を歌うとき、スピリットも同じように感じる。主クリシュナは「私は帰依者のハートの中に住む」と言った。賞賛はスピリットに幸福をもたらす。バジャンが繊細なスピリットに触れるとき、内なる神が褒め称えられるのだ。そして、あなたは踊り出したくなる。あなたは幸福で安らかだ。
それと同時に、あなたは自分の自己なき自己に警報を出す。そうすれば外側の力は攻撃できないし、あなたを実在から遠ざけることもできない。
質問者：私は一日に一つか二つのバジャンを聞くだけですが、それでもとても幸せな気分になります。こういうふうにして自分自身を思い出すのは、とても簡単なことですね。それを怠ると、たやすく悪い習慣に戻ってしまいます。外側からのプレッシャーが常にたくさんあるので、バジャンはとても役に立ちます。あなたを思い出すことも、とても助けになります、マハラジ。すべては内側にあると知っているので、私はただ、それを正しく用いればいいのです。確信とは、とてもとても強いものです。
マハラジ：あなたの幸せの中に、私の幸せを見る。私は知っています。
質問者：あなたはスクリーンの上でいつも笑っている。そんな感じがします。ただ、大きな笑顔が一つある。素晴らしいです。ありがとうございます。あなたをもっと理解するために、マラティー語を勉強するかもしれません！
マハラジ：言語は後からやって来た。あなたの自己なき自己の中に深く深く入って行きなさい。そうすれば、あなたは無を見つけるだろう。すべては無から生じたのだから。
質問者：このすべてがどのように生じたのか、私にはわかりませんが、とにかくすごいです！
マハラジ：そのすごさ、偉大さは、あなたの中にある。マスターは何もしていない。マスターはあなたが自分の中にあるすべてのもの、つまり実在を見ることができるよう、あなたをあなた自身に導いただけだ。マスターは灰を、幻想の覆いを取り除いて、あなたに見るための光を与えた。

あなたの自発的な臨在は、
静かで、
目に見えず、
名もなく、
特定できないアイデンティティだ。
幻想から実在に至るプロセスは「終わった」と言える。プロセスなどなかったし、始まりも終わりもなかったが。
完全な知識は、ワンネスに吸収される。

176 マインドは去った

質問者：悟った人の中には、それを伝え、教えることを選ばない人もいますね。

マハラジ:それは知識の自発的な流れがあるかどうかによる。覚醒しても、実在について教えない人たちもいる。皆が教師というわけではないのだ。おそらく、真の知識が流れている教師はほとんどいないのではないか。

同様に、スピリチュアルな知識を持っている人は大勢いるが、その知識は吸収されなくてはならない。知的な覚醒は、本当の覚醒ではない。それは内側から来る自発的な覚醒でなければならない。そうであれば、あなたは何のアイデンティティもない人生を送ることができる。

覚醒した者にとっては、世界も言葉も存在しない。あなたは完全に、自分自身に吸収されている。教えるときは、伝記的事実を分かち合うかのように話す。なぜなら、あなたは自分自身の人生に起きたことと同じくらい、実在を完全に知っているからだ。真の知識は自発的に、楽々と流れる。意図的な努力はいらないし、想像したり、推論する必要もない。

流れは自発的だ。

ニサルガダッタ・マハラジは言った。「誰かに質問されたときは、自分自身の人生について話をするように、ただ自発的に答える」。自分の人生の詳細は自分が一番よく知っているのだから、それについて話すことはできる。同様に、

覚醒した者の人生を送っているならば、

あなたの知識は直接的な知識、

自発的な知識だ。

それは文字の知識、本の知識ではない。マスターの知識は自己なき自己に吸収される。そこに分離はなく、自分の自己なき自己について語るようなものだ。

あなたの名前はジェームズだ。子供の頃から、あなたはジェームズとしての人生を送ってきた。あなたは自分の人生をよく知っている。同様に、覚醒した聖人たちは、自発的に流暢《りゅうちょう》に話す。マインドの形跡は残されていない。知性もない。真の知識が内側から流れるので、彼らは楽々と話すことができる。こういうことが起きる人たちがいるのだ。

私の師の恩寵により、私は何らかのパワー、スピリチュアルなパワーを与えられ、そのおかげで、こうやってあなたと話をしている。

私がこの体という道具を通して話すのを

あなたは見ているが、

実際のところ、私を通して話しているのは、

私のマスターだ。

これは難しいことではない。あなたが聞くことはすべて、すでにあなたの中にある。偉大な聖者たちのスピリットは、あなたやすべての人の中にあるスピリットと同じだ。身体的

な影響により、あなたは自分の自発的な臨在を無視していた。あなたは見られるものを重要視してきたが、今では見る者とともにいる。

あなたはこのアシュラムに来るために住所を調べた。ここに到着したら、その住所はもう必要ない。それと同じように、私はあなたに瞑想と真の知識という形で住所を与える。

その住所の指示に従えば、
あなたの自己なき自己の奥深くにたどり着くだろう。

自発的な確信を得たら、住所は捨てなさい。帰依は熱心に続けなさい。

これは絶好の機会で、
とても重要なときだ。
体を去ったら、
この機会は失われてしまう。

自発的な確信を得た後は、どのように生きたらいいだろう？　あなたは何をすべきだろう？　あなたのすべての行動は自発的なものになるだろう。あなたのすべての行為は自発的なものとなり、知性がなくとも、あなたは通常通りに生き続け、家族や日常生活を怠ることもない。

深い眠りの中にさえも、
自発的な確信がある。

私たちは皆、体に愛着を持っている。「私は体ではない」と言いつつ、まだ微細な自己概念が残っている。

瞑想によって、そういう微細なものがおのおのすべて取り除かれる。

スピリチュアルな箒は、すべてを取り除く。

微細なバクテリア、強力な耐性を持つバクテリアなど、すべてのバクテリアが取り除かれる。煮沸消毒や抗生物質さえも効かないことがあるが、概念というバクテリアは瞑想によって永遠に消し去られる。

マントラはあなたを癒す。
マントラを常に用いなさい。

マントラを常に唱えなさい。

やがて、それは自発的に起きるようになり、あなたは唱える者にも、唱えることにも気づかなくなる。

あなたの知らぬ間に、
目に見えぬ唱える者が、マントラを唱えているのだ。

マントラを通じて、ゆっくりと静かに永続的に、あなたは確信へと導かれる。

ゆっくりと静かに永続的に、
マントラを通じて、
実在があなたに刻み込まれる。

知っての通り、すべてに目的がある。マントラの目的は、瞑想する者の注意を引くことだ。つまり、

あなたは究極的な真実だ。

実在はあなたの内に刻み込まれている。実在とは何か？

私は体ではないし、体だったこともないし、

体であり続けることもない。

前に進み続け、深く進み続ければ、

自発的な知識が流れ出すだろう。

177 最も偉大なあなたのストーリー

マハラジ：

あなたのストーリーが語られた。

それは、今まで語られた中で最も偉大なストーリーだ。

なぜなら、すべてはあなたの中にあるからだ。

あなた以外に何もない。穏やかで静かにありなさい。幸せでありなさい！　特別な平安と特別な静寂を楽しみなさい。

存在する前の状態にとどまりなさい。

「私は知らない」とともにいなさい。

知識のないことが知識だということを思い出しなさい。

知識のないことが知識だ！

自分自身を祝福して、自己なき自己の甘露に酔いしれなさい。楽しみなさい！

質問者：私の自伝が終わりを迎え、「スピリットの伝記」が、たった今始まったように感じます！　覆いは取り除かれ、何の飾り気もない、自己なき自己の純粋さが輝き出ています。深い感謝の気持ちでいっぱいです。あなたはただ実在について語っただけではなく、「私」の中にそれがあるのを見せてくださいました。

マハラジ：それは私の師のニサルガダッタ・マハラジの恩寵による。私は何でもない。ただの骸骨、操り人形だ。

始めの頃、マスターはこう言った。「あなたはすでに真我を実現している。あなたと私の間に何の違いもない。ただ、私は自分が体ではないと知っているが、あなたは自分のアイデンティティを忘れてしまっただけだ」。そして、私はあなたのストーリーを語った。あなたを再び目覚めさせる「聞き手のストーリー」だ。

スピリットは自身の反映をマスターの中に見て、

自分のストーリーを理解し、

反応した。

それは再び踊り始めた！

私はあなたに自分の究極的な実在、最終的な真実を見せた。
今、あなたは自分の真のアイデンティティを知っている。

修行と帰依を続けなさい。

真我知識を完璧なものにすることが帰依であることを思い出しなさい。

さあ、行きなさい。マインド、エゴ、知性は置いて行きなさい。

吸収し続けなさい。

穏やかで、幸せでありなさい。

次の一節には、すべての教えの骨子が含まれている。これを心にとめておきなさい。

あなたの
「自己なき自己」以外に
神はなく、
ブラフマンもなく、
アートマンもなく、
パラマートマンもなく、
マスターもない。

Except Your

Selfless Self

There is No God,
No Brahman,
No Atman,
No Paramatman,
No Master.

シュリー・ニサルガダッタ・マハラジと
この系譜のすべてのマスターに敬意を捧げる。
私たちは自己なき自己に頭を垂れる。
サットグル万歳！

用語解説

アートマ・ニヴェダナム・バクティ：最高の帰依。自己を明け渡すこと。
アートマ・プラカシュ：スピリットの光。真我の光。
アートマン：真我。至高の自己。
アールティ：神に火を捧げる儀式。
ヴァイラーギャ：冷静、平静であること。世俗的な欲望がないこと。
ヴィヴェーカ：識別。
ヴィシュヌ：維持神。宇宙の維持を司る神。ブラフマー、シヴァとともにヒンズー教の三大神の一人。
ウパーサナ：瞑想。崇拝。そばに座ること。
オーム：宇宙の根源やブラフマンを表す聖音とされ、マントラなどの前に唱えられる。Om もしくは aum と表記される。
カルマ：行為。運命。行為などの結果。
グナ：属性。性質。ラジャス、サットヴァ、タマスの三つのグナがある。
クンダリニー：ヨーガ、タントラの用語。とぐろを巻いた蛇。生命力の源。
サーダナ：スピリチュアルな修行。
サードゥ：修行者。賢者。苦行者。
サットヴァ：三つのグナの一つ。真の本質。純粋。
サッドグル：真の師。真我実現したスピリチュアルな師。
サットサン：真理を実現した人と交わり、集うこと。真我としてとどまること。
サマーディ：真我との合一。超越意識の至福状態。恍惚とした統合。
サンニャーシン：俗世を捨てた求道者。
サンプラダーヤ：伝統。マスターの継承。叡智の系統。
シヴァ：破壊神。シヴァとは幸運や慈悲を意味し、破壊は創造につながるために慈悲深い行為とされる。ビシュヌ、ブラフマーとともにヒンズー教の三大神の一人。
ジーヴァ：個人の魂。
ジニャーナ：知識。真我の知識。
ジニャーニ：知者。真我実現した聖者。
シャーンティ：平和。平安。
スーフィー：イスラム教の神秘家。スーフという羊毛の粗衣をまとっていたことからとされる。イランのルーミーが著名。
スーフィズム：イスラム教の神秘主義。修行や舞踏で神との神秘的な合一を目指すなどの禁欲的、神秘的な傾向が顕著。
ダッタトレーヤ：ナート・サンプラダーヤの最初の師。ブラフマー、ヴィシュヌ、シヴァの三大神の生まれ変わりとされる。
タマス：三つのグナの一つ。抑制。暗黒。不活発。受動的。
ダルシャン：見ること。聖者に会うこと。視野。哲学。
ダルマ：行動規範。生まれつきの特性。本質的性格。
チャクラ：体の中の霊的センター。エネルギー中枢。
ナーム・マントラ：インチェゲリ・ナヴナート・サンプラダーヤで用いられるマントラ。
ナマスカラム／ナマスカール：敬意を込めたあいさつ。神あるいはグルの前にひれ伏すこと。
ニルグナ：属性がなく、無条件であるもの。
ネーティ・ネーティ：「これではない、これではない」。真我の探求の一手法。
バクティ：帰依。献身。崇拝。
バジャン：神に捧げる賛歌。帰依の歌を歌うこと。祈り。
パラブラフマン：至高の実在。究極の実在。
パラマートマン：至高の真我。
パラマールタ：崇高な真理。スピリチュアルな人生。
バラモン／ブラーマン：カーストの中で最上位の司祭者階級。
パランパラ：師から弟子へと継承されること。系譜。伝統。
プージャ：礼拝。崇拝。
プラーラブダ：実を結び始めた運命。過去の行為により蓄積された影響。
ブラフマー：創造神。もとは創造し増大させるの意。ヴィシュヌ、シヴァとともにヒンズー教の三大神の一人。
ブラフマン：絶対なるもの。究極の実在。至高の存在。
マーヤー：幻想。妄想。
マハーサマーディ：偉大なる合一。最終的なサマーディ。死期を悟った聖者が瞑想しながら死を迎えること。
マハートマー：偉大な魂。真我実現した人。
マントラ：聖なる音節や言葉の組み合わせ。真言。賛歌。呪文。
ムクティ：解脱。解放。霊的な自由。
ムルティ：神を象徴するイメージや偶像。
モークシャ：解脱。解放。霊的な自由。
ヤーマー：ヒンズー教の死の神。
ヨーガ：合一。個々の魂と普遍のスピリットが一つになることを目指す修行。
ヨーギ：ヨーガの修行をする者。
ラジャス：三つのグナの一つ。激質。活発。落ち着きがない。利己的。（ラジャスがなければサットヴァとタマスは顕現できない）

訳者あとがき

本書は、非二元の教えを伝えるインドの賢者ラマカント・マハラジの講話集です。マハラジの経歴や流派などについては本文に詳しく説明されているので、ここでは繰り返しませんが、読者の皆さんの中には「あのニサルガダッタ・マハラジの弟子の本」ということで本書を手に取った方が多いのではないでしょうか。

ニサルガダッタ・マハラジと言えば、日本でも著書〝I AM THAT〟『アイ・アム・ザット 私は在る』が広く愛読されており、弟子の著書（セイラー・ボブ・アダムソンやラメッシ・バルセカールなど）も好評を得ていますが、ラマカント・マハラジの著書が日本で出版されるのは今回が初めてです。こんなにもわかりやすく明晰に教えを伝えることができるティーチャーが、今までそれほど知られずにいたことに驚いた方も多いでしょう。本文にあるように、教えを伝え始めた時期が比較的遅かったというのが大きな理由でしょうが、このわかりやすさゆえに見過ごされることもあるのではないかという気がします。

探求者は真理を知りたいと願いつつも、それがすぐそこにあると言われると、なぜか受け入れることができず、しばしば遠く険しい回り道を選んでしまうものです。本を読む際も、難解であればあるほど深淵なことが書いてあるのではないかと思い、シンプルなものはつい見過ごしてしまうのが人間心理の常ですが、真理を求めて数々の書を（時には歯を食いしばりながら）読みこなしてきたような強者こそ、本書のよさ、真の価値がよくわかるのではないかとも思います。真実はシンプルなもので、それを得るために一生懸命、勉強する必要もありません。本来、私たちは皆、それをすでに持っているのですが、そのことを受け入れるには、真実を知りたいと強く願い、努力するプロセスがときには必要なのかもしれません。

すでに持っているものを手に入れるために努力するというのは、なんだか矛盾していますが、本書のタイトル『自己なき自己』も矛盾した言葉です。自我がなかったら私という個人は存在できないのだから、理屈では理解できないのですが、わからないからこそ考えるのをやめると、いつしか「自己がないところにある何か」が言葉を超えて浮かび上がってきます。すぐには意味のつかめない言葉だからこそ、思考や言葉を超えたものの輪郭を伝えることができるのでしょう。そもそも非二元論が論じるのは「よくわからないもの」についてですが、マハラジはそれを平易な言葉やたとえ話を用いて、繰り返し、繰り返し説明してくれるので、いたずらに頭を悩ませることなく、素直に耳を傾けて、言葉を超えたものが立ち上がってくるのを感じていただければと思います。

ちなみに、この「自己なき自己」というタイトルは、禅の「門なき門」といった言葉を連想させるし、逆説的で意味がよくわからないところも日本人にはなんとなくなじみやすく感じられると思うのですが、キリスト教のバックグランドがある欧米人にとっても、聖書の一節を思い起こさせるようです（自分のいのちを自分のものとした者はそれを失い、わたしのために自分のいのちを失った者は、それを自分のものとします。〈マタイの福音書 10：39 聖書 新改訳 © 2003 新日本聖書刊行会〉）。私はキリスト教にはあまりなじみのない環境に育ったので、両者の言わんとするところが本当に一致しているのかもわかりませんし、この類似を指摘されたときは少々驚きましたが、洋の東西を問わず、大切なことはつながっているのかもしれないという、うれしい驚きでありました。マハラジの言うように、インドの空もアメリカの空も日本の空も同じなのだから、驚くこともないのかもしれませんが。

なお、最後になりましたが、二〇一八年八月三十一日、マハラジはマハーサマーディを迎えられたそうです。「死は存在しない」とは言え、この知らせに衝撃を感じずにはいられませんでしたが、マハラジの教えに出会えたことに深い感謝を捧げつつ、筆を置きたいと思います。

読者の皆様が「穏やかで静かに」ありますように。

高橋たまみ

二〇一九年一月

「ナーム・マントラ」の伝授の案内

本書では、「ナーム・マントラ」について諸所触れていますが、興味を持たれ、伝授を希望される方は、左記までお問い合わせください。

admin@ramakantmaharaj.net

英文で、「**簡単な自己紹介を添え、Naam Mantra の伝授希望**」の旨を送信してください。（送信先はイギリスの管理者です。弊社では仲介業務は行っていません）

なお、「ナーム・マントラ」の伝授には条件があります。

- **特定のマスターがいないこと。**
- **誠実に修行する意志があること。**
- **「ナーム・マントラ」を他言しないこと。**

＊＊＊

ラマカント・マハラジ師亡き後の伝授は、インドのパスリー（Pathri）で毎週木曜日（グル・デー）、ニサルガダッタ・マハラジなどの師であったシッダラメシュヴァール・マハラジの孫の Sri Balwabt（シュリー・バルワント）氏が行っています。

イギリスでもラマカント・マハラジの名において伝授する権限を持つ方がおり、日本での伝授も可能とのことです。日本で開催できる場合は、弊社のホームページとメルマガで案内します。

http://www.naturalspirit.co.jp/

＊＊＊

「ナーム・マントラ」の説明に関しては、本書45章、146章などを参照してください。

ラマカント・マハラジのホームページの「ナーム・マントラと瞑想」にも、同様の記述があります。

https://www.ramakantmaharaj.net/meditation.php

■ 話者

シュリー・ラマカント・マハラジ（Shri Ramakant Maharaj）

1941 年 7 月 8 日生まれ。

シュリー・ニサルガダッタ・マハラジ（1981 年 9 月 8 日没）の直接の弟子で、19 年間、師とともに過ごした。

ラマカント・マハラジは非二元の教えを説くアドヴァイタの教師、グルであり、ナヴナート・サンプラダーヤのインチェゲリ支派に属した。

彼はフォンダガッドの農村部、ガドゲサッカル・ワーディで育った。

親戚によって、師となるニサルガダッタ・マハラジに紹介されたのは 1962 年で、数か月をマスターとともに過ごした後、同年の 10 月 2 日にナーム・マントラを伝授された。

その後もニサルガダッタ・マハラジの講話に忠実に通い続け、師のマハーサマーディの際もそばにいた。

同じくニサルガダッタ・マハラジの長年の弟子であったアンヴィタ・サワントと結婚し、2 人の子供をもうけた。

1965 年にニサルガダッタ・マハラジの命を受け、ボンベイのエルフィンストーン・カレッジに入学、この後ボンベイ大学を 1972 年に卒業し（歴史と政治学の修士号取得）、1976 年にはボンベイのシッダールタ法律大学で法律の学位を得た。

1970 年からは銀行の法律部門に勤務し、2000 年に支店長として引退した。

他界するまでの十数年は、ナーシク・ロードのアシュラム（マハーラーシュトラ州ナーシク）で世界中から集まった弟子や帰依者たちに教えを伝え、インチェゲリ・ナヴナート・サンプラダーヤの秘伝を伝授し続けた。

自らの人生についてマハラジは次のように語っている。「私は自分の過去や出自を心得ている。今の私があるのは奇跡だ。これはすべて私の師、シュリー・ニサルガダッタ・マハラジのおかげだ」

2018 年 8 月 31 日他界。

著作として他に“Be With You : Thoughtless Reality”（2016）と“Ultimate Truth”（2018）がある。

ホームページ　https://www.ramakantmaharaj.net

■ 編者

アン・ショー（Ann Shaw）

1960 年後半から探求を続けてきた。

英国の大学で人智学、哲学、比較宗教学、サンスクリット語を学び、インド哲学と宗教を専攻した。

何十年にも渡り、瞑想、真我探究、黙想、静修を修行した。東西に及ぶ多様なスピリチュアルな文献に没頭してきたが、その中には、十字架のヨハネ、アビラの聖テレサ、トーマス・マートン、ソレン・カークガード、パタンジャリ、ラマナ・マハルシ、パラマハンサ・ヨガナンダ、ジッドゥ・クリシュナムルティ、ジョエル・ゴールドスミス、道教の老子、スーフィズムのルーミー、禅の鈴木大拙などの神秘家、教師、マスターたちが含まれる。

「幻想の道」をさらに進んだが、シュリー・ニサルガダッタ・マハラジとシュリー・シッダラメシュヴァール・マハラジの教えにより、探究は終わりを迎えた。そして、ニサルガダッタ・マハラジの弟子であるシュリー・ラマカント・マハラジを訪ね、最終目的地にたどり着いたことを確信した。

さまざまなジャンルにおける出版、執筆活動の経験も「自己なき自己」の編集作業の役に立った。シュリー・ラマカント・マハラジから流れ出る「自発的で直接的な知識」と、編者のたゆまぬ努力、理解が組み合わされて、この強力でスピリチュアルな古典が生まれた。ショー自身はこのように語る。「この本ができあがっていくプロセスに、私はすっかり夢中になりました。生きたマスター、シュリー・ラマカント・マハラジと、（私の）内なるマスター『自己なき自己』の両方に導かれていたのです。これは、マスターが読者の手をつかんで自発的な真我の実現へと導く教育的マニュアルです。『自己なき自己　ラマカント・マハラジとの対話』は、シンプルでわかりやすい言葉で書かれた、最高度の知識です。この実用的な教えを系統的に配列することで、究極的な真実を完全に吸収することができるのです」

ホームページ　https://www.selfless-self.com/

■ 訳者

高橋たまみ（たかはし たまみ）

大学卒業後、様々な職業を経る内に非二元の教えと出会い、現在は翻訳家として活動中。アメリカにて、自然と共生し、持続可能なライフスタイルを目指している。

訳書に『今、目覚める』、『プレゼンス第２巻』（共にナチュラルスピリット刊）。

自己なき自己

ラマカント・マハラジとの対話

●

2019年4月21日 初版発行

編者／アン・ショー

訳者／高橋たまみ

装丁／中村吉則

編集・DTP／川満秀成

発行者／今井博揮

発行所／株式会社ナチュラルスピリット

〒101-0051 東京都千代田区神田神保町3-2 高橋ビル2階
TEL.03-6450-5938 FAX.03-6450-5978
E-mail：info@naturalspirit.co.jp
ホームページ http://www.naturalspirit.co.jp/

印刷所／モリモト印刷株式会社

ISBN978-4-86451-301-2 C0010

落丁・乱丁の場合はお取り替えいたします。
定価はカバーに表示してあります。

●新しい時代の意識をひらく、ナチュラルスピリットの本

アイ・アム・ザット 私は在る
ニサルガダッタ・マハラジとの対話
モーリス・フリードマン 英訳
福間 巖 訳
覚醒の巨星！ マハルシの「私は誰か？」に対する究極の答えがここにある――現代随一の聖典と絶賛され、読み継がれてきた対話録本邦初訳！
定価 本体三八〇〇円＋税

意識に先立って
ニサルガダッタ・マハラジとの対話
ジーン・ダン 編集
髙木悠鼓 訳
ニサルガダッタ、最晩年の書！『アイ・アム・ザット』と並ぶ代表作。意識を超えた究極の真実がここにある！ 多くの人を覚醒に導いた現代の巨星。
定価 本体二五〇〇円＋税

誰がかまうもんか?!
ラメッシ・バルセカールのユニークな教え
ラメッシ・S・バルセカール 著
ブレイン・バルドー 編
髙木悠鼓 訳
ニサルガダッタ・マハラジの弟子、ラメッシ・バルセカールが、現代における「悟り」の概念を、会話形式によってわかりやすく軽妙に説く。
定価 本体二五〇〇円＋税

意識は語る
ラメッシ・バルセカールとの対話
ウェイン・リコーマン 編
髙木悠鼓 訳
ラメッシ・バルセカールの大著、遂に刊行！ 在るという感覚、私たちの意識の本質についての長編。
定価 本体三三〇〇円＋税

ただそれだけ
セイラー・ボブ・アダムソンの生涯と教え
カリヤニ・ローリー 著
髙木悠鼓 訳
飲んだくれの船乗りでアル中だった半生から一転、ニサルガダッタに出会い悟りに至ったオーストラリアの覚者の生涯と教え。
定価 本体一八〇〇円＋税

覚醒の炎
プンジャジの教え
デーヴィッド・ゴッドマン 編
福間 巖 訳
ラマナ・マハルシの直弟子で、パパジの名で知られるプンジャジの対話録、待望の邦訳！ 真我を探求する手引書として見逃せない一冊。
定価 本体二八七〇円＋税

アシュターヴァクラ・ギーター
真我の輝き
トーマス・バイロン 英訳
福間 巖 訳
アドヴァイタ・ヴェーダーンタの教えの神髄を表した純粋な聖典。インドの聖賢すべてに愛されてきた真我探求のための聖典。
定価 本体一八〇〇円＋税

お近くの書店、インターネット書店、および小社でお求めになれます。